上海師範大學敦煌學研究所學術叢書

大藏經研究論集

——大藏經的過去、現在與未來——

（上）

方廣錩　著

廣西師範大學出版社

· 桂林 ·

圖書在版編目（CIP）數據

大藏經研究論集：大藏經的過去、現在與未來：上、下／
方廣錩著. —桂林：廣西師範大學出版社，2021.7
（漢文佛教文獻研究系列）
ISBN 978 - 7 - 5598 - 3536 - 9

Ⅰ. ①大… Ⅱ. ①方… Ⅲ. ①大藏經 - 文集 Ⅳ. ①
B941 - 53

中國版本圖書館 CIP 數據核字（2021）第 111152 號

大藏經研究論集：大藏經的過去、現在與未來
DAZANGJING YANJIU LUNJI：DAZANGJING DE GUOQU、XIANZAI YU WEILAI

出　品　人：劉廣漢
責任編輯：劉孝霞
裝幀設計：喃　風
廣西師範大學出版社出版發行
（廣西桂林市五里店路 9 號　　　郵政編碼：541004）
（網址：http://www.bbtpress.com）
出版人：黃軒莊
全國新華書店經銷
銷售熱綫：021 - 65200318　021 - 31260822 - 898
山東韵杰文化科技有限公司印刷
（山東省淄博市桓臺縣桓臺大道西首　郵政編碼：256401）
開本：890mm×1 240mm　1/32
印張：21.5　　　　　　　字數：498 千字
2021 年 7 月第 1 版　　　2021 年 7 月第 1 次印刷
定價：148.00 圓（全二册）

如發現印裝質量問題，影響閱讀，請與出版社發行部門聯系調換。

　　本書承上海市高校高峰高原學科建設計劃資助項目、國家社會科學基金重大項目"英國圖書館藏漢文敦煌遺書總目録"（15ZDB034）、上海市哲學社會科學規劃項目"敦煌遺書近現代流轉鑒賞資料匯考"、上海市教育委員會科研創新計劃項目"中華古籍數字化整理新模式"資助

目　録

自　序

一、我的大藏經研究

　　大藏經是基本網羅歷代漢譯佛典並以之爲核心的，按照一定的結構規範組織，並具有一定外在標志的漢文佛教典籍及相關文獻的叢書。它由中國佛教信衆首創。最初稱"衆經""一切經""經藏""藏經"。從現有資料來看，最遲到唐貞元年間，"大藏經"一詞已經産生。爲了便於研究，我們可以從若干不同的角度對大藏經的發展歷程進行分期。我主張按照中國書籍形態的變化，把大藏經的發展分爲四個時期：寫本時期、刻本時期、現代印刷本時期、數字化時期。①

　　我的大藏經研究，濫觴於 1982 年隨童瑋先生在雲南省圖書館發現《元代官刻大藏經》（以下簡稱《元官藏》）。1984 年起，按照任繼愈先生的安排專攻敦煌遺書，開始進入寫本大藏經的研究領域。同年，按照任繼愈先生的安排參與《中華大藏經》的編纂，由此進入編纂大藏經的實際工作。此後由於各種因緣，寫了若干關於刻本

---

① 參見方廣錩《關於漢文大藏經的幾個問題（代導言）》，載《中國寫本大藏經研究》，上海古籍出版社，2006 年 12 月。

藏經的文章，並發現了中國最後一部①木刻藏經——《毗陵藏》。由於人類社會已經進入數字化時代，今後大藏經的發展方向也必然走向數字化，故對數字化時期的大藏經開展若干研究，以期更好地把握大藏經目前的編纂工作與它未來的發展方向。並從 2011 年起，組織團隊進行“漢文佛教文獻數據總庫”的開發與建設，企圖具體落實自己關於數字化佛教文獻整理的思路。

所以，可以説我對大藏經的研究涵蓋了從寫本時期到數字化時期，亦即涵蓋了大藏經至今爲止的發展全過程。這是我研究大藏經的優勢之所在，同時也是我的局限之所在。因爲自己涉獵了大藏經發展的全過程，所以能夠從大藏經發展的全局考察一些具體的問題，並對這一實證性的學問作一些理論性的思考。但大藏經研究本身博大精深，個人的精力畢竟有限，能夠見到的資料畢竟有限，研究的條件畢竟有限，所以我對大藏經的研究成果呈散點狀：對有些問題的研究相對深入一些，對有些問題的研究自己覺得還可以再深入，對有些問題的研究則幾乎沒有怎麼涉及。這也是我一直想寫一本完整的《大藏經史》，却始終沒有動筆的原因。

大藏經研究要靠真正掌握在手的、靠得住的資料來説話。這些年，隨著考古工作的發展與國際交流的加强，新資料不斷出現，自己收集到的資料也不斷豐富。我一直認爲，就大藏經研究而言，我們這一代比前輩學者幸運得多，因爲我們看到了許多他們當年沒能看到的資料。但由於自己的精力陷在敦煌遺書的調查、編目、整理和研究的泥淖中未能自拔，故對新發現的一些大藏經資料往往是始於見獵心喜，終於望洋興嘆。雖則如此，在各方的鞭策下，

---

① 此處所謂“最後一部”，僅就目前掌握的資料而言，不排除隨著新資料的出現及對大藏經研究進一步的深入，還會有新的發現。

還是斷斷續續地寫了一些關於寫本、刻本、現代印刷本乃至數字化時代大藏經的文章。

我對寫本藏經的研究成果體現在 1991 年 3 月由中國社會科學出版社出版的《八—十世紀佛教大藏經史》，以及它的第一次增訂本（2002 年 3 月由中國臺灣佛光出版社出版的《八—十世紀佛教大藏經史》，亦即"法藏文庫"本）、第二次增訂本（2006 年 12 月由上海古籍出版社出版的《中國寫本大藏經研究》）中。雖然經過兩次增訂，實際依然沒有能夠把"寫本大藏經史"寫完整。有關情況，我在第一次增訂本、第二次增訂本的序跋中均有交代。如果有可能，我還會對該書做第三次增訂，更希望能夠有時間與精力把"寫本大藏經史"寫完整。否則，衹有留待後賢發揮他們的聰明才智了。那時，我的那些序跋也許可以爲他們提供一些研究課題，拓展他們的資料綫索與研究思路。

至於刻本藏經，我在《佛教典籍百問》（今日中國出版社，1989 年 11 月）一書中介紹過各藏的概況。其中大部分藏經的介紹乃彙總前輩學者的研究成果，有些則根據我掌握的新資料加以斟酌損益，衹有少數幾種藏經有我自己的心得。後來中國佛教協會擬編輯出版《中國佛教》（五），將當年呂澂等先生撰寫的關於諸大藏經的條目初稿交給我修訂定稿。我按照自己掌握的新資料與當時對有關資料的認識，對原稿做了增刪改寫，又新寫了一批條目。該書後由中國社會科學出版社於 2004 年 6 月正式出版，出版時一些條目采用了我的修訂稿或新寫稿，也有一些條目沒有吸收我的修改意見。中國佛教協會主持《中國佛教》（五）的王新先生工作作風非常嚴謹，每條條目下面均有作者署名，以示文責自負。應該說明，中國佛教協會編纂的《中國佛教》原屬周恩來總理交待的任務，係爲斯里蘭卡的《佛教大百科全書》撰寫的詞條。既然是工具書，立論自然以平穩爲上,《中國佛教》(五)也不例外。因此,我負責定稿的大藏經條目,儘量采用學術界比較認同的觀點,儘量不提或少提爭議性問題。即使提出,也以客觀介紹爲限。此外,我爲《文獻學辭典》《佛教大詞典》等一些工具書撰寫過一批關於大藏經的條目,撰寫時,也大體秉承上述原則。

對刻本藏經,童瑋先生帶領我,在金良年先生的協助下,發現了前此不爲人們所知的《元官藏》。後來我又獨立發現了中國最後一部木刻藏經——《毗陵藏》。由於上述機緣,我得以對這兩部藏經有所研究。此外,實際進行過研究的是《開寶藏》、遼藏、楊仁山及他主持的金陵刻經處等。但由於種種原因,雖然對《開寶藏》的研究已經寫了近十萬字的初稿,但研究尚未收尾,將來恐怕要作爲專著發表。此外,我對高麗藏寫過若干文字。至於《崇寧藏》等宋藏,以及宋以下各種藏經,雖然收集了不少資料,也有若干心得,乃至新觀點,但一直沒有時間動手寫作。

對現代印刷本時期的大藏經,我主要對近百年來最爲流行的《大正新修大藏經》(以下簡稱《大正藏》)有所考察與評論。

由於實際參加任繼愈先生主持的《中華大藏經》的編纂,我便留下了一些文字。此外,如前所述,當代社會已經跨入數字化的門檻,這對大藏經編纂帶來了巨大的挑戰與機遇。在數字化時代,傳統的大藏經將如何發展?對此,我正在持續地觀察與思考,同時把自己的思考付諸探索與實踐,由此也留下一些文字。

如前所述,我對大藏經研究這一實證性的學問作了一點理論性的思考,這主要體現在《中國寫本大藏經研究》一書的前言及《論大藏經的三種功能形態》《略談漢文大藏經的編藏理路及其演變》等論文中,本書收入了後兩篇論文。

二、 關於本書

　　本書收入了我關於大藏經研究的單篇論文三十六篇，其中三十五篇曾經發表，一篇爲首次發表。内容包括我對刻本時期、現代印刷本時期、數字化時期等三個時期大藏經的研究，對大藏經編纂工作的總結、設想以及對大藏經的一些理論性思考。但不包括已經發表的關於寫本藏經的單篇論文，因爲那些論文或已經彙入《中國寫本大藏經研究》，或計劃彙入將來的第三次增訂本。也不包括我在《佛教典籍百問》《中國佛教》（五）中有關大藏經的文字及爲《文獻學辭典》《佛教大詞典》等工具書撰寫的有關條目。但本書收入《寫本大藏經的編纂、種類與系統》一文，因爲該文所述雖爲寫本大藏經的系統等問題，但寫本藏經的系統其後直接影響到後代刻本藏經系統的形成，且文中也採用了若干刻本藏經的資料。此外，曾在日本發表過一篇介紹性的文章，内容爲綜述中國漢文大藏經的研究成果，與已經收入本書的有關文章重複，且敘述中有一些錯誤，故没有收入本書。有一些文章，如《金陵刻經處與方册本藏經》（載《法音》，1998 年第 5 期）涉及不少書籍裝幀方面的專門知識，似不宜收入本書；《同修大藏，再造輝煌》（載《21 世紀的宗教展望論文集》，關天師天心慈善基金會，1996 年）乃應景之作，其主要内容後來表述在其他論文中，此次也就不再收入。又如《佛典電子化發展迅速》（載《人民政協報》，1997 年 4 月 10 日第三版）屬於一般性介紹，在當時雖然有一定的參考價值，但到今天已經過時，故也没有收入。又，某出版社曾經出版過一本《佛教小百科·典籍》，作者署名爲"方廣錩著"，但該書含有未經我同意而擅自修改的内容，所以我不承認它是我的著作，也從來不把它列入我的論著目録。

　　在此想説明如下幾點：

　　（一）我曾經説過這樣的話："魯迅先生曾説他是'不悔少作'，那當然由於他的文章都是千錘百煉，以至字字如金。我則深感寫文章也是一種'遺憾的藝術'。常常是文章剛寫完時，自己覺得在文章中提出了或解決了一個或幾個問題，既輕鬆，又自得。但後來就覺得不滿意，且隨著時間的推移及新資料的發現，不滿意的程度越來越深，有時甚至覺得無地自容。所以我總不放過可能的修改機會，以免謬種害人。"①曾有一位先生這樣説：能夠發現自己以前的錯誤，説明自己在這個研究領域中還在繼續前進，是一件好事，應該高興。我以爲，對研究者個人而言，此話的確有理，但自己論著中的錯誤畢竟誤導了讀者，我經常爲此懊惱。不管怎樣，錯誤畢竟是錯誤，無可回避，不應掩飾，而應加以訂正，免得謬種害人。

　　收入本書的文章，凡屬已經發表過的，一律交代原始出處。凡屬原文中的錯別字，以及對標點、引文、註釋等需要重新加以規範的一些技術性問題，直接予以修訂，不加説明。凡屬術語統一，諸如將"光電化""光電版"統一爲"數字化"、"經板"統一爲"經版"之類，亦不加説明。凡屬行文修飾而内容無實質性改動者，僅以"行文有修訂"之類的語言統一交代，不一一説明。凡屬在資料、觀點等方面有實質性改動者，則均在論文後所附的"附記"中説明所修訂的内容。有時對原文的資料與觀點雖無改動，但有些問題覺得需要進一步説明或交代的，也寫在"附記"中。

　　我想這樣處理既可以達到"存真"以尊重歷史的目的，又不至於謬種害人。且有些問題寫在"附記"中，可順便對自己的學術研

---

① 方廣錩：《〈敦煌學佛教學論叢〉後記》，載《隨緣做去，直道行之》，國家圖書館出版社，2011年11月，第166—167頁。

究道路做一個回顧與總結。這樣的做法是否合適，交由讀者評論。

　　有些專用名稱，如"《中華大藏經》"亦可簡稱爲"《中華藏》"，本書乃結集諸論文而成，故一概尊重原文表述，不强求統一。又，如《中華大藏經》原計劃分爲上、中、下三編，後決定分爲正、續兩編，本書諸文寫於不同時期，對此的表述也不相同。此次一律尊重原文，以示存真。此外，《中華大藏經》作爲國家項目，既有任繼愈先生主持的"漢文部分"，還有其他先生主持的"藏文部分"。本書所謂"《中華大藏經》"，一律僅指其"漢文部分"。類似問題，大抵如是，不一一説明。

　　本書所引佛教典籍，凡屬 CBETA（《中華電子佛典集成》）（2016）收入者，均據 CBETA（2016）核校原文，並依據 CBETA（2016）格式標引出處，但將佛典卷次改爲中文數字，將半角標點符號改爲全角。

　　（二）原計劃將所有的文章全部修訂一遍，同時爲每篇文章寫一篇"附記"。但從接受任務到如今，已經一年有餘。同一叢書的其他諸書早已送交出版社，而我的"大藏經研究論集"却遲遲未能交稿。因原定這套叢書將一次性推出，故出版社不斷催稿。雖自覺有些文章還應該再修改，但也祇好就此中止。對此深以爲憾，希望將來有時間再作修訂。

　　（三）由於是單篇論文的彙集，每篇文章均要顧及本身的整體性，雖然已經對有些文章做了必要的删節，但從總體來看，諸文所引資料乃至文章行文、觀點依然有重複之處。

　　（四）收入本書的三十六篇文章，大體按照其内容編排次序。但分類從來是一種方便法門，所以上述文章的次序的編排僅就某篇文章的大致内容而言，肯定有不甚妥切之處。此外，任何人對任何研究對象的認識都有一個過程，我對大藏經的認識也不例外。

但上述分類却打亂了這一認識過程。故特另按寫作或發表時間的先後順序，將收入本書的三十六篇論文再行編目，作爲附録附在書末。

上述諸種不足之處，望識者鑒之。

僧祐謂：“秉牘凝翰，志存信史。三復九思，事取實録。”①收入本書的論文，無非是我對大藏經問題“三復九思”之後的一孔之見。對這些問題，我還要繼續思考，亦望海内方家不吝賜教。

三、感　言

我從三十歲進入學術領域，現已年近古稀，回望來路，感慨萬千。

我在大藏經研究領域能夠做一點工作，首先要感謝的自然是任繼愈先生。我的博士論文《八至十世紀的中國漢文寫本大藏經》在他的指導下完成。此外，他還安排我參加《中華大藏經》的編纂。1986年初，他要求我從底本製備到最終定稿，整頓、理順《中華大藏經》編纂工作的每一個流程，制定相關規範。爲此，我把鋪蓋搬到朝陽門南小街《中華大藏經》工作現場，僅周末回家。從年初到年中，整整花費了半年的時間，一個環節、一個環節地梳理《中華大藏經》的全部工作流程，制定每個流程的工作規範。當初的工作乃至生活，的確阻力重重，困難重重，但今天却成爲我人生的重要經歷與知識財富。我想，如果不是曾對各種各樣的佛教原始資料進行過實際的整理，並一個環節、一個環節地參與大藏經編纂的具體事務，根據編纂工作的實際情況，制定相應的工作規範，那麼，我對大藏經的理解一定不會像今天這樣真切。至於任先生爲我創造種種

---

① 《出三藏記集》卷一，CBETA（2016），T55，no.2145，p.1，b13～14。

條件,搭建平臺,讓我能從事敦煌遺書的調查與研究,我已經在多篇文章中談到,這裏不再贅述。在人生的道路上能夠遇到任先生,是我的幸運。至今,我依然走在任先生指引的道路上,按照他生前的規劃在工作。

其次要感謝童瑋先生。童瑋先生曾長期在中國佛教協會圖書館工作,對大藏經,特別對大藏經在全國各地、各寺院的保存情況相當熟悉。後來他到中國社科院南亞所工作,我們成爲同事,成爲忘年交。《元官藏》的發現,主要歸功於他。是他向我提到雲南省圖書館的這部身份不明的藏經,帶領我去考察,做出判定。我走上大藏經研究的道路,他可説是最初的領路人。《中國大百科全書·佛教卷》中的大藏經條目,全部由他執筆,由此可知當時他在我國大藏經研究領域的地位——雖然現在已經很少有人再提到他。他還按照任繼愈先生的布置,編纂了《中華大藏經》的第一個工作目録。曾有人言辭苛刻地批評這個目録的不足,但我想,任何事物在初創時都會有種種不足。無論如何,這個目録爲《中華大藏經》的啓動立下了汗馬功勞。現在童瑋先生的名字似乎慢慢被人淡忘,即使偶爾被人提起,往往也是批評他誤定"萬曆藏"等。其實,學術研究本來就是在不斷犯錯誤的過程中前進,我也犯過類似的錯誤。有錯誤,無疑應該批評,但批評應該是建設性的。無論如何,童瑋先生在大藏經研究與編纂方面的功績將會永遠留存。

再次要感謝周紹良先生。我的許多大藏經知識、佛教文獻知識都從他那裏學來;遇到問題,經常向他請教。他是我學術道路上的又一位導師。

大藏經研究需要實證,需要調查。感謝在中國、日本各地調查及工作中給我以各種方便的圖書館界、文博界、學界、教界的藍吉富、姚長壽、惠敏、杜正民、李際寧、陳先行、郭立暄、吕建福、蕭永明、殷勤等先生及根通、照誠、普仁、普法、達照等法師及其他諸位先生們、女士們。感謝日本牧田諦亮、竺沙雅章、緒方香州、落合俊典、赤尾榮慶、梶浦晋、松永知海、野澤佳美等諸位先生給我的各種幫助。也感謝韓國釋宗林、柳富鉉先生給予的種種幫助與方便。各界人士的幫助，使我感恩，給我力量，催我奮進。希望我的研究工作没有辜負他們。

　　在中國，大藏經研究基本上是一個很小衆的研究領域。在日本，大藏經研究則遠比中國興旺發達。日本京都大藏會即將迎來百年紀念，就是一個證明。近些年，大藏經研究開始在北美興起，一批年輕學者正在辛勤開拓。希望佛教大藏經的研究不斷前進，不斷取得新的成果。

　　本書收入的幾篇早期論文没有電子版底稿，由侯沖教授找到原發表雜志，請人録入。特向侯沖教授及參與録入的同學表示衷心的感謝。

2016 年 12 月 14 日定稿

佛藏源流[①]

　　佛教大藏經是佛教經典的總彙，最初産生於古印度，其後在佛教文化圈各國傳播、發展，形成了各種不同文字的傳本，也出現了種種不同的稱呼。在印度，隨著時代的不同，它有"九分教""十二品經""三藏""藏經"等名稱；在南傳佛教諸國，則一般稱之爲"三藏"；在藏傳佛教區域，它分爲"甘珠爾""丹珠爾"兩大部分，並以這兩個名稱流傳於世；在漢傳佛教地區，它先後被稱爲"衆經""一切經""經藏""藏經"，後來被統稱爲"大藏經"。

　　在漢傳佛教地區，人們不但用"大藏經"這個名詞來稱呼漢文大藏經，還常用這個名詞來稱呼其他文字的藏經，如"南傳大藏經""藏文大藏經"等。而在南傳佛教各國，則用"三藏"來稱呼漢文大藏經，以至西方各國也長期用"Tripitaka（三藏）"來稱呼漢文大藏經。這充分反映了各種不同傳本藏經之間的密切關係。前此，西方也有用"大藏經"的日語發音來對譯"大藏經"的；近年來，西方用漢語拼音來對譯"大藏經"的越來越多。這反映了漢文大藏經越來越受到研究者的重視。

　　佛教的基本構成要素有三個，即所謂佛、法、僧三寶。大藏經

---

① 　原載《南亞研究》1992 年第 3 期。文字略有修訂。

正是三寶中法寶的體現與代表,隋費長房《歷代三寶紀》卷十五稱:
"論益物深,無過於法。何者? 法是佛母,佛從法生。三世如來,皆
供養法。故《勝天王般若經》云:‘若供養法,即供養佛。’是知法教
津流,乃傳萬代。"①因爲大藏經是佛法的集結與體現,所以很自然
受到佛教四衆弟子的高度重視。另外,顧況《虎丘西寺經藏碑》稱:
"瞿曇教迹,不捨有表,示住無表……譬如無根,安得有華? 故覺華
長者得定光如來授記,鹿仙長者得釋迦如來授記,寶手菩薩者得空
王如來授記,皆因造藏而得作佛。"②也就是說,寫經造藏的功德無
量,甚至可以因此而成佛,所以寫經、造藏自然成爲四衆弟子宗教
生活中的一件大事。翻開中國佛教史,歷朝歷代,虔心收集、翻譯、
整理、傳寫、供養、修造佛典與大藏經的人前赴後繼,由於他們的努
力,使得各種形態的大藏經得以形成和發展。

　　佛教大藏經的内容,除了佛教教義之外,還涉及哲學、歷史、語
言、文學、藝術、音韵、天文、地理、曆算、醫學、建築、科技、民族、社
會等諸多領域。因此,它不僅僅是佛教典籍,而且是中國文化、東
方文化乃至人類文化的寶貴遺産。

一、 佛典在印度的産生與發展

　　公元前六、前五世紀是歷史上人類思想空前活躍的時代,中國
的孔子、印度的釋迦牟尼、希臘的蘇格拉底等幾位著名的大思想家
幾乎都生活在這一時代。這些大思想家有一個共同點——"述而
不作",即他們都没有撰寫專門的著作來論述自己的理論,而祇是

---

① 《歷代三寶紀》卷一五,CBETA(2016),T49,no.2034,p.120,b14~17。
② 《全唐文》卷三五〇,摘自《古今圖書集成選輯(上)》卷一〇二,CBETA(2016),B15,
　　no.0088,p.489,b26~c2。

滿足於口頭宣講。後人祇能通過他們的弟子的追記，纔得以瞭解他們的思想。

釋迦牟尼傳道四十五年，足迹遍及恒河中下游地區。從鹿野苑初轉法輪，至拘尸那伽逝世，一生中不知接觸過多少人，説過多少次法。從現有資料看，除了初轉法輪等少數幾次之外，釋迦牟尼的説法，大都是針對某些具體的人或具體的事發表自己的意見；或是應弟子及其他人的要求，對一些具體問題發表自己的觀點。用佛教的術語來説，這叫做"對機説法"。即按照談話對象的不同來確定談話的内容與方法，以更通俗而有效地傳播佛教教義。釋迦牟尼所説的法，被當時的佛教教團視爲修持的指南與行事的規範，具有很大的權威性，在弟子們的心裏留下了深刻的印象。但是，如前所述，終釋迦牟尼一生，他没有寫過任何一本成文的著作，他的思想與教義都以口口相傳的形式由弟子們流傳。

如果追尋釋迦牟尼述而不作的原因，大約可以舉出如下兩點：

（一）古代印度各宗教哲學派别大抵都采用口口相傳的方法傳播本派的思想與典籍，如婆羅門教的吠陀聖典就是用口口相傳的方法傳下來的。釋迦牟尼不過是遵循古印度的這一傳統罷了。

（二）當時佛教傳播的地區既不廣，信奉的人數也不多。佛經中經常提到釋迦牟尼有五百弟子。"五百"這個數字，在佛經中實際是一個約數，用來表示數量頗大。因此，看來當時釋迦牟尼弟子的數量，恐怕還不到五百名，故而還没有產生用書籍形式來傳播佛教教義的需要。

可以想見，由於口口相傳，便不免產生記憶的誤失與傳承的差訛，這對佛教的傳播與教團的團結，都是很大的不利因素。釋迦牟尼在世時，這個問題還不突出，因爲釋迦牟尼可以用他個人的威望來判斷問題的是非與維護教團的團結。釋迦牟尼逝世後，這個問題的嚴重性便逐漸顯現出來。

公元前 485 年，釋迦牟尼在從摩揭陀國到憍薩羅國去的途中，在拘尸那伽逝世。當時祇有大弟子、其堂弟阿難隨侍身邊。據有關佛經記載，正在其他地區活動的佛弟子們聽到釋迦牟尼逝世的消息，都十分悲痛，紛紛趕來。據説釋迦牟尼的另一大弟子迦葉當時正率領一批弟子在另一個地區活動，聽到釋迦牟尼逝世的消息，不少弟子忍不住失聲痛哭。但這時却有一位比丘説：那有什麽可悲傷的？釋迦牟尼在世時，規矩太多了。這也不許做，那也不能幹。現在他死了，我們可就自由了。《大乘法苑義林章》卷二稱："迦葉聞已，深更悲傷。思集法藏，據法治犯。"①亦即迦葉認識到要有一個適當的方式，把釋迦牟尼生前的教導彙聚起來，作爲佛教教團今後行事的依據，於是萌發了把釋迦牟尼的教導彙編起來的想法。

當年夏天，佛教徒按慣例舉行夏安居。迦葉便把大家召集到摩揭陀國首都王舍城外的靈鷲山，共同彙編釋迦牟尼的遺教。參加者據説是五百個已經得到阿羅漢果位的比丘。具體的方法是先由一人將他平時所聽到的釋迦牟尼的教誨復述出來，復述時必須先説明釋迦牟尼的這一段教誨是在什麽地方、什麽情況下，由於什麽原因，當著哪些人講的。然後由參加集會的弟子們共同審定，看這個人所回憶的釋迦牟尼的言教是否與自己平時聽到的釋迦牟尼的教導相符。大家共同認可的，就作爲釋迦牟尼的遺教確定下來。佛教稱這種方法爲"結集"。所謂結集，就是弟子們在一起會誦經典的意思。現存的佛典一般都以"如是我聞"開頭，然後説明釋迦

---

① 《大乘法苑義林章》卷二，CBETA（2016），T45，no.1861，p.268，c21～22。亦可參見《大唐西域記》卷九。

牟尼説法的時間、地點、對象、原因，等等，就是這種會誦形式的反映。由迦葉召集、主持的這次結集，在佛教史上稱爲"第一結集"。學術界認爲，從第一結集起，佛教開始有了相對比較成型的經典。

據《五分律》等典籍記載，第一結集時，侍從釋迦牟尼時間最長、號稱"多聞第一"的大弟子阿難背誦了釋迦牟尼對佛教教義的許多論述，這些論述被大家肯定下來之後，便稱爲"經"。號稱"持律第一"的大弟子優波離則背誦了釋迦牟尼關於修持與生活的各種規範，這些規範被肯定下來以後，便稱爲"律"。從此，經與律便成爲佛教典籍的基本組成部分。

同佛教史上的其他問題一樣，不同的經典對第一結集到底由誰主持、有哪些人參加、由誰背誦遺教及會誦、厘定了哪些内容，説法各不相同。例如《四分律》等經典主張，第一結集時，阿難除了背誦經之外，還背誦了專門解釋經中奧義的"論"。後代佛教把經、律、論當作佛教經典最基本的組成部分，稱作"三藏"。也就是説，《四分律》主張早在第一結集時，三藏已經齊全。《付法藏因緣傳》也主張第一結集時三藏已經齊全，但認爲論是由迦葉背誦出來的。而《迦葉結經》則説經、律、論三藏都是阿難背誦出來的。另外，有些經典還主張，除了迦葉在王舍城靈鷲山舉行的結集之外，還有其他人在其他地方也舉行了對釋迦牟尼遺教的結集。如《大唐西域記》卷九稱，在迦葉召集五百上座舉行結集的同時，有數百個比丘舉行了另一個結集，共會誦了經藏、律藏、論藏、雜集藏、禁咒藏等五藏。《大智度論》與《金剛仙論》則説，第一結集時，彌勒與文殊師利及十方佛在鐵圍山外，結集出大乘法藏。此外，還有其他一些不同的説法。

學術界認爲，第一結集時，佛弟子們把釋迦牟尼的一些教導會誦出來，形成最初的佛經與戒律，這是可以信從的。但是，當時是否形成完整的經、律、論三藏，尚可探討。至於説結集出雜集藏、禁咒藏等，則是後代的增益。所謂結集出大乘法藏云云，顯然是大乘産生以後的傳説。之所以會産生這些增益與傳説，主要是因爲佛教後來分成許多派别，每個派别爲了争取正統地位，爲了維護自己的學説的權威性，都把自己這一派經典的産生歷史上溯到第一結集，由此出現種種説法。當然，我們也應該承認，後代佛教出現的各種新理論，都是初期佛教理論在不同時期、不同條件下的邏輯演化，都有它們的合理性。這個問題涉及面較廣，將另文論述。

最初的佛典雖然從第一結集開始就産生了，但當時未能擺脱口口相傳的老傳統，没有形成文字。而且，各地教團都用其所在地的俗語來傳承佛典，没有統一的標準語。這樣，在佛教向各地傳播的過程中，難免會産生各種理解的歧異與傳承的訛誤，甚至産生各種人爲的篡改，這也是佛教後來分裂成許多部派的原因之一。據記載，早在阿難在世時，就出現對佛典的篡改，阿難雖想糾正，但已無能爲力。[①]爲了捍衛佛典的權威性與佛教教義的純潔性，一些教團采用了比較嚴格的傳承方法。《出三藏記集》卷五記述道安的話説："外國僧法，學皆跪而口受。同師所受，若十、二十轉，以授後學。若有一字異者，共相推挍，得便擯之，僧法無縱也。"[②]講的就是這種情況。有些教團則把佛典書寫在各種載體上，形成了所謂"梵夾"。

在其後的流傳過程中，佛典逐漸以類相從進行組織。現知較早的佛典組織形式是"九分教"。九分教，又稱"九部經""九部法"。據《法華經·方便品》載，它們是：

---

① 據説阿難曾經欲糾正某沙彌所頌偈頌的錯誤，但最終没有成功。參見《付法藏因緣傳》卷二，CBETA（2016），T50，no.2058，p.302，c1～27。

② 《出三藏記集》卷五，CBETA（2016），T55，no.2145，p.38，b8～10。

（一）修多羅（Sūtra），意爲"經""契經""法本"。一般指用散文形式組織起來的經文。

（二）伽陀（Gāthā），意爲"諷頌""孤起頌""不重頌"。一般指用偈頌形式組織起來的經文。

（三）伊帝目多伽（Itivṛttaka），意爲"如是語""本事"。指釋迦牟尼所説的弟子們在過去世的因緣故事。

（四）闍陀伽（Jātaka），意爲"本生"或"生"。内容俱爲釋迦牟尼所説自己在過去世的因緣故事。

（五）阿浮陀達摩（Adbhutadharma），意爲"未曾有""稀有法"。内容主要叙述釋迦牟尼及其弟子們的種種神通故事。

（六）尼陀那（Nidāna），意爲"因緣""緣起"。記叙釋迦牟尼説法的緣由。

（七）阿波陀那（Aupamya），意爲"比喻""解語"。指設用各種比喻來解釋、宣説佛教教義。

（八）耆夜（Geya），意爲"應頌""重頌"。指用偈頌的形式將散文中宣示的教義再提綱挈領地復述一遍。

（九）優波提舍（Upadeśa），意爲"議論"。指深入探討諸法意義的經文。

九分教中的修多羅、伽陀、耆夜三類是佛典的基本體裁，其餘六種則是依據經文的内容所立的名稱。《法華經·方便品》主張上述九分教是小乘經典的組織形式，但是，《大集法門經》《十住毗婆沙論》等對小乘九分教的説法與《法華經》不同。又，《涅槃經》認爲小乘没有"無問自説"，在《法華經》的上述小乘九分教中的確也没有"無問自説"，但在現存的小乘藏經——南傳巴利三藏中却有"無問自説"。因此，小乘九分教的具體内容到底是什麽，還需要進一步研究。很可能小乘九分教因部派的不同而相互有異，本身並不統一。

　　繼九分教之後出現的佛藏組織形式是"十二品經"，又稱"十二部經""十二分教""十二分聖教"等。它是在上述九分教的基礎上加上：

　　（十）和伽羅那（Vyākaraṇa），意爲"授記""授決"。記述釋迦牟尼預言菩薩成佛的言論。

　　（十一）優陀那（Udāna），意爲"自説""無問自説"。指無人發問，釋迦牟尼主動宣示的那些教義。

　　（十二）毗佛略（Vaipulya），意爲"方等""方廣"。指釋迦牟尼宣説的廣大方正，比較深奥的教義。

　　比較九分教與十二品經，可知十二品經是在九分教的基礎上發展起來的。它反映了印度佛教從小乘向大乘演化時期的佛典組織形式。中國在相當長的時間內，都把"十二品經"及它的各種異名當作漢文大藏經的代名詞來使用。有些典籍認爲，祇念誦十二品經的名稱也可以有無量的功德，敦煌遺書中就存有專門抄寫十二品經名稱以供念誦的卷子。

　　後來，又有"大乘九分教"的説法。所謂"大乘九分教"，係從十二品經中删去因緣、比喻、議論三類組成。隋慧遠在《大般涅槃經義記》卷二中解釋了小乘、大乘九分教的區别，他説：對小乘教徒來説，他們並不要求成佛，所以不用授記；當時釋迦牟尼所説的法比較淺顯，人們比較容易理解，比較容易發現和提出問題，所以釋迦牟尼用不著"無問自説"；當時還没有宣説那些深奥的教義，自然也就没有"方廣"。而大乘教徒都是一些有悟性、有根機的人，根本用不著憑藉"因緣""比喻""議論"之類的方法，很快就能領悟佛法。慧遠的解説反映了大乘教徒的態度。不過，被列爲大乘九分教的這些典籍是否全屬大乘，各種不同佛典，乃至同一佛典本身的説法也不一致。如《大般涅槃經》卷三認爲大乘九分教均屬於大乘，卷五又説衹有"授記""無問自説""方廣"三類屬大乘；《菩薩地持經》則主張衹有"方廣"纔算大乘，其餘都是小乘。這些不同的説法，反映了不同的佛教派別對當時流傳的各種佛教典籍的不同態度。

　　除了上述分類，印度佛教也用"三藏"來類別佛典。當佛典已經寫成文字以後，印度佛教僧侶常把同一性質的佛典彙聚在一起，收藏在一個筐、箱或籠中。梵語稱這類盛物的器皿爲"pitaka"，漢譯作"藏"。因此，"藏"逐漸演變成爲佛典的組織形式，並出現經、律、論三藏的分類法；

　　（一）經藏（Sūtrapitaka），彙聚釋迦牟尼關於教理的論述。

　　（二）律藏（Vinayapitaka），彙聚釋迦牟尼關於戒律的論述。

　　（三）論藏（Abhidharmapitaka），彙聚佛弟子撰寫的，闡述佛教義理的著作。

　　部派佛教時期，印度各小乘部派幾乎都有自己的三藏。各部派三藏的內容既有相通之處，也有相異的地方，組織形式也不盡相同。呂澂先生提出：上座部用五分法組織三藏。經的五分即五部阿含：《長阿含》《中阿含》《增一阿含》《相應部阿含》與《小部阿含》（又稱"雜藏"）。律的五分是：（一）比丘戒本的解説；（二）比丘尼戒本的解説；（三）犍度（關於受戒、安居等諸事）；（四）本母（關於戒律的通論）；（五）增一毗尼（對戒律的補充解釋）。論的五分則爲：（一）問（對佛教從多種門類去加以分析）；（二）非問（即不加分析）；（三）攝（不同諸法之性質可相互包容的歸爲一類）；（四）相應（諸法雖有相互聯繫，但不能歸爲一類的）；（五）發趣（不僅相攝、相應，而且相望爲因果的）。而説一切有部的三藏，其經藏由四部阿含組成。其中尤重《相應部阿含》，把它置爲經藏之首，結構是四分十誦。律藏也是十誦，故稱《十誦律》。論藏共有二十一部，構成一部法藴。①不同的藏經組織形態反映了各部派的理論差異。

大乘產生後，出現了大批大乘經典。大乘經典自立於小乘三藏之外。《大智度論》卷一〇〇稱："佛口所說，以文字語言分爲二種：三藏是聲聞法，摩訶衍是大乘法。"②並稱："是故知《摩訶般若波羅蜜經》等，在修多羅經中，以經大、事異，故別說。是故不在集三藏中。"③後來，有一種理論主張根據大、小乘根機之不同，三藏亦可分爲小乘聲聞乘之經、律、論三藏與大乘菩薩乘之經、律、論三藏，即總共分爲六藏。但是，這祇是一種藏經分類的理論，印度實際上是否真正出現過總攝所有佛教經典的大、小乘三藏，彙總爲一部藏經，尚需考證。從現有資料看，在印度佛教史上，似乎從來沒有出現過像中國漢文大藏經這種總彙性的佛教大叢書。當然，說有容易說無難，這是一個需要研究的問題。但依據筆者對印度佛教史與印度文化性質的理解，傾向認爲在印度不可能出現類似於中國漢文大藏經這種統攝性、總彙性的佛教大叢書。

後來印度密教產生，大批密教經典涌現，又對印度佛教產生了新的影響。

總之，與古印度諸國分立的政治局面相適應，印度佛教亦從不統一。印度人傾向於認爲，無數相互對立的集團與派別，各種異質東西的同時並存是一種正常的現象。在這種情況下，印度佛教僧人與信衆似乎無意於從事統一佛教典籍的工作。因此，印度也就不存在標準的、規範化的佛藏。大、小乘各派各自傳承自己的典籍，呈現出百花齊放之勢。如有的小乘部派主張傳承經、律、論、雜四藏；有的小乘部派主張傳承經、律、論、咒四藏；大衆部傳承經、

① 參見吕澂《印度佛學源流略講》第二講"部派佛學"的相關章節。
② 《大智度論》卷一〇〇，CBETA(2016)，T25，no.1509，p.756，b22～24。
③ 同上，c6～8。

律、論、咒、雜五藏；法藏部則傳承經、律、論、咒、菩薩五藏，這顯然是受大乘影響所致。但同樣深受大乘影響的《成實論》却主張傳承經、律、論、雜、菩薩五藏，《大乘理趣六波羅蜜經》卷一主張由經藏、律藏、論藏、般若波羅蜜多藏、陀羅尼藏而成五藏，《菩薩處胎經》卷七則提出釋迦牟尼一代教法應由胎化藏、中陰藏、摩訶衍方等藏、戒律藏、十住菩薩藏、雜藏、金剛藏、佛藏等八藏組成。除了藏的區分不定之外，各藏亦未形成標準的目録與固定的規範。所以，雖然都是經藏，不同部派可以傳承互有不同的典籍。所以來中國傳教以及西行求法的僧人，往往均依各自所得，傳譯不同的經典。7世紀時，我國著名僧人玄奘西行求法，據《大唐大慈恩寺三藏法師傳》卷六記載，他帶回的經本是：

> 大乘經，二百二十四部；
> 大乘論，一百九十二部；
> 上座部經、律、論，一十五部；
> 大眾部經、律、論，一十五部；
> 三彌底部經、律、論，一十五部；
> 彌沙塞部經、律、論，二十二部；
> 迦葉臂耶部經、律、論，一十七部；
> 法密部經、律、論，四十二部；
> 說一切有部經、律、論，六十七部；
> 因明論，十六部；
> 聲論，一十三部。
> 凡五百二十夾，六百五十七部。①

---

① 《大唐大慈恩寺三藏法師傳》卷六，CBETA（2016），T50，no.2053，p.252，c5～12。

這張取經清單從一個側面反映了當時印度佛教典籍百花齊放，並不統一的實際情況。

印度佛教各派，不但傳承的經典不同，傳承經典所用的語言也不同。

釋迦牟尼成道後，居住時間最長的地點是摩揭陀國與憍薩羅國，第一結集又在摩揭陀國舉行，因此，最初的佛經大約是用這一帶的俗語結集而成。又，佛經記載，釋迦牟尼禁止弟子們用當時印度的通行語言——梵語來傳播佛教，要求他們無論到什麼地方，都用當地的俗語來傳教。看來釋迦牟尼希望佛教能由此而更加接近普通群衆。但由於釋迦牟尼的這一語言政策，使得各地的佛教徒都用本地的語言來傳承佛典，增加了印度佛典的複雜性。①這樣，到了部派佛教時期，各部派彙編自己的三藏時，便都使用各自的語言。如南傳上座部使用巴利語；上座部使用派濕恰語；正量部使用阿巴勃朗姆語；説一切有部流傳的西北印度主要流傳梵語，故他們的典籍也用梵文。三四世紀，印度婆羅門教勢力興盛，與此相應，全印度普遍出現使用梵文的風氣。人們把梵語當作上層社會用語、學術用語以及通用的標準語。這時，不少佛教徒也開始采用梵文來改寫原來的俗語經典。由於佛典大抵采取散文、韵文夾雜的文體，而韵文因其本身的特殊要求，很難改寫成規範的梵文，就好像我們現在把外文詩歌翻譯爲中文，或把中文詩歌翻譯爲外文，都很難保持原詩固有的韵律。所以僧人們祇好僅改寫散文部分，而讓韵文部分仍然保持原樣。這樣，從俗語改寫爲梵文的佛教經典雖然從外觀上已經具備梵文的形式，但它的音韵、詞形還包含若干俗語的因素，而且還包含了許多佛教特有的詞彙。由於這種改寫過的梵文中還混雜著俗語，而且這種情況一般均出現在佛教典籍

---

① 參見季羨林《印度古代語言論集》，中國社會科學出版社，1982 年 4 月。

中，故學術界把它們習稱爲"混合梵文"或"佛教梵文"。此後，由於梵文日益普及，新的佛教典籍便都采用梵文撰成。尤其是中、後期大乘經典及密教經典，幾乎都用梵文撰成。

　　13世紀後，佛教在印度趨於滅亡，印度境内的佛教典籍也損毁殆盡。近代以來，考古學者在中亞地區發掘、發現了一些印度梵文及古俗語的佛典。此外，在尼泊爾及我國藏區的不少寺廟及文博部門保存有一定數量的梵文佛教經典；我國其他地方的一些寺廟及文博部門，乃至私人收藏者也保存有一些梵文佛典。

二、 佛典在各國的流傳與發展

　　佛教在古代世界向各地傳播的路綫主要有兩條：南傳與北傳。概略地説，佛教南傳最初傳入斯里蘭卡，然後由斯里蘭卡傳入緬甸、泰國、老撾、柬埔寨、印尼等國及我國雲南西雙版納地區。歷史上，沿著這一路綫傳承的佛教派别比較複雜，目前活動的是南傳上座部，所傳承的經典是巴利語三藏。佛教北傳又可分爲兩個途徑：一個途徑主要從印度經由陸上、海上絲綢之路傳入我國，在我國孕育發展後，又傳入越南、朝鮮、日本等國。目前在我國傳承的主要是漢文佛典。在越南、朝鮮、日本等國，最初傳承的經典也是漢文佛典，其後出現越南、朝鮮、日本等國文字的傳本。因爲傳承各國都屬於所謂"漢文化圈"，故一般稱這一系統的佛教爲"漢傳佛教"。另一個途徑從印度經由尼泊爾傳入我國西藏，在西藏孕育發展後，又傳到西藏周邊地區以及蒙古、俄國西伯利亞的布里亞特等地區，尼泊爾、不丹等國。所傳承的經典主要是藏文佛典，在蒙古地區亦有翻譯爲蒙文者，現在一般稱爲"藏傳佛教"。

　　據説，公元前3世紀印度孔雀王朝阿育王時代，在首都華氏城

舉行了一次結集，佛教史上一般稱爲第三結集。關於這次結集，南
傳佛教有記載，北傳佛教無記載。據南傳佛教資料，這次結集確立
了上座部的領導地位，並派出傳教使團四處傳教。傳統認爲，以摩
哂陀長老（據説是阿育王的兒子，一説是阿育王的弟弟）爲首的教
團來到斯里蘭卡，在當地國王的支持下開始大力傳播上座部佛教。
一種觀點認爲摩哂陀生長在西南印度山奇一帶，當地通行巴利語，
所以摩哂陀傳入的是巴利語三藏，這部三藏在斯里蘭卡得到廣泛
的傳播。另一種觀點則認爲巴利語實際屬於半摩揭陀語，是孔雀
王朝的官方語言。公元前 1 世紀左右，斯里蘭卡佛教教團發生分
裂，形成大寺派與無畏山派兩個派別。大寺派主張恪守傳統；無畏
山派則吸收了不少從印度傳來的新思想、新理論，包括當時剛剛產
生的大乘思想。其後，大寺派長老五百多人舉行了一次結集，南傳
佛教把這次結集稱爲第四結集。這次結集歷時三年多，衆多長老
將歷來口口相傳的巴利語三藏及其註疏用僧伽羅文記録到貝多羅
樹葉上，以期代代相傳。據説這就是流傳至今的巴利三藏的最初
寫本。5 世紀，摩揭陀國三藏法師覺音來到斯里蘭卡，他致力於巴
利三藏的研究與整理，使巴利三藏的形態基本固定下來。人們相
信，現在流傳的巴利三藏與覺音的整理本没有太大的差別。

　　巴利語衹是一種語言，没有與之相配套的專用文字。公元前 1
世紀，斯里蘭卡僧人結集三藏時，采用當地通用的僧伽羅文把它拼
寫下來。其後，隨著南傳佛教在東南亞的廣泛流傳，各國均用當地
通用的文字拼寫巴利三藏，從而形成各不相同文字的傳本。流傳
至今的有：僧伽羅文本、泰文本、緬甸文本、柬埔寨文本、老撾文本、
傣文本、天城體梵文本，等等。各種文字的巴利三藏内容基本相
同，行文或偶有差別。1881 年，由英國學者里斯·戴維斯（1843—
1922）發起成立的"巴利聖典協會"努力從事南傳巴利三藏的收

集、整理、校勘工作，出版了用羅馬字母轉寫的精校本巴利三藏，為巴利佛教的研究提供了寶貴的資料。近代，以紀念釋迦牟尼涅槃兩千五百周年為契機，不少南傳佛教國家都舉行了新的結集，從而形成了新的精校本與翻譯本南傳三藏，如斯里蘭卡從 1954 年開始，用了三十年的時間，編纂了新版僧伽羅文本巴利三藏和僧伽羅語譯文的對照本。泰國從 1940 年至 1952 年，用了十二年的時間，把巴利三藏全部譯為泰文。緬甸也在 1954 年邀請緬甸、柬埔寨、斯里蘭卡、印度、老撾、尼泊爾、巴基斯坦、泰國等國的比丘兩千五百人舉行第六次結集，依據各種版本精校了巴利三藏，出版了新的緬甸文字的三藏聖典。另外，近代以來，巴利三藏中的不少典籍被譯為英、法等各種西方文字。日本亦在 1935—1941 年間，把巴利三藏全部譯為日文，出版了《南傳大藏經》，全七十冊。20 世紀 30 年代起，我國也據巴利語或其他文種，陸陸續續翻譯過一批巴利三藏的佛典，如《法句經》《清淨道論》等。

　　印度小乘佛教大約分作二十多個部派，各部派幾乎都有自己傳承的三藏，但是，由於佛教在印度已經滅亡，各部派的這些三藏也都散佚無存。漢文大藏經中雖然保留了一大批部派佛教的典籍，其中涉及許多部派，但是，沒有一個部派的三藏是完整的。唯有南傳巴利三藏完整地保存了南傳上座部的全部典籍。從這個角度講，巴利三藏具有無可替代的價值。

　　公元前 3 世紀，阿育王派遣使團到鄰近印度的中亞一帶傳教。此後佛教逐漸流傳於阿富汗、伊朗北部等廣闊的中亞（包括我國新疆）各地。由於這些地區後來都成為伊斯蘭教的流傳區域，所以古代佛教在這兒流傳的情況已經不很清楚。不過，在不少佛教典籍及求法高僧的行記中還是保留了大量關於這一地區佛教流傳情況的記載，如于闐（今新疆和田）在當時就是一個重要的佛教中心。從漢到唐，我國都曾有僧人到此地來求訪經典。于闐附近的遮句迦國（今新疆葉城）更是大乘佛典的保存中心。據《歷代三寶紀》卷十二稱，該國"王宮自有《摩訶般若》《大集》《華嚴》三部大經，並十萬偈。王躬受持，親執鍵鑰……此國東南二十餘里，有山甚險。其內安置《大集》《華嚴》《方等》《寶積》《楞伽》《方廣》《舍利弗陀羅尼》《華聚陀羅尼》《都薩羅藏》《摩訶般若》《八部般若》《大雲經》等，凡十二部，皆十萬偈。國法相傳，防護守視"①。唐玄奘的《大唐西域記》卷十二也有類似的記述："此國中大乘經典部數尤多。佛法至處，莫斯爲盛也。十萬頌爲部者，凡有十數。"②近代以來，考古學家在中亞地區發現很多卡羅斯底文、婆羅謎文、于闐文、粟特文、吐火羅文、回鶻文的佛教文獻，既印證了諸多典籍關於這一地區古代佛教流傳、佛典興盛的記載，也説明當時這一帶都采用本地區文字傳承佛典。可惜的是，發掘出來的各種古文字佛典大抵均爲零部殘頁，已不足成爲完整的三藏或大乘法藏了。雖則如此，由於中亞佛典是漢傳佛教經典之一大來源，因此，它們仍是我們研究中亞佛教及漢傳佛教的重要資料。

　　佛教約於公元前二、前一世紀傳到我國新疆地區，進而約於兩漢之際傳入内地。據《三國志・魏志》註引三國時魚豢所撰《魏略・西戎傳》，漢哀帝元壽元年（公元前 2 年），大月氏使臣伊存向博士弟子景盧口授《浮屠經》。伊存雖遵印度傳統口授，景盧卻依中國習慣筆録。據有關材料，這部《浮屠經》主要叙述佛傳故事，同時也講述了一些佛教的教理。它是我國第一部成文的佛經。該經在東漢時曾廣泛流傳，形成一些不同的抄本。後來，約於兩晉之際亡佚於戰亂之中。③

---

① 　《歷代三寶紀》卷十二，CBETA（2016），T49, no.2034, p.103, a16～24。
② 　《大唐西域記》卷十二，CBETA（2016），T51, no.2087, p.943, a8～10。
③ 　方廣錩：《〈浮屠經〉考》，載《國外漢學》第一輯，商務印書館，1995 年 1 月。《〈浮屠經〉考》（修訂稿），載《法音》1998 年第 6 期。

　　此後,西方僧衆東來傳教,中國比丘西行求法,大批佛經陸續譯出,中華佛教撰著也不斷涌現。佛教在中國由附庸到獨立,最終成爲中華民族思想文化的有機組成部分。與這一過程相呼應,漢文佛典也逐漸發展、成長,最後成爲一部龐大的漢文大藏經。

附:佛藏源流示意圖

[附記]

本文原爲一份學習筆記，本意爲通過學習，努力把握漢文大藏經在佛教文化圈中的位置及其形成背景。因此，該文没有涉及漢文大藏經本身的形成過程，重點放在印度佛教典籍的形成與流傳。其後發表於《南亞研究》1992 年第 3 期上。收入本書時核對了原文，標註出處，行文亦略有修訂，並增加了一些新資料。附録繪製的“佛藏源流示意圖”參照《〈大正新修大藏經〉會員通訊》第 3 號結城令聞先生撰《漢譯大藏經與其他大藏經之關係》一文所附的同類示意圖，斟酌損益而成，特此説明。

需要補充説明的是，20 世紀下半葉以來，中國臺灣地區元亨寺依據日本《南傳大藏經》，將巴利三藏從日文譯爲漢文，現已收入《中華電子佛典集成》，可以閲讀與檢索。中國大陸則有郭良鋆、韓廷杰、鄧殿臣、趙桐等先生翻譯過一批南傳佛教的典籍，《藏外佛教文獻》第五輯發表過其中若干種。

此外，更需要提到的是，在西雙版納州政府的主持下，由《中國貝葉經全集》編輯委員會編輯、2010 年由人民出版社出版的《中國貝葉經全集》，收集整理、翻譯我國西雙版納地區流傳的傣文貝葉經佛典一百三十九部，全一百卷一百一十四册，總頁碼六萬九百四十六頁，總字數九千一百四十二萬字。該書爲貝葉經原件掃描、老傣文、新傣文、國際音標、漢文直譯、漢文意譯“六對照”版本，居功厥偉。

近年，北京大學以段晴教授爲首的團隊正在從事將巴利三藏翻譯爲漢文的工作。

寫本大藏經的編纂、種類與系統[①]

　　大藏經是基本網羅歷代漢譯佛典並以之爲核心的，按照一定的結構規範組織，並具有一定外在標志的漢文佛教典籍及相關文獻的叢書。佛教雖然産生於印度，但大藏經却産生於中國，並隨著東亞漢文佛教的發展而發展。[②]大藏經的形成雖然以佛教傳入中國、域外佛典的漢譯爲其源頭，但也與中國傳統思想文化，特別與中國"大一統"的思維模式及中國歷代致力於整理典籍的文化傳統有著十分密切的關係。"大藏經"一詞既吸收了印度佛典管理的内容，又融貫了中國人的思想與感情，反映了中國佛教發展的歷程，本身就是中印文化相結合的産物。[③]

一、 寫本大藏經的編纂

　　漢文大藏經最早起源於什麼時候？ 史籍缺載。從現有史料看，

①　原載《文史》第二輯，中華書局，2016 年。收入本書時有修訂。
②　參見方廣錩《中國刻本藏經對高麗藏的影響》，日本佛教大學"東アジアと高麗版大藏經國際シンポジウム"（東亞與高麗藏國際學術研討會）會議論文，載《世界宗教研究》2013 年第 1 期。已收入本書。
③　參見拙作《中國寫本大藏經研究》。

受漢譯佛典中"衆經"一詞的影響,從東晋起,中國人開始用"衆經"作爲當時流通的佛教典籍的總稱。從東晋釋道安(312—385)整理佛典,編纂《綜理衆經目録》來看,最遲在釋道安時代,中國已經出現成規模的漢文佛教典籍的叢書——大藏經。由於當時的大藏經還在形成期,大藏經經本缺乏制式的外在標志,我們對它們的認識也比較膚淺。因此,雖然現在敦煌遺書中保留了一批東晋寫經,但很難從中區別哪些屬於大藏經經本,哪些屬於單獨流通的經本。

但從實物資料,亦即從敦煌遺書來看,最遲在北魏永平(508—512)、延昌(512—515)年間已經出現官方寫經。敦煌遺書中現存北魏永平、延昌年間敦煌鎮官經生抄寫的佛經十餘號。這些經典的所用紙張、抄寫形態基本一致,卷末均有題記,題記的格式也基本一致。

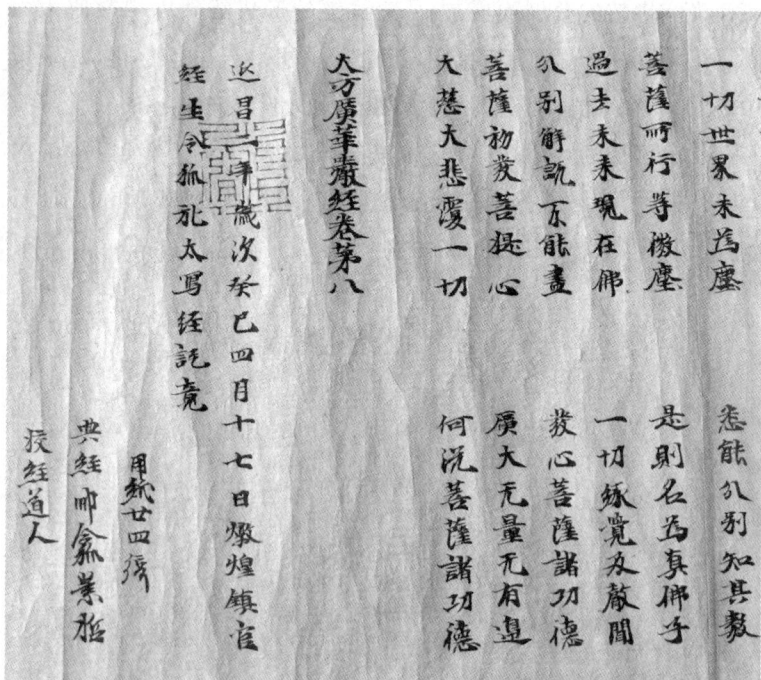

上圖爲 BD14472 號延昌二年（513）所抄的《大方廣佛華嚴經》
卷八，尾有題記：

　　　　延昌二年歲次癸巳四月十七日，燉煌鎮官／
　　　　經生令狐禮太寫經訖竟。／

　　　　　　　　　　　　　　　　　　　用紙廿四張。／
　　　　　　　　　　　　　　　　典經帥　令狐崇哲。／
　　　　　　　　　　　　　　　　　　　校經道人／

　　　斯 1547 號《成實論》卷十四卷末的題記如下：

　　　　　　　　　　　　　　　　　　　用紙廿八張。／
　　　　延昌元年歲次壬辰八月五日，燉煌鎮官經生劉廣周／
　　　　所寫論成訖。／

　　　　　　　　　　　　　　　　典經帥　令狐崇哲。／
　　　　　　　　　　　　　　　　校經道人　洪儁。／
　　　　　　　　　　　　　　　　　　　一效（校）竟。／

　　上述題記説明當時已經形成一定的寫經規範。從組織上講，
有官方雇傭的寫經生、有典經帥、有校經道人。從程式上講，有人
抄寫，有人校對，有人總承其職。BD14472 號《大方廣佛華嚴經》題
記稱“寫經訖竟”，而斯 1547 號《成實論》題記稱“所寫論成訖”，亦
即當時連所寫的是“經”還是“論”，都已經加以區別。
　　值得注意的是，如 BD14472 號《大方廣佛華嚴經》圖版所示，題
記上有一個九叠文印章。這枚印章見於多件敦煌鎮官寫經，但至今

無人能夠辨識。好在我在伯 2179 號發現另外一枚印章，見下圖：

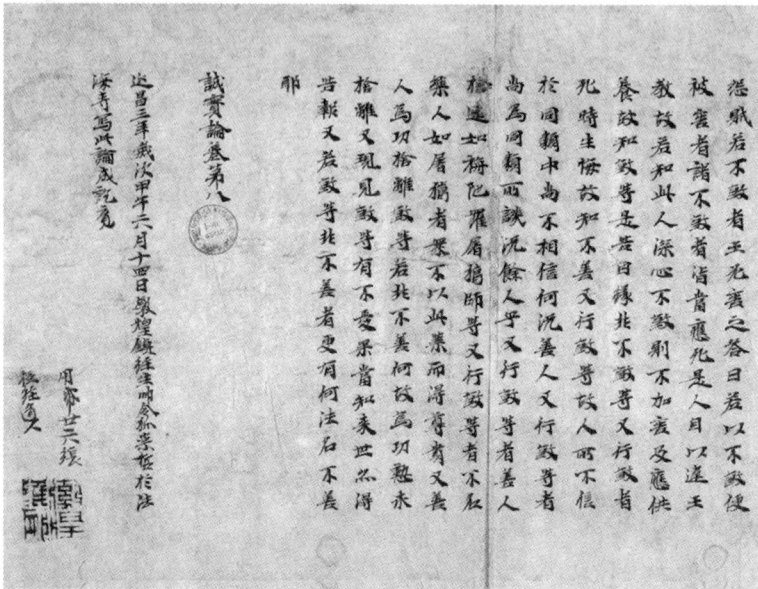

該號卷尾題記作：

　　延昌三年歲次甲午六月十四日，燉煌鎮經生帥令狐崇哲於法/
　　海寺寫此論成訖竟。/

　　　　　　　　　　　　　　　　　　　用紙廿六張。/
　　　　　　　　　　　　　　　　　　　校經道人/

　　上述題記說明兩點：第一，當時寫經雖然是官方的事業，但寫
經並非在某官署進行，而是在寺院寫經，上述令狐崇哲的寫經即在
法海寺進行。這裏體現出的政教關係格局值得注意。第二，寫經
活動的負責人名爲"典經帥"。"典經帥"又稱"經生帥"，即經生的

頭領。他本人也參加寫經,也是寫經生之一。所以在上述令狐崇哲本人所寫的《成實論》卷八的卷尾題記中,便采用"經生帥",而不用"典經帥"這一名稱。

值得注意的是卷末的印章。該印章與 BD14472 號印章不同,清晰可辨,爲"燉煌維那"①。"維那"是佛教寺院的三綱之一,這或者説明經典抄完之後,還要經過維那驗收這一道手續。BD14472 號印章雖然未能辨識,其功用應該與"燉煌維那"相同。

敦煌鎮設立官經生,官經生成年累月地抄經,則所抄之經,自然不會僅僅是單經另部,主要任務應爲抄寫大藏經。審視上述十餘件殘卷,既有大小乘經,也有大小乘論。其中大部分經典並非《法華經》《金剛經》那種傳統認爲抄寫後有很大功德的經典,而是普通的佛典。這也可以作爲當初所抄確爲大藏經之證明。歷經一千五百年歷史長河的衝刷,還能有這麽十餘卷經典留存,且保存了二號《成實論》卷十四,則現存殘卷至少應當分屬兩部大藏經。如果考慮《成實論》卷八的抄寫年代,則也有可能分屬三部大藏經。

從下文將要提到的斯 00996 號《雜阿毗曇心論》卷六題記可知,北魏太和三年(479),一部大藏經收經一千四百六十四卷。在當時,這是一個相當可觀的數字。編纂、抄寫這樣一部藏經,需要付出很大的人力、物力,需要有很大的財力作爲支持。那麽,當時的人們爲什麽要如此盡心竭力地編纂、抄寫大藏經呢? 我們可以用八個字來歸納,即"護持正法,修積功德"。從前四個字,衍生出大藏經的義理層面的功能與形態;從後四個字,衍生出大藏經的信仰層面的功能與形態。關於大藏經的功能形態,筆者在《論大藏經的三種功能形態》②、《略談

---

① 辨識工作請西安碑林研究所陳根遠先生完成,特致謝意。
② 參見方廣錩《論大藏經的三種功能形態》,載臺灣《宗教哲學》第 3 卷第 2 期,1997 年 4 月。修訂後收入《中國寫本大藏經研究》第四章第二節。已收入本書。

漢文大藏經的編藏理路及其演變》①、《中國刻本藏經對高麗藏的影響》等論著中已有較爲詳盡的論述，此處不贅。

二、 寫本大藏經的種類

什麼叫寫本藏經的"種類"，以前無人研究，也沒有這樣一種提法。但如果我們從能（造藏主體）、所（所造藏經）兩個角度分別考察，似乎可以對寫本藏經的種類開展相應的研究。

（一）造藏主體

就造藏主體而言，可區別爲僧俗兩界。

僧界有僧人、僧團之分。造藏亦有僧人造藏與教團造藏之分。日本書道博物館藏《僧伽吒經》卷二尾有題記，謂：

> 大業十二年六月廿四日大禪定道場沙門智首敬/
> 寫一切經。上爲　至尊皇后、所生父母、法界蒼/
> 生、七世父母，敬心供養。/②

從墨色看，題記與正文相近。因筆者尚無緣親自考察該遺書原件，故對該題記真僞暫不討論。但隋大業年間，京師確有大禪定道場，其中確有僧人名爲智首。③如果該題記確非後人僞造，則該遺書應爲隋代僧人造藏的殘存，洵可珍貴。對該題記真僞的實際考

---

① 方廣錩：《略談漢文大藏經的編藏理路及其演變》，載《世界宗教研究》2012 年第 1 期。中國人民大學資料複印中心《宗教》2012 年第 2 期轉載。已收入本書。

② 《台東區立書道博物館所藏中村不折舊藏禹域墨書集成》卷上，第 333 頁。

③ 《新修科分六學僧傳》卷一四："隋大業八年，召住大禪定道場衆時三百餘……有同德沙門法常、智首、僧辨、慧明等，相與引重，而請焉。" 見 CBETA（2016），X77, no.1522, p.186, a1～4//Z2B:6, p.331, c18～d3//R133, p.662, a18～b3。

察，且俟他日。

至於僧團造藏，則如敦煌遺書伯 2340 號就反映了北宋咸平五年（1002）敦煌報恩寺修造本寺藏經的情況。

拙作《中國寫本大藏經研究》第二章第三節之一"圍繞大藏經的各種宗教活動"，羅列了會昌廢佛之前大量僧界造藏的事例。此不贅述。

至於俗人造藏，亦有諸多形態，如敦煌遺書斯 00996 號《雜阿毗曇心論》卷六有題記如下：

> 《雜阿毗曇心》者，法盛大士之所説。以法相理玄，[□]籍浩博，懼昏流迷於廣文，乃略微以現約。瞻四有之局見，通三界之差別。以識同至味，名曰《毗曇》。是以使持節侍中駙馬都尉羽真太師中書監領秘書事車騎大將軍都督諸軍事啓府洛州刺史昌梨（黎）王馮晋國，仰感恩遇，撰寫十一切經，一一經一千四百六十四卷，用答
>
> 皇施。願
> 皇帝陛下、
> 太皇太后，德苞九元，明同三曜。振恩闡以熙寧，恊淳氣而養壽。乃作贊曰：
> 麗麗毗曇，厥名無比。文約義豐，總演天地。
> 盛尊延剖，聲類斯視。理無不彰，根無不利。
> 卷云斯苞，見云亦帝（諦）。諦修右（？）玩，是聰是備。
> 大代太和三年歲次己未十月己巳廿八日丙申於洛州所書寫成記。

該題記説明，太和三年（479），昌黎王馮晋國修造大藏經十部，當

時"大藏經"已稱爲"一切經",意爲"一切漢文佛典"。昌黎王馮晋國修造的"一切經"每部包括佛典一千四百六十四卷,具體内容不詳。

又,隋開皇九年(589)四月八日佛誕日,隋文帝皇后修造大藏經一部,現敦煌遺書中存有伯 2413 號、斯 02154 號、上博 57 號、津藝 021 號、BD05729 號 + 浙敦 029 號等六號五卷①,每卷尾部均有相同題記,作:

> 大隋開皇九年四月八日,皇后爲法界衆生,敬寫一切經,流通供養。

該題記説明,隋文帝皇后曾經在開皇九年(589)佛誕日修造藏經一部,以爲祈福。我們現在難以知道開皇九年這部藏經的規模,如按照《大正藏》本隋法經《衆經目録》,當時一部藏經共收經一千三百八十二部,四千零五十五卷。

又,BD14940 號爲《四分律》,尾有題記兩行:

> 咸通十二年三月一日,幽州盧龍節度副大使知節度事,觀察處置押奚契丹兩蕃經略盧龍軍等使,特進/檢校司徒兼侍中幽州大都督府長史,上柱國,燕國公,食邑三千户張 等敬造一切經。/

上面所述,均爲達官貴族修造藏經。②流風所及,百姓對修造藏

---

① 根據日本杏雨書屋藏《敦煌秘笈·目録册》九,杏雨 763 號卷尾有類似題記。但該題記爲近代僞造,故不列入。
② 根據日本杏雨書屋藏《敦煌秘笈·目録册》九,杏雨 759 號《增壹阿含經》卷五尾有題記,作:"仁壽三年八月,弟子皇太子廣爲法界衆生,敬造一切經,流通供養。"該題記真僞尚須鑒別,暫記録於此。

經也有很大的積極性，如 BD14519 號、斯 01415 號均爲《四分律》，首題前有相同的題記：

> 大興善寺邑長孫略等卅一人敬造一切經。

由此可知，這是長孫略等三十一人組成社邑，共同發願修造藏經。該社邑名爲"大興善寺邑"，説明該社邑與"大興善寺"有密切的關係。這對我們研究中古社邑提供了新的資料。①

伯 2106 號、斯 04614 號、浙敦 027 均爲南北朝末期寫本，尾有相同的題記：

> 昔雪山菩薩，八字捨身；香城大士，一言析骨。況我凡愚，而不迴向。佛弟子田豐躬率己財，兼勸有心，仰爲　　皇帝、文武百寮（僚）、七世父母、過見師尊，及法界衆生，敬寫一切經論，願共成佛。

上述田豐是何等身份，題記中没有明確説明。這裏有兩種可能：第一，因題記中没有官銜，似乎表明田豐其人祇是一個普通的百姓。然而能夠獨立完成一部大藏經的修造，説明他具有雄厚的財力，應該是某地一個富豪。第二，可能他依然是一個達官貴人，祇是在題記中没有表明身份罷了。上述兩種可能中，我比較傾向第一種。

不同造藏主體所造的大藏經有何差别？在此以大藏經的寫經行款爲例略作研究。

---

① 亦有學者主張本條題記應釋爲大興善寺寺邑的邑長，姓孫名略，帶領衆人造藏。這一解釋雖亦可通，但似以本文之解釋文意爲長。

前述隋文帝皇后寫經,六號寫經的行款如下:

1. 斯 02154 號

總長 442.1 厘米,高 26 厘米;九紙;共二百四十三行,行十七字。

本遺書包括兩個文獻:(1)《三曼陀跋陀羅菩薩經》,一百三十八行,今編爲斯 02154 號 1。(2)《甚深大迴向經》,一百零五行,今編爲斯 02154 號 2。

每紙長度及抄寫經文行數如下:

01:31.5, 18;　　02:51.5, 29;　　03:51.8, 29;
04:52.0, 29;　　05:52.0, 29;　　06:52.0, 29;
07:52.0, 29;　　08:52.0, 29;　　09:47.3, 22。

由於卷首、卷尾兩紙受到首題、尾題及經文篇幅的影響,款式並不規範。所以考察寫經款式要除掉這兩紙。於是我們可以看到,該卷寫經的款式統一:每紙二十九行,每行十七字。

2. 津藝 021 號

總長 466 厘米,高 26 厘米;九紙;共二百五十二行,行十七字。

本遺書抄寫《大樓炭經》卷六。

考察原件時因爲受條件限制,僅測量了其中一紙的長度,爲 53.5 厘米。但現場記錄了每紙抄寫的經文行數:

01:26;　　02:29;　　03:29;　　04:29;
05:29;　　06:29;　　07:29;　　08:29;
09:23。

去除第一紙與第九紙，其餘七紙每紙抄寫二十九行，款式與斯02154 號相同。

3. 伯 2413 號

本遺書抄寫《大樓炭經》卷三。

沒有考察原卷，僅依據彩色圖版查核其每紙抄寫的行數：

01：00；　　02：27；　　03：29；　　04：29；

05：29；　　06：29；　　07：29；　　08：29；

09：29；　　10：29；　　11：25。

因爲第一紙是扉葉，所以要去除第一紙、第二紙、第十一紙，其餘八紙每紙抄寫二十九行，款式與前兩號相同。

4. 上博 57 號

本遺書抄寫《持世經》卷三。

沒有考察原卷，僅依據圖録查核其每紙抄寫的行數：

01：06；　　02：29；　　03：29；　　04：29；

05：29；　　06：29；　　07：29；　　08：29；

09：29；　　10：29；　　11：29；　　12：29；

13：29；　　14：29；　　15：29；　　16：29；

17：17。

去除第一紙與第十七紙，其餘十五紙每紙抄寫二十九行，款式與前面三號相同。

5. BD05729 號 + 浙敦 029 號

該兩號遺書抄寫《太子慕魄經》，可前後綴接。

BD05729 號每紙長度及抄寫經文行數如下：

01：49.5，27；　　02：51.5，29；　　03：51.5，29；
04：06.5，04。

浙敦 029 號每紙長度及抄寫經文行數如下：

01：45.5，25；　　02：48.5，27。

綴接以後每紙長度及抄寫經文行數如下：

01：49.5，27；　　02：51.5，29；　　03：51.5，29；
04：51.5，29；　　05：48.5，27。

　　去掉首尾兩紙，其餘三紙每紙抄寫二十九行，款式與前面相同。

　　通過上述考察可知，隋代官方寫經的標準款式是一紙二十九行，且嚴格保持其一致性。

　　順便説一句，據 2012 年 9 月 23 日《新京報》報導，羅炤先生提出"隋代官式寫經的版式，即每紙二十七行"，並依此爲依據，主張房山雷音洞四壁所鑲經版爲隋代遺存。敦煌遺書中的隋代宮廷寫經資料，不支持上述觀點。

　　我們再考察田豐寫經的行款。

1. 斯 04614 號

　　本遺書抄寫《大智度論》卷一，每紙長度及抄寫經文行數如下：

01：07.0，00；　　02：51.0，23；　　03：52.2，28；

04：52.2，28；　　05：52.3，28；　　06：52.4，28；

07：52.4，28；　　08：52.2，28；　　09：52.4，28；

10：52.5，28；　　11：52.4，28；　　12：52.5，28；

13：52.4，28；　　14：52.4，28；　　15：28.5，12。

不計首紙、第二紙及尾紙，每紙二十八行。

2. 浙敦 027 號

本遺書抄寫《大智度論》卷九，每紙長度及抄寫經文行數如下：

01：39.3，22；　　02：52.4，29；　　03：52.2，29；

04：52.2，29；　　05：52.2，29；　　06：52.3，29；

07：52.4，29；　　08：52.3，29；　　09：52.2，29；

10：52.1，29；　　11：51.6，29；　　12：52.3，29；

13：52.3，29；　　14：52.2，29；　　15：52.3，29；

16：52.5，29；　　17：52.5，29；　　18：52.2，29；

19：51.7，27。

不計首紙、尾紙，每紙二十九行。

3. 伯 2106 號

本遺書抄寫《大智度論》卷八，沒有考察原卷，僅依據圖錄查核其每紙抄寫的行數：

01：26；　　02：28；　　03：28；　　04：28；

05：26；　　06：28；　　07：28；　　08：28；

09：28；　　10：28；　　11：28；　　12：28；

13：28；　　14：24；　　15：05。

不計首紙及倒數第二紙、尾紙,每紙二十八行或二十六行。

通過上述考察可知,民間大藏經往往不能嚴格保持寫經款式的一致性。

從紙張看,顯然也是官方寫經的紙張質量高於民間寫經。

當然,對於不同寫經主體所修造的大藏經,還應該從更加廣泛的角度進行研究。本文限於篇幅,不再展開論述。

(二) 所造藏經

拙作《中國寫本大藏經研究》將寫本大藏經分爲六個階段:

1.醞釀階段。大體從佛教初傳到釋道安時代。

2.形成階段。大體從鳩摩羅什來華起到隋費長房撰寫《歷代三寶紀》止。

3.結構體系化階段。從《歷代三寶紀》編成到會昌廢佛止。

4.全國統一化階段。從會昌廢佛到北宋刊刻《開寶藏》止。

5.與刻本並存階段。從《開寶藏》刊刻到北宋末年。

6.純功德階段。從南宋起到清代。

在二十多年前寫作的《八—十世紀佛教大藏經史》[1]中,筆者提出"大藏經三要素"這一觀點,主張應從取捨標準、結構體系、外部標志等三個方面來查考寫本藏經。三要素可簡化表述爲内容、結構、標志。在此,内容與結構體現藏經的内在特徵,標志屬於藏經的外部特徵。任何一部寫本大藏經,都可以用上述三個組成要素來衡量,來檢驗。檢驗的結果,如上述三個要素全變了,藏經當然變了,成爲一部新的藏經;如果僅是内在特徵變了,藏經實際也變成一部新藏經;但如果内在特徵没有變,僅外部標志變了,則應該説這部藏經還没有變。所以,決定一部寫本藏經的關鍵因素,是它

① 方廣錩:《八—十世紀佛教大藏經史》,中國社會科學出版社,1991 年 3 月。

的内容與結構等内在特徵。我們在考察各種大藏經的種類時,依然應該貫徹上述原則。

　　就大藏經内容與結構等内在特徵而言,不同階段的藏經形態不同,其種類也各有差異。總的來說,從道安《綜理衆經目録》與僧祐《出三藏記集》所顯示的不分乘藏大藏經,發展爲其後的分別乘藏大藏經,奠定了大藏經發展的基礎。在其後的發展中,在分別乘藏的諸種大藏經中,又出現先乘後藏、先藏後乘的不同。還有主張以區别有譯、無譯爲主,或主張以分清單本、重翻爲主,以至主張以厘定主經、眷屬爲主等不同的大藏經。此外,不同的大藏經還有收經時兼顧域外翻譯與中華撰著;或注重域外翻譯,輕視中華撰著;或祇收域外翻譯,排斥中華撰著之區別。由於詳細論述相當複雜,本文在此僅略微點題,不做展開論述。

　　然而,當我們將視野從大藏經的義理層面轉向它的信仰層面時,我們可以發現寫本大藏經的種類又有了新的開拓——諸如金字大藏經、銀字大藏經、尊名金銀字大藏經、金銀字間行大藏經。《補續高僧傳》卷一稱:

　　　英宗即位,將以大藏經治銅爲板。而文多舛誤,徵選天下名僧六十員讎較(校)。師(方按:指僧法禎)與湛堂、西谷三人爲總督,重勘諸師所較(校),仍新爲目録。①

　　這裏的"治銅爲版"有兩種可能,一種是鑄造銅版或鑄造銅活字,用以印刷;一種是鑿刻銅鍱,以爲大藏。如果是前者,當爲刻本

① 《補續高僧傳》卷一,CBETA(2016),X77, no.1524, p.372, a15～18//Z2B:7, p.26, d3～6//R134, p.52, b3～6。

藏經的一種；如爲後者，當視爲寫本藏經之同類。

　　凡此種種都提示我們，如果我們從不同的角度去考察寫本大藏經，可以發現它具有各種不同的表現形態。因此，所謂"寫本藏經的種類"的確是一個有待進一步開拓的課題。

三、　寫本大藏經的系統

　　在大藏經研究史上，以往所謂的"大藏經的系統"，指的是刻本藏經的系統。人們在研究刻本藏經的時候，先發現刻本藏經根據其傳承不同，可以分爲北方系與南方系兩種系統。其後，隨著《房山石經》的發掘，人們對遼代大藏經的知識進一步豐富，於是將上述大藏經的兩個系統正式改爲以《開寶藏》爲代表的中原系、以遼代大藏經爲代表的北方系以及以《崇寧藏》《毗盧藏》《思溪藏》爲代表的南方系等三個系統。

　　那麼，寫本大藏經是否也存在系統？

　　由於《開寶藏》、遼代大藏經等中原系、北方系、南方系等刻本大藏經的三個系統最早的刊刻底本都是寫本大藏經，從這個意義上講，寫本大藏經自然也有它相應的系統。但是，此處必須注意的是，當我們在上述語境下討論"寫本大藏經的系統"時，實際是從刻本大藏經倒推論證寫本大藏經的系統。亦即由於人們發現存在中原系、北方系、南方系等刻本大藏經的三個系統，從而主張寫本大藏經自然也有與之相應的系統。但是，寫本大藏經的情況非常複雜，它的系統未必能夠與其後的刻本藏經完全等同。

　　關於這一點，我們以近年發現的《開寶藏》本《大寶積經》卷一一及其他各種藏經的相關材料爲例來加以說明。

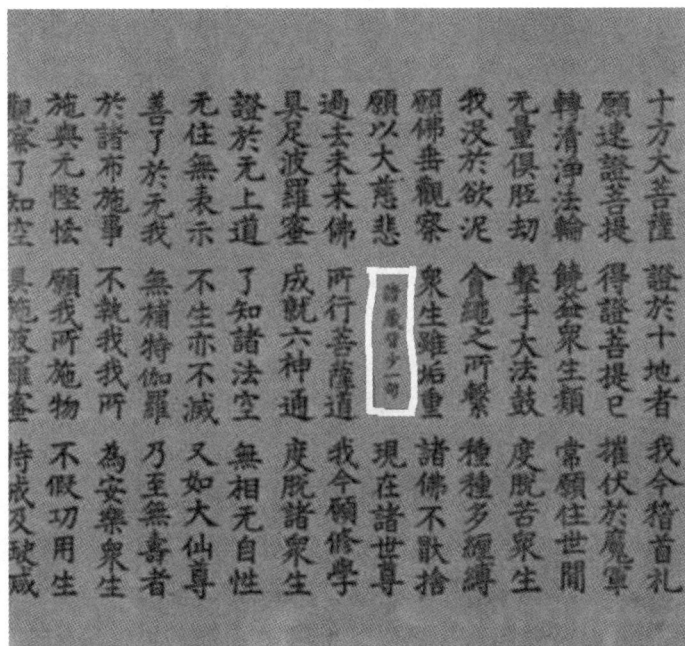

中國國家圖書館近年入藏《開寶藏》本《大寶積經》卷一一一。該卷刊刻時間不詳，但可以肯定屬於初刻初印本，其中第二十八紙的一段偈頌缺少一句。參見上圖圖版中用框綫標出的部分。

如圖版所示，該《開寶藏》本《大寶積經》卷一一一稱偈頌"願以大慈悲"以下的空缺爲"諸藏皆少一句"。也就是説，刊刻《開寶藏》的時候，人們已經發現所依據的寫本大藏經這裏少一句，但遍尋各種寫本大藏經，發現各藏此處均缺少這一句，於是不得不予以空缺，並加説明。那麼，當時其他寫本藏經的情況是否如此呢？

古代的寫本大藏經，可以作爲這一問題佐證的，目前祇有敦煌遺書。漢文敦煌遺書共計六萬三千餘號，但據目前所知，《大寶積經》卷一一一祇保存一號，爲俄 дх00948 號，圖版如下：

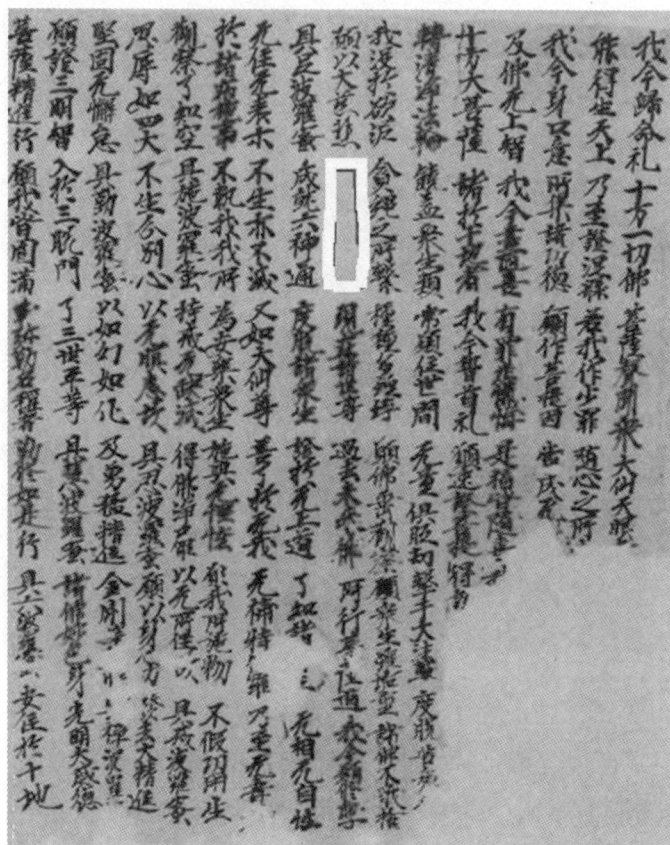

　　文中"願以大慈悲"下果然也爲空缺（參見用框綫標出的部分）。從形態看，該俄 дx00948 號應爲五代宋初寫本，亦即當時敦煌流傳的《大寶積經》卷一一一中也沒有這句話，這證明《開寶藏》所謂"諸藏皆少一句"，真實不虛。

　　但是，其後這一句話在《趙城金藏》本《大寶積經》中被補爲"度脱生死海"。下面是相關照片，所補文字見照片用框綫標出的部分：

　　我們知道，《趙城金藏》按照《開寶藏》後期印本覆刻。那麽，

十方大菩薩　證於十地者　我今稽首礼
願速證菩提　得證菩提已　摧伏於魔軍
轉清淨法輪　擊于大法鼓
无量億服劫　饒益衆生類　常願住世間
我没於欲泥　貪繩之所繫　種種多嬈病
願佛與親察　衆生雖恠重　度脫苦嬈生　度脫生死海
願以大慈悲　我今願懺學　現在諸世尊
過去未來世　成就六神通　度脫諸衆生
是足波羅蜜　无相諸自性
无住無表示　不生亦不滅　又如大仙尊
善了於諸法　了知諸法空　無量特伽羅
證死无上道　无補特伽羅　乃至無壽者
於諸布施故　不執我我所　爲安樂衆生
施與无慳悋　願我所施物　不慳刀用生
觀察了知空　具施波羅蜜　持戒无破滅
得佛淨名羅　以无所住故　具戒波羅蜜
忍辱出四大　不生分別心　以无瞋恚故
具忍波羅蜜　願以身心力　發起大精進
堅固无懈怠　　　　　　　以如幻如化
及勤精進　金剛等三昧　具禪波羅蜜
願證三明智　入於三昧門　了三世平等
具勇猛精進　諸佛妙色身　光明大威德
具慧波羅蜜

《趙城金藏》的這一補正，是否可以證明在《開寶藏》後期版片中，這一缺漏已經得到補正呢？

　我們再考察《房山石經》（遼金刻本），亦即《遼大字藏》的情況。《房山石經》的該處也補正爲"度脫生死海"，所補文字見照片用框綫標出的部分：

全碑較大,下面是補正文字的局部圖版。

《房山石經》與《趙城金藏》所補文字一樣,也是"度脱生死海",
說明兩者在補正時依據的原本一致。我們知道,《遼大字藏》刊刻
時,《開寶藏》已經傳到遼,而《趙城金藏》刊刻在《遼大字藏》之後。
這裏就産生一個問題:

到底是《開寶藏》後期印本先補正,影響了《遼大字藏》及《趙城
金藏》,還是《遼大字藏》先補正,影響了《趙城金藏》?

我本人比較傾向第一種答案,即《開寶藏》的後期版片已經補
正,從而影響了《遼大字藏》及《趙城金藏》。依據便在《再刻高麗藏》。

我們知道,高麗朝刊刻兩部大藏經:《初刻高麗藏》與《再刻高
麗藏》。《初刻高麗藏》主要以《開寶藏》爲底本覆刻,其後守其斟酌

《初刻高麗藏》《開寶藏》《遼大字藏》，修訂編纂了《再刻高麗藏》，撰有《守其別録》，詳述其修訂的成果。

下面是《再刻高麗藏》的相關圖版，參見圖版中用框綫標出的部分：

大寶積經第百十五卷　第廿八葉　文

十方大菩薩　證於十地者　我今稽首礼
願速證菩提　得證菩提已　摧伏於魔軍
轉清淨法輪　饒益衆生類　常願住世間
无量俱胝劫　擊于大法鼓　度脫諸衆生
我沒於欲泥　繫縛之所繫　種種多纏縛
願佛垂觀察　食緣之所繫
願以大慈悲　衆生雖始重　諸佛不猒捨
過去未來佛　現在諸世尊　我今願修學
具足波羅蜜　成就六神通　**度脫生死海**
證於无上道　知諸法空　無相无自性
无住无表示　不生亦不滅　又如大仙尊
善于於无我　無補特伽羅　乃至無壽者
於諸布施事　不執我我所　為安藥衆生
施與无慳悋　願我所施物　不假串用生
觀察了知空　具施波羅蜜　持戒無毀缺
得佛淨尸羅　以无所住故　具戒波羅蜜
忍辱如四大　不生分別心　以无瞋恚故
具忍波羅蜜　願以身心力　發起大精進
堅固无懈息　具勤波羅蜜　以勤幻如化
證三明智　入於三昧門　了三世平等
及勇猛精進　金剛等三昧　具禪波羅蜜
願證三明智　諸佛妙色身　光明大威德
具慧波羅蜜　　　弥勒名稱者
菩薩精進行　願我皆圓滿

《再刻高麗藏》在該空缺處亦補爲“度脫生死海”。由於《守其別録》中對這一補正没有載述，所以，我認爲守其看到的《開寶藏》本、《遼大字藏》本、《初刻高麗藏》本此處的文字是一樣的。這就證明，在《開寶藏》的後期印本中，這一問題已經得到解決。

《開寶藏》是傳統所謂的中原系統，《遼大字藏》是傳統所謂的北方系統，我們再看看傳統所謂的南方系統如何處理這一問題。下面是《思溪藏》本《大寶積經》卷一一一的相關部分，參見圖版中框綫標出的部分：

《思溪藏》本同樣補正爲“度脫生死海”。

由此我們看到，傳統所謂中原系統、北方系統、南方系統刻本大藏經在這個問題上是一致的。落合俊典先生提示，此處或乃依據藏文《大寶積經》所補。

那麽，有没有與此不一致的呢？有。日本《聖語藏》本《大寶積

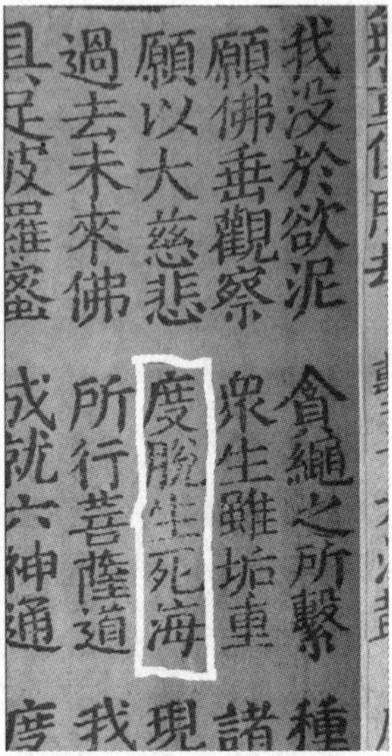

我沒於欲泥　貪繩之所繫　種
願佛垂觀察　衆生雖垢重　諸
願以大慈悲　度脫生死海　現
過去未來佛　所行菩薩道　我
具足波羅蜜　成就六神通　度

經》卷一一一將闕文用朱筆補爲"哀愍常攝護",如下圖:

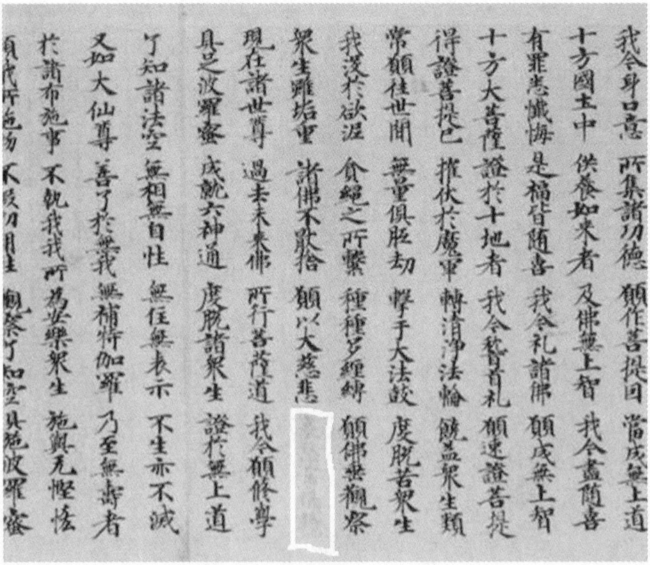

我今身口意　所集諸功德　願作菩提因　當成無上道
十方國土中　供養如來者　及佛無上智　我今盡隨喜
有罪悉懺悔　是福皆隨喜　我今礼諸佛　願成無上智
十方大菩薩　證於十地者　我今稽首礼　願速證菩提
得證菩提已　摧伏於魔軍　轉清淨法輪　饒益衆生類
常願住世間　無量俱胝劫　擊于大法鼓　度脫苦衆生
我沒於欲泥　貪繩之所繫　種種多纏縛　願佛垂觀察
衆生雖垢重　諸佛不厭捨　願以大慈悲
現在諸世尊　過去未來佛　所行菩薩道　我今願修學
具足波羅蜜　成就六神通　度脫諸衆生　證於無上道
了知諸法空　無相無自性　無住無表示　不生亦不滅
又如大仙尊　善了於無我　無補特伽羅　乃至無壽者
於諸布施事　不執我我所　爲安樂衆生　施與无慳悋
願我所施物　不假功用生　觀察了知空　具施波羅蜜

　　《聖語藏》是保存在日本奈良正倉院的古寫經。①本卷寫於日本天平十二年（740），相當於中國唐開元二十八年。原卷亦少這一句，其後有人用朱筆補充，補充文字的書寫時代應當晚於原卷的抄寫年代。由此可知，古代寫經中，對《大寶積經》中的這一闕文的補正至少有兩種形態。而拿刻本藏經的三個系統是無法解釋上述補正的，寫本大藏經的系統要比刻本大藏經更爲複雜。

　　由此，我們有必要對所謂"寫本大藏經的系統"做一個定義。結合上述對寫本大藏經種類的討論，我認爲，所謂"寫本大藏經的系統"，實際上僅指某一種類寫本大藏經在其後發展中，經由不同的演變道路，所表現出的不同形態。因此，研究寫本大藏經的系統，應該，也祇應該局限在某一種類寫本大藏經中，不能牽涉其他種類的寫本大藏經。比如，我們可以集中討論以《開元釋教錄·入藏錄》爲代表發展起來的寫本大藏經的各種系統，這些系統中的三個系統，其後如何成爲刻本藏經三個系統的源頭。但以《開元釋教錄·入藏錄》爲代表的寫本大藏經實際祇是歷史上諸多種類寫本大藏經中的一種。從理論上講，其他種類的寫本大藏經在流傳中也會發生變化，也會產生新的系統；在實踐中，也的確出現了各種異本。如敦煌龍興寺收藏的大藏經以《大唐内典錄·入藏錄》爲依據，但其形態已經與《大唐内典錄·入藏錄》不同，出現了新的變化。所以，如果把以《開元釋教錄·入藏錄》爲代表的寫本大藏經與以《大唐内典錄·入藏錄》爲代表的寫本大藏經，乃至以《法經錄》爲依據的大藏經合併在一起，然後去分析、比較、研究它們的所謂"系統"，那就是完全没有意義的。也就是説，研究寫本大藏經的系統，必須依據不同時代、不同種類的各種寫本大藏經而區別進

① 承日本國際佛教學大學院大學落合俊典教授提供《聖語藏》圖版，特致謝意。

行。或者説,第一個層次的研究必須先研究大藏經的種類,第二個層次的研究纔去研究同一種類大藏經中的不同系統。

拙作《中國寫本大藏經研究》指出:

> 寫本藏經由人工書寫修造。這一製作方式,決定了寫本藏經的基本特點——唯一性。所謂"唯一性",是指所寫造的任何一部藏經乃至任何一卷寫經,都是唯一的。這與後代刻本藏經之同一副版片印刷的經本完全相同,形成鮮明對照。由此,不同的人抄寫的同一部經,乃至同一人先後抄寫的同一卷經,相互之間都會有或多或少的差異。從而就某一部經典,乃至就大藏經總體而言,又顯示出另一種特性,即形態的不確定性,或稱流變性。唯一性與流變性互爲表裏,成爲寫本大藏經的基本特點。①

正是由於唯一性與流變性的共同作用,使得寫本大藏經出現不同的系統。具體地講,由於諸如上述原本有缺漏,後人補正時產生差異;由於所用紙張不同,由此產生寫經卷次的差異;由於後人對前代的經典及其註疏進行修訂,由此產生文本的差異;由於有人將新翻譯或新發現的若干典籍寄放入本寺的藏經,由此本寺藏經內容與其他寺院的藏經產生差異;由於抄寫者的疏略,由此產生寫本文字的差異,如此等等,由於各種各樣的原因,使得寫本佛典及寫本大藏經顯示出千差萬別的樣態。這樣,以上一部寫本大藏經爲底本而抄寫的下一部寫本大藏經便承襲了前者的特點,由此形成具有本身特點的寫本大藏經的系統。寫本藏經系統的出現,豐

---

① 方廣錩:《中國寫本大藏經研究》,第 23 頁。

富了寫本藏經的内容，但也使得寫本藏經始終處於流變之中，難以完全定型。用刻本藏經的三個系統，無法歸納與解說寫本藏經千差萬别的情况。所以，有關寫本藏經的系統問題，還是一個需要認真研究的新課題。

由此，我們還應該看到中國佛教大藏經歷史上的另一個現象，即歷代造藏僧人爲了克服上述不足，爲保持文本一致性而進行的種種努力，力求使大藏經得以規範化。這包括寫經行款的統一、制式抄寫法的推廣、品次録的發明及發展，等等。這也是一個前人還没有涉及的新課題。

總之，流變性與規範化形成漢文寫本藏經的一對相互制約的矛盾。漢文寫本大藏經正是在這樣的矛盾運動中不斷前進。認真研究這一對矛盾的相互影響，對我們研究寫本大藏經的演變與發展，具有重要的意義，值得在今後予以重視。

[附記]

寫本大藏經因其編纂的目的、所依據的目録以及編纂方式的不同，出現不同的種類與系統。如何研究寫本大藏經的種類與系統，還是一個新問題。本書原計劃不收關於寫本大藏經的論文，但因爲寫本大藏經的種類與系統直接影響到其後的刻本大藏經的形態，本文又利用了若干刻本大藏經的資料，故收入本文，以供參考。收入本書時對原文的個别行文疏漏處有修訂。

本文涉及的房山雷音洞四壁所鑲經版是否隋代所刻、應該如何理解歷史上的"銅版"等問題，擬另行撰文説明筆者的觀點。又，原文將房山雷音洞四壁所鑲經版的年代問題寫入註釋，修訂時改爲納入正文，特此説明。

關於《開寶藏》刊刻的幾個問題[①]

——寫在《開寶遺珍》出版之際

　　佛教於漢代傳入中國，佛經同時傳入。兩千多年來，佛教在中國大地傳播，汲取了中國文化的營養，開放出燦爛的東方文明之花。在這一過程中，中國的佛教典籍與中國佛教一起經歷風雨洗禮，一起發展成長，形成了中國特有的佛教大藏經，佛教大藏經成爲東方文明的一朵奇葩。

　　大藏經是基本網羅歷代漢譯佛典並以之爲核心的，按照一定的結構規範組織，並具有一定外在標志的漢文佛教典籍及相關文獻的叢書。大藏經雖是漢文佛教典籍，却涉及哲學、歷史、語言、文學、藝術、音韵、天文、地理、曆算、醫學、建築、繪畫、科技、民族、社會、中外關係等諸多領域。它是中外文化交流的結晶，對中國文化及整個漢文化圈都產生過深遠的影響，也是今天我們研究中國文化乃至東方文化不可或缺的資料。

　　早期的大藏經均爲寫本，從敦煌遺書保留的部分殘卷，我們可以窺見從北魏到宋初中國寫本大藏經的概貌。面對那些一絲不苟的寫經，我們可以感受到當年信衆那份虔誠與敬信，那種情感與

① 原載《法音》2011 年第 1 期。收入本書時略有修訂。

期望。

　　雕版印刷術由古代中國人發明，是中華民族爲推動世界文明發展所做的又一貢獻。中國的雕版印刷最早起源於何時，學術界尚在研究。根據現有的資料推斷，唐代早期，雕版印刷術已經出現。現知年款最早的雕版印刷品是出於敦煌藏經洞的唐咸通九年(868)《金剛經》，現保存在英國國家圖書館。該經綫條洗練，刀法純熟，附有精美扉畫，學術界公認它屬於成熟期的木刻印刷品。根據有關史料記載，五代時，已經利用雕版印刷技術刻印儒家的五經。所以，北宋初年，版刻大藏經的條件已經完全成熟，《開寶藏》終於橫空出世。

　　《開寶藏》當其雕印之時，並無專門的名稱，時人稱之爲“大藏經”“藏經”“佛經一藏”“釋典一藏”等。所謂“開寶藏”，乃因其開雕時間在北宋開寶年間，由近代研究者命名。亦有研究者因其開雕地點在益州（今四川成都），稱之爲“蜀版大藏經”。

　　《開寶藏》屬北宋官版大藏經，它的雕版、前期的經版保管、藏經印刷，均由朝廷派員負責。它是我國歷史上第一部雕版印刷的大藏經，也是世界上第一部木刻大叢書，對後代中外大藏經影響深遠。遺憾的是，世事流變，滄海桑田，這部里程碑式的典籍最終亡佚無存。近年來，我與李際寧多方尋覓，得到諸多人士的支持，終於從中國、日本、美國等八個收藏單位找到《開寶藏》零本十二卷，彙編爲《開寶遺珍》，原樣影印出版。吉光片羽，彌足珍貴。其他各種有關《開寶藏》存本的傳言，或確定爲誤傳，或目前尚無法確定，還需要調查。

一、《開寶藏》開雕時間

　　宋初諸帝於佛教較爲崇信。據説宋太祖在行軍宿營時，還抽暇閱讀《金剛經》。乾德四年（966），秦涼道路甫通，宋太祖便派遣沙門行勤等一百五十七人西行求法。皇室對佛教的這種熱情，是宋初雕印中國第一部木刻大藏經——《開寶藏》的重要背景。

關於《開寶藏》的開雕時間，傳統有開寶四年（971）、開寶五年（972）兩種說法。分別出於南宋志磐《佛祖統紀》卷四三、元念常《佛祖歷代通載》卷十八等一些著作。

山西省高平市文博館保存之《妙法蓮華經》卷七，卷尾有"大宋開寶四年辛未歲奉敕雕造"之刊版題記，說明該《妙法蓮華經》雕印於開寶四年（971），與南宋《佛祖統紀》的記載完全吻合。

不過，凡屬大藏經本，其基本特徵是應該繫有千字文帙號，而高平文博館藏開寶四年（971）的《妙法蓮華經》卷七却無千字文帙號。如果說它並非《開寶藏》本，它又有明確的說明其《開寶藏》身份的刻版題記："大宋開寶四年辛未歲奉敕雕造。"它的版式也與《開寶藏》完全一致。因此，這卷《妙法蓮華經》無疑屬於《開寶藏》。既然屬於《開寶藏》，爲何又沒有千字文帙號？怎樣解釋這一矛盾現象？

我認爲，這一卷沒有千字文帙號的《妙法蓮華經》很可能是《開寶藏》開雕之初的試雕本。

一部大藏經卷帙浩繁，北宋《開寶藏》爲顯示皇家官版藏經的氣魄，一改唐代標準的佛經款式，把每紙二十八行十七字改爲每版二十三行十四字。這樣，正式雕印之前先進行試雕便是順理成章的事情。至於以《妙法蓮華經》作爲試雕對象，很可能因爲此經影響巨大，流通需求量也大，一般認爲流通此經的功德巨大，所以被選中。也可能與該經的篇幅適中有關。

那麼，爲什麼元代的《佛祖歷代通載》會有開雕於開寶五年的說法？可以這樣設想，開寶四年宋太祖趙匡胤下令雕印《開寶藏》，有關人員銜命從東京（今河南開封。以下如无特殊說明，東京皆指今河南開封。)趕往益州需要花費時日,到了益州籌備開雕事項也需要花費時日。試雕的《妙法蓮華經》完成,大約已到開寶四年(971)的下半年,甚至到了年末。這樣,在開寶四年,《開寶藏》尚未來得及進行大規模雕版,而大規模的正式雕版乃從開寶五年纔開始。或許這就是《佛祖歷代通載》稱《開寶藏》開雕於開寶五年的由來。

但上面所説衹是推論,並無證據。即使將來有資料證明開寶四年僅爲小規模試雕,開寶五年纔大規模雕版,主張《開寶藏》開雕於開寶四年的觀點依然是正確的。這是因爲:第一,《佛祖統紀》爲南宋的作品,而《佛祖歷代通載》是元代的著作,按照一般的學術規範,應以前者所述爲依據。第二,即使是試雕,高平實物證明開寶四年《開寶藏》的確已經開雕,歷史記載與現存實物可以相互印證。

長期以來,學術界大多數學者贊同開寶四年説,有的贊同開寶五年説,也有的依違於兩者之間,稱《開寶藏》雕於"四年或五年"。我認爲,通過上述考證,可以把《開寶藏》的開雕年代確定在開寶四年(971)。

二、《開寶藏》開雕地點

對《開寶藏》的開雕地點,宋代《佛祖統紀》稱在益州開雕,元代《佛祖歷代通載》沒有涉及。益州治所即今四川成都。晚唐以來,四川刻版印書業較爲興盛,敦煌遺書中就有四川傳入的刻本具註曆日。此外,北宋初年,益州是北宋王朝的大藏經供應地。史書上多有敕令益州抄寫金銀字大藏經的記載。因此,北宋王朝安排在雕版印刷較爲興盛、大藏經抄寫事業比較興盛的益州雕印大藏經是可以信從的。

目前學術界對這部藏經開雕於益州,均無異議。

三、 雕印《開寶藏》的主持人

按照上述《佛祖統紀》的記載,《開寶藏》乃由宋太祖趙匡胤下令,由內侍省宦官高品張從信主持雕印。張從信,除《佛祖統紀》外,史書無載。按《宋史》卷一六九,內侍省宦官從高到低,分爲內東頭供奉官、內西頭供奉官、內侍殿頭、高品、高班、黃門、內侍班等七等,"高品"爲其中第四等,爲中級宦官。早期曾有研究論文把"高品"誤爲人名,以爲宋太祖派遣高品與張從信兩人赴蜀刻經,後人發現了這一錯誤並已糾正。

宦官爲皇帝近侍,經常接受皇帝的命令執行一些特殊的任務。雕印《開寶藏》即爲其中之一。遺憾的是至今沒有找到關於張從信身世、信仰的任何記錄,也沒有找到關於他主持雕印《開寶藏》的具體經過的記錄。

按照古代慣例,像這樣與佛教相關的大事,一般會有當時佛教界的領袖人物參與。但甚爲遺憾,歷史資料沒有留下相關的記載。敦煌藏經洞保存的遺書中有一件名爲《左街相國寺精義大師賜紫沙門臣德神進〈開元釋教大藏經目錄〉》的文獻。關於這件文獻,將在下文討論。當然,相國寺的這位精義大師德神是否參與了《開寶藏》雕印,如果真的參與了,他的作用是什麼,目前都無法證實。

四、《開寶藏》的目録依據

所謂"《開寶藏》的目録依據",是指北宋王朝最初計劃雕印《開寶藏》時,決定以一種什麼樣的藏經的目録爲依據來進行這一工程。敦煌遺書斯5594號可爲我們提供解答這一問題的答案。

敦煌遺書斯 5594 號的標題："左街相國寺①精義大師賜紫沙門臣德神進《開元釋教大藏經目録》"。從内容看，它所抄僅是《開元釋教録・入藏録》，且與智昇的《開元釋教録・入藏録》不同，加上了千字文帙號，而這正是當時大藏經隨架目録的標準形態。斯 5594 號本身並非德神所進呈的《開元釋教録・入藏録》的原稿，而是敦煌靈圖寺的一個抄本。抄本文中有"圖有""有"等標註，並著録靈圖寺該經所用經帙的相關形態。由此可知這個"德神進呈目録"其後通過某種途徑傳到敦煌，被敦煌靈圖寺用來作爲點勘寺藏大藏經及經帙的依據。

相國寺是東京古刹，原係唐睿宗時由建國寺改建。由於北宋建都東京，相國寺便成爲北宋主要寺廟之一。查閱宋代的史料，皇家的很多佛教活動都與相國寺有關，由此可知相國寺與宮廷的密切關係。該斯 5594 號寫於北宋初年，由於相國寺是京師東京右街的第一大寺，德神既蒙賜紫，又被封爲"精義大師"，可見應是當時一位有地位的僧人領袖。按從唐玄宗起形成的慣例，僧人向皇帝進呈的經典，應是本人新翻譯或新撰述的著作，以求得到嘉勉及御准入藏的殊榮。但德神所進呈的並非他自己的譯作或著作，却是加有千字文帙號的唐智昇《開元釋教録・入藏録》。這一目録的主要内容不僅與《開元釋教録・入藏録》完全一致，且實際就是當時通行的大藏經的標準目録或稱"隨架目録"。德神進呈這一目録，不符合上述僧人進呈佛典的慣例。那麼，德神爲什麼要進呈這樣一部大藏經目録？ 合乎邏輯的答案祇有一個：當時北宋朝廷動議要雕印大藏經，德神爲該大藏經進呈一部通行大藏經的標準目録，以爲雕印的依據。由於當時大藏經的主體均按照《開元釋教録・

---

① 相國寺屬於東京右街，斯 5594 號誤寫作"左街"。

入藏録》組織，因此，德神進呈一部結構、帙號與《開元釋教録‧入藏録》相符的目録，完全合情合理。關於"德神進呈目録"的詳細論述，可以參見拙作《中國寫本大藏經研究》的相關章節及《〈開元釋教録‧入藏録〉復原擬目》，此不贅述。

五、《開寶藏》的底本依據

所謂"《開寶藏》的底本依據"，是指張從信等在益州正式雕印《開寶藏》時，實際以一部什麼樣的藏經作爲底本。目録依據與底本依據相互聯繫，又互有區别。

德神在進呈那部目録的同時，是否也進呈一部與目録完全配套的標準的大藏經經本，以用作雕印《開寶藏》的底本，史料失載。從斯 5594 號標題看，德神進呈的僅是目録。我推測，即使德神同時進呈了配套的經本，這部經本也没有被運到益州去作爲雕印的底本。益州距離東京山高水遠，益州本身就有大藏經，朝廷曾經多次在益州抄寫金銀字大藏經頒賜各地，僅敦煌就得到過好幾部。益州的大藏經也屬於《開元釋教録‧入藏録》系統。因此，雕印《開寶藏》，它的底本完全可以在益州就地取材，不必從數千里外的東京運去。所以，我認爲《開寶藏》乃根據益州所存的某一部寫本藏經雕印而成。

《開寶藏》已經亡佚，無全藏留存，我們現在無法探討其全貌。但幸運的是，北宋崇寧年間，東京法雲禪寺住持惟白曾在婺州金華山智者禪寺閱讀某一部藏經，"今於四百八十函，則函函標其部號；五千餘卷，則卷卷分其品目。便啓函開卷，即見其緣起耳。"①惟白

---

① 　惟白：《大藏經綱目指要録》卷八，載《昭和法寶總目録》第二卷，第771頁。

逐帙、逐經、逐卷著録該藏大意，撰成《大藏經綱目指要録》八卷。
從《大藏經綱目指要録》可知，這部藏經屬於《開元釋教録·入藏
録》系統，共四百八十帙。按照《千字文》字序，從"天"到"英"字，共
排用帙號四百八十個。在此，利用《開寶遺珍》所收全部十二卷十
三種①《開寶藏》零本與《大藏經綱目指要録》的相關著録作一對照。

表一　《開寶遺珍》所收經卷與《大藏經綱目指要録》對照表

《開寶遺珍》所收經卷	《大藏經綱目指要録》
秋字號 大般若波羅蜜多經卷第二百六	秋字號 大般若波羅蜜多經卷第二百六
李字號 大般若波羅蜜多經卷第五百八十一	李字號 大般若波羅蜜多經卷第五百八十一
文字號 大寶積經卷第一百十一	文字號 大寶積經卷第一百十一
有字號 大方等大集經卷第四十三	有字號 大方等大集經卷第四十三
〔無帙號〕 妙法蓮華經卷第七	鳴字號 妙法蓮華經卷第七
草字號 阿惟越致遮經卷上	草字號 阿惟越致遮經卷上
大字號 大雲經請雨品第六十四	大字號 大雲經
盛字號 雜阿含經卷第三十	盛字號 雜阿含經卷第三十
川字號 雜阿含經卷第三十九	川字號 雜阿含經卷第三十九

① 《開寶遺珍》之《雜阿含經》卷第三十末尾接粘《佛說聖法印經》兩紙，故外觀形態雖爲一卷，
實際內容却包括兩種經典。

（續表）

《開寶遺珍》所收經卷	《大藏經綱目指要錄》
［殘，無帙號］ 聖法印經	若字號 聖法印經
令字號 佛本行集經卷第十九	令字號 佛本行集經卷第十九
存字號 十誦尼律卷第四十六	存字號 十誦尼律卷第四十六
御製秘藏詮卷第十三	無

　　上表顯示，除了《妙法蓮華經》卷七、《大雲經請雨品第六十四》《聖法印經》《御製秘藏詮》卷十三等四種外，現存其餘九種《開寶藏》零本與《大藏經綱目指要錄》著錄的經名、帙號完全一致。下面我們討論尚有問題的四種。

　　（一）《妙法蓮華經》卷七，《開寶藏》零本無千字文帙號。

　　關於這一點，上文已經做了解釋：《開寶藏》中的《妙法蓮華經》很可能是早期試雕本，故無帙號。而在《大藏經綱目指要錄》中，所著錄的是《妙法蓮華經》在《開寶藏》中的正式帙號——"鳴"。

　　（二）《大雲經請雨品第六十四》，《開寶藏》零本千字文帙號作"大"。但《大藏經綱目指要錄》對"大"字帙所繫經典著錄爲：

　　　　大，十卷：
　　　　　《大方等大雲經》六卷；
　　　　　《大雲輪請雨經》二卷；
　　　　　《大雲經》二卷；
　　　　　《方等經》二卷。①

――――――――――――
① 　參見惟白《大藏經綱目指要錄》卷四，載《昭和法寶總目錄》第二卷，第646—647頁。

　　這裏有兩個問題：

　　第一，惟白在"大"字帙下明明稱該帙收入十卷，但下文的實際著録却爲十二卷，自相矛盾。

　　第二，"大"字帙中無《大雲經請雨品第六十四》。

　　關於這兩個問題，我們祇要對照《開元釋教録·入藏録》便可明白。下面是《開元釋教録·入藏録》的相關著録：

　　　　《大方等大雲經》六卷。（一名《大方等無相大雲經》，一名《大雲無相經》，一名《大雲蜜藏經》。或四卷，或五卷）九十紙。

　　　　《大雲請雨經》一卷。（内題云：《大雲經請雨品第六十四》）二十三紙。

　　　　《大雲輪請雨經》二卷。二十七紙。

　　　　《大方等大雲請雨經》一卷。（内題云：《大方等大雲經請雨品第六十四》）二十紙。

　　　　上四經十卷同帙。①

　　兩相對照，可以知道：

　　第一，《開元釋教録·入藏録》該帙祇收十卷。與《大藏經綱目指要録》"大"字帙下的標註相同。但《大藏經綱目指要録》逐經著録合計爲十二卷，差別在於《開元釋教録·入藏録》中《大雲經》《方等經》均爲一卷本，而《大藏經綱目指要録》這兩部經均爲二卷本，由此逐經計算，合計多出兩卷。由於在《趙城金藏》、兩部高麗藏等覆刻《開寶藏》的藏經中，上述兩部經典均爲一卷本，因此，基本上可以肯定《大藏經綱目指要録》該帙的逐經著録有誤。這個

―――――――――

① 《開元釋教録》卷十九，CBETA（2016），T55，no.2154，p.683，b20～26。

錯誤可能是惟白本人的筆誤，也可能是《大藏經綱目指要錄》流傳過程中致誤。具體原因目前尚難做出最終的結論，有待新材料的發現。

第二，《開寶藏》零本《大雲經請雨品第六十四》，即《大藏經綱目指要錄》中的《大雲經》。

（三）國家圖書館所藏《雜阿含經》卷三十卷端雖有首題，但該卷實際由《雜阿含經》卷三十、三十五、四十、四十四等諸卷的殘紙綴合，文字錯亂嚴重，多不相接。最後兩紙所綴接爲《聖法印經》殘卷卷尾。該卷尾保存《聖法印經》末尾的經文、題記，但無尾題及千字文帙號。兩紙接縫處的版片號也被剪掉，無法辨認。因此無比較價値。在《大藏經綱目指要錄》中，《雜阿含經》卷三十、三十五、四十、四十四等諸卷的帙號依次應爲“盛”“川”“川”“流”，《聖法印經》的帙號爲“若”。

（四）《大藏經綱目指要錄》沒有著錄《御製秘藏詮》卷十三，原因何在？惟白在逐一著錄四百八十帙之後，有這樣一段解釋：

> 通前計大小乘經律論，總五千四十餘卷、四百八十帙，以《開元釋教錄》爲准，則今撮略品目所集也。其餘隨藏添賜經傳三十帙、未入藏經二十七帙，天下寺院藏中，或有或無，印經［院］官印版却足。故未錄略在，知者可鑒耳。[①]

也就是説，惟白閱藏時，僅著錄《開元釋教錄・入藏錄》部分，對後續的五十七帙佛典，一概未予著錄，所以沒有《御製秘藏詮》卷第十三。其實，在益州雕印《開寶藏》時，祇雕印了《開元釋教錄・

---

① 惟白：《大藏經綱目指要錄》卷八，載《昭和法寶總目錄》第二卷，第 768 頁。

入藏録》部分。至於《御製秘藏詮》等後續經典，都是後來在東京續雕並作爲附録與《開寶藏》一起流通。但開始流通時並未繫上千字文帙號，其後纔正式給予千字文帙號，正式編入《開寶藏》。《御製秘藏詮》卷第十三，其後在《開寶藏》中被編爲"嶽"字號。

　　通過上面的討論，可以確認惟白的《大藏經綱目指要録》的確依據《開寶藏》編纂而成，並順便解決了《開寶遺珍》中兩個缺失帙號經典的原有帙號，發現了現行本《大藏經綱目指要録》的兩個著録錯誤。

　　上文惟白稱"其餘隨藏添賜經傳三十帙、未入藏經二十七帙，天下寺院藏中，或有或無"，説明當時各地寺院收藏的《開寶藏》，有的包括續雕附録，有的沒有包括續雕附録。那些沒有包括續雕附録的，都屬於《開寶藏》剛運到東京時的早期印本。而那些包括續雕附録的，或爲《開寶藏》後期印本，或爲早期印本而增補了其後的續雕附録部分。惟白在婺州金華山智者禪寺所讀的那部藏經不包括續雕附録部分，應該屬於《開寶藏》的早期印本，爲我們研究《開寶藏》的早期形態提供了重要資料。

六、《開寶藏》底本的來源

　　上文談到，我認爲《開寶藏》乃根據益州所存的某一部寫本藏經雕印而成。如果我們確認《大藏經綱目指要録》依據《開寶藏》早期印本撰成，本身就反映了《開寶藏》早期印本的實際構成，那麼，我們可以先將"德神進呈目録"自"天"到"翔"足帙的七十二帙與《大藏經綱目指要録》的相關部分做一個對照，由此進一步探討《開寶藏》所依據的底本的來源問題。

表二　"德神進呈目錄"與《大藏經綱目指要錄》相關部分比較表

"德神進呈目錄"	《大藏經綱目指要錄》
天—奈(每字號各十卷) 大般若波經一部六百卷	天—奈(每字號各十卷) 大般若波經一部六百卷
菜、重、芥(每字號各十卷) 放光般若經 一部三十卷	菜、重(每字號各十卷) 放光般若經 一部二十卷
薑、海、鹹、河(每字號各十卷) 摩訶般若經 一部四十卷	芥、薑、海(每字號各九卷) 摩訶般若經 一部二十七卷
淡、鱗(每字號各十卷) 光贊般若經 一部十五卷 摩訶般若抄經一部五卷	鹹(七卷)、河(八卷) 光贊般若經 一部十卷 摩訶般若抄經一部五卷
潛(十卷) 道行般若經一部十卷	淡(十卷) 道行般若經一部十卷
羽 小品般若經一部 大明度無極經 一部四卷	鱗(十卷) 小品般若經一部十卷
翔 勝天王般若經一部七卷	潛(十三卷) 大明度無極經 一部六卷 勝天王般若經一部七卷

　　從表二可知,雖然兩者都屬《開元釋教錄·入藏錄》系統,經典的排序完全一致,但僅就上表所列經典而言,有如下不同:

　　(一)四部經典的分卷互有不同(上表用框表示)。

　　(二)"德神進呈目錄"《小品般若》漏寫卷數(上表用下畫綫表示)。

　　(三)《大明度無極經》所入帙的字號互有不同。

　　從《小品般若經》《大明度無極經》本身卷數及大藏經合帙規則

來考察,後兩點不同,大約都是敦煌本"德神進呈目錄"傳抄中出現的問題。相對而言,第一點不同比較重要,由於分卷的不同,造成兩者分帙的不同;或分帙雖然不變,但受前面經典帙號變化的影響,造成後面經典帙號的參差。我主張研究大藏經要注意"三要素",其中外部標志是研究大藏經的重要組成部分。爲什麽同一種藏經,出現帙號錯落這種情況?

如拙作《中國寫本大藏經研究》所指出:"會昌廢佛之後,一方面,全國藏經逐步統一到《開元釋教錄·入藏錄》上來;另一方面,各地佛教發展的情況不同、傳統不同(比如是注重義理層面佛教,還是注重信仰層面佛教等)、對藏經的需求角度不同,加上寫本本身的流變性,使得各地的藏經呈現出不同的差異性。《開元釋教錄·入藏錄》也因此衍化出各種變種,彼此呈現若干差異。但此時的分化與差異,與會昌廢佛以前佛教大藏經的百花齊放有著本質的不同。這是建築在《開元釋教錄·入藏錄》基礎上的分化。"①

此處所謂"建築在《開元釋教錄·入藏錄》基礎上的分化",指的是,雖然各地寫本藏經的目錄基礎均爲《開元釋教錄·入藏錄》,但實際所收的經典,從内容講,可能出現異本,或可能出現内容的錯亂;從卷次講,可能出現異卷②;此外,還會出現有無序跋的區别;可能加收少量其他經典,等等。所以,雖然均屬《開元釋教錄·入藏錄》系統,也會互相出現種種差異,從而出現寫本大藏經統一中

① 方廣錩:《中國寫本大藏經研究》,第 24 頁。
② 所謂"異卷",指同一部經典,内容完全相同,而分卷不一樣。產生異卷的原因很多,其中最主要的是因爲所用紙張的差異。由於所用紙張不同,抄寫同一部經所需紙張的多少會有不同。不同紙數抄成的經典,卷起來以後大小不同。如若每卷太大,則使用閲讀不便。這時往往會重新分卷,於是出異卷。如據《〈大唐開元釋教錄〉廣品歷章》卷七記載,抄寫《大般泥洹經》,用蒲州紙需要一百四十四張,而用供城紙則需要一百六十三張。《〈大唐開元釋教錄〉廣品歷章》卷七記載,《大般泥洹經》有六卷、十卷兩種卷本,大約便與所用紙張多少有關。

的分化現象。關於這一點,可以參見《開元釋教録略出》①、《可洪音義》②,也可以參見敦煌遺書資料。③

　　表二證明,雖然德神進呈了一部《開元大藏經》的目録,但並沒有進呈與這一目録配套的經本作爲雕印《開寶藏》的底本。或即使進呈過這樣一部底本,也沒有運到益州,沒有實際使用。因此,《大藏經綱目指要録》顯示的《開寶藏》初期印本的形態與"德神進呈目録"有較大的差距。這説明《開寶藏》所使用的底本,無疑是益州當地的某一部寫本藏經。

七、《開寶藏》底本與《開元釋教録·入藏録》的區別

　　那麼,根據益州的那部寫本藏經刻成的《開寶藏》與正統的《開元大藏》到底有多大的區別? 我們可以在表一的基礎上增加《開元釋教録·入藏録》④進行比較,從而考察《開寶藏》底本與《開元釋教録·入藏録》的區別。

表三　《開寶遺珍》所收經卷與《大藏經綱目指要録》
《開元釋教録·入藏録》對照表

《開寶遺珍》所收經卷	《大藏經綱目指要録》	《開元釋教録·入藏録》
秋字號 大般若波羅蜜多經卷 第二百六	秋字號 大般若波羅蜜多經卷 第二百六	秋字號 大般若波羅蜜多經卷 第二百六

---

① 參見方廣錩《〈開元録略出〉非智昇所撰》,載《中國寫本大藏經研究》,第 408 頁。

② 五代後晉沙門可洪在漢中撰寫《新集藏經音義隨函録》(簡稱《可洪音義》)時,參考了附近寺院所存的多部藏經。這些寺院相距雖然不遠,所存的藏經也均屬於《開元釋教録·入藏録》系統,但相互略有差異。包括異本、異卷等。

③ 敦煌遺書中所存敦煌各寺院藏經目録,有些佛典的千字文牒號互有差異,説明它們所屬佛典的結構互有參差。參見方廣錩《敦煌佛教經録輯校》(上、下),江蘇古籍出版社,1997 年 8 月。

④ 所用《開元釋教録·入藏録》爲我所復原的擬目,參見《中國寫本大藏經研究》。

（續表）

《開寶遺珍》所收經卷	《大藏經綱目指要錄》	《開元釋教錄·入藏錄》
李字號 大般若波羅蜜多經卷 第五百八十一	李字號 大般若波羅蜜多經卷 第五百八十一	李字號 大般若波羅蜜多經卷 第五百八十一
文字號 大寶積經卷第一百十一	文字號 大寶積經卷第一百十一	乃字號 大寶積經卷第一百十一
有字號 大方等大集經卷第四 十三	有字號 大方等大集經卷第四 十三	虞字號 大方等大集日藏經
妙法蓮華經卷第七	鳴字號 妙法蓮華經卷第七	在字號 妙法蓮華經卷第七
草字號 阿惟越致遮經卷上	草字號 阿惟越致遮經卷上	賴字號 阿惟越致遮經卷上
大字號 大雲經請雨品第六十四	大字號 大雲經	常字號 大雲輪請雨經
盛字號 雜阿含經卷第三十	盛字號 雜阿含經卷第三十	流字號 雜阿含經卷第三十
川字號 雜阿含經卷第三十九	川字號 雜阿含經卷第三十九	不字號 雜阿含經卷第三十九
聖法印經	若字號 聖法印經	言字號 聖法印經
令字號 佛本行集經卷第十九	令字號 佛本行集經卷第十九	業字號 佛本行集經卷第十九
存字號 十誦尼律卷第四十六 御製秘藏詮卷第十三	存字號 十誦尼律卷第四十六	甘字號 十誦尼律卷第四十六

　　從表三可知,除了排列在最初的六百卷《大般若經》外,表中《開寶藏》諸經的千字文帙號與《開元釋教録·入藏録》均不相同。特別應該指出的是,《開元釋教録·入藏録》所收《大集經》爲三十卷本,而《開寶藏》所收《大集經》爲六十卷本。其實,在《開元釋教録》中,智昇曾經專門論述這一問題,指出三十卷本《大集經》爲正,六十卷本《大集經》爲誤。但《開寶藏》所收依然爲六十卷本。這説明《開寶藏》所依據的那部寫本藏經與《開元釋教録·入藏録》有相當大的差別。

　　如《開寶藏》之前撰成的五代《可洪音義》,《開寶藏》之後編纂的遼藏所示,其實當時的人們是瞭解雖然同爲佛教大藏經,其收經情況相互有別,需要進行整理。但《開寶藏》的主持人員在從事《開寶藏》雕印之前顯然並未進行基礎的文獻整理工作。此次收入《開寶遺珍》的《大寶積經》卷一百十一第二十八紙爲偈頌,其中有一段,現行大藏經一般爲:

　　　　衆生雖垢重,諸佛不厭捨。
　　　　願以大慈悲,度脱生死海。①

但《開寶遺珍》所收本却爲:

　　　　衆生雖垢重,諸佛不厭捨。
　　　　願以大慈悲,諸藏皆少一句。

　　説明當時《開寶藏》所依據的底本的確存在一定的問題。從"諸藏皆少一句"這一註釋來看,雕印者發現這裏有問題,並企圖解決,但最終未能解決,祇好存疑。有意思的是,日本《聖語藏》本《大

① 《大寶積經》卷一一一,CBETA(2016),T11,no.310,p.630,b7～8。

寶積經》卷一一一的相應部分爲：

> 衆生雖垢重，諸佛不厭捨。
> 願以大慈悲，哀愍常攝護。①

經查證，"哀愍常攝護"五字乃後人用朱筆添補。

這説明當時不少寫本藏經均脱漏此句，有的就自行添補，於是產生了《聖語藏》本系統。

總之，從《可洪音義》所體現的陝西漢中藏經的情況、從敦煌遺書所體現的敦煌藏經情況判斷，同一地區的大藏經會有種種不同形態。由於資料缺乏，我們現在無法對益州地區的大藏經作全面的評價。但依據上述討論，我們可以肯定被張從信用來作爲《開寶藏》底本的這部寫本大藏經並不符合《開元釋教録・入藏録》的標準形態，與"德神進呈目録"也有很大的差距。從現存《開寶藏》經本及高麗《守其別録》等資料看，主持《開寶藏》雕印的人員對佛教大藏經的認知水平有限，也沒有下功夫對用作雕印底本的寫本藏經進行認真的校勘。這種情況在官版大藏經中是比較常見的，清《龍藏》就是顯著的例子。

需要指出的是，《開寶藏》的這些錯誤，在其後被發現並逐漸得到了改正，關於這一點，擬另外撰文論述。

八、《開寶藏》的版式

就刻本大藏經而言，所謂版式，指版片的大小、行款、界欄、版片號等具體形態及與其相關聯的裝幀方式。

---

① 參見《大寶積經》卷一一一，CBETA(2016)，T11，no.310，p.630，b8校記。

　　漢文大藏經的版式是在其發展歷程中逐漸形成、演化的。

　　在寫本時期的大藏經形成階段，由於雕版印刷技術還没有產生，自然無所謂"版式"。那時的寫經，其行款因紙張的不同及當時當地的佛典抄寫傳統而不同，没有一定的規範。但最遲到南北朝，開始出現每行①十七字這一規範。而此時每紙抄寫多少行，雖然應紙張大小依然不同，但已經出現趨同的態勢。隋唐以來，不但每行十七字這一規範被繼承並逐漸强化，每紙的行數也開始規範。特別是唐代寫經，規範爲每紙二十八行，每行十七字。正因爲有這樣規範的寫經款式，唐代設立的僧人試經制度，便可以具體要求每個僧人必須能夠背誦多少張紙的經典。如《唐文拾遺》卷三引《唐會要》卷四九，載唐玄宗《試天下僧尼誦經敕》謂：

　　　　有司試天下僧尼，年六十已下者，限誦二百紙經，每一年限誦七十三紙，三年一試。落者還俗，不得以坐禪、對策義試。諸寺三綱，統宜入大寺院。②

　　《册府元龜》卷五二載唐敬宗寶曆元年（825）：

　　　　仍令兩街功德使各選擇有戒行僧，謂之大德者。考試僧能暗記經一百五十紙，尼能暗記經一百紙，即令與度。③

　　如上所述，唐代寫經行款，一紙二十八行，行十七字。兩百紙將

―――――――――

① 統計每行字數時所謂的"行"指"標準行"。所謂"標準行"，指一個頂天立地、抄寫完整的行。此時排除偈頌、咒語、題記以及有敬空等特殊抄寫形式的行。
② 《唐文拾遺》卷三，中華書局影印本《全唐文》第十一册，第10396頁上。
③ 《册府元龜》卷五二，中華書局影印本，第580頁。

近十萬字，一百五十紙也有七萬多字，數量不算小。要求僧尼背誦這麼多經文，也是唐代政府整頓僧尼，提高僧尼素質的措施之一。

當然，寫經都是寫經生個人勞動的結果，規範的寫經固然符合一紙二十八行，一行十七字的要求，也有大量不甚規範的寫經，行數依然依照紙張大小而有變化，每行字數也有十六字或十八字之類的參差。甚至因爲紙幅甚寬，故每行抄寫三十多字的，不可一概而論。雖則如此，我們應該明確指出，一紙二十八行，一行十七字，是盛唐以來中國佛教寫經的規範。這一規範一直保持到北宋，沒有改變。

但《開寶藏》完全打破了這一規範，改爲每紙二十三行，每行十四字。這是爲什麼？

我們考察盛唐寫經，以中國國家圖書館收藏敦煌遺書爲例，盛唐寫經約兩千四百餘號，其每張紙的長度情況大體在 46 厘米到 50 厘米之間，個別有大於或小於這一數據的；其每張紙的高度大體在 24 厘米到 27 厘米之間，也有不符合這一數據的。①

《開寶藏》紙張長度基本在 47 厘米到 48 厘米之間，高度在 30 厘米到 33 厘米之間。也就是說，高度要比唐代的寫經紙高，而長

---

① 以紙張高度爲例，兩千四百餘號的寫經的高度資料如下：

高　　度	數　量
23 厘米以下	19 號
23 厘米到 24 厘米	49 號
24 厘米到 25 厘米	486 號
25 厘米到 26 厘米	1588 號
26 厘米到 27 厘米	796 條
27 厘米到 28 厘米	130 號
28 厘米以上	28 條

度則與唐代寫經紙差不多。因此,我們可以肯定地說,《開寶藏》將傳統的每紙二十八行改爲每紙二十三行,並非紙張太小,或者無法找到大批長度、寬度合適的版木等原因,而是有意加以改動。

比較《開寶藏》與唐代寫經,《開寶藏》全藏行款疏朗,氣魄宏大,充分體現了北宋初年文治的興盛、佛教的發達,以及漢文化的博大胸懷與氣概。我們認爲,這大概就是當年的主持人改動佛藏傳統行款所要達到的目的。

《開寶藏》沒有界欄。界欄便於將所刻内容框限在一定的區域内,使之排列整齊。《開寶藏》沒有界欄,更顯得氣度恢弘;雖然沒有界欄,但依然排列整齊。這説明當時益州的版刻技術達到很高的水平。這應該也是宋王朝決定在益州刊刻這部曠世大藏的原因之一。

特别值得提出的是,《開寶藏》首創了大藏經的版片號。

版片號指刊刻在版片上的標明該版所刻經典、版片次序的文字。

寫經由於單獨抄寫,然後依次逐紙綴接裝潢,所以不用標註序號。刻經的版片需要反復使用,一次往往刷印多部,所以都要在版片上刊刻版片號,以便版片的管理、刷印後印張的綴接。比如前幾年面世的晚唐刻經《三十三分金剛經》,上面就有版片號,註明某版爲該經中的第幾版。至於大藏經,由於數量巨大,如《開寶藏》早期刻經五千餘卷,版片多達十三萬塊,是當時中國,也是當時世界最大的木刻大叢書。這麼多的版片,如果沒有一定的編號,就會陷入混亂,無法予以管理。所以《開寶藏》主持者首創了版片號。《開寶藏》的版片號包括經名卷次、版片序號、千字文帙號等。標註在每版的右端。具體形式如下:

　　　　大寶積經　　　第一百一十一卷　　　第十五張　　　文字號

　　有了這樣的版片號,每一塊經版都有了自己的身份證,確定了它在整部大藏經中的具體位置。這樣,既便於平時的管理,包括上架、清點、配補等,也便於對刷印出來的大批印張進行綴接、裝潢。雖然《開寶藏》的版片號是主持者在繼承中國早期刻經版片號的基礎上改造而成的,但我們依然要充分肯定他們的這一功績。此後歷朝歷代的刻本大藏經,雖然因爲各種原因對版片號有所變革,有所簡化,但均保留用版片號管理藏經版片的辦法。

　　雖然經摺裝早在盛唐已經出現,且部分佛經已經采用經摺裝,但直到宋代初年,還沒有哪部大藏經整體采用經摺裝。因此,《開寶藏》采用的是傳統的卷軸裝,包括其後不久的《遼大字藏》同樣采用卷軸裝。《開寶藏》的這種裝幀形式影響到《開寶藏》系統的《初刻高麗藏》《再刻高麗藏》與《趙城金藏》。後代有將卷軸裝《開寶藏》改作經摺裝者,損害了原經典的裝幀形式,甚不可取。

　　應該指出,20世紀初,由於《開寶藏》傳本甚爲罕見,一般人難以識其廬山真面目,因此對它的版式也有一些錯誤的傳聞,比如稱它爲“每半葉五行,每版共二十五行”。現應予以糾正。

　　上面對有關《開寶藏》刊刻的若干問題進行了探討。日本的部分寫經乃依據傳入日本的《開寶藏》抄寫,甚至照抄了卷末的刊記與刊刻年代。進一步調查與彙總這些資料,對我們研究《開寶藏》的刊刻進程具有較大的意義。這一工作擬留待將來進行。至於《開寶藏》版片運到開封以後的情況,也擬另行研究。

附:《開寶遺珍》目録

1.《大般若波羅蜜多經》卷二〇六,秋字號,山西博物院收藏。

2.《大般若波羅蜜多經》卷五八一,李字號,中國佛教協會圖文館收藏。

3.《大寶積經》卷一一一，文字號，中國國家圖書館收藏。

4.《大方等大集經》卷四三，有字號，上海圖書館收藏。

5.《妙法蓮華經》卷七，無千字文號，高平市文博館收藏。

6.《阿惟越致遮經》卷上，草字號，中國國家圖書館收藏。

7.《大雲經請雨品》六四，大字號，高平市文博館收藏。

8.《雜阿含經》卷三五、四四，佛說聖法印經綴卷，中國國家圖書館收藏。

9.《雜阿含經》卷二一、三〇、四四綴卷，中國國家圖書館收藏。

10.《佛本行集經》卷一九，令字號，日本京都南禪寺收藏。

11.《十誦尼律》卷四六，存字號，日本書道博物館收藏。

12.《御製秘藏詮》卷一三，無千字文號，美國哈佛大學賽克勒博物館收藏。

［附記］

本文原載《法音》2011 年第 1 期。發表時，表二、表三位置互錯，此次予以糾正，並對表二內容加以補充、修訂，對表二的說明文字也做了相應補正。對《開寶藏》初印本《大寶積經》卷一一一中缺漏偈頌之表述，也有修訂。有關這一缺漏的偈頌，又可參見拙作《寫本大藏經的編纂、種類與系統》一文。

《開寶遺珍》出版説明[①]

　　佛教於漢代傳入中國，佛經同時傳入。兩千多年來，佛教在中國大地傳播，汲取了中國文化的營養，開放出燦爛的東方文明之花。中國的佛經與中國佛教一起經歷風雨洗禮，一起發展成長，形成了中國特有的佛教大藏經，佛教大藏經成爲東方文明的一朵奇葩。

　　早期的大藏經均爲寫本，敦煌遺書讓我們窺見從北魏到宋初寫本大藏經的概貌。面對那些一絲不苟的寫經，我們可以感受到當年信衆那份虔誠與敬信，那種情感與期望。

　　雕版印刷術是中華民族貢獻給世界的又一份厚禮。現知年款最早的雕版印刷品出於敦煌藏經洞，現保存在英國圖書館，是唐咸通九年(868)的《金剛經》。該經綫條洗練，刀法純熟，已經屬於成熟期的木刻印刷品。一百多年後，中國第一部木刻大藏經——北宋《開寶藏》終於橫空出世。

　　北宋開寶四年(971)，宋太祖趙匡胤敕令高品宦官張從信前往益州(今四川)刊刻大藏經。這是一項浩大的工程，早期刻經五千

---

① 《開寶遺珍》，文物出版社，2010 年 12 月。原書依所存《開寶藏》原樣複製，共十二個卷軸，裝爲一箱。本文附同發行，與李際寧共同署名。後收入筆者的《隨緣做去，直道行之》，有修订。

餘卷，版片多達十三萬塊，是當時中國，也是當時世界最大的木刻大叢書。全藏行款疏朗，氣魄宏大，充分體現了北宋初年文治的興盛、佛教的發達，以及漢文化的博大胸懷與氣概。宋太宗太平興國八年(983)，這批版片運到東京，存於宋王朝專門爲之設立的印經院，歸朝廷管理，供各地僧衆請印供養。其後，這部藏經內容不斷完善，規模也達到六七千卷，版片達十六萬塊，成爲當時的一個文化奇迹。熙寧四年(1071)廢止印經院，全部經版移交東京顯聖寺聖壽禪院，從此《開寶藏》的刷印改由佛教界管理。宋王朝曾將這部藏經遍贈日本、高麗、越南等周邊諸國，也曾分贈遼、西夏、敦煌、吐魯番等少數民族政權與藩屬，使得這部藏經在東亞、中亞、東南亞產生了巨大的影響。著名的《趙城金藏》依據《開寶藏》覆刻，《初刻高麗藏》也依據《開寶藏》覆刻。其後高麗國又在《初刻高麗藏》的基礎上，對校《開寶藏》《契丹藏》等藏經，完成了《再刻高麗藏》。近代日本《大正藏》便以《再刻高麗藏》爲底本，而我國的《中華大藏經》則以《趙城金藏》爲基礎。凡此種種，均說明《開寶藏》作爲第一部木刻大藏經所具有的無可比擬的價值。

遺憾的是，時馳世移，滄海桑田。靖康之變，聖壽禪院被毀，《開寶藏》版片從此渺無踪迹。據說金兵曾將汴京的大量版片北運，其中是否包括《開寶藏》版片，現在已經難以查考。當年曾遍存於國內外的《開寶藏》經卷，也逐漸星奔雲散，以致後代無人再識其真面目，而出現了種種訛傳。20世紀以來，由於諸多稀有因緣，除了西域考古發現若干殘片外，我們幸運地得知還有若干卷《開寶藏》存世。但上天入地，多方求覓，至今能夠搜尋到的祇有十二件零卷，它們分別珍藏在中國、日本、美國等三國的八個收藏單位。惜因緣未熟，傳原由葉恭綽收藏的《中論》殘卷、傳20世紀30年代某高官從山西青蓮寺取走的三十多卷，至今未能查訪到下落。至於其他各種關於《開寶藏》存本的傳言,現在均可判爲不實之詞。

　　現將這十二件零卷,按照它們在《開寶藏》中的先後次序,介紹如下:

　　1. 大般若波羅蜜多經卷二百六

　　秋字號。1965年山西省陵川縣小學教師段振華捐贈,山西省博物館收藏。全卷原爲二十五版,現首殘尾全,存第十版至第二十五版,計十六版,長743.8厘米。通卷已現代托裱。

　　卷尾有尾題"大般若波羅蜜多經卷第二百六"。

　　有刊經題記兩行"大宋開寶五年壬申歲奉/勅雕造/",分作兩行。

　　有印工墨記"陸永印"。

　　有印經戳記,戳記本身爲四行,有界欄爲隔,但中空一行,故戳記文字祇有三行,録文如下:

　　　　蓋聞施經妙善,獲三乘之惠因;護誦真詮,超五趣之業果。然願普窮法界,廣/

　　　　及無邊;水陸群生,同登覺岸。時皇宋元符三年歲次庚辰八月　日慶贊記。/

　　　　庫頭僧鑒智　供養主僧鑒招　印經當講僧法憲　都化緣報願住持僧鑒蠻/

　　2. 大般若波羅蜜多經卷五百八十一

　　李字號。1959年在山西省孝義縣興福寺發現,中國佛教協會圖文館收藏。全卷原爲二十四版,現首殘尾全,存第七版至第二十四版,計十七版,長830厘米。通卷已現代托裱。

　　卷尾有尾題"大般若波羅蜜多經卷第五百八十一"。

有刊經題記"大宋開寶五年壬申歲奉/勅雕造/",分作兩行。

3. 大寶積經卷一百十一

文字號。2007 年 10 月山西省私人收藏者轉讓,中國國家圖書館收藏。全卷原爲三十三版,現首殘尾略殘,存第八版至第三十三版,計二十六版,長 1 205.9 厘米。

卷尾有尾題"大寶積經卷第一百十一"。

原有刊經題記,已殘。僅存"歲奉"兩字,亦殘。

卷尾背有墨書"裝臟記",首殘,現存五行,錄文如下:

(首殘)

三月十四日,此經/

田(填)入金剛肚皮裏。/

功德主淨因怕(扒)出/

五色腸胃帶等,著/

經執(質)當,以求福祓。/

4. 大方等大集經卷四十三

有字號。原葉恭綽藏品,上海圖書館收藏。全卷原爲二十九版,現首尾完整,保存完好,且存有護首及尾軸,長 1 403 厘米。

護首有墨書經名"大集經卷第四十三,有三",經名上有經名號。

卷首有首題、千字文號及譯者"大方等大集經卷第四十三有/隋天竺三藏那連提耶舍譯/",分作兩行。

卷尾有尾題"大集經卷第四十三"。

有印工墨記"李慶印"。

有印經戳記四行,錄文如下:

　　　　蓋聞施經妙善,獲三乘之惠因;贊誦真詮,超五趣之業果。然願普窮法界,廣/

　　　　及無邊;水陸群生,同登覺岸。時皇宋大觀二年歲次戊子十月　日畢。/

　　　　莊主僧　福滋　　　管居養院僧　福海　　　庫頭僧　福深/

　　　　供養主僧　福住　　　都化緣報願住持沙門　鑒巒/

5. 妙法蓮華經卷七

無千字文號。1985 年山西省高平縣城南河西鎮新莊村農民焦玉書交高平縣博物館,今高平縣文博館收藏。全卷原爲二十九版,現首殘尾全,尾有原軸,存第二十版至第二十九版,計十版,長 441.5 厘米。通卷上下邊焦脆殘破嚴重。

卷尾有尾題"妙法蓮華經卷第七"。

有刊經題記"大宋開寶四年辛未歲奉/勅雕造/",分作兩行。

有印工墨記"周安印"。

有賜經版戳記三行,録文如下:

　　　　熙寧辛亥歲仲秋初十日,中書劄子奉/

　　　　聖旨,賜大藏經版於顯聖寺聖壽禪院印造。/

　　　　提轄管勾印經院事演梵大師　慧敏等/

有印經戳記四行,録文如下:

　　　　蓋聞施經妙善,獲三乘之惠因;贊誦真詮,超五趣之業果。然願普窮法界,廣/

　　　　及無邊;水陸群生,同登覺岸。時皇宋大觀二年歲次戊子

十月　日畢。/

　　　莊主僧　福滋　　管居養院僧　福海　　庫頭僧　福深

　　　供養主僧　福住　　都化緣報願住持沙門　鑒巒/

6. 阿惟越致遮經卷上

　　草字號。原山西省太原崇善寺藏品，中國國家圖書館收藏。全卷原爲三十五版，現首殘尾全，存第二版至第三十五版，計三十四版，長1 560厘米。其中第四紙殘缺行。

　　卷尾有尾題"佛說阿惟越致遮經卷上"。

　　有刊經題記"大宋開寶六年癸酉歲奉/勅雕造/"，分作兩行。

　　有印工墨記"陸永"。

　　有賜經版戳記三行，錄文如下：

　　　熙寧辛亥歲仲秋初十日，中書劄子奉/

　　　聖旨，賜大藏經版於顯聖寺聖壽禪院印造。/

　　　提轄管勾印經院事演梵大師　慧敏等/

　　有印經戳記四行，錄文如下：

　　　蓋聞施經妙善，獲三乘之惠因；贊誦真詮，超五趣之業果。然願普窮法界，廣/

　　　及無邊；水陸群生，同登覺岸。時皇宋大觀二年歲次戊子十月　日畢。/

　　　莊主僧　福滋　　管居養院僧　福海　　庫頭僧　福深

　　　供養主僧　福住　　都化緣報願住持沙門　鑒巒/

7. 大雲經請雨品第六十四

大字號。1985年山西省高平縣城南河西鎮新莊村農民焦玉書交高平縣博物館,今高平市文博館收藏。全卷原爲三十一版,現第一版至第四版殘碎成片,已不可動。故首殘尾全,尾有原軸,第五版至第三十一版基本完好,後二十七版長1 277.7厘米。其中第十一版中間撕斷。

卷尾有尾題"大雲經請雨品第六十四"。

有刊經題記"大宋開寶六年癸酉歲奉/勅雕造/",分作兩行。

有印工墨記"隨菩"。

8. 雜阿含經·聖法印經綴卷

本卷來源不詳,中國國家圖書館收藏。外觀似首尾完整,實際乃由十張《開寶藏》零卷殘紙綴接而成。第一紙(四行)、第二紙(二十三行)、第三紙(十三行)均爲《雜阿含經》卷第三十,但爲單張殘紙,文字互不相連,其中第一紙含《雜阿含經》卷第三十之首題、千字文號及譯者等。第四紙(十行)、第五、第六紙(十六行),爲《雜阿含經》卷第四十,其中第四紙爲單張殘紙,第五、第六兩紙相連。第七紙(十行)爲《雜阿含經》卷第三十五殘紙。第八紙(十三行)爲《雜阿含經》卷第四十四殘紙。第九、第十紙(二十五行)爲《佛説聖法印經》殘卷卷尾,存譯經記:"元康四年十二月二十五日,月氏菩薩沙門曇法護於酒泉演出此經,弟子竺法首筆受,令此深法普流十方,大乘常光。"故將此卷命名爲《雜阿含經·聖法印經綴卷》,長222.8厘米。

按《開寶藏》的結構,《雜阿含經》卷第三十五之千字文號應爲"川",《雜阿含經》卷第四十之千字文號應爲"川",《雜阿含經》卷第四十四之千字文號應爲"流",《佛説聖法印經》之千字文號應爲"若"。

卷首有首題、千字文號及譯者"雜阿含經卷第三十　　盛/宋天竺三藏求那跋陀羅譯/",分作兩行。

卷尾有刊經題記"大宋開寶七年甲戌歲奉/敕雕造/",分作兩行。

有勾當內侍刊記"入內內侍省內仕黃門勾當印經院　劉惟德"。

9. 雜阿含經綴卷

本卷來源不詳,中國國家圖書館收藏。外觀似首全尾殘,實際乃由五張《開寶藏》零卷殘紙綴接而成。第一紙(二十三行),爲《雜阿含經》卷三十九,含《雜阿含經》卷第三十九之首題、千字文號及譯者等。第二紙(二十三行),爲《雜阿含經》卷三十。第三紙(十三行),爲《雜阿含經》卷二十一。第四紙(十八行)、第五紙(十三行),均爲《雜阿含經》卷四十四,但爲單張殘紙,文字互不相連。故將此卷命名爲《雜阿含經綴卷》。

按《開寶藏》的結構,《雜阿含經》卷第三十之千字文號應爲"盛",《雜阿含經》卷第二十一之千字文號應爲"盛",《雜阿含經》卷第四十四之千字文號應爲"流"。

卷首有首題、千字文號及譯者"雜阿含經卷第三十九　　川/宋天竺三藏求那跋陀羅譯/",分作兩行。

10. 佛本行集經卷十九

令字號。日本京都南禪寺收藏。全卷原爲二十二版,現首尾完整,卷首略有等距離殘洞,保存基本完好,但改爲經摺裝,長1 038.8 厘米。

卷首有首題、千字文號及譯者"佛本行集經卷第十九　　令/三藏法師闍那崛多譯/",分作兩行。後人將"令"字點去,改作"榮"。

卷尾有尾題"佛本行集經卷第十九"。

有刊經題記"大宋開寶七年甲戌歲奉/勅雕造/",分作兩行。

有印工墨記"孫清"。

有賜經版戳記三行,録文如下:

　　熙寧辛亥歲仲秋初十日,中書劄子奉/

　　聖旨,賜大藏經版於顯聖寺聖壽禪院印造。/

　　提轄管勾印經院事智悟大師賜紫　懷謹/

11. 十誦律卷四十六

存字號。1923 年爲日本中村不折所得,日本書道博物館收藏。全卷原爲四十六版,現首尾完整,全長 2171.6 厘米。

卷首有首題、千字文號及譯者"十誦律卷第四十六　存/後秦北印度三藏弗若多羅共羅什譯/",分作兩行。

卷尾有尾題"十誦尼律卷第四十六"。

有刊經題記"大宋開寶七年甲戌歲奉/勅雕造/",分作兩行。

有印工墨記"陸永"。

有印經戳記四行,録文如下:

　　蓋聞施經妙善,獲三乘之惠因;贊誦真詮,超五趣之業果。然願普窮法界,廣/

　　及無邊;水陸群生,同登覺岸。時皇宋大觀二年歲次戊子十月　日畢。/

　　莊主僧　福滋　　管居養院僧　福海　　庫頭僧　福深/

　　供養主僧　福住　　都化緣報願住持沙門　鑒巒/

12. 御製秘藏詮卷十三

無千字文號。20 世紀 60 年代入藏美國哈佛大學賽克勒博物館。本卷文字、圖畫分別雕版。文字版有版片號,有些版片號下且有刻工名;圖畫版無版片號與刻工名。按照現有狀態,推斷全卷原或爲文字十五版,圖畫四版,合計十九版。但《初刻高麗藏》之《御製秘藏詮》每卷卷首均有扉畫,風格與圖畫同。如按《初刻高麗藏》規式,則原卷應有圖畫五版,文字十五版,合計二十版。《開寶藏》圖畫版無版片號,故各圖畫版放置位置不定;《初刻高麗藏》圖畫版亦編有相應的版片號,故位置固定。

現首殘尾全,存文字第二版至第十五版,計十四版,圖畫四版。長 865.2 厘米。本卷現兩紙接縫處有脱落,成爲三個單獨的單元:第一單元爲文字第二版至第五版(另含圖畫一版),計五版;第二單元爲文字第六版至第十版(另含圖畫二版),計七版;第三單元爲文字第十一版至第十五版(另含圖畫一版),計六版。三個單元可依次綴接。

卷尾有尾題"御製秘藏詮卷第十三"。

有印工墨記"紹明印"。

有印經戳記四行,錄文如下:

蓋聞施經妙善,獲三乘之惠因;贊誦真詮,超五趣之業果。然願普窮法界,廣/

及無邊;水陸群生,同登覺岸。時皇宋大觀二年歲次戊子十月　日畢。/

莊主僧　福滋　　管居養院僧　福海　　庫頭僧　福深

供養主僧　福住　　都化緣報願住持沙門　鑒鸞/

感謝各收藏單位的善意,慨然允諾我們將這些珍貴的經卷集中在一起,原樣影印。感謝上海師範大學中國傳統文化研究所的大力支持。感謝國内外一切在《開寶遺珍》收集、照相、編輯、印刷、出版等諸多環節給予支持的人士。諸位的願心，將永遠與《開寶遺珍》同在。

［附記］

本文原爲附同《開寶遺珍》一起發行的説明書。收入本書時略有修訂。

文中提到的"傳原由葉恭綽收藏的《中論》殘卷"，在西泠拍賣公司 2018 年春拍古籍善本專場面世。特記於此。

"天台教典"入藏考[①]

天台教典是天台宗編纂的，闡述、弘揚本宗宗義的典籍集成。天台宗是中國佛教史上最早出現的中國佛教宗派，與此相應，天台教典也是中國佛教史上最早出現的宗派性文彙。天台教典的出現是對中國佛教典籍的正統形態——大藏經的有力補充，對其後各種宗派性、專題性文彙的出現都有一定的影響與示範作用。因此，對天台教典的研究成爲天台宗研究與佛教文獻學研究的重要組成部分。

在拙作《八—十世紀佛教大藏經史》中，我曾經對同時期的天台教典作過簡略的研究，勾勒了它的概貌。本文則想談談它的入藏問題。

一、 隋代入藏考辨

傳統認爲，天台教典是北宋天聖年間初次入藏的。現在看來，這個觀點還值得商榷。從現有材料看，早在隋代，它就曾經被收入皇家內道場修造的皇家官藏。

---

① 原載《藏外佛教文獻》第五輯，宗教文化出版社，1998 年 9 月。收入本書時有修訂。

　　天台教典是智者智顗逝世後，由其高足章安灌頂在隋煬帝楊廣的支持下編纂而成。關於天台教典與灌頂及楊廣的關係，《佛祖統紀》的作者，南宋志磐是這樣叙述的："昔如來涅槃，阿難結集……今智者示滅，章安結集……阿難結集之際，闍王（方按：指摩揭陀國阿闍世王）送供一夏；章安結集之日，煬帝送供十年。挹流尋源，智者如東土一佛，章安有似阿難……煬帝外護，有同闍王。"①亦即志磐認爲天台教典是在楊廣的直接支持下編纂的。事實的確如此。

　　智者智顗於開皇十七年（597）十一月二十四日逝世。第二年（598）正月，灌頂奉命與普明一起自天台至揚州，向當時駐於揚州的晋王楊廣奉上智顗的遺書及所撰《淨名義疏》三十一卷。二月，楊廣遣使致意，並稱："以不②獲親承《義疏》，爲之悔恨。"③即爲没有親耳聽到智者智顗講解《淨名義疏》而感到遺憾。《佛祖統紀》還記載了這樣一個故事：

　　　　王（方按：指晋王楊廣）初覽遺書，對《淨名疏》而立願曰："昔親奉師顔，未能咨決。今承遺旨，何由可悟？若尋文生解，願示神通。"夜夢群僧集閣，王自説義。見智者飛空而至，寫④七寶、珊瑚於閣，還復飛去。⑤

　　上述資料説明，無論隋王朝在政治上對智顗如何疑忌，但楊廣

────────────

① 《佛祖統紀》卷七，CBETA（2016），T49，no.2035，p.187，c11～19。
② "不"，原文作"小"，據校記改。
③ 《佛祖統紀》卷六，CBETA（2016），T49，no.2035，p.185，a29～b1。
④ "寫"，原文如此。疑爲"瀉"之誤。
⑤ 《佛祖統紀》卷七，CBETA（2016），T49，no.2035，p.185，b4～8。

對智顗所弘揚的天台理論仍甚爲心折,並爲智顗逝世,巨匠隕落而嘆息。因此,很可能由此萌發結集智者著作的想法,並授意灌頂具體負責。灌頂從陳後主至德初年(583—586)師從智者,到隋文帝開皇十七年(597)智者逝世,先後共十餘年。史載,他侍從智者,"聽受之次,悉與結集,大小部帙,百有餘卷。傳諸未聞,皆師之功也"①。因此,由他來結集智者大師的遺著,應該説是很恰當的。志磐稱頌道:"章安侍右,以一遍記之才,筆爲論疏,垂之將來,殆與慶喜(方按:即阿難)結集同功而比德也。微章安,吾恐智者之道將絶聞於今日矣。"②

　　楊廣對智者及天台理論的這種態度,他與天台教典的這種關係,是天台教典於隋代入藏的直接原因。

　　智者智顗立宗的南北朝晚期及隋朝初期,正是我國大藏經正式形成的時期。這時的大藏經,特別是北方編纂的大藏經的一個顯著特點,就是基本上祇收域外傳入的翻譯佛典,而將中華佛教撰著排除在外。即使收入若干中國僧人的著作,大抵也局限在僧史、音義、法苑、法集之類所謂"毗贊佛教有功"的著作上。在這裏,隋開皇年間編纂的《歷代三寶紀》就是一個典型的例子。《歷代三寶紀》首創以"入藏録"載録所有入藏典籍的體例,成爲我國大藏經之理論自覺的一個標志。但在《歷代三寶紀》的"入藏録"中,連一部中國人的佛教撰述也不收。也許正是因爲這一原因,促使天台教典這種專門弘揚本宗教義的中華佛教撰著祇能在藏外另行結集。

　　隋煬帝雖然是歷史上著名的亡國之君,但其本人風流蘊藉,雅好文事。即位之後,他翻抄秘閣圖書,收聚古迹名畫,又於内道場

---

① 《佛祖統紀》卷七,CBETA(2016),T49,no.2035,p.186,c10~12。
② 同上,p.187,b2~5。

集佛經、道經,別撰目録。關於這部在内道場修造的大藏經,《隋書·經籍志》是這樣記載的:

> 大業時,又令沙門智果於東都内道場撰諸經目,分別條貫,以佛所説經爲三部:一曰大乘,二曰小乘,三曰雜經。其餘似後人假託爲之者,別爲一部,謂之疑經。又有菩薩及諸深解奧義、贊明佛理者,名之爲論。及戒律並有大、小及中三部之別。又所學者,録其當時行事,名之爲記。凡十一種。①

依據《隋書·經籍志》所載,該藏的具體結構與所收經數如下:

(1) 大乘經:六百一十七部,兩千零七十六卷。

　　其中:　經五百五十八部,一千六百九十七卷;疏五十九部,三百七十九卷。

(2) 小乘經:四百八十七部,八百五十二卷。

(3) 雜經:　三百八十部,七百一十六卷②。

(4) 雜疑經:一百七十二部,三百三十六卷。

(5) 大乘律:五十二部,九十一卷。

(6) 小乘律:八十部,四百七十二卷。

　　其中:　律七十七部,四百九十卷;疏兩部,二十三卷。

(7) 雜律:　二十七部,四十六卷。

(8) 大乘論:三十五部,一百四十一卷。

---

① 《隋書》卷三十五,中華書局標點本,第 1099 頁。
② 《隋書·經籍志》著録時,該雜經部分的目録已殘缺,上述數字是依據當時現存的經本著録的。

其中：　論三十部，九十四卷；疏十五部，四十七卷。

(9) 小乘論：四十一部，五百六十七卷。

　　　其中：　論二十一部，四百九十一卷；疏十部，七十六卷。

(10) 雜論：　五十一部，四百三十七卷。

　　　其中：論三十二部，二百九十九卷；疏九部，一百三十八卷。

(11) 記：　　二十部，四百六十四卷。

　　　以上總計：一千九百五十部，六千一百九十八卷。

　　根據隋費長房《歷代三寶紀》卷十五所載，《歷代三寶紀·入藏錄》收入大乘經律論五百五十一部，一千五百八十六卷；小乘經律論五百二十五部，一千七百一十二卷。總計一千零七十六部，三千二百九十二卷。[1]兩相比較，智果在內道場所造的這部藏經，要比費長房編定的藏經多出八百七十四部，兩千九百零六卷。多出的部分，絕大部分是中華佛教撰著。根據天台宗史、《佛祖統紀·山家教典史》《傳教大師將來台州錄》及其他有關材料，智果造藏時，天台教典的規模尚小，大體包括有慧思、智者及灌頂三人的著作，約六十餘部，二百餘卷。[2]與上述智果造藏經所收中華佛教撰著總數相比，祇占很小一部分。考慮到當時的佛教諸派別中，楊廣與天台宗的關係最爲密切，天台教典本身又是在他的直接支持下結集的，則天台教典此時被收入遵照楊廣之命而編纂的這部內道場藏經中，應該是個中應有之義。

────────────

[1]　這是《歷代三寶紀》卷十五的載錄數，與實際統計數尚有參差。

[2]　據我統計，慧思著作八部十一卷，智者著作五十一部一百六十三卷，灌頂著作八部三十二卷，總計六十七部兩百零六卷。但這些著作未必全部收入天台教典。

　　當然,應該指出,當時大藏經的主流形態基本不收中華佛教撰著,所以智果所編纂的這部内道場藏經屬於非主流形態。雖然這是一部皇家官藏,但當時的皇家官藏對各地藏經缺乏權威性與規範力,各地藏經的收經標準由各地造藏僧人自行決定,百花齊放。再説,隋祚短促,如同煬帝特意到揚州觀賞的曇花。因此,雖説天台教典在隋代曾經被收入東都内道場的大藏經中,但從全局看,此事並不足以改變它在宋以前基本上一直被排斥在大藏經之外這一總體格局。

二、 天聖入藏考辨

(一)入藏時間

《佛祖統紀》卷四十五載:

　　(宋仁宗天聖)二年,詔賜天台教文入藏,及賜白金百兩,飯靈山千衆,慈雲撰《教藏隨函目録》,述諸部著作大義。[1]

　　從這條材料看,天台教典應於天聖二年(1024)入藏。但北宋景祐年間吕夷簡等人所編《景祐新修法寶録》卷十七則稱天台教典是天聖四年(1026)入藏的:

　　(天聖)四年……夏四月……内出天台智者科教經論一百五十卷,令三藏惟淨集左右街僧職,京城義學、文學沙門二十人,同加詳定,編録入藏。詔杭州搜訪印版,並令附驛以進。有闕者,付印經院刊鏤。[2]

---

[1]　《佛祖統紀》卷四十五,CBETA(2016),T49,no.2035,p.408,c6～8。
[2]　引文所據爲《宋藏遺珍》本。CBETA(2016),A112,no.1502,pp.284(a6)～285(a8)。

　　《景祐新修法寶録》上距天聖四年（1026）僅十年左右，上述記述清晰詳盡，完全是當時情況的實録，顯然比南宋僧人志磐的記載更加可靠。因此，天台教典應於天聖四年（1026）年入藏。《佛祖統紀》記載有誤。

　　根據《景祐新修法寶録》的上述記載，入藏的天台教典是由大内發出的，計一百五十卷。由惟淨組織京城二十位僧人校訂後入藏。在這之前，在杭州——當時的書籍刊印中心之一——已經刊印了其中的若干典籍。所以詔令杭州搜羅那些已經刊刻好的經版送到京師印經院。至於未刊部分，則由印經院負責刊鏤補齊。由於北宋的官版藏經祇有一部，即著名的《開寶藏》，該《開寶藏》經版其時存於印經院，邏輯的結論祇有一個：天台教典在天聖四年（1026）被賜入藏，就是被增入《開寶藏》。從此，天台教典成爲《開寶藏》的組成部分。

　　（二）所繫帙號

　　我國刻本藏經都用千字文帙號來表示某部典籍在大藏經中的具體位置，並作爲檢索號。天台教典賜入《開寶藏》之後，所繫的千字文帙號是什麽？這個問題實際涉及我國第一部版刻藏經《開寶藏》的結構與目録復原，牽一髮而動全身。

　　《景祐新修法寶録》是這樣講的：

　　　　（天聖）四年……五月，復出唐慈恩寺翻經法師窺基所著經論章疏四十三卷，令編聯入藏。惟淨等請以智者、慈恩二書附於《開元録·東土集傳》之次。①

———————

① 　引文所據爲《宋藏遺珍》本。CBETA（2016），A112，no.1502，pp.284（a6）～285（b5）。

　　上文的意思是,當時仁宗要求將這些典籍"編聯入藏",亦即按照《千字文》順序排字給號,增入《開寶藏》。面對這一要求,惟淨等人提出的方案是,應將它們置於《開元釋教錄·入藏錄·賢聖集傳》的"東土集傳"之後,也就是插在當時《開寶藏》的第四百八十帙與第四百八十一帙之間。關於這一問題,下文還要涉及。如果說一百五十卷天台教典,大體編爲十五帙;而四十三卷窺基著作,大體編爲七帙;則上述"智者、慈恩二書"總計可以編爲二十二帙①,且如按照惟淨的意見把它們放在"東土集傳"之後,則這批典籍的千字文帙號應該從"杜"字號到"給"字號。

　　(三)從《天聖釋教總錄》看天台教典的入藏及帙號

　　天聖五年(1027),惟淨等編纂了一部新的大藏經目錄——《天聖釋教總錄》。由於這部目錄編纂於天台教典入藏之第二年,對我們研究天台教典的入藏問題自然有密切關係。

　　《佛祖統紀》卷四五載:天聖五年(1027),"三藏惟淨進大藏經目錄二帙,賜名《天聖釋教錄》,凡六千一百九十七卷"②。

　　《景祐新修法寶錄》沒有關於該《天聖釋教錄》的記載,但在天聖五年(1027)條下,有這樣一條記事:

　　　　五年春二月……三藏沙門法護、惟淨上言:
　　　　"傳譯之興,自漢永平丁卯,迄唐正(貞)元己巳,歷十九代,凡七百二十四年。所出三藏教文七千四百餘卷。自是輟,翻譯者一百九十三祀。聖宋啓運,像教中興。太祖皇帝遺(遣)僧西游,以訪梵典;太宗皇帝肇興譯館,廣演祕文;真宗皇

---

①　諸藏之分帙並不嚴格按照十卷一帙的分法,往往要兼顧各經典的篇幅及本身的完整性。上述典籍在《趙城金藏》中即爲二十二帙。

②　《佛祖統紀》卷四十五,CBETA(2016),T49,no.2035,p.409,a21～22。

上繼闕真乘,增新華藏。迄於天聖,凡四十六載,所出教文五
百一十六卷。

　　"近者五天竺所貢經莢,多是已備之文,鮮得新經。翻譯
法護,願回天竺。惟淨乞止龍門山寺。仍錄前代譯經三藏十
五人罷譯故事以聞。"

　　　表入,留中不報。潤文樞密副使夏竦亦奏其事,未之許也。①

　　上文說明,當時惟淨等認爲這些年印度傳來的梵文經典,都是
前代已經翻譯過的,難得看到幾部新的没有翻譯過的經典。既然
已經没有什麽新經可譯,所以擬停止翻譯事業。在停譯前,他們編
纂了一個經錄,對前代的譯經事業作了一個總結。

　　此事還是可信的。根據《佛祖統紀》,該《天聖釋教錄》共兩帙,
即二十卷。收經六千一百九十七卷。《景祐新修法寶錄》稱從漢代
到宋天聖年間,共出經七千九百多卷。兩者相差一千七百餘卷。
這是由於一個記錄的是實際入藏數,一個記錄的是歷代翻譯出來
的經典總數。由於歷代翻譯的經典不少已經亡佚無存,僅有目錄
傳世,故有上述之差數。

　　該《天聖釋教錄》雖然已經亡佚,但它簡目的殘本還保存在《趙
城金藏》中。該殘本顯然爲坊間刻本,原爲三册,名《天聖釋教總
錄》。它與篇幅多達二帙的《天聖釋教錄》的關係,可能如同《開元
釋教錄・入藏錄》與《開元釋教錄・有譯有本錄》乃至《開元釋教
錄・總括群經錄》一樣,一簡一繁。現上册已佚,中册亦殘,下册雖
首殘但其餘部分尚完整。它是當時惟淨整理佛教典籍,認爲應該
收入大藏經的佛教典籍的總目錄,也可以說是惟淨心目中佛教大

① 《景祐新修法寶錄》卷一二,CBETA(2016),A112,no.1502,pp.285(b6)～287(b4)。

藏經的標準目錄。

從現存殘冊看，該《天聖釋教總録》上、中兩冊著録原《開元入藏録》的經典，下冊著録新編入藏經典。總體收經情況如下：

第一部分：《開元釋教録·入藏録》部分，四百八十帙，天—英。

第二部分：附續新編部分，二十四帙，杜—兵。

第三部分：《廣品歷章》附《貞元續開元録》，三帙，高—陪。

第四部分：《貞元續開元録》所收部分，二十四帙，輦—伊。

第五部分：《大中祥符録》所收部分，六十帙，尹—煩。

第六部分：《大中祥符録》後新出經，十一帙[1]，刑—威。

以上總計六百零二帙。

由於我們對《開元入藏録》所載諸經比較熟悉，所以，《天聖釋教總録》上、中兩冊的佚殘，對我們瞭解該兩冊的内容，並没有造成多大的影響。遺憾的是由於下冊首殘，存文從上述第三部分《廣品歷章》起，故第二部分附續新編部分所收的二十四帙具體是什麽經典，現在已無從確認。如前所述，按照惟淨的觀點，天台教典恰恰就應該編排在這一位置。

雖説現存的《天聖釋教總録》殘冊無從證實天台教典的存在，但前一年正是惟淨本人提出將天台、慈恩的著作續編在《開元入藏録》之後，而在惟淨所編的《天聖釋教總録》下冊末尾又這樣説。

　　右《天聖釋教總録》中都收開元舊録並附續新編及正(貞)元法寶等録，共計六百二帙，六百二號。[2]

既稱"新編"，自然應該是剛剛編入，時間還不久的。則我們有

---

① 按原書逐帙統計，爲十一帙。但原書標註誤作"勒成一十帙，附《大中祥符法寶録》後收"，見《天聖釋教總録》卷二，CBETA(2016)，A110，no.1499，p.703，b11～12。

② 《天聖釋教總録》卷二，CBETA(2016)，A110，no.1499，p.706，b8～10。

理由認爲,在《天聖釋教總録》的"附續新編"部分從"杜"到"兵"的二十四帙中,應該包括天台教典及慈恩著作。如前所述,上述兩類著作可以編爲二十二帙。則在"附續新編"部分的二十四帙中,除了上述天台、慈恩之一百九十三卷外,可能還收入一些其他著作。

(四) 問題的提出

呂澂先生在所撰《宋代佛教》中這樣説:

天聖時所編新録稱《天聖釋教總録》三卷(亦稱三册)①,譯經三藏惟淨和譯場職事僧人等同編。它係當時全部入藏經典的目録,記載著《開元釋教録》各經,新編入藏的天台、慈恩兩家著述,《貞元録》各經,《祥符録》各經,再附載其後新譯各經,一共六百零二帙、六千一百九十七卷。②

呂澂先生在上述論述中確認天台教典在天聖年間入藏,並編入《天聖釋教總録》這一事實。由於《天聖釋教總録》所收之經典均編有千字文帙號,所以,上述論述等於肯定編入《天聖釋教總録》中的天台教典也都編有千字文帙號。按照現存《天聖釋教總録》的體例,這些天台教典的千字文帙號必然如前所述,編在從"杜"到"兵"這二十四個字中。

在《宋刻蜀版藏經》③一文中,呂澂先生提出《開寶藏》的千字文帙號祇編到"轂",並且從"杜"到"轂"共三十個字,計三十帙,所收全部爲從太平興國七年(982)到咸平二年(999)的宋代新譯經。其

---

① 方按:呂澂此説有誤。該新録應爲《天聖釋教録》,二十卷。而《天聖釋教總録》三卷是該《天聖釋教録》的簡目。
② 呂澂:《宋代佛教》,載《中國佛教》(一),知識出版社,1980年4月,第81頁。
③ 呂澂:《宋刻蜀版藏經》,載《呂澂佛學論著選集》(三),齊魯書社,1991年7月。

後入藏的所有經典，包括前面提到的天台、慈恩兩宗章疏，都没有編千字文帙號。

呂澂先生的上述兩篇文章，都肯定了天台教典的入藏，但對天台教典入藏後有無帙號，則有兩種説法：亦即天台教典在《天聖釋教總録》有帙號，但在《開寶藏》中無帙號。這裏實際上涉及對《天聖釋教總録》性質的認識。按照呂澂先生在上述《宋代佛教》中的表述，《天聖釋教總録》"係當時全部入藏經典的目録"。這裏所謂的"當時全部入藏經典的目録"，如果把它理解爲完成時，則祇能指當時正在流通的現前藏經——《開寶藏》。但呂澂先生在《宋刻蜀版藏經》中明明主張天台教典没有千字文號。所以，又讓人懷疑呂澂先生是否真的把《天聖釋教總録》當做《開寶藏》的目録。從《宋代佛教》的論述行文看，先談經録，其中特別將《天聖釋教總録》評點爲"係當時全部入藏經典的目録"；然後講藏經，介紹《開寶藏》等。這種表述方式很容易讓人理解爲《天聖釋教總録》就是《開寶藏》的目録，但實際上呂澂先生對《天聖釋教總録》與《開寶藏》到底是什麼關係，没有明確表態，可謂未著一詞。不知道呂澂先生認爲這是一個當然的問題，不需要解釋，還是因爲這是一個他自己還没有想清楚的問題，所以没有解釋。

既然呂澂先生自己對這個問題没有明確的説法，今天我們自然也不能代呂澂立論。所以，本文在此暫時存疑。

童瑋先生的《北宋〈開寶大藏經〉雕印考釋及目録還原》對這個問題是這樣講的：

> 惟淨等請以智者、慈恩二書附於《開元釋教録》東土集傳之次，這樣便形成了《開寶藏》的"再校增補本"。天台宗的科教經論等納入千字文順序帙號，始於後來的《崇寧》《毗

盧》兩藏。①

這段話自相矛盾。因爲説它們增入《開寶藏》時，乃附於《開元
釋教録》東土集傳之次，就等於説它們在《開寶藏》中已經編有千字
文帙號。而説它們"納入千字文順序帙號，始於後來的《崇寧》《毗
盧》兩藏"，則又是説它們在《開寶藏》中還没有帙號。童瑋先生此
處的自相矛盾與前述吕澂先生兩種論述是否有什麽關係，可以
研究。

不過，看來童瑋先生並不贊同吕澂先生的《開寶藏》帙號祇到
"轂"字號，其後諸典籍均不編號的觀點。在《北宋〈開寶大藏經〉雕
印考釋及目録還原》中，他對《開寶藏》所收的典籍統統給予千字文
帙號，其帙號一直編到"洞"字。由於童瑋先生没有把天台教典收
入該"目録復原"，由此證明他還是傾向《開寶藏》中的天台教典没
有千字文帙號。但是，童瑋先生在《開寶藏》的目録復原中根本不
收天台教典本身，又等於從目録角度否定了天台教典曾經增入《開
寶藏》這一事實。這顯然是不合適的。

臺灣蔡運辰先生所編《二十五種藏經目録對照考釋》，既没有
提到天台教典增入《開寶藏》這一事實，也没有在《開寶藏》項下列
入天台教典，完全回避了這一問題。

那麽，天台教典增入《開寶藏》後，到底有無千字文帙號？若有
帙號，是什麽帙號？

（五）《開寶藏》的前期流通形態

在此必須先談談天聖五年（1027）以前《開寶藏》的流通形態。

《開寶藏》刊刻以前，我國的寫本藏經大體有三種流通形態：

---

① 《北宋〈開寶大藏經〉雕印考釋及目録還原》，書目文獻出版社，1991 年 8 月，第 13 頁。

有的所造僅爲《開元釋教録·入藏録》部分,有的依據圓照的《貞元續開元録》增補後續部分,有的則依據恒安的《續貞元録》增補後續部分。四川初刊的《開寶藏》雖有十三萬版片,實際所刊僅爲《開元釋教録·入藏録》部分,共四百八十帙,千字文帙號從"天"到"英"(以下稱"《開元釋教録·入藏録》部分")。這樣,就産生一個需要增補《開元釋教録·入藏録》未收經典的問題。但《開寶藏》既未按照《貞元續開元録》增補,也未按照《續貞元録》增補,而是首先增補前述吕澂先生提到的從太平興國七年(982)到咸平二年(999)宋朝新譯的兩百七十九卷典籍,計三十帙,千字文帙號從"杜"到"轂"(以下稱"宋譯一部分")。此後又依據《貞元續開元録》增補了《開元釋教録·入藏録》未收的兩百四十二卷典籍,計二十四帙。由於《廣品歷章》是《開元釋教録·入藏録》的詳目,《貞元續開元録》是新增補經典的總目,所以把這兩部經録合爲三帙,放在前述二十四帙之前,總計二十七帙。千字文帙號從"振"到"奄"(以下稱"續補部分")。

由於上述兩批典籍是在不同時期分別增補的,因此,它們的流傳情況也不一樣。有的寺院有收藏,有的寺院没有收藏。所以,北宋崇寧年間撰寫《大藏經綱目指要録》的惟白在他的這部著作中基本上衹介紹了《開元釋教録·入藏録》部分,並在卷八介紹説:

> 通前計大小乘、經律論,總五千四十餘卷,四百八十帙。以《開元釋教録》爲准。則今撮略品目所集也。其餘隨藏添賜,經傳三十帙,未入藏經二十七帙,天下寺院藏中,或有或無。印經官印版却足。故未録略在,知者可鑒耳。[1]

---

[1]　《昭和法寶總目録》第二卷,第768頁中。

上文的"經傳三十帙",就是"宋譯一部分";上文的"未入藏經二十七帙",就是"續補部分"。

在這個過程中,還不斷有一些新的典籍被送到印經院隨藏流通,如《御製蓮華心輪回文》等。開始時它們並沒有按照《千字文》排字給號。但當它們隨著《開寶藏》傳入高麗,却被收入高麗藏,所以造成其後這些典籍在高麗藏與《趙城金藏》中的帙號不同。此外,新的經典還在源源不斷地譯出,不斷地被送到印經院入藏流通。關於這一點,在《大中祥符法寶錄》等宋代經錄中有著詳盡的記載。

也就是說,《開寶藏》實際可以分爲正藏與續藏兩個部分。正藏是《開元釋教錄・入藏錄》部分,形態比較固定。續藏是其後增補的部分,形態還沒有固定。所謂"沒有固定",主要表現在兩個方面:一個是後續典籍不斷涌現,從而不斷編聯新的千字文帙號隨藏流通;另一個是部分典籍雖然沒有千字文帙號,但也在不斷增加並隨藏流通。天聖五年(1027)時,《開寶藏》已經增長到哪一個字號,還需要進一步研究。但起碼我們現在可以列出直到"奄"字以前的各種典籍,亦即:

第一部分:"天"到"英",《開元釋教錄・入藏錄》部分,四百八十帙。

第二部分:"杜"到"穀",宋譯一部分,三十帙。

第三部分:"振"到"奄",續補部分,二十七帙。

從有關資料看,此時在"奄"字號以下,至少還編了三十個字。也就是說,自《開元釋教錄・入藏錄》部分以下,至少增加八十七帙。祇是具體內容還需要深入考證。

(六)問題的癥結

瞭解了上述背景,我們就可以明白在天台教典問題上出現種種矛盾説法的癥結所在。

如前所述,天聖四年(1026)仁宗欲將天台教典及慈恩章疏收歸入藏。當時仁宗要求將這些典籍"編聯入藏",亦即按照前此已經形成的《開寶藏》增補慣例,將天台、慈恩典籍接在已經入藏的諸種典籍後面,繼續按照《千字文》順序排字給號。但惟淨提出不同意見,即所謂"請以智者、慈恩二書附於《開元釋教録·入藏録·東土集傳》之次"①,也就是要插在當時《開寶藏》的《開元釋教録·入藏録》部分與"宋譯一部分"之間。這就完全打亂了《開寶藏》的既成結構。

惟淨爲什麼要提出這樣的建議? 這衹要考察天聖五年(1027)惟淨所編的《天聖釋教總録》就可以明白。

首先,惟淨把全部入藏典籍分爲三大部分:《開元釋教録·入藏録》部分、宋代以前部分、宋代新出部分。

所謂"《開元釋教録·入藏録》部分",也就是《開寶藏》的正藏部分,共四百八十帙。

所謂"宋代以前部分"指宋代以前所出的佛教典籍,它又包括兩部分典籍:(1)宋仁宗要求收歸入藏的天台、慈恩典籍及其他若干典籍,計二十四帙。(2)前述之續補部分,即《廣品歷章》《貞元續開元録》以及《貞元續開元録》所收典籍,計二十七帙。從時代上講,前一部分典籍最早,與《開元釋教録·入藏録》部分年代相當;後一部分典籍的年代晚於《開元釋教録》。這也就是惟淨堅持要把天台、慈恩典籍緊插在《開元釋教録·入藏録》部分之後的原因。

所謂"宋代新出部分"即宋代譯纂的佛經。這批典籍也分爲兩個部分:(1)《大中祥符録》所收部分,六十帙;(2)《大中祥符法寶

① 《景祐新修法寶録》卷一二,CBETA(2016),A112,no.1502,p.285,b3~5。

錄》後新出經,十一帙。前一部分的典籍,本來是隨譯出,隨入藏。但現在惟淨按照《開元釋教錄・入藏錄》大小乘、經律論、賢聖集傳的體例,全部重新作了整理。後一部分則大體按照譯出的年代先後排序。

也就是説,《開寶藏》的續藏部分本來是不同時期陸續增補的大雜燴,沒有什麽結構體例可言。但在《天聖釋教錄》中,惟淨對《開寶藏》的結構作了大規模的調整,以使各種典籍的編排更加符合其年代的先後順序與内容的思想傾向。經過惟淨這樣一整理,《開寶藏》的結構的確要合理得多。由此看來,惟淨編纂《天聖釋教錄》,是在已經沒有多少新經可譯,因而佛教典籍的數量已可基本穩定的情況下,利用天台、慈恩典籍入藏的機會,對前人的譯經作了一番系統的整理,以使大藏經的結構體例更加合理,便於使用。

但問題隨之而來。從太平興國八年(983)《開寶藏》刊刻完成,到天聖五年(1027)惟淨重編目錄,四十多年間,《開寶藏》至少已經增加了八十七帙,千字文帙號也由"英"字號至少已編到"實"字號。這些典籍已經刊刻流通。現在惟淨重編新目,調整次序,則已經刊刻的那些經版的帙號如何處理? 是按照《天聖釋教錄》挖改其帙號,還是一仍其舊? 由於挖改版片帙號的工作量非同一般,故而我們甚至可以提出這樣的問題:惟淨的這一改革方案,最終是否得到最高當局的批准而得以實施?

從《景祐新修法寶錄》祇提及惟淨整理佛典,却避而不談《天聖釋教錄》來看,惟淨的方案並沒有得到批准,自然也不可能實施。實際上,現在由《趙城金藏》保存下來的《天聖釋教總錄》版式既與《開寶藏》與《趙城金藏》不類,也沒有千字文帙號。就是説,這部著作本身就沒有收歸入藏,是以單本形式附藏流通的。另外,從《初刻高麗藏》《再刻高麗藏》《守其別錄》《趙城金藏》等資料看,惟淨的方案的確没有被采納、實施。

　　在這裏,《趙城金藏》特別值得我們注意。該藏開雕於金皇統九年(南宋紹興十九年,即 1149 年),由晋南民間人士發起勸募,按照《開寶藏》覆刻。由於並無什麼飽學義學僧參與其間,因此可以想見,它覆刻《開寶藏》時祇能原樣照刻,可能在最後增補若干典籍,但不可能對原藏結構作大規模的修訂調整。《趙城金藏》"天"到"奄"的結構如下:

　　"天"到"英",四百八十帙,《開元釋教録·入藏録》部分;

　　"杜"到"縠",三十帙,宋譯一部分;

　　"振"到"奄",二十七帙,續補部分。①

　　與我們前面討論的《開寶藏》結構完全相同,從而證明上述推論的正確。天台教典與慈恩章疏在《趙城金藏》中的位置如下:

　　"岫"到"畎,十五帙,天台教典;

　　"我"到"庶",二十一帙,慈恩章疏。②

　　這也説明天台、慈恩典籍實際上並没有像惟凈所計劃的那樣,插入到《開寶藏》的"英"字號與"杜"字號之間。由此我們可以知道,所謂《天聖釋教録》祇是惟凈自己對《開寶藏》的一個修訂計劃,既没有得到批准,也没有真正實施。

　　這就是問題的癥結。

　　前面提到,吕澂對《天聖釋教總録》的論述比較含混,問題的癥結也在這裏。如果吕澂已經認識到《天聖釋教總録》實際祇是惟凈個人理想中的大藏經,没有得到批准、付諸實施,則行文時似乎應該明確指出這一點。誠如此,他的有關天台教典有無千字文帙號

① 限於篇幅,本文祇對該三部分典籍作一個粗略的、鳥瞰的叙述。一些更爲細緻的情況在此祇能先予忽略。

② 前七帙爲宋仁宗下令入藏部分,後十四帙是其後增加部分。

的兩種表述就沒有矛盾了。但吕澂沒有明確指出這一點,我們不知道他是否認識到《天聖釋教總録》的真實身份,是否把《天聖釋教總録》當做實際流通的"全部入藏經典的目録",亦即《開寶藏》目録。所以,對吕澂先生的相關論述,目前祇能存疑。

(七)結論

我們應該肯定,天聖二年(1024),北宋朝廷下令將天台教典編聯入藏,但天台教典實際上收編入藏,是在天聖四年(1026)。

至於天台教典入藏後,所繫的千字文帙號是什麼,我們先看看天台教典在早期其他各刻本藏經中的帙號。

1011 年開雕《初刻高麗藏》:無;

1080 年開雕《崇寧藏》:"更"到"虢",十帙①;

1112 年開雕《毗盧藏》:"更"到"虢",十帙;

1194 年開雕《趙城金藏》:"岫"到"畝",十五帙;

1236 年開雕《再刻高麗藏》:無。

由此可以證明,天台教典雖然收歸入藏,起碼在相當長的時間内,一直沒有繫上千字文帙號。其流通方式,也與《開寶藏》續藏的其他典籍一樣,缺乏周遍性。至於《趙城金藏》中天台教典的帙號是否即爲承襲《開寶藏》後期帙號所得,亦即《開寶藏》後期是否曾爲天台教典編繫帙號,這個問題涉及《趙城金藏》目録與《開寶藏》目録的關係,容另文叙述。

三、 餘　論

童瑋先生《北宋〈開寶大藏經〉雕印考釋及目録還原》以《天聖

---

① 從内容看,祇相當於《趙城金藏》從"岫"到"農"的七帙。

釋教總録》爲基礎來復原《開寶藏》的續藏部分,如上所述,《天聖釋教總録》祇是一個擬議中的私家目録,其改革措施並未付諸實施。它與當時流通的《開寶藏》完全不同,其後《開寶藏》也沒有依據它重新組織。所以,不能把《天聖釋教總録》作爲復原《開寶藏》續藏部分的目録基礎。

[附記]

本文寫於1997年8月,原載《藏外佛教文獻》第五輯(宗教文化出版社,1998年9月),後隨《藏外佛教文獻》收入CBETA。收入本書時内容有如下改動:

一、呂澂先生對天台教典是否繫有千字文帙號,他自己在不同文章中有兩種不同的論述。本文原來批評呂澂先生在此問題上"自相矛盾"。收入本書時,將原文的批評改爲"存疑"。因爲從目前所見呂澂先生的有關論述來看,難以確認他是否意識到《天聖釋教總録》實際祇是惟淨等人的個人觀點,並未付諸實施。亦即《天聖釋教總録》僅僅是一個惟淨心目中理想的大藏經目録,不能代表一部實際流通的大藏經,更不是《開寶藏》的目録。

如果呂澂先生沒有明確意識到上述問題,則他對天台教典千字文帙號的論述自然是自相矛盾的。如果他已經意識到上述問題,則他的論述就沒有矛盾。遺憾的是,在這個問題上,呂澂先生的叙述比較含混,在文章中沒有明確表述他是否意識到這一問題。

由於認爲呂澂先生在文章中沒有明確表現出他已經意識到這個問題,故原文批評他"自相矛盾"。但《宋代佛教》與《宋刻蜀版藏經》畢竟是兩篇文章,論述問題的角度不同,且都不是專門論述天台教典,因此,説呂澂先生沒有意識到《天聖釋教總録》的問題,依據並不足,前此我的批評也就沒有道理。爲了慎重起見,也爲了表示對前輩學者學術研究的尊重，故在此將原文的批評改爲"存疑"。

　　二、將原來隸屬於第二部分的"餘論"抽出，獨立爲第三部分。童瑋先生的《北宋〈開寶大藏經〉雕印考釋及目録還原》以《天聖釋教總録》爲基礎來復原《開寶藏》續藏部分，基本的思路難以立足，結果自然也不能成立。

　　三、原文對保存在《趙城金藏》中的三卷本《天聖釋教總録》缺乏定位，今略作補充。

《遼大字藏》的定名與存本[①]

一、緒　論

　　《遼大字藏》是遼代官刻大藏經,以往學術界習慣稱爲《遼藏》《契丹藏》《遼朝官版大藏經》等,現名是我新起的。[②]它與《遼小字藏》一起,成爲中國古代大藏經中北方系藏經的代表。該藏刊刻後,曾傳入高麗,對《再刻高麗藏》産生了重大影響,進而影響到目前在世界上廣泛流傳的、以《再刻高麗藏》爲底本的《大正藏》。《房山石經》的遼金刻經大都以《遼大字藏》爲底本。因此,對該藏的研究是佛教大藏經研究的重要内容。

　　1974 年,山西應縣佛宫寺釋迦塔發現了《遼大字藏》;1987 年,河北豐潤天宫寺塔發現了小字本遼代刻經。以這兩次重大發現爲標志,對遼代大藏經的研究可以分爲前後兩個階段。在前一個階段中,人們因未睹遼代大藏經之盧山真面目,祇能憑藉若干零星史料,對它做一些大致的探索。而山西、河北兩地新資料的出現,爲遼代大藏經的研究開拓了全新的天地,同時也帶來一些新的問題。

① 原載《中國學術》總第十八輯,商務印書館,2005 年 1 月。收入本書時有修訂。
② 本文行文使用《遼大字藏》,引文則尊重原作者行文,照録原文。

　　宋、遼、金是我國佛教大藏經從寫本到刻本的過渡時期。在這一時期中，寫本藏經與刻本藏經同時流通。因此，嚴辨寫本、刻本之別，是研究宋、遼、金佛教大藏經必須注意的重要問題。正因爲没有意識到宋、遼、金寫本藏經、刻本藏經混同流通的特點，没有分清寫本藏經與刻本藏經的區別，造成遼藏研究中的若干混亂。因此，在開始對《遼大字藏》進行研究之前，有必要先談一下寫本藏經與刻本藏經的基本特徵。

　　我在研究寫本藏經形成史的過程中，曾經提出大藏經三要素：取捨標準、内部結構、外部標志。①從寫本藏經組成特徵的角度來講，上述三要素可改而表述爲内容、結構、標志。這三個要素中，内容與結構體現藏經的内在特徵，標志屬於藏經的外部特徵。任何一部寫本大藏經，都可以用上述三個組成要素來衡量。亦即就寫本藏經而言，如果上述三個要素全變了，藏經當然變了，成爲一部新的藏經；如果僅内在特徵變了，藏經實際也變成了一部新藏經；如果内在特徵没有變，僅外部標志變了，則應該説這部藏經還没有變。所以，決定一部寫本藏經的關鍵因素是它的内容與結構等内在特徵。内在特徵主要體現在該藏經的目録中。由此，研究目録成爲研究寫本藏經的關鍵。寫本藏經的這一特徵，與它的修造方式有關。每一部寫本藏經都是單獨書寫修造的，即使按照同一個目録，用統一的書寫格式寫成，每部藏經仍具有與衆不同的特點。從這個角度講，每部寫本藏經都具有唯一性。但是，儘管每部寫本藏經互不相同，祇要它們的目録相同，我們就承認它們仍是同一種藏經。相反，如果兩部藏經的書寫格式、外部特徵完

---

① 　參見方廣錩《八一十世紀佛教大藏經史》（繁體增訂本），佛光山文教基金會（高雄），2002 年 3 月。

全一樣,但所依據的目録不同,我們就認爲它們是不同的藏經。

刻本藏經與寫本藏經的最大差別,在於它不是用筆來書寫,而是刻版印刷。而刻版印刷,凡用同一副版片刷印出來的藏經,基本特徵全部相同。所以對刻本藏經來説,版片一旦固定,則反映其内部特徵的内容與結構,已全部固化在版片中。因此,如果説區別諸種寫本藏經的最大依據是其目録的話,則區別諸種刻本藏經的最大依據是其版片。祇要版片不同,即使所依據的目録完全相同,哪怕後一部藏經是前一部藏經的覆刻本,我們仍然認爲它們屬於不同的藏經。當然,這裏還需要正確認識補雕、遞修在刻本藏經中的地位,但這不屬於本文的任務,這裏不談。

世有所謂"版本學",研究的是諸種刻本的特點。從這個角度講,研究諸種寫本特點的學問應該稱之爲"寫本學"。

順便説一句,在以往的古籍研究中,在談到某文獻的某種本子時,研究者往往不加區別地采用"版本"一詞。我以爲,如果嚴格區別專門研究寫本的"寫本學"與專門研究刻本的"版本學",則應該承認,"版本"一詞僅適用於"版本學"。所以,我主張在今後的研究中,可以把"寫本"作爲"寫本學"範疇的專用名詞,把"版本"作爲"版本學"範疇的專用名詞,而用"傳本"作爲統攝"寫本""刻本"兩者的專用名詞。

二、定 名

在學術發展史上,很多問題往往從人人都以爲没有疑問的"當然"中産生,從模糊中逐漸凸現,通過討論得到解決,從而推動了學術的發展。這幾乎可以説是一種規律,遼代大藏經的研究也不例外。

從現有資料看,最早爲遼刻大藏經定名的是高麗僧人守其與宓庵。守其在他的名著《高麗國新雕大藏經校正別録》（以下簡稱《校正別録》）及爲《再刻高麗藏》所作的不少校記中稱輸入高麗的遼刻大藏經爲《丹本》《丹藏》《丹藏經》；宓庵則稱之爲《丹本大藏》，並撰《〈丹本大藏〉慶贊疏》①。從守其《校正別録》的有關記載分析，他所依據的《丹藏》每行十七字，這與應縣木塔所出的木刻大字本相同；而從宓庵《〈丹本大藏〉慶贊疏》看，他所謂的《丹本大藏》"紙薄字密"，這自然與豐潤遼塔所出的木刻小字本相類。就定名看，《丹藏》與《丹本大藏》並無本質區别，無非指它們是契丹國刊刻的藏經。也就是説，當時的高麗僧人漠然地以國名命藏，但没有在定名上對兩種不同的遼代藏經做出明確的區分。那麽，到底是當時的高麗僧人不懂得區别這兩種來自契丹的藏經，認爲這兩種藏經内容、結構完全相同，不需區别；還是守其所見祗是大字本，宓庵所見祗是小字本，故而無從區别。這是一個需要進一步研究的問題。無論屬於哪一種，都説明在當時的高麗，雖然兩種遼藏均已傳入，却尚未對這兩種遼代刻本藏經做出區别。

　　近代以來，日本妻木直良最早開始了對遼刻大藏經的研究。他於 1912 年發表的《論契丹雕造大藏經之事實》涉及諸多方面，至今仍有很高的參考價值。②在文章中，他將遼代刻的大藏定名爲"《契丹本大藏經》"，繼承了守其與宓庵的命名法，並明確指出這是一種刻本藏經。他既介紹了守其的工作，又全文引用了宓庵的《〈丹本大藏〉慶贊疏》，但對所謂《契丹本大藏經》的版式却未作仔細研究，没有正面表述他所謂的《契丹本大藏經》到底是指大字本，

---

① 釋宓庵：《〈丹本大藏〉慶贊疏》，載《東文選》卷一一二，民族文化推進會影印本（韓國），1981年 9 月。

② 妻木直良：《契丹に於ける大藏経彫造の事實を論ず》（《論契丹雕造大藏經之事實》），載《東洋學報》第二卷第三號，1912 年 9 月。

還是小字本，抑或兩者都包括。不過，上文説守其所依據者爲《遼
大字藏》，這一結論需要仔細研究《校正別録》的有關論述纔能得
出，而妻木直良的文章却缺少這種研究。所以，我以爲他所謂的
《契丹本大藏經》應指《〈丹本大藏〉慶贊疏》所描述的《遼小字藏》，
並没有意識到還存在另一種大字本。野上俊静撰《遼金之佛教》依
據妻木的論文論述《丹藏》，並誤稱《再刻高麗藏》參用的就是紙薄
字密的册裝《丹藏》。[①]由此説明，起碼在野上俊静看來，妻木直良所
説的《契丹本大藏經》是小字本。

　　妻木之後，研究遼刻大藏經的研究者一般沿用《契丹藏》這一
名稱。至於版式，有些研究者根本不予涉及；有些研究者雖然涉
及，一般也祇是轉引宓庵《〈丹本大藏〉慶贊疏》的有關文字。可以
説，在這些研究者的心目中，所謂遼代大藏經，都指小字本。但小
川貫弌的《大藏經——形成與演變》提到，近代在吐魯番出土若干
刻本佛經殘片，每行十八、十九字，因其帙號與《可洪音義》相合，應
是《契丹藏》的殘卷。由於這些殘片的形態與《〈丹本大藏〉慶贊疏》
對遼代大藏經的描述不相符合，小川貫弌在這裏實際已經接觸到
遼代可能刊刻不同大藏經的問題。不過，小川貫弌没有對此展開
進一步的論述。不知是没有發現這一版本方面的歧異，還是雖然
發現，但因資料匱乏，無法深入研究。[②]當然，現在看來，這些殘片到
底是否爲遼代大藏經的殘餘，還是一個需要進一步研究的問題。
這個問題筆者將另文叙述。

　　總之，在應縣木塔遼刻藏經發現之前，學術界用"《契丹藏》"指
稱遼代大藏經，均指《遼小字藏》。小川貫弌雖然發現與《遼小字

---

① 　參見野上俊静《遼金の佛教》，平樂寺書店（日本京都），1953 年 9 月。
② 　參見小川貫弌《大藏経——成立と変遷》（《大藏經——形成與演變》），百花苑（日本京都），
　　1964 年 11 月。

藏》不同形態的刻經,但没有進行具體的研究,甚至没有指出新發現的刻經與《遼小字藏》版式的不同,依然漠然采用《契丹藏》這一名稱。同時應該指出的是,此時學術界均認爲《契丹藏》是刻本藏經,並無例外。

應縣木塔遼刻藏經的發現推動了對遼代大藏經的研究。由於應縣木塔所出爲行格疏朗的大字本,亦即本文所謂的《遼大字藏》,於是鄭恩淮在《應縣木塔發現〈契丹藏〉》一文中評論宓庵《〈丹本大藏〉慶贊疏》中"帙簡部輕,函未盈於二百;紙薄字密,册不滿於一千"的記述時稱:"顯然這些臆測之言是完全錯誤的,皆因未見實物之緣故。"①應該説明,這並非鄭恩淮一人的看法。應縣木塔遼藏發現後,豐潤遼刻未發現前,類似鄭恩淮的觀點在學術界甚爲流行,一時成爲定論。故此時學術界討論的遼代大藏經均指《遼大字藏》。但對該遼代大藏經應如何定名,則出現兩種針鋒相對的意見。

一種意見以任繼愈爲代表。1986 年 3 月 29 日,中國歷史博物館,中國遼、金、契丹、女真史學會邀請專家座談應縣木塔發現的遼代大藏經。其間論及名稱,任繼愈主張稱爲《遼藏》,謂《遼藏》這個名稱"可與《遼史》朝代劃一,而且經文本身全是漢文。《趙城金藏》即不稱《女真藏》,約定俗成"。據説,當天的與會者咸同此意。②

一種意見以鄭恩淮爲代表。他主張稱爲《契丹藏》,"因建國之民族爲契丹族,最初國名爲大契丹,遼聖宗統和時期又改國號爲大契丹",而這部藏經又是統和年間始刻的。③

任繼愈從與《遼史》朝代劃一,以及與《趙城金藏》比照立論;鄭

---

① 鄭恩淮:《應縣木塔發現〈契丹藏〉》,載《遼金史論集》第二集,書目文獻出版社,1987 年 7 月,第 171 頁。此文發表時,豐潤遼刻已經發現,但尚未正式公布。
② 參見張暢耕《〈龍龕手鏡〉與遼朝官版大藏經》註釋一,載《中國歷史博物館館刊》,1991 年,第 108 頁。
③ 鄭恩淮:《應縣木塔發現〈契丹藏〉》,載《遼金史論集》第二集,第 174 頁。

恩淮從建國之民族、始刻之時間立論。雖然鄭恩淮關於《遼大字藏》的始刻時間還可以再探討，但兩人的立論可説各有各的理由。不過，現在看來，上述立論也存在兩個問題：

第一，如前所述，應縣木塔遼藏發現之前，人們所謂的《契丹藏》都指《遼小字藏》。應縣木塔遼藏發現之後，豐潤遼刻發現之前，人們以爲《遼小字藏》並不存在，改用《契丹藏》《遼藏》來指稱《遼大字藏》。雖然指代不同，但在上述兩個階段，《契丹藏》《遼藏》都僅指稱某一部遼代大藏經。但“紙薄字密”的遼小字刻經在豐潤被發現，證明古人誠不我欺，《遼小字藏》是存在的。《遼小字藏》與《遼大字藏》版片不同，形態不同，是兩種不同的藏經。雖然“契丹藏”“遼藏”這兩個名詞本來都是普通名詞，其内涵與外延可包括遼代（契丹）所有的刻本藏經，但按照學術界的慣例，上述名詞加上書名號後，所謂“《某某藏》”就是一種專有名稱，内涵與外延都祇能特指某一部藏經。我們不能用《契丹藏》《遼藏》來同時命名遼代的《遼大字藏》《遼小字藏》等兩種不同藏經。如“宋藏”“元藏”“明藏”都是普通名詞，可指代宋、元、明朝刊刻的所有藏經，並不特指其中的某一部。祇有某朝僅刻一部藏經，我們纔可以用朝代名來命名這部藏經，如《趙城金藏》。鄭恩淮提出：“至於《契丹藏》刻過二藏、三藏，亦無妨皆稱之爲《契丹藏》，因世人所説《契丹藏》，並非專指已知某本而言。”①這種説法，混淆了專用名詞與普通名詞的用法，不符合學術界研究佛教藏經的規範。②

第二，上述立論未涉及該藏應是刻本這一事實。應該説，這本

① 鄭恩淮：《應縣木塔發現〈契丹藏〉》，載《遼金史論集》第二集，第 174 頁。
② 在 20 世紀佛教大藏經的早期研究階段，由於對大藏經版本的掌握不甚豐富，也因爲日本的一些收藏單位收藏的藏經往往是諸藏混合本，故曾經出現過《宋藏》《元藏》《明藏》之類的稱呼。隨著藏經研究的深入，這些稱呼已經逐漸被廢棄。

來不是問題,起碼對任繼愈、鄭恩淮兩位大概不是問題。因爲從最初研究《契丹藏》起,學術界就把它放在刻本大藏經的範圍內進行。但後來羅炤提出所謂"統和本"是寫本,並堅持命名它爲《契丹藏》,把它當做《契丹藏》來研究①,從而顛覆了原有的"《契丹藏》應爲刻本"這一共同的研究平臺。現在回過頭來看,如果當初定名時强調它祇能是一部刻本,可能會讓研究者少走一段彎路。

　　總之,應縣木塔遼刻大藏經發現以來的研究史證明,漠然地把這批藏經稱之爲《遼藏》或《契丹藏》,會造成認識的歧異,導致研究的混亂,使得討論的雙方在不同的平臺上難以進行有效的交流。因此,我們首先應該對這批藏經做出正確的命名。當然,學術是不斷發展、不斷成熟的。從知道遼代刻有藏經到知道遼代刻有多部藏經有一個過程,隨著掌握資料的豐富與認識程度的深化,我們纔認識到需要對遼刻藏經的定名作進一步的考察。這種考察不是對以往研究史的否定性批評,而是希望通過更加正確的命名,進一步把握遼刻藏經的本質特徵,推動對其的研究。

　　基於上述對研究史的考察,本文將應縣木塔出土的大字本遼刻藏經命名爲《遼大字藏》,亦即它是由遼代(大契丹國)刊刻的大字刻本漢文大藏經。

　　上述定義包含如下幾層含意,需要進一步説明:

　　第一,該藏由遼代(大契丹國)官刻。以此區別於其他地理或政治實體乃至私家所刻的藏經。

　　契丹族建國之初稱"契丹",太宗會同元年(938)稱"大遼",聖宗統和元年(983)改稱"大契丹",道宗咸雍二年(1066)又稱"大

---

① 參見羅炤《再談〈契丹藏〉的雕印年代》,載《文物》1988 年第 8 期;參見羅炤《有關〈契丹藏〉的幾個問題》,載《文物》1992 年第 11 期。

遼”。本文爲了簡潔起見，除引文外，一概稱其國號爲“遼”。

第二，該藏經爲大字刻本。所謂“大字”，區別於遼朝刊刻的另一部藏經《遼小字藏》。所謂“刻本”，意味著它有自己專有的版片，不僅由此區別於《遼小字藏》，還由此區別於《房山石經》中的遼金刻經以及當時流通的各種寫本藏經。

在此特別要強調的是，遼地所修造、所流通的一切寫本藏經，無論它們與《遼大字藏》有多麼親密的關係，一律不視爲《遼大字藏》。這對於澄清以往在遼代大藏經研究中的種種迷誤，具有重要的作用。

第三，該藏爲漢文大藏經。以此區別於也許存在的契丹文大藏經。

契丹族有兩種本民族的文字，契丹大字與契丹小字。遼代是否用契丹文刻過藏經，目前没有資料可以證實，在此亦不予討論。但是，“説有容易説無難”，在掌握確鑿證據以前，理論上不能排除存在契丹文大藏經的可能。本文之所以不采用《契丹大字藏》《契丹小字藏》這樣的名稱，也是爲了避免與契丹大字、契丹小字兩種文字相互混淆。

第四，它是大藏經。亦即具備内容、結構、標志等三個組成要素的佛教大叢書。我們可以從這三個方面去研究與把握它，由此區別於各種單刻經。

三、存　本

長期以來，遼代藏經因無刻本存世，被人稱爲迷幻似的藏經。《遼大字藏》的面世，使得人們可以由此一睹廬山真面目，有了切實的研究依據。但是，應縣木塔中究竟存有多少卷《遼大字藏》，仍是一個正在爭論的問題。這個問題不解決，對《遼大字藏》研究的基礎就會動搖。故在此探討應縣木塔所存《遼大字藏》的存本。

（一）研究史

1974 年 7 月，應縣木塔所藏遼代文物被發現。

1982 年，《文物》第六期發表了由國家文物局文物保護科學技術研究所等四個單位署名的《山西應縣佛宮寺木塔內發現遼代珍貴文物》（以下簡稱《發現》）。《發現》介紹，此次共發現遼代刻經四十七件，其中有正規的千字文編號的刻經共十二件。"其爲大藏，毋庸置疑"，主張它就是學術界所謂的《遼藏》或《契丹藏》。《文物》同期發表了由閻文儒、傅振倫、鄭恩淮署名的《山西應縣佛宮寺釋迦塔發現的〈契丹藏〉和遼代刻經》。該文支持《發現》的觀點，稱應縣木塔所發現的爲"十二卷《契丹藏》"。上述兩文並均依據十二卷遼刻中的"女字號"《稱贊大乘功德經》卷末題記，認爲該藏始刻於遼聖宗統和年間。《發現》並因此稱這部大藏爲"遼統和藏"[1]。

1983 年，《中國歷史博物館館刊》第五期刊登羅炤撰《〈契丹藏〉的雕印年代》（以下簡稱《雕印》）。該文指出，十二號遼代刻經中，第六號"女字號"《稱贊大乘功德經》乃比丘道讚的私刻單本，並非大藏經本，不能據此判斷《契丹藏》的刊刻年代。文章還指出，第五號《妙法蓮華經》卷二版片號的形態也與其餘十號不同。文章雖然沒有對該卷是否爲大藏經本表示明確的意見，但已表現出懷疑的傾向。[2]

---

[1]　參見國家文物局文物保護科學技術研究所、山西省古代建築保護研究所、山西省雁北地區文物工作站、山西省應縣木塔文物保管所《山西應縣佛宮寺木塔內發現遼代珍貴文物》，載《文物》1982 年第 6 期，第 3—4 頁。閻文儒、傅振倫、鄭恩淮《山西應縣佛宮寺釋迦塔發現的〈契丹藏〉和遼代刻經》，載《文物》1982 年第 6 期，第 9、13 頁。

[2]　羅炤：《〈契丹藏〉的雕印年代》，載《中國歷史博物館館刊》1983 年第 5 期，第 15 頁。

　　1986 年,《中國歷史博物館館刊》第九期刊登《發現》一文的主要執筆人張暢耕、畢素娟撰寫的《論遼朝大藏經的雕印》(以下簡稱《論遼藏》)。文章雖然沒有提到羅炤《雕印》對"女字號"《稱贊大乘功德經》的辨析,但承認該經"誠然是私刻單經"①。文章沒有對《妙法蓮華經》卷二的問題做出回應。從行文看,該文實際承認應縣木塔中發現的遼代刻經,真正屬於《遼大字藏》的衹有十一號。

　　但 1987 年,鄭恩淮於《遼金史論集》第二集發表《應縣木塔發現〈契丹藏〉》,沒有理會羅炤的《雕印》,沒有理會張暢耕等人的《論遼藏》,也沒有提出新的論據,但依然認爲十二卷帶千字文帙號的遼代刻經全都屬於《契丹藏》。②

　　1988 年,《中國大百科全書》之《宗教卷》出版,其中收有童瑋所寫"契丹藏"條目,稱 1978 年在山西應縣木塔發現五十軸《契丹藏》殘卷。③顯係粗疏所致,不足爲據。

　　1991 年,齊心、王玲發表《遼燕京佛教及其相關文化考論》,對羅炤的相關質疑,也未置一詞,依然主張應縣出土的十二卷遼刻,包括《稱贊大乘功德經》,均爲大藏經。④

　　由此可知,雖然羅炤已經指出應縣木塔所出十二卷遼代刻經並非全部都是大藏經本,但並沒有引起普遍的注意。不少研究者依然受《發現》的影響,以訛傳訛。

　　1992 年,文物出版社出版了由山西省文物局、中國歷史博物館

① 張暢耕、畢素娟:《論遼朝大藏經的雕印》,載《中國歷史博物館館刊》1986 年第 9 期,第 71 頁;又載《房山石經研究》(三),中國佛教文化出版有限公司(香港),1999 年 9 月。
② 參見鄭恩淮《應縣木塔發現〈契丹藏〉》,載《遼金史論集》第二集,第 165 頁。
③ 《中國大百科全書宗教卷》,中國大百科全書出版社(上海),1988 年 1 月,第 152 頁。該卷版權頁、扉頁出版日期不同,作爲工具書,實在粗疏得令人吃驚。
④ 參見齊心、王玲《遼燕京佛教及其相關文化考論》,載《北京文物與考古》第二輯,燕山出版社(北京),1991 年 2 月。

編輯的《應縣木塔遼代秘藏》，公布了應縣木塔所出全部文物的精美圖版。這是一項極其值得讚嘆的工程，千年秘藏從此盡現人們眼前，遼藏的研究也得以進一步推進，功德無量。但遺憾的是，由張暢耕、鄭恩淮、畢素娟執筆的《前言》，一方面說《稱贊大乘功德經》是“覆刻”本，一方面又稱木塔出土有“遼藏十二單卷”。其實，如果承認《稱贊大乘功德經》是覆刻單本，它就不能是大藏單卷；如果說它是大藏單卷，就必然否認它是覆刻單本。兩者必居其一。《前言》的上述論述，說明其作者在把握刻本大藏經的基本特徵方面尚有缺陷。此外，《前言》在羅列“遼藏十二單卷”的“共同特點”時，稱它們“每紙十八行，行十五至十八字，各紙有小字版碼、經名、帙號”。這一描述失之粗疏，與這十二卷刻經的實際情況不符。[①]

　　羅炤考察《應縣木塔遼代秘藏》之後，發表《有關〈契丹藏〉的幾個問題》（以下簡稱《問題》），發展了自己在《雕印》中的觀點，進一步提出“應縣木塔《契丹藏》僅有十卷”。第六號《稱贊大乘功德經》是私刻單本，固非大藏經本。第五號《妙法蓮華經》卷二的版式與其餘十卷《契丹藏》經本不同，而與第二十六號單刻本《妙法蓮華經》卷八相同。因此，它與第二十六號單刻本《妙法蓮華經》卷八“應是同經同版的異卷印本”，也非大藏經本。

　　羅炤還提出：“對應縣木塔十卷《契丹藏》細加觀察，可以發現：這十卷中存在兩種版式。”第一種是第一號、第七號、第八號、第九號、第十號、第十一號、第十二號等七卷，第二種是第二號、第三號、第四號等三卷。《問題》敘述了它們版式的特點。羅炤提出：“在同一部官版大藏經中，不可能出現差異如此之大的兩種版式。筆者

────────

① 參見山西省文物局、中國歷史博物館《應縣木塔遼代秘藏》，文物出版社（北京），1991 年7 月。

認爲,第二種似晚於第一種,它們或者分屬於兩種版本的《契丹藏》,或者第二種三卷《華嚴經》是覆刻《契丹藏》的單刻經,但改變了方式(方按:'方式'似應表述爲'版式')。"①

羅炤的上述觀點,涉及《遼大字藏》研究的基礎,極其重要。遺憾的是,他的觀點依然没有引起中國國内學者的任何回應與反響。

但在日本,竺沙雅章於 1994 年發表《由新出資料所見之遼代佛教》(以下簡稱《新出資料》),論及《遼大字藏》的存本問題。②

竺沙雅章對遼代大藏經的研究十分關注,早在 1978 年,就發表過《契丹大藏經小考》。③應縣木塔《遼大字藏》發現後,於 1991 年發表《〈開寶藏〉與〈契丹藏〉》。④上面兩篇文章論述了有關遼代藏經的諸多問題,但没有涉及《遼大字藏》的存本。《新出資料》一文也是在看到《應縣木塔遼代秘藏》之後撰寫的,但作者没有提及羅炤的《問題》,似乎没有看到該文。作者關於存本的結論與羅炤基本相同,略有歧異。

竺沙雅章在仔細考察《應縣木塔遼代秘藏》所載圖版後,將十二卷帶有千字文帙號的刻經分爲四類:第一類,第一號、第七號、第九號;第二類,第八號、第十號;第三類,第十一號、第十二號;第四類,第二號、第三號、第四號、第五號、第六號(方按:原文誤作第七號)。竺沙雅章認爲,前三類都是《契丹藏》,第四類不是《契丹藏》。也就是説,應縣木塔所存的《契丹藏》經本,實際衹有七卷。

對第一號、第七號、第九號、第八號、第十號、第十一號、第十二

---

① 參見羅炤《有關〈契丹藏〉的幾個問題》,載《文物》1992 年第 11 期。

② 竺沙雅章:《新出資料よりみた遼代の佛教》(《由新出資料所見之遼代佛教》),載《禪學研究》第七十二号,花園大學禪學研究會(京都),1994 年 1 月。

③ 竺沙雅章:《契丹大藏經小考》,載《内田吟風博士頌壽紀念東洋史論集》,1978 年 8 月。

④ 竺沙雅章:《〈開寶藏〉と〈契丹藏〉》(《〈開寶藏〉與〈契丹藏〉》),載《古典研究會創立二十五周年紀念國書漢籍論集》,汲古書院,1991 年 8 月。

號等七號,羅炤認爲屬於《契丹藏》,竺沙雅章的考察結論相同,所以兩人在這一點上的觀點一致。對第二號、第三號、第四號等三號,羅炤認爲它們或者是《契丹藏》的另一種版本,或者是單刻經;竺沙雅章則認爲不能肯定它們是否爲大藏經本,主張它們可能是僧侶私人用品。在這一點上,兩人意見略有不同。對於第五、第六兩號,兩人觀點一致,都認爲並非大藏經本。

其後,畢素娟於 1995 年出版《千年法寶破雲出》①,1996 年又發表《遼代的雕版印刷品》②一文,從《論遼藏》的立場倒退,對上述羅炤《問題》、竺沙雅章《新出資料》所提出的重要觀點沒有作任何回應,也沒有提出新的論據,但依然主張應縣木塔發現的十二卷帶千字文帙號的刻經全部都是大藏經本。

作爲最近的研究成果,則有李富華、何梅所撰《漢文佛教大藏經研究》③,該書專設"關於《遼藏》的研究"一章,提出如下四條理由,論證應縣木塔發現的十二卷帶千字文帙號的刻經全部都是《遼藏》。

(1)"這十二卷經均有千字文帙號,可以肯定是大藏經印本。"

(2)由於它們的千字文編次、版式與已知諸種藏經都不相同,表明"它們完全是一種獨立的大藏經印本,既不是《開寶藏》印本,也不是宋元以後其他藏經的印本。它們祇能是久已失傳的《遼藏》"。

(3)其中的《稱贊大乘功德經》有遼代紀年,同時發現的其餘單刻經中,有些也有遼代紀年。這表明"應縣木塔中發現的這一批裝藏(方按:應爲"裝臟"之誤)的經卷均爲遼代的刻經,而其中有千字文帙號的十二卷大藏經印本無疑就是《遼藏》的遺存了"。

---

① 畢素娟:《千年法寶破雲出》,如聞出版社(臺北),1995 年 5 月。
② 畢素娟:《遼代的雕版印刷品》,載《中國歷史博物館館刊》1996 年第 2 期。
③ 李富華、何梅:《漢文佛教大藏經研究》,宗教文化出版社(北京),2003 年 12 月。

（4）其中的《大方便佛報恩經》等幾種經典的千字文帙號與《房山石經》遼金刻經相應經典的帙號相符合，"這又從另一個方面證明，應縣所發現的這批大藏經印本確實是《遼藏》的印本"①。

《漢文佛教大藏經研究》既是最新成果，我們就應該對它提出的上述四條理由逐一進行辨析。

（1）"這十二卷經均有千字文帙號，可以肯定是大藏經印本。"

這是一個常識性的錯誤。有千字文帙號，不見得就是大藏經印本，完全可能是私刻單經。木塔中的第六號《稱贊大乘功德經》帶有千字文帙號"女"，但它就是一部私刻單經。這一點早經羅炤指出，成爲無可辯駁的定論。即使《論遼藏》，也不能不承認這一點。

（2）由於它們的千字文編次、版式與已知諸種藏經都不相同，表明"它們完全是一種獨立的大藏經印本，既不是《開寶藏》印本，也不是宋元以後其他藏經的印本。它們祇能是久已失傳的《遼藏》"。

如本文所述，判斷一部刻本藏經是否爲新的獨立的藏經，主要依據就是版片。因爲印本的版式，可以體現出原版片的特徵。所以，通過新發現刻經的版式的考察，判定它們屬於新的獨立的大藏經，這是對的。至於說這部藏經"既不是《開寶藏》印本，也不是宋元以後其他藏經的印本。它們祇能是久已失傳的《遼藏》"，就犯了一個邏輯錯誤。因爲從一般邏輯來講，這裏並非是 A 與非 A 的關係，也可能出現 B、C、D 等多種選項。具體到應縣木塔刻經，羅炤在《問題》中就提出十種大藏經本可能"分屬於兩種版本的《契丹藏》"的問題。轉換成我的定義標準，也就是分屬兩種大藏經的問題。

_____

① 李富華、何梅：《漢文佛教大藏經研究·關於〈遼藏〉的研究》，第 129—131 頁。

《漢文佛教大藏經研究》稱"應縣發現的大藏經印本每版一般爲二十七至二十八行,每行十七字左右"①,不但失之粗疏,而且與事實不符。實際上,十二卷刻經的版式既與現知諸藏都不同,相互之間也有差異。詳情可見下文的考辨。對於研究刻本藏經的研究者來說,辨析版式的不同,非常重要,絕不能粗疏從事,否則必然出錯。

(3) 其中的《稱贊大乘功德經》有遼代紀年,同時發現的其餘單刻經中,有些也有遼代紀年。這表明"應縣木塔中發現的這一批裝藏的經卷均爲遼代的刻經,而其中有千字文帙號的十二卷大藏經印本無疑就是《遼藏》的遺存了。"

這一段論述提出了兩點論據:第一,這是一批遼代刻經;第二,它們有千字文帙號。由此做出結論"無疑就是《遼藏》"。

這批刻經確爲遼代文物,自從它們在應縣木塔被發現,從來沒有人提出疑義,這也是人們討論它們是否爲遼藏的前提。但這一條顯然不能成爲這些刻經必然是遼藏的理由。至於說有千字文帙號就是藏經,《漢文佛教大藏經研究》已作爲第一條理由提出過。

換言之,此段中的兩條論據,祗有"遼代的刻經"一條是有效的,但不充分。至於"有千字文帙號"一條,屬於重複論及。

(4) 其中的《大方便佛報恩經》等幾種經典的千字文帙號與《房山石經》遼金刻經相應經典的帙號相符合,"這又從另一個方面證明,應縣所發現的這批大藏經印本確實是《遼藏》的印本"。

這一分析倒果爲因,沒有道理。

歷史的事實是,1912 年,日本妻木直良根據《大遼涿州雲居寺石經塔記》的記載,將其中的千字文帙號與《可洪音義》及其他諸藏經比較後提出,《房山石經》中部分遼代刻經,應以《契丹藏》爲底

---

① 　李富華、何梅:《漢文佛教大藏經研究・關於〈遼藏〉的研究》,第 129 頁。

本。但這祇是一種推測，並没有得到證實。20世紀50年代，中國佛教協會周叔迦等開展了對《房山石經》的發掘與整理，發現其中的遼金刻經大多版式一致，並附有千字文帙號。這些帙號與現知諸藏都不同，而與《可洪音義》一致。人們進一步認爲它們應該就是依據遼代大藏經刊刻的。但由於遼代大藏經本身仍是一種迷幻，故這種觀點仍然是一種未經證實的推論。

應縣木塔遼代刻經被發現，其中有千字文帙號的部分經卷被諸多學者認定是《契丹藏》，而《房山石經》中的相關經典的千字文帙號與應縣木塔遼代刻經的帙號相同，由此證明妻木直良、周叔迦等當初的推測是正確的。

也就是説，《房山石經》中帶千字文帙號的遼金刻經正因爲應縣木塔《遼大字藏》的發現，纔被確證爲依據遼藏刊刻。而《漢文佛教大藏經研究》如今又拿《房山石經》來證明應縣木塔的遼代刻經爲遼藏，犯了循環論證、倒置因果的錯誤。

《漢文佛教大藏經研究》行文用了"肯定是""完全是""祇能是""無疑就是""確實是"這類斬釘截鐵的語言，企圖説明木塔的十二卷遼刻是遼代大藏經印本。但它的四條理由，祇有第二條中的前半條"它們是一種獨立的藏經"，第三條中的前半條"它們是遼代刻經"可以成立，其餘都不能成立。可以成立的這兩個半條，是自應縣木塔遼代刻經發現以來，由張暢耕、畢素娟等撰寫的《發現》一文早就闡明，學術界一致公認的。但僅根據這兩個半條，不能證明應縣木塔十二卷遼刻全部都是大藏經本。這正是《發現》發表之後，羅炤、竺沙雅章等學者不斷提出問題的原因。《漢文佛教大藏經研究》對這十二卷帶千字文帙號刻經本身的差異不作仔細的研究，對羅炤等人已經提出的諸多問題也不去關注與研究，隨便拼湊理由，武斷地做出結論，自然站不住脚。

（二）存本考辨

在這裏,我想對應縣木塔的十二卷帶千字文帙號的遼刻經典重新做一番考察,看看其中究竟有幾卷屬於《遼大字藏》,情況如何;不屬於《遼大字藏》的經典,情況又如何。雖然我考察的過程,與羅炤、竺沙雅章不盡一樣,但最終的結論却基本相同,所以實際上並没有提出什麼新東西。但羅炤、竺沙雅章提出問題之後,我國的相關研究者對此没有任何回應,依然堅持自己的觀點。不知是根本不知道有新觀點提出;還是知道,但不贊同,又駁不倒,於是置若罔聞;或者是根本不屑一顧。無論哪種情況,都是不正常的。從這個角度講,我的再次論證,就算是一種吶喊,呼籲我們的研究者要端正學風,改變學風。

1. 預備知識

在此先依據《應縣木塔遼代秘藏》圖版,將十二卷刻經每卷版式的基本情況做一個考察。考察前,想將我在研究佛典寫本、刻本的過程中體會到的一些有關佛經版式的基本知識做一個簡單的介紹。前此的有些研究者對這些基本知識不甚了了,所以著録版式時出現一些不必要的錯誤。

第一,裝幀形式。

我國漢文寫本的裝幀形式比較豐富,至今已發現卷軸裝、經摺裝、梵夾裝、縫綴裝、粘葉裝、蝴蝶裝、旋風裝、棍夾裝、混合裝等多種。刻本佛經則祇發現卷軸裝、蝴蝶裝、經摺裝、綫裝等四種。需要説明的是,元、明以下,由於對古代的裝幀形式已經模糊不清,往往將刻經的經摺裝稱爲梵夾裝。這種謬誤,清末以來,甚爲流傳。遺風所致,至今有少數人仍在以訛傳訛。

《遼大字藏》均爲卷軸裝。

第二,千字文帙號。

　　千字文帙號是爲了體現藏經諸帙順序，依據《千字文》依次排號用字所形成的序號。

　　藏經版片，一定有千字文帙號。但有千字文帙號，不一定是藏經本。如果另刻單經的底本取自大藏，則往往連同帙號一並刊刻。

　　藏經帙號，一般刻在首版的首題下，尾版的尾題下，其餘諸版的版片號中。另刻單經的帙號，有的與藏經本相同；有的僅刻在首尾版，其餘版不刻。

　　第三，行數。

　　行數指寫經每紙、刻經每版所容納的經文行數。無論寫經還是刻經，由於首版受標題、譯著者行的影響，行款往往與其餘諸版不同。如敦煌遺書中唐代標準寫經的行款，每紙二十八行，但首紙往往祇有二十六行，個別也有二十七行乃至二十八行者。而尾版受經文本身長短的影響，行款更不可能固定。所以我在考察寫經、刻經行款規範時，一般將首紙（首版）與尾紙（尾版）排除在外，祇計其他諸紙（版）。

　　一部藏經，祇要是同一時期刊刻的，它每版行數一般是統一的。但由於是手工操作，故不排除也會出現若干例外。祇要這種例外是偶爾的、少量的、無規律的，我在考察時一般對此忽略不計。否則就要注意區別，追究原因。其實，藏經行數偶爾不合規範，這種情況在現代印刷本藏經中有時也可看到。比如《大正藏》的規範爲每頁三欄，每欄二十九行，但也有個別欄爲三十行。

　　第四，字數。

　　字數指每標準行所抄寫或刊刻的經文字數。我在這裏所謂的“標準行”，指一個抄寫完整的行。此時排除不完整行、偈頌、陀羅尼、禮佛名、雙行小字之類特殊的情況。

　　與每版（紙）行數同樣，一部藏經，每行字數一般統一，但會有例外。由於行數的數量比版數多，也由於控制每行字數比控制每版行數更難，所以每行字數出現例外的頻率，遠遠高於每版行數的例外。遼代藏經這樣的早期刻經都是依據某部寫經刊刻，並書寫上版的。如果所依據的寫經每行字數控制不嚴，如果書寫上版時每行字數控制不嚴，則字數的參差自然會反映在相應的刻經中。即使是比較注意每行十七字書寫規範的寫經，也會因爲寫經生一時沒有控制好，把某行寫成十六字。這時，爲了彌補，寫經生往往會把跟隨的下一行寫成十八字。因此，對行款中的字數，要從大局上去把握。不能因爲出現個別例外，就把字數標註爲"行十六至十八字"。因爲我們這裏所謂的字數，實際並非對經典面貌的簡單實錄，而是對經典款式，亦即它的書寫、刊刻規範的一種研究與把握。

　　當然，如果字數的差異出現某種規律性，並證明它已經形成另一種規範，或者字數的差異參差很大，顯示不出任何規範，就必須引起注意，探究原因。

　　第五，版片號。

　　版片號指刊刻在版片上的標明該版所刻經典、版片次序的文字。往往包括經名卷次、版片序號、千字文帙號等内容。不同藏經的版片號包括的内容不同，標註的位置也不同。

　　寫經由於單獨抄寫，然後綴接裝潢，一般不易出錯，所以不用標註序號。刻經的版片需要反復使用，一次往往刷印多部，所以一般都要在版片上刊刻版片號，以便版片的管理、刷印後經卷的綴接。同一部藏經的版片，特別是同一時期刊刻的版片，版片號一般是統一的。即使有差異，也是在統一前提下的小差異，往往是刻工的隨意之作。不同的藏經的版片，同一藏經不同時期刊刻的版片，版片號會有較大差異。所以考察版片號的形態，可以成爲辨別不同藏經或同一藏經不同時期刻本的依據之一。

首版由於已經有經名卷次，且在形態上清楚表明這就是第一版，所以一般無版片號。尾版由於有尾題卷次，所以版片號標註得相對簡單，往往祇標註序號。所以我在考察版片號的標準形態時，往往也排除首尾版，考察其餘諸版。

藏經版片，由於數量巨大，爲了便於管理，不致混淆，版片上一定會標註經名卷次、版片序號等內容。另刻單經，則根據情況不同而有區別。如果該經篇幅不大，版片不多，則往往僅標註序號。如果僅有幾片，容易區別，也有連版片序號也不標註者。但如果該經篇幅較大，版片較多，則也有進一步標註經名卷次者。如果該另刻單經的底本來自大藏，則往往有照刻底本之千字文帙號者。

第六，界欄形態。

界欄包括上下水平邊欄及垂直豎欄。

寫經一般均有界欄。界欄形態多樣，有墨欄、朱欄、折疊欄、刻劃欄、田字欄、衝天立地欄，等等。邊欄與豎欄往往粗細不同。

刻經界欄比較簡單，一般祇有上下邊欄，有的根本無欄，如《開寶藏》。有邊欄者，其邊欄有單框、雙框、子母框之別。少數刻經有豎欄，但豎欄往往不周遍，如《遼大字藏》僅若干經卷的首、尾若干行有豎欄。蝴蝶裝、綫裝本藏經，則又有左右邊框、版心、書口等。

同一部藏經，特別是同一部藏經的同一個時期刻本，它的界欄形態基本統一。這也是判別不同藏經、同一藏經的不同時期刻本的參考因素之一。

第七，版框數據、紙張數據。

版框數據指版框的長（左右兩端的距離）與高（上下邊欄的距離）。紙張數據指每張紙的長與寬。

同一部藏經的同一時期刻本，它的版框數據基本相同。同一部藏經的同一批印本，它的紙張數據基本相同。但是，必須注意的

是,同一部藏經的不同時期印本,其版框數據可能發生變化。我曾
經遇到過這樣的情況,同一副版片的不同時期印本,版框的高度相
差約 1 厘米。這是由於版片乾燥縮版或潮濕漲版所致。對這種情
況,研究版刻書籍者不可不察。

2. 存本考辨

上面這些問題都是考察藏經版式需要注意的。下面依據《應
縣木塔遼代秘藏》發表的圖版,具體考察應縣木塔十二卷帶千字文
帙號遼代刻經的版式。圖版中無法判斷的內容,根據同書所附史
樹青等撰《叙錄》移錄。考察時暫不包括版框數據與紙張數據。

第一號,《大方廣佛華嚴經》卷四七,卷軸裝。千字文帙號爲
"垂"。首尾完整,共十五紙。首尾兩紙不計,第二紙到第十四紙每
紙均爲二十七行,標準行每行十七字。版片號的標註法依次爲經
名卷次、版片序號、帙號,諸版統一,標註在每版右端。第二紙標註
爲"華嚴四十七、二、垂",餘紙可類推。但第十二紙無版片號。上
下單框。有戳記"寶嚴"。

第二號,《大方廣佛華嚴經》卷二四,卷軸裝。千字文帙號爲
"愛"。首尾均殘,現存兩截殘片。第一截爲第十紙到第十二紙,其
中第十紙首殘,第十二紙尾殘。第二截爲第十七紙到第十八紙,其
中第十七紙首殘,第十八紙尾殘。也就是説,所存五紙中,祇有第
十一紙首尾完整。但是,從圖版看,該經刊刻規範,因此,第十一紙
可以作爲該卷的代表。該紙二十八行,標準行每行十五字。該經
諸紙存版片號三處,標註法依次爲經名卷次、版片序號、帙號,諸版
統一,標註在每版第一行與第二行之間。第十一紙標註爲"大花嚴
經二十四、十一、愛",餘紙可類推。上下雙框。

第三號,《大方廣佛華嚴經》卷二六,卷軸裝。千字文帙號爲
"愛"。首尾均殘,現存第五紙到第六紙。其中第五紙基本完整,第

六紙尾殘。第五紙二十八行，標準行每行十五字。存版片號兩處，標註法依次爲經名卷次、版片序號、帙號，諸版統一，標註在每版第一行與第二行之間。第五紙標註爲"大花嚴經二十六、五、愛"，第六紙可類推。上下雙框。

第四號，《大方廣佛華嚴經》卷五一，卷軸裝。千字文帙號爲"首"。首尾均殘，現存兩截殘片。第一截爲第八紙到第九紙，其中第八紙首殘，第九紙尾殘。第二截爲第十紙到第十一紙，其中第十紙首殘，第十一紙尾殘。也就是説，所存四紙，無一紙完整，故無法統計其每紙行數。但是，該號與第二號、第三號字體、風格、形態完全一致，可以肯定爲同一批刻經。因此，可以依據第二號、第三號，判定它的每紙行數亦爲二十八行。至於標準行每行字數，則可統計，爲十五字。存版片號兩處，標註法依次爲經名卷次、版片序號、帙號，諸版統一，標註在每版第一行與第二行之間。第九紙標註爲"大花嚴經五十一、九、首"，第十一紙可類推。上下雙框。

第五號，《妙法蓮華經》卷二，卷軸裝。千字文帙號爲"在"。首殘尾全，現存第五紙到第十五紙，其中第五紙首殘。去掉第五紙及尾紙不計，第三紙到第十四紙每紙二十八行，標準行每行十七字。存版片號九處，標註法依次爲卷次、版片序號，無千字文帙號，諸版統一，標註在每版第一行與第二行之間。第七紙標註爲"第二、七"，餘紙可類推。上下單框。尾題左右用豎欄間隔，下有千字文帙號"在"。尾題後有十三行音義。第九紙不完整行下有一裝飾性"×"紋。

第六號，《稱贊大乘功德經》，卷軸裝。千字文帙號爲"女"。首尾均全，現存五紙。去掉首尾兩紙不計，第二紙到第三紙每紙二十八行，第四紙二十七行。從首紙二十八行分析，本卷可著錄爲每紙二十八行。第二紙、第三紙、第四紙等三紙之完整行共八十一行，標準行每行字數如下：十四字，一行；十五字，七行；十六字，五十一行；十七字，二十一行；十八字，一行。可見該卷每行字數很不規範，多達十八字，少則十四字，由於絕大部分完整行爲十六字或十七字，故可按此著錄。存版片號五處，標註法爲僅標版片序號，無經名卷次與帙號，諸版統一，但第四紙無版片號。標註位置不統一：第一紙標註在首題下，如前所述，這種情況非常少見；第二紙、第三紙標註在第一行、第二行之間；第五紙標註在第六行之下。第一紙標註爲"一"，餘紙可類推。上下單框。第四紙末尾不完整行及尾題下有裝飾性圓圈各一行，每行三個小圓圈。尾有題記，作：

燕臺聖壽寺慈氏殿主講《法華經》傳菩薩戒懺悔沙門道譔/
曾閱前經，備詢故事。曰：大乘者，諸佛至真了義究竟之/
說也。不思議解脱，寧可述矣。先聖既至極稱贊，末葉宜/
激勵流通。庶幾報諸佛恩，除小乘病。最極最大，至微/
至妙，利國利家，濟時濟物，無如此經也。道譔遭逢/
聖代，幸遇遺風，敢雕無上之經，溥示有緣之衆。所願/
見聞隨喜者，捨小根而趣大機；讀誦皈依者，得清/
涼而除熱惱。時統和貳拾壹祀癸卯歲季春月莫/
生五葉記。　　弘業寺釋迦佛舍利塔主沙門智雲書/
穆咸寧、趙守俊、李存讓、樊遵四人共雕/

第七號，《大法炬陀羅尼經》卷一三，卷軸裝。千字文帙號爲"靡"。首尾均全，現存十六紙。去掉首尾兩紙，第二紙到第十五紙，每紙二十七行。絕大多數標準行爲十七字，偶爾有十六字或十八字者,作爲刻經規範,應爲每行十七字。存版片號十五處,除了第十六紙外,其餘諸紙版片號的標註法依次爲經名卷次、版片序號、帙號,諸紙統一,標註在每版右端。第二紙標註爲"大法炬陀羅尼十三、二、靡",餘紙可類推。第十六紙右端標註版片序號"十六",無其他内容。第十六紙爲尾紙,按照常規亦僅標註版片序號。上下單框。尾題用豎欄間隔,尾題前有一用豎欄間隔的空行。有扉畫。有戳記,作"神坡雲泉院藏經記"。

　　第八號,《大方便佛報恩經》卷一,卷軸裝。千字文帙號爲"欲"。首殘尾全,現存第十紙到第十九紙,其中第十紙僅殘剩尾四行。去掉第十紙及尾紙,第十一紙到第十八紙,每紙二十七行。絕大多數標準行爲十七字,亦有少數十六字或十八字者,作爲刻經規範,應爲每行十七字。存版片號九處,其中兩處殘缺。從圖版上看,七處完整的版片號,標註法有兩種:一種依次爲經名卷次、版片序號、帙號,一種依次爲經名卷次、版片序號。但《叙録》稱每紙均有帙號。則後一種之無帙號,想必爲兩紙黏結處叠壓,圖版無法顯示之緣故。從圖版看,確有兩紙叠壓住版片號者。版片號標註在每版右端。第十五紙標註爲"報恩經一、十五、欲字號",餘紙可類推。上下單框。尾題用豎欄間隔,尾題前有一用豎欄間隔的空行。第十六紙、第十八紙不完整行下有裝飾性圓圈各一行,每行兩個小圓圈。

　　第九號,《中阿含經》卷三六,卷軸裝。千字文帙號爲"清"。首尾均全,現存二十一紙。去掉首尾兩紙,第二紙到第二十紙,每紙二十七行,標準行每行十七字。存版片號二十處,標註法依次爲經名卷次、版片序號、帙號,諸版統一,標註在每版右端。第二紙標註爲"中阿含經三十六、二、清",餘紙可類推。上下單框。首題用豎欄間隔,尾題後有一豎欄。有扉畫,與第七號扉畫完全相同。尾有戳記,作"神坡雲泉院藏經記"。

　　第十號,《阿毗達磨發智論》卷一三,卷軸裝。千字文帙號爲
"弟"。首尾均全,現存二十一紙。去掉首尾兩紙,第二紙到第二十
紙,每紙二十七行。標準行每行絕大多數爲十七字,亦有十六字或
十八字者,按刻經規範應算作十七字。存版片號二十處,標註法依
次爲經名卷次、版片序號、帙號,標註在每版右端。第二紙標註爲
"發智論十三、二、弟字號",余紙可類推。第五紙未見版片序號,或
爲殘缺所致;第八紙版片號被叠壓;第十六紙版片序號重複,作"十
六、十六";第十七紙版片號被叠壓。尾紙版片號無經名卷次。上
述版片號的變異,不違反該卷版片號的基本規範。上下單框。首
題、尾題均用豎欄間隔,尾題前用豎欄間隔出一空行。諸紙之不
完整行下有裝飾性圖案三十處,大抵爲大小不等的圓圈或雙圈,
每處圓圈數量不等。

　　第十一號,《佛説大乘聖無量壽決定光明王如來陀羅尼經》,卷
軸裝。千字文帙號爲"刻"。首尾均全,現存六紙。去掉首尾兩紙,
第二紙到第五紙,每紙二十七行。標準行每行十七字。存版片號
五處,標註法依次爲經名卷次、版片序號、帙號,除尾紙外,諸版統
一,標註在每版右端。第二紙標註爲"大乘聖無量壽陀羅尼經、二、
刻",餘紙可類推。尾紙在右端單標版片序號,符合版片號規範。
上下單框。

　　第十二號,《一切佛菩薩名集》卷六,卷軸裝。千字文帙號爲
"勿"。首殘尾存,共存五紙,另有三殘片。五紙爲第十七紙到第二
十一紙。去掉首殘之第十七紙及尾紙,第十八紙到第二十紙,每紙
二十八行。無標準行,每行字數不等,多達二十一字,少則十字。
存版片號五處,標準標註法依次爲經名卷次、版片序號、帙號,標註
在每版右端。第二十紙標註爲"佛菩薩名集六、二十、勿"。第十九
紙、第二十一紙未見帙號,或爲叠壓、殘缺。第十八紙僅殘剩"勿"

字。圖版之二亦可見殘剩"勿"字，所屬紙序不清。上下單框。

　　現將上述對這十二卷刻經版式的考察結果，列表如下：

<h3 style="text-align:center">表四　十二卷刻經版式比較</h3>

序號	經名卷次	帙號	每紙行數	每行字數	版片號形態	邊框	備註
1	大方廣佛華嚴經卷四七	垂	27	17	華嚴四十七、二、垂。右端	上下單框	有戳記
2	大方廣佛華嚴經卷二四	愛	28	15	大花嚴經二十四、十一、愛。第一、二行間。	上下雙框	—
3	大方廣佛華嚴經卷二六	愛	28	15	大花嚴經二十六、五、愛。第一、二行間。	上下雙框	—
4	大方廣佛華嚴經卷五一	首	28	15	大花嚴經五十一、九、首。第一、二行間。	上下雙框	—
5	妙法蓮華經卷二	在	28	17	第二、七。第一、二行間。	上下單框	有裝飾性圖案，尾有音義
6	稱贊大乘功德經	女	28	16—17	一。位置不統一。	上下單框	有裝飾性圖案，尾有題記
7	大法炬陀羅尼經卷一三	靡	27	17	大法炬陀羅尼十三、二、靡。右端	上下單框	有扉畫。有戳記
8	大方便佛報恩經卷一	欲	27	17	報恩經一、十五、欲字號。右端	上下單框	有裝飾性圖案
9	中阿含經卷三六	清	27	17	中阿含經三十六、二、清。右端。	上下單框	有扉畫。有戳記

（續表）

序號	經名卷次	帙號	每紙行數	每行字數	版片號形態	邊框	備註
10	阿毗達磨發智論卷一三	弟	27	17	發智論十三、二、弟字號。右端。	上下單框	有裝飾性圖案
11	佛説大乘聖無量壽決定光明王如來陀羅尼經	刻	27	17	大乘聖無量壽陀羅尼經、二、刻。右端。	上下單框	—
12	一切佛菩薩名集卷六	勿	28	無標準行	佛菩薩名集六、二十、勿。右端。	上下單框	—

　　根據上述考察，我們可以比較清楚地將這十二卷刻經，分作如下三個部分：

　　第一部分，包括第一號、第七號、第八號、第九號、第十號、第十一號、第十二號，總計七號。

　　這一部分的特點是，版片號的寫法都是經名卷次、版片序號、帙號，都標註在右端。上下單框。除了第十二號外，都是二十七行、十七字。通觀這七卷，字體相近，風格協調。

　　我們再考察這七卷的紙張數據與版框數據（見表五）：

表五　七卷刻經的紙張數據與版框數據表（單位：厘米）

序號	經名卷次	框高	框長	紙寬
1	大方廣佛華嚴經卷四七	22	50—54.1	29.7
7	大法炬陀羅尼經卷一三	22	53—54	29.5
8	大方便佛報恩經卷一	22.3	53.8—55	28.4

（續表）

序號	經名卷次	框高	框長	紙寬
9	中阿含經卷三六	22.3	53.4—53.8	29.7
10	阿毗達磨發智論卷一三	22.4	53.5—55.8	29.1
11	佛説大乘聖無量壽决定光明王如來陀羅尼經	21.8	53.5	29.2
12	一切佛菩薩名集卷六	24	55—55.2	28.9

　　如前所述，考察是否爲同一部藏經，版框數據最重要；考察是否爲同一批印本，紙張數據最重要。在此考察版框數據。版框數據中，框長因前後紙黏結技術的好壞，往往會有差異。這裏著重考察框高。

　　古代的刻經由刻工一塊一塊刻成，諸版之間必然會有參差；我們現在考察時，隨著測量部位的不同，也會產生一些誤差。但從上表可知，這七卷刻經的版框，除了第十二號外，其餘諸號大體相同，爲二十二厘米左右。

　　從總體風格看，第十二號與其餘六號應爲同一批刻經。但它的框高、行款均有差異，如何看待這一問題？

　　第十二號《一切佛菩薩名集》卷六，遼德雲、非濁撰，千字文帙號作“勿”，在《千字文》中排在第五百六十四位。所以，在《遼大字藏》中，它屬於後期補雕本。後期補雕本因與原刻本不是同一時期所刻，版框略有差異，這是正常的。該經典的内容是禮拜佛名，全卷没有一行屬於標準行，因此行款不可能統一。

　　在此，我完全同意羅炤、竺沙雅章兩位的意見，上述七號是大藏本，也即是本文所討論的《遼大字藏》的標準經本。

　　這裏順便提一下，豐潤天宫寺塔也發現一件《佛説大乘聖無量壽決定光明王如來陀羅尼經》，卷軸裝。卷首有扉畫，已殘。首題作“佛説大乘聖無量壽決定光明王如來陀羅尼經一卷”，首題下無千字文帙號。有“西天中印度摩伽陀國那爛陀寺傳教大師賜紫沙門法天”之譯者署名。尾題作“佛説大乘聖無量壽王經一卷”，下有千字文帙號“刻”。共存四版，每版三十二行，每行二十一字。每版無版片號，無千字文號。羅炤認爲，該經“不屬於官版《契丹藏》。它既可能是單刻經，也可能是遼代所刻另一部大藏經的零卷”[1]。我認爲它肯定不是大藏經本，而是另刻單本。理由就在於它没有版片號，甚至連最簡單的版片序號都没有，不符合大藏經版片的最起碼的條件。

審察這七號，還可以提出如下問題：

第一，七號中，三號鈐有戳記，其中第一號所鈐爲“寶嚴”，第七號、第九號所鈐爲“神坡雲泉院藏經記”。説明這三號曾分別爲寶嚴寺（或寶嚴院）、神坡雲泉院所藏。其餘四號無戳記，原收藏單位不清，但肯定不是上兩所寺院所藏。也就是説，這七號《遼大字藏》經本，原來並非同一批印本。從諸號紙張的高度，也可以得出這一結論。

第二，鈐有“神坡雲泉院藏經記”戳記的兩號，同時附有扉畫，兩幅扉畫完全一樣，是同一塊印版所印。由於這種扉畫僅見於神坡雲泉院藏經，則由此可以推測，起碼從遼代起，已經出現專門從事印刷藏經、加添扉畫、裝裱經卷的經坊。神坡雲泉院藏經乃委託這類經坊刷印、裝裱。扉畫由經坊裝裱時所加。這對於我們理解《遼大字藏》的管理、請印都有一定的意義。

---

[1]　羅炤：《有關〈契丹藏〉的幾個問題》，載《文物》1992 年 11 期，第 54 頁。又載《房山石經研究》（二）。

　　第三，《遼大字藏》的版片號，與北宋《開寶藏》一樣，都鐫刻在每版的右端。版片號的內容與次序，也都是經名卷次、版片序號、千字文帙號。特別是第八號，千字文帙號刻作"欲"字號，第十號，千字文帙號刻作"弟"字號，與《開寶藏》的標志法完全相同。如前所述，寫本藏經不需要在每張紙上標明次序，祇有刻本藏經纔有這種需要。《開寶藏》刊刻在前，上述版片號的標註法是《開寶藏》的首創。而《遼大字藏》的版片號明顯反映出該藏的刊刻接受了《開寶藏》的影響。這對於我們研究遼、宋佛教關係、遼代刊刻刻本大藏經的背景，乃至進一步研究《遼大字藏》的刊刻時間，都有一定的參考價值。

　　第四，這七號顯示，《遼大字藏》的標準版式，應該是每版二十七行，每行十七字。我們可以根據這一點來鑒別應縣木塔發現的其他遼代刻經及將來可能發現的其他遼代刻經。這一版式，與唐代寫經的標準款式也有差異，對我們理解從寫經到刻經的演變提供了新的資料。

　　第五，應縣《遼大字藏》的七號中，同時存於《房山石經》遼金刻經中的有《大法炬陀羅尼經》卷一三、《大方便佛報恩經》卷一、《中阿含經》卷三六、《佛說大乘聖無量壽決定光明王如來陀羅尼經》、《一切佛菩薩名集》卷六等五號，詳細核對這五號的版式，可以使我們對《遼大字藏》及《房山石經》的刊刻增加新的知識。有關問題，擬另文論述。

　　第二部分，包括第二號、第三號、第四號，總計三號。

　　這一部分的特徵是，版片號的寫法也都是經名卷次、版片序號、帙號，但都標註在右起第一行、第二行之間。上下雙框。第二號、第三號每版二十八行，每行十五字。第四號無完整版，無法統計每版行數，僅可知每行十五字。通觀這三卷，字體圓潤，風格協調，顯然是同一批刻經。與第一部分相比，版片號位置不同，邊框形態不同，字體不同，每版行數、每行字數都不同。總體風格也有較大差異，顯然不是同一批刻經。羅炤、竺沙雅章將它們與第一部分區別開來，無疑是正確的。

　　下面是這三號的版框數據與紙張數據（見表六），這些數據也支持這三號與第一部分七號並非同一藏經的觀點。

表六　三號刻經的版框數據與紙張數據表（單位：厘米）

序號	經名卷次	框高	框長	紙寬
2	大方廣佛華嚴經卷二四	23.5	53.6	30.5
3	大方廣佛華嚴經卷二六	23	55	30.2
4	大方廣佛華嚴經卷五一	23.6		

　　那麼如何看待這三號刻經？

　　羅炤認爲："第二種似晚於第一種，它們或者分屬於兩種版本的《契丹藏》，或者第二種三卷《華嚴經》是覆刻《契丹藏》的單刻經，但改變了方式（版式）。"[①]

　　在上述論述中，羅炤僅提出推測，沒有列舉具體的理由。但按照前述我的觀點，兩種印本，版式的區別既然如此之大，肯定並非同一種藏經。因此，即使這三號刻經是大藏經本，也應該把它們與《遼大字藏》區分開來，作爲一種新的藏經看待。所以羅炤的推測，可以轉化爲如下兩種可能：（1）它們是一種與《遼大字藏》不同的新的藏經；（2）它們是以某種藏經爲底本刊刻的另刻單本。

　　竺沙雅章則這樣説："至今沒有發現宋代（方按：從行文看，實

---

① 　羅炤：《有關〈契丹藏〉的幾個問題》，載《文物》1992 年第 11 期，第 55 頁。

際泛指宋、遼)有每行十五字的藏經,因此無法確定它是哪種藏經的零本。這三卷均標有朱點,因此,它們並非收藏在某寺的經藏中,而是供個人讀誦或學習用的經卷。由此,這三卷很難被視爲《契丹藏》。"①也就是說,竺沙雅章否定這三卷屬於《遼大字藏》。對於它們是否是一種新的藏經,謹慎地不予明確回答。但提示了另一個方向:它們是僧人個人用品。雖說某些零本也有可能從大藏經中逸出,成爲僧人的私人讀誦本,但在刻本藏經剛剛出現的宋、遼時代,這種可能性實在太小。因此,竺沙雅章在此實際是說這三卷《華嚴經》很可能是另刻單經。

我比較贊同竺沙雅章的觀點。

首先,這三卷《華嚴經》並非《遼大字藏》。

雖然說這三號《華嚴經》的形態符合大藏經本的基本特徵,有可能是大藏經本。但它們與《遼大字藏》完全不類,絶不可能屬於《遼大字藏》。

其次,它們屬於新藏經的可能性非常小。

這三號《華嚴經》的版式爲二十八行十五字,這種版式比較特殊,歷代寫經大藏、刻經大藏從未見過。"説有容易説無難",我們不敢說宋、遼時期絶對沒有刊刻過這樣一部大藏,但我們確實沒有任何一點綫索,哪怕任何一點蛛絲馬迹來證實這一點。一部大藏篇幅浩繁,刊刻不易。北宋在四川刻成《開寶藏》後,寧可將十三萬塊版片千里迢迢運到開封,也不在開封新刻一部,想必運費所耗要比新刻一部還要便宜。整個北宋,沒有刊刻過第二部官藏。即使南宋,也衹是把私刻的《崇寧藏》當做準官藏對待,並未刊刻本朝新

① 竺沙雅章:《新出資料よりみた遼代の佛教》(《由新出資料所見之遼代佛教》),載《禪學研究》第七十二號,花園大學禪學研究會(京都),1994 年 1 月,第 11 頁。

的官藏。遼代已經刊刻了《遼大字藏》,還有一部《遼小字藏》在流通,則是否還會再刊刻一部新的大藏經,實在令人懷疑。總之,除非將來真的發現遼宋所刻二十八行十五字的大藏經,否則我們不能認爲這三號《華嚴經》是大藏經本。

再次,這三卷《華嚴經》應是另刻單經。

我認爲這三號是另刻單本的可能性很大,理由如下:

第一,從邏輯上講,既然我們不能肯定它們是大藏經本,則必須考慮它們有可能是另刻單經。

第二,正如竺沙雅章指出的,這三卷本身的形態表明,它們是僧人日常實際使用的經本,而非藏經樓中供養的經本。

第三,我們知道,遼代佛教重《華嚴經》,《華嚴經》的研究、教學都很興盛。與此相應,對《華嚴經》經本的需求必然旺盛。如果由此而出現依某種大藏經爲底本刊刻的另刻單經以供僧人講習需要,應該屬於正常現象。

第四,如前所述,二十八行十五字這種版式,作爲大藏經本,非常特殊,從來沒有見過。而作爲另刻單經,則比較普通了。另刻單經屬於民間率意之作,往往受當時當地條件的限制,所刻經版並無一定規範。

總之,就這三號《華嚴經》而言,除非將來出現新資料,證明它們屬於大藏經本。否則,將它們視爲另刻單經較爲妥當。

第三部分,包括第五號、第六號兩號。

關於這兩號,羅炤、竺沙雅章已經論述得比較充分了。我贊同他們的觀點,這兩號不符合大藏經本的標準,它們衹能是另刻單經。這裏不再贅述。

下面是這兩號的版框數據與紙張數據(見表七):

表七　兩號刻經的版框數據與紙張數據表（單位：厘米）

序號	經名卷次	框高	框長	紙寬
5	妙法蓮華經卷二	22	54.6	28
6	稱贊大乘功德經	21.8	52.7—53.5	27.8

四、小　結

本文論述了《遼大字藏》的定名與存本。

一般情況下，一部藏經的定名可以用約定俗成的方法來解決。但在特殊情況下，則必須予以認真討論，嚴格界定。遼代的藏經屬於後者。在這裏，更主要的是通過定名，把握刻本藏經與寫本藏經的區別，把握遼代藏經的不同版本，從而爲進一步深入研究奠定基礎。

如前所述，應縣木塔發現的十二卷遼代刻經，真正屬於《遼大字藏》的，祇有七卷。這七卷的判定，爲進一步深入研究《遼大字藏》提供了標本。而其餘五卷的排除，也排除了今後在《遼大字藏》研究中可能出現的信息干擾。

關於遼代藏經，還有許多問題需要研究。比如，到底有幾種遼代藏經及它們的相互關係問題，《遼大字藏》的刊刻時間問題，《遼大字藏》的目錄結構問題，《遼大字藏》優劣評價問題，《遼大字藏》與所謂“統和本”的關係問題，《可洪音義》《希麟音義》《龍龕手鑒》在遼代藏經中的地位問題，《遼小字藏》的刊刻與經本問題，《開寶藏》與遼代藏經的關係問題，《房山石經》與遼代藏經的關係問題，遼代藏經與《再刻高麗藏》的關係問題，遼代藏經與遼代單刻經的關係問題，遼代藏經及相關刻經僧人問題，遼代藏經的刊刻、請印、裝潢問題，遼代經坊問題，如此等等。如果時間允許，打算今後逐一進行研究,也希望有更多的研究者關心這些課題。

　　最後想强調的是,學術研究是一個集體積累的過程。因此,在研究中,必須充分注意對研究史的考察,注意考辨、吸收他人的成果。衹有這樣,纔能讓我們少走彎路,少犯錯誤。

　　[附記]

　　本文原載《中國學術》總第十八輯(商務印書館,2005 年 1 月)。收入本書時文字有修訂。較大的修訂有三點:一爲在寫本的裝幀形式中加入"梱夾裝",一爲在藏經的裝幀形式中加入"蝴蝶裝"。當年撰寫此文,已經考察過豐潤遼藏,但尚未確認何者真正屬於《遼小字藏》,爲謹慎起見,未將蝴蝶裝計入藏經的裝幀形式。其後確認其中確有《遼小字藏》(參見《遼藏版本及〈遼小字藏〉存本》,已收入本書),且爲蝴蝶裝,故作此修訂。下文《第三種遼藏探幽》同,不再重複説明。一爲提出"寫本""版本""傳本"等名詞,主張賦予它們規範性的含義,並在今後規範性地予以使用。筆者早就呼籲建立與"版本學"相呼應的"寫本學",故本文作了一些相應的修訂,希望對寫本學的建立有所裨益。

　　本文在考察方法方面,與羅炤、竺沙雅章有所不同;在論述方面,也比他們略微細緻。但對《遼大字藏》存本的最終結論與他們兩位相同,或者説支持了他們的觀點。

　　本文用較多的篇幅叙述遼藏與《遼大字藏》的研究史,目的是希望引起研究者的注意,在研究中,必須充分注意對前人研究的考察,注意考辨、吸收他人的成果。衹有這樣,纔能讓我們少走彎路,少犯錯誤,少做低水平的重複勞動。

　　本文介紹了一些鑒別寫本藏經、刻本藏經的基本知識,這正是目前部分研究者缺乏或忽略的。

第三種遼藏探幽^①

2012 年 12 月，笔者應邀參加由韓國中央研究院召開的"高麗初雕大藏經與東亞大藏經"國際研討會。會後參觀了韓國中央研究院藏書閣所藏古籍善本，並應邀鑒定藏書閣所藏高麗刻本《藥師瑠璃光如來本願功德經》。該《藥師瑠璃光如來本願功德經》雖爲高麗刻本，却爲研究遼代大藏經提供了新資料。今將有關思考梳理如下，以求教於高明。

一、 問題的背景

或因遼代禁止圖書出境政策的緣故^②，傳世的遼代典籍數量有限。長期以來，人們從山西大同華嚴寺薄伽教藏碑銘、北京暘臺山清水寺碑銘、守其的《別録》、宓庵的《〈丹本大藏〉慶贊疏》等資料，知道遼代曾經刊刻漢文大藏經。但對遼藏的具體情况，難知其詳，

---

① 原載韓國中央研究院藏書閣出版的圖録——《藥師瑠璃光如來本願功德經》（2013 年 10月）。該文又載《世界宗教研究》2015 年第 3 期。收入本書時，行文略有修訂。

② 據史料記載，遼代執行禁止圖書出境的政策，北宋對圖書出境亦有限制。從現有資料看，顏有典籍從遼輸出到高麗。因此，對所謂"遼代執行禁止圖書出境的政策"的成因、執行情况、結果，還需做進一步研究。

諸家論述亦各執一隅。①筆者在《〈遼大字藏〉的定名與存本》一文中曾對遼藏研究史中的若干問題有所涉獵,此不贅述。

1974 年,山西應縣佛宮寺釋迦塔佛像中發現《遼大字藏》。1982 年,有關資料正式公布。從此,遼藏開始撩起了神秘的面紗。1991 年,出版圖錄《應縣木塔遼代秘藏》,遼藏研究也進入新的階段。隨著研究的深入,新的疑問開始產生,主要有兩個:

第一,《遼小字藏》是否真實存在?

根據宓庵《〈丹本大藏〉慶贊疏》的記載,遼藏"帙簡部輕,函未盈於二百;紙薄字密,册不滿於一千"②,前此中日不少學者往往據此敘述遼藏的概況。而應縣所出遼藏乃卷軸裝,每紙二十七行十七字,框高字大,行格疏朗,與《〈丹本大藏〉慶贊疏》所述完全不同。故鄭恩淮先生曾對宓庵的記載斷言如下:"顯然這些臆測之言是完全錯誤的。皆因未見實物之緣故。"③

然而,1987 年在河北豐潤天宮寺塔發現了小字本遼代刻經,其特點完全符合《〈丹本大藏〉慶贊疏》所述的"紙薄字密"云云,其中好幾部小字本遼代刻經附有千字文帙號,且在《大方廣佛華嚴經》《金光明最勝王經》等經的題記中明確出現"小字"云云。

因此,隨著豐潤天宮寺塔小字本的發現,遼代存在"紙薄字密"的《遼小字藏》這一事實,應該予以確認。由於豐潤天宮寺塔小字本至今沒有正式公布完整的圖版,所以,豐潤小字本刻經是否真的

---

① 山西應縣佛宮寺釋迦塔發現遼藏的信息於 1982 年正式公開。據筆者不完全調查,1982 年以前發表過關於遼藏研究論著的研究者有:妻木直良、塚本善隆、小野玄妙、葉恭綽、陳垣、呂澂、野上俊静、林元白、周叔迦、小川貫弌、李圓淨、道安、陳述、竺沙雅章等。

② 釋宓庵:《〈丹本大藏〉慶贊疏》,載《東文選》卷一一二。

③ 鄭恩淮:《應縣木塔發現〈契丹藏〉》,載《遼金史論集》第二集,第 171 頁。

屬於《遼小字藏》零本,或其中有哪幾種屬於《遼小字藏》零本,還需要進一步研究。《遼小字藏》的詳情也需要進一步研究。

第二,應縣出土幾種遼藏經本?

山西應縣佛宮寺共發現附有千字文帙號的佛經十二號,發現者認爲這十二號均爲遼藏。其後,羅炤、竺沙雅章先後撰文對上述觀點提出質疑。

1983 年,羅炤首先發表《〈契丹藏〉的雕印年代》。該文指出,十二號遼代刻經中,第六號"女字號"《稱贊大乘功德經》乃比丘道讓的私刻單本,並非大藏經本。文章還指出,第五號《妙法蓮華經》卷二的版片號的形態也與其餘十號不同。文章雖然沒有對該卷是否是大藏經本表示明確的意見,但已表現出懷疑的傾向。①

1992 年,羅炤又發表《有關〈契丹藏〉的幾個問題》(以下簡稱《問題》),發展了自己在《〈契丹藏〉的雕印年代》中的觀點,進一步提出"應縣木塔《契丹藏》僅有十卷"。第六號《稱贊大乘功德經》是私刻單本,固非大藏經本。第五號《妙法蓮華經》卷二的版式與其餘十卷《契丹藏》經本不同,而與第二十六號單刻本《妙法蓮華經》卷八相同。因此,它與第二十六號單刻《妙法蓮華經》卷八"應是同經同版的異卷印本",也非大藏經本。

在《問題》中,羅炤還提出:"對應縣木塔十卷《契丹藏》細加觀察,可以發現:這十卷中存在兩種版式。"第一種是第一號、第七號、第八號、第九號、第十號、第十一號、第十二號等七卷,第二種是第二號、第三號、第四號等三卷。在叙述了兩種刻經版式的特點以後,他提出如下推測:"在同一部官版大藏經中,不可能出現差異如此之大的兩種版式。筆者認爲,第二種似晚於第一種,它們或者分

---

① 羅炤:《〈契丹藏〉的雕印年代》,載《中國歷史博物館館刊》1983 年第 5 期,第 15 頁。

屬於兩種版本的《契丹藏》，或者第二種三卷《華嚴經》是覆刻《契丹藏》的單刻經，但改變了方式（方按：‘方式’似應爲‘版式’）。"①

羅炤在此實際提出這樣一個問題：應縣木塔的十號遼藏中，衹有七號屬於《遼大字藏》，還有三號可能是另一種遼藏。也就是説，除了《遼大字藏》《遼小字藏》外，遼代有可能存在第三種藏經。

竺沙雅章於 1994 年發表《由新出資料所見之遼代佛教》，他在仔細考察《應縣木塔遼代秘藏》所載圖版後，將十二卷帶有千字文帙號的刻經分爲四類：第一類，第一號、第七號、第九號；第二類，第八號、第十號；第三類，第十一號、第十二號；第四類，第二號、第三號、第四號、第五號、第六號（方按：原文誤作第七號）。竺沙雅章認爲，前三類都是《契丹藏》，第四類不是《契丹藏》。也就是説，應縣木塔所存的《契丹藏》經本，實際衹有七卷。

比照羅炤與竺沙雅章的觀點，他們都同意十二號刻經中，衹有七號纔是真正的遼藏。對第五號、第六號兩號，兩人觀點也一致，都認爲並非大藏經本。至於第二號、第三號、第四號等三號，羅炤認爲可能是另一種遼藏，也可能是依據《契丹藏》爲底本另刻單經。竺沙雅章則認爲不能肯定它們是否大藏經本，主張它們可能是僧侶私人用品。在這一點上，兩人意見互有不同。

2005 年，筆者在《〈遼大字藏〉的定名與存本》一文中對應縣木塔第二號、第三號、第四號等三號佛典的歸屬有所考察，現概述如下（文字略有修訂）：

第二號、第三號、第四號，總計三號。
這一部分的特徵是，版片號的寫法也都是經名卷次、版片

① 參見羅炤《有關〈契丹藏〉的幾個問題》，載《文物》1992 年第 11 期。

序號、帙號，但都標註在右起第一行、第二行之間。上下雙框。
第二號、第三號每版二十八行，每行十五字。第四號無完整
版，無法統計每版行數，僅可知每行十五字。通觀這三卷，字
體圓潤，風格協調，顯然是同一批刻經。與第一部分相比，版
片號位置不同，邊框形態不同，字體不同，每版行數、每行字數
都不同。總體風格也有較大差異，顯然不是同一批刻經。羅
炤、竺沙雅章將它們與第一部分區別開來，無疑是正確的。

　　下面是這三號的版框數據與紙張數據，這些數據也支持
這三號與其他七號並非同一種藏經。

序號	經名卷次	框高	框長	紙寬
2	大方廣佛華嚴經卷二四	23.5	53.6	30.5
3	大方廣佛華嚴經卷二六	23	55	30.2
4	大方廣佛華嚴經卷五一	23.6		

　　那麼如何看待這三號刻經？

　　羅炤認爲："第二種似晚於第一種，它們或者分屬於兩種
版本的《契丹藏》，或者第二種三卷《華嚴經》是覆刻《契丹藏》
的單刻經，但改變了方式（版式）。"①

　　在上述論述中，羅炤僅提出推測，沒有列舉具體的理由。
我認爲，兩種印本，版式的區別既然如此之大，肯定並非同一
種藏經。因此，即使這三號刻經是大藏經本，也應該把它們
與《遼大字藏》區分開來，作爲一種新的藏經看待。羅炤的推
測，可以轉化爲如下兩種可能：（1）它們是一種與《遼大字藏》
不同的新的藏經；（2）它們是以某種藏經爲底本刊刻的另刻

① 羅炤：《〈契丹藏〉的雕印年代》，載《中國歷史博物館館刊》1983 年第 5 期，第 55 頁。

單經。

　　竺沙雅章則這樣説："至今没有發現宋代（方按：從行文看，實際泛指宋、遼）有每行十五字的藏經，因此無法確定它是哪種藏經的零本。這三卷均標有朱點，因此，它們並非收藏在某寺的經藏中，而是供個人讀誦或學習用的經卷。由此，這三卷很難被視爲《契丹藏》。"①也就是説，竺沙雅章否定這三卷屬於《遼大字藏》。對於它們是否是一種新的藏經，謹慎地不予明確回答。但提示了另一個方向：它們是僧人個人用品。雖説某些零本也有可能從大藏經中逸出，成爲僧人的私人讀誦本，但在刻本藏經剛剛出現的宋、遼時代，這種可能性不大。因此，竺沙雅章實際主張這三卷《華嚴經》是另刻單經。

　　我比較贊同竺沙雅章的觀點。

　　首先，這三卷《華嚴經》並非《遼大字藏》。

　　雖然説這三號《華嚴經》的形態符合大藏經本的基本特徵，有可能是大藏經本。但它們與《遼大字藏》完全不類，絕不可能屬於《遼大字藏》。

　　其次，它們雖有可能屬於新藏經，但可能性非常小。

　　這三號《華嚴經》的版式爲二十八行十五字，這種版式比較特殊，歷代寫經大藏、刻經大藏從未見過。"説有容易説無難"，我們不敢説宋、遼時期絕對没有刊刻過這樣一部大藏，但我們確實没有任何一點綫索，哪怕任何一點蛛絲馬迹來證實這一點。一部大藏篇幅浩繁，刊刻不易。北宋在四川刻成《開寶藏》後，寧可將十三萬塊版片千里迢迢運到開封，也不在開

①　竺沙雅章：《新出資料よりみた遼代の佛教》（《由新出資料所見之遼代佛教》），載《禪學研究》第七十二号，花園大學禪學研究會（京都），1994 年 1 月，第 11 頁。

封新刻一部，想必運費工本要比新刻一部還要便宜。整個北宋，沒有刊刻過第二部官藏。即使南宋，也祇是把私刻的《崇寧藏》當做准官藏對待，並未刊刻本朝新的官藏。遼代已經刊刻了《遼大字藏》，還有一部《遼小字藏》在流通，則是否還會再刊刻一部新的大藏經。實在令人懷疑。總之，除非將來真的發現遼宋所刻二十八行十五字的大藏經，否則我們不能認爲這三號《華嚴經》是大藏經本。

另一方面，這三號是另刻單經的可能性很大，理由如下：

第一，從邏輯上講，既然我們不能肯定它們是大藏經本，則必須考慮它們是另刻單經。

第二，正如竺沙雅章指出的，這三卷本身的形態表明，它們是僧人日常實際使用的經本，而非藏經樓中供養的經本。

第三，我們知道，遼代佛教重《華嚴經》，《華嚴經》的研究、教學都很興盛。與此相應，對《華嚴經》經本的需求必然旺盛。由此出現依某種大藏經爲底本刊刻的另刻單經以供僧人講習需要，這是很自然的。

第四，如前所述，二十八行十五字這種版式，作爲大藏經本，非常特殊，以往沒有見過。而作爲另刻單經，這種形態則比較普通。另刻單經屬於民間率意之作，往往受當時當地條件的限制，所刻經版並無一定規範。

總之，就這三號《華嚴經》而言，除非將來出現新資料，證明它們屬於大藏經本。否則，將它們視爲另刻單經較爲妥當。

當時，我提出若干理由，傾向於贊同竺沙雅章的觀點，即把第二號、第三號、第四號等三卷《華嚴經》定爲另刻單經。但也指出："說有容易說無難"，我們不敢說宋遼時期絕對沒有刊刻過這樣一

部大藏。除非將來真的發現遼宋所刻二十八行十五字的大藏經，
否則我們不能認爲這三號《華嚴經》是大藏經本。最後的結論是，
"總之，就這三號《華嚴經》而言，除非將來出現新資料，證明它們屬
於大藏經本。否則，將它們視爲另刻單經較爲妥當。"也就是説，我
在贊同竺沙雅章觀點的同時，謹慎地保留了這三號刻本佛經是第
三種遼藏的可能。

　　高興的是，收藏在韓國中央研究院藏書閣的高麗刻本《藥師瑠
璃光如來本願功德經》爲研究這一問題提供了新的綫索。

二、　藏書閣本《藥師瑠璃光如來本願功德經》概況

　　該《藥師瑠璃光如來本願功德經》綫裝一冊。卷首有首題、千
字文帙號及譯者名，共兩行，作："藥師瑠璃光如來本願功德經一
卷。鞠。/三藏法師玄奘奉詔譯。/"尾題作："藥師如來本願功德
經一卷。"下有陰文朱印"尹印錫昌"，爲收藏印。尾題後有題記兩
行："乾統二年壬午歲高麗國大興王寺奉/宣雕造。/""乾統"爲遼天
祚帝年號，"乾統二年壬午歲"爲 1102 年，時當高麗肅宗七年。"大興
王寺"是高麗收藏與刊刻佛教典籍的重要寺院，在今開城。"奉宣雕
造"一語，説明該《藥師瑠璃光如來本願功德經》乃奉高麗肅宗之命
而刊刻，屬於國家行爲，並非大興王寺或某僧人的私人行爲。所用
紙張爲高麗皮紙。因此，本書爲由高麗刻版、在高麗印刷的高麗本。
全經通卷有斷句，證明這是當時僧人的念誦本，而非供養本。

　　考察刻本佛經，應從裝幀形式等如下七個方面進行。下面是
筆者考察該經的大體結果。

　　（一）裝幀形式
　　漢文刻本藏經有卷軸裝、蝴蝶裝、經摺裝、綫裝等四種形式。

實踐中亦見原版爲卷軸裝而改裝爲經摺裝，如日本南禪寺所藏《初刻高麗藏》印本。原版爲卷軸裝而改裝爲綫裝，如本人收藏的《再刻高麗藏》印本。原版爲經摺裝而改裝爲卷軸裝，如前些年中國拍賣市場出現的《元官藏》印本。原版爲經摺裝而刷印、裝訂爲綫裝，如中國上海龍華寺所藏《永樂南藏》。本文討論的《藥師瑠璃光如來本願功德經》，也屬於原版爲卷軸裝而刷印、裝訂爲綫裝。

　　查該《藥師瑠璃光如來本願功德經》原版應爲卷軸裝，共十五版。但刷印時每版用兩紙刷印，其中第十五版因屬卷尾，文字較少，僅用一紙刷印。故現存該經不計封面、扉葉，共二十九紙。每紙摺爲兩個半葉，共計五十八個半葉。

　　稱該經原版爲卷軸裝而刷印、裝訂爲綫裝，理由如下：

　　按照綫裝的慣例，一紙摺爲兩個半葉，前後兩紙文字的內容相連，但兩紙所刷印的文字互不相涉。然而該《藥師瑠璃光如來本願功德經》第一紙末行第一、第二字"者業"的左邊留有殘字痕三處。經考察，這三個殘字痕與第二紙首行"情故"兩字右邊的筆痕相符。同理，在第三紙與第四紙之間、第五紙與第六紙之間、第七紙與第八紙之間、第十一紙與第十二紙之間，均可看到這種現象：或是前一紙的末行的字痕殘留在後一紙首部，或是後一紙首行的字痕殘留在前一紙尾部，或既有前一紙的末行的字痕殘留在後一紙首部、又有後一紙首行的字痕殘留在前一紙尾部。統觀全書十五版，二十九紙，大多數同版兩紙均有這種現象。所以出現這種情況，乃因該經版片雖設計爲卷軸裝，但印刷者在開始刷印時便計劃采用更加簡便的綫裝。爲此，刷印時不采用一版一紙刷印，而是采用一版兩紙刷印，每紙僅刷印半版。這樣，刷印時需要將另外半版用物體遮蓋。但如遮蓋不嚴，就出現上述同一版刷印的前後兩紙留下另一紙首行或末行殘字痕的情況。

因爲該經原版實際設計是卷軸裝，故以下對該經本特徵的叙述，均以對卷軸裝的表述方式進行。

（二）千字文帙號

該經有千字文帙號"鞠"，僅一處，刻在首題下。

（三）行數

如筆者在《〈遼大字藏〉的定名與存本》中指出："行數指寫經每紙、刻經每版所容納的經文行數。無論寫經還是刻經，由於首版受標題、譯著者行的影響，行款往往與其餘諸版不同……而尾版受經文本身長短的影響，行款更不可能固定。所以我在考察寫經、刻經行款規範時，一般將首紙（版）與尾紙（版）排除在外，祇計其他諸紙（版）。"

該《藥師瑠璃光如來本願功德經》除第一版受標題影響爲二十三行，第十五版爲卷尾僅八行（其中正文五行、尾題一行，題記兩行）外，其餘十三版均爲每版二十四行，比較規範。

（四）字數

字數指每標準行所抄寫或刊刻的經文字數。所謂標準行指完整的行，排除不完整行、偈頌、陀羅尼、禮佛名、雙行小字之類特殊的情況。亦不考慮上版寫經時因每行字數控制不嚴而出現的參差。

該《藥師瑠璃光如來本願功德經》每行十五字，個別行因上版寫經時字數控制不嚴而有參差，如第十五版第五行即爲十六字。

（五）版片號

版片號指刊刻在版片上的標明該版所刻經典、版片次序的文字，用來對版片進行管理。往往包括經名卷次、版片序號、千字文帙號等内容。不同藏經、刻經的版片號包括的内容不同，標註的位置也不同。

該《藥師瑠璃光如來本願功德經》版片號的情況如下：

第一版，無版片號。

第二版，版片號作“二”，標註在第四紙尾端，亦即整個第二版的末尾。

第三版到第十四版，版片號分別作“三”至“十四”，標註在每版第一行與第二行行間，相當於每行第三個字到第四個字中間的位置。

由於第一版已經有經名卷次，且在形態上清楚表明這就是第一版，所以刻經時第一版一般無版片號。一般來說，一部經典，版片號的標註方式應該統一。但本經第二版的標註方式與其餘諸版不同，值得注意。

藏經版片由於數量巨大，爲了便於管理，不致混淆，版片上一定會標註經名卷次、帙號、版片序號等內容。另刻單經，則根據情況不同而有區別。如果該經篇幅不大，版片不多，則往往僅標註序號。如果僅有幾片，容易區別，也有不標註版片序號者。但如果該經篇幅較大，版片較多，則也有進一步標註經名卷次者。如果該另刻單經的底本來自大藏，則往往有照刻千字文帙號的。

本經版片號僅有序號，由此可以肯定，該《藥師瑠璃光如來本願功德經》應屬另刻單經。但它又有千字文帙號，故知它的底本應源自某一藏經。

（六）界欄形態

界欄包括上下水平邊欄及垂直豎欄。同一部藏經，特別是同一部藏經的同一個時期刻本，它的界欄形態基本統一。這也是判別不同藏經、同一藏經的不同時期刻本的參考因素之一。

卷軸裝刻經界欄比較簡單，有的無欄，如《開寶藏》；一般上下有水平邊欄，如《趙城金藏》《遼大字藏》《初刻高麗藏》。上下有水平邊欄者，其邊欄有單框、雙框、子母框之別。

該《藥師瑠璃光如來本願功德經》上下有水平邊欄，爲單框。

此外,該經首尾還有豎欄。關於水平邊欄,擬在下文討論。此處考察首尾豎欄。

先考察七號《遼大字藏》首尾豎欄的情況(見表八):

表八　《遼大字藏》首尾豎欄情況表

序號	經名卷次	帙號	卷首存況	無有豎欄	卷尾存況	有無豎欄
1	大方廣佛華嚴經卷四七	垂	存	無	存	無
7	大法炬陀羅尼經卷一三	靡	存	無	存	有
8	大方便佛報恩經卷一	欲	殘		存	有
9	中阿含經卷三六	清	存	有	存	無
10	阿毗達磨發智論卷一三	弟	存	有?	存	有
11	佛説大乘聖無量壽決定光明王如來陀羅尼經	刻	殘		存	無
12	一切佛菩薩名集卷六	勿	殘		殘	

上述七號《遼大字藏》中,首尾殘缺無從考察的不予統計。首部完整的《遼大字藏》共四號,其中二號有垂直豎欄。尾部完整的《遼大字藏》共六號,其中三號有垂直豎欄。首尾均全的《遼大字藏》有四號,其中首尾均無豎欄者一號(第一號)、僅尾部有豎欄者一號(第七號)、僅首部有豎欄者一號(第九號)、首尾均有豎欄者一號(第十號)。第十號雖然首尾均有豎欄,但首部豎欄爲僅一根,不像其他經卷,至少有兩根豎欄。由此可知,在《遼大字藏》中,是否刊刻豎欄有一定的隨意性,並非鑒別遼藏的必備依據。

考察應縣出土的其他遼代單刻經,不少經典首尾也有豎欄。如《應縣木塔遼代秘藏》中第二十號《妙法蓮華經》卷四、第二十一號《妙法蓮華經》卷四、第三十號《佛説八師經》、第三十二號《高王觀世音經》等經,或首,或尾,或首尾均有豎欄。由此可知,我們或者可以把首尾有無豎欄視爲鑒別遼代刻經標準之一,但不能用它來鑒定遼藏。

（七）版框數據、紙張數據

根據該經的書志學資料,該《藥師瑠璃光如來本願功德經》原版的數據爲高 22 厘米,長 55 厘米。由於該經一版印爲兩紙,由卷軸裝改爲綫裝,故上述版框高度可以信從。版框長度因依據兩紙印痕相加統計,僅可參考。

同樣,據統計,該《藥師瑠璃光如來本願功德經》經本高 30 厘米,寬 16.2 厘米。該經本高度即用以刷印的紙張高度(假設裝訂以後未作切邊),可以信從。至於經本寬度,對本文的考察而言,亦僅屬參考。

三、《藥師瑠璃光如來本願功德經》的性質

如前所述,該《藥師瑠璃光如來本願功德經》有千字文帙號"鞠"。千字文帙號爲藏經編號所用,在佛典鑒定實踐中,凡某佛教經本如有千字文帙號,則必然與某藏經有關。或爲某藏經的零本,或爲依據某藏經爲底本刊刻的另刻單經。現該《藥師瑠璃光如來本願功德經》有千字文帙號,故它肯定與某藏經有關。那麼,它與哪種藏經有關?

（一）《藥師瑠璃光如來本願功德經》底本源自遼藏

根據現有資料,《房山石經》中雖有《藥師瑠璃光如來本願功德經》刻石兩種,但均爲唐代所刻,無千字文編號。《藥師瑠璃光如來本願功德經》在中原系刻本藏經《開寶藏》中的千字文帙號爲"恭";在同屬中原系的《趙城金藏》《初刻高麗藏》中,該經的帙號亦爲

"恭"。而在當時已經開始刊刻的南方系《崇寧藏》中,該經的帙號爲"惟"。現高麗刻本《藥師瑠璃光如來本願功德經》的千字文帙號爲"鞠",與中原系、南方系藏經均不符合。

根據筆者研究,《開元錄釋教錄·入藏錄》初出時無千字文帙號。會昌廢佛以後,全國大藏經按照《開元釋教錄·入藏錄》而統一,並逐漸附加千字文帙號。《藥師瑠璃光如來本願功德經》在附加千字文帙號的《開元釋教錄·入藏錄》中,字號正爲"鞠"。①

前賢已經發現,遼藏的千字文帙號與《可洪音義》一一相應。有人以爲這是因爲遼藏依據《可洪音義》本藏經刊刻,但事實並非如此。會昌廢佛以後,我國的漢文大藏經逐漸以《開元釋教錄·入藏錄》爲基礎統一。但因是寫本,難免有傳抄之訛。故各地的寫本藏經有的與附註千字文帙號以後的《開元釋教錄·入藏錄》完全一致,屬於標準大藏;有的千字文帙號則有參差。在敦煌遺書中,我們可以看到雖然同是敦煌地區的寺院,有的寺院收藏的大藏經是標準大藏,有的寺院收藏的藏經千字文帙號却有參差。所以,《可洪音義》與附加千字文帙號的《開元釋教錄·入藏錄》完全一致,並不説明可洪依據的該五代的藏經是遼藏的底本,祇是説明該藏經屬於標準大藏系統。我們知道,遼藏刊刻之前,憫忠寺詮曉法師曾經整理藏經。我以爲,當年詮曉整理藏經的目錄依據就是附加千字文帙號的《開元釋教錄·入藏錄》,整理完成的藏經也屬於標準大藏系統。所以遼藏的《開元釋教錄·入藏錄》部分的千字文帙號與《可洪音義》完全相符。這個問題比較大,還涉及所謂遼藏"統和本"問題,容後專文論述。

綜上所述,該《藥師瑠璃光如來本願功德經》的千字文帙號

---

① 參見方廣錩《中國寫本大藏經研究》,第 566 頁。

"鞠"應源自遼藏。但是,從該經版片號的形態判斷,它又屬於一部另刻單經。因此,筆者的結論是該《藥師瑠璃光如來本願功德經》是一部底本源自遼藏的另刻單經。

（二）《藥師瑠璃光如來本願功德經》的刊刻方式

如前所述,目前我們可以肯定遼代刊刻了兩種藏經:

一種爲《遼大字藏》,卷軸裝。每版二十七行,每行十七字。

一種爲《遼小字藏》,蝴蝶裝。每版行數、每行字數有待進一步研究。

此外,對應縣發現的三號每行十五字的遼刻《華嚴經》是藏經零本,還是遼藏的另刻單經,學術界未有結論。現韓國中央研究院所藏《藥師瑠璃光如來本願功德經》的底本源自遼藏,每行也是十五字,如果該底本與應縣的三號《華嚴經》屬於同一部藏經,則遼代曾經刊刻過第三種遼藏的觀點就大大增强。

下面考察《藥師瑠璃光如來本願功德經》與應縣三號《華嚴經》的關係。

如前所述,雖然並無明確的結論,但從其版式分析,我們不能排除應縣的三號《華嚴經》有可能是藏經零本。但對該《藥師瑠璃光如來本願功德經》,則可以明確判定爲是以藏經本爲底本刊刻的另刻單經。

以藏經本爲底本的另刻單經有兩種情况:

一種是覆刻,即將某種藏經的印本紙張反貼在版片上,磨去紙張,留下字痕,然後按照字痕雕版。南京金陵刻經處至今保留了這一種工藝。按照這種方式刻成的典籍,版式、風格與底本基本一致,甚至可以亂真。《初刻高麗藏》《趙城金藏》的大部分經本都是《開寶藏》的覆刻本,因此,它們的文字風格,乃至字間距都保持一致。

　　一種是以某種藏經的經本爲底本,重新書寫上版,再予雕版。按照這種方式,新刻的典籍與原底本的版式或許一致,或許不一致,風格則肯定難以保持一致。

　　1. 第一種另刻方法——覆刻

　　假設真的存在第三種遼藏,且應縣的三號《華嚴經》就是這第三種遼藏的零本,《藥師瑠璃光如來本願功德經》的底本也屬於第三種遼藏系統,且采用覆刻雕版,則所刻的《藥師瑠璃光如來本願功德經》在版片特徵上應與三號《華嚴經》基本一致。

　　在此,我們將《藥師瑠璃光如來本願功德經》與應縣的三號《華嚴經》的版片特徵做一比較(單位:厘米):

表九　版式對照一欄表

序號	經名卷次	行數	每行字數	框高	框長
2	大方廣佛華嚴經卷二四	28	15	23.5	53.6
3	大方廣佛華嚴經卷二六	28	15	23	55
4	大方廣佛華嚴經卷五一		15	23.6	
	藥師瑠璃光如來本願功德經	24	15	22	

表十　界欄對照一欄表

序號	經名卷次	水平邊欄	首尾竪欄
2	大方廣佛華嚴經卷二四	雙框	首尾殘,不清
3	大方廣佛華嚴經卷二六	雙框	首尾殘,不清
4	大方廣佛華嚴經卷五一	雙框	首尾殘,不清
	藥師瑠璃光如來本願功德經	單框	有

表十一　版片號形態對照一欄表

序號	經名卷次	版片號形態	版片號位置
2	大方廣佛華嚴經卷二四	經名卷次、序號、千字文帙號	第一行、第二行行間。
3	大方廣佛華嚴經卷二六	經名卷次、序號、千字文帙號	第一行、第二行行間。
4	大方廣佛華嚴經卷五一	經名卷次、序號、千字文帙號	第一行、第二行行間。
	藥師瑠璃光如來本願功德經	序號	版尾，一處。第一行、第二行行間，十四處。

從上述比較可知，除了每行字數及版片號位置這兩點之外，《藥師瑠璃光如來本願功德經》與應縣的三號《華嚴經》每版行數、框高、水平邊欄、版片號形態均不相同。

如前所述，《藥師瑠璃光如來本願功德經》的框長爲 55 厘米僅爲參考數字。如果這個數字可靠，則三號《華嚴經》每版二十八行，框長最長者祇有 55 厘米；《藥師瑠璃光如來本願功德經》每版僅二十四行，框長亦爲 55 厘米。說明《藥師瑠璃光如來本願功德經》每行文字更加疏朗，版刻規格、風格完全不同。

由此，從"覆刻"的角度考察，說《藥師瑠璃光如來本願功德經》的底本與應縣的三號《華嚴經》原屬同一部藏經，證據並不充分。

2. 第二種另刻方法——重新書寫上版

仔細考察《藥師瑠璃光如來本願功德經》原書，可以發現該經的行間距控制得比較好，但字間距則控制得比較差。這與應縣木塔出土的三號《華嚴經》形成鮮明對照。應縣木塔出土的三號《華嚴經》不僅行間距，連同字間距都控制得比較好。由於字與字的距離中規中矩，橫向觀察時，可以看到字縫間有一道道橫向空白。而

《藥師瑠璃光如來本願功德經》字間距控制較差，橫向觀察難以看到規範的橫向空白。相反，個別行還出現刊刻十六字的現象。上述特點大大增强了該經重新書寫上版的可能。

如果采用重新書寫上版的方式另刻，其刻本除了可以依據千字文帙號確定該刻本的底本屬於某種遼藏外，很難確定其底本到底是哪一種遼藏，也就對研究所謂"第三種遼藏"没有實際意義。

仔細考察該《藥師瑠璃光如來本願功德經》的圖版，該經第三版到第十五版的版片號雖然均在每版的第一行、第二行之間，第二版的版片號却在版尾。此外，第三版的版尾有兩條墨丁，一條在末行第五、第六字左邊，一條在末行第十、第十一字左邊。第四版的版尾有一條細墨丁，也在末行第五、第六字左邊。版片號位置不統一，爲另刻單經所常見。版尾的墨丁是否有什麽特殊的含義，是否爲該《藥師瑠璃光如來本願功德經》所據底本所留，現在難以解釋。如果這些墨丁的確與該《藥師瑠璃光如來本願功德經》所據底本有關，則可能該底本本身是依據某一遼藏重新書寫上版，然後刊刻的另刻單經。

四、小　結

現在可以確認韓國中央研究院藏書閣所藏高麗刻本《藥師瑠璃光如來本願功德經》的底本屬於遼藏系統。如該經所依據的底本是遼藏原本，則該經乃依據底本重新書寫刊刻的另刻單經。如該經底本本身就是依據遼藏重新書寫刊刻的另刻單經，則該經爲底本的覆刻本。筆者比較傾向後一種可能。亦即底本原爲遼刻，高麗本爲覆刻本。

該經所依據底本屬於哪一種遼藏，有如下三種可能：

第一，所依據爲《遼大字藏》或《遼小字藏》，但因采用重新書寫上版的方式，所以版式完全改變。

第二，所依據即爲應縣的三號《華嚴經》所屬藏經，亦即所謂"第三種遼藏"。

第三，所依據的是我們現在所不知道的另一種遼藏，該藏也是每行十五字，但版片長度約爲55厘米，每版刊刻二十四行。

我們希望將來出現的新資料，能夠對上述可能做出抉擇。

韓國中央研究院藏書閣所藏高麗刻本《藥師瑠璃光如來本願功德經》豐富了我們對遼代刻經的知識，爲我們研究遼藏提供了新的資料，具有很大的文物價值與學術價值，值得珍視。

本文承韓國中央研究院提供照片，韓國大真大學柳富鉉先生提供書志學資料，特表示感謝。

[附記]

原文乃應韓國中央研究院之邀而寫，故最初發表於韓國中央研究院藏書閣出版的圖録——《藥師瑠璃光如來本願功德經》（2013 年 10 月）。其後發表於《世界宗教研究》2015 年第 3 期，以饗中國讀者。收入本書時，行文略有修訂。

嚴格地説，本文祇是提供了一些資料與思考，並未真正解決第三種遼藏的問題。但學術就是一個不斷積累的過程，也祇能有幾分資料説幾分話，有幾分把握説幾分話。希望將來能發現新的資料以解決這些困擾我們的問題。

本文寫作於《遼藏版本及〈遼小字藏〉存本》之前，故文中對《遼小字藏》的情況未作明確論述。

遼藏版本及《遼小字藏》存本^①

一、前　言

　　在中國佛教大藏經的歷史上，遼藏是值得我們充分重視的大藏經。主要理由有三點：第一，《開元大藏》是"會昌廢佛"以後中國寫本藏經的主流，而遼藏可視爲《開元大藏》的嫡系；第二，遼藏是中國刻本藏經中北方系藏經的唯一代表；第三，雖然遼藏本身已經亡佚，但它的影響通過《再刻高麗藏》《大正藏》流傳下來，至今發揮著重要的作用。

　　但是，由於遼藏早已亡佚，長期以來，它被視爲"謎一樣的藏經"。雖然近幾十年來，有關遼藏的新資料不斷被發現，很多研究者對它進行研究，並取得了不少重要的成果，但遼藏的真實面貌，諸如遼藏的版本、刊行、構成、存本等一系列問題依然若暗若明。不同研究者依據的資料不同、觀察的角度不同、研究的方法不同，得到的研究結果也不同，使遼藏研究呈現出紛繁複雜的樣態，乃至在遼藏研究領域，至今存在許多似是而非的説法。因此，對大藏經研究者來説，研究遼藏依然是一個任重道遠的任務。

① 　原載《文獻》2015 年第 2 期。收入本書時有删略。

二、“遼藏”及其版本[①]

從遼藏的研究史來看，人們對遼藏的認識逐漸深入。

從現有資料來看，最早爲遼刻大藏經定名的是高麗僧人守其與宓庵。守其所見即筆者所謂的《遼大字藏》，他稱之爲《丹本》《丹藏》《丹藏經》。宓庵所見即本文所謂《遼小字藏》，他稱之爲《丹本大藏》。兩人所見遼藏雖不相同，但當時均以國名命藏，也没有從定名上對兩種不同的遼代刻本藏經做出區分。

近代以來，日本妻木直良最早對遼刻大藏經進行研究，他發表《論契丹雕造大藏經之事實》，將遼刻大藏經定名爲“《契丹本大藏經》”，所指爲宓庵所見的小字本。妻木直良之後，研究遼刻大藏經的研究者一般沿用他的成果，將《契丹藏》視爲小字本。吕澂注意到守其所指的遼藏實際爲十七字本，但僅寫在註釋中，没有展開進一步的研究。[②]小川貫弌的《大藏經——形成與演變》提到，近代在吐魯番出土若干刻本佛經殘片，每行十八字、十九字，因其帙號與《可洪音義》相合，應是《契丹藏》的殘卷，但他也没有對此展開論述。[③]

應縣木塔遼刻藏經中發現了行格疏朗的《遼大字藏》，鄭恩淮在《應縣木塔發現〈契丹藏〉》一文中評論宓庵《〈丹本大藏〉慶贊疏》中“帙簡部輕，函未盈於二百；紙薄字密，册不滿於一千”的記述時

---

① 原文本節與已經收入本書的《〈遼大字藏〉的定名與存本》之“二、定名”有部分重複。爲避文繁，收入本書時，對本節有較大删改。詳請參見本書中《〈遼大字藏〉的定名與存本》之“二、定名”。

② 參見吕澂《契丹大藏經略考》，載《現代佛學》1950 年第 12 期。由於當時對小字本遼藏的形態亦不瞭解，因此，此處不能排除吕澂把每行十七字本當做小字本的可能。

③ 參見小川貫弌《大藏經——成立と変遷》(《大藏經——形成與演變》)。

稱:"顯然這些臆測之言是完全錯誤的,皆因未見實物之緣故。"①一時學術界討論的遼代大藏經均指大字本。但對遼代大藏經應該如何定名,則出現兩種針鋒相對的意見。

一種意見以任繼愈爲代表,主張稱爲《遼藏》,謂《遼藏》這個名稱"可與《遼史》朝代劃一,而且經文本身全是漢文。《趙城金藏》即不稱《女真藏》,約定俗成"②。

一種意見以鄭恩淮爲代表,主張稱爲《契丹藏》,"因建國之民族爲契丹族,最初國名爲大契丹,遼聖宗統和時期又改國號爲大契丹",而這部藏經又是統和年間始刻的。③

任先生從與《遼史》朝代劃一,以及與《趙城金藏》比照立論;鄭恩淮從建國之民族、始刻時之國號立論。雖然鄭恩淮關於大字本遼藏的始刻時間還可以再探討,但兩人的立論可説各有理由。但按照漢文行文習慣,凡有書名號者均爲專用名詞,亦即無論"《遼藏》",還是"《契丹藏》"均衹能用來指代某一部具體的藏經。④現在我們既然知道遼代刊刻的大藏經實際上不止一部,則對遼刻大藏經命名也需要重新考慮。

我認爲,我們可以從兩個層面來解決這個問題:

第一個層面,仿照"宋藏""金藏""元藏""明藏"等名稱,將遼代

①　鄭恩淮:《應縣木塔發現〈契丹藏〉》,載《遼金史論集》第二集,第171頁。
②　參見張暢耕《〈龍龕手鏡〉與遼朝官版大藏經》註釋一,載《中國歷史博物館館刊》,1991年,第108頁。
③　鄭恩淮:《應縣木塔發現〈契丹藏〉》,載《遼金史論集》第二集,第174頁。
④　鄭恩淮稱:"至於《契丹藏》刻過二藏、三藏,亦無妨皆稱之爲《契丹藏》,因世人所説《契丹藏》,並非專指已知某本而言。"(鄭恩淮:《應縣木塔發現〈契丹藏〉》,載《遼金史論集》第二集,第174頁)這種説法混淆了專用名詞與普通名詞的用法,不符合學術界研究佛教藏經的規範。在20世紀佛教大藏經的早期研究階段,由於對大藏經版本的掌握不甚豐富,也因爲日本的某些藏經往往是諸藏混合本,故曾經出現過《宋藏》《元藏》《明藏》之類的稱呼。隨著藏經研究的深入,這些稱呼已經逐漸被廢棄。

刊刻的所有大藏經統統命名爲"遼藏"。在這裏，"遼藏"是一個普通名詞，使用時不加書名號。

筆者贊同采用"遼藏"這一名詞，而不贊同采用"契丹藏"，理由有三：

（1）如任先生所說：與《遼史》朝代劃一，與"宋藏""金藏""元藏""明藏"等名稱並列。

（2）遼聖宗統和時期，曾改國號爲"大契丹"，而至今我們掌握的遼代的藏經，並無刊刻於統和年間者。

（3）更爲重要的是，遼爲契丹族建立的王朝。契丹族創制了自己的文字——契丹大字與契丹小字。雖然至今没有任何資料能證明遼代曾經刊刻過契丹文大藏經，但也没有任何資料能否定遼代曾經刊刻過契丹文大藏經。學術研究從來是"說有容易說無難"，在理論上，目前我們還不能排除遼代曾經刊刻契丹文大藏經的可能。因此，將遼代刊刻的漢文大藏經命名爲"遼藏"較爲妥當。一則可以爲將來可能出現的契丹文大藏經留有餘地。二則我主張把遼刻漢文大藏經按照其不同形態，分别命名爲《遼大字藏》與《遼小字藏》。如果將來真的出現契丹文大字、契丹文小字的刻本大藏經，則可分别命名爲《契丹大字藏》《契丹小字藏》。如果現在就采用"契丹藏"這一名稱，則應該將文字大小不一的兩種遼刻漢文藏經命名爲"《契丹大字藏》""《契丹小字藏》"，那就容易造成不必要的誤解，即以爲這些藏經是用契丹大字、契丹小字書寫的。也無法爲將來可能出現的契丹文大藏經留下餘地。

第二個層面，對遼代刊刻的各種不同的漢文大藏經，區别情況，分别命名。此時該名稱爲專用名詞，加書名號。如上所述之《遼大字藏》《遼小字藏》之類。

在此，我想特别提出的是，宋、遼、金是我國佛教大藏經從寫本向刻本過渡的時期。在這一時期中,寫本藏經與刻本藏經同時流通。因此,嚴辨寫本、刻本之別,是研究宋、遼、金佛教大藏經必須注意的重要問題。

我在研究寫本藏經形成史的過程中,曾經提出大藏經三要素:取捨標準、内部結構、外部標志。[①]上述三要素主要體現在該寫本藏經的目録中。由此,研究目録成爲研究寫本藏經的關鍵。而研究刻本藏經則要注意其版片,因爲對刻本藏經來説,版片一旦固定,則反映其内部特徵的内容與結構,已全部固化在版片中。因此,如果説區別諸種寫本藏經的最大依據是其目録的話,則區別諸種刻本藏經的最大依據是其版片。祇要版片不同,即使所依據的目録完全相同,哪怕後一部藏經是前一部藏經的覆刻本,我們仍然認爲它們屬於不同的藏經。當然,這裏還需要正確認識補雕、遞修在刻本藏經中的地位,但這不屬於本文的任務,這裏不談。

按照上述思路,筆者把所有遼代刊刻的漢文大藏經統稱爲"遼藏"。則至今爲止研究者已經掌握的不同版本的遼藏有:

(1)應縣木塔出土的大字本遼藏,我稱之爲《遼大字藏》。亦即守其所見本。

(2)與豐潤小字本遼刻佛典相仿的遼藏,我稱之爲《遼小字藏》。亦即宓庵所見本。

此外,已有研究者提出,但尚需研究的遼藏有:

(1)由韓國中央研究院藏書閣所藏高麗刻本引發的所謂"第三種遼藏"。

(2)所謂"統和本"藏經。[②]

---

① 參見方廣錩《中國寫本大藏經研究》(第二次增訂本)。
② 參見羅炤《再談〈契丹藏〉的雕印年代》,載《文物》1988年第8期。

三、《遼小字藏》存本

如前所述,本文主張遼藏是遼代刊刻的漢文大藏經的總稱,包括研究者已經掌握的《遼大字藏》《遼小字藏》,也包括還在討論中的所謂"第三種遼藏"及所謂"統和本"藏經,共計四種。其中關於《遼大字藏》,筆者已發表《〈遼大字藏〉的定名與存本》,此處不贅。關於所謂"第三種遼藏",筆者撰有《第三種遼藏探幽》,已收入本書,亦不再討論。關於所謂"統和本"藏經,提出者羅炤本人已經改變觀點,指出這是一部寫本藏經。[①]我贊同羅炤後來的觀點,所謂"統和本"藏經實爲寫本藏經,不應納入刻本藏經的範疇。自然,繼續探討此問題對我們認識寫本與刻本轉換期的大藏經乃至《遼大字藏》的刊刻、構成依然具有一定的價值。然而限於篇幅,本文亦不予討論。故在此僅討論《遼小字藏》的存本。

(一) 概述

1987 年 8 月,河北豐潤天宮寺塔所藏遼代文物被發現。

1989 年 5 月,《文物春秋》創刊號(總 1·2 期)發表陳國瑩撰寫的《豐潤天宮寺塔保護工程及發現的重要遼代文物》(以下簡稱"陳文"),披露了天宮寺塔中發現十號遼代刻經的消息,並稱其中保存有蝴蝶裝小字本。

宓庵《〈丹本大藏〉慶贊疏》叙述他所見的"丹本大藏"形態:"帙簡部輕,函未盈於二百;紙薄字密,册不滿於一千。"故《遼小字藏》不可能是卷軸裝。此次發現的十號豐潤遼經中,三號爲卷軸裝,七號爲蝴蝶裝。七號蝴蝶裝中,TW24、TW26 兩號的題記中出現"小字"云云,且符合"帙簡部輕""紙薄字密"等特點,故豐潤天宮寺塔

---

① 　羅炤:《有關〈契丹藏〉的幾個問題》,載《文物》1992 年第 11 期。第 55 頁。

出土的這七號遼刻蝴蝶裝佛典是否即爲《遼小字藏》，或其中是否有《遼小字藏》，引起研究者極大的興趣。

1989 年底（或 1990 年初），筆者隨同國家圖書館善本部冀淑英、陳杏珍等考察了這批遼代刻經。

1991 年，《文物春秋》第二期發表了朱子方撰《〈豐潤天宮寺塔保護工程及發現的重要遼代文物〉一文讀後記》（以下簡稱“朱文”）。1992 年，《文物》第十一期發表羅炤撰《有關〈契丹藏〉的幾個問題》（以下簡稱“羅文”）。1992 年，由政協豐潤縣文史資料委員會編輯的《豐潤文史資料選輯》收入董寶瑩、劉均合、陳少偉撰寫的《天宮寺塔修復中出土珍貴文物及標本》（以下簡稱“標文”）。1997 年，《内蒙古文物考古文集》（第二輯）發表了鄭紹宗撰《豐潤天宮寺發現的遼代刻經》（以下簡稱“鄭文”）。2003 年，李富華、何梅出版《漢文佛教大藏經研究》（以下簡稱“李、何文”）。上述論著，對這批文物均有介紹與研究。其中“陳文”“標文”主要介紹這批典籍的概貌。“鄭文”在“陳文”的基礎上考訂若干史實。三篇文章均沒有涉及《遼小字藏》問題。“朱文”稱“在這一批遼刻經卷中有無《契丹藏》，還不能肯定”[①]。“羅文”提出：“尤需注意者，天宮寺塔《華嚴經》與《大乘本生心地觀經》每卷首、尾皆刻印帙號，且與《契丹藏》同經帙號相合，應是覆刻《契丹藏》的單刻經。”[②]“李、何文”則主張：“因爲《大方廣佛華嚴經》《大乘本生心地觀經》及《一切佛菩薩名集》幾種均有千字文帙號，而且它們的帙號又恰好與應縣發現的帙號相同，說這幾種是已佚《遼藏》的印本應該是沒有問題的。”[③]“李、何文”在肯定上述三種遼刻經典均爲宓庵在《〈丹本大藏〉慶贊疏》

---

① 朱子方：《〈豐潤天宮寺塔保護工程及發現的重要遼代文物〉一文讀後記》，載《文物春秋》1991 年第 2 期，第 47 頁。
② 羅炤：《有關〈契丹藏〉的幾個問題》，載《文物》1992 年第 11 期，第 54 頁。
③ 李富華、何梅：《漢文佛教大藏經研究·關於〈遼藏〉的研究》，第 131 頁。

中所述的小字本遼藏印本的同時，依據有關題記推斷"這種'小字'本《遼藏》是遼興宗重熙初年開始雕印，它的最終完成可能要在遼道宗咸雍末年"①。

　　本節考察豐潤天宫寺塔發現的遼代刻經中究竟有無《遼小字藏》，到底有幾號《遼小字藏》。在此先將這十號遼刻佛典的簡況列表如下。需要說明的是，"陳文""朱文""羅文""鄭文""李、何文"對這批遼刻經典的著録，與筆者的考察記録略有差異。"標文"著録與筆者的考察記録基本一致。下表中的編號依據"標文"所附的標本編號著録，而名稱、裝幀、帙號依據筆者考察筆記著録，書影則依據《第三批國家珍貴古籍名録圖録》②著録（見表十二）：

表十二　遼刻佛典簡況表

編　號	名　稱	裝　幀	帙　號	書　影
TW20	佛説阿彌陀經	卷軸裝	無	07183，2/42
TW21	佛頂心觀世音經	卷軸裝	無	07191，2/52
TW22	佛説大乘聖無量壽决定光明王如來陀羅尼經	卷軸裝	有	07186，2/46
TW23	陀羅尼集（擬）	蝴蝶裝	無	07194，2/56、2/57
TW24	金光明最勝王經	蝴蝶裝	無	
TW25	大乘本生心地觀經	蝴蝶裝	有	07184，2/43
TW26	大方廣佛華嚴經	蝴蝶裝	有	07169，2/21
TW27	金剛般若波羅蜜經	蝴蝶裝	無	07166，2/16
TW28	妙法蓮華經	蝴蝶裝	無	07175，2/30
TW29	一切佛菩薩名集	蝴蝶裝	無	07195，2/58

① 李富華、何梅：《漢文佛教大藏經研究·關於〈遼藏〉的研究》，第141頁。
② 中國國家圖書館·中國國家古籍保護中心編：《第三批國家珍貴古籍名録圖録》，國家圖書館出版社，2012年5月。

以上卷軸裝有三號,蝴蝶裝有七號。由於《遼小字藏》不可能爲卷軸裝,故以下主要考察七號蝴蝶裝。

(二) 千字文帙號

如爲大藏經經本,必須有千字文帙號。這是大藏經研究的基本常識。由於豐潤遼刻佛典的資料至今並未全部公開,故祇能依據目前已經披露的資料進行研究。現將七號蝴蝶裝中,筆者考察時親眼所見有千字文帙號,以及筆者未見,但據説有千字文帙號的經典羅列如下:

筆者考察時,親眼所見豐潤遼刻經典有千字文帙號的經典,如上表所列,共計三號,其中 TW22《佛説大乘聖無量壽決定光明王如來陀羅尼經》爲卷軸裝①,本文不予討論。另外的兩號蝴蝶裝爲:

TW25,《大乘本生心地觀經》,千字文帙號爲"壁",該字在《千字文》用字中排位第四百八十七。

TW26,《大方廣佛華嚴經》,千字文帙號爲"平章愛育黎首臣伏",該八字在《千字文》用字中排位從第一百十一到第一百十八。

筆者考察未見,但據説有千字文帙號的經典有兩號:

"標文"稱:TW23,《陀羅尼集》(擬),有千字文帙號,爲"卿"。

---

① 該《佛説大乘聖無量壽決定光明王如來陀羅尼經》,有千字文帙號"刻"。查《佛説大乘聖無量壽決定光明王如來陀羅尼經》(宋法天譯),爲歷代大藏經所收,但千字文帙號均不爲"刻",唯有《房山石經》刻本的千字文帙號作"刻",金代刻石。這證明了《遼大字藏》收有此經,則豐潤該卷是否《遼大字藏》經本?

羅炤探討了這一問題,認爲該經不屬於《遼大字藏》,對該經的歸屬,提出兩種可能:"筆者認爲,天宮寺塔的《佛説大乘聖無量壽決定光明王如來陀羅尼經》不屬於官版《契丹藏》。它既可能是單刻經,也可能是遼代所刻另一部大藏經的零卷"(羅炤:《有關〈契丹藏〉的幾個問題》,載《文物》1992年第11期)。筆者贊同該《大乘聖無量壽決定光明王如來陀羅尼經》並非《遼大字藏》。同時筆者認爲,它並非遼代所刻另一部大藏經的零卷,祇能是一部單刻經。該單刻經以《遼大字藏》經本爲底本,故保留遼藏帙號。因此問題與本文主題無關,在此不作論證。參見筆者《〈遼大字藏〉的定名與存本》一文。

該字在《千字文》用字中排位第四百九十六。

"李、何文"稱:TW29,《一切佛菩薩名集》,有千字文帙號,爲"勿"。該字在《千字文》用字中排位第五百六十四。

由此,這批遼刻蝴蝶裝佛典中有或可能有千字文帙號的經典共計四號。以下按照千字文帙號的順序,對上述四號經典的千字文帙號略作考察。

1. TW26,《大方廣佛華嚴經》,共八册,每册十卷,總計八十卷。千字文帙號刻在卷首。首册首葉首行作"大周新譯大方廣佛花嚴經序,卷第一,平"。八十卷共繫千字文帙號八個,爲"平章愛育黎首臣伏"。筆者考察時親眼所見。亦可參見《第三批國家珍貴古籍名録圖録》所附書影。

2. TW25,《大乘本生心地觀經》,一册,十卷。千字文帙號刻在卷首,該册首葉首行作"大唐新翻譯大乘本生心地觀經序,壁"。筆者考察時親眼所見。亦可參見《第三批國家珍貴古籍名録圖録》所附書影。

3. TW23,《陀羅尼集》(擬)

需要説明,該號原爲蝴蝶裝,但現在已經散落爲單葉。有些紙張已經糟朽。筆者考察時,該卷尚未修整,故不敢逐紙全面考察,僅大致翻看,並做簡單記録。考察時没有發現千字文帙號。但後來"標文"著録該號,稱有千字文帙號"卿"。爲慎重起見,依照諸研究文章先後產生的時間順序,將與該號有關的資料抄録如下:

1989年5月的"陳文"著録:

　　《佛説聖光消灾經》一卷,小字,長15公分,寬7.5公分,厚約3公分。每行十個字,漢文和梵文(藍奢體)相間排列,應是梵文的音譯本。①

1989 年底（或 1990 年初），筆者考察時的記錄如下：

　　《陀羅尼集》（擬），零葉，袖珍本。
　　有《佛説大摧碎陀羅尼經》。
　　梵文、漢字音譯兩種文字相間排列。半葉六行，梵文、漢字釋音各三行，行十字。
　　漢字半葉六行十五字。
　　細黑口。②

1991 年的"朱文"依據"陳文"著録，考訂如下：

　　《佛説聖光消災經》，此爲略稱。有兩種譯本：一爲唐代不空譯，全名爲《佛説熾盛光大威德消災吉祥陀羅尼經》；另一也是唐代人譯，但譯者失名，全名爲《大威德金輪佛頂熾盛光如來消除一切災難陀羅尼經》……房山雲居寺石經中有此經，全名作《最勝無比大威德金輪佛頂熾盛光消災難吉祥陀羅尼經》一卷，唐不空譯，金天眷元年（1138）刻，帙號爲'槐'字，當是根據《契丹藏》刻成。可能由於輾轉傳抄、傳刻，經名很不統一。此本爲小字，本頭亦小，漢文和梵文相間排列，應是坊間刻印本，供一般僧尼及佛教信徒誦讀的。③

────────────

① 陳國瑩：《豐潤天宮寺塔保護工程及發現的重要遼代文物》，載《文物春秋》創刊號，1989 年（總 1・2 期），第 81 頁。文中"藍奢體"應爲"悉曇體"之誤。
② 該考察筆記未曾發表。
③ 朱子方：《〈豐潤天宮寺塔保護工程及發現的重要遼代文物〉一文讀後記》，載《文物春秋》1991 年第 2 期，第 48 頁。

1992 年的"羅文"僅以"梵漢合璧經咒合集"一句帶過，未對該經作詳細介紹。①但其定性無疑是正確的。亦即本經並非某一部陀羅尼經，而是若干部陀羅尼的合集。

1992 年的"標文"有較爲詳細的著録：

> 散頁梵漢合璧經一摞（TW23）。葉高 14.81 厘米，半葉寬 7.50 厘米。木版印刷，每葉兩版，版高 11.91 厘米，版寬 6.82 厘米。每版有六行相互間隔的梵漢文字，每行十三至十六字。每版四邊均爲雙欄，每葉兩版間有版心。版心刻經本簡題和葉碼。並有千字文序號'卿'的字迹。②

"標文"首次提出該經有千字文帙號"卿"。

1997 年的"鄭文"著録：

> 《佛説聖光消灾經》一卷。小本已零爲殘頁。小字。長 15 厘米，寬 7.5 厘米，厚約 3 厘米（原未計頁數，下同）。每行十個字。漢、梵文對照，相間排列。係梵文音譯本。有無題記未能詳細查閲。③

"鄭文"文字與"陳文"雷同。

2003 年的"李、何文"僅采用"羅文"的定名，用一行文字介紹：

---

① 羅炤：《有關〈契丹藏〉的幾個問題》，載《文物》1992 年第 11 期，第 54 頁。
② 董寶瑩、劉均合、陳少偉：《天宮寺塔修復中出土珍貴文物及標本》，載《豐潤文史資料選輯》，第 16 頁。
③ 鄭紹宗：《豐潤天宮寺發現的遼代刻經》，載《内蒙古文物考古文集》第二輯，1997 年。第 531 頁。

《梵漢合璧經咒合集》一册，册裝本。①

以上諸家著録，或簡或繁，僅"標文"著録千字文帙號。由於"標文"係天宫寺塔修復人員撰寫，其權威性不容忽視。故在没有有力反證的情况下，本文采用"標文"的著録，認同本號有千字文帙號"卿"。

4. TW29,《一切佛菩薩名集》

《一切佛菩薩名集》，一函六册。筆者考察時未見有千字文帙號。但"李、何文"提到該經有帙號，稱：

《一切佛菩薩名集》一帙六册，二十二卷，帙號爲"勿"，册裝本。②

"李、何文"稱其資料出處爲"陳文"，但筆者檢索"陳文"，未見著録帙號。"陳文"附有《一切佛菩薩名集》照片一張，從照片可見該號上下粗欄，左右子母欄，細黑口。版心有經名卷次"佛菩薩名集中"及版片號"五"。未見有千字文帙號。《第三批國家珍貴古籍名録圖録》所附書影顯示：該經第一册首葉首行爲標題，作"大藏教諸佛菩薩名號集序"，下無帙號。第二行爲作者名，無帙號，細黑口。版心有經名卷次"佛菩薩名集上"及版片號"一"。如有帙號，應標註在首册首葉，但書影未見。其他諸研究者亦均未著録該號有千字文帙號。

從"李、何文"將 TW23《陀羅尼集》（擬）命名爲"梵漢合璧經咒

---

①　李富華、何梅：《漢文佛教大藏經研究·關於〈遼藏〉的研究》，第130頁。

②　同上。

合集"，則"李、何文"或曾參考"羅文"。查"羅文"對該《一切佛菩薩名集》的介紹，有"《房山石經》中有此經，帙號爲'勿'"[1]云云。頗疑"李、何文"謂該經典帙號爲"勿"，乃誤讀"羅文"所致。

總之，就目前資料看，"李、何文"稱《一切佛菩薩名集》有千字文帙號的依據不足，本文不予采信。故下文僅考察其餘三號蝴蝶裝遼經。

（三）版式

版式指版框大小、行款、邊欄、版心、版片號等版面體現的各種元素。這是判別刻本佛經的重要依據。

在此先將上述三號有千字文帙號的經典的紙張、版框大小（單位：厘米）[2]、行款、邊欄、版心等資料列表如下：

表十三　　TW23、TW25、TW26 版式對比表

編　號	名　稱	紙張長寬	版框長寬	行　款	邊欄、版心等形態
TW23	陀羅尼集（擬）	半葉寬 7.5 葉高 14.9	寬 6.6 高 11.6	半葉六行，行梵文十字，漢文十至十五字不等	上下邊子母通欄，左右子母欄。細黑口。版心有經名、版片號。
TW25	大乘本生心地觀經	半葉寬 14.1 葉高 26.3	寬 11.3 高 21	半葉十行，行二十字	四邊子母欄。白口。版心有經名卷次、版片號。
TW26	大方廣佛華嚴經	半葉寬 17.4 葉高 26.5	寬 14.5 高 24.0	半葉十二行，行三十字	上下單邊粗欄，左右子母欄。白口。版心空白。

① 羅炤：《有關〈契丹藏〉的幾個問題》，載《文物》1992 年第 11 期，第 54 頁。
② 紙張、版框資料，諸家著錄略有差異。本表依據筆者考察及《第三批國家珍貴古籍名錄圖錄》著錄。

同一部刻本藏經，其版式應當一致，這也是大藏經研究的基本常識。①

從上表的數據來看，我們顯然應該把《陀羅尼集》（擬）排除在《遼小字藏》之外。因爲《陀羅尼集》（擬）的開本大小僅爲 7.5 厘米×14.9 厘米，屬於隨身携帶的巾箱本。至今爲止，我們沒有發現過巾箱本的大藏經。"朱文"推測它"應是坊間刻印本"是正確的。

順便說一句，該經内容，除了已知的《佛説聖光消灾經》《佛説大摧碎陀羅尼經》②之外，還有《佛頂尊勝陀羅尼》（大正 974B）、《一切如來白傘蓋大佛頂陀羅尼》（大正 1048）。其他還有什麽内容，需要仔細考察原件方可得知。在尚未完整考察其内容之前，目前很難對該經的定名及歷代經録著録、歷代大藏收録情況作全面研究。本文暫擬名作"陀羅尼集"。

下面考察 TW26《大方廣佛華嚴經》與 TW25《大乘本生心地觀經》。

雖然《大方廣佛華嚴經》與《大乘本生心地觀經》的千字文帙號與《房山石經》中的遼金刻經相同，顯示出它們可能均屬遼藏系統，屬於《遼小字藏》，但是，如下幾點不能不啓人疑竇：

第一，兩者的紙張大小不一。

第二，兩者的版框大小不一。

第三，兩者的行款多少不一。

第四，兩者的邊欄、版心形態不一。

---

① 同一部藏經的不同時期印本，紙張的大小可能會有變化，但除了特殊情況以外，版框大小應當一致。所謂特殊情況，是指由於時間的遷流、濕度的變化，有時經版會出現漲版、縮版現象，導致版框漲大或縮小。但因漲版、縮版而產生的版框差距應在合理範圍之内。

② 可能是《新書寫請來法門等目録》（大正 2174A）著録的《金剛忿怒速疾成就大摧碎陀羅尼》一卷，並梵字一卷，不空譯，說降伏大力自在等"。待考。

因此，可以肯定地講，即使這兩部經典中有某一部屬於《遼小字藏》，但不可能兩部都屬於《遼小字藏》。

（四）TW26《大方廣佛華嚴經》考察

關於該經的形態，"陳文""羅文""標文"均有較爲詳盡介紹。另有一些值得補充介紹的內容，但與本文論述主題無關，此處從略。

現依據考察筆記，將該經的刊刻題記十行，按照原行款錄文如下（"/"爲行號）：

> 大契丹國燕國長公主，奉爲/
> 先皇御靈，冥資景福；/
> 太后聖壽，永保遐齡。一人隆戴斗之尊，正后葉齊天/
> 之算。太弟、公主，更析派於銀潢；親王、諸妃，長分蔭於/
> 玉葉。次及有職，後逮有情。近奉/
> 慈尊，遠成佛道。特施淨財，敬心雕造小字《大花嚴經》/
> 一部。所冀流通，悉同利樂。/
> 時重熙十一年歲次壬午孟夏月甲戌朔雕印記。/
> 燕京左街僧錄崇禄大夫檢校太保演法通慧大師賜/
> 紫沙門瓊煦提點雕造。/

同樣的題記見於該經的卷十、卷二十、卷五十、卷六十末尾。卷七十末尾僅存三行，內容不全。

該題記交代得很清楚，該《大方廣佛華嚴經》乃燕國長公主雕造的單刻本，且僅雕刻《華嚴經》一部，故非大藏經本。從千字文帙號看，我們雖然有理由懷疑該單刻本的底本出於某部大藏經，但該經本身畢竟應該屬於單刻本。

"李、何文"認爲："因爲《大方廣佛華嚴經》《大乘本生心地觀經》及《一切佛菩薩名集》幾種均有千字文帙號,而且它們的帙號又恰好與應縣發現的帙號相同,説這幾種是已佚《遼藏》的印本應該是没有問題的。"①這一觀點不能成立。且不説《一切佛菩薩名集》並無千字文帙號,在大藏經研究中,是否有千字文帙號,該帙號是否與該經在某藏經中的帙號相符固然是判定該經是否屬於該藏的必要條件,却並非充分條件。因爲還需要考察該經的版式、題記等諸多内容,考慮它是覆刻另本乃至單刻另本的可能。至於説這三種經典"恰好與應縣發現的帙號相同",則不知依據何在。

就版式而言,如前所述,《大方廣佛華嚴經》《大乘本生心地觀經》版式完全不同,因此肯定不會屬於同一部藏經。

就題記而言,"李、何文"稱"這種小字本《遼藏》均爲奉旨雕造的官版,如前所引《華嚴經》題記,《華嚴經》是'大契丹國燕國長公主'奉遼興宗之旨施資雕印的"②,但我們從上述《華嚴經》題記中讀不出該經乃"'大契丹國燕國長公主'奉遼興宗之旨施資雕印的"含義。題記表述的僅僅是該長公主爲了"近奉慈尊,遠成佛道",刊刻了這一部《華嚴經》,並將刻經功德廣爲回向到先皇、太后、皇帝(一人)、皇后(正后)、太弟、公主、親王、諸妃,乃至所有的官員(有職)及一切有情。

"羅文"主張該《華嚴經》是單刻經,這一判定是正確的。

(五) TW25《大乘本生心地觀經》考察

該經第一册扉葉粘有咸雍六年(1070)題記一紙。筆者考察時發現所粘之紙張、上面刊印的字體與該經正文的紙張、字體均不類,應是從其他經典上竄入的。"羅文"指出:"它原應是另一帙《一

---

① 李富華、何梅:《漢文佛教大藏經研究·關於〈遼藏〉的研究》,第131頁。
② 同上書,第141頁。

切佛菩薩名集》第一册的尾題,脱落後誤粘於此經第一册扉葉。"①
"標文"也提出同樣的觀點,並認爲"可能是當時裝訂之誤,也可能
是以後修整時之誤"②。我認爲,上述判斷是正確的。由於該題記
與該《大乘本生心地觀經》無關,故本文對該題記不作討論。

　　排除扉葉題記的干擾以後,我們可以發現,該《大乘本生心地
觀經》的一個顯著特點是沒有題記。豐潤遼經蝴蝶裝共七號,不計
已經殘缺的《陀羅尼集》(擬),現將其餘六號有無題記的情況列表
如下:

表十四　TW24—29 題記情況表

編　號	名　稱	裝　幀	帙　號	有無題記
TW24	金光明最勝王經	蝴蝶裝	無	有
TW25	大乘本生心地觀經	蝴蝶裝	有	無
TW26	大方廣佛華嚴經	蝴蝶裝	有	有
TW27	金剛般若波羅蜜經	蝴蝶裝	無	無
TW28	妙法蓮華經	蝴蝶裝	無	有
TW29	一切佛菩薩名集	蝴蝶裝	無	有

　　上述 TW27《金剛般若波羅蜜經》雖無題記,但從形態看,可知
爲坊刻佛典。坊刻佛典有的標註經坊名稱,大多沒有題記。本號
《金剛般若波羅蜜經》結尾有墨書"乙卯歲　　施",也證明此乃坊
刻後供人請購布施的經典。

　　其餘《金光明最勝王經》《大方廣佛華嚴經》《妙法蓮華經》《一

---

① 羅炤:《有關〈契丹藏〉的幾個問題》,載《文物》1992 年第 11 期,第 54 頁。
② 董寶瑩、劉均合、陳少偉:《天宮寺塔修復中出土珍貴文物及標本》,載《豐潤文史資料選輯》,第 17 頁。

切佛菩薩名集》四部均有題記,有的題記竟長達二百餘字,故《大乘本生心地觀經》之無題記剛好彰顯了它的特殊身份。我們知道,歷代官刻大藏經一般均無題記。由此,在此必須考慮該《大乘本生心地觀經》爲官刻大藏經印本的可能。

下面根據筆者考察,參考"標文""羅文"的記叙,對該《大乘本生心地觀經》的形態介紹如下:

《大乘本生心地觀經》,一函三册。

函套内貼黄帛,外粘橙紅帛。函套封面正中上方粘有楷書題簽"大乘本生心地觀經"。函套口有竹質天竿,上繫橙紅色飄帶。

經書爲蝴蝶裝,藍紙封面。封面左側上方粘有經名簽。三册情况如下:

第一册:經名簽中題"大乘本生心地觀經一卷",共六十三葉,内收《大乘本生心地觀經》御製序、卷一至卷三。

第二册:經名簽中題"大乘本生心地觀經二卷",共四十三葉,内收《大乘本生心地觀經》卷四、卷五。

第三册:經名簽中題"大乘本生心地觀經三卷",共五十二葉,内收《大乘本生心地觀經》卷六至卷八。

《大乘本生心地觀經》總計八卷,豐潤遼刻保存完整。且三册《大乘本生心地觀經》,每册均有千字文帙號"壁"。該帙號用字在《千字文》用字中排位第四百八十七,已溢出《開元大藏》,而又與《房山石經》同經的帙號相同,這證明《遼小字藏》與《遼大字藏》帙號相同,結構相同。因此,《遼小字藏》可能是《遼大字藏》的改版覆刻本。

該經首題有界欄,與《遼大字藏》風格相同,裝幀華貴,版式整齊,通篇楷書,刻印精湛,亦顯示其不同凡響的身份。

此外,該經半葉十行,行二十字,雖爲小字本,但版式疏朗大方。與半葉十二行,行三十字的《華嚴經》相比,後者顯得文字局促,版面緊張。

　　綜上所述,我認爲豐潤發現的遼代刻經中,唯有該《大乘本生心地觀經》可視爲《遼小字藏》印本。我們可以據此作爲鑒別《遼小字藏》的依據。

　　在此將該經裝幀、版式等特徵總結如下,以備後考:

　　第一,裝幀形式:蝴蝶裝。

　　第二,版框半葉寬 11.3 厘米,高 21 厘米。

　　第三,半葉十行,行二十字。

　　第四,四邊子母欄。白口。版心有經名卷次、版片號。

　　第五,除了表明官刻身份的題記外,一般無題記。

　　第六,有千字文帙號,其帙號與《遼大字藏》一致。

　　前此,很多研究者都主張《遼大字藏》應爲官藏。現在看來,《遼小字藏》亦爲官藏。亦即有遼一代,先後刊刻了兩部官藏——《遼大字藏》與《遼小字藏》。這兩部藏經先後傳入高麗,分別爲守其、宓庵所見。

　　上述結論是依據現有資料所做的分析。該結論是否正確,有待新資料的發現。

　　(六)小結

　　本節通過考察裝幀形式等,主張應從四號蝴蝶裝存本中尋求《遼小字藏》。通過考察帙號,確認了《一切佛菩薩名集》無千字文帙號,排除了它是《遼小字藏》的可能性。又通過考察版式,排除了《陀羅尼集》(擬)是《遼小字藏》的可能性。然後通過對《大乘本生心地觀經》《大方廣佛華嚴經》形態的考察,指出《大乘本生心地觀經》應爲《遼小字藏》印本。

四、結　語

本文探討了遼藏的定義與版本，認爲遼代刊刻了多部漢文大藏經，因此，"遼藏"一詞應視爲遼代刊刻的漢文大藏經的統稱，爲普通名詞。目前研究者已經掌握的遼藏有《遼大字藏》與《遼小字藏》。

本文著重探討了《遼小字藏》的存本，認爲豐潤天宫寺塔所出《大乘本生心地觀經》可視爲《遼小字藏》印本。並據此總結了《遼小字藏》的裝幀、版式等特徵，可供將來鑒別《遼小字藏》參考。

[附記]

本文原載《文獻》2015 年第 2 期。第二部分"'遼藏'及其版本"的部分内容與《〈遼大字藏〉的定名與存本》頗有重複。收入本書時有删略。

豐潤遼藏至今尚未正式公布圖版資料。我們期待這批資料的正式公布，並進一步推動遼代大藏經的研究。

《元代官刻大藏經》的發現[①]

一、緣　起

1979 年，爲編輯《全國善本書總目》，雲南省圖書館在整理館藏佛經時，從零本殘卷中清理出部分版本不明的元刻藏經。已故于乃義先生(1915—1980)當時負責這一工作，對此極爲重視，他對這批佛經作了初步鑒定，在卡片上著錄：

元大都弘法寺大藏經五千五百八十六卷

元釋惠浚等編

元至元大都弘法寺刻本

十三册　梵夾裝　有圖

存十三卷

六行十七字　上下雙邊

此本與《磧砂》《普寧》不同。

據翻刻本序後有銓經講主弘法寺沙門雲澤、明辯、淨瑜、德彥，故暫定爲《弘法藏》。卷數按《至元法寶勘同總錄》註錄。

---

① 原載《文物》1984 年 12 期，署名爲"童瑋、方廣錩、金志良"。收入本書時，對原文有修訂。

于先生並在卡片背面作按語如下：

　　元代官刻《弘法藏》未見著錄過。此殘本有元至元二年太
皇太后願文並列有官銜之伯顏等名，與銓經講主弘法寺沙門
等的名單。圖像有金剛寶塔、飛天、梵文字種。佛像亦與其他
藏經不同。有一部分版式小的雲南綿紙印刷者係雲南翻刻，
但這十三卷版框大，以宣紙印刷，可斷定爲大都原刻。有部分
係密教經典，並夾有梵文旁註。

　　由於客觀條件的限制，于先生當時未能把這批藏經的版本完
全搞清，有些判斷也不盡恰當。但是，于先生的清理考訂工作爲我
們今天進一步的清理、鑒別與考釋奠定了一個基礎，這一成績應該
予以充分肯定。
　　這批佛經到底是不是人們過去久聞其名而一直爭論不休的
《弘法藏》，曾引起有關人士的極大關注。1982 年底至 1983 年初，
我們對這批佛經再次進行了清理、鑒別與考釋，確認它並非《弘法
藏》，而是一部鮮爲人知、歷代從未著錄過的《元代官刻大藏經》。①

二、概　貌

（一）三批印本
　　經我們清理，這批元刻大藏經共三十二卷。仔細鑒別，這三十

---

① 在我國，過去從未有人提及這一部藏經。在日本，却發現了這部藏經所附的三份題名、願文資
　料，即下文所述的太皇太后願文、僧名錄、職名錄。前二種與此次我國發現的完全相同，後一
　種則略有差異。日本小野玄妙將這三份資料收入他的《佛教經典總論》一書(見日本大東出版
　社出版的《佛書解說大辭典·附錄》)，並據以推測："順宗(應爲順帝——引者)至元二年有官
　版經藏。"但由於沒有發現該經本，故他對該藏的存在"不能下最後的結論"(引文俱見上書)。
　上述資料，承中國社會科學院世界宗教研究所張新鷹同志提示並複印提供，謹此致謝。

二卷經又可分爲如下三個部分，屬於三批印本。

　　第一部分，係于先生所謂大都原刻的十三卷中的十二卷①，亦即《大般若波羅蜜多經》卷二百六十六（首尾俱全）、《小品般若波羅蜜多經》卷三、《大寶積經》卷四十一、《大集大虛空藏菩薩所問經》卷六、《佛説法集經》卷四、《佛説頂生王因緣經》卷一、《觀自在大悲成就瑜伽蓮花部念誦法門》、《四分律藏》卷二十一、《根本説一切有部毗奈耶藥事》卷十六、《十地經論》卷七、《釋摩訶衍論》卷四、《釋摩訶衍論》卷五。這批經版框較大，宣紙印刷，首、末有褐黄色書殼，如雲南省圖書館藏《普寧藏》（然有幾卷書殼脱落，有的尚留殘痕）。其中《大般若波羅蜜多經》卷二百六十六（首尾俱全）、《大寶積經》卷四十一、《佛説法集經》卷四、《觀自在大悲成就瑜伽蓮花部念誦法門》、《四分律藏》卷二十一等五卷卷首有扉畫，計一版六個半葉。這一批經中無太皇太后願文及職名録、僧名録。

　　第二部分，共十五卷，即《大般若波羅蜜多經》卷二百六十一、二百六十二、二百六十六（首存尾殘）、二百六十七、二百六十八、二

────────────

① 　另一卷爲《佛説大隨求大明王陀羅尼經》卷下。卷首有扉畫一幅，署名爲"攸州譚清叟刀"。經首注有"大興善寺三藏沙門大廣智不空等奉詔譯"，卷末有"大隨求陀羅尼經下第十八終"字樣。千字文編號"松"字號。舍利塔圖及歸命偈"大隨求佛母讚嘆"一首計四行一百一十二字。該經即于乃義先生按語中提到的夾有梵文旁註的密教經典。

　　攸州，在今湖南省東部。漢置攸縣，南朝梁改攸水縣，隋廢，唐復置攸縣，元改爲攸州，明復改縣。扉畫署攸州，則該經係元代藏經之零本。該經既有千字文編號，應係某藏之零本。如將它按千字文編號順序插入這批元藏，它應列於《觀自在大悲成就瑜伽蓮花部念誦法門》"川三"之前、《菩提場莊嚴陀羅尼經》"事一"之後。這一段正屬"秘密部"。因此，我們不排除這卷經亦屬這部元刻官藏的可能性。但是，考慮到該經版式與其他三十二卷完全不同：全卷共十八版（扉畫一版三個半葉不計），其中一版爲七個半葉，一版爲五個半葉，十六版爲六個半葉。版框低矮。字體、紙張、墨色均與其餘經卷不類。卷首的扉畫與其他經卷的扉畫完全不同。卷末舍利塔圖、歸命偈等，亦爲其他經卷所不見。凡此種種，似又證明這卷經與其餘三十二卷並非同藏。詳情有待進一步研究。

百六十九、五百五十,《佛説大方等大集經菩薩念佛三昧分》卷十,《佛説無言童子經》卷上,《自在王菩薩經》卷上,《佛説阿惟越致遮經》卷二,《大方便佛報恩經》卷六,《不空羂索陀羅尼自在王咒經》卷下,《菩提場莊嚴陀羅尼經》,《彌沙塞部五分律》卷二十四,屬于先生未標定卷數的所謂雲南翻刻本。這批經版框較前略窄,棉紙印刷,首、末葉鈐有朱紅色"大德寺①藏經"長方形印。這批經亦有書殼,但大多脱落,從少數尚存的看,書殼係硬黄紙封底,環包全册呈書套式,亦即屬於元代原裝。書殼紙色比第一部分經書殼的紙色略深,顯係不同時期之裝幀。其中《大般若波羅蜜多經》卷二百六十一、《菩提場莊嚴陀羅尼經》兩經首葉粘有一版六個半葉的扉畫,扉畫後、正文前還粘有一版四個半葉的至元二年(1336)太皇太后願文,字體飄逸優美。末葉粘有三個半葉的僧名録,無職名録。

第三部分,共計五卷,即《五分比丘戒本》,《衆經目録》卷二、五,《續高僧傳》卷八,《大慧普覺禪師住徑山能仁禪院語録》卷一,亦屬于先生未標定卷數之所謂雲南翻刻本。版框同前,棉紙印刷,無朱印。書殼與第二部分經同。其中《大慧普覺禪師住徑山能仁禪院語録》卷一末葉粘有伯顔等職名録。無扉葉、願文及僧名録。

這三十二卷佛經屬同一藏,且由同一版片刷印,而非如于先生所説部分爲雲南翻刻本。理由如下:

1.《大般若波羅蜜多經》卷二百六十六,存有首尾俱全(屬第一部分)和首存尾殘(屬第二部分)等兩卷。這兩卷經版框寬窄不一,

① 大德寺,位於昆明城中祖遍山之巔,始建於元大德(1297—1307)年間,故名。增修於明成化二十年(1484),清康熙四十五年(1706)重修。寺中列雙塔,與五華並峙,故俗稱雙塔寺。清末改建爲雲南甲種工業學校。

印刷用紙各異。但細審筆畫特徵則完全一致,連破筆、裂縫乃至欄綫的殘斷都毫髮不差。由此證明,這兩卷是由同一塊版片刷印的。也就是説,第一、第二兩部分經屬於同一藏。版框寬窄不一,當由於初印、後印之故。蓋木版歷時越久,乾燥縮小,同一版片印出的版框大小有別,這在古籍中是常見的。

2. 第二部分經中所附願文中的太皇太后,即元文宗皇后卜答失里(1306—1340),元順帝至元元年(1335)十二月被封爲太皇太后。第三部分經中所附職名録的伯顏等人,多係文宗寵遇簡拔之大臣,在順帝時代,他們與卜答失里同榮辱。從職名録中知這部官藏主要由徽政院負責刻印,徽政院是元代專司太后事務的機構。這樣,根據願文與職名録證明第二、第三兩部分也同屬一藏。此外,在日本,這張職名録也與願文、僧名録同時被發現,説明它們確實有著密不可分的關係。

3. 全部三十二卷,版式一致,一版七個半葉,四十二行,半葉六行,行十七字。如與歷代其他藏經比較(表十五)可知,歷代折裝本藏經,一般一版五個半葉,每葉五至六行,從未見過一版七個半葉的大版。歷代卷軸本藏經最多每版三十行,絶無多達四十二行的。版式大,是這批元刻官藏的特點之一。各經版式完全一致,説明它們確係同一藏經。此外,這三十二卷經的上下均冠有一粗一細兩行雙綫子母邊欄,也是該藏獨有之特徵。

表十五　歷代藏經版式比較表

藏　名	裝潢形式	每版葉數行數	每行字數
開寶藏	卷軸裝	一紙二十三行	十四字
契丹大字藏	卷軸裝	一紙二十七行	十七字
契丹小字藏	蝴蝶裝	一紙兩個半葉,二十行,半葉十行,	二十字

（續表）

藏　　名	裝潢形式	每版葉數行數	每行字數
崇寧藏	經摺裝	一紙五個半葉，三十行，每半葉六行	十七字
毗盧藏	同上	同上	同上
圓覺藏	同上	同上	同上
資福藏	同上	同上	同上
趙城藏	卷軸裝	一紙二十三行	十四字
磧砂藏	經摺裝	一紙五個半葉，三十行，每半葉六行	十七字
普寧藏	同上	同上	同上
元官藏	同上	一紙七個半葉，四十二行，每半葉六行	同上
永樂南藏	同上	一紙五個半葉，三十行，每半葉六行	同上
永樂北藏	同上	一紙五個半葉，二十五行，每半葉五行	同上
徑山藏	綫裝	一紙二個半葉，二十行，每半葉十行	二十字
龍藏	經摺裝	一紙五個半葉，二十五行，每半葉五行	十七字

4. 這三十二卷經均以千字文編號，卷首、卷末格式相同，各卷的字體亦一致。

綜上所述，這三十二卷經確屬同一藏，已毋庸置疑。這些既非同時所印，又非同一寺廟所有的經卷，最終竟能彙集在一起，使我們得以窺見這一從來不爲人所知的元代官刻藏經的眞面目，不能不感到慶幸。

（二）基本情況

現將這三十二卷經的基本情況大致歸納如下：

1. 漢字楷書。除扉畫有梵文種子字外，通卷無任何其他文字。

2. 每版印成一整紙，由數紙或十數紙粘綴摺叠成冊。每版七個半葉，四十二行。半葉六行，行十七字。行格疏朗，排列整齊。

上下雙欄,外粗內細,通欄橫貫。版本統一,無一例外。

3. 每卷有千字文編號,標註於卷首經名下、卷末及每版中縫處。每版註明版片號,標寫方法統一。

4. 筆畫清晰,工整有力,勾畫如新,無挖補痕迹。

5. 全部爲經摺裝。不少經卷的書殼雖已脫落,但尚留殘痕。其中有十二卷係卷首、卷末硬黃紙書殼夾裝,其餘二十卷係封底環包全書呈書套式。

6. 此三十二卷中,十八卷首尾俱存(中有一卷中間部分殘缺),每卷卷首題經名、譯著者,卷末題經名。其餘九卷首存尾殘,三卷首殘尾存,二卷首尾俱殘。尾殘或首殘的十二卷,可據其卷首或卷末所題知其經名。首尾俱殘的二卷,經名不存。

7. 第一部分十二卷係宣紙刷印,光潔堅韌,其餘二十卷爲棉紙刷印,綿柔輕軟,雖未入潢,但亦未有蟲蛀。

8. 其中十五卷鈐有"大大德寺藏經"長方朱印。印長 7.9 厘米、寬4.4 厘米,雙綫邊框,陽文正楷。每卷俱鈐印在卷首及卷末兩處。部分首殘或尾殘的,僅剩一印。

9. 其中七卷存扉畫,每張扉畫爲一版六個半葉。首半葉係舍利塔,上方有三個梵文種子字,另五個半葉係釋迦牟尼説法圖。七幅扉畫乃是不同的刻工據同一底本翻刻的。其中六幅附有刻工題名,一幅無題名。有刻工題名的六幅,即"吉人彭斯立偕弟斯高刊"二幅,"臨江周仁可刊"二幅,"古杭于壽刀"一幅,"陳寧刊"一幅。以《菩提場莊嚴陀羅尼經》陳寧刊刻的一幅最佳,實爲佛經扉畫中精品(方按:《磧砂藏》中亦有陳寧刻的扉畫)。

10.《大般若波羅蜜多經》卷二百六十一、《菩提場莊嚴陀羅尼經》兩卷卷首附有至元二年(1265)太皇太后施印願文,計一版四個半葉。願文除字體秀美,有較高的藝術價值外,還對這批元藏的考釋起著重要作用。

　　這兩卷卷末的僧名錄,共錄僧人二十二人,居士一人。人名從左向右排列,抬頭漸次降低。這種排列法雖不合漢字書寫習慣,但前代佛經已有先例,如 1974 年山西應縣木塔發現的遼代刻經《釋摩訶衍論通贊疏科(卷下)》卷尾題名就是這種格式。從這兩卷的卷末殘況及抬頭行款格式來看,頗疑該僧名錄有殘失。但前些年在山西新發現的僧名錄與雲南省圖書館所藏大致相同,故該僧名錄是否殘失,尚需研究。

　　11.《大慧普覺禪師住徑山能仁禪院語錄》卷一之末有一職名錄,計一版七個半葉,從"秦王答刺罕太師伯顔"到"昭信校尉析成局大使蘇重兒",共三十八人,也是依職位高低,從左到右排列,抬頭漸低。其中伯顔一人的官銜占了五行。這張職名錄對我們考證這部元藏的年代、性質有重要作用,對研究元代歷史、職官制度等也有很大的文獻價值。

　　12. 這批經上墨筆添加的字不多,有些護葉上註有該經經名及千字文編號;有些經被後代僧人用來插補其他版本的藏經,並據以改編千字文號,註於卷首或護葉上;有些是不明意義的單字。其中啓字四號佚名經文第十六版背面墨書文字較多,照錄如下:

　　　　□大邑村楊□
　　　　馬佉村羅琮
　　　　長昌村二户一户羅蔔
　　　　呈貢縣張昌竜村二户阿波寺羅蔔
　　　　官度營魚李奇李三一名成寺一名活抽
　　　　思誠思思思

　　　　　　思誠

13.《十地經論》卷七第一版中縫刻有"楊鼎刊"三字。這是此三十二卷經中僅見的經文刻工姓名。

14. 從目前掌握的情況來看,這部元刻官藏的規模相當大。從《大慧普覺禪師住徑山能仁禪院語録》卷一的千字文編號爲"治一"看,考慮到這部語録共有三十卷,而這部元藏的編號體例是每十卷編一個千字文號,則這部藏經的千字文編次至少編到了"於"字(千字文:"治本於農")。也就是説,它至少有六百五十一函,六千五百一十卷。如將它與以前的其他藏經作一比較(見表十六),可知它的規模僅次於《趙城金藏》,也是當時規模最大的一部官刻藏經。

表十六　諸藏函、部、卷比較

藏　　名	千字文編次	函(帙)數	部　　數	卷　　數	附　　註
開寶藏(正藏部分)	天一英	480 帙	1 076	5 048	僅有零本傳世,全藏情況不清。因其依《開元釋教録》刻,故本表僅著録《開元釋教録·入藏録》(正藏)數據。
契丹藏	天一滅	579 帙	—	5 790	帙數等據清王昶《金石萃編》一五三所録遼志延《暘臺山清水院創造藏經記》所載。
崇寧藏	天一號	580 函	1 440	6 108	—
毗盧藏	天一顛	595 函	1451	6 132	—
圓覺藏	天一合	548 函	1435	5 480	—
資福藏	天一最	599 函	1459	5 940	—
趙城藏	天一幾	682 帙	—	6 980	—
磧砂藏	天一煩	591 函	1532	6 362	函數等按影印《磧砂藏》編目
普寧藏	天一約	559 函	1437	6 010	函數等按《昭和法寶》普寧藏目録
元官藏	天一於	651 函	—	6 500 餘	據殘卷推測

　　過去,人們一直以爲元代無官刻藏經。①這部元刻官藏的發現,是繼應縣木塔《遼大字藏》發現後的一件大事,填補了中國佛藏雕刻史上的一個空白,在中國佛教史、中國印刷史、中國書法繪畫史上均有重要意義。

表十七　雲南省圖書館藏《元官藏》簡表

序　號	千字文編號	經名卷次
01	成一	《大般若波羅蜜多經》卷第二百六十一
02	成二	《大般若波羅蜜多經》卷第二百六十二
03	成六	《大般若波羅蜜多經》卷第二百六十六
04	成六	《大般若波羅蜜多經》卷第二百六十六
05	成七	《大般若波羅蜜多經》卷第二百六十七
06	成八	《大般若波羅蜜多經》卷第二百六十八
07	成九	《大般若波羅蜜多經》卷第二百六十九
08	巨一	《大般若波羅蜜多經》卷第五百五
09	鱗三	《小品般若波羅蜜多經》卷第三
10	始一	《大寶積經》卷第四十一
11	湯十	《佛説大方等大集經菩薩念佛三昧分》卷第十
12	道五	《佛説無言童子經》卷上
13	道七	《自在王菩薩經》卷上
14	拱六	《大集大虚空藏菩薩所問經》卷第六
15	恭九	《佛説阿惟越致遮經》卷第二
16	器六	《大方便佛報恩經》卷第六
17	欲四	《佛説法集經》卷第四

---

① 中國佛教協會編《中國佛教》(一)云:"元代没有大規模舉行官刻藏經的事。"知識出版社,1980年4月,第104頁。

（續表）

序　號	千字文編號	經名卷次
18	作四	《佛説頂生王因緣經》卷第一
19	堂四	《不空羂索陀羅尼自在王咒經》卷下
20	事一	《菩提場莊嚴陀羅尼經》
21	川三	《觀自在大悲成就瑜伽蓮花部念誦法門》
22	友四	《彌沙塞部五分律》卷第二十四
23	切一	《四分律藏》卷第二十一
24	仁七	《五分比丘戒本》
25	虧六	《根本説一切有部毗奈耶藥事》卷第十六
26	物七	《十地經論》卷第七
27	啓四	《釋摩訶衍論》卷第四
28	啓五	《釋摩訶衍論》卷第五
29	密二	《衆經目録》卷第二
30	密五	《衆經目録》卷第五
31	鷄八	《續高僧傳》卷第八
32	治一	《大慧普覺禪師住徑山能仁禪院語録》卷第一

［附記］

　　本文最早發表於《文物》1984 年第 12 期，署名爲"童瑋、方廣錩、金志良"。這是我寫的第一篇關於大藏經研究的文章。文章的寫作，主要由童瑋先生指導，並得到金志良先生的很多幫助，故共同署名。今記其原委如下：

　　1982 年，我與童瑋先生赴雲南省社科院參加一個關於上座部佛教的學術會議。在會議期間，童瑋先生去雲南省圖書館查閱古籍，我便跟隨前往。雲南省圖書館古籍部金志良先生提到當年于乃義先生曾經考察過的這部藏經。這件事引起童瑋先生的興趣，便要求調出閱覽。在金志良先生的大力協助下，童瑋先生經過認真考察，認爲這些零本並非于乃義先生所謂的《弘法藏》，而是一部從未見於著錄的《元官藏》。考察時，我作爲助手負責記錄，童瑋先生則一邊考察，一邊向我講解有關大藏經的知識。

回到北京，童瑋先生鼓勵我把考察結果寫成論文，並大體交代了寫作思路。我按照他的交代，加上我的理解，寫成此文。文章雖然由我執筆，但主要觀點都由童瑋先生提供，並經童瑋先生修訂。在寫作過程中，金志良先生不斷應我的要求提供有關資料。所以儘管童瑋先生再三謙讓，文章發表時，還是把童瑋先生的名字列在第一，並加上合作者金志良先生的名字。

童瑋先生已經故世。今將此文收入本書，說明原委，以表示對童瑋先生的深深懷念，感謝這位引領我進入大藏經研究的領路人。金志良先生已經調離雲南省圖書館，多年沒有聯繫。希望他能夠看到本書。

收入本書時，對原文有所修訂，如雲南省圖書館所藏兩卷《釋摩訶衍論》原爲殘本，無首、尾題，當時限於水平與條件，未能檢索到原經文，故發表時稱之爲"啓四、啓五兩卷佚名經文"，文章發表以後纔查出實爲《釋摩訶衍論》，故予以補正。原文不分章節，收入本書時酌分章節。本文在《文物》發表時，附有金志良先生提供的圖版三張，由於《文物》雜志社於文章發表後未將圖版原照片退還，而從雜志上複印的複印件甚不清晰，無法製版。故此次收入本書，不得不將這三張圖版刪去。有興趣的讀者可以參考該期《文物》。文中的"表三"，發表時《文物》雜志爲節省篇幅而從原稿刪去，今特補上，以與《〈元代官刻大藏經〉的考證》所附的表格相呼應。

　　文章發表以來,有關《元官藏》的新資料不斷出現。現知雲南省社會科學院圖書館藏有《元官藏》一冊,爲《文殊師利所説不思議佛境界經》卷下,千字文編號爲"國三"。中國民間私人有收藏《元官藏》零本者,日本對馬、京都、千葉等地亦收藏有若干零本,上述中國私人收藏與日本收藏均爲《大方廣佛華嚴經》(八十卷本)。

　　此外,前些年在山西發現若干冊《元官藏》,可參見本書《閒話〈元官藏〉》。令人慶幸的是,山西所出《元官藏》包含了本文提到的太皇太后《願文》《職名録》與《僧名録》,且《僧名録》行文有不同,提供了新的研究信息。關於山西這批新出的《元官藏》,詳請參見李際寧撰《關於近年發現的〈元官藏〉》(載《藏外佛教文獻》第十三輯,2010 年 8 月,中國人民大學出版社)。有關圖版,亦可參見相關拍賣公司的拍賣圖録。

《元代官刻大藏經》的考證[1]

　　在《〈元代官刻大藏經〉的發現》[2]一文中,我們叙述了該藏的發現經過,介紹了該藏的基本情况,並説明它不屬於我們已知的任何一部藏經。本文則擬對該藏作一些具體的考證。考證分兩部分:首先論證它並非争議中的《弘法藏》,其次考證它的刊刻時間、地點、刊刻發起人等有關問題。

一、 關於《弘法藏》

　　版印大藏經,始於宋之《開寶藏》。根據目前掌握的資料,不計小藏,宋、遼、金期間共鐫大藏經版八副,即《開寶藏》《遼大字藏》《遼小字藏》《崇寧藏》《毗盧藏》《趙城金藏》《思溪藏》及《磧砂藏》。上述諸藏目前或多或少都有存本傳世,已爲學術界確認。唯有入元以後究竟鐫過幾副經版,至今仍含糊不清。明紫柏大師在爲《徑山藏》所撰的《刻藏緣起》中説:"元版(藏經)亦不下十余副。"[3]這個

①　原載《世界宗教研究》1986 年第 2 期,署名爲"童瑋、方廣錩、金志良"。收入本書時有修訂。
②　原載《文物》1984 年第 12 期,第 82—86 頁。已收入本書。
③　《紫柏尊者全集》卷一三,CBETA(2016),X73, no.1452, p.253, a17//Z2:31, p.427, d5//R126, p.854, b5。

數字甚至超過了我們已知的宋、遼、金、元全部藏經之數，不知由何而來。呂澂先生《佛典泛論》述及明藏時說：“洪武五年（1372）……刻南藏版，時各舊本以兵亂散亡，元版七八副悉毀。”①呂澂此處所謂七八副“元版”，從上下文看，所指自然是元代刊刻的大藏經版。但到底是哪七八副？具體情況如何？惜呂澂先生未能指實，而是語焉不詳，未著一字介紹。《佛典泛論》真正介紹的元代藏經僅《普寧藏》一種。葉恭綽先生《歷代藏經考略》②提到的元代藏經，爲《普寧藏》與《弘法藏》等兩種。周叔迦先生《大藏經雕印源流紀略》③則提到三種元代藏經：《普寧藏》《弘法藏》及英宗《銅版大藏經》，但對《弘法藏》的存在持保留態度（詳見下文）。我們現在的考釋工作，是在上述前人考證的基礎上進行的。

此次發現的元刻大藏經之並非《普寧藏》，自不待言。由於這次發現的元藏是木版而非銅版④，故它並非英宗之《銅版大藏經》也是不證自明的。那麼，它是否如于乃義先生所說是《弘法藏》⑤？

提到《弘法藏》，則如葉恭綽先生所說：“元之《弘法藏》究爲何物，向是一謎。”⑥在此，想略費筆墨把過去關於《弘法藏》的討論簡述一下。這個問題講清楚了，我們所考證的這部元藏是否爲《弘法藏》也就清楚了。

在元世祖敕命編定的《至元法寶勘同總錄》（以下簡稱《至元

① 《佛典泛論》，商務印書館，1929 年第二版，第 30 頁 B。
② 葉恭綽：《歷代藏經考略》，載《張菊生先生七十生日紀念論文集》，商務印書館，1937 年。
③ 周叔迦：《大藏經雕印源流紀略》，載《現代佛學》1954 年 4 月號、5 月號。
④ 如《元代官刻大藏經》一文所述，這批藏經中的第三號、第四號兩卷經出同一版片，但版框大小不一，說明係木版乾燥縮小所致。則該藏本係木版，是十分顯然的。
⑤ 參見《〈元代官刻大藏經〉的發現》一文所引于乃義先生的卡片。
⑥ 參見上述葉恭綽《歷代藏經考略》一文。

録》)中有"弘法入藏録及拾遺,編入經律論,七十五部,一百五十六卷"①的説法。在影印《磧砂藏》所收元至順三年(1332)吳興妙嚴寺校刻之《大般若波羅蜜多經》卷一所附題記中,也有"謹按大都弘法,南山普寧、思溪法寶、古閩東禪、磧砂延聖之大藏重復校讎"之記載。②因此,不少人認爲當初確曾存在過一部《弘法藏》,它是元世祖至元年間在大都(今北京)弘法寺刊刻的。

20 世紀 30 年代,支那内學院蔣唯心先生在清理了山西趙城廣勝寺所藏崔法珍募刻的《趙城金藏》③之後,發表了著名的《金藏雕印始末考》。文章以大量的史料論證了《趙城金藏》(即世稱《趙城金藏》者)與《弘法藏》的關係,提出山西《趙城金藏》後輸版入京④,貯於大都弘法寺,元代予以補雕而稱之爲《弘法藏》。蔣文史料翔實,考證精當。此説一出,即爲多數人擁護。但問題並没有徹底解決。關鍵在於元代補雕的規模有多大,是否足以使《趙城金藏》蛻化而成爲一部新的《弘法藏》。

一部分研究者認爲,根據《佛祖歷代通載》卷二十二記載:元世祖曾因"弘法寺藏經版歷年久遠,命諸山師德校正訛繆,鼎新嚴飾,補足以傳無窮"⑤。另外,《至元録》序言中也稱:"大元天子……萬幾暇餘討論教典,與帝師語,詔諸講主,以西番大教目録,對勘東土

----

① 《昭和法寶總目録》第二卷,第 181 頁中欄。

② 《影印宋元版·磧砂大藏經》,綫裝書局,2005 年 5 月,第一册,第 14 頁。

③ 方按:關於《趙城金藏》的募刻,近年發現太陰寺碑等新的史料,完全推翻了崔法珍募刻的傳統説法。此處保持原文表述,以存歷史,不做修訂。

④ 對於《趙城金藏》輸版入京之事,蔣唯心當時衹是個推測。後宿白教授發現北大圖書館所藏繆荃蓀藝風堂抄本《順天府志》卷七所引《元一統志》載有:"弘法寺在舊城。金大定十八年潞州崔進女法珍印經一藏於朝,命聖安寺設壇爲法珍受戒,827比丘尼。二十一年(1181)以經版達京師……以弘法寺收貯經版,及弘法寺西地與之。"完全證實了蔣氏的推測(參見宿白《趙城金藏與弘法藏》,版本同前)。

⑤ 《佛祖歷代通載》卷二二,CBETA(2016),T49,no.2036,p.724,b14~16。

經藏部帙之有無,卷軸之多寡……遂乃開大藏金經,損者完之,無者書之……敬入梓以便披閱,庶廣流傳。"①由此看來,所謂《弘法藏》實際是《趙城金藏》的補雕增訂本。如童瑋先生認爲,"可見元世祖時僅是補寫了金代遺留下來的《趙城金藏》印本中損毀缺佚部分,並刻版流通,從而導致有《弘法藏》刻印之說,實際上所謂《弘法藏》不過是《趙城金藏》的元代第二次增訂本"②。周叔迦先生也説:"昔時不知有《趙城金藏》,所以祇知有《弘法藏》,而不得其傳本。今既發現《趙城金藏》,則昔時所稱之《弘法藏》應即是指《趙城金藏》而言,未必另有其版。"③總之,這一種觀點認爲《趙城金藏》雖經補雕,但不足以使它成爲新的大藏經,所謂《弘法藏》不過是《趙城金藏》的增補本。祇因過去不知有《趙城金藏》,故以《弘法藏》之名而混淆視聽。今既知《趙城金藏》,則《弘法藏》名不正,言不順,也就不應再立此名。

　　另一部分研究者則認爲,《趙城金藏》自補雕後,已卓然獨立,足以形成一部新的藏經——《弘法藏》。葉恭綽先生説:"元之《弘法藏》,究爲何物,向是一謎。且有疑根本無是物者。今經考證,蔣唯心氏所主張元《弘法藏》即根據金之《弘法藏》所增修,而金之《弘法藏》即新近發現之《趙城金藏》,其說具有依據。""余不否認《趙城金藏》即金之《弘法藏》,及元之《弘法藏》即據《趙城金藏》增修。"但葉氏認爲,《趙城金藏》版片於金大定二十一年(1181)輸至京師後,就曾經增補,"北宋在汴經版,本甚繁夥,金得汴後,合崔版而成藏,本意中事"④。入元後,這副經版又迭經增補,故有趙璧《大藏新增

①　《昭和法寶總目録》第二卷,第 180 葉 A。
②　童瑋:《漢文大藏經》,載《中國大百科全書·宗教卷》,第 153 頁。
③　周叔迦:《大藏經雕印源流紀略》,載《現代佛學》,1954 年 5 月號。
④　葉文引趙子砥《燕雲録》:"金人既破京城,金帛子女,盡戕攘奪。又取圖籍文書與其鏤版偕行。當時下鴻臚寺取經版一千七百片。"葉指出,"是金取北宋經版以歸於燕,確有其事。宋亡吳越而取其經版,金亡宋又取之,元亡金又取之"。參見上述葉恭綽《歷代藏經考略》一文。

至元法寶記》之“至元法寶刻在京邑”①之語，以及耶律楚材之詩文。②“是元在燕京曾刻漢文大藏，無可懷疑。”葉氏認爲，《趙城金藏》自金大定二十一年（1181）輸版入京到元世祖至元十四年（1277），前後歷時近百年，增易不少。他着重指出：“《至元法寶錄》之經目與《趙城金藏》不同……今不妨假定《至元法寶錄》之目即爲《弘法藏》之目，而承認《弘法藏》之確有是物。惜尚無實物可以提證。”③他並根據《至元錄》判斷《弘法藏》的鋟時爲世祖至元十四年（1277）到至元三十一年（1294），摺裝本，一千六百四十四部，七千一百八十二卷。④葉氏這一觀點，亦爲不少研究者贊同。⑤

這樣，對《弘法藏》的考證就轉化爲對《至元錄》的評價。也就是説，元代究竟有没有一部與《至元錄》相符的大藏經？宿白教授主張“《至元法寶》蓋即元《弘法藏》之別名”，故云：“《至元法寶》刻在京邑，流布人間”，“是説者多謂《至元錄》即世祖校補弘法舊版後之詳目，亦即元《弘法藏》之目錄，當可信從”⑥。這是認爲有一部與

---

① 周南瑞《天下同文前甲集》卷八所錄趙璧《大藏新增至元法寶記》：“我元西域異書種種而出，帝師國師譯新采舊，增廣其文，名以《至元法寶》，刻在京邑，流在人間。”

② 《辨僞錄》卷五：“大元啓祚，瞻意法門。太祖則明詔首班，弘護兹道；太宗則試經造寺，補雕藏經。”《元史》卷一：“太宗八年丙申（1236）六月，耶律楚材請立編修所於燕京，經籍所於平陽，編集經史。耶律楚材《湛然文集》甲午（太宗六年）、丙申（太宗八年）諸作間，有《補大藏經版疏》云：“十年天下滿兵埃，可惜金文半劫灰。欲剖微塵出經卷，隨緣須動世間財。”

③ 凡引葉恭綽先生文，均見《歷代藏經考略》。

④ 《至元錄》收經的卷數、部數，據周南瑞《天下同文前甲集》卷八錄趙璧《大藏新增至元法寶記》載爲一千四百四十部，五千五百八十六卷。據《至元錄》卷一載：“自後漢孝明皇帝永平十年戊辰，至大元聖世至元二十二年乙酉，凡一千二百一十九年，中間譯經朝代歷二十二代，傳譯之人一百九十四人，所出經律論三藏一千四百四十部，五千五百八十六卷。”兩者相同。前述于乃義先生卡片錄《弘法藏》的卷數，即據此而來。但《至元錄》的實收部數，據日本大正一切經刊行會《昭和法寶總目錄》卷二所收《至元錄》統計，則爲一千六百四十四部，七千一百八十二卷。葉氏之説即據於此。據説宿白教授對此有專文考證，恕未見。

⑤ 楊曾文：《佛教經錄與大藏經》，載《世界宗教研究》1981年第1期。

⑥ 宿白：《趙城金藏與弘法藏》，載《現代佛學》1964年第2期。

《至元録》相符的藏經,即《弘法藏》。而童瑋先生則認爲,《至元録》的編定,"可能在當時是打算用來刻造元代官版大藏的,但未付諸實現。由於曾有過弘法入藏録的編輯,導致了《弘法藏》存在之説"①。所以在他爲《中國大百科全書》所寫的詞條中,將《至元録》列爲"中國佛教經録"條,而不列爲"大藏經"。這是認爲並不存在一部與《至元録》相符的藏經,即《弘法藏》。

當年,葉恭綽先生論到《弘法藏》時,曾感慨地説:"惜尚無實物可以提證。"也就是説,如果我們發現一部新的大藏經,它的編次與《至元録》完全相符,那就可以肯定元《弘法藏》的存在。否則,就不能肯定《弘法藏》一定存在。那麽,此次發現的元代藏經是否與《至元録》相符,從而了結這一椿公案? 這祇要將這一批藏經與《至元録》作一對照就可明白。下表(見本文後)是這一批元刻藏經與《至元録》及我們已知的宋、遼、金、元歷代藏經的千字文編次比較表。從下表可以看出,這批元藏與《至元録》雖然有一定的相關性,這種相關性值得我們注意與研究②,但它的帙號的確與《至元録》不符。因此,這部藏經不可能是所謂的《弘法藏》;同時,它與我們已知的宋、遼、金、元所有大藏經的編次均不相符,因此確屬一部佚亡已久、過去從未見著録過的大藏經。

二、 對《元官藏》的考證

這批元代官刻藏經附有三份珍貴的題跋資料,是我們考證其刊刻時間、地點等問題的主要依據。在此,先將這三份資料抄録如下:

---

① 童瑋:《大藏經》(油印稿)。
② 參見李際寧《關於近年發現的〈元官藏〉》,載《藏外佛教文獻》第十三輯,中國人民大學出版社,2010 年 8 月。

（一）太皇太后願文①：

　　贊天開聖仁壽徽懿宣昭貞文慈祐/
　　　　儲善衍慶福元/
　　太皇太后/
　　　　竊念荷/
　　祖宗之德，/
　　　　社稷之靈，海內乂寧，軍國多暇。永惟/
　　　　罔極，徒切孝思。爰闡/
　　　　佛乘，少酬/
　　　　景貺。於是印施/
　　　　三乘聖教經律論賢聖集，凡三十/
　　藏。庶衆善所積，百福咸臻。伏願/
　　皇帝萬歲，/
　　　　太子千春，聖子神孫，同膺上壽。尚希/
　　　　餘慶，施及遺黎。均蒙/
　　　　覆育之仁，共樂無爲之化。/
　　　　　　至元二年歲次丙子四月吉日志。/

（二）僧名録②：

　　　通玄妙濟大師大法藏寺住持　　　用柔/

---

① 　小野玄妙的《佛教經典總論》抄録了這份願文，內容與此完全相同，但將"乂"字錯爲"入"字。山西新出《元官藏》所附願文，亦與此完全相同。
② 　小野玄妙的《佛教經典總論》抄録了這張僧名録，內容與此完全相同，但將"佘通"錯爲"餘通"。山西新出《元官藏》所附僧名録，其中有一僧名字有異，餘皆相同。

對經講主大法藏寺提點釋　　　德太/

對經講主大法藏寺都寺僧　　　智妙/

對經講主大普慶寺沙門　　　智通/

對經講主晉寧路曲沃縣大悲寺住持　　　明贊/

對經講主東昌路聊城縣鐵佛堂沙門　　　佘通/

對經講主晉寧路解州安邑縣羅漢院僧　　　滿閟

對經講主西坡居士塗　　　安國/

銓經講主大普慶寺沙門　　　惠明/

銓經講主真定路趙州高邑縣慈雲院僧　　　妙千/

銓經講主　　　隆吉祥/

銓經講主袁州路報恩寺沙門　　　繼燈/

銓經講主弘法寺沙門　　　淨瑜　　　德彥/

銓經講主弘法寺沙門　　　雲澤　　　明辯/

銓經講主寧夏路大護國仁王寺沙門　　　智福/

銓經講主　　　法瓊　　　興添/

銓經講主　　　德琛　　　如釋/

銓經講主　　　惠浚　　　能吉祥/

　　在《〈元代官刻大藏經〉的發現》一文中,我已交待,這份僧名錄係從左向右直行書寫,抬頭漸次降低。因最左邊的"用柔"一行尚未頂格,故曾經推測左邊可能還有部分地位較高的僧人名款失落,但其與近年山西新發現的《元官藏》所附該"僧名錄"錄寫人名的數量相同,故"名款失落"的推測恐不能成立。

　　(三)職名錄:

　　開府儀同三司秦王答剌罕太師中書右丞相上柱國錄軍國

重事監修國史兼徽政使侍正昭功萬/

　戶都總使虎符威武阿速衛親軍都指揮使司達魯花赤忠翊
侍衛親軍都指揮使奎章閣/

　大學士領學士院經筵事太史院宣政院事也可千戶哈必陳
千戶達魯花赤宣忠斡羅恩扈衛/

　親軍都指揮使司達魯花赤提調回回漢人司天監群牧監廣
惠司內史府左都威衛使司欽察/

　親軍都指揮使司宮相都總管府事領太禧宗禋院兼都典制
神御殿事　　伯顏/

　銀青榮祿大夫御史大夫　　撒迪/

　光祿大夫徽政使領甄用監中書平章政事虎符提調左衛親
軍都指揮使司事八赤吉兒千戶所達魯花赤　　字羅/

　金紫光祿大夫趙國公徽政使　　常不蘭奚/

　榮祿大夫徽政使延慶司使提調掌謁司事　　鄭禿滿達兒/

　榮祿大夫徽政使　　上都/

　資善大夫同知徽政院事　　自當/

　榮祿大夫同知徽政院事侍正　　趙世安/

　資善大夫同知徽政院事領掌醫監事　　答兒麻室利/

　中奉大夫徽政院副使　　答兒麻失監/

　中奉大夫徽政院副使兼群牧卿　　張乞驢/

　朝散大夫僉徽政院事　　高郞/

　奉議大夫僉徽政院事甄用卿　　察魯/

　奉訓大夫同僉徽政院事　　朵安术/

　嘉議大夫同僉徽政院事　　伯顏忽都/

　朝散大夫參議徽政院事　　答失蠻/

　奉議大夫參議徽政院事　　張文煥/

承務郎徽政院經歷　　　鎖住/

朝散大夫徽政院經歷　　　趙禮/

奉政大夫徽政院都事　　　程良傑/

奉訓大夫徽政院都事　　　蠻子/

中憲大夫徽政院都事　　　劉瓚/

儒林郎徽政院都事　　　楊必識溫/

正議大夫延慶司使　　　火儞赤/

儒林郎江浙等處行中書省員外郎　　　蠻子海牙/

朝列大夫延福提舉　　　汝奴班/

從仕郎延福同提舉　　　答兒麻新/

徽政院掾史　　　趙國忠/

徽政院宣使　　　張士毅/

登仕郎隨路諸色人匠都總管府知事　　　張庭蘭/

承務郎衛候直都指揮使司知事　　　楊德實/

管領怯憐口諸色民匠都總管府提控案牘　　　楊遵/

諸色民匠打捕鷹房都總管府提控案牘　　　楊珪/

奉直大夫内宰司丞　　　李仲信/

承事郎内宰司典簿　　　王汝弼/

收支諸物庫大使　　　阿都赤/

收支諸物庫副使　　　於允/

昭信校尉析成局大使　　　蘇重兒/

　　小野玄妙的《佛教經典總論》也抄録了這張職名録①,也是三十

---

① 該"職名録",最早由小野玄妙發表在 1927 年《現代佛學》十一月號(第四十三號),名爲《至元二年刊元版大藏經の跋文に就て》。參見李際寧《關於近年發現的〈元官藏〉》,版本同前。後收入小野玄妙所著《佛教經典總論》。

八人,但與上述職名録有所不同。没有上都、自當、張乞驢、朵安朮、伯顏忽都、答失蠻、張文焕、劉瓚、楊必識温等九人,而代之以下列九人:

　　　　金紫光禄大夫徽政使宫相都總管府都達魯花赤提調甄用監□□伯撒里(位列於撒迪之後)
　　　　榮禄大夫徽政使同知昭功萬户都總使府事提調中興武功庫　張住董(位列於鄭秃滿達兒之後)
　　　　榮禄大夫同知徽政院事甄用監卿　　宋難(位列於張住董之後)
　　　　亞中大夫僉徽政院事　　定僧(位列於高郎之後)
　　　　奉訓大夫同僉徽政院事　　董阿出(位列於察魯之後)
　　　　中憲大夫參議徽政院事　　不花(位列於董阿出之後)
　　　　朝散大夫參議徽政院事　　蔡受益(位列於不花之後)
　　　　承德郎徽政院都事　　洪文(位列於趙禮之後)
　　　　奉直大夫徽政院都事　　李思齊(位列於蠻子之後)

還有三人官銜不同:

　　　　答兒麻室利,作“通奉大夫徽政副使領掌醫監事”;
　　　　答兒座失監,作“徽政院副使”;
　　　　察魯,作“奉訓大夫同僉徽政院事”。

一人官銜、排位俱不同:

　　　　李羅,官銜作“資德大夫同知徽政院事”,位列於趙世安之後。

　　此外,還有六處小差異,看來係抄録時的筆誤,兹不録。①

　　從上述兩份職名録②中可以看到,三十八名官員中有二十四名領有徽政院銜③,尤其在前二十三位地位較高的大臣中,領有徽政院銜的就有二十二名。徽政院,是元代專司太后事務的機構。由此説明,這部藏經的刊刻與願文中的太皇太后有密切的關係。在此,簡略介紹一下這位太皇太后是十分必要的。

　　(四) 卜答失里

　　這位太皇太后名卜答失里係元文宗的妻子。元朝後期,宗室爲争奪皇位自相殘殺,她也是漩渦中的人物。天曆二年(1329)八月,文宗在王忽察都謀殺了哥哥明宗,奪位自立。④其後,卜答失里害死了明宗皇后八不沙。⑤至順三年(1332)八月,文宗逝世,臨終遺言:"昔日王忽察都之事,爲朕平生大錯,悔之無及。燕帖古思雖爲朕子,然今日大位,乃明宗之大位也。汝輩如愛朕,立明宗之子,使紹兹大位,則朕見明宗於地下,亦可有辭以對。"⑥卜答失里

---

① 小野玄妙抄録的職名録還有些較大的錯誤,如,將最左邊的伯顔五行官銜的前四行看作是四個官員的行款,而把每行的最末幾個字"昭功萬""奎章閣""扈衛""欽察"割裂出來,當作是人名。又如,這裏把伯撒里與左邊的撒迪兩人的行款看作是一人,而把伯撒里的官銜、姓名統列爲撒迪的官銜。所以出現這些錯誤,看來是由於抄録者没有注意到這份題名録是自左向右排列的,而誤按豎行漢字的一般書寫習慣,把它看作是從右向左排列了(參見《佛書解説大辭典》附録,《佛教經典總論》第892—893頁)。

② 關於這兩份職名録的考證,參見方廣錩《元史考證兩篇》,載《文史》1988年第29期,中華書局。已收入本書。山西發現的《元官藏》所附的"職名録",與小野玄妙發現者完全相同。

③ 陶宗儀《南村輟耕録》卷二十一載元徽政院下設機構有"宮正司,掌謁司,掌醫署,掌膳署,内宰司,備用庫,藏珍庫,掌僕署,文成庫,供須庫,儀從庫,衛候司,右都威衛使司,左都威衛使司,延慶司,隨路諸色人匠都總管府,馬瑙玉局,大都等路諸色民匠提舉司,織染雜造人匠總管府,綾錦局,織染局,文綺局,諸路怯憐口民匠都總管府,大護國仁王寺財用規運都總管府"。參見《南村輟耕録》,中華書局,1959年2月第一版,第259頁。由此可知,願文未列徽政院銜名的十四名官員中有不少官員都是徽政院下屬機構的負責人。

④ 《元史》卷三一。

⑤ 《元史》卷一一四。

⑥ 《續資治通鑒》卷二〇六。

秉文宗遺願，先立明宗次子即位，即寧宗（時七歲），逾兩月，寧宗
死，又立明宗長子即位，即元順帝（時年十三歲）。順帝初年，卜答
失里“稱制臨朝”①，與權臣伯顏等人操縱朝政大權，至順四年
（1333）六月，“命伯顏爲太師，中書右丞相，上柱國，監修國史，兼
奎章閣大學士，領學士院，太史院，回回、漢人司天監寺”②。十一
月，“封伯顏爲秦王，錫金印……詔秦王、右丞相伯顏，榮王，左丞
相撒敦，統百官，總庶政”③。十二月，“爲皇太后置徽政院，設官屬
三百六十有六員”④。元統二年（1334）十月，“上皇太后尊號曰：贊
天開聖仁壽徽懿昭宣皇太后”⑤。三年（1335）六月，“專命伯顏爲
中書右丞相，罷左丞相不置……爰賜答剌罕之號，至於子孫，世世
永賴”⑥。十一月，改元統三年爲至元元年后。十二月，不顧輩分
的不合與朝臣的反對，尊皇太后爲太皇太后，“奉玉册、玉寶，上
太皇太后尊號曰：贊天開聖徽懿宣昭貞文慈佑儲善衍慶福元太
皇太后”⑦。

　　然而，炙手權勢，一朝傾倒。至元六年（1340）二月，元順帝貶
伯顏爲河南行省左丞相，接著又貶徙嶺南，道次死於江西隆興驛。
六月，重翻明宗被害之案，撤文宗廟主，削太皇太后尊號，徙卜答失
里於東安州，放燕帖古思於高麗。母子旋皆被害。⑧

　　前述願文，正是卜答失里當上太皇太后之後不久寫的。

----

① 《元史》卷一一四。
② 《元史》卷三八。
③ 同上。
④ 同上。
⑤ 同上。
⑥ 同上。
⑦ 同上。與前《太皇太后願文》封號略有參差。
⑧ 《元史》卷四〇。

（五）刊刻地點與時間

現在，我們轉入對這部藏經本身的考證。

首先談談刊刻地點問題。

這部藏經的刊刻地點，看來是比較清楚的。現僧名録共有僧人、居士二十三人，除未註明地理位置及隸寺的八人外，其餘十五人的地理位置及隸寺分布如下：

今北京	大法藏寺	三人
今北京	大普慶寺	二人
今北京	弘法寺	四人
今山西	晋寧路	二人
今山西	東昌路	一人
今河北	真定路	一人
今江西	袁州路	一人
今寧夏	寧夏路	一人

其中除袁州路在南方外，其餘都在北方。尤其明瞭的是，在京師大都（今北京）的大法藏寺、大普慶寺、弘法寺等諸寺均不冠地名，則這部藏經是在北方刊刻的，具體地説，是在大都刊刻的，應該説是毫無疑義的。此外，職名録中所列伯顏等人，大都爲當時的顯貴，也有不少徽政院及其他中央機構的具體辦事人員。徽政院設在大都，這些人員當時亦都在大都，不能設想，刻經地點會是遠離大都的其他什麼地方。

如果本文關於該"僧名録"原文完整，並無缺失的推測可以成立，則由於前三名僧人均隸屬"大法藏寺"，其中一位被封爲"通玄妙濟大師"，且爲"大法藏寺住持"；其餘兩位，一爲"大法藏寺提點"，一爲"大法藏寺都寺"。這三人均爲具有較高地位的僧人。相比之下，雖然參加此項工作的弘法寺僧人的人數最多，爲四人，但地位均較低，僅被稱爲“沙門”，亦即僅爲寺院清衆，没有承擔任何僧職，則該大藏經的刊刻，很可能由大都大法藏寺總承其責。如果這一推測可以成立，則“僧名録”中未註明地理位置及隸寺八個僧人與居士，很可能就是大法藏寺的僧人及與大法藏寺有關的居士。當然，這一問題還需要在將來進一步研究。

這裏必須談談所謂“雲南刻本”與“雲南棉紙”問題。如《〈元代官刻大藏經〉的發現》一文所述，最初考釋這批藏經的于乃義先生認爲這些經卷中部分版框大的係大都原刻，另一部分版框小的係用雲南棉紙在雲南翻刻。

關於版框小而稱之爲“翻刻本”的問題，我們在《發現》一文中已予以否定，此不贅述。據我們瞭解，雖然目前已發現部分在雲南刻的元代佛經，但都是零本，甚至直到清代，雲南都没有刻過如此精湛的、數量多達數千卷的大藏經。因此，説這部藏經是在雲南翻刻的，比較牽強。至於紙質問題，清代雲南刻本用紙大多比較輕薄，裝訂成册後，從前葉隱約可見後葉文字。明代用紙略厚，類似貴州皮紙。元代的零本佛經，紙質與這批元藏也不類。倒是有些明中葉朝鮮、日本的用紙，與這批元藏的用紙類似。因此，説這批經用的是雲南棉紙，亦值得斟酌。

那麼，這部藏經是在大都的什麼地方刊刻的？《元史》卷二五載，仁宗延祐元年（1314）二月，“立印經提舉司”①。但是，《釋氏稽古略續集》卷一“佛智法師”條下提到：該法師曾“譯中國未備顯密諸經各若干部，辭旨明辨……所譯之經，朝廷皆刊行”②。佛智法師

① 《元史》卷二五。
② 《釋氏稽古略續集》卷一，CBETA（2016），T49，no.2038，pp.910（c27）～911（a2）。

雖死於延祐元年十月，但他從世祖時就開始譯經。另外，我們知道世祖時曾補雕過《趙城金藏》，則似乎在上述《元史》所載的印經提舉司成立之前，大都已有一個官方的刻經機構。也許這個印經提舉司是在原官方刻經機構的基礎上成立的。那麽，在元文宗、順帝時代這個印經提舉司是否還存在？我們考釋的這部元代官藏是否也出自該印經提舉司？由於"職名錄"中没有這個提舉司的執事人員，故這個問題尚難斷定。但是，據清勵宗萬《京城古迹考》"萬壽寺"條引明沈德符《萬曆野獲編》云："先是，京師有番經、漢經二廠，年久頹圮，穆皇帝重修未竟，上移置漢經於此中（指萬壽寺）。"①也許這兒所説的"年久頹圮"的蕃經、漢經二廠正是元代遺留下來的官辦印經機構。如果這個推測能夠成立，也就是説，如果這個機構從元代中期一直存續到明朝，那麽，我們考釋的這部元代官藏或許與這個機構有一定的關係。當然，這僅僅是一種推測，並無足夠的依據。更何況傳説徐達兵臨大都，大都的建築被摧毀殆盡，這上述"番經、漢經二廠"就不可能是元代沿襲至明朝。我們知道，明成祖朱棣建都北京，曾刊印《永樂南藏》，也曾刊印藏文大藏經。因此，《萬曆野獲編》所謂該"番經、漢經二廠"，更可能是明成祖時代所建。

　　上文所謂本藏經可能由大法藏寺主持，可能在設在萬壽寺的漢經廠刊刻，等等，均屬猜測。嚴格地講，我們現在没有能夠解決該《元官藏》到底由僧界的哪位僧人主持、在大都的哪個地方刊刻的直接證據。若要真正解決這些問題，有待新資料的出現。

　　關於這部經究竟是什麽時候雕造這個問題，我們可從《元史》

① 《京城古迹考》，北京古籍出版社，1981年10月第一版，第18頁。

上的一些記載來窺其大概。《元史》卷二十四載，至大四年（1311）二月，"罷運江南所印佛經"①。則此前，北京所用佛經係從江南運來。《元史》卷三十三載，文宗天曆二年（1329）十二月，"命江浙行省印佛經二十七藏"。元代崇信佛教，《元史》上有關佛事的記載不絕於書，但提到印經的僅此兩條。這兩條記載可以證實兩個問題：一是在當時，元大都無一副可資利用的經版；二是我們所考證的這部元官藏，當時即使已開雕，亦尚未足資用。

關於第一點，我們還可以再提出一條佐證。大家都知道，元代初年，大都雖有由金入元的《趙城金藏》版片，但當時這副版片已殘缺不全。故有"弘法寺藏經板歷年久遠，命諸山師德，校正訛謬，鼎新嚴飾，補足以傳無窮"②及"乃開大藏金經，損者完之，無者書之"③之說。這部藏經當時是補雕了，但看來其後不久，由於某種我們現在尚不清楚的原因，它又絕版不傳了。事見宿白先生《〈趙城金藏〉和〈弘法藏〉》一文所引大德七年（1303）立石之閻復的《勝因寺碑》：

> 大頭陀教勝因寺，圓通玄悟大禪師溥光所造也……至元（十八年）辛巳，賜（溥光）大禪師之號……聖上御極之初，璽書賜命加昭文館大學士、中奉大夫，掌（頭陀）教如故，寵數優異，向上諸師所未嘗有……初聞藏經板木在浙右，且多良工，遣法弟空庵、普照，門人寧道迂取經於餘杭普寧寺……

---

① 至大爲武宗年號，但武宗已於是年元月逝世，此時係仁宗秉政。
② 《佛祖歷代通載》卷二二，CBETA（2016），T49，no.2036，p.724，b14～16。
③ 《昭和法寶總目錄》第二卷，第180頁上欄。

　　大都的一個被皇帝"寵數優異，向上諸師所未嘗有"的大禪師，印一部佛經還需遠到餘杭，這不説明我們前面所説的，當時的大都根本沒有一部可用的佛經版片這一結論完全可以成立嗎？[①]

　　至於第二點，那更是不證自明的。不能設想，大都明明閑置著一副雕工精良的版片，却偏要千里迢迢跑到江南去印經輸京。

　　由此，我們認爲，把這部元代官藏的雕造上限定在文宗天曆三年（1330），也許是比較穩妥的。

　　至於雕造下限，太皇太后願文上的日期是至元二年（1336）四月。從職名録上看，撒迪的官銜是"銀青榮禄大夫御史大夫"。查《元史》，撒迪的"御史大夫"一職正是至元二年四月庚寅（1336 年農曆 4 月 14 日）封的，則似乎把雕造下限定在該年四月是沒什麽問題的。但仔細審察，也有些許疑問。前面提到，日本發現的職名録與雲南省圖書館所藏的職名録略有不同。前者有伯撒里其人，排在撒迪的後面，而後者無其人。前者有字羅，當時是"資德大夫同知徽政院事"，而後者字羅的官銜爲"光禄大夫徽政使領甄用監中書平章政事虎符提調左衛親軍都指揮使司事八赤吉兒千户所達魯花赤"，且排位由第九位升到第三位，正好頂替了伯撒里的位置。查《元史》，元統三年（1335 年，即至元元年）五月，伯撒里被封爲金紫光禄大夫，此後一直再沒有露過面，直到伯顔傾倒後纔復出，後並封爲太師，位極人臣。而字羅當"中書平章政事"的最早記載，見於至元二年（1336）七月條[②]。逮至伯顔被黜後，字羅亦不再見載於

① 引文見《現代佛學》1964 年第 2 期，第 22 頁。宿白先生認爲，這段記載説明《趙城金藏》流傳面不廣，也許僅限於賜印，故連溥光這樣的大和尚也不能請印。筆者認爲證之《元史》的上述記載，似理解爲其時《趙城金藏》版片已不存在或已不可用，更順理成章些。

② 《元史》卷三十九載，至元二年（1336）七月，"乙丑，中書平章政事字羅徙宅，賜金二錠，銀十錠"。

《元史》。這一人事變動的背景如何，對我們所考證的這部元藏的影響如何，此處暫且不予深究，起碼這部元藏的雕造下限究竟是否爲至元二年四月，還是可以再加探討的。不過從《元史》看，伯顏在至元五年（1339）五月被封爲大丞相，加“元德上輔功臣”之號。這一點在職名錄中沒有反映，可見無論如何，雕造下限不會遲至至元五年。在沒有更充分的史料前，我們認爲還是把下限定在至元二年爲宜。

如上所述，這部經的雕造上限爲天曆三年（1330），下限爲至元二年（1336），前後共經七年。這就有一個疑問，在這麼短的時間裏，可能完成這麼一部六千餘卷的大藏經嗎？我們認爲是可以的。理由如次：

1. 這部藏經是官藏，以國家之力，刊刻一部大藏經，七年的時間不算少了。清《龍藏》全藏七千一百六十八卷，規模比這部元藏還大，它從雍正十三年（1735）開雕，至乾隆三年（1738）完工，前後祇用了四年，此可爲佐證。

2. 據《元史》卷三十八載，元統二年（1334）四月，“中書省臣言：佛事布施，費用太廣，以世祖時較之，歲增金三十八錠，銀二百三錠四十兩，繒帛六萬一千六百餘匹，抄二萬九千二百五十餘錠”。如此巨額支出，是否與當時正在著力趕雕大藏有關？

3. 應該著重指出的是，這部元藏很可能是在前人工作的基礎上進行的。

元代早有刻藏之意，《至元錄》之編纂，可爲其先聲，但其後事未果。嗣後，英宗至治初年，曾擬刻一部銅版大藏經。英宗在位僅三年（1321—1323），在這麼短的時間內，該銅版藏經是否實際開工，是否完成，均需考訂。雖則如此，英宗時對這部藏經確曾扎扎實實地做了一些基礎性的工作。據《續補高僧傳》卷一《法禎傳》載："英宗即位,將以大藏經治銅爲板,而文多舛誤,徵選天下名僧六十員讎校,師與湛堂、西谷三人爲總督,重勘諸師所校,仍新爲目錄。"①《大明高僧傳》卷一《性澄傳》載："釋性澄,字湛堂……至治辛酉(即至治元年,歲次辛酉,1321 年。——引者),驛召入京,問道於明仁殿,被旨居清塔寺校正大藏……事竣,辭歸,特賜金襴衣。"②則英宗時已將擬刻之藏經校訂完畢,編爲新錄。但英宗在位僅三年被弒,嗣後泰定帝即位,祇五年而亡,雕印大藏的工作是否正式進行,是否完成,均難以確證。但校好的底本、編定的經錄,想必依然留存著。誠如此,逮至文宗即位,再行開雕藏經,自然一切都較順手,費時亦不需很長了。

(六) 發起人

最後,談談刊刻這部藏經的發起人。

在前述太皇太后願文中,祇講是"施印三十藏",沒有提及刊刻,那麼,是否卜答失里僅限於施印,未曾發起刊刻? 誠如此,則刊刻發起人又是誰? 我們認爲,刊刻發起人就是這位太皇太后,理由如次:

1. 從職名錄看,專司太后事務的徽政院爲這部藏經組織了龐大的班子,以伯顏爲首,包括許多當時的顯貴,還有一些是一般辦事機構的具體負責人,如果僅僅限於施印三十藏,似乎根本不需要如此大動干戈。

2. 僧名錄上的僧人,顯係參與刊刻的校對人,如僅係施印,則

① 《補續高僧傳》卷一,CBETA(2016), X77, no.1524, p.372, a15～18。
② 《大明高僧傳》卷一,CBETA(2016), T50, no.2062, p.902, c5～24。

祇需按現有經版印刷即可，不需校對僧。既有這麼多僧人參加校對，可見當時主要的工作是刊刻。

3. 前面我們探究了這部藏經刊刻的時間、地點，在當時、當地能夠調動組織起伯顏等一班人，承擔起刊刻發起人這一角色的，祇有這一位太皇太后。

4. 文宗弑明宗自立後，心中一直充滿了悔恨，這一點可由他臨終遺言得到證實。而卜答失里也同樣如此。故此她堅守文宗遺命，排除干擾，堅持立明宗之子爲帝。在文宗時代，夫婦二人大興佛事，恐與他們想要贖罪的思想不無關係，則他們想借刊印大藏經来積德消灾也是可以理解的。

綜上所述，這部藏經是由卜答失里發起刊刻的，應是沒有多大疑問的。想必這部藏經也一定附有《聖教序》《刻藏緣起》一類的文章。如果今後能夠發現此類文章，將徹底解決這一問題。

三、小　結

上面，本文對這部藏經的刊刻地點、時間、發起人作了一些探索。由於過去這部藏經從未經著録，雖然查閱了不少正史、野史、方志、筆記及佛教史籍，但均未找到有關的直接證據，故以上考證大抵依據間接材料進行，有些問題還祇是個大致的推斷，未能得出確鑿的結論。也就是説，祇是盡力彙集了一些有關資料，提供了某些參考意見，我們寄希望於將來新的資料的發現，寄希望於同行們的共同努力。

表十八　《元官藏》與《至元錄》及歷代藏經千字文編次比較表

經卷\藏名	元官藏	開寶	遼藏	崇寧	毗盧	圓覺	資福	趙城	磧砂	至元錄	普寧	備註
第九號	鱗三	潛	羽	潛	潛	潛	潛	鱗	潛	鱗	潛	—
第十號	始一	龍一字	師一乃	龍一字	龍一字	龍一字	龍一字	翔一文	龍一字	鳥一裳	龍一字	始在其中
第十一號	湯十	伐	伐	伐	伐	民	伐	民	伐	殷	伐	—
第十二號	道五	殷	/	殷	殷	殷	殷	發	殷	問	殷	—
第十三號	道七	殷	/	殷	殷	殷	殷	發	殷	問	殷	—
第十四號	拱六	位一有	讓一陶	位一有	位一有	位一有	位一有	推一夔	位一有	陶一吊	位一有	拱不在其中
第十五號	恭九	木	/	木	木	木	木	草	木	常	木	—
第十六號	器六	器	欽	器	器	器	器	覆	器	覆	器	—
第十七號	欽四	欽	難	欽	欽	欽	欽	器	欽	器	欽	—
第十八號	作四	/	/	/	/	/	/	說	晉	念	/	—
第十九號	堂四	男	/	男	男	男	男	潔	男	禍	男	—
第二十號	事一	/	俠	感	感	阿	阿	肥	阿	君	阿	—
第二十一號	川三	/	八	/	/	/	卑上和	銘	/	/	/	—
第二十二號	友四	卑上和	/	卑上和	卑上和	卑上和	卑上和	尊卑上	卑上和	箴規仁	卑上和	—

（續表）

經卷\藏名	元宮藏	開寶	遼藏	崇寧	毗盧	圓覺	資福	趙城	磧砂	至元錄	普寧	備註
第二十三號	切一	下一隨	/	下一隨	下一隨	下一隨	下一隨	和一婦	下一隨	慈一弗	下一隨	切不在其中
第二十四號	仁七	外	/	外	外	外	外	隨	外	離	外	一
第二十五號	衡六	/	/	/	/	/	/	/	/	動神	/	一
第二十六號	物七	穀	傳	穀	穀	穀	穀	空	穀	爵	穀	一
第二十七號	啓四	/	寧	/	/	/	/	/	/	陞	/	一
第二十八號	啓五	/	寧	/	/	/	/	/	/	陞	/	一
第二十九號	密三	/	/	/	/	/	/	肆	/	勿	/	一
第三十號	密五	/	/	/	/	/	/	肆	/	勿	/	一
第三十一號	雞八	內一承	/	內一承	內一承	內一承	左一明	左一明	內一承	土一何	內一承	雞不在其中
第三十二號	治一	/	/	多士是	多士是	/	/	/	/	/	/	一

說明：

(1) 這批元藏殘卷是在歷代藏經中相應的千字文編次，據童瑋撰《二十一種大藏經通檢》資料所載錄。

(2) 本表編號指《〈元代官刻大藏經〉的發現》一文三所載各卷各藏的編號。由於第一號至第八號編為《大般若波羅蜜多經》，編次諸藏編在藏首，歷代諸藏刻本千字文編次相同，無比較價值，故略去。

(3) 遼藏的千字文編號係據房山雲居寺石經遼藏刻本千字文編錄。

(4) 未藏未收，或因資料有限，不知某藏是否收錄者，用"/"表示。

[附記]

本文根據現存史料,對 1979 年在雲南省圖書館發現的部分版本不明的元刻藏經作了考證,指出它不是傳聞已久的《弘法藏》,而是一部從未見著録的元代官刻大藏經。認爲該藏經是由元太后(卜答失里)發起,於天曆三年(1330)至(后)至元二年(1336)間在大都刊刻的,文中對這部藏經的刊刻背景作了一些探索。

本文由我執筆,依然以"童瑋、方廣錩、金志良"三人的名義,發表在《世界宗教研究》1986 年第 2 期,作爲《〈元代官刻大藏經〉的發現》一文的姊妹篇。收入本書時,除了酌加小標題及個別文字修飾外,對一些疏漏加以補充,對刊刻該藏經的主持寺院、主持僧人、《萬曆野獲編》中提到的"番經、漢經二廠"等有關問題加以探索。將文末附表中的《契丹藏》改爲"遼藏"。原附表説明稱:"第二十七號、第二十八號兩經經名尚未判定,故亦略去。"現已考訂得知該兩號爲《釋摩訶衍論》卷四與卷五,故予以補入附表。

如本文所述,葉恭綽先生提出:金兵滅北宋時,將汴京經版北運。其後大定年間,得到崔法珍運京的《趙城金藏》版片,於是將兩副版片合二爲一,成爲所謂"弘法藏"。我認爲,如果被金兵北運的經版是《開寶藏》,由於《趙城金藏》按照《開寶藏》覆刻,兩者版式一致,則的確可以合二爲一。誠如此,對我們研究《開寶藏》、研究元代大都經版,都提出了新的問題。但上述假設,乃筆者依據葉恭綽先生文章所作的引申,葉恭綽先生文章並無如此明確的論述。且筆者的上述假設是否可以成立,還需要新資料的證明。

這裏順便談一個印刷史上的小問題。

艾俊川先生於《文津學志》第五輯(國家圖書館出版社,2012 年 8 月)發表《談銅版》一文,其後又在《文津學志》第八輯(國家圖書館出版社,2015 年 8 月)發表《再談"銅版"一詞義同"監本"》。他主張:"宋、元人口中那些從未見過實物,技術上、經濟上、法律上又不

可能實現的'銅版',理應也是語言問題,一個説辭而已。"①他認爲
所謂"銅版"不過是"純語言範疇的'確定''不可更改'之義",並非
真的有銅質印版。文章提出:

> 　　無論是文獻中出現的"銅版(銅板)"典籍記載,如五代"天
> 福銅版"九經,還是清代流傳至今的很多標榜"銅版"的科舉用
> 書,其"銅版"一詞都不是對印版材質的真實説明,而是古代出
> 版業慣用的一個帶有廣告性質的詞語,表示書籍的文字經過
> 官方校定,準確無誤。"銅版"略同於"監本",即"定本"之義。②

　　不過,艾俊川先生同時也主張對宋、元"銅版"還應該進一步研
究。因爲筆者未曾對其他文獻中出現的"銅版"一詞進行過研究,
故在那些文獻中,"銅版"一詞的意義是否僅指"定本",我没有發言
權。但如本文所述,《續補高僧傳・法禎傳》所載元英宗時期的所
謂"銅版大藏經",其計劃是"將以大藏經治銅爲版",則該"銅版"無
疑是對所用"印版材質"的一種界定。當然,這部銅版大藏經到底
是鑄銅版,還是鑿銅鍱,甚至是否可能是銅活字,都需要再研究。
筆者曾在《寫本大藏經的編纂方式、種類與系統》的一條註釋中提
出這一問題,收入本書時,刪掉了那條註釋,寫入本文後記,供艾俊
川先生及其他研究古代印刷術的先生參考。

　　至今爲止,我們没有發現關於這部《元官藏》刊刻的直接史料,
所有研究都是根據間接史料推測,希望將來能夠有新史料面世。

　　本文所用《元史》《續資治通鑒》均爲中華書局點校本,爲避文
繁,不一一註明。

---

① 艾俊川:《再談"銅版"一詞義同"監本"》,載《文津學志》第八輯,國家圖書館出版社,2015年
　 8月。
② 同上。

元史考證兩篇①

一、元代徽政院、詹事院置廢考

徽政院是元代專司皇太后或太皇太后事務的機構，在元代政治中曾起過重大作用。但《元史》對此記述甚爲粗略，僅在卷九十二《百官志八》中有一條簡短的記載，謂："徽政院。元統元年（1333）十二月，依太皇太后故事，爲皇太后置徽政院，設立官屬三百六十有六員。"這一記載不僅失之粗疏，而且很不準確。此外，卷八十九《百官志五》在述及儲政院時，謂："至元十九年（1282），立詹事院，備左右輔翼皇太子之任……三十一年（1294），太子裕宗既薨，乃以院之錢糧、選法、工役悉歸太后位下，改爲徽政院以掌之。大德九年（1305），復立詹事院，尋罷。十一年（1307）更置詹事院……至大四年（1311）罷。延祐四年（1317）復立，七年（1320）罷。泰定元年（1324），罷徽政院，改立詹事如前。天曆元年（1328），改詹事院爲儲慶使司。二年（1329）罷，復立詹事院。未幾，改儲政院。"從這一記載可知徽政院與詹事院及儲政院有一定的關係，但可惜語焉不詳，且有不少錯漏。由於徽政院在元代政治中曾起過

---

① 原載《文史》第二十九輯。收入本書時，文字略有修訂。

重大作用，而《元史》對它的記述相當零亂、簡略，故在此擬考察一下元代歷朝徽政院的置廢情況，以對《元史》作些許補正。這也就不得不連帶考察元代歷朝詹事院的置廢情況及徽政、詹事兩院的相互關係。

（一）世祖時代的詹事院

元朝的詹事院建立於至元十九年（1282）十月。《元史・世祖紀九》：至元十九年（1282）"冬十月……丙申，初立詹事院，以完澤爲右詹事，賽陽爲左詹事"。如前所述，詹事院的任務爲"補左右輔翼皇太子之任"，故當時的詹事院隸屬於世祖子真金，他已於至元十年（1273）二月被立爲皇太子。

真金未及即位即於至元二十二年（1285）十二月去世。原因據說如下：

> 於是世祖春秋高，江南行臺監察御史言事者請禪位於太子，太子聞之，懼。臺臣寢其奏，不敢遽聞。而小人以臺臣隱匿，乘間發之。世祖怒甚，太子愈益懼，未幾，遂薨。（《元史・裕宗傳》）

真金去世後，詹事院是否撤銷了，《元史》無載，但《世祖紀》言至元二十八年（1291）二月"丁丑，以太子右詹事完澤爲尚書右丞相"，"甲申……命江淮行省鈎考沙不丁所總詹事院江南錢穀"，五月"改尚書右丞相、右詹事完澤爲中書右丞相"。由此可知，詹事院作爲一個機構沒有被撤銷。

至元三十年（1293）正月，世祖"諡皇太子曰明孝"，標志著他心中對真金的隱憾算是消除了。隨即於六月，"以皇太子寶授皇孫鐵木耳，總兵北邊"。鐵木耳乃真金第三子。《元史》無此時重立詹事院的記載，因爲前此的詹事院並未撤銷，故此時以皇太子寶授鐵木耳，自不必再立詹事院。

元世祖於至元三十一年（1294）春正月崩。四月壬午，鐵木耳回至上都。甲午，即皇帝位，是爲成宗。五月，撤銷詹事院。

第一次設立的詹事院從至元十九年（1282）十月到至元三十一年（1294）五月，共存在了十一年零七個月，可分爲三個時期。從至元十九年（1282）十月初立詹事院到至元二十二年（1285）十二月真金去世爲第一期，在這三年零兩個月的時間内，詹事院想必是個有一定權威的機構。據《裕宗傳》記載，真金於中統三年（1262）“封燕王、守中書令”，四年（1263）“兼判樞密院事”，至元十年（1273）二月被立爲皇太子後，“仍兼中書令，判樞密院事”。“太子在中書日久，明於聽斷，四方州郡科徵、輓曹、造作、和市，有繫民休戚者，聞之，即日奏罷”。詹事院職掌既爲輔翼太子，其時自應起相當的作用。從至元二十二年（1285）十二月真金逝世到至元三十年（1293）六月以皇太子寶授鐵木耳爲第二期，在這七年六個月中，詹事院雖未撤銷，但其時既無太子，想必詹事院也就形同虛設。元世祖確認鐵木耳爲皇位繼承人後，隨即派他“撫軍於北邊”（《世祖紀十四》），其間恐怕不無防變於肘腋之間的意思。故從至元三十年（1293）六月到至元三十一年（1294）五月爲第三期，這十一個月中的詹事院大約也不起多大的作用。

（二）成宗時代的徽政院

世祖既崩，皇孫鐵木耳自北邊趕回上都即位，時爲至元三十一年（1294）四月。即位後“追尊皇考曰皇帝，尊太母元妃曰皇太后”。五月戊午，“上大行皇帝尊謚曰聖德神功文武皇帝，廟號世祖；皇后尊謚曰昭睿順聖皇后。皇考尊謚曰文惠明孝皇帝，廟號裕宗”。“己巳，改皇太后所居舊太子府爲隆福宫，詹事院爲徽政院”（《成宗紀一》)。這是元代第一次設立的徽政院。

　　成宗奉養的這位皇太后是其生母真金妃弘吉刺氏闊闊真。《元史·后妃傳二》:"后性孝謹,善事中宮,世祖每稱之爲賢德媳婦……世祖崩,成宗至上都,諸王畢會。先是,御史中丞崔彧得玉璽於木華黎國王曾孫世德家,其文曰:'受命於天,既壽永昌。'上之於后,至是,后手授成宗。(成宗)即皇帝位,尊后爲皇太后……命設官屬,置徽政院。"當時,"乃以(詹事)院之錢糧、選法、工役悉歸太后位下,改爲徽政院以掌之"(《百官志五》)。這說明最初的徽政院是在詹事院的基礎上改建的。其時成宗尚未立太子,把詹事院改爲徽政院以頤養自己的母親,完全是順理成章的事。當時徽政院有哪些官員,史無明載。但《成宗紀二》大德二年(1298)二月有"以中書右丞、徽政院副使張九思爲平章政事,與中書省事"條,既有副使,則其長官當稱徽政院使。

　　大德四年(1300)二月"丙辰,皇太后崩"。終成宗之世,再無關於徽政院及徽政院使活動的記載,可以認爲,徽政院隨著該皇太后的去世而被撤銷了。這第一次設立的徽政院共約存在五年零九個月。成宗對其母相當恭敬,但這位皇太后性情淡恬。《后妃傳二》載:"后院官有受獻浙西田七百頃,籍於位下,太后曰:'我寡居婦人,衣食自有餘。況江南率土,皆國家所有,我曷敢私之?'即命中書省盡易院官之受獻者。后之弟欲因后求官,后語之曰:'若欲求官耶? 汝自爲之,勿以累我也。'"太后既無意干政,徽政院在政治上自然也不會起什麼作用。

　　(三) 成宗時代的詹事院

　　大德九年(1305)六月,成宗立皇子德壽爲皇太子。同年十二月,皇太子薨。在《成宗紀》中,此時沒有置廢詹事院的記載。但《百官志五》所謂"大德九年,復立詹事院,尋罷",指的應該就是德壽爲皇太子時之事。這第二次設立的詹事院僅存在了六個月，也沒有留下誰爲詹事的記録。

（四）武宗時代的徽政院與詹事院

成宗死於大德十一年（1307）春正月。因無子嗣，應由成宗兄答剌麻八剌（順宗）的長子海山即位。但因成宗平日多病，政事多由伯岳吾氏卜魯罕皇后“居中用事”。大德九年（1305 年。一説十年，即 1306 年），卜魯罕皇后曾趁成宗有病，將海山之母弘吉剌氏答己及次子愛育黎拔力八達（即後仁宗）趕往懷州。故成宗死後，卜魯罕皇后唯恐海山繼立將“必報前怨”，與己不利，“乃命取安西王阿難答失里來京師，謀立之”（《后妃傳一》）。同時，“左丞相阿忽台等潛謀推皇后伯要真氏（即卜魯罕皇后）稱制，安西王阿難答輔之”（《仁宗紀一》）。當時，海山遠在和林，鞭長莫及。愛育黎拔力八達與右丞相哈剌哈孫及母親答己密謀後，於該年二月“俱至京師……定計誅阿忽台、怯列等”（《武宗紀一》），“誅安西王，並構后（即卜魯罕皇后）以私通事，出居東安州”（《后妃傳一》），奪取了政權。

大德十一年（1307）五月甲申，海山於上都即位，是爲武宗。誠如他的即位詔書所説，他的登基，是“母弟愛育黎拔力八達禀命太后，恭行天罰”的結果。所以即位後的第一件事，“追尊皇考曰皇帝，尊太母元妃曰皇太后”。同月壬辰，命“同知徽政院事牀兀兒……爲中書平章政事”（《武宗紀一》），同年六月，又有徽政使佤頭奏事條（出處同上），可知此時又設立了徽政院。這是元朝的第二次設立的徽政院。

武宗不但恢復了徽政院，並爲其母答己新修興聖宮，新設了一些附屬機構。《武宗紀》至大元年（1308）元月、二月、十一月，至大二年（1309）七月，三年（1310）四月都有這樣的記載。武宗還禁止有司干涉皇太后軍民人匠等户租賦徭役，把它們“並隸徽政院”，有時還把抄家財物送至徽政院。至於答己其人,《后妃傳二》云:"后性聰慧,歷佐三朝(指武宗、仁宗、英宗三朝)……然不事檢飭,自正位東朝,淫恣益甚……濁亂朝政,無所不至。"據《武宗紀二》,至大三年(1310)十一月,"雲南省丞相鐵木迭兒擅離職赴都,有旨詰問,以皇太后旨貸免,令復職"。可以想見太后位下的徽政院在當時權勢頗大。武宗時的徽政院官員,除了前面提到的牀兀兒、呱頭在武宗朝均位極人臣,見於記載的還有同知徽政院事李孟。

武宗即位後的第二件事是"(大德十一年)六月癸巳朔,詔立母弟愛育黎拔力八達爲皇太子,受金寶……癸卯,置詹事院"(《武宗紀一》)。這是元朝的第三次設立的詹事院。按元朝規矩,各省、臺必須參用皇太子官屬,故武宗初登基,便允許"班朝諸司,聽皇太子各置一人"。至大二年(1309)十月,又"以皇太子爲尚書令詔天下"(《武宗紀二》)。因此,在武宗朝,愛育黎拔力八達權力很大。詹事院自然也因此而頗有勢力。大德十一年(1307)八月,武宗"從皇太子請,升詹事院從一品,置參議斷事官如樞密院",並增設了一系列機構與官員。在《武宗紀》中,有關記載約有二十條左右,從中可以看出,詹事院的基本規模是在這時定下來的。至大元年(1308)二月,"從皇太子請,改詹事院使爲詹事,副詹事爲少詹事,院判爲丞"。至大三年(1310)正月,又將太子少詹事改回爲副詹事。

在武宗之前,元朝雖曾二立詹事院、一立徽政院,但這兩個機構沒有同時並存過。武宗時,這兩個機構不但同時並存,而且由於答己、愛育黎拔力八達的特殊地位而具有很大的勢力,形成了另外兩個政治中心。《武宗紀》中屢次出現聖旨、懿旨、令旨並列的情況,如至大三年(1310)二月,"尚書省臣言:官階差等,已有定制,近奉聖旨、懿旨、令旨要索官階者,率多躐等"。七月"禁權要商販挾聖旨、懿旨、令旨阻礙會通河民船者"。八月,"尚書省臣言:'今歲

頒賞已多,凡各位下奉聖旨、懿旨、令旨賜財物者,請分汰。'"很能
說明當時的這種政治局面。

　　武宗死於至大四年(1311)春正月。三月,愛育黎拔力八達即
位,是爲仁宗。仁宗既已即位,又未立新的太子,詹事院自應撤銷,
所以《百官志五》提到"至大四年罷(詹事院)"。從大德十一年
(1307)六月到至大四年(1311)三月,第三次設立的詹事院共存在
了三年零九個月。據《武宗紀》,這一時期當過詹事院官員的有:趙
仁榮,任太子詹事(見大德十一年[1307]七月條);三寶奴,任太子
詹事(見至大元年[1308]六月條);大慈都,任行詹事丞(見至大元
年[1308]六月條);王太享,曾任太子賓客,又任行太子詹事(見至
大二年[1309]十二月條);大慈都,曾任太子少詹事,又任太子詹事
(見至大二年[1309]十二月條);斡赤,任太子詹事(見至大三年
[1310]六月條)。見於《仁宗紀》的有:曲出,任詹事(至大元年
[1308]七月);王約,任詹事(同上);完澤,任太子詹事(至大四年
[1311]正月)。

　(五)仁宗時代的詹事院與徽政院

　　延祐三年(1316)十二月,仁宗立嫡子碩德八剌爲皇太子,延祐
四年(1317)十二月爲皇太子復置詹事院。立官制爲"從一品,太子
詹事四員,副詹事、詹事丞並二員,家令府,延慶司設官並四員,典
寶監八員"(《仁宗紀三》)。這是元代第四次設立的詹事院。延祐
六年(1319)十二月,"令皇太子參決國政"(《仁宗紀三》)。仁宗於
延祐七年(1320)正月逝世。三月,碩德八剌即位,是爲英宗。此
時,詹事院亦援例撤銷(《百官志五》)。從延祐四年(1317)十二月
到延祐七年(1320)三月,這第四次設立的詹事院祇存在了兩年零
三個月。這一時期的官員,《仁宗紀》無載,但據《英宗紀》,知有郭
貫、牀兀兒二人曾任太子詹事。由於碩德八剌立爲太子時年僅十

三歲,其後一直處於受教育階段,所以當時的詹事院在政治上不會
有多大的作用。

　　《元史》稱仁宗"天性慈孝……事皇太后,終身不違顏色"(《仁
宗紀三》)。仁宗的態度與答己的性格決定了元朝第二次設立的徽
政院在仁宗時代仍是一股重要的政治勢力。《仁宗紀》記載,至大
四年(1311)正月,"以塔思不花及徽政院使沙沙並爲御史大夫"。
皇慶元年(1312)三月,"封同知徽政院事常不闌奚爲趙國公"。延
祐六年(1319)春正月,"特授同知徽政院事醜驢答剌罕金紫光禄大
夫、太尉,給銀印"。同年九月,"以徽政使朵帶爲太傅"。從這些徽
政院官員的兼職、帶職看,他們都是很有權勢的。

　　(六)英宗時代徽政院的廢止和復置

　　武宗傳位於仁宗時曾有遺言,命仁宗百年後將皇位傳給自己
的兒子和世琜。但仁宗延祐三年春議建東宮時,"丞相鐵木迭兒欲
固位取寵,乃議立英宗爲皇太子,又與太后幸臣識烈門譖帝(指和
世琜,即後來的明宗)於兩宮,浸潤久之,其計遂行"(《明宗紀》)。
而答己當時之所以擁立英宗,據説是因爲"太后見明宗(即武宗子
和世琜)少時有英氣,而英宗稍柔懦,諸群小以立明宗必不利於己,
遂擁立英宗"(《后妃傳二》)。仁宗剛死,英宗尚未即位,答己便援
結鐵木迭兒等人,力圖把持朝政,而英宗則竭力反控制。《英宗紀
一》載:延祐七年(1320)正月辛丑,仁宗崩。"甲辰,太子太師鐵木
迭兒(亦即前述至大三年[1310]十一月被答己救拯的雲南省丞相)
以太后命爲右丞相"。二月,"參議中書省事乞失監坐鬻官,刑部以
法當杖,太后命笞之,帝曰:'不可。法者天下之公,徇私而輕重之,
非示天下以公也。卒正其罪。'"同月,"鐵木迭兒以前御史中丞楊
朵兒只、中書平章政事蕭拜住違太后旨,矯命殺之,並籍其家"。同
月,"徽政院使失列門以太后命請更朝官,帝曰:'此豈除官時耶?

且先帝舊臣,豈宜輕動。俟予即位,議於宗親、元老,賢者任之,邪者黜之,可也。'"所以,英宗"既即位,太后來賀,英宗即毅然見於色。后退而悔曰:'我不擬養此兒耶!'"(《后妃傳二》)。

英宗於延祐七年(1320)三月即位,同時尊祖母答己為太皇太后,但鬥爭並沒有結束,反而尖銳化。《英宗紀一》載:同年五月,"有告嶺北行省平章政事阿散、中書平章政事黑驢及御史大夫脫忒哈、徽政使失列門等與故要束謀妻亦列失八謀廢立。拜住請鞫狀,帝曰:'彼若借太皇太后為詞,奈何?'命悉誅之,籍其家"。又"捕亦列失八子江浙行省平章政事買驢,仍籍其家"。六月,"乙酉,流徽政院使米薛迷於金剛山……甲寅,前太子詹事牀兀兒(在武宗設立徽政院時曾任同知徽政院事,此時是否在徽政院任職不清楚)伏誅"。"戊午,罷徽政院"。英宗取得徹底勝利。《答己傳》云:"及英宗立,群幸伏誅,而后勢焰頓息焉。"答己也因之"遂飲恨成疾"。

第二次設立的徽政院從大德十一年(1307)五月到延祐七年(1320)六月,存在了十三年零一個月,共歷武宗、仁宗、英宗三朝,勢焰薰天,可參見《奸臣傳・鐵木迭兒》。武宗、仁宗時的徽政院官員已如前述。英宗時的徽政院官員可考者則有前述之失列門、米薛迷等。

徽政院雖於延祐七年(1320)六月廢除,但過後不久又恢復了。歷代封建王朝素來標榜以"孝"治天下。答己畢竟是英宗的親祖母。英宗既已剪除了她的黨羽,使她"勢焰頓息",自然也就必須顧及表面的禮儀。延祐七年(1320)十二月,英宗上答己尊號曰"儀天興聖慈仁昭懿壽元全德泰寧福慶徽文崇祐太皇太后"。據《逆臣傳・鐵失》,至治元年(1321)某月,"英宗嘗御鹿頂殿,謂鐵失曰:'徽政雖隸太皇太后,朕視之與諸司同,凡簿書宜悉令御史檢核。'"《英宗紀二》,又記至治二年(1322)正月,"流徽政院使羅源於就羅"。可見,英宗當時雖已復置了徽政院,但一直對其嚴密防範。

答己死於至治二年(1322)九月(《后妃傳二》作"至治三年二月崩",誤),但英宗並沒有隨即撤銷徽政院。《英宗紀二》至治三年(1323)二月,尚有"癸未……罷徽政院總管府三:都總管府隸有司,怯憐口及人匠總管府隸陝西行中書省"的記載;六月,又有"西番參卜郎諸寇未平,遣徽政使醜驢往督師"的記載,可見當時僅裁減其屬下機構而已。爲什麼沒有撤銷徽政院,原因待考。

至治三年(1323)八月,英宗被弑。九月,真金長孫也孫鐵木兒登基,是爲泰定帝。泰定元年(1324)三月,罷徽政院。

第三屆徽政院從延祐七年(1320)十二月到泰定元年(1324)三月,共存在了三年零三個月。雖然前期(延祐七年十二月到至治二年九月)仍然奉事答己,但在政治上已不足道了。本屆可考的官員有前述之羅源、醜驢。

(七) 泰定帝時代的詹事院

英宗未立太子,故英宗朝無詹事院。泰定元年(1324)三月,"罷徽政院,改立詹事如前"(《百官志五》)。可見,此時的詹事院是在原徽政院的基礎上建立的。泰定帝並於該月立皇子阿剌吉八爲皇太子。

泰定帝於致和元年(1328)七月在上都去世,死後風雲大起。權臣"倒剌沙專權自用,踰月不立君,朝野疑懼。時僉樞密院事燕鐵木兒留守京師,遂謀義舉。八月甲午黎明,召百官集興聖宫,兵皆露刃,號於衆曰:'武皇有聖子二人,孝友仁文,天下歸心,大統所在,當迎立之,不從者死。'""於是,帝(指武宗長子和世㻋,即明宗)方遠在沙漠,猝未能至,慮生他變,乃迎帝弟懷王(圖帖睦爾)於江陵……丁巳,懷王入京師……九月壬申,懷王即位,是爲文宗。改元天曆,詔天下曰:'謹俟大兄之至,以遂朕固讓之心。'"(《明宗

紀》)。九月，倒剌沙在上都立幼主阿速吉八爲皇帝，改元天順。形
成兩京對峙的局面。

　　在這種形勢下，文宗一方面派兵攻伐上都，一方面采取一系列
措施鞏固自己的地位。《文宗紀一》説天曆元年（1328）十月"甲寅，
罷徽政院，改立儲慶使司"。如前所述，泰定帝已於泰定元年
（1324）三月將徽政院改立爲詹事院，此後再未有重立徽政院的記
載，則此時的文宗又怎能再"罷徽政院"？查《百官志五》，"天曆元
年，改詹事院爲儲慶使司"。可證《文宗紀》所記有誤，所罷者當爲
隸屬皇太子阿速吉八的詹事院。但這一記載失誤也説明徽政院與
詹事院相互重叠，時分時合，關係十分密切。

　　這第五次設立的詹事院從泰定元年（1324）三月到天曆元年
（1328）十月，共存在了四年零七個月。當時阿速吉八尚幼，故詹
事院在政治上也無足輕重。這一時期詹事院的官員，據《泰定帝
紀》，泰定元年（1324）三月初立詹事院時所任命的太子詹事爲太
傅朵台、宣徽使禿滿迭兒、恒國公拾得驢、太尉醜驢答剌罕，太子
副詹事爲中書參知政事王居仁。同年五月，回回領宣徽使詹事
丞。另外，泰定二年（1325）九月有"太子詹事別貼木兒"，泰定四
年（1327）三月有"太子賓客王毅"。

　　（八）文宗時代的詹事院與儲政院的建立

　　上都事平後，文宗與其兄和世㻋的矛盾就突出起來。泰定帝
逝世後，燕鐵木兒等雖推舉武宗二子，但據封建正統觀念，應由長
子即位。僅因和世㻋此時遠在漠北，而形勢瞬息萬變，所謂"人心
向背之機，間不容髮，一或失之，噬臍無及"（《文宗紀一》），所以由
次子圖帖睦爾暫且即位。但文宗既已稱帝，又怎肯輕易放棄大位？
一朝天子一朝臣，文宗手下諸臣自然也願他能安居皇座。天曆二
年（1329）正月，和世㻋於和寧之北即位，是爲明宗。四月，明宗遣

使立文宗圖帖睦爾爲皇太子，"仍立詹事院，罷儲慶使"（《明宗紀》）。五月，明宗使至大都，致立皇太子之命。文宗即"改儲慶使司爲詹事院"，任命"伯顏、鐵木兒補化及江南行臺御史大夫阿兒思蘭海牙、江浙行省平章政事曹立並爲太子詹事"，"又除副詹事、詹事丞及斷事官、家令司、典寶、典用、典醫等官"（《文宗紀二》）。還置江淮財賦都總各府，隸詹事院。伯顏時任忠翊侍衛親軍都指揮使，鐵木兒補化時任中書左丞相，都是文宗的心腹。一切布置好之後，文宗北上迎明宗回都。八月，兩兄弟相會於王忽都察。"丙戌，帝（指文宗）入見。明宗宴帝及諸王、大臣於行殿。庚寅，明宗崩，帝入臨哭盡哀。……己亥，帝復即位於上都大安閣"（《文宗紀二》）。文宗既已復位，詹事院自應撤除。故同年八月庚戌，"改詹事院爲儲政院"（《文宗紀二》）。

　　第六屆詹事院從天曆二年（1329）五月到同年八月，僅存在了三個月。由於文宗的特殊地位，在這三個月中，詹事院想必是當時政治與權力的中心之一。

　　詹事院本係隸屬太子的機構，天曆二年（1329）八月以詹事院改建的儲政院又奉事何許人？《元史·百官志》對此無片言隻語的記載。《文宗紀二》言天曆二年（1329）十月，"以怯憐口諸色民匠總管府及所屬諸司隸徽政院者，悉隸儲政院"，聯繫前文所述英宗至治三年（1323）二月"罷徽政院總管府三"之事，可知文宗此時是將原屬徽政院而後撥屬其他單位的機構，全部撥歸新建的儲政院。同月，"以江淮財賦都總管府隸儲政院，供皇后湯沐之用"（《文宗紀二》）。此時的儲政院不僅在機構上承襲了前代的徽政院，而且在職能上也差不多。祇是按禮制徽政院是爲皇太后或太皇太后服務的，而此時的儲政院是爲皇后服務的。這一位皇后，即是文宗妻卜答失里。

有元一代，儲政院僅建立過這一次，從天曆二年（1329）八月到至順三年（1332）十月，共存在了三年零兩個月。關於卜答失里的爲人，《元史》記載甚略，祇知她曾與宦者拜住共同謀殺明宗后八不沙（《后妃傳一》）。由於文宗尚在，這一時期的卜答失里及儲政院大約在政治上不會有多大的作爲。卜答失里在政治上發揮作用，主要在文宗死後。可考的儲政院官員，除初建時的“伯顏兼儲政使，中政使哈撒兒不花、太子詹事丞霄雲世月思、前儲慶使姚煒並儲政使”（《文宗紀二》）外，至順二年（1331）時伯撒里亦曾兼儲政使（《文宗紀四》）。

文宗於至順元年（1330）十二月立燕王阿剌忒納答剌爲皇太子，至順二年（1331）正月，皇太子逝世，前後僅一月。在這期間，文宗是否爲太子立詹事院，《元史》無載。按禮制是應立的，但因太子年齒尚幼，時間又短促，也可能尚未及立。

（九）寧宗、順宗時代的徽政院

文宗死於至順三年（1332）八月。死前遺言：“昔日王忽察都之事（即謀弒明宗之事），爲朕平生大錯，悔之無及。燕帖古思雖爲朕子，然今日大位，乃明宗之大位也。汝輩如愛朕，立明宗之子，使紹茲大位，則朕見明宗於地下，亦可有辭以對。”（《續資治通鑒》卷二○六）時明宗長子妥懽帖睦爾在靜江；次子懿璘質班在京，年僅七歲。卜答失里遂立懿璘質班爲帝，於至順三年（1332）十月即位，是爲寧宗。

寧宗奉卜答失里爲皇太后，十月丁未，爲立徽政院。這是元代第四次設立的徽政院，當時以伯顏、伯撒里、常不蘭奚等爲徽政院使（《寧宗紀》）。但寧宗在位甫四十三日就去世了，卜答失里等便又立明宗長子妥懽帖睦爾（時年十三歲）爲帝，即順帝。

順帝於至順四年（1333）六月即位（《順帝紀一》）。元統元年

（即至順四年［1333］，該年十月改元）十二月載："爲皇太后置徽政院，設官屬三百六十有六。"《元史・百官志八》載："元統元年十二月，依太皇太后故事，爲皇太后置徽政院，設立官屬三百六十有六員。"所指也是這件事。

這兒所講的"依太皇太后故事"，當指英宗爲祖母答己重設徽政院事。但在一年零兩個月前寧宗已爲卜答失里設過徽政院，此後又未見撤銷，也不可能撤銷，怎麼順帝時又重立？審時度勢，想必此時是爲寧宗時已設之徽政院進一步確定編制與機構，而非另立一個徽政院。

還有一個問題，此時所設之徽政院與前此已有的儲政院又是什麼關係？聯繫到這兩個機構所奉事的同是卜答失里這一個人，寧宗時的徽政院當即由儲政院改立。儲政院的下屬機構本來就屬原徽政院，卜答失里此時既已由皇后而升格爲皇太后，則儲政院自然也應正名爲徽政院了。

在新發現的至元初年的兩份職名録（詳下文）中，權臣伯顔一人的官銜占了五行，大小官職畢備。查《元史》，伯顔在儲政院初建時即兼任儲政使。如果説徽政院成立後，儲政院依舊存在，伯顔自然仍兼儲政使，那麼在職名録中自然也應反映出來。但在長達五行的官銜中没有儲政使這個名稱，可見儲政院此時已經不存在。

據陶宗儀《南村輟耕録》卷二十一載，元徽政院下屬機構有：宫正司、掌謁司、掌醫署、掌膳署、内宰司、備用庫、藏珍庫、掌儀署、文成庫、供須庫、儀從庫、衛候司、右都威衛使司、左都威衛使司、延慶司、隨路諸色人匠都總管府、馬瑙玉局、大都等路諸色民匠提舉司、織染雜造人匠總管府、綾錦司、織染局、文綺局、諸路怯憐口民匠都總管府、大護國仁王寺財用規運都總管府等。陶宗儀是元末明初的人，他所反映的，當是元末徽政院的情況。而他所載的這些機構,絕大多數都可以在《元史·百官五·儲政院》條中找到。這也說明了儲政院、徽政院這種二而一的關係。

文宗死後,卜答失里先立寧宗,又立順宗。所謂"定策兩朝,功德隆盛,近古罕比"(《順帝紀一》)。由於順帝年少,故實際上由卜答失里與伯顏等權臣總攬大權。《順帝紀》載元統二年(1334)十月,卜答失里被尊爲"贊天開聖仁壽徽懿昭宣皇太后"。至元元年(1335)十二月,又被尊爲"贊天開聖徽懿宣昭貞文慈祐儲善衍慶福元太皇太后"。卜答失里本係順帝嫡母,封爲太皇太后於禮不合,許有壬等曾諫爲非禮,但未被采納。《后妃傳一》稱卜答失里"尊爲太皇太后,仍稱制臨朝",可見她是當時的實際掌權者。

然而熱可炙手,一朝傾頹。至元六年(1340)順帝(時年二十一歲)先罷免了伯顏官職,把他趕出京師。六月,重翻王忽察都舊案,撤文宗廟主,削卜答失里尊號,徙東安州。放太子燕帖古思於高麗。又改徽政院爲資正院(《后妃傳一》)。

這一期徽政院從至順三年(1332)十月到至元六年(1340)六月,共存在七年零八個月,是當時最主要的權力中心。官員有《順帝紀》中提到的伯顏、伯撒里、常不蘭奚等。另據本傳,馬祖常曾先任徽政副使,後任同知徽政院事;別兒怯不花曾任徽政院副使。此外,可參見下文有關兩份元代職名錄的考釋。

順帝即位時,卜答失里曾有旨:"萬歲之後,其傳位於燕帖古思(文宗與卜答失里之子),若武宗、仁宗故事。"(《順帝紀一》)所以燕帖古思自順帝即位之初就被封爲皇太子,到至元六年(1340)六月也一齊被廢。在這一時期中是否立有詹事院,《元史》無載。如有,則爲元代第八次設立的詹事院。但由於燕帖古思年齒尚幼,故即使立有詹事院,其活動想必亦附於徽政院之下,在政治上無甚影響。

(十）順帝時代的詹事院

元順帝至正十三年（1353）六月，立皇子愛猷識理達臘爲皇太子，立詹事院，官制爲詹事三員、同知二員、副詹事二員、丞二員（另，《順帝紀八》提到至正十九年［1359］十月"設分詹事院"，詳情待考）。這是元代最後一次設立的詹事院，一直存在到至正二十八年（1368）八月元代滅亡，共十五年零二個月。先後任職的官員有：至正十三年（1353）六月，詹事脱脱；至正十五年（1355）正月，太子詹事忻都；同年四月，太子詹事桑哥失里；同年九月，太子諭德許有壬；至正十六年（1356）正月，太子詹事咬咬；同年二月，太子詹事伯撒里；同年四月，同知詹事院事脱脱（翰林學士承旨），太子諭德悟良哈台；同年十一月，太子詹事老的沙、答里麻失里；至正二十一年（1361）四月，太子副詹事擴廓帖木兒；至正二十二年（1362），同知詹事院事擴廓帖木兒；同年十一月，太子詹事擴廓帖木兒；至正二十四年（1364）四月，太子詹事不蘭奚；至正二十五年（1365）六月，太子詹事李思齊（由太子任）；同年九月，太子詹事擴廓帖木兒；至正二十七年（1367）二月，太子詹事月魯帖木兒；同年八月，同知詹事院事李國鳳。另據本傳，答里麻失里於至正十五年（1355）任詹事院長史，十六年（1356）任參議詹事院事，十七年（1357）任太子家令。至正二十七年（1367）任太子詹事。李稷亦曾先後任詹事丞、副詹事。關於這一期詹事院在政治上的作用，較難評議。大致可分前後兩期，前期基本上無甚作爲，後期則因愛猷識理達臘在政治上的地位日益提高，故此也漸趨重要。尤其是順帝父子失和之後，想必更是如此。

（十一）小結

在此，我們把有元一代徽政院、詹事院（附儲政院）的置廢列表如下：

表十九　元代徽政院置廢表

	置廢時間	存在時間	隸　　屬	備　　註
1	至元三十一年五月置 大德四年二月廢*	五年九個月	裕宗妻闊闊真	由詹事院改置
2	大德十一年五月置* 延祐七年六月廢	十三年一個月	順宗妻答己	—
3	延祐七年十二月置* 泰定元年三月廢	三年三個月	順宗妻答己	廢改爲詹事院
4	至順三年十月置 至元六年六月廢*	七年八個月	文宗妻卜答失里	由儲政院改置 廢改爲資正院

注:"＊"號爲《元史》無載,今考定應於該月廢置者。

表二十　元代詹事院置廢表

	置廢時間	存在時間	隸　　屬	備　　註
1	至元十九年十月置 至元三十一年五月廢	十一年七個月	世祖子真金(至元二十二年十二月去世) 真金子鐵木兒(成宗,至元三十年六月立爲皇太子)	真金死與鐵木兒立之間有七年半隸屬真金妃闊闊真。廢改爲徽政院。
2	大德九年六月置 大德九年十二月廢	六個月	成宗子德壽	—
3	大德十一年六月置 至大四年三月廢	三年九個月	武宗弟 愛育黎拔力八達 (仁宗)	—
4	延祐四年十二月置 延祐七年三月廢	二年三個月	仁宗子 碩德八剌(英宗)	—

（續表）

	置廢時間	存在時間	隸　　屬	備　　註
5	泰定元年三月置 天曆元年十月廢	四年七個月	泰定帝子 阿速吉八	由徽政院改置 廢改儲慶使司
6	天曆二年五月置 天曆二年八月廢	三個月	明宗弟 圖帖睦爾（文宗）	由儲慶使司改置 廢改爲儲政院
7	至順元年十二月(?) 至順二年正月(?)	一個月(?)	文宗子 阿剌忒納答剌	是否置廢不詳
8	至順四年六月置(?) 至元六年六月廢(?)	七年(?)	文宗子 燕帖古思	是否置廢不詳
9	至元十三年六月置 至元二十八年八月元亡	十五年二個月	順帝子 愛猷識理達臘	—

注:"(?)"爲是否置廢不詳者。

　　有元一代,共置徽政院四次,共計二十九年零九個月。共置詹事院七或八、九次,除去置廢不詳的阿剌忒納答剌及燕帖古里爲太子時的兩次外,共計三十九年零一個月。在這三十九年零一個月中,祇有真金爲太子時的三年零兩個月,愛育黎拔力八達爲太子時的三年零九個月,圖帖睦爾爲太子時的三個月及愛猷識理達臘爲太子的後期約五年,詹事院的地位比較重要,合計十二年左右。而在四次設立的徽政院中,第二、四兩次在元史上有著重大的政治作用,共計二十年零九個月,而元代歷史總計不過九十八年。《元史》編纂者出於正統觀念,對徽政院的置廢及其在元代政治中的作用語焉不詳,惜夫!

徽政院於至元六年(1340)六月被廢,改爲資正院。《元史·宦者傳·樸不花》謂:"資正院者,皇后之財賦悉隸焉。"曾由樸不花任資正院使。至正二十五年(1365)十二月,順帝又改資正院爲崇政院,直至元滅。

二、 元代官刻大藏經中兩份職名録的考釋

(一) 兩份職名録介紹

1982 年,我們在雲南省圖書館發現了一部《元官藏》(現存三十二卷,參見《文物》1984 年第 12 期《〈元代官刻大藏經〉的發現》)。對於這部藏經,以往的史料均無著録,過去人們也一直以爲元代無大規模官刻藏經之舉,所以這次的發現填補了中國刻經史上的一個空白。

在這批元代官刻藏經中,保存了三份珍貴的歷史資料,它們是:

1. 附於《菩提場莊嚴陀羅尼經》卷首的(後)至元二年(1336)四月太皇太后施印願文;

2. 附於同經卷末的參與刊刻事務的僧人的僧名録;

3. 附於《大慧普覺禪師住徑山能仁禪院語録》卷一卷末的負責刊刻事務的官員們的職名録。

本文擬對職名録作一些考釋。

職名録爲一整版,折爲七個半葉,每半葉六行,共計四十二行。從左向右書寫,與傳統的直行漢字的書寫方法正好相反;職位高的官員在左,職位低的官員在右,抬頭漸次降低。在應縣木塔中發現的遼代藏經中,也曾發現用這種方式書寫的名録。看來這是北方

少數民族的書寫習慣之一。四十二行中,領銜的伯顏一人的官銜就占了五行,其餘諸人,一人一行,故共計錄有三十八人名款。爲存原貌,現依原行款,加行數、行號,從左到右,將該職名錄轉錄如下:

[録文]

1. 開府儀同三司秦王答剌罕太師中書右丞相上柱國録軍國重事監修國史兼徽政使侍正昭功萬/

2. 戶都總使虎符威武阿速衛親軍都指揮司達魯花赤忠翊侍衛親軍都指揮使奎章閣/

3. 大學士領學士院經筵事太史院宣政院事也可千戶哈必陳千戶達魯花赤宣忠斡羅思扈衛/

4. 親軍都指揮司達魯花赤提調回回漢人司天監群牧監廣惠司內史府左都威衛使司欽察/

5. 親軍都指揮使司宮相都總管府事領太禧宗禋院兼都典制神御殿事　伯顏/

6. 銀青榮禄大夫御史大夫　撒迪/

7. 光禄大夫徽政使領甄用監中書平章政事虎符提調左衛親軍都指揮使司事八赤吉兒千戶所達魯花赤　孛羅/

8. 金紫光禄大夫趙國公徽政使　常不蘭奚/

9. 榮禄大夫徽政使延慶司使提調掌謁司事　鄭秀滿達兒/

10. 榮禄大夫徽政使　上都/

11. 資善大夫同知徽政院事　自當/

12. 榮禄大夫同知徽政院事侍正　趙世安/

13. 資善大夫同知徽政院事領掌醫監事　答兒麻室利/

14. 中奉大夫徽政院副使　答兒麻失監/

15. 中奉大夫徽政院副使兼群牧卿　張乞驢/
16. 朝散大夫僉徽政院事　高郎/
17. 奉議大夫僉徽政院事甄用卿　察魯/
18. 奉訓大夫同僉徽政院事　朵安朮/
19. 嘉議大夫同僉徽政院事　伯顏忽都/
20. 朝散大夫參議徽政院事　答失蠻/
21. 奉議大夫參議徽政院事　張文煥/
22. 承務郎徽政院經歷　鎖住/
23. 朝散大夫徽政院經歷　趙禮/
24. 奉政大夫徽政院都事　程良傑/
25. 奉訓大夫徽政院都事　蠻子/
26. 中憲大夫徽政院都事　劉瓚/
27. 儒林郎徽政院都事　楊必識溫/
28. 正議大夫延慶司使　火儞赤/
29. 儒林郎江浙等處行中書省員外郎　蠻子海牙/
30. 朝列大夫延福提舉　汝奴班/
31. 從仕郎延福同提舉　答兒麻新/
32. 徽政院椽史　趙國忠/
33. 徽政院宣使　張士毅/
34. 登仕郎隨路諸色人匠都總管府知事　張庭蘭/
35. 承務郎衛候直都指揮使司知事　楊德實/
36. 管領怯憐口諸色民匠都總管府提控案牘　楊遵/
37. 諸色民匠打補鷹房都總管府提控案牘　楊珪/
38. 奉直大夫同宰司司丞　李仲信/
39. 承事郎內宰司典簿　王汝弼/
40. 收支諸物庫大使　阿都赤/

41. 收支諸物庫副使　於允/

42. 昭信校尉析成局大使　蘇重兒/

［錄文完］

　　上述三份歷史資料在日本也被發現,見載於日本小野玄妙著
《佛教經典總論》。據小野述,這三份資料發現於鎌倉一帶,發現
時,它們已與原所附藏經脫落,故未能同時發現與此相關的藏經。
核對後可知,在日本發現的願文與僧名錄同雲南省圖書館所藏完
全一致;職名錄雖然也列了三十八個人,但與雲南省圖書館所藏職
名錄相比却頗有參差。現將在日本發現的職名錄亦轉錄如下,以
便比較。爲了節省篇幅,凡與雲南省圖書館所藏職名錄重複的人
物,祇列人名而略其官銜;如人名雖同但官銜不同,則仍依原文錄
出,錄文時僅加行數,不加行號。

　　［錄文］

　　1—5. ……　伯顏

　　6. ……　撒迪

　　7. 金紫光禄大夫徽政使宮相都總府都達魯花赤提調甄用
監　伯撒里

　　8. ……常不蘭奚

　　9. ……鄭禿滿達兒

　　10. 榮禄大夫徽政使同知昭功萬户都總使府事提調中興
武功庫　張住董

　　11. 榮禄大夫同知徽政院事甄用監卿　宋難

　　12. ……趙世安

　　13. 資德大夫同知徽政院事　字羅

14. 通奉大夫徽政院副使領掌醫監事　答兒麻室利

15. 徽政院副使　答兒麻失監

16. ……高郎

17. 亞中大夫僉徽政院事　定僧

18. 奉訓大夫同僉徽政院事　察魯

19. 奉訓大夫同僉徽政院事　董阿出

20. 中憲大夫參議徽政院事　不花

21. 朝散大夫參議徽政院事　蔡受益

22. ……鎖住

23. ……趙禮

24. 承務郎徽政院都事　洪文

25. ……程良傑

26. ……蠻子

27. 奉直大夫徽政院都事　李思齋

28. ……　火儞赤

29. ……　蠻子海牙

30. ……　汝奴班

31. ……　答兒麻新

32. ……　趙國忠

33. ……　張士毅

34. ……　張庭蘭

35. ……　楊德實

36. ……　楊遵

37. ……　楊珪

38. ……　李仲信

39. ……　王汝弼

40.……　阿都赤
41.……　於允
42.……　蘇重兒
［録文完］

應該説明，《佛教經典總論》忽視了該職名録在書寫格式上的特殊性，按漢文直行文書的一般習慣，把它們當作也是從右向左書寫的，以致録文時將第七行伯撒里的官銜、姓名統統看成是第六行撒迪的官銜，從而把伯撒里、撒迪兩人合而爲一。出於同一原因，《佛教經典總論》還把第一行至第四行伯顏的四行官銜看成是四個人的官銜、姓名，將這四行最下面的"昭功萬""奎章閣""欽察"等字割裂出來，當作人名。這樣，就把原是三十八個官員的職名録，誤認爲四十一人。此外，《佛教經典總論》在録文時還有七處較小的訛誤，在此已據雲南省圖書館所藏職名録改正，不再一一具述。

爲行文方便起見，本文以卜將藏於雲南省圖書館的職名録簡稱爲《雲南録》，而將在日本鎌倉發現的職名録簡稱爲《鎌倉録》。

(二) 職名録的所屬機構

首先，我們想考察一下這兩份職名録究竟是屬於哪個機構的。因爲職名録上所録的無疑是主持過刊刻這部大藏經的官員名單，搞清楚這兩份職名録屬於哪個機構，對於考證這部《元官藏》是由哪個機構主持刊刻的具有決定性的意義。

粗粗一看就可以發現，在這兩份職名録上頗多出現徽政院名銜。元代曾四度設立徽政院，這是哪一次設立的徽政院？

在職名録上領銜的伯顏的官銜共占五行，其中有"秦王""答剌罕""太師""中書右丞相""徽政使"等。由此可知，他是文宗、寧宗兩朝及順帝初年的權臣伯顏。該伯顏因佐文宗登基有功而平步青雲。文宗死後，他佐文宗妻卜答失里先後立寧宗、順帝。至順三年（1332）十月被任命爲第四次設立的徽政院的徽政使。

因此，職名錄上的徽政院應是元代第四次設立的徽政院。

元代第四次設立的徽政院建於至順三年（1332）十月，廢於至元六年（1340）六月，共存在了七年零八個月，隸屬於文宗妻卜答失里。卜答失里於天曆元年（1328）被立爲皇后；至順三年（1332）十一月被尊爲皇太后，臨朝稱制；至元元年（1335）十二月被尊爲太皇太后，仍稱制。本文前面提到的太皇太后願文即是她的。茲錄原文如下：

［錄文］

1. 贊天開聖仁壽徽懿宣昭貞文慈祐
2. 儲善衍慶福元
3. 太皇太后
4. 竊念荷
5. 祖宗之德
6. 社稷之靈海內乂寧軍國多暇永惟
7. 罔極徒切孝思爰閱
8. 佛乘少酬
9. 景貺於是印施
10. 三乘聖教經律論賢聖集凡三十
11. 藏庶衆善所積百福咸臻伏願
12. 皇帝萬歲
13. 太子千春聖子神孫同膺上壽尚希
14. 余慶施及遺黎均蒙

15. 覆育之仁共樂無爲之化
16. 至元二年歲次丙子四月吉日志

　　再看這兩份職名錄是否該徽政院所出具。細審錄文可以發現，雖然兩份職名錄所錄人員參差不同，但有如下三個共同的特點：

　　1. 各自所錄的三十八人中，均有二十四人領有徽政院的官銜。尤其是位於前列的職位較高的二十三人中，就有二十二人在徽政院擔任某種職務。

　　2. 領有徽政院官銜的二十四人，均依他們在徽政院所任實際職務的高低次序排列。可見下表。

表二十一　徽政院官銜職務高低表

職務	《鎌倉錄》		《雲南錄》	
	位次	姓名	位次	姓名
徽政使	1	伯顏	1	同左
	3	伯撒里	3	孛羅
	4	常不蘭奚	4	同左
	5	鄭禿滿達兒	5	同左
	6	張住童	6	上都
同知徽政院事	7	宋難	7	自當
	8	趙世安	8	同左
徽政副使	9	孛羅	9	答兒麻室利
	10	答兒麻室利	10	答兒麻失監
	11	答兒麻失監	11	張乞驢
僉徽政院事	12	高郎	12	同左
	13	定僧	13	察魯

（續表）

職務	《鐮倉錄》		《雲南錄》	
	位次	姓名	位次	姓名
同僉徽政院事	14	察魯	14	朵安術
	15	董阿出	15	伯顏忽都
參議徽政院事	16	不花	16	答失蠻
	17	蔡受益	17	張文煥
徽政院經歷	18	鎖住	18	同左
	19	趙禮	19	同左
徽政院都事	20	洪文	20	程良傑
	21	程良傑	21	蠻子
	22	蠻子	22	劉瓚
	23	李思齊	23	楊必識溫
徽政院掾史	28	趙國忠	28	同左
徽政院宣史	29	張士毅	29	同左

　　正因爲官員們都是按他們在徽政院所任實際職務高低排列的，所以不少禄位品級較低的官員反而排在禄位品級較高的官員前面。在此以《雲南錄》中的十八名官員爲例，表列如下：

表二十二　《雲南錄》官員職務排列表

位次	姓名	所任徽政院職務	禄位	品級
7	自當	同知徽政院事	資善大夫	正二品
8	趙世安	同上	榮禄大夫	從一品
9	答兒麻室利	同上	資善大夫	正二品
10	答兒麻失監	徽政院副使	中奉大夫	從二品
11	張乞驢	同上	中奉大夫	從二品

（續表）

位次	姓 名	所任徽政院職務	祿 位	品 級
12	高郎	僉徽政院事	朝散大夫	從四品
13	察魯	同上	奉議大夫	正五品
14	朶安術	同僉徽政院事	奉訓大夫	從五品
15	伯顏忽都	同上	嘉議大夫	正三品
16	答失蠻	參議徽政院事	朝散大夫	從四品
17	張文煥	同上	奉議大夫	正五品
18	鎖住	徽政院經歷	承務郎	從六品
19	趙禮	同上	朝散大夫	從四品
20	程良傑	徽政院都事	奉政大夫	正五品
21	蠻子	同上	奉訓大夫	從五品
22	劉瓚	同上	中憲大夫	正四品
23	楊必識溫	同上	儒林郎	從六品
24	火你赤	延慶司使	正議大夫	正三品

《鎌倉録》情況相似，不贅述。

3. 排在這兩份職名録中，但職務中没有列出徽政院官衙的共有十四人。這十四人的位次、姓名、職務在兩份職名録中都相同。除去排在第二位的權臣撒迪暫置勿論外，其餘十三人分別是延慶司、江浙等處行中書省、延福提舉司、隨路諸色人匠都總管府、衛侯直都指揮使司、管領怯憐口諸色民匠都總管府、諸色民匠打捕鷹房都總管府、内宰司、收支諸物庫、析成局等機構的負責人。在這些機構中，除了江浙等處行中書省、析成局之外，其他機構都可以在陶宗儀《南村輟耕録》卷二十一關於徽政院所屬機構的叙述或《元史・百官志五》關於儲政院所屬機構的記載中找到。我們已經考證，第四次設立的徽政院是由儲政院改建的，徽政院建立後儲政院即告撤銷，因此，上述人等大抵均是徽政院下屬機構的負責人。

綜上所述，可以肯定，這兩份職名錄都屬於元代第四次設立的徽政院。

（三）職名錄的出具時間

徽政院既然對所刻的同一部藏經出具了兩份互有參差的職名錄，則這兩份職名錄在時間上必有先後不同。那麼，這兩份職名錄各是什麼時候出具的？爲什麼同一徽政院對同一藏經要出具兩份不同的職名錄？

先考察時間問題。

對照兩份職名錄可知，三十八人中，有二十五人的官銜、姓名完全相同；四人姓名相同，但官銜、位次發生變化；還有九人姓名、官銜完全不同。這樣，兩份職名錄上共計出現人物四十七人。這四十七人大體可分如下三種情況：

1.《元史》有專傳者兩人：伯顔（兩錄均有）、自當（《雲南錄》）。

2.《元史》雖無專傳，但在紀、表、傳中有所記述者十四人：撒迪、常不蘭奚、鄭禿滿達兒、孛羅、趙世安、蠻子、火你赤、蠻子海牙（兩錄均有）、伯撒里、不花、張住董、定僧、李思齊（《鎌倉錄》）、上都（《雲南錄》）。

3.《元史》失載者三十一人：答兒麻室利、答兒麻失監、高郎、察魯、鎖住、趙禮、程良傑、汝奴班、答兒麻新、趙國忠、張士毅、張庭蘭、楊德實、楊遵、楊珪、李仲信、王汝弼、阿都赤、于允、蘇重兒（兩錄均有）、宋難、董阿出、蔡受益、洪文（《鎌倉錄》）、張乞驢、朵安術、伯顔忽都、答失蠻、張文焕、劉瓚、楊必識温（《雲南錄》）。

在此，我們想通過《元史》記載與職名錄上職務相印證的方法來確定職名錄的年代，所以，祇有前兩類十六人可作爲考察對象。但由於這兩份職名錄是第四次設立的徽政院出具的，祇有那些在第四次設立的徽政院存在期間在《元史》中有所記載的人的職務，緦對研究這兩份職名録的時間有意義,所以我們在此衹考察前述十六人中伯顏、撒迪、伯撒里、常不蘭奚、鄭禿滿達兒、字羅、自當、不花等八人任職的情況。

1. 伯顏

伯顏在兩份職名録上排位均爲第一,官銜也完全相同,共有三十二項,見前録文。據《元史·本紀》,在第四次設立的徽政院存在期間,伯顏任職如下:

至順三年(1332)十月:徽政使、開府儀同三司、浚寧王、太保、録軍國重事、知樞密院事。

至順四年(1333)六月:太師,中書右丞相,上柱國,監修國史,兼奎章閣大學士,領學士院、回族、漢人司天監事。

元統元年(1333)十一月:秦王。

至元元年(1335)七月:答剌罕。

至元元年(1335)十二月:領宮相府。

至元三年(1337)四月:領宣鎮侍衛軍、設宣鎮衛府。

至元四年(1338)正月:爲立打捕鷹房諸色人户總管府。

至元五年(1339)十月:中書大丞相,加元德上輔功臣之號,賜七寶玉書龍虎金符。

至元六年(1340)二月:黜爲河南行省左丞相。

對照前述職名録録文可知,就伯顏的職務而言,可把這兩份職名録的上限定在至元元年(1335)十二月,而將下限定在至元三年(1337)四月。

2. 撒迪

撒迪在兩份職名録上排位均爲第二,官銜也相同,爲"銀青榮禄大夫、御史大夫"。據《元史·本紀》,撒迪在第四次設立的徽政院存在期間任職如下:

元統二年(1334)五月:中書平章政事、領蒙古國子監。

至元元年(1335)四月:御史大夫。

至元元年(1335)閏十二月:加銀青榮禄大夫、領奎章閣、知經筵事。

至元二年(1336)四月:御史大夫。

對照前述職務可知,就撒迪的職務而言,這兩份職名録的上限可爲至元元年(1335)閏十二月或至元二年(1336)四月。由於至元二年(1336)四月後《順帝紀》中再無關於撒迪的記載,故無法據此推斷職名録時間的下限。

3. 伯撒里

伯撒里僅見於《鎌倉録》,排在第三,官銜是"金紫光禄大夫、徽政使、宮相都總管府都達魯花赤、提調甄用監"。據《元史》本紀,伯撒里在第四屆徽政院存在期間任職如下:

至順三年(1332)十月:徽政使、提調忠翊侍衛親軍都指揮司事。

至元元年(1335)五月:加金紫光禄大夫。

他的"宮相、都總管府達魯花赤"是至順二年(1331)四月任命的。

由此可知,就伯撒里的職務而言,可將《鎌倉録》的上限定在至元元年(1335)五月。由於《順帝紀》中至元元年(1335)五月後再無伯撒里蹤迹,直到至正六年(1346)七月纔重新出現,故無法據此推斷《鎌倉録》的下限。

4. 常不蘭奚

常不蘭奚在兩份職名録上位次均爲第四,官銜也相同,爲"金紫光禄大夫、趙國公、徽政使"。據《元史》本紀,他在第四次建立的徽政院存在期間任職如下:

至順三年(1332)十月:徽政使、右都威衛都指揮使。

他的"趙國公"是仁宗皇慶元年(1312)封的。"金紫光禄大夫"何時所加,《元史》失載。

由此可知，就常不蘭奚的職務而言，可將這兩份職名録的上限定在至順三年（1332）十月。由於此後再無關於他的記載，故也無法據此推斷下限。

5. 鄭禿滿達兒

鄭禿滿達兒在兩份職名録上排位均在第五，官銜也相同，爲"榮禄大夫、徽政使、延慶司使、提調掌謁司事"。《元史》本紀中此人無載，但在《后妃傳‧完者忽都皇后奇氏傳》中謂："初，徽政使禿滿達兒進爲宮女，主供茗飲，以事順帝。后性穎黠，日見寵幸……伯顔罷相，沙剌班遂請立爲第二皇后，居興聖宮，改徽政院爲資政院。"這條記載證明鄭禿滿達兒在順帝初年確曾任徽政使，但對於考證職名録的年代，却無甚幫助。

6. 孛羅

在《鎌倉録》上，孛羅排在第九位，官銜是"資德大夫、同知徽政院事"，而在《雲南録》上，他上升到第三位，取代了伯撒里的位置，官銜爲"光禄大夫、徽政使、領甄用監、中書平章政事、虎符提調左衛親軍都指揮使司事、八赤吉兒千户所達魯花赤"。據《元史》本紀，孛羅在第四届徽政院存在期間任職如下：

至元二年（1336）七月：中書平章政事；

至元四年（1338）十一月：領太常禮儀院使。

又，據《宰相年表二》，孛羅是至元元年（1335）七月初四日接替闊里吉思而爲中書平章政事的，但至元元年（1335）應是至元二年（1336）之誤。[①]

---

① 若孛羅是至元元年（即元統三年）七月起任中書平章政事的，則《鎌倉録》的下限應爲至元元年六月。而按《鎌倉録》上伯顔與撒迪的職務，《鎌倉録》的上限是至元元年十二月或至元二年四月。兩者的矛盾無法調和。因此，《宰相年表二》上的至元元年當是至元二年之誤。《順帝紀一》至元二年七月，有"乙丑，中書平章政事孛羅徙宅，賜金二錠、銀十錠"的記載，很可能是孛羅因升官而徙宅，正因爲他新升官，纔蒙因徙宅而獲賜金銀的恩典。

　　所以，據上述字羅的職務看，《鎌倉録》的下限是至元二年（1336）六月；《雲南録》上限爲至元二年七月而下限爲至元四年（1338）十一月。

　　7. 自當

　　自當僅出現在《雲南録》，排位第七，官銜爲"資善大夫、同知徽政院事"。《元史》本紀中自當無載，卷一百四十三本傳謂"伯顏乃在遷自當同知徽政院事"，這一記載可作自當確曾任職徽政院的證據，但對職名録時間的考證無所裨益。

　　8. 不花

　　不花僅出現在《鎌倉録》上，排位爲第十六，官銜是"中憲大夫，參議徽政院事"。《順帝紀一》載，至元元年（1335）四月以江南行御史台中丞不花爲中書省參知政事。這個不花想必就是職名録上的不花。但對我們考證職名録的時間也無甚幫助。

　　在此，把上面的考證結果表列如下：

表二十三　《鎌倉録》職名録時間表

	上　限	下　限
伯　顏	至元元年十二月	至元三年四月
撒　迪	至元元年十二月 或至元二年四月	無
伯撒里	至元元年五月	無
常不蘭奚	至順三年十月	無
字　羅	無	至元二年六月

　　根據這個表，《鎌倉録》的年代應在至元元年（1335）十二月或至元二年（1336）四月到至元二年（1336）六月之間。聯繫到前述至元二年（1336）四月太皇太后的願文，我們把《鎌倉録》的時間定爲

至元二年(1336)四月,當不致有什麼大的差錯。

表二十四 《雲南錄》職名錄時間表

	上　　限	下　　限
伯　　顏	至元元年十二月	至元三年四月
撒　　迪	至元元年十二月 或至元二年四月	無
常不蘭奚	至順三年十月	無
字　　羅	至元二年七月	至元四年十一月

根據這個表,《雲南錄》的年代可以限定在至元二年(1336)七月到至元三年(1337)四月之間。

(四)兩份職名錄的由來

下面我們探討一下爲什麼同一個徽政院會在相距不遠的時間內對同一部藏經出具兩份不同的職名錄。

對照兩份職名錄可知,兩者的官員發生了較大的變動:《鐮倉錄》上的九個官員在《雲南錄》上消失了,而代之以另外九個人,還有四人的官銜發生變動。這不免令人懷疑當時是否發生過一場政治變動。

在職名錄上變動最大的,應數字羅與伯撒里。字羅在《鐮倉錄》上僅排在第九位,而在《雲南錄》上則被升爲第三位。伯撒里在《鐮倉錄》上排在第三位,而在《雲南錄》上卻消失了。導致這種變化的原因究竟是什麼?

先看看字羅。

字羅在《鐮倉錄》中的官銜是“資德大夫、同知徽政院事”,這一官銜在《元史》中毫無記載。在順帝至元二年(1336)七月之前,《元史·本紀》中從無關於字羅的記載,可見字羅其人此前並不怎麼重要與活躍。但在《雲南録》中,他的職務爲“光禄大夫、徽政使、領甄用監、中書平章政事、虎符提調左衛親軍都指揮使司事、八赤吉兒千户所達魯花赤”,已入閣拜相。據《元史·宰相年表》,他是於至元二年(1336)七月初四日接替闊里吉思爲中書平章政事的。《順帝紀一》至元二年(1336)七月有因字羅徙宅而賜金銀條。同年十月,又有詔曰:“每日,右丞相伯顔,太保定住,中書平章政事字羅、阿吉剌聚議於内廷。平章政事塔失海牙,右丞鞏卜班,參知政事納麟、許有壬等聚議於中書。”那麽,他是怎樣從一個不太重要的人物一躍而詮議中樞,成爲當時少數幾個權貴之一的? 這也許應當追溯一下發生在順帝初年的重大政治事件——燕鐵木兒之子唐其勢之亂。

燕鐵木兒是擁立文宗的功臣。終文宗朝,他一直是最主要的權臣,位次在伯顔以上。順帝初年,他雖已去世,但其弟撒敦、其子唐其勢俱爲一時顯貴,其女被立爲順帝皇后:“元統二年四月,命唐其勢總管高麗女直漢軍萬户府達魯花赤。授撒敦開府儀同三司、上柱國、録軍國重事、答剌罕、榮王、太傅、中書左丞相,賜廬州路爲食邑,宥世世子孫九死。贈燕鐵木兒太師、公忠開濟弘謨同德協運佐命功臣、開府儀同三司、太師、中書右丞相、上柱國,追封德王,諡忠武。至元元年(1335,即元統三年)三月,立燕鐵木兒女伯牙吾氏爲皇后。”(《唐其勢傳》)

撒敦死於何時不詳。《順帝紀一》元統二年(1334)六月有“乙亥,唐其勢辭左丞相不拜,復命撒敦爲左丞相”條,此後再無關於撒敦的記載。據《宰相年表二》,撒敦任中書左丞相到元統三年(1335)初,死後由唐其勢繼任。《燕鐵木兒傳》云:“是時,撒敦已死,唐其勢爲中書左丞相,伯顔獨用事。唐其勢忿曰:‘天下本我家天下也,伯顔何人而位居吾上?’遂與撒敦弟答里潛蓄異心,交通所親諸王晃火帖木兒,謀援立以危社稷。”

　　元統三年(1335)六月三十日,"唐其勢伏兵東郊,身率勇士突
入宮闕",正式發動政變,但即被伯顏擊敗,"唐其勢及其弟塔剌海
皆伏誅"(《唐其勢傳》)。"七月,伯顏殺皇后伯牙吾氏"(《順帝紀
一》)。唐其勢餘黨北奔答里所,答里應以兵,伯顏即親率師赴上
都,"命孛羅、晃火兒不光追襲之。力窮勢促,阿魯渾察執答里等送
上都戮之"(《唐其勢傳》)。唐其勢之亂至此徹底平息。而孛羅則
是平息這一政變的有功之臣。

　　唐其勢之亂是順帝初年最大的政治事件之一,也是伯顏排斥
異己、固位奪權的重要契機。從此以後,伯顏獨秉國鈞,專權自恣。
而孛羅也因此入閣拜相,成爲伯顏的一名忠實助手。據《宰相年表
二》,孛羅任中書平章政事一直到至元六年(1339),此後該人在《元
史》中就失去了踪影。伯顏正是在這一年失勢,被元順帝放逐的。
因此可知,孛羅是因攀附伯顏而飛黃騰達,也因伯顏的敗亡而一同
垮臺。

　　再看看伯撒里。

　　伯撒里在《鎌倉錄》上排在第三位,職務是"金紫光祿大夫、徽
政使、宮相都總管府都達魯花赤、提調甄用監",屬一品大員,但在
幾個月之後的《雲南錄》上卻被除名,在《元史》上也失踪了,直到至
正五年(1345)纔復出,這又是爲什麼? 我們認爲伯撒里的下臺仍
與唐其勢事件有關。也就是說伯撒里大約與唐其勢有著某種
關係。

　　順帝初年伯顏用權,唐其勢因而忿忿不平,圖爲不軌。這種情
況,伯顏本人當然是十分清楚的。唐其勢是元統三年(1343)六月
發動政變的,《順帝紀一》載該年五月:"甲辰,伯顏請以右丞相讓唐
其勢,詔不允,命唐其勢爲左丞相。"伯顏的這一舉動也許僅是欲擒
故縱之計,但也說明當時唐其勢的勢力不小。有意思的是,就在這

年五月,"加伯撒里金紫光禄大夫"。當時敵對雙方正劍拔弩張,即將決一死戰,而在這一當口上,伯撒里得到提升是非常耐人尋味的。我們認爲這很可能是唐其勢一派對伯撒里的拉攏。

在此,還必須對燕鐵木兒與伯顔兩人的勢力背景作一點分析。

燕鐵木兒本係武宗舊部,本傳云:"武宗鎮朔方,備宿衛十餘年,特愛幸之。"泰定帝死時,燕鐵木兒正僉樞密院事,實掌大都樞密符印,故利用這一權力發動政變,擁戴文宗上臺,並參與了文宗弑明宗的陰謀。正因爲如此,他在文宗朝是首屈一指的實權人物。

伯顔也是武宗舊部。《元史・本傳》說他"年十五,奉成宗命侍武宗於藩邸"。在武宗朝歷官至尚書平章政事,特賜蛟龍虎符,領右衛阿速親軍都指揮使司達魯花赤。與武宗的關係似較燕鐵木兒更爲密切。泰定帝時被貶到河南行省任平章政事。泰定帝崩,燕鐵木兒發難於大都,旋"遣明里董阿迎立武宗子懷王(即文宗)於江陵。道遇河南,使以謀密告伯顔。伯顔嘆曰:'此吾君之子也。吾夙荷武皇厚恩,委以心膂,今爵位至此,非覬萬一爲己富貴計,大義所臨,曷敢顧望。'"隨即在河南整軍秣馬,"懷王至河南,伯顔履橐鞬,擐甲冑,與百官父老導入,咸俯伏稱萬歲,即上前叩頭勸進。懷王解金鎧、御服、寶刀及海東白鶻、文豹賜伯顔。明日扈從北行"。所以文宗認爲"伯顔功大,不有異數不足以報稱"。

雖說燕鐵木兒、伯顔兩人都有殊功於文宗,但相比之下,文宗似乎更親近伯顔。天曆二年(1329)五月,文宗奉兄明宗之命退居太子之位時,即拜伯顔爲詹事院詹事。當時的詹事院完全是一個密謀如何重奪皇位的陰謀機構,由此可知文宗對伯顔的倚重。當文宗重登大位,於同年八月將詹事院改爲儲政院時,又任命伯顔爲儲政使。這個儲政院隸屬於文宗皇后卜答失里,完全是爲卜答失里服務的。文宗讓伯顔來管理這一機構,說明文宗夫婦對伯顔的信任。以此爲契機，伯顏得到了親近卜答失里的機會。文宗死後，卜答失里臨朝稱制。至順三年（1332）十月，第四次設立徽政院，伯顏又被任命爲徽政使。由於卜答失里在當時的實際地位，也就使兼任徽政使的伯顏在當時的政治鬥爭中處於十分有利的地位。

相比之下，燕鐵木兒在文宗朝雖屬第一號權臣，但與詹事院、儲政院似乎沒有發生過什麼關係，與卜答失里也不見有什麼往來。文宗死後不久，燕鐵木兒也去世，其弟撒敦、答里，其子唐其勢也都與卜答失里沒什麼關係，這不能不說是他們政治上的一大不利之處。所以，唐其勢等人如想驅逐伯顏，奪回朝政大權，一定要設法建立起通向正在臨朝稱制的卜答失里的橋梁，而伯撒里正是一個合適的人選。

伯撒里本是文宗潛邸扈從之臣，在文宗朝一直頗受寵信。天曆元年（1328）十月，文宗第一次即位，爲了掃清泰定帝的殘餘勢力，改原詹事院爲儲慶使司，即任命伯撒里爲儲慶使。至順二年（1331）二月，又任命已是燕王宮相的伯撒里爲中書平章政事。同年四月，伯撒里又以本官兼宮相都總管府都達魯花赤。他曾是儲政院的儲政使之一。至順三年（1332）十月，他與伯顏等人同時被任命爲徽政使。伯撒里與卜答失里的淵源，應該說比伯顏的時間更長，因此也可能更深。如果得到這個人的支持，則唐其勢他們的起事，不就多了幾分把握嗎？

但唐其勢於元統三年（1343）六月發動的政變終於失敗了。同年七月，"罷燕鐵木兒、唐其勢舉用之人"（《順帝紀一》）。可知政變平息後曾掀起過一場清洗運動。從兩份職名錄反映的情況看，伯撒里似乎是在第二年四月纔被清洗掉的。

正因爲伯撒里是被伯顏清洗的，所以伯顏下臺不久他就復出了，在元朝末期，他位極人臣，成爲當時最主要的政治人物之一。

　　總之,我們認爲,由於順帝初年唐其勢事件的影響,官場上發生了較大的人事變化,所以出現了我們現在所看到的《鎌倉録》《雲南録》這兩份不同的職名録。

[附記]

　　本文利用隨同《元官藏》一並發現的兩份職名録——發現於日本的《鎌倉録》與發現於雲南的《雲南録》對元史中的若干問題略作探討。嚴格地講,本文並非對大藏經的研究,最多不過爲《元官藏》的刊印提供一個歷史背景。因此,定名爲《元史考證兩篇》。最早發表在《文史》第二十九輯(中華書局,1988年)。收入本書時,文字略有修訂。文中所用《元史》爲中華書局點校本。

　　2012年,值《文史》創刊五十周年,我寫了如下一篇"感言":

《文史》創刊五十年感言

　　記得讀研究生時,《文史》在當時中國的人文刊物中最負盛名。當然不能説《文史》的作者個個都是大師巨擘,但上面的文章的確篇篇根基扎實,或索隱探幽,或發抉新見,若無豐厚的學術積累,絶對寫不出來。因此《文史》也就成爲中國人文學科的旗幟,成爲薈萃一流學者的殿堂,在文科刊物中穩坐頭把交椅,爲中國人文研究的學術積累做出巨大的貢獻。

　　想起一件往事。20世紀90年代,忽然接到中華書局張世林先生來信,説正在編輯《學林春秋》,擬邀請部分年滿六十歲的學者談談治學經驗。因我也被選中,故"敬請賜稿"云云。我回信説:在下竟被選中,不勝榮幸之至。但在下還不到五十歲,年齡不達標,"敬謝不敏"。後聽傳説,張世林先生因我在《文史》上發表的文章,以爲我已年過六十歲,故此相邀。由於至今與張先生並無一面之緣,故不知上述傳說是真是僞。如果是真的,自然也是對《文史》學術地位的一種旁證。

我以爲,《文史》能夠成爲一份一流的刊物,由多方面因素決定。首先,中國需要一份體現中國最高研究水平的人文學術刊物。其次,中華書局歷屆領導憑藉對中華文化的高度責任感,願意承擔起辦這樣一份刊物的責任。再次,《文史》編輯班子有著深厚的學術素養及與學術界的廣泛聯繫,有極强的責任心及榮譽感,十分珍惜《文史》這一來之不易的學術品牌,數十年如一日,兢兢業業打造學術精品。第四,《文史》爲學刊,即不定期連續出版物,這種編輯出版方式也可以使《文史》從容地打磨學術精品。

遺憾的是,此後文科研究被當成自行車裝配流水綫,各種各樣的行政化、量化指標强行推出,文科研究領域因此濁浪排空,大牌刊物如《文史》也竟然被邊緣化,乃至不得不由學刊改爲期刊,並掛名什麼"CSSCI"。社會制導力之强,無遠弗届,無孔不入。覆巢之下無完卵,悲哉!

慶壽應頌吉詞,或者説説"天凉好個秋"。在下却不避嫌忌,直抒胸臆,"知我者謂我心憂,不知我者謂我何求"。但有些話,總應該有人説。

不管怎樣,《文史》克服種種困難,堅持下來了。這要感佩中華書局及《文史》編輯部對中華文化的不棄不離以及所做的慘淡經營。你們的努力,中國的學者都看在眼裏,記在心裏。

祝賀《文史》五十年來取得的成績,更希望《文史》堅持下去,以"不以物喜,不以己悲"之心,爲中國人文學術堅守這塊陣地,以迎接春和景明之日。

2012 年 8 月 24 日於通州皇木廠

　　爲紀念《文史》的功績及我與《文史》的這一段因緣，也爲了表
示對現行評價體制的不滿，本文特附《〈文史〉創刊五十年感言》。

　　又，我們一般認爲，宗教的發展取決於社會。這無疑是正確
的。但是，猶如有作用力就會有反作用力一樣，宗教也同樣會反作
用於社會。本文提到，元文宗生前爲自己弒殺元明宗而心生後悔，
爲了死後能夠對元明宗有所交代，臨終要求立元明宗之子爲帝，就
是宗教作用於社會、影響了歷史發展的一個例證。這種例證，值得
治宗教、治歷史者注意。

閑話《元官藏》①

　　1982 年底，我與童瑋赴昆明參加一個學術會議。會議期間，我們去雲南省圖書館考察該館收藏的佛教典籍。接待我們的是善本部的金志良。介紹情況時，金志良提到，館內藏有三十多卷藏經零本，據已故于乃義先生考證，可能是《弘法藏》。此事引起我與童瑋的極大興趣，隨後我們花了幾天的時間，把這三十多卷佛經仔仔細細考察一遍，作了詳盡的記錄。考察時發現，這批佛經附有三件珍貴的歷史文獻：一是至元二年（1336）的太皇太后願文，一是長達三十八人的職名錄，一是參與其事的僧名錄。這三件歷史文獻充分證明了這批佛典應該是一部元代官刻藏經的殘存零本。

　　提起元代官刻藏經，瞭解情況的人都知道這是一個學術界長期沒有能夠解決的難題。

　　明末四大高僧之一的紫柏曾在萬曆年間所撰的《嘉興藏・刻藏緣起》中提到："元板亦不下十餘副。"②但他沒有説明這十餘副元代的版刻藏經到底是些什麽藏經，存放在什麽地方。著名佛教學

---

① 原藏中安太平國際拍賣有限公司 2007 年秋拍圖録，後收入筆者的《隨緣做去，直道行之》。收入本書時，略有修訂。

② 《紫柏尊者全集》卷一三，CBETA（2016），X73，no.1452，p.253，a17//Z2：31，p.427，d5//R126，p.854，b5。

者呂澂在 1929 年出版的《佛典泛論》中説："洪武五年（1372）……刻南藏版，時各舊本以兵亂散亡，元版七八副悉毀。"①但他没有説明上述論述的資料依據何在。我們知道，元代定都大都後，歷代帝王均較佞佛，造寺、供僧，可謂不遺餘力。刊刻官版藏經，應該是個中應有之義。如果紫柏、吕澂所説可靠，則元代所刻的這麽多大藏經中肯定應該包括官刻大藏經。但是，直到 20 世紀 30 年代，人們能夠見到的元代藏經衹有浙江餘杭（今杭州）南山普寧寺私刻的《普寧藏》與建寧路後山報恩堂私刻的《毗盧藏》。而那部《毗盧藏》按計劃衹刻了大乘四大部，並非嚴格意義上的大藏經。至於官版藏經，雖然有《弘法藏》、《至元録藏》、英宗《銅版藏經》種種説法，但没有任何人見到過實物，因此不能確定它們是否真實存在。現在雲南省圖書館竟然發現了人們尋覓已久的元代官版藏經，則不但是大藏經研究史，也是文物領域的一個重大成就。我們把這部藏經定名爲《元代官刻大藏經》，簡稱《元官藏》。

此後我執筆寫了《〈元代官刻大藏經〉的發現》與《〈元代官刻大藏經〉的考證》兩篇文章，用童瑋、方廣錩、金志良三人名義，分别發表在《文物》與《世界宗教研究》上。上面兩篇文章，主要介紹雲南省圖書館藏品的概貌，考證了它們並非傳説中的《弘法藏》，而是一部過去不爲所知的藏經，並考證了它的刊刻時間、地點、發起人等問題。在文章寫作過程中，張新鷹向我介紹，在日本小野玄妙所撰的《佛教經典總論》中，也有關於這部藏經的太皇太后願文、職名録、僧名録等歷史文獻。我找來一看，除了職名録互有參差外，其他兩份資料與雲南省圖書館所存完全相同。據小野玄妙介紹，這三件文獻在日本被發現時，已經與經本脱落，所以無法對這部藏經

---

① 《佛典泛論》，第 30 葉 B。

作進一步考訂。今天,我們比小野玄妙幸運多了,親眼看到了這批
藏經,總結了它的基本特點。

　　日本發現的職名錄與中國雲南發現的職名錄相互頗有差異。
這種差異是怎麼產生的? 爲此我撰寫了《元史考證兩篇》,發表在
《文史》上,對隱藏在兩份職名錄背面的歷史史實及《元官藏》的刊
刻背景作了進一步的探索。

　　關於《元官藏》的文章發表後,很快從東瀛傳來反響。原來在
日本對馬早就發現了一批大藏經零本,有好幾十冊,均爲《華嚴
經》。以前一直没有搞清它們到底屬於什麼藏經。我們的文章發
表後,日本學者發現對馬的這批藏經與我們叙述的《元官藏》特徵
完全一致,確認它們也屬於《元官藏》。1994 年我訪日期間,又在京
都考察了《元官藏》兩冊,並得知在千葉縣也有收藏。

　　國内也陸續傳來好消息。有些收藏家過去收藏了《元官藏》的
零本,但不知道它到底屬於什麼藏經。有了雲南省圖書館《元官
藏》作標準,這些零本藏經的鑒定也就容易了。這些年,經我鑒定
的《元官藏》零本就有好幾冊。

　　坦率地説,元亡已近七百年。竟然還能有這些《元官藏》零本
通過各種途徑在中國、日本保留下來,被發現、被鑒定,真可謂稀世
因緣,值得歡喜讚嘆。前此,我當然希望還會有新的《元官藏》出
現,但總覺得那實在是不切實際的奢望。然而生活就像喜劇一樣,
近年來,竟然又有十多冊《元官藏》面世。特別令人興奮的是,其中
有兩冊經本均附有那三種珍貴的歷史文獻。仔細考察,所附的兩
份職名錄與日本發現的完全一樣,正好彌補了我們中國收藏的缺
憾;而所附的兩份僧名錄,其中一份與中國雲南省和日本已知的僧
名錄相同,另一份其中的一個人名有差異。雖然差異不大,但增加
了新的資料,令人欣喜。

新資料的出現，可以推動相關研究不斷推進。正像我在《〈元代官刻大藏經〉的考證》一文結尾所説："我們對這部藏經的刊刻地點、時間、發起人作了一些探索。由於過去這部藏經從未經著録，雖然我們查閲了不少正史、野史、方志、筆記及佛教史籍，但均未找到有關的直接證據。故以上考證，大抵依據間接材料進行，有些問題還僅衹是個大致的推測，未能得出確鑿的結論……我們寄希望於將來新的資料的發現，寄希望於同行們的共同努力。"新資料已經出現，我相信，隨著對這些新資料的深入研究，我們對《元官藏》的認識也將進一步推進。

［附記］

如果記憶没有失誤，本文應爲中安太平國際拍賣有限公司之邀而寫，發表在 2007 年該公司秋拍的圖録上。文章介紹了關於《元官藏》的發現、考訂經過，以及中日兩國現存的《元官藏》的概況，價值僅此而已。因爲與《元官藏》有點關係，所以收入本書，以供參考。收入時，對個别文字略有修訂。

關於 2000 年以來山西新發現的《元官藏》，詳情可以參見李際寧先生所撰《關於近年發現的〈元官藏〉》，載《藏外佛教文獻》第十三輯，中國人民大學出版社，2010 年 8 月。

又，最近據侯沖告知，現又發現智顗撰《四念處》、澄觀撰《大方廣佛華嚴經隨疏演義鈔》等兩種《元官藏》零本。其中《四念處》的帙號爲"沙"，《大方廣佛華嚴經隨疏演義鈔》的千字文帙號爲"庶幾中庸勞謙"。"謙"字在《千字文》中的排序爲第六百八十六字，亦即《元官藏》至少使用了六百八十六個千字文帙號，它的收藏經卷數約爲七千卷。上述資料對研究《元官藏》與《至元録》之間的關係也提供了新的綫索。詳情有待進一步研究。

楊文會的編藏思想[①]

　　楊文會(1837—1911),字仁山,安徽石埭(今安徽石台)人。我國清末居士佛教的主要代表人物之一。他畢生的目標是復興佛教,爲此奮鬥終生。包括創辦佛教學堂——祇洹精舍,創立佛教研究機構——佛學研究會,建立佛典刻印流通機構——金陵刻經處,註疏佛教經典,編寫佛教教材,進行國際交流,等等。他捨私宅建立的金陵刻經處,廣爲收集佚典,刻印諸種經論,編輯《大藏輯要》,成爲晚清佛教典籍傳播的重要基地,並對近、現代中國佛教產生了重大影響。他一生"流通經典百餘萬卷,印刷佛像十餘萬張"[②]。梁啓超稱,當時"凡有真信仰者,率皈依文會"[③],可見他在中國近代佛教史上影響之大。本文擬對楊文會的編藏思想略作探討。

一、 楊文會的佛學思想

　　楊文會的編藏思想與他的佛學思想緊密相關,不可分割。要

---

① 　原載《中華佛學雜志》2000 年第 13 期。收入本書時,略有修訂。

② 　《楊仁山居士事略》第 4 葉 B,載《楊仁山居士遺著》第一册,金陵刻經處本。

③ 　梁啓超:《清代學術概論》,轉引自郭朋等《中國近代佛學思想史稿》,巴蜀書社,1989 年 10 月,第 5 頁。

研究他的編藏思想，必須首先瞭解他的佛學思想。

關於楊文會的佛學思想，研究者或謂："文會深通法相、華嚴兩宗，而以淨土教學者。"①或謂："楊文會的佛學思想，比較駁雜，總的來說，是屬於'性宗'系統的……在思想上，他推崇《起信》；在踐履上，他歸心淨土。"②或謂："他早年'崇禪宗而輕淨土'，淨土思想在中年時纔形成，但到晚年則……强調'一切法門皆趨淨土一門'，全心歸於淨土，往期西方……他的佛學思想是駁雜而又豐富的。"③那麽，他到底是信從法相、華嚴，還是推崇《起信》？是否兼而有之，思想駁雜？他是否曾經崇禪宗，而晚年又全心歸於淨土？當他崇禪宗或歸淨土時，《起信》或法相、華嚴在他心目中又是什麽地位？凡此種種，都值得研究。

我認爲，要準確把握楊文會的佛學思想與編藏思想，必須注意以下三點：第一，必須聯繫當時佛教界的實際情況。第二，必須聯繫楊文會針對當時情況而提出的學修方法。第三，必須聯繫佛教的學、修傳統。

先就當時佛教界的實際情況來談。

清朝末年，與我國封建社會晚期社會發展長期停滯相應，與國家積貧積弱相應，中國佛教衰落的態勢，這時也達到極點。這首先表現爲僧人理論素質的低下與佛教義理的衰落。據近人太虛估計，清末各省約有僧尼八十萬人。人數不可謂不多，但僧人中認真鑽研佛教義理的人猶如鳳毛麟角。很多僧人目不識丁，唯知趕經懺，念彌陀。楊文會曾經這樣評論當時的佛教界：有的僧人"於經、

---

① 梁啓超：《清代學術概論》，轉引自郭朋等《中國近代佛學思想史稿》，第 5 頁。
② 郭朋等：《中國近代佛學思想史稿》，第 6 頁。
③ 黄夏年主編《楊仁山集》所載《楊文會先生與佛學》，中國社會科學出版社，1995 年 12 月，第 3 頁。

律、論毫無所知，居然作方丈，開期傳戒。與之談論，庸俗不堪，士
大夫從而鄙之"①。有的"根器淺薄，動輒以禪宗自命。究其旨趣，
茫無所知"②。更有人"杜撰禪和，稍得一知半解，便謂超佛越祖。
世諦不除而除真諦，俗見不掃而掃法見"③。人才凋零，宗風日下，
與風雨飄搖的清王朝一樣，陷入了全面的危機。佛教的這種現狀
引起了佛教界有識之士的強烈不滿，也引起楊文會的強烈不滿。

　　清代佛教有一個特殊現象，即居士佛教的興起。佛教傳入中
國後，歷朝歷代都有不少在家人皈依、研究佛教，成爲居士。我認
爲，僅有"居士"，並不代表已經出現了"居士佛教"。因爲清代以
前，從總體來說，每一個朝代，代表當時佛教最高水平的理論權威，
大體上均爲僧人。此外，居士總是按照戒律規定，依附僧人從事各
種佛事活動。但清末由於很多僧人或素質低下，或因循守舊，已經
在信徒中失去舊日的權威地位。相反，居士中却出現一批深研佛
學的專家，就佛教研究的水平而言，足以與一些優秀的僧人對峙。
居士們組織起來，獨立進行各種宗教活動，甚至開堂説法，接受徒
衆。這就是所謂的"居士佛教"。至今有些地區存在的所謂"二寶
居士"，正是居士佛教的表現形態之一。

　　追究居士佛教產生的原因，我認爲可以從如下幾個方面去
考察。

　　首先是時代背景，亦即時代提出了什麼樣的課題。這應該包
括兩個方面：一個方面是由於鴉片戰爭以來，中國積貧積弱，屢遭

---

① 《釋氏學堂內班課程芻議》，見《等不等觀雜録》卷一，第 18 葉 A，載《楊仁山居士遺著》第七
　　册，金陵刻經處本。
② 《答釋德高質疑十八問》，見《等不等觀雜録》卷四，第 21 葉 B，載《楊仁山居士遺著》第八册，
　　金陵刻經處本。
③ 《與馮華甫書》，見《等不等觀雜録》卷五，第 23 葉 B，載《楊仁山居士遺著》第九册，金陵刻經
　　處本。

外國列強的侵略，如何喚起民族的覺醒而自奮自强自救，便成爲時代的課題。部分力圖救國救民的知識分子便把佛教作爲可以挽救國家民族危機的精神武器，其代表人物如譚嗣同、梁啓超等，主張發揚佛教的主觀戰鬥精神，宣傳悲天憫人的憂國憂民意識，鼓動不怕犧牲、團結奮進的宗教熱情。他們的思想與革命實踐，成爲中國近代民主革命的一個有機組成部分。另一個方面則是一些虔信居士對佛教的衰落、僧人的腐敗非常不滿，爲了振興佛教，努力從事對佛典的收集、整理，佛教義理的研究，佛教人才的培養乃至佛法的弘傳，等等。後一方面的主要代表人物就是楊文會。①義理是佛教的靈魂，楊文會佛學思想的一個重點就是反對當時那種空誕虛狂的學風，主張踏踏實實地認真進行佛教義理，即佛法的研究。經典是佛法的代表，所以，楊文會上述佛學思想的具體體現之一就是重視經典的收集與大藏的編纂。

其次可從楊文會提出的學修方法來探討。

針對當時現實，楊文會提出了一整套應時對機的學修方法。反映出他對當時流行的各個佛教宗派與各種佛教理論的基本態度，也反映出他的佛學思想，很值得我們注意。他説：

學佛者當若之何？曰：隨人根器各有不同耳。

利根上智之士，直下斷知解，徹見本源性地。體用全彰，不涉修證。生死涅槃，平等一如。此種根器，唐、宋時有之，近世罕見矣。

其次者，從解路入。先讀《大乘起信論》，研究明瞭，再閱

---

① 當然，上述兩個方面很難截然分開，比如譚嗣同、梁啓超等都曾經受到楊文會很大的影響。但在具體行事上，還是各有各的側重。

《楞嚴》《圓覺》《楞伽》《維摩》等經，漸及《金剛》《法華》《華嚴》《涅槃》諸部，以至《瑜伽》《智度》等論。然後依解起行，行起解絕，證入一真法界。仍須回向淨土，面覲彌陀，方能永斷生死，成無上道。此乃由約而博，由博而約之法也。

　　又其次者，用普度法門。專信阿彌陀佛接引神力，發願往生。隨己堪能，或讀淨土經論，或閱淺近書籍。否則單持彌陀名號，一心專念，亦得往生淨土。雖見佛證道有遲速不同，其超脫生死，永免輪回，一也。①

也就是說，應時對機，有三種學佛解脫的方法。第一種即禪宗的頓悟自性，當下成佛。但楊文會認爲這祇有利根上智之人才能做到，現世罕有其人。其次是依據經論學習佛教理論，輔以淨土修習。即從解路入，依解起行，行起解絕，得到解脫。再次是專持淨土法門。這雖然也能解脫，但與前相比，畢竟有見佛證道之遲速不同。

　　顯然，楊文會認爲第二種方法是現世學佛、爭取解脫之最爲妥當的方法。這也是楊文會的一系列佛學思想的基礎。從這個立場出發，他自然特別注重經典的整理與藏經的編纂。

　　最後從佛教的學、修傳統來談。

　　學，即學習佛教的各種義理學說，屬於"解"的範疇；修，即具體的佛教修持，屬於"行"的範疇。在中國佛教史上，不同的人對學與修的態度並不一樣。有的人重學輕修，有的人重修輕學，大多數人則主張學修並重。但在學修並重的人中，實際也有"依解起行"與"以行促解"之不同。當然，即使同一個人，前後態度也可能發生變

---

① 《學佛淺說》，見《等不等觀雜錄》卷一，第 10 葉 A 至第 11 葉 B，載《楊仁山居士遺著》第七册。

化,不能一概而論。

　　清末的居士佛教,是在僧人義學極度衰敗的情況下,為振興佛教而呼籲、宣導佛學研究,他們自然主要將鑽研佛教義理作為己任。當然,在主張學修並重的大潮流下,在佛教本身向來注重修持的大前提下,居士們也不可能輕忽修持的重要性。楊文會說:"專門學者,不但文義精通,直須觀行相應,斷惑證真,始免說食、數寶之誚。"①因此,決定了他們在學、修問題上的態度必然是在重視學解的基礎上,主張依解起行,學修並重。楊文會也不例外。如前所述,楊文會主張從解入路,證入一真法界,迴向淨土,成無上道。

　　從學、解的角度來看,為了振興佛教,當時的居士佛教幾乎對佛教的各種理論都作了認真的研究。不同的人對不同的理論不免有仁智之見。那麼,楊文會最重視的到底是哪一種思想? 他信從的是《起信論》的真如緣起理論。楊文會早年便因接觸《大乘起信論》而開始學習佛教,其後雖然也鑽研過佛教其他經典與派別的思想,但從總體看,他一生服膺《起信論》,並以《起信論》為基礎,融攝佛教的其他學說。

　　如他稱《起信論》"宗教圓融,為學佛之要典"②、"為學佛之綱宗"③。認為該論雖然"僅僅萬餘言,遍能貫通三藏聖教"④,"通達此論,則《楞嚴》《楞伽》《華嚴》《法華》等經,自易明瞭"⑤,"此論一通,則一切經皆有門徑矣"⑥。針對當時把大乘佛學分為性宗、相宗的

①　《釋氏學堂內班課程》,見《等不等觀雜錄》卷一,第 21 葉 B,載《楊仁山居士遺著》第七册。

②　《答釋德高質疑十八問》,見《等不等觀雜錄》卷四,第 22 葉 B,載《楊仁山居士遺著》第八册。

③　《與陳大燈陳心來書》,見《等不等觀雜錄》卷六,第 25 葉 B,載《楊仁山居士遺著》第九册。

④　《與鄭陶齋書》,見《等不等觀雜錄》卷五,第 4 葉 A 至第 4 葉 B,載《楊仁山居士遺著》第九册。

⑤　《與李澹緣書一》,見《等不等觀雜錄》卷五,第 12 葉 B,載《楊仁山居士遺著》第九册。

⑥　《與呂勉夫書》,見《等不等觀雜錄》卷六,第 23 葉 A,載《楊仁山居士遺著》第九册。

判分法,他認爲"《起信論》雖專詮性宗,然亦兼唯識法相。蓋相非性不融,性非相不顯"①。所以,他一生不但"常以《大乘起信論》爲師"②,還特別强調"大藏教典卷帙浩繁,求其簡要精深者,莫如《起信論》"③,"《起信論》以一門二心,總括佛教大綱。學者能以此論爲宗,教律禪淨,莫不通貫。轉小成大,破邪顯正,允爲如來真子矣"④,即把《大乘起信論》作爲體現全部佛教精華的最爲重要的著作。他不僅是這樣説的,也是這樣做的。從他的著作可以看出,他處處努力用《起信論》的觀點來會融其他經典的思想。晚年甚至宣布要"建立馬鳴宗",主張"以《大乘起信論》爲本,以《大宗地玄文本論》中五位元判教,總括釋迦如來大法,無欠無餘"。認爲祇有這一馬鳴宗纔真正是"誠救弊補偏之要道也"⑤。

所以,我認爲,從學、解的角度講,楊文會的佛學思想立足《起信論》,相當純實,並不駁雜。⑥

從修、行的角度來説,當時社會上主要流行的是禪宗、淨土,主流則是"禪淨雙修"。如前所述,楊文會贊同淨土有導人解脱生死的功用,主張它可作爲中根人"從解入路"時的一種輔助手段,也可作爲下根人求得解脱的一種方便法門。但楊文會特別提出專念佛名的法門有其局限性,要靠學習經典來彌補:

　　　　凡夫習氣最重。若令其專念佛名,日久疲懈,心逐境轉,

① 《起信論疏法數別録跋》,見《等不等觀雜録》卷三,第 23 葉 B,載《楊仁山居士遺著》第八册。
② 《與鄭陶齋書》,見《等不等觀雜録》卷五,第 4 葉 A 至第 4 葉 B,載《楊仁山居士遺著》第九册。
③ 《會刊古本起信論義記緣起》,見《等不等觀雜録》卷三,第 4 葉 A,載《楊仁山居士遺著》第八册。
④ 《佛教初學課本注》,第 23 葉 B 至第 24 葉 A,載《楊仁山居士遺著》第四册,金陵刻經處本。
⑤ 《與李小芸書》,見《等不等觀雜録》卷五,第 29 葉 A,載《楊仁山居士遺著》第九册。
⑥ 關於《大乘起信論》譯本的真僞及《起信論》思想的價值,這是另一個問題,本文不予涉及。

往往走入歧途而不自覺。故必以深妙經論，消去妄情，策勵志氣，勇銳直前，方免中途退墮也。①

　　當然，説淨土法門有一定的局限，並不是説楊文會對淨土有貶斥之意。對此，楊文會講得很清楚："文學之士，往往輕淨土而崇性理。鄙人初學佛時，亦有此見。自閲《彌勒疏抄》後，始知淨土深妙。從前偏見，消滅無餘。"②可見楊文會對淨土的肯定態度。

　　所以，郭朋先生的下述論斷，我是完全贊同的："在思想上，他推崇《起信論》；在踐履上，他歸心淨土。"

　　至於禪宗，楊文會的態度也很鮮明。首先，他對禪宗及其修習十分推崇。比如，他曾經説"佛學之高，莫如禪宗"③，但他認爲祇有上根機的人才能修習這種教外別傳之法，而當今之時，這種利根上智的人實在罕有。其次，楊文會理解的禪宗與禪宗本身所述顯然不同。楊文會解釋"傳心印，爲禪宗"時説："佛之心印，即是般若波羅蜜。"④又稱："達摩一宗，專弘此法。六祖稱爲學般若菩薩。此乃以第六度爲禪，非第五度之禪也。"⑤這種説法看起來與禪宗的直截了當地當下建立佛教世界觀的主張似乎没有多大的差異。但是，禪宗所説偏重於以神秘的心理體驗來建立佛教世界觀，而楊文會則偏重於"般若"理論之解悟。兩者是不同的。再次，從重視理論解悟的立場出發，楊文會反對禪宗"不立文字"的傳統，他説："不立文字是一種方便。若執爲定法，則自誤誤人矣。當知摩訶迦葉承

① 《學佛淺説》，見《等不等觀雜録》卷一，第11葉A，載《楊仁山居士遺著》第七册。
② 《與劉次饒書》，見《等不等觀雜録》卷五，第33葉A，載《楊仁山居士遺著》第九册。
③ 《佛教初學課本注》，第29葉A，載《楊仁山居士遺著》第四册。
④ 《佛教初學課本注》，第23葉A，載《楊仁山居士遺著》第四册。
⑤ 《般若波羅蜜多會演説二》，見《等不等觀雜録》卷一，第25葉B，載《楊仁山居士遺著》第七册。

佛付囑爲第一祖，至佛滅後，即以結集法藏爲當務之急。及其傳心，不傳之他人，而傳之多聞總持之阿難。後來世世相承，莫不造論釋經，宗説兼暢。達摩西來，得其傳者爲精通内典之慧可。儻慧可未通教義，豈能識達摩之高深哉！及至六祖，始示現不識文字之相，以顯無上道妙，要在離言親證，非文字所能及也。後人不達此意，輒以不識字比於六祖，何其謬哉！"①"教外別傳，不立文字"本是禪宗六祖開宗立派以來的基本旗號，楊文會何以要反對它？應該説，這與清末禪宗的衰敗相有直接關係。對此，楊文會有頗多批評。例如，針對當時流行的不識文字，不讀經論，不通義理，一味參究公案的所謂"看話禪"，他説："禪門掃除文字，單提'念佛的是誰'一句話頭，以爲成佛作祖之基。試問：三藏聖教，有是法乎？"②爲此他創立了佛學研究會，企圖糾正這種弊病。針對當時禪宗虛狂的風氣，楊文會嚴厲批評道："近時宗門學者，目不識丁，輒自比於六祖。試問千餘年來，如六祖者，能有幾人？擬令此後非學成初等、中等者，不得入禪堂坐香，以杜濫附禪宗、妄談般若之弊"③，"本朝初年，禪宗鼎盛，著述家純疵間出。近世以來，僧徒安於固陋，不學無術，爲佛法入支那後第一墮壞之時"④。有關論述甚多，不再摘列。正如楊文會指出的："蓋他宗依經建立，規矩準繩，不容假借。惟禪宗絶迹空行，縱橫排蕩，莫可捉摸。故黠慧者竊其言句而轉換之，粗魯者仿其規模而強效之，安得大權菩薩乘願再來，一振頹風

---

① 《佛教初學課本注》，第 25 葉 A 至第 25 葉 B，載《楊仁山居士遺著》第四册。
② 《佛學研究會小引》，見《等不等觀雜録》卷一，第 22 葉 A，載《楊仁山居士遺著》第七册。
③ 《釋氏學堂内班課程芻議》，見《等不等觀雜録》卷一，第 18 葉 B，載《楊仁山居士遺著》第七册。
④ 《般若波羅蜜多會演説一》，見《等不等觀雜録》卷一，第 24 葉 B，載《楊仁山居士遺著》第七册。

也哉？"①可以説，楊文會種種振興佛教的措施，首先是針對清末禪宗的種種虛誕頹風而采取的。

所以，從修行的角度講，楊文會對淨土修習較爲肯定，但對當時禪宗的諸種弊病則甚爲痛心。

總之，就學、修總體而言，楊文會重視淨土修習，但同時主張學解是解脱之基礎。在學解方面，特別注重《起信論》的理論，表現出鮮明的注重義理的傾向。這既是當時居士佛教的特色，也是中國士大夫學佛的一個基本特色。

在《觀未來》一文中，楊文會稱："舉世皆夢也……欲醒此夢，非學佛不爲功。三藏教典具在，苟能用心，無不得入。"②在楊文會看來，學佛的正路是由信而解，由解而行，由行而證。最終歸於淨土。在這裏，研解義理是一個必不可少的重要環節。義理是佛教的靈魂，欲振興佛教，改變頹勢，必須首先振興義理。要振興義理，必須鑽研經典。而要鑽研經典，必須收集、整理與刻印流通經典。楊文會由此義無反顧地走上刻經、編藏這一條艱辛的道路。

二、 楊文會的編藏思想

大藏經是佛教法寶的代表，在佛教中占有重要地位。從南北朝大藏經形成以來，歷朝歷代都有編輯、修造大藏經之舉。有些朝代修造的還不止一部，如已知明代修造的官刻、私刻藏經就有多部。與清朝佛教衰落相適應，有清一代，官刻藏經僅完成於乾隆年間之《龍藏》一部，私刻藏經則有明一代萬曆年間開始刊刻，此後一

① 《十宗略説》，第5葉B至第6葉A，載《楊仁山居士遺著》第四册。
② 《觀未來》，見《等不等觀雜録》卷一，第15葉B至第16葉A，載《楊仁山居士遺著》第七册。

直在續刻並印刷流通的《嘉興藏》。《龍藏》是官刻藏經,僅用於皇朝之頒賜。手續繁瑣,流通極少。據現有資料,《龍藏》自刻成後,直到清朝末年,僅印刷百餘部左右,頒賜京内外諸大寺院。由於印數很少,衹作供養之用,實際並不真正流通。故清代較爲流通的大藏經仍爲明《永樂南藏》與《嘉興藏》。然而,待到清朝道光、咸豐年間,《永樂南藏》《嘉興藏》這兩部大藏的版片均已亡佚,無從再行刷印。所以,當時想得到新的大藏經,衹能請印《龍藏》。但如前所述,《龍藏》請印不便,對佛教界造成困擾。大藏經之衰敗與佛教義理之衰敗實際是互爲因果,互爲表裏的。

與這種情況相應,當時各地出現不少民間的刻經處,自行刊刻經典,以滿足信徒對佛經的需求。但這些刻經處所刻經典一般無一定計劃,衹是按照社會需求,按照施主要求,刊刻一些流通量較大,或一般以爲功德意義較大的經典。刊刻水平參差不齊,難以保證質量。

鑒於這種情況,楊文會創辦金陵刻經處,目的就是想刊刻新的書册本大藏經。正如在他晚年的《報告同人書》中所説:"鄙人四十年來,屏絶世事,專力於刻經流通,竊以弘法利生爲願。今垂老,尚有心願中未了之事。……鄙人志願,亟望金陵刻經處刻成全藏,務使校對、刷印均極精審,庶不至貽誤學者。"[1]四十年來,他圍繞這一中心,收羅典籍,遴選精本,籌措資金,編纂目録,主持刊刻,乃至親自承擔較爲繁難典籍的校對,等等,孜孜精進,未稍暫捨,這種精神令人感動。鑒於大藏經篇幅浩瀚,他又曾經計劃參考日本續藏經刻本而編輯一部《大藏輯要》,共約三千卷。他爲之編纂了"叙例",

---

[1]　《報告同人書》,見《等不等觀雜録》卷五,第 4 葉 A 至第 5 葉 A,載《楊仁山居士遺著》第九册。

也列擬了類目。遺憾的是，直到逝世，他没有能夠實現自己的上述兩個目的。不過，差可告慰的是，其弟子歐陽漸其後主持金陵刻經處事務，在《大藏輯要》的基礎上重新編纂出版了《藏要》三輯，在佛教文獻學史上具有一定的地位。

　　大藏經有取材標準、結構體系、外部標志等三個組成要素，一部優秀的藏經應該達到資料齊全、編排科學、使用方便這樣三個標準。①雖然楊文會擬編的大藏經實際上並没有完成，因此很難進行全面的探討，但我們仍然可以依據現有資料對他的編藏目的、工作方式以及采用上述三要素作爲標準對楊文會的編藏思想進行研究。

　　（一）編藏目的

　　楊文會編藏的最大動機是供人研習佛教，以求證悟。他這樣説：

　　　　若欲親證，須由三種漸次而入。一者文字般若，即三藏教典及各宗著述。後學因此得開正見，不至認賊爲子。二者觀照般若，依前正見，作真空觀及中道第一義觀。三者實相般若，由前妙觀，證得諸法實相即與般若相應，便是到彼岸，可稱般若波羅蜜多矣。②

　　也就是説，要求證悟，首先必須依據大藏經等佛教典籍得開正見，然後在這正見的基礎上作諸種觀照，最後由觀照而證得諸法實

---

① 參見方廣錩《大藏經編纂及其芻議》，載《藏外佛教文獻》第二輯，宗教文化出版社，1996 年 8 月，第 38 頁。

② 《般若波羅蜜多會演説二》，見《等不等觀雜録》卷一，第 25 葉 A 至第 25 葉 B，載《楊仁山居士遺著》第七册。

相。在通信中,楊文會每每勸人研習經典,都是出於同樣的思路。這也是楊文會一生從事艱辛的編藏事業的直接動力。前面提到,就學、修總體而言,楊文會表現出鮮明的注重義理的傾向。這既是當時居士佛教的特色,也是中國士大夫學佛的一個基本特色。

楊文會編藏的第二個目的是振興佛教。作為一個虔誠的佛教徒,面對清末佛教的種種衰敗相,楊文會痛心疾首。他說:

> 我國佛教衰壞久矣!若不及時整頓,不但貽笑鄰邦,亦恐為本國權勢所奪,將歷代尊崇之教,一旦而廢之,豈不令度世一脈,後人無從沾益乎?①

要整頓佛教,則賡續歷代傳統,重編佛教大藏,自然是個中應有之義。

楊文會編藏的第三個目的是向世界傳播佛教。與一切虔誠的佛教徒一樣,楊文會也有著強烈的傳播佛教的熱情。在他看來,由於佛教主張眾生平等,所以,在當今,唯有佛教纔是最適合於世界各國的宗教。他說:"欲以宗教傳於各國,當以何為先?統地球大勢論之,能通行而無悖者,莫如佛教。"並主張先"從印度入手,然後遍及全球。庶幾支那聲名文物,為各國所器重,不至貶為野蠻之國矣"。他希望數年之後,佛教"不但與西洋各教並駕齊驅,且將超越常途為全球第一等宗教,厥功豈不偉哉!"②

具體應該怎樣做?他主張要把漢文佛典重譯為梵文,並要日本人用漢語直接閱讀漢文佛典:

---

① 《支那佛教振興策一》,見《等不等觀雜錄》卷一,第 16 葉 B,載《楊仁山居士遺著》第七冊。
② 《支那佛教振興策二》,見《等不等觀雜錄》卷一,第 17 葉 A 至第 17 葉 B,載《楊仁山居士遺著》第七冊。

今欲振興，必自開學堂始。

五印度境爲佛教本源，大乘三藏所存無幾。欲興正法，必從支那藏經重譯梵文。先須學習語言、文字，方可成此大業也。

日本佛教勝於他國，三藏教典及古今著述最爲詳備。欲求進益，須以漢語讀漢文，則文義顯發，必有勝於嚮時。蓋漢文簡而明，曲而達，虛實互用，言外傳神。讀誦通利，自能領會。嚮以和語回環讀之，恐於空靈之致，有所未愜也。①

上述設想不免有空想的成分，但把楊文會以經典爲傳法之要的思想表述得很清楚。既然如此，自然需要把刻經、編藏作爲首要的工作。

古代，與我國存在著義理層面佛教及信仰層面佛教相應，我國的大藏經也發生了分化，呈現義理性大藏經與信仰性大藏經這麼兩種類型。前者的目的是供別人探究義理，後者的目的是爲自己修積功德，由此衍生出不同的形態與特點。毫無疑問，楊文會擬編之大藏經屬於前者。

（二）取材標準

由於楊文會刻印佛典、編纂藏經的目的是爲了供人鑽研義理以弘揚正法，復興佛教，所以他心目中理想的藏經有幾個明顯的特點：維護正法傳統、收羅齊全資料、注重章疏義理、遴選精良底本，並以此作爲取材標準。

1. 維護正法傳統

所謂"維護正法傳統"是指楊文會認爲刻經、編藏，在內容上必

---

① 《般若波羅蜜多會演說四》，見《等不等觀雜錄》卷一，第 26 葉 B 至第 27 葉 A，載《楊仁山居士遺著》第七冊。

須維護佛教的純正性，以保證正法的弘揚。

金陵刻經處在成立之初，曾公議條例，訂有三不刻的規矩：“凡有疑僞者不刻，文義淺俗者不刻，乩壇之書不刻。”①曾經有過這樣一件事：有人寄來一本梵文經典，稱經過某番僧鑒定，係《高王觀世音經》的梵本，要求刻印流通。《高王觀世音經》是南北朝時期，在當時流行的觀音信仰的影響下出現的僞經，歷代大藏均不收入。現在敦煌遺書中有保存。在楊文會看來，該經既然是中國人所撰僞經，自然不可能有什麼梵本。楊文會回信説明理由，將原書奉還，婉言謝絕。當時日本正在編纂《續藏經》，楊文會與參與其事的南條文雄有著較深厚的友誼，相互代爲收集資料。南條文雄將《續藏經》目録寄給楊文會，以供參考。楊文會發現其中收有無垢子著《註解心經》一卷，認爲這是外道所作，不宜收入藏經，應予撤除，便去信南條，説明自己的意見。現《續藏經》中果然没有該經，看來南條文雄接受了楊文會的意見，將該經撤去了。又如楊文會編纂的《賢首法集》將能夠收集到的法藏的著作全部彙集在一起，而對傳爲法藏所著的《華嚴策林》等四種五卷，則因其爲僞作而排除在外。

楊文會這種袪妄揚正的態度，不但體現在選取經本方面，還體現在與大藏經有關的其他一些問題上。

比如當時民間流傳一種名叫《大藏經總目録》的巾箱本小摺經，僧人行脚常隨身攜帶，以爲法寶。據説有“獲無量無邊功德，諸佛密加佑護”“定生佛國”的功效。楊文會特意爲之撰《〈大藏經總目録〉辨》：

　　　　嘗見行脚禪和佩帶小摺經，目爲法寶。閲其名目、卷數，

_____

① 《與郭月樓書》，見《等不等觀雜録》卷六，第26葉B至第27葉A，載《楊仁山居士遺著》第九册。

與藏內多不相符。欲究其根源而未得也。一日檢《西遊記》，見有唐僧取經目次，即此摺所由來矣。按《西遊記》係邱長春借唐僧取經名相演道家修煉內丹之術，其於經卷，不過藉以表五千四十八黃道耳。所以任意摭拾，全未考核也。乃後人不察，以此為實，居然抄出刊行，廣宣流布。雖禪林修士，亦莫辨其真偽，良可浩嘆。余既知其源流，遂記之，以告夫來者。①

由於楊文會掌握資料有限，上文辨析頗有失誤。如該《大藏經總目錄》實際出現於晚唐，其後一直在民間流傳。故實際是《西遊記》中的"唐僧取經目次"采摭自民間流傳的《大藏經總目錄》，而非《大藏經總目錄》取材於《西游記》。②又如《西游記》並非邱處機所撰；"五千四十八"這個數字乃出自《開元釋教錄·入藏錄》，與黃道無關。但該《大藏經總目錄》的確是一種捕風捉影的東西，是在三寶崇拜思想影響下出現的大藏經崇拜的產物，是信仰層面佛教的體現，與真正的佛教大藏經沒有任何一點關係。

又如楊文會曾撰《一藏數目辨》澄清當時社會上對佛藏收經數目的誤傳：

今時僧俗持誦經咒，動稱一藏。問其數，則云："五千四十八也。"嘗考歷代藏經目錄，惟《開元釋教錄》有五千四十八卷之數，餘則增減不等。至今乃有七千二百餘卷矣。③

如前所述，"五千四十八"這個數字出自《開元釋教錄·入藏

① 《〈大藏經總目錄〉辨》，見《等不等觀雜錄》卷四，第 11 葉 A 至第 11 葉 B，載《楊仁山居士遺著》第八冊。
② 參見方廣錩《八—十世紀佛教大藏經史》第二章第三節，第 194 頁。
③ 《一藏數目辨》，見《等不等觀雜錄》卷四，第 11 葉 B，載《楊仁山居士遺著》第八冊。

録》，會昌廢佛後全國藏經以《開元釋教録・入藏録》爲基礎得到統一，故"五千四十八"也因此成爲大藏經的代名詞。[1]但與後代義學衰敗相應，僧人往往一提大藏經卷數，以爲就是"五千四十八卷"，全然不知後代諸種藏經内容演變、卷數增减這一佛教的基本知識，故楊文會要爲之辨誤。

　　楊文會對某些佛典中反映的一些陋習也提出批評。例如，受中國封建王朝注重正統、嚴辨正朔的史學觀的影響，南宋天台宗僧人志磐采用中國史書的紀傳體，寫了一部《佛祖統紀》。印度從釋迦牟尼起，到十三祖龍樹止，中國從慧文、慧思起，以天台一派"爲正宗，作'本紀'，尊之爲帝王；近支謂之旁出，作'世家'，尊之爲諸侯；遠支作'列傳'，等之於士大夫；《佛祖世系表》内之祖，十四祖以下，反同旁出"。楊文會認爲，從釋迦牟尼開始，僧人既然出家，就抛棄了世俗的榮華，怎麽能夠再套用世俗的等級觀念？他指出："若不論道德而論世系，則禹、湯之傳而爲桀、紂，文、武之傳而爲幽、厲。"並發出嚴厲的責問："無知妄作至於如此，尚得謂之如來真子乎？"楊文會之所以這樣提出批評，也是爲了維護佛教的純正性。

　　在當時的情況下，楊文會的這種態度在佛教界的確起到警世驚夢、匡正時弊的作用。

　　2. 收羅齊全資料

　　如前所述，南北朝之後，我國歷朝歷代都曾經修造大藏經。清代大藏經的規模已達七千餘卷。因此，編纂新的大藏經可以有兩種辦法：一種是把前代的藏經找來，略加增補，重新編排刊刻；一種是除了收入歷代已入藏典籍外，把重點放在歷代未入藏典籍上，盡可能收集之，以努力爭取資料的完整與齊全。毫無疑問，前者比較

---

① 　參見方廣錩《八—十世紀佛教大藏經史》第三章第二節，第 226 頁。

容易，後者則相當困難。然而，後者的價值也因此而更高。當時日本正在編纂《續藏經》，采取的就是後一種辦法，楊文會極力贊同，並積極襄助：

> （日本藏經書院）複製《續藏經》，凡印度、支那古德撰述未入大藏者，悉集而刷之。爲部千六百有奇，卷逾八千。仍搜求古遺之本，正未有艾也。予亦爲之搜輯，樂觀其成。是輯也，得六朝唐宋之遺書，爲紫柏所未見。誠世間之奇構，實足補隋唐所不足也。①

日本《續藏經》的編纂，使大量在中國本已失傳的古佚典籍在日本重新問世。楊文會自己本來就有編纂藏經的計劃：

> 三藏教典，結集於印度者不可知其部帙之數。自流傳震旦，至隋唐以來，代有增益，由五千以至七千。此其大較也。明紫柏尊者以方册代梵筴②，閱者便之。大藏以外，復有續藏，合之已逾萬卷。以遭兵燹，版已無存者。予與同志，欲踵刊之。③

此時便花費大量精力，一方面幫助日本友人搜羅《續藏經》所需資料，另一方面通過日本友人大量收集在中國已經亡佚的古佚

---

① 《日本續藏經叙》，見《等不等觀雜録》卷三，第 14 葉 B—第 15 葉 A，載《楊仁山居士遺著》第八册。
② 梵筴，正確的名稱應爲"梵夾"，原係域外書籍的裝幀形式（詳可參見方廣錩《談梵夾與梵夾裝》[上]，載《版本目録學研究》，第三輯，國家圖書館出版社，2012 年 1 月），並影響了中國佛教典籍的裝幀。但隨著印度佛教的衰亡，人們對域外佛典這種裝幀形式的知識也漸漸淡忘，其後人們長期把經摺裝誤認作"梵夾"，訛爲"梵筴裝"。
③ 《日本續藏經叙》，見《等不等觀雜録》卷三，第 14 葉 B，載《楊仁山居士遺著》第八册。

典籍,甚至不惜在日本登刊廣告,重金求購。在楊文會與日本友人的通訊中,這方面的内容占據很大篇幅。此外,楊文會還想方設法在國内到處尋訪藏外經典。在近代中國,在收集未入藏典籍方面,我們還没有看到有第二人像楊文會這樣鍥而不捨,孜孜以求,不遺餘力,捨得下功夫,花力氣。這主要是楊文會有一種强烈的事業心、使命感與責任感,實在是我們後人的典範。

我認爲,编輯大藏經一定儘量要把資料收集齊全。一是歷代大藏經已經收入的典籍,這比較容易。由於歷代编藏者的努力,它們已經被收集匯攏起來,就好比礦石已經被煉成鋼鐵。祇是有的是精鋼,現成就可以利用;有的是粗鐵,還需要我們加工而已。至於歷代大藏經没有收入的典籍,好比山中的礦石,需要我們自己去尋找、開采、冶煉,自然困難重重。然而,我們現在编輯藏經,如果局限在已入藏典籍的範圍内炒冷飯,則意義實在不大;祇有把眼光開拓到未入藏部分,纔能真正编纂占據時代高峰的大藏經。楊文會在一百年前已經有了這份眼光與魄力,是值得我們欽佩的。

3. 注重章疏義理

我國古代藏經以《開元釋教録》爲典範。但《開元釋教録》的最大缺點之一是重翻譯典籍,輕中國撰述,尤其是中國人所撰的章疏,竟然一部也不收。關於這一點,前人已經提出批評。例如,李肇《東林寺藏經碑銘並序》載:"雲門僧靈澈……又病前賢编次,不以註疏入藏,非尊師之意。"①靈澈是唐宣宗元和年間(806—820)人,他所批評的前賢,正是智昇。又如高麗義天(?—1101)批評《開元釋教録》説:"經論雖備,而章疏或廢,則流衍無由矣。"②其實,中

---

① 《全唐文》卷七二一,中華書局影印本,1983年11月,第7417頁。
② 《新编諸宗教藏總録》卷一,CBETA(2016),T55,no.2184,p.1165,c24~25。

國人的佛教撰述纔真正反映中國人對佛教的理解，反映中國佛教的發展歷史與發展水平，對我們研究中國佛教具有無可替代的價值。後《嘉興續藏》及《又續藏》收入大批中國佛教撰著，至今爲人們稱道。雖則如此，仍有大批章疏散佚在大藏經之外。楊文會則十分重視這些藏外章疏的收集與整理，在《楊仁山居士遺著》中，我們可以看到許多關於他收集、研究、刊刻這些章疏的記叙，如他在一封給南條文雄的信中要求"如有古時支那人撰述各種，爲明藏所無者，無論敝單已開未開，均祈代爲尋覓"①，反映了他期盼得到這些章疏的殷切心情。

楊文會重視佛教章疏，是由於他鑒於當時佛教義學水平低迷，欲努力改變之。他指點別人學習佛教時，經常要求對方閱讀有關章疏。②如他在回信劉次饒，解答疑問時說：

　　　接讀手書，得悉閣下潛心内典有年……遙想閣下，但閱經文，未看註疏，故生此種見解。若多閱註疏，自然了達無礙矣……大凡佛經，八面玲瓏，其文義之妙，如神龍變化，飛空絶迹。若以世俗之見窺之，徒增迷悶耳。佛經理事圓融，毫無虛妄，久久精研，自能通達。③

這種思想很自然地貫穿到他的刻經、編藏的實踐中，成爲指導思想之一。

4. 遴選精良底本

刻經、編藏是爲別人研究佛教提供原始資料。無論從哪個角

---

① 《與日本南條文雄書八》，見《等不等觀雜録》卷七，第 19 葉 A，載《楊仁山居士遺著》第十册。

② 參見《與李質卿書》，見《等不等觀雜録》卷六，第 25 葉 B，載《楊仁山居士遺著》第九册。

③ 《與劉次饒書》，見《等不等觀雜録》卷五，第 33 葉 A，載《楊仁山居士遺著》第九册。

度講,提供的資料都必須儘量準確無誤。所謂"準確無誤",包括三
個方面的含義:其一,所刻典籍思想無誤,不致誤導讀者。其二,所
刻典籍應依據最好的底本,本身文字無誤。其三,所刻典籍應當嚴
格校對,不留錯字,亦即整理者的工作無誤。上述三個方面的前兩
個方面均涉及如何遴選精良底本以嚴格把關,楊文會亦均極爲
留意。

　　就第一個方面而言,實際又涉及前述取材標準問題,所以楊文
會予以特別的注意。如曾有陳仲培捐資擬刻《法華指掌》一書,金
陵刻經處亦收藏該書,但楊文會回復:"敝處因《指掌》不佳,不願流
通。"①故此沒有答應刊刻。又有人捐資,指定要刊刻繪圖之《釋迦
如來應化事迹》,俗稱《釋迦譜》者,楊文會則提出,希望改刻藏經內
十卷本之《釋迦譜》。如此種種,金陵刻經處雖然是依靠十方施主
普施淨財刊刻佛典,但在刊刻哪些佛典的問題上有自己的原則。
楊文會在指導別人學習佛法時曾經這樣説:"《金剛》《心經》兩種,
注解甚多,須分三類。一曰正解,二曰俗解,三曰邪解。"他要求學
佛者"專閱正解一類,俗解、邪解,萬不可閱。"②由此我們可以理解
金陵刻經處何以在所刻佛典的選擇上如此堅持自己的原則。

　　就第二個方面而言,由於古代佛典反復傳抄、刊刻,錯謬在所
難免。加之後人不斷對前人的著作進行各種加工,由此出現種種
複雜形態。因此,在刻經編藏時,精選底本乃至對底本進行必要的
加工整理,就是一項十分重要的工作。也是楊文會在刻經、編藏實
踐中特別花氣力的事情。

　　如金陵刻經處刻唐法藏《起信論義記》,便頗費了一番周折:

---

① 《與李小芸書一》,見《等不等觀雜録》卷五,第 28 葉 B,載《楊仁山居士遺著》第九册。
② 《與劉次饒書》,見《等不等觀雜録》卷五,第 33 葉 B,載《楊仁山居士遺著》第九册。

"藏内賢首疏五卷，人皆病其割裂太碎，語意不貫。蓋圭峰科會之本也。蓮池重加修輯，刻於雲棲；憨山治爲疏略，刻於徑山。文義雖覺稍聯，總不能如原作之一氣呵成也。近年求得古逸内典於日本，自六朝以迄元明，凡數百種。内有《起信論義記》，以十門開釋。始知圭峰删削頗多，致失原本規模。然經日本僧徒和會，仍不免割裂之病。求之數年，復獲別行古本，真藏公原文也。讎校再三，重加排定，務使論文、記文，自成段落。庶幾作者義味，溢於行間。後之覽者，恍如親承指教也。"①在給南條文雄的信中，就有希望得到未經日本僧人會合之原著之請求："《大乘起信論義記》，唐法藏；《觀無量壽佛經疏》，宋元照。以上兩種，已得會本。欲求未經會合之本，看其文勢斷續，另行排定，以備刊版。"②由此可知，金陵刻經處在刊刻《起信論義記》時所花費的精力。

如《釋摩訶衍論集注》："近時從日本傳來，亟欲刊行。而科文繁多，恐後人疲於心力，轉令本、釋二論不能精究。因摘其要言，注於釋論之内，科文一概删去。如肇公《注維摩經》之例。"③

又如《西歸直指》，本爲周安士著，爲讀者歡迎。後經江鐵君删改，撰成《西歸直指綱要》一卷。而由於種種原因，金陵刻經處又不擬照刻《西歸直指綱要》。後終於"於虞山朱君保之處得勝蓮居士施刻（周安士《西歸直指》）原本。見者慶喜無量，咸謂周君願力所持，特留此本，嘉惠後學也。亟授手民，以復舊觀"④。

凡此種種，金陵刻經處所刻之典籍，並非前代典籍的簡單翻

① 《會刊古本〈起信論義記〉緣起》，見《等不等觀雜録》卷三，第 4 葉 A 至第 4 葉 B，載《楊仁山居士遺著》第八册。
② 《與日本南條文雄書十》，見《等不等觀雜録》卷七，第 21 葉 A，載《楊仁山居士遺著》第十册。
③ 《釋摩訶衍論集注自叙》，見《等不等觀雜録》卷三，第 16 葉 B，載《楊仁山居士遺著》第八册。
④ 《西歸直指跋》，見《等不等觀雜録》卷三，第 26 葉 A，載《楊仁山居士遺著》第八册。

刻,而是融入編纂者辛勤的整理加工之功。這種工作如非親自做過,很難體會其艱辛。楊文會的這些工作保證了金陵刻經處所刻佛典的高水平、高質量。

（三）結構體系

大藏經收經衆多,篇幅浩瀚,必須采用一定的分類辦法來進行組織,以利於反映這些經典本身最本質的屬性和內容上的相互關聯。這樣,纔便於人們從總體上去把握佛教,管理佛經,也便於人們觸類旁通,認識某類或某種典籍在整個佛教中的地位。因此,分類結構的好壞,是一部藏經成敗的關鍵之一。

我國古代的僧人在漫長歲月中對大藏經的結構體例下了很大的功夫,提出過種種方案。經過時間的淘汰,大家漸漸認同唐釋智昇在《開元釋教録‧有譯有本録》中提出的分類法。應該説,智昇的分類法的確代表了我國古代佛教文獻學的最高水平,但也不是盡善盡美。智昇的分類法其後成爲我國歷代大藏經結構體例之圭臬。明代智旭在其《閲藏知津》中提出一種新的分類法,其實,智旭並沒有改變智昇方案的根本缺陷,祇是按照天台五時判教的觀點把佛典重新組織而已。20世紀日本新編的《大正藏》則在吸收《開元釋教録》與《閲藏知津》的分類成果的基礎上,力圖依據思想的發展與典籍的演變這樣的歷史綫索來安排大藏經的結構,以期體現佛教的歷史發展綫索與不同經典的思想傾向,並給研究者最大的方便。這種分類法取得了相當的成功,至今爲人們所稱道,當然也存在不少缺憾。

楊文會是怎樣對待這一問題的？由於他擬編纂的大藏經實際並沒有完成,因此我們現在無法回答這一問題。不過,由於佛教典籍浩如煙海,大藏經編纂實非易事,所以楊文會曾經有意先精選若干典籍編纂一部《大藏輯要》供初學者學習佛教之用,並爲此撰寫

《〈大藏輯要〉叙例》確定其分類體例。雖然《大藏輯要》的目的僅是從日本《續藏經》選取若干佛典,因而它的結構與大藏經結構未必全部吻合,但從該《〈大藏輯要〉叙例》中,我們還是可以窺見楊文會對新編大藏經結構的基本設想:

《大藏輯要》叙例

此書專爲初學而輯。分別部類,以便檢閱。凡羽翼經律論者,概從本文爲主,亦臣子隨君父之義也。

華嚴部,經分大、小二乘,大乘以華嚴爲首。凡賢宗及各家著述,發明華嚴經義者,概歸此部。

方等部,開小顯大之經。及有註疏者,概歸此部。

淨土部,係由方等分出,另立一部,以逗時機。凡天竺、震旦諸師演暢淨土宗旨者,概歸此部。

法相部,亦從方等分出,以爲專門之學。慈恩宗及各家著述,匯入此部。

般若部,經論著述,彙爲一部。

法華部,法華各種註疏及開權顯實之經,彙入此部。

涅槃部,扶律談常,自爲一部。

以上通爲菩薩藏。

小乘經,此爲聲聞藏。不以説時列於方等之前者,所以別於大乘也。

以上大、小二乘,統爲顯部。

密部,凡有壇儀之經及印度、支那諸師撰述,均入此部。

顯密二門,圓融具足。一代時教,總括無遺矣。

大乘律,菩薩調伏藏,七衆同遵。並諸家疏釋,擇要彙集。

小乘律,聲聞調伏藏,非受具戒者,不宜檢閱。故所收從略。

　　大乘論，菩薩對法藏，爲入大乘之要門。釋經各部，已隨本經；別行之論並諸疏釋，輯録於此。

　　小乘論，聲聞對法藏。卷帙繁多，今略輯數種，以見一斑。

　　西土撰集，論藏所不攝者，別爲一類，所謂雜藏也。

　　禪宗，教外別傳，不立文字。語録一興，浩如烟海。今擇其要者，彙爲一宗。

　　天台宗，釋經各部，隨入經藏，餘歸此宗。

　　傳記，古聖高賢，流風餘韵，具載此篇。

　　纂集，編輯成部者，歸此一類。

　　弘護，摧邪顯正，責在僧伽；救弊補偏，功歸檀越。零山付囑，意在於斯。

　　旁通，歸元無二，方便多門。儒道心傳，豈有隔礙耶？

　　導俗，真俗二途，天壤之別。不假方便，心何由發？言淺意深，閱者毋忽。①

　　上述《〈大藏輯要〉叙例》在佛藏結構方面的最大變動是對經部類目的設置及爲中華佛教撰述增設的若干類目。我們先對經部進行比較考察，並略作評述。

　　《開元釋教録·入藏録》把經部分作大乘經、小乘經兩大類，在大乘經中，又依次分般若、寶積、大集、華嚴、涅槃等五大部及五大部外諸經。小乘經先列四阿含及其眷屬，然後羅列其他經典。《閱藏知津》也把經部分作大乘經、小乘經兩大類，在大乘經中，則依次

---

① 《〈大藏輯要〉叙例》，見《等不等觀雜録》卷三，第7葉A至第9葉A，載《楊仁山居士遺著》第八册。

分華嚴、方等、般若、法華、涅槃五大部。在方等中，又分方等顯説
部與方等密咒部兩類。小乘經與《開元釋教録》大致相同。與《開
元釋教録》比較，《閲藏知津》刪寶積、大集而增方等、法華。《閲藏
知津》新設方等密咒部以收入各種密教經典，顯然是彌補《開元釋
教録》不爲密教經典單立部類之缺陷。20世紀日本新編《大正藏》
分經部爲十類：阿含、本緣、般若、法華、華嚴、寶積、涅槃、大集、經
集、密教等十部。可以看出，它是斟酌、吸收《開元釋教録》與《閲藏
知津》而作的改造。現依照時代順序，將《大藏輯要》對佛典"經部"
的分類與其他幾種代表性經録、藏經的分類列表對照如下，表中每
列諸部前的數字是該部在該目録或藏經中的序號：

表二十五　《大藏輯要》對佛典"經部"的分類與其他經録、藏經的分類對照表

《大藏輯要》	《開元釋教録》	《閲藏知津》	《大正藏》
1. 華嚴部	4. 華嚴部	1. 華嚴部	5. 華嚴部
2. 方等部 3. 淨土部 4. 法相部	2. 寶積部 3. 大集部 6. 五大部外諸大乘經	2. 方等顯説部	6. 寶積部 8. 大集部
5. 般若部	1. 般若部	4. 般若部	3. 般若部
6. 法華部		5. 法華部	4. 法華部
7. 涅槃部	5. 涅槃部	6. 涅槃部	7. 涅槃部
8. 小乘經	7. 四阿含 8. 四阿含外諸小乘經	7. 四阿含 8. 四阿含外諸小乘經	1. 阿含部 2. 本緣部 9. 經集部
9. 密部		3. 方等密咒部	10. 密教部

　　説明：上表祇表示《大藏輯要》與《開元釋教録》《閲藏知津》《大正藏》
經部類目開合的大致對照關係。其中《大正藏·經集部》較爲龐雜，不能
完全歸爲"小乘經"，參見下文，此處從權。至於某些經典的具體歸屬，因
更爲複雜，在此不予涉及。

從上表可以清楚地看出，《大藏輯要》經部的分類基本是在《閱藏知津》的基礎上加以改動。即將"方等顯說部"分別開爲"方等部""淨土部""法相部"等三部，而將"方等密咒部"從大乘經中提出，改名爲"密部"，以與整個大小乘顯部經典相對。

《大藏輯要》特意將淨土與法相類典籍從方等部中分出，顯然與楊文會本人的佛學思想以及晚清淨土宗的流傳與法相唯識學的興起有密切關係。我們知道，與楊文會同時代，日本在 1880 年至 1885 年編纂的《弘教藏》，其經部的分類完全依據《閱藏知津》；而 1902 年至 1905 年編纂的《卍字藏》，經部的分類完全依據《開元釋教錄‧入藏錄》。由此可以看出楊文會在佛藏分類方面的改革實際上走在當時世界的前列。

我們還可以把《大藏輯要》經部的分類與楊文會逝世後，20 世紀二三十年代日本編纂的《大正藏》的分類作一個比較。如上表所示，《大正藏》經部的類目係斟酌《開元釋教錄》與《閱藏知津》而纂成，新設的祇有本緣部、經集部等兩部。本緣部所收爲諸種本生故事集、佛傳故事集、因緣故事集與寓言故事集。當初主要供宣教之用，今天可稱爲佛教文學作品之彙集。這一類目的設置，甚便於人們的研究與使用。至於經集部，則基本上是把大、小乘經中那些無法歸入上述諸類的經典統統收攏在一起而已。雖亦爲一方便法門，但體例雜亂，本不足道。《大正藏》將密教經典單列，以與顯教經典對等。如前所述，佛教典籍分類法上的這一創新濫觴於《大藏輯要》。在此，楊文會的先驅之功應該充分肯定。

在中華佛教撰著方面，除了諸宗部以外，楊文會又設立"傳記""纂集""弘護""旁通""導俗"等類目。其中旁通、導俗兩目不見於古今所有大藏經，全屬楊文會的創新。

《大藏輯要》在體例方面的最大創新，是提出了"凡羽翼經、律、論者,概從本文爲主,亦臣子隨君父之義也"這樣一個"以疏隸書"的全新的原則。即將諸典籍的註疏本與所疏原本歸屬於一類,編排在一起。

如前所述,唐代章疏不入藏。[①]宋代起,部分中華撰著章疏入藏,但僅作爲諸宗著作入藏,而非以章疏身份入藏。從明代起,章疏開始入藏,但没有定出具體的體例,也没有專門的分類類目,祇是將其尾綴在大藏經末尾而已。因此,收入大藏的章疏顯示出雜亂無章的形態。日本《大正藏》將章疏分爲經疏、律疏、論疏,並按照所疏釋的經、律、論先後排列,稍具規範。但章疏與所疏釋原本分列,不便檢閱。特別是有的章疏雖然逐句疏釋原典,却没有照引原文,則章疏與原本分離後,閱讀更加不便。所以,以疏隸書,應該是解決章疏入藏後分類歸屬的較好可選方案之一。1996 年 4 月,在北京召開的"大藏經編纂及電腦化研討會"上,也有先生提出新編的大藏經應該采用"以疏隸書"的辦法處理章疏的編排。

其實,我國的儒家經典,不但早已實現了"以疏隸書",而且已經"以疏代書"。如儒家十三經早期白文本與註疏本分别流傳,其後出現十三經單疏本乃至《十三經注疏》,白文本便漸漸被淘汰。當然,形成這種局面的前提是已經出現了公認的權威的註疏本。從這個角度講,佛教典籍目前"以疏代書"的條件還没有成熟。但"以疏隸書"確是一種可以在今後的編藏實踐中值得一試的方案。

藏經類目的確定,既要有一定的研究方法論的指導,又要求編纂者必須有深湛的佛學功底,在實際工作中還必須兼顧現有漢文佛典的具體情況,實在是一件非常困難的工作。自古至今,多少才

---

① 此處的"不入藏",指不入"正藏",參見方廣錩《八一十世紀佛教大藏經史》第二章第三節,第 160 頁。

智之士致力於此,但至今還没有得到圓滿的解決。當然,藏經的結構、佛典的分類是一個非常複雜的問題,需要長期努力,認真研究,不可能畢其功於一役。楊文會的工作爲我們提供了許多有益的啓示。祇要鍥而不捨地鑽研下去,這個問題總能得到較爲圓滿的解決。

(四)普及實用

如何纔能使佛典普及實用? 其具體要求具有一定的時代性。即不同時代對什麼叫"普及",什麼叫"實用",理解不同,要求也不同。但把"普及實用"作爲編纂義理性大藏經的基本原則,要求編成的大藏經能夠爲更多的人更方便地使用,則是任何時代都通用的基本原則。楊文會是怎樣處理這個問題的? 下面從裝幀、字體、校對、提要等四個方面加以探討。

首先談談裝幀。

書籍的裝幀形式隨著書籍載體及時代的變化而變化,總的來說向兩個方向發展:一是方便實用,一是豪華氣派。豪華氣派的畢竟是少數,大多數則向方便實用發展。然而宗教類書籍,特別是公認的權威性典籍,往往由於受宗教固有的神秘觀念影響,在裝幀形式的變化上出現一定的滯後性。例如,唐代書籍一般均以卷軸爲主,佛教也不例外。但到了宋代,世俗書籍大抵采用蝴蝶裝,亦有采用綫裝者,佛教典籍中的民間流傳的小部佛經有改作蝶裝的,但《開寶藏》卻仍然保持卷軸裝不變。北宋末期大藏經由卷軸裝改爲經摺裝,儘管同時的世俗書籍已經大都用綫裝,但大藏經的經摺裝傳統一直維持到清代的《龍藏》,成爲我國書籍裝幀史上的一種特殊現象。鑒於經摺裝使用不便,明末刊刻《嘉興藏》的紫柏、道開等人首倡用綫裝(又稱"方册本")刊刻大藏,這在當時還曾經引起一番爭論。有人認爲如果將大藏經改爲綫裝,就失去了大藏經的神聖意味。但由於紫柏等人的堅持,改革得以進行。楊文會評論《嘉興藏》説:"明紫柏尊者以方册代梵莢,閲者便之。"①金陵刻經處所刻經書,一律摒棄原來的經摺裝傳統,仿照《嘉興藏》方册本的形式。這無疑是爲了像《嘉興藏》那樣便於讀者閲讀。

其次談談字體。

佛典自古到今,歷代都在傳抄刊刻。由於中國的文字因時代變化而變化,則後代寫經、刻經應用何種字體便成爲一個問題。是保持古代字體不變? 還是隨時而進,改用當代通用的字體?

楊文會認爲,藏經字體不可泥古。他説:

> 東震旦自有佛經,歷代書寫、刊印流通,字體皆隨時宜。明萬曆間始刊書本藏經,間用古字。初學患其難曉,後半遂不復用。近代吳下江鐵君寫刻大乘教典,改從《説文》字體,好古者賞之。然《説文》所有之字則改矣,其無者仍聽之,亦何貴乎其改也。嘗試論之,佛經字體不與《説文》合者最多。何則? 翻梵成華,但取義順,不以文字論古今也。②

楊文會的意思是佛經翻譯,達意爲上。經典的傳寫刊刻,自古就有"字體皆隨時宜"的傳統,現在仍應遵從。他並舉《嘉興藏》最初采用古字,但不能通行,後來不得不改正的例子以及用《説文》古字刊刻佛經的例子,説明藏經字體不可泥古。

任何人從事任何工作,總有一個目的。楊文會編纂藏經的目的是爲讀者提供一個較爲實用、可靠的讀本。這些讀者絶大多數

---

① 《日本〈續藏經〉叙》,見《等不等觀雜録》卷三,第 14 葉 B,載《楊仁山居士遺著》第八册。
② 《藏經字體不可泥古説》,見《等不等觀雜録》卷一,第 12 葉 A 至第 12 葉 B,載《楊仁山居士遺著》第七册。

並非文字研究者，如果經典中有許多正俗字、古今字、通假字等，自然會被他們視爲畏途。因此，祇要意義没有歧異，内容不會被誤解，文獻的整理者就有責任采用正字法，用規範的通用字來取代這些不規範的不通用字，爲他們排除閲讀的障礙。這樣，文獻整理纔能删繁就略，達到最大的效果。當然，如係以特定對象爲讀者的古籍整理，必須保留原字，這自然另當別論。

另外，漢字本身隨著時代發展而不斷演進，因此我國歷代都曾經運用法令整理與規範漢字。我們在古籍整理的實踐中，除了特殊情况之外，當然應該遵守這些規範。試問，如果國家已經公布、社會已經存在公認的用字規範，文獻整理者却無視這些規範，硬要用那些已經被廢止、已經不通用的字，可以嗎？當"回"字寫法已經規範，却揪住"回"字共有四種寫法而自詡，又有什麼意義？任何文獻整理都有時代性。這種時代性的表現形式之一，就是廢止已經不通用的字，改爲當時通用的字。這樣做需要辨字正字，既費功夫，又可能出錯，對整理者很危險，但對讀者最有好處。

至今，楊文會的觀點對我們整理佛教典籍仍有指導意義。

再次談談校對。

就校對而言，看來似乎最爲簡單，任何人，祇要認真一點，都可以做好這件工作。但世界上的事情，就是"認真"二字最不容易做到。其證據就是現在流行的各種出版物，幾乎無錯不成書，由此可知校對之難。金陵刻經處所刻佛典，雖然不能説一字不錯，但校對的確相當精審，所以一直被人們認爲是可靠的本子，在宗教界、學術界享有很高的聲譽。楊文會怎樣處理校對工作？

第一，他嚴把底本質量關，要求底本字迹務必清楚，没有含混模糊之處。例如，他曾經委託日本友人尋得《釋淨土群疑論》七卷，正擬刊刻，發現"原書朱抹太多，寫者易誤"，於是特意請日本友人

"再購未經塗抹之本"①。他從一開始就注意排除各種出現錯誤的可能。

第二,他堅持作嚴格校對。他甚至將繁難的校對工作交由自己親自承擔,將容易一些的校對工作讓給別人承擔。他在一封通信中這樣説:"頃得東洋覓來之《瑜伽論記》,係唐僧道倫所作。約八十萬字,亦擬刻之。更有東洋求得之古本書籍,改定行款,校正訛舛,甚費心力。會獨任其難,其易辦者,則讓他人校刻,是則私衷所竊願也。"②楊文會如此以身垂范,是金陵刻經處的校對工作如此精益求精的一個重要原因。

如前所述,當時各地均辦有刻經處。爲了保證金陵刻經處刻經的質量與聲譽,楊文會提出:"他處所刻未精之本,聽其自行流通,本處概不與合併成書。"③

楊文會如此重視校對,如此下功夫,如此堅持嚴格的標準,在於他有一種高度的責任心與嚴肅認真的態度。他説:金陵刻經處所刻的藏經"務使校對、印刷,均極精審,庶不至貽誤學者"④,這種精神是楊文會留給後代的寶貴財富。

最後簡單談談提要。

楊文會曾計劃編纂大藏與續藏的提要。他是這麼説的:"編輯大藏、續藏提要:經典浩繁,讀者苦難抉擇。今仿《四庫提要》之例,分類編定,以便初學。"⑤雖然這個提要最後並沒有編纂出來,但從楊文會的這個計劃,可以得知他曾擬儘量爲讀者提供最大的方便。

――――――――――

① 《與日本南條文雄書二十一》,見《等不等觀雜録》卷八,第 10 葉 B,載《楊仁山居士遺著》第十册。
② 《與釋自真智圓國瑛書》,見《等不等觀雜録》卷五,第 19 葉 A,載《楊仁山居士遺著》第九册。
③ 《報告同人書》,見《等不等觀雜録》卷五,第 5 葉 A,載《楊仁山居士遺著》第九册。
④ 同上。
⑤ 同上。

（五）嚴格的標準，漸進的方法

從 1866 年起，楊文會就產生"末法之世，全賴流通經典以普濟"①的想法，開始發心要刊刻方册藏經，並糾集同志，分任勸募。但工程浩瀚，談何容易，時屬末法，信心者希。人力、財力均甚不易，事業遇到種種困難。有一次楊文會去洞庭西山尋訪舊經，不但一無所獲，而且因旅資用完，幾乎不能回家。當時家庭生活也十分困難，以致他不得不外出就職，以維持生計，繼續完成事業。雖則如此，楊文會執著事業，不稍暫息。他一方面堅持自己編藏的最終目的與嚴格的刻藏標準，並不因爲種種困難而放棄編藏理想，降低刻藏標準。另一方面，他則采用較爲現實的態度，以螞蟻啃骨頭的漸進的方式，克服種種困難，一部一部地刊刻經典，一點一點地積累版片，一步一步頑强地把工作向前推進。應該説，這是應時應機唯一可行的現實的辦法。《楊居士塔銘》在歷數前人刻藏事迹後稱："居士奮起於末法蒼茫、宗風歇絶之會，以身任道，論師、法將、藏主、經坊，四事勇兼。畢生不倦，精誠磅礴。"②應該説是一個很確切的評論。金陵刻經處能夠有今天這樣的規模，就是楊文會這種工作方法取得了成功的證明。當然，這種方法需要主事者以絶大的毅力進行頑强的努力，付出極大的勞動。這些艱辛都不是那些遇事希望一蹴而就者所能夠想象的。正因爲這樣，楊文會的形象纔顯得更加高大。

今天，楊文會的上述工作方法仍然具有非常强烈的現實意義。

三、結　語

當今，飽受了百年滄桑的中華民族正在崛起，正在爲建設中國

---

① 《楊仁山居士事略》，第 1 葉 B，載《楊仁山居士遺著》第一册。
② 《楊居士塔銘》，第 1 葉 B—第 2 葉 A，載《楊仁山居士遺著》第一册。

特色社會主義現代化强國而奮鬥。這包括高度的社會主義物質文明與高度的社會主義精神文明兩個方面。而社會主義精神文明不可能在一片白茫茫的廢墟上建設，必須吸收人類一切精神文明的優秀成果，必須吸收中華民族傳統文化中一切優秀的成分，其中也包括佛教文化中一切優秀的成分。因此，進一步研究中國佛教，清理與吸收其中的一切優秀成分，爲建設有中國特色的社會主義服務，已經是時代賦予當代中國佛教研究者的一項神聖的使命。在此，編纂一部能夠承擔這一任務的新的大藏经已經成爲一件刻不容緩的大事。

當今的中國佛教面臨許多問題。其中，如何提高僧人的思想素質與理論水平，已經越來越爲人們所重視。祇要還有人類存在，宗教就會存在下去，這已經成爲我們這個社會越來越多的人們的共識。但是，就某一個具體的宗教而言，能否延續自己的生命，就在於它能否保持自己活潑的生命力；而所謂保持自己活潑的生命力，就在於它能不能不斷創造新的理論及與新理論相適應的新的修習方式、傳教方式、生活方式。沒有新的理論的滋養，任何宗教都將不能持久，就好比沒有靈魂的軀殼不能持久一樣。而新理論的產生與發展，必須滿足如下三個條件：它必須是原有理論的邏輯發展的結果，它必須與時代緊密結合、回答時代的課題，它需要思想深邃的理論家。要具備上述條件，必須深入研究佛教義理；要研究佛教義理，必須具備優秀的義理性大藏經。在這一點上，我們今天與當年的楊文會面臨著同樣的任務。

百年來，中國佛教與中華民族一起，經歷了種種艱難屈辱；如今，也與中華民族一起，揭開了歷史發展的新篇章。百年來，由於我們停滯，由於我們落後，在中國孕育、成長的漢傳佛教，所用的漢文大藏經的權威版本《大正藏》却不是中國人編纂的。其實，《大正

藏》存在著許多問題,我們中國人完全有能力編纂出一部水平超過
它的新的大藏經。然而,由於種種原因,中國佛教界、中國學術界
這個百年的夢想至今還没有圓。

近十幾年來,不少有識之士在呼籲,不少人已經行動起來,爲
編纂一部代表當今中國佛教界與學術界最高水平的大藏經而努力
奮鬥。我相信,在這個過程中,深入研究楊文會的編藏思想,將對
我們的工作提供很多的啟發與教益。

[附記]

本文原爲 1997 年參加"紀念金陵刻經處成立一百三十周年學
術討論會"時遞交的會議論文,後發表在臺灣《中華佛學雜志》第十
三期(2000 年 6 月)。收入本書時,對"居士佛教"問題、對附表略有
修訂,其他還有一些提法與文字有修飾,但基本觀點未作改動。

上海師範大學敦煌學研究所學術叢書

大藏經研究論集

——大藏經的過去、現在與未來——

（下）

方廣錩　著

廣西師範大學出版社

· 桂林 ·

目　録

《毗陵藏》初探①

一、 資料的發現

2001 年 8 月 28 日,我參觀大連圖書館書庫,在普通綫裝書特藏中發現三本編號爲 1411/74/1、1411/74/2、1411/74/3 的刻本佛經。

這三本書的尺寸、裝幀、形態一致。每本的封面都粘有一張方形木刻紙簽。紙簽形態亦相同:四周子母欄,内容第一行爲大字,分別作"忠中十四經同本""當中十七經同本""杜中五經同本",其餘諸行字號略小,分別著録本册所收經典的詳目。紙簽的行數應本册收經的多寡而不同。由此可知該紙簽應爲該册佛經的目録簽,提示該册所載經典的内容。屬於木刻綫裝書而在封面上粘目録簽者,以往偶有所見;如爲石印本,則往往將本書内容直接印在封面上。總之,在封面上粘目録簽,雖非本書首創,亦非通行做法。

除了目録簽外,"忠""當"二本還粘有長方形木刻經名簽。經名簽四周子母欄,分兩部分,上部爲本册所收第一種經典的名稱、卷

① 本文是作者參加"漢文大藏經國際學術研討會"(2007 年 10 月,上海)的會議論文,原載《藏外佛教文獻》第十五輯,中國人民大學出版社,2010 年 8 月。收入本書時略有修訂。

次,下部爲本册的千字文函號及函内小號,分別作"忠_四^{一至}""當_{六七}^{第五}"。其中"忠"字號簽條下部的函號爲陰文,小號爲陽文,而"當"字號簽條下部的函號與小號均爲陰文。"杜"字號經名簽失落,但可見粘貼痕迹。

　　根據上述情況及所刻經文,可以肯定這三本書籍應爲散落的某佛教大藏經的零本。而至今爲止,我們已經掌握的綫裝本木刻大藏經祇有兩種:一種是人們熟知的《嘉興藏》,一種是《明南藏》。由於《明南藏》原設計爲經摺裝,改裝爲綫裝祇是一種裝幀方面的特例①,所以,至今爲止,學術界真正掌握的綫裝本木刻大藏經實際祇有《嘉興藏》一種。而大連圖書館所藏的上述三本零本藏經,其行款雖然與《嘉興藏》相同,但它的風格、特徵與《嘉興藏》大異,一看就可以知道是一種我們以前没有見過的大藏經。前此學術界曾有武林方册藏經、山東青州文廟方册藏經種種傳説,惜均無緣得見實物。此次粗略翻閲,發現大連圖書館藏本有中華民國初年的刊刻題記,説明這幾本佛經應該是中華民國初年刊刻的,與傳説中的明代武林方册藏經無關,與山東青州文廟方册藏經有何關係,尚需研究。承大連圖書館館長張本義先生善意,允我將書提出照相,作進一步詳細考察。

　　下面把這三本零本藏經的情況簡要介紹如下:

　　第一本:編號作 1411/74/1,綫裝,黑口,無魚尾,上下粗欄,左右子母欄。半葉十行,行二十字。版心署經名、卷次、葉碼、千字文函號與函内小號。全書長寬爲 24 厘米×15.3 厘米,版框長寬爲 17.1 厘米×12.7 厘米。

　　封面粘一長方形木刻經名簽條,四邊子母欄。文作"無垢光明

　　① 　此外,還有卷軸裝而改爲經摺裝者,不具述。

正法經^{卷一}_{之四}，忠_一^至”。經名上無經名號。該簽條旁粘一方形木刻目錄簽，四邊字母欄，文字如下：

> 忠_中十四經同本
>
> 　　佛頂放無垢光明，上下同卷
>
> 　　佛説樓閣正法甘露鼓經
>
> 　　佛説大乘善見變化文殊問法經
>
> 　　聖虚空藏菩薩陀羅尼經
>
> 　　佛説大護明大陀羅尼經，四經同卷
>
> 　　佛説無能勝幡王陀羅尼經
>
> 　　最勝佛頂陀羅尼經
>
> 　　聖佛母小字般若波羅蜜多經
>
> 　　消除一切閃電障難隨求如意陀羅尼經
>
> 　　聖最上燈明如來陀羅尼經，五經同卷
>
> 　　大寒林聖難拏陀羅尼經
>
> 　　佛説諸行有爲經
>
> 　　息除中夭陀羅尼
>
> 　　一切如來正法秘密篋印心陀羅尼經，四經同卷。

　　本書所收十四部經典，依照封面經名簽的提示，依次編爲“忠一”“忠二”“忠三”“忠四”等四個字號。其中忠二、忠三、忠四爲數經合卷，故經本中首葉均有本字號所收經的目錄。其中《佛頂放無垢光明》下卷、《佛説大護明大陀羅尼經》、《聖最上燈明如來陀羅尼經》、《一切如來正法秘密篋印心陀羅尼經》等卷末有音釋。《佛頂放無垢光明》下卷、《聖虚空藏菩薩陀羅尼經》、《聖最上燈明如來陀羅尼經》、《大寒林聖難拏陀羅尼經》等經末尾有施刻題記。

　　第二本：編號作 1411/74/2，綫裝，黑口，無魚尾，上下粗欄，左右子母欄。半葉十行，行二十字。版心署經名、卷次、葉碼、千字文函號與函内小號。全書長寬爲 24 厘米×15.3 厘米，版框長寬爲 18.1 厘米×13.3 厘米。

　　封面粘一長方形木刻經名簽，四邊子母欄。文作"佛説五無返復經，當第五六七"，經名上無經名號。經名簽旁粘一方形木刻目録簽，四邊子母綫，文字如下：

　　　　當中十七經同本
　　　　　　佛説十二品生死經
　　　　　　佛説轉輪五道罪福報應經
　　　　　　佛説五無返復經
　　　　　　佛大僧大經，四種同卷
　　　　　　佛説大迦葉本經
　　　　　　佛説四自侵經
　　　　　　佛説羅雲忍辱經
　　　　　　佛爲年少比丘説正事經
　　　　　　佛説沙曷比丘功德經
　　　　　　佛説時非時經
　　　　　　佛説自愛經，七種同卷
　　　　　　佛説賢者五福德經
　　　　　　天請問經　　佛説護淨經
　　　　　　佛説木槵子經　　佛説無上處經
　　　　　　盧至長者因緣經，六種同卷

　　本書所收十七部經典，按照封面經名簽的提示，依次編爲"當五""當六""當七"等三個字號。其中《佛説十二品生死經》《佛大僧大經》《佛説大迦葉本經》《佛説四自侵經》《佛説沙曷比丘功德經》《佛説時非時經》《佛説自愛經》《佛説賢者五福德經》《盧至長者因緣經》等九部經典卷末有音釋。《佛説大迦葉本經》《佛説沙曷比丘功德經》《佛説時非時經》等三部經典有校記,説明曾經依據《南藏》校對經文錯訛。《盧至長者因緣經》卷末有施刻題記。《佛説五無返復經》經下實收兩個異本,一本爲"在舍衛國",一本爲"在祇樹精舍"。兩本均題爲沮渠京聲譯。

第三本:編號爲 1411/74/3,綫裝,黑口,無魚尾,上下左右均爲子母欄。半葉十行,行二十字。版心署經名、卷次、葉碼、千字文函號與函内小號。全書長寬爲 24 厘米×15.3 厘米,版框長寬爲 17.5 厘米×13.2 厘米。

封面長方形經名簽已經脱落。所粘方形木刻目録簽尚存,四邊子母欄,文字如下:

　　杜中五經同本
　　　密迹力士大權神王經偈頌一卷
　　　一切秘密最上名義大教王儀軌,上下同卷
　　　大樂金剛薩埵修行成就儀軌
　　　曼殊室利菩薩吉祥伽陀,二經同卷
　　　成就妙法連華經王瑜伽觀智儀軌,一卷

本書所收五部經典,依照卷面目録的提示,依次編爲"杜一""杜二""杜三""杜四"等四個字號。其中《密迹力士大權神王經偈頌》、《一切秘密最上名義大教王儀軌》下卷、《大樂金剛薩埵修行成就儀軌》、《成就妙法蓮華經王瑜伽觀智儀軌》等四部經典卷末有音釋。《密迹力士大權神王經偈頌》前有古汴龍華寺住持沙門智昌序言一篇。

每本卷首均有兩張扉畫,各占一個半葉。

第一張扉畫爲釋迦牟尼説法圖,中間爲釋迦牟尼,周圍圍繞著天龍八部、國王大臣長者、護法神將、六道衆生、四衆弟子等。

第二張扉畫中間爲釋迦牟尼,旁邊侍立者爲阿難、波斯匿王、文殊、富樓那。前置兩几,呈八字形擺開,每几後各有兩人憑几而坐。每人面前各有一牒文。右手几上牒文分別爲"□□""懷迪";左手几上牒文分別爲"極量""房相"。几前又站立四個僧人,每人手持一牒文。右邊兩僧的牒文上書"館師""長之(?)";左邊兩僧的牒文上書"崇福""資生(?)"。釋迦牟尼前跪一人,手持牒文,上書"蒙□"。

上述牒文所書文字,應指行修功德。而"懷迪"等,則據《開元釋教録》卷九載,懷迪爲唐代僧人,循州(今廣東惠陽東北)人,生卒年不詳。初住羅浮山南樓寺,博通内外典籍,並就梵僧學梵文。神龍二年(706),菩提流支譯《寶積經》時,奉詔入京證義。後於廣府與一梵僧譯出《大佛頂如來密因修證了義諸菩薩萬行首楞嚴經》十卷。如此處之"懷迪"即翻譯《大佛頂如來密因修證了義諸菩薩萬行首楞嚴經》的"懷迪",則該扉畫或爲反映譯經、造經功德的"譯經圖記"。但此處扉畫中的"懷迪"所指是否上述唐代僧人懷迪,尚需考證。

扉畫綫條流暢,刻工精細。第二張扉畫的左下有刻工題記"吴門袁霽敬寫"。

每本末尾有韋馱像,占半葉。韋馱有背光,背景爲雲彩。但畫面刷印質量均不高,模糊不清。

該三本每本封面均有一個圓形朱印,印文爲"釋淨光印"。

施刻題記可以分爲兩類，一類比較重要，共兩條，錄文如下：

（一）《盧至長者因緣經》卷末施刻題記

中華民國
佛曆二千九百三十九　二年　陽曆十一　陰曆正　月　元旦　廿四　告成

常州天寧寺清鎔識

揚州張肇昌刻

（二）《大寒林聖難拏陀羅尼經》卷末施刻題記

中華民國
佛曆二千九百四十四　六年歲次丁巳　陽曆五月廿二號　陰曆六月初四日　夏至告竣

常州天寧寺清鎔謹識

丹陽諸葛明海刊

其餘均爲一般的功德芳名，亦錄如下：

（一）《佛頂放無垢光明》下卷

信士　應印月　丁漢雲　劉蓮根　楊昌信／

李慈蓮　眭果源　李昆源　丁志先　眭昌念／

朱宏寬　金彌祿　以上各施洋壹元／

李永寬　施洋三元　謝慧輪　施洋弍元／

劉悟心　施錢五百文　禹順心　施錢壹百文／

比丘尼　本通　慈聞　證深　以上各施洋壹

元／

信女　梁朱氏　施洋五角／

比丘尼　達修　施洋弍角／

（二）《聖虛空藏菩薩陀羅尼經》

　　　比丘　摩塵　施洋拾元　了然　施洋式元/
　　法雲堂　施洋捌元/

（三）《聖最上燈明如來陀羅尼經》

　　　信女　潘程氏　施洋念元/

（四）《大寒林聖難拏陀羅尼經》

　　　比丘　英參　施洋念元/

　　從上述施刻題記看，出資施刻的人員，涵蓋比丘、比丘尼、優婆塞、優婆夷四眾弟子。大部分係個人行爲，也有集體行爲，如以“法雲堂”名義出資施刻。

　　根據大連圖書館有關人員介紹，同樣形態的綫裝書，館藏還有若干，但一時未能找到。

　　本文擬將這部由常州天寧市刊刻的藏經定名爲《毗陵藏》，理由詳見下文。

二、《毗陵藏》緣起、主事僧與相關殿宇概略

　　從大連圖書館所藏上述綫裝藏經的題記可知，這三本大藏經零本是中華民國初年在江蘇常州天寧寺刊刻的，主持的僧人爲清鎔。

　　清鎔，即清末民初著名僧人冶開。清鎔爲其法名，字冶開。慈

怡主編《佛光大辭典》、藍吉富主編《中國佛教百科全書》、震華主編《中國佛教人名大辭典》均有載,但前兩種均未涉及冶開刻經、刻藏事業,但《中國佛教人名大辭典》提到他曾經設立毗陵刻經處,故引如下:

> 冶開(1852—1922),近代僧。法名清鎔。江蘇揚州許氏。十二歲依鎮江九華山明真出家。十七歲依隱開於江蘇泰縣祇樹寺受具足戒。曾遍遊普陀、九華、五臺、終南、峨眉諸名山。1871年參常州天寧寺方丈定念而嗣法。定念圓寂後至鎮江金山寺潛修三年,又入終南山居喇嘛洞結茅潛修三年。1896年回天寧寺任方丈,修建殿宇,增置田產,使之成為江南四大叢林之一。1913年任中華佛教總會會長。曾至上海玉佛寺建立居士念佛會。1920年在滬上開壇傳戒,受戒四眾弟子千五百人。晚年禮誦《華嚴》為常課。嘗在天寧寺設毗陵刻經處(後改為天寧刻經處)。一生致力慈善賑濟事業,曾親赴北方災區放賑,捐資修建橫跨大運河的政和橋,與名人錢振煌合辦平價售米等。又在天寧寺旁大面積植林,興辦義務小學,修建文筆塔。嗣法弟子有月霞、應慈、惟寬、明鏡。有《冶開鎔禪師語錄》三卷。①

上述記載雖然涉及冶開曾經在常州天寧寺設立毗陵刻經處,但沒有提到他曾經計劃並實際刊刻大藏經的情況。筆者看到常州天寧寺前幾年編印的《常州天寧禪寺》,對天寧寺刻經是這樣介紹的:

---

① 震華:《中國佛教人名大辭典》,上海辭書出版社,1999年11月第一版,第315頁。

天寧寺佛學院(原學戒堂)是上下兩層,四合院式的木結
構樓房,古樸典雅,別具一格。這裏曾是近代著名高僧、名僧
冶開禪師、月霞、應慈等諸大師辦學講經的地方,他們爲佛門
造就了不少僧才。現在有的在名山大寺中擔任執事、佛學教
師,有的旅居美國、中國香港地區、中國臺灣地區、菲律賓等
地,弘揚佛法,擔任住持。同時,這裏也是出版古籍經典的地
方,歷時十餘載,經版有十萬餘塊,成書兩萬五千卷,計九百五
十五種,如明代戒潤著《楞嚴貫珠集》、清代紀蔭撰《宗統編年》
等佛學著作均在此完成。刻經事業享譽海內外,對中國文化
和佛教學術研究,做出了不可磨滅的貢獻。①

　　按照這一介紹,當時天寧寺刻經規模龐大,但也祇是刻經而
已,並沒有刊刻大藏經。這與筆者此次在大連圖書館發現的木刻
綫裝藏經零本事實不符。看來經過近百年的社會滄桑,冶開刻藏
的事迹正在逐漸湮沒,逐漸不爲人們所知,需要發掘與考證。

　　筆者終於在中華民國三十七年(1948)刊印的《武進天寧寺志》
中找到答案。《武進天寧寺志》,濮伯欣(一乘)撰於1947年,十一
卷。根據序跋,冶開在世時,曾經有撰寫寺志的設想,並委託屠敬
山、吳鏡予兩人承擔。兩人因故沒能完成。後多經反復,又經玉佛
寺震華法師推薦,最後由濮伯欣承擔完成。

　　據吳鏡予《武進天寧寺志序》,他當初之所以沒有能夠完成冶
開關於撰寫寺志的囑託,正是因爲協助編刊綫裝本大藏經的緣故:

　　　　溯自(中華)民國之初,由湘返里,親炙冶開大師鎔公之

---

① 《常州天寧禪寺》,常州天寧禪寺編印,內部出版物。

門，翹勤瞻禮，無間旬月。每值講誦之暇，蒙師殷殷囑累，即惟
本寺志書，必期觀成於不慧之手。不慧自審才微，未敢輕諾。
敬以讓屠長者敬山。敬老謂："此事不宜畏避，吾二人當合成
之。"師聞而欣然。但其時師方主刊方冊大藏，惟寬徹公以主
持客堂，兼任校勘。事繁，不慧與敬老助之，於志事遂未暇專
勤搜輯。

　　這條材料可以證明，當時冶開正在主持刊刻一部綫裝本大藏
經。他的弟子惟寬顯徹參與其事，擔任校勘。吳鏡予、屠敬山襄助
其事。這條材料由當事人自己所寫，證明中華民國初年，常州天寧
寺的確在冶開主持下開展刊刻書冊本大藏經的工作。
　　顯徹，字惟寬，生於1869年，圓寂於1937年。關於他的一生行
狀，濮伯欣《惟寬徹禪師塔銘並叙》及吳鏡予《惟寬禪師遺像題志》
所載甚詳，兩文並載《天寧寺志》卷七，此不贅述。其中談到了天寧
寺當時發心刊刻藏經的因緣與具體經過，對我們今天考證、瞭解天
寧寺刊刻大藏經十分重要，特移錄於下。

　　　自明代紫柏大師創刊方冊藏經，緇素稱便。乃毀於清代
　　太平軍之劫。軍事既定，有志弘法者輒私人釀貲刻經。在金
　　陵者，最稱精博。
　　　冶老剃度弟子行實在俗，固無錫庠生，嫻文翰。膺金陵刻
　　經處之聘，代其監刻校對，爲石埭楊仁山居士所契重。行實偶
　　請於冶老，謂大藏經待刊者至夥。楊居士年高，獨力恐不繼。
　　天寧盍分任之，庶全藏得早日告成。
　　　師與法弟應慈上人侍冶老側，因力贊之，遂有創辦毗陵刻
　　經處之舉，由客堂董理之。

　　師躬負校對之責，於事務旁午之際，朱墨點勘，縱橫几案，一字不苟，終日危坐，無倦容。故天寧刻經雖較他處爲後起，而卷帙之富，幾與金陵抗。[①]

　　關於惟寬參與籌劃與親自校勘大藏的情況，濮伯欣、吳鏡予的上述兩文中還有一些記載：

　　　　三藏法源，壅而不流。師用懼焉，梨棗是謀。
　　　　敬付剞劂，躬親校讎。昕伏案几，毋敢或偷。[②]
　　　　秉承本師冶開鎔公之志，刊刻藏經，躬任校讎之役。終日於耳目紛雜間，朱墨點勘，積袟盈案，兀兀無倦容。非久與師相接者，不知其定静功力之深也。[③]

　　上文提到，在大連圖書館藏本中，《佛説大迦葉本經》《佛説沙曷比丘功德經》《佛説時非時經》等三部經典的末尾有校記，證明刊刻時曾根據《南藏》校對經文錯訛。這些校記，或者就是惟寬所作。

　　冶開座下得授記者四人：明鏡、月霞、惟寬、應慈。刊刻一部藏經，除了校勘外，還有編輯、刻版、刷印、流通等諸項事務。這些事務由哪些人承擔，我們現在還不清楚。也許由於《武進天寧寺志》最後由惟寬的嗣法弟子證蓮主持完成的緣故，志中對惟寬的事迹記載較詳，而對其他幾位則相對較略，甚至根本沒有記載。因此，我們無法據之知道冶開其他幾位得法弟子在這次刻藏行動中的實際作用。但由於《毗陵藏》由客堂董理，惟寬當時正主持客堂，因

---

① 濮伯欣：《惟寬徹禪師塔銘並叙》，載《武進天寧寺志》卷七。
② 同上。
③ 吳鏡予：《惟寬禪師遺像題志》，載《武進天寧寺志》卷七。

此，說惟寬在刊刻《毗陵藏》的過程中起到重大作用，當無大差。

在《武進天寧寺志》卷一中，還有一些材料，涉及當時天寧寺中與刊刻藏經有關的若干殿宇的情況，或者可以使我們對當時的刻藏活動加深印象：

> 儲刊樓，在客堂及三會堂上。清乾隆間住持實徹同都監際圓建。同治己巳（1869）住持真禪復建。計四楹。光緒己亥（1899）後，住持清鎔築三會堂後，復繼續建四楹，統共八楹。近刊各經版悉儲其中，故名。

> 刷經樓，在四空堂上。清乾隆間住持實徹同都監際圓建。同治己巳（1869）住持真禪復造，計三楹。

> 藏修樓，在學戒堂上。民國乙丑（1925）住持顯徹建，計共三十二楹。

> 藏經樓，在禪堂上。清光緒己亥（1899）後住持清鎔建，計五楹。

儲刊樓是儲放經版的地方。但既然名稱中有"刊"字，則或許當初這裏也兼任刊刻經版的責任。刷經樓是刷印藏經的地方。上述"藏修樓"，則疑爲"修藏樓"之誤。該建築乃惟寬於 1925 年所建，甚爲寬敞。如前所述，常州天寧寺前幾年編印的《常州天寧禪寺》稱："天寧寺佛學院（原學戒堂）是上下兩層，四合院式的木結構樓房……這裏曾是近代著名高僧、名僧冶開禪師、月霞、應慈等諸大師辦學講經的地方……同時，這裏也是出版古籍經典的地方。"可見現在的天寧寺佛學院上下兩層，上層原是藏修樓，下層原是學戒堂。至於藏經樓，應該是收藏傳統藏經的地方。當時的天寧寺藏經樓共收藏幾部藏經，是哪幾部，現在已無法詳細考證。但其中一定收藏有冶開於 1903 年從北京請印的《清龍藏》。從現有資料看，這部《清龍藏》正是天寧寺所刻綫裝本藏經的底本。關於這一點，將在下文叙述。

上文提到，大連圖書館所藏三本零本中有法雲堂捐資的題記，根據《武進天寧寺志》卷一，該法雲堂正是天寧寺的一個殿堂，在齋堂後、丈室及禪堂前，六波羅蜜堂東。清道光年間所建，同治重修。計五楹。

三、《毗陵藏》起訖時間

這部《毗陵藏》是什麼時候開始刊刻的，現有資料未予涉及。但我們可以從如下幾個方面來考察。

第一，如前濮伯欣《惟寬徹禪師塔銘並叙》所載，天寧寺發心刊刻藏經，是由於冶開俗家弟子行實的偶然建議。行實當時受聘在金陵刻經處監刻校對大藏經，他建議天寧寺刊刻大藏經的理由是，"大藏經待刊者至夥。楊居士年高，獨力恐不繼。天寧盍分任之，庶全藏得早日告成。"楊仁山生於道光十七年（1837）冬，卒於宣統三年（1911）之秋，享年七十有五。可見，行實提出這一建議的時間應該是楊仁山晚年，時屬晚清，辛亥革命之前。

又，據吳鏡予《武進天寧寺志序》所述"溯自民國之初，由湘返里……其時師方主刊方册大藏"云云，可見中華民國初年，天寧寺刊刻大藏經的事業已經開始。

上述兩條材料相互印證，天寧寺刻藏應開始於清朝末年。

第二，大連圖書館藏本中有中華民國二年（1913）、六年（1917）的題記，這兩條題記分別刊於《盧至長者因緣經》（千字文編號作"當七"）、《大寒林聖難拏陀羅尼經》（千字文編號作"忠四"）之後。

《清龍藏》共七百二十四函，用千字文字號七百二十四個，"當"爲第二百五十個，"忠"爲第二百五十三個，約在全藏的三分之一處。而根據下文將介紹的《毗陵藏》目錄，《毗陵藏》實際刊刻二百七十七函，"當"爲其中的第一百零三函，"忠"爲其中的第一百零六函，大約在全藏的不到二分之一處。《武進天寧寺志》的"凡例"中有這樣一段話：

　　天寧寺所刻經籍，歷時十餘年，成書數千卷。苟非厄於世運，全藏或以告成。兹附載目錄於著作類之後，以供釋典留心者之稽考，且無負創始者之功行。①

　　既然《毗陵藏》的刊刻工作前後共持續十餘年，而"當""忠"兩函既然分別刻於 1913 年、1917 年，則《毗陵藏》的刊刻，想必在清末已經開始。當然，《毗陵藏》不一定完全遵循《清龍藏》的先後順序來刊刻，但上述情況可以提供一個大致的參考。

　　第三，《毗陵藏》以清《清龍藏》爲底本，則天寧寺必然藏有一部完整的《清龍藏》。這部《清龍藏》應該就是 1903 年由冶開從北京請回的那部。《天寧寺志》載有當時清内務府請准刷印《清龍藏》所上的奏摺：

　　清内務[府]請准刷印《龍藏》　　　　**原奏**
　　總管内務府奴才世續等跪奏，爲請旨事。據僧録司掌印僧人覺天呈報，江蘇省常州府陽湖縣天寧萬壽禪寺住持僧人清鎔、又松江府上海縣萬壽留雲禪寺住持僧人密通、又浙江省寧波府慈溪縣萬壽西方禪寺住持僧人淨果等，呈稱本寺係屬

①　《武進天寧寺志》卷首"凡例"。

十方長（常）住，缺少藏經。情願請領《龍藏經》各一分，永遠供
養等因前來。查天寧萬壽禪寺、萬壽留雲禪寺、萬壽西方禪寺
均係古刹，各請領藏經一分，崇隆佛法，加結具保前來。查光
緒二十五年，安徽省廬州府合肥縣明教寺住持僧人學道請領
藏經，因藏經無存，其經版在柏林寺收存。經奴才衙門奏請，
令該僧人學道自備工料，赴柏林寺刷印，曾經辦理在案。今僧
人清鎔、密通、淨果自備工料，請赴柏林寺刷印《龍藏經》各一
分，永遠供奉，於陳案相符。如蒙俞允，奴才等傳知僧錄司，轉
飭僧人清鎔、密通、淨果自備工料，赴柏林寺刷印《龍藏經》各
一分，永遠供奉，以光佛法。爲此謹奏，請旨施行。光緒二十
九年閏五月初二日具奏。

　　奉旨：依議，欽此。①

　　光緒二十九年（1903）閏五月，上摺蒙准，備工料、刷藏經、裝裱
成册，如此等等，這部《清龍藏》何時正式入藏天寧寺藏經樓，史料
缺載。最快大約也要到 1903 年年底了。《毗陵藏》的刊刻，自然應
在《清龍藏》入寺以後。

　　當然，這裏可以提出這樣一個疑問：冶開到底是先有刻藏的設
想，然後特意去請一部藏經作底本，還是請藏經時尚無刻藏之意，
而決定刻藏時，因寺中正好有一部新近請回的《清龍藏》，便以之爲
底本？按照《天寧寺志》記載，冶開建藏經樓是清光緒二十五年
（1899）。也就是説，如果特意爲刻《毗陵藏》而請《清龍藏》，爲請
《清龍藏》而修建藏經樓，則刊刻《毗陵藏》的動議應在這以前就提
出了。但我們在現有資料中，沒有發現冶開爲刻《毗陵藏》而特意

---

① 《武進天寧寺志》卷十。

建藏經樓、請《清龍藏》的記載。《天寧寺志》卷八載屠敬山（名寄，武進人）中華民國十年（1921）撰《冶開禪師壽言》，有謂"在京請頒梵夾大藏，在寺創刊方册經典"之語，似將請藏與刻經作爲對比的兩件事。所以，我以爲《毗陵藏》的動議與刊刻應在《清龍藏》入寺以後。即使冶開動議於前，《毗陵藏》的刊刻也祇能在 1903 年底《清龍藏》入寺以後。

綜上所述，我認爲《毗陵藏》開始刊刻的時間在 1904 年到 1911 年之間。

《毗陵藏》的刊刻工作大約在什麽時候陷於停頓，這是另一個需要考察的問題。前引《天寧寺志》"凡例"稱："天寧寺所刻經籍，歷時十餘年，成書數千卷。苟非厄於世運，全藏或以告成。"那麽，使《毗陵藏》不得不停頓的"世運"到底是什麽？是否與 1927 年國民政府成立，及其不久之後興起的又一次廟產興學的浪潮有關？現在無法回答。

就天寧寺而言，冶開之後，歷任住持爲琢如顯泉、明鏡顯寬、惟寬顯徹、慧輪密詮、永培密華、證蓮密源、欽峰密雨。

據説惟寬任天寧寺住持共十年，但起訖年份不清。不過，證蓮於中華民國九年（1920）入天寧寺，中華民國十四（1925）年受住持惟寬記莂，爲南嶽下第四十七世。説明惟寬任住持爲 1925 年前後。又，證蓮於中華民國二十一年（1932 年）任住持，而證蓮與惟寬之間相隔著慧輪密詮、永培密華兩任，也就是説，惟寬很可能在 1927 年前後就退任了。這説明，上述《毗陵藏》的刊刻停頓於 1927 年的猜測，或者與事實相差不太遠。

從 1904 年《清龍藏》入寺，到 1927 年，總共爲二十三年。掐頭去尾，則與上述"歷時十餘年"的説法大體可以吻合。如以楊文會逝世的 1911 年之前，亦即 1910 年左右起算，到 1927 年爲止，則與"歷時

十餘年"的説法完全吻合。總之,我以爲《毗陵藏》的刊刻,上限在
1904 年到 1911 年之間,可能爲 1910 年左右,下限不超過 1927 年。

這裏也有一個疑問。根據濮伯欣《惟寬徹禪師塔銘並叙》,濮
伯欣寫這篇塔銘並叙時,不但惟寬早已逝世,而且連證蓮、欽奉也
已經退任,當時擔任天寧寺住持的已經是惟寬的徒孫輩,但濮伯欣
稱"而大藏之校勘,學院之講授,尚一仍師之舊範。蓋師之詒謀者
遠矣"①。濮伯欣的這篇文章寫作於 1941 年至 1947 年之間,難道
説,當時天寧寺仍在刻藏嗎? 我想,這種可能性應該説不存在。我
們知道,天寧寺所刻的佛典,除了《毗陵藏》外,還有許多零本經典。
我們也知道,天寧寺的"毗陵刻經處"當初是爲刊刻《毗陵藏》專設
的,但後來又改名爲"天寧刻經處"。因此,我們有理由推測,由於
《毗陵藏》停頓,所以毗陵刻經處改名爲"天寧刻經處",以刊刻零本
佛典爲務。而天寧刻經處刊刻零本佛典時,仍然遵循當年毗陵刻
經處的一整套規範,所以有濮伯欣之上述感嘆。

順便提一下,南亭撰《證蓮和尚傳》中有這樣一段記事:

　　(中華民國)二十六年(1937),中日戰爭爆發,天寧寺刻經
　　處有悠久之歷史,經版重要,無慮數萬,爲保存計,(證蓮)專心
　　督運於馬迹山天寧下院祥符寺保藏,並負責監守。
　　(中華民國)二十七年(1938),偏僻地區盜賊蜂起,某日,
　　匪群入寺,逐户搜索,和尚閉門端坐,持觀音聖號,匪衆數過其
　　門,竟不一入,是亦奇矣。②

---

① 濮伯欣:《惟寬徹禪師塔銘並叙》,載《武進天寧寺志》卷七。
② 《武進天寧寺志》附《證蓮和尚傳》。

不管怎樣，證蓮重視並保護經版的行爲值得贊頌與表彰。1949 年後，原天寧刻經處所存經版已經全部移交金陵刻經處收藏。我相信，如經過仔細整理，一定可以從中發現原《毗陵藏》版片，並對本文作重大補充。

四、《毗陵藏》目録依據

考察一部刻本藏經，主要是版片。在版片不存在的情況下，主要靠經本。無論版片也罷，經本也罷，搞清這部藏經的目録，依然是我們考察的重點。

《武進天寧寺志》卷四爲"著作"，分爲兩個部分。第一部分著録歷代天寧寺僧人的佛學著作、禪師語録以及傳記。這部分内容不多，僅十三部。第二部分爲附録，名爲"附：天寧寺佛經流通處已刻書目"（以下簡稱《書目》）。經考證，這個《書目》就是《毗陵藏》已經完成的佛典目録。

現將該《書目》與《清龍藏目録》（以《昭和法寶總目録》第二卷所載《大清三藏聖教目録》爲依據）加以比較，兩者的相同之處如下：

（一）雖然《書目》僅逐部著録佛典，没有標示它們的結構與分類，但如與《清龍藏》對照，可以發現《書目》諸佛典完全按照《清龍藏》結構組合，與《清龍藏》分類完全一致。

（二）雖然《書目》没有標註千字文函號，但是，如與《清龍藏》對照，可以發現，如果按照《清龍藏》用字排號法，對《書目》中的佛典一一加上千字文函號，則兩個目録諸佛典的函號完全相同。

（三）《書目》中佛典加上千字文函號後，大部分函内佛典具足，也有部分函内佛典不具足。但無論具足還是不具足，除了兩個特例外，所收佛典、每種佛典的分卷、不同佛典的合卷等均相同。

　　我們再看現存實物。《清龍藏》爲經摺裝，本藏經爲綫裝，這是
兩者的最大不同。《清龍藏》每個函號大體包含十册，每册依次編
有小號。如“忠”字函共收十六部經典，這些經典有的篇幅大，有的
篇幅小。《清龍藏》便按照其篇幅，或數經合爲一册，或一經分爲數
册，總計分作十册。分別編爲“忠一”到“忠十”。本藏經爲綫裝本，
紙薄字密，容量比《清龍藏》大。每本可以容納《清龍藏》三册到四
册。雖則如此，對每部經典依然保持其《清龍藏》中原來的小號，不
予變動。如 1411/74/1 所收爲“忠一”至“忠四”，共四個小號；1411/
74/2 所收爲“當五”至“當七”，共三個小號。不僅編號不動，在形態
上，《清龍藏》凡屬數經合作一册者，卷首均有該册所收經典的細
目；本藏經也仿此辦理，每個小號的首半葉都列出細目。

　　《書目》與實物相結合，充分説明了這部藏經的目録依據衹能
是《清龍藏》。

　　通過比較，也可以發現《書目》與《清龍藏》有四點不同：

　　（一）“力”字函，《清龍藏》六經同函，收經如下：

> 779. 佛説守護大千國土經，三卷
> 780. 大方廣總持寶光明經，五卷
> 781. 佛説大乘聖無量壽決定光明王如來陀羅尼經
> 782. 佛説大乘聖吉祥持世陀羅尼經，二經同卷
> 783. 佛説大乘日子王所問經
> 784. 佛説金耀童子經，二經同卷

　　《書目》相應之函則作：

　　大方廣總持寶光明經，五卷

　　佛説金耀童子經，二卷（經）同卷

　　粗粗看來，似乎該函《書目》比《清龍藏》缺少四部經典。但是，既然《佛説金耀童子經》下作"二卷（經）同卷"，可見《佛説金耀童子經》這一本中實際刻了《大乘日子王所問經》與《佛説金耀童子經》等兩部經。《書目》脱漏的"佛説大乘日子王所問經"，在此可依據《清龍藏》目録補出。故"力"字函《書目》實際比《清龍藏》僅缺三部佛經。

　　（二）"忠"字函，《清龍藏》十六經同函，收經如下：

　　785. 佛頂放無垢光明，上下同卷

　　786. 佛説樓閣正法甘露鼓經

　　787. 佛説大乘善見變化文殊問法經

　　788. 聖虚空藏菩薩陀羅尼經

　　789. 佛説大護明大陀羅尼經，四經同卷

　　790. 佛説無能勝幡王陀羅尼經

　　791. 最勝佛頂陀羅尼經

　　792. 聖佛母小字般若波羅蜜多經

　　793. 消除一切閃電障難隨求如意陀羅尼經

　　794. 聖最上燈明如來陀羅尼經，五經同卷

　　795. 大寒林聖難拏陀羅尼經

　　796. 佛説諸行有爲經

　　797. 息除中夭陀羅尼

　　798. 一切如來正法秘密篋印心陀羅尼經，四經同卷

　　799. 妙法聖念處經，八卷，今作四卷

　　800. 佛説大迦葉問大寶積正法經，五卷，今作二卷

　　《書目》中没有著録該函。但如上所述,在大連圖書館收藏有
"忠"字函"忠一"到"忠四"一本,因此,"忠"字函中《妙法聖念處經》
《佛説大迦葉問大寶積正法經》兩經是否刊刻,現在難以斷定,但我
們可以根據大連圖書館的收藏實物補充《書目》中"忠"字函的缺失。

　　(三)"棄"字函,《清龍藏》十八般同函,收經如下:

　　　　1400. 大樂金剛理趣釋,二卷

　　　　1401. 佛説最勝妙吉祥根本三摩地分,上下同卷

　　　　1402. 金剛王秘密念誦儀軌

　　　　1403. 金剛頂勝初瑜伽念誦法經,二經同卷

　　　　1404. 金剛頂瑜伽修行念誦儀軌

　　　　1405. 無量壽如來供養儀軌,二軌同卷

　　　　1406. 甘露軍荼利成就儀軌,一卷

　　　　1407. 觀自在多羅瑜伽念誦法

　　　　1408. 觀聖自在菩薩心真言觀行儀軌,二經同卷

　　　　1409. 菩薩訶色欲法

　　　　1410. 四品學法

　　　　1411. 大虛空藏菩薩念誦法

　　　　1412. 仁王般若念誦法,四法同卷

　　　　1413. 阿閦如來念誦供養法

　　　　1414. 佛頂尊勝念誦儀軌,二經同卷

　　　　1415. 聖閻曼德迦威怒王立成大神驗念誦法

　　　　1416. 大乘方廣曼殊室利菩薩華嚴本教贊曼德迦忿怒王
真言大威德儀軌品

　　　　1417. 大乘方廣曼殊室利童真菩薩華嚴本教贊曼德迦忿
怒王真言阿毗遮嚕迦儀軌品,三經同卷

　　《書目》對前十五部佛典的著録與《清龍藏》全同，但將最後三部佛典的著録成：

　　　聖閻曼德迦威怒王立成念誦法
　　　大乘方廣曼殊室利童真菩薩儀軌品，三經同卷

　　兩相比較可知，《書目》中的"大乘方廣曼殊室利童真菩薩儀軌品"，實際包括《龍藏目録》中的第一千四百一十六號、第一千四百一十七號等兩種儀軌。想必是因爲這兩種儀軌名稱冗長且大體差不多，所以《書目》作者把它們著録在一起。

　　（四）《清龍藏》"理"字函收入《山茨際禪師語録》四卷，《清龍藏》編號爲第一千六百四十九號。《書目》除收入此四卷本《山茨際禪師語録》外，還收入一部二十卷本的《山茨際禪師語録》，分作兩函（今編爲毗陵第九百七十三號）。

　　也就是説，從總體看，《書目》所載均爲依據《清龍藏》重刻，但也加入了個別《清龍藏》未收的佛典。

　　上述不同，前三條再次證明《毗陵藏》的依據確爲《清龍藏》，後一條説明《毗陵藏》在《清龍藏》的基礎上增加了一部經典。

　　《清龍藏》收經部卷數目，不同文獻記載不同。本文采用《昭和法寶總目録》第二卷所載《大清三藏聖教目録》爲依據，則《清龍藏》收經一千六百六十九部，七千一百六十八卷，千字文編次"天"字至"幾"字。筆者依據《清龍藏目録》與大連圖書館實物對《書目》考訂後，撰成《毗陵藏目録》，該目録共收佛典九百七十八部，三千零一十六卷。兩相比較，《毗陵藏》已刻佛典的部數約占《清龍藏》的百分之五十八，已刻佛典的卷數約占《清龍藏》的百分之四十二。也就是説，《毗陵藏》雖然沒有最終完成，但已刻經典總數達《清龍藏》的一半左右。

五、《毗陵藏》與金陵刻經處所刻大藏經的關係(一)

如前所述,發心刊刻《毗陵藏》的最初動議,乃是"大藏經待刊者至夥。楊居士年高,獨力恐不繼。天寧盍分任之,庶全藏得早日告成",亦即看到刊刻大藏經工程浩大,金陵刻經處雖然有志於刊刻大藏,但楊仁山年事已高,完成無日。所以擬隨喜參與,共襄盛舉,以便全藏早日告成。爲此,天寧寺專門成立"毗陵刻經處",由客堂董理其事。"毗陵",乃常州古稱,采用"毗陵刻經處"一名,固然有因地取名之意,但"毗"者,毗贊也。其間是否有毗贊金陵刻經處之意,頗值得吟味。①

研究近代佛教史及研究大藏經的研究者都知道,清末民初,我國出現一個新的刻經高潮。江蘇南京、揚州、常熟、常州、北京、四川、浙江等地紛紛成立刻經處,刊刻佛經。雖各地所刻大抵爲零本佛典,但其中金陵刻經處却有宏大計劃,擬先刻零本佛典,然後彙總爲大藏經。學術界有人認爲,金陵刻經處的所謂"彙總",並非僅彙總自己刊刻的佛經,而是指聯合各個刻經處,在同一計劃下分別刊刻,然後彙總,並認爲這一計劃已經實際執行。如《佛光大辭典》"中文大藏經"條提到所謂"百衲藏",該文謂:

> 百衲藏,又稱百衲本。清穆宗同治五年(1866),楊仁山(文會)於金陵發起刻經,會同各寺分刻全藏。因集合北平、天津、金陵、江北、揚州、毗陵、蘇州、杭州諸刻經本而成,故稱百衲本。(中華)民國二十五年(1936)北平刻經處曾發起百衲藏

---

① "毗陵刻經處"的定名,或有毗贊金陵刻經處之意,乃張新鷹先生提示,特致謝意。

本預約，並募集補刻方冊大藏緣起，較《龍藏》僅缺經部十八種、論部二十九種，版式多從徑山本，惟迄今仍未出齊。(《中國大藏經翻譯刻印史》[道安]、《中國大藏經雕刻史話》[道安])

"清藏"條亦有"百衲藏"的介紹，該文謂：

> 百衲藏，又稱百衲本。清穆宗同治五年（1866）楊仁山於金陵發起刻經，主張全國各大寺院分刻全藏。因集合北平、天津、金陵、江北、揚州、毗陵、蘇州及杭州諸刻經本而成，故稱百衲本。所收經論較《龍藏》略少，版式多從徑山本，然大小不一，至今未齊。

根據上述條目，該《百衲藏》由楊仁山發起，會同北平、天津、金陵、江北、揚州、毗陵、蘇州、杭州諸處刻經處共同進行。此事業進展順利，到 1936 年已經基本完成。條目中的"毗陵"，自然指設在常州天寧寺的毗陵刻經處。既然如此，毗陵刻經處所刻藏經祇是金陵刻經處楊仁山創刻的大藏經之一部分，本身並無獨立的資格。

《佛光大辭典》稱條目的資料來源於釋道安的《中國大藏經翻譯刻印史》與《中國大藏經雕刻史話》。這兩部著作均由臺灣廬山出版社出版於 1978 年 1 月。其中，《中國大藏經雕刻史話》絲毫沒有涉及《百衲藏》，《中國大藏經翻譯刻印史》則在"清朝刊印大藏經之版本述要"條下列出《清龍藏》《頻伽藏》《百衲藏》等三藏，其中於《百衲藏》下解釋説：

> 清穆宗同治五年（1866），楊仁山於金陵發起刻經，會同各寺分刻全藏。因集合北平、天津、金陵、江北、揚州、毗陵、蘇

州、杭州諸刻經本而成,故稱百衲本。據(中華)民國二十五年
(1936)北平刻經處發起百衲藏本預約,並募集補刻方册大藏
緣起,較《清龍藏》僅缺經部十八種、論部二十九種,版式雖多
從徑山本,大小不一,至今未齊。

兩相比較,看來《佛光大辭典》條目完全源自道安著作。道安
的資料除了來源於北平刻經處的預約與緣起外,還有什麼其他的
資料,該書沒有交代。該書又稱:

> 百衲藏是各刻經處印行流通本之彙集,版式不一。又稱
> "楊文會藏"。①

道安上述記述,簡略而含混,起碼有如下問題,啓人疑竇:
(一)1866 年或其後什麼時候,楊仁山曾集合起北平、天津、金
陵、江北、揚州、毗陵、蘇州、杭州等各處刻經處,或其中部分刻經
處,倡議共同刊刻大藏經? 具體來講,何時、何地集合的? 參加者
爲哪些人? 具體是怎麼商議的? 當時是否制定出若干規章? 最後
又怎樣付諸行動?
(二)《百衲藏》既然是一種共同行爲,爲何會"版式不一""大小
不一"?
(三)如爲大藏經,必須有統一的外部標志,就當時來講,必須
有統一的千字文函號。而"百衲藏是各刻經處印行流通本之彙集"
云云,語涉曖昧。1936 年北平刻經處彙印的這些不同刻經處的流
通本,是否都有統一的千字文函號?

----

① 道安:《中國大藏經翻譯刻印史》,廬山出版社,1978 年 1 月,第 34 頁。

　　總之，如果仔細深究，道安的上述記述難以令人信服。起碼毗陵刻經處不是楊仁山策動的結果，而是冶開聽從俗家弟子行實建議後的主動行爲。雖然行實當時在金陵刻經處工作，但他的這個建議顯然並非出於楊仁山的授意，而是一種個人行爲。從現有資料，我們也没有發現毗陵刻經處爲了大藏經的刊刻與楊仁山有什麽具體的溝通。

　　那麽，從楊仁山，亦即金陵刻經處這一方面而言，是否有過集合北平、天津、江北、揚州、毗陵、蘇州、杭州等各處刻經處，共同刊刻大藏經的設想？從現有材料，我們可以肯定地説，當時也許不乏行實這樣的人，希望集合佛教界的力量，共同完成這一曠世大事。但起碼楊仁山本人没有這樣的想法。退一萬步，即使楊仁山本人曾經有過這樣的想法，最終也放棄了，決定金陵刻經處自行單幹，事見楊仁山《報告同人書》。

　　《報告同人書》載楊仁山《等不等觀雜録》卷五，開卷便謂：

　　　　鄙人四十年來，摒絶世事，專力於刻經、流通，竊以弘法利生爲願。今垂老，尚有心願中未了之事。一俟病體稍瘥，當並日以進。[1]

　　以下逐一交待六件自己心願中的未了之事：(1)編輯大藏續藏提要，(2)類别日本續藏刻本爲大藏集要，(3)釋摩訶衍論集註，(4)瑜伽師地論，(5)等不等觀雜録，(6)對金陵刻經處所刻大藏經的交代。

　　《報告同人書》寫於何時，文中没有交代，編輯者也没有交代，但我們可以大體考得。我們知道，楊仁山於同治五年(1866)移居

[1]　見金陵刻經處刻本《楊仁山居士遺著》。本文所引楊仁山文，均出該版本，以下不再出註。

南京之後，開始"發心重刻方册藏經"，到同治十二年（1873）已略具
規模。《報告同人書》稱"鄙人四十年來，摒絕世事，專力於刻經、流
通"，則文章應該寫在 1906 年以後，1911 年逝世以前。又，《楊仁山
居士事略》在叙述楊仁山擬將日本續藏編爲《大藏輯要》及擬作《大
藏續藏提要》後，緊接下列文字：

> 辛亥（1911）秋，小病。自恐不起。回憶往時刻經艱苦，
> 《大藏輯要》遽難觀成，頗戚戚……並預囑佛學研究會同人，於
> 八月十七日臨時集議，維護刻經處方法。

楊仁山即於當日逝世。對照《報告同人書》内容，可以推測，該
《報告同人書》應該寫於 1911 年秋，楊仁山召集同人之前。實際
上，我們可以把它看作是楊仁山對身後諸事的遺囑。

與本文有關的，是《報告同人書》中未了之事的最後一條：

> 鄙人志願，亟望金陵刻經處刻成全藏。務使校對、刷印，
> 均極精審，庶不至貽誤學者。至他處所刻未精之本，聽其自行
> 流通，本處概不與之合併成書。

這條遺囑透露不少信息：

第一，楊仁山刊刻大藏經，進展艱難，直到逝世，工程尚巨。臨
逝世前，他仍心心念之，但衹好將此託付後人。

第二，他要求所刻藏經精益求精，不至貽誤學者。

第三，他堅決反對將金陵刻經處所刻藏經與其他刻經處的經
本合併成書。其理由，他認爲其他刻經處的經本質量不可信用。

由此，我們可以得出如下結論：儘管在楊仁山生前、生後，都有

人主張彙聚佛教界各刻經處的力量，共同刊刻大藏經，但楊仁山晚年爲了保證大藏經的質量，對此事堅決反對。由於直到楊仁山逝世，大藏經尚未刊刻完畢，因此，將各刻經處的流通本彙聚爲《百衲藏》這種事情，在楊仁山生前，自然不可能發生。楊仁山逝世後，1936年北平刻經處曾有倡議，最終是否真正實現了，尚需研究。我本人對這一倡議的最終實現表示懷疑。因爲除了這一倡議本身，我們至今沒有發現可以證實當時確有相應實際行動的資料，也沒有發現該《百衲藏》的經本。因此，這一倡議，很可能祇是一種商業廣告。退一步講，即使當時真的刷印出這樣的《百衲藏》，由於它違反了楊仁山的遺願，因此也不能稱它爲"楊文會藏"。

六、《毗陵藏》與金陵刻經處所刻大藏經的關係(二)

雖然楊仁山本人並無與其他刻經處合作的意願，但像刊刻藏經這樣的大事，總會有各種各樣的熱心人提出各種各樣的建議。即使區區如本人，在參與《中華大藏經》編輯的過程中，也多次遇到過類似的經歷。因此，我們對冶開因行實的建議而設立毗陵刻經處，啓動大藏經刊刻工作，自然不必感到奇怪。

無論"毗陵刻經處"的名稱中是否真的含有"毗贊金陵刻經處"之意，也無論毗陵刻經處當時是否已經瞭解到楊仁山不與別人合作的態度，起碼從毗陵刻經處的實際工作看，他們最初的確是依照"毗贊金陵刻經處"的意圖開展大藏經的刊刻工作。

考察附錄《毗陵藏目錄》中所載《毗陵藏》九百七十八部，三千零一十六卷佛典，並與《清龍藏目錄》對照，可以發現如下兩個問題：

（一）《清龍藏》從"天"字函到"幾"字函，共計七百二十四函。《毗陵藏》係從"乃"字函開始，到"幾"字函結束，涉及千字文函號二

百七十七個。亦即雖然《毗陵藏》已經刊刻到《清龍藏》的最後一函
"幾"字號,但與《清龍藏》相比,還缺少四百四十七函。考慮到《毗
陵藏》增加《山茨際禪師語錄》二十卷兩函,則實際要比《清龍藏》少
刻四百四十九函。

　　按照《千字文》順序,"乃"字函爲第八十五函。亦即除了《清龍
藏》"天"字號到"字"字號共八十四函,《毗陵藏》沒有刊刻外,從《清
龍藏》"乃"字號到"幾"字號的六百四十函中,《毗陵藏》祇刻了二百
七十五函,還有三百六十五函沒有刊刻。如:

　　　　位—國(《清龍藏》一經三函,《毗陵藏》無)
　　　　虞陶(《清龍藏》二經二函,《毗陵藏》無)

如此等等。

　　從本文所附《毗陵藏目錄》可以看出,沒有刊刻的這三百六十
五函,分散在"乃"字號到"幾"字號各處,顯得凌亂而不規則。

　　(二)如前所述,與《清龍藏》相比,《毗陵藏》若干字函刊刻的佛
典具足,若干字函刊刻的佛典不具足。如:

　　　　乃(《清龍藏》四經同函,《毗陵藏》少三經)
　　　　服(《清龍藏》六經同函,《毗陵藏》少一經)
　　　　衣(《清龍藏》十經同函,《毗陵藏》同)
　　　　裳(《清龍藏》七經同函,《毗陵藏》少一經)
　　　　推(《清龍藏》九經同函,《毗陵藏》少一經)
　　　　有(《清龍藏》一經一函,《毗陵藏》同)
　　　　唐(《清龍藏》二經同函,《毗陵藏》同)

如此等等。

　　哪些字函具足，哪些字函不具足，同樣分散在"乃"字號到"幾"字號各處，顯得凌亂而不規則。

　　既然是刊刻藏經，爲什麽會出現這種整函不刻，或一函內有的經典刊刻、有的經典不刻？道理很簡單，既然毗陵刻經處刊刻大藏經時，其宗旨祇是襄贊金陵刻經處，則凡是金陵刻經處已經刊刻的經典，他們自然不會再去刊刻。

　　《楊仁山居士遺著》之《等不等觀雜録》卷二，刊載了直到光緒二十八年（1902）爲止由金陵刻經處主持流通的《佛學書目表》，下面把這個書目表中可以確認被《清龍藏》所收的典籍逐一羅列，考察一下《毗陵藏》對這些金陵刻經處的佛典采取什麽態度。

序號	龍藏編號	經名卷次	千字文函號	刊刻單位①	毗陵藏有否
01	0084	大方廣佛華嚴經，八十卷	拱一臣	揚	無
02	0122	金光明最勝王經，十卷	塲	金	無
03	0950	大乘本生心地觀經，八卷	興	金	無②
04	0186	思益梵天所問經，四卷	傷	金	無③
05	0426	觀佛三昧海經，十卷	量	金	無
06	0427	大方便佛報恩經	墨	金	無④
07	0171	楞伽阿跋多羅寶經，四卷	惟	金	無⑤
08	0242	解深密經，五卷	効	金	無⑥

---

①　刊刻單位中"揚"，意爲揚州藏經院；"金"，意爲金陵刻經處；"杭"，意爲杭州慧空經房；"常"，意爲常熟小石山房。

②　"興"字函《龍藏》九經同函，《毗陵藏》收有八經，祇缺一經，即爲該《大乘本生心地觀經》。

③　"傷"字函《龍藏》二經同函，《毗陵藏》收有一經，缺少一經，即爲該《思益梵天所問經》。

④　"墨"字函《龍藏》二經同函，《毗陵藏》收有一經，缺少一經，即爲該《大方便佛報恩經》。

⑤　"惟"字函《龍藏》六經同函，《毗陵藏》收有四經，缺少二經，其中缺《楞伽阿跋多羅寶經》。

⑥　"効"字函《龍藏》二經同函，《毗陵藏》收有一經，缺少一經，即爲該《解深密經》。

（續表）

序號	龍藏編號	經名卷次	千字文函號	刊刻單位	毗陵藏有否
09	0966	大乘密嚴經，三卷	清	金	無
10	1164	瑜伽師地論，一百卷	猶一氣	金	無
11	1190	成唯識論，十卷	義	金	有
12	0014	仁王護國般若波羅蜜經，二卷	翔	金	無
13	1163	大智度論，一百卷	傅一叔	揚	無
14	0130	妙法蓮華經，七卷	草	金	有
15	0109	大般涅槃經，四十卷	賓一鳴	金	無
16	0125	集一切福德三昧經，三卷	化	揚	無①
17	0442	楞嚴經，十卷	羔	金	有
18	0539	增一阿含經，五十卷	形一空	揚	無
19	0541	長阿含經，二十二卷	習一禍	揚	無②
20	0540	雜阿含經，五十卷	穀一堂	金	無
21	1082	梵網經，二卷	安	金	有
22	1173	中論，四卷	箴	杭	無③
23	1178	般若燈論，十五卷	惻造	金	無④
24	1315	賢愚經，十三卷	左達	揚	無
25	1343	坐禪三昧經，二卷	墳	金	有
26	1565	禪源諸詮集都序，四卷	沙	金	無
27	1594	宗鏡録，一百卷	秦一亭	揚	無

---

① "化"字函《龍藏》三經同函，《毗陵藏》收有一經，缺少二經，其中缺《集一切福德三昧經》。

② "習一因"字函《龍藏》四經四函，《毗陵藏》收有三經，祇缺一經，即爲該《長阿含經》。

③ "磨箴"字函《龍藏》二經二函，《毗陵藏》收有一經，缺少一經，即爲該《中論》。

④ "惻造"字函《龍藏》五論二函，《毗陵藏》收有三論，缺少二經，其中缺《般若燈論》。

序號	龍藏編號	經名卷次	千字文函號	刊刻單位	毗陵藏有否
28	1589	萬善同歸集，三卷	郡	金	無
29	1489	天台四教儀集注，十卷	世	杭	無
30	1468	高僧傳初集，十四卷	俠槐	金	無
31	1469	高僧傳二集，四十卷	卿—八	揚	無
32	1470	高僧傳三集，三十卷	縣—給	揚	無
33	1467	比丘尼傳，四卷	俠	金	無
34	1532	法苑珠林，一百卷	營—綺	常	無
35	1598	翻譯名義集，二十卷	塞鷄	金	無
36	1472	弘明集，十四卷	千兵	金	無

　　上表羅列《佛學書目表》中可以確認爲《清龍藏》已收典籍三十六部，其中除了五部外，三十一部均爲《毗陵藏》不收。特別是第三號、第四號、第六號、第七號、第八號、第十六號、第十九號、第二十二號、第二十三號等九號，從其函內不具足的情況判斷，毫無疑問，毗陵刻經處當時很清楚地掌握這些典籍金陵刻經處已經刊刻，所以特意不再刊刻。詳情請參見上述諸號之註釋。

　　上表祇羅列了三十六部佛典，與《毗陵藏》未刻佛典數量相比，還有較大差距。但是，如上文已經説明，上表祇能反映金陵刻經處到1902年爲止的刻經情況，1902年以後所刻的經典没有包括在内。因此，《毗陵藏》其他未刻佛典，可能屬於金陵刻經處1902年以後刊刻的部分。

　　總之，通過上面的考察，我認爲，前述冶開聽從行實建議，創辦毗陵刻經處，主動襄贊金陵刻經處的刻藏事業的記載是可靠的。

他們刻藏的成績也是可觀的。《惟寬徹禪師塔銘並叙》稱"天寧刻經雖較他處爲後起,而卷帙之富,幾與金陵抗"的説法,可以信從。

上面談到,楊仁山逝世之前,特意交待金陵刻經處應獨立刻藏,不與其他刻經處合作。其實,如果我們考察《佛學書目表》,可以發現上表中的第一號《大方廣佛華嚴經》、第十三號《大智度論》、第十六號《集一切福德三昧經》、第十八號《增一阿含經》、第十九號《長阿含經》、第二十四號《賢愚經》、第二十七號《宗鏡録》、第三十一號《高僧傳二集》、第三十二號《高僧傳三集》都是揚州藏經院所刻,第二十二號《中論》、第二十九號《天台四教儀集注》爲杭州慧空經房所刻,第三十四號《法苑珠林》是常熟小石山房所刻。如果説揚州藏經院的主持人是楊仁山早期的合作者,揚州藏經院實際上可以看作是金陵刻經處的分部的話,杭州慧空經房、常熟小石山房與金陵刻經處並無十分密切的關係。也就是説,楊仁山早年似乎並不反對與其他刻經處合作,爲何晚年一反常態? 除了認爲其他刻經處所刻經本質量不高之外,是否還有其他什麼原因? 現在我們都已經無法臆測了。楊仁山《報告同人書》所謂"至他處所刻未精之本,聽其自行流通,本處概不與之合併成書",是否連同揚州藏經院也包括在內,尚需進一步研究。

我們不知道清末冶開決心開始毗陵刻經處刻藏事業時,是否與楊仁山有過溝通。刻藏中途,雙方是否有過聯絡。無論如何,宣統三年(1911)楊仁山逝世之前,已經明確宣布不與其他刻經處合作。金陵刻經處的這一態度,冶開及其弟子自然不會不知道。那麼,冶開及其弟子如何處理此事? 我想,毗陵刻經處此刻祇有兩種處置方式:一是抱殘守缺,就此罷手,停止刻藏;一是繼續刊刻工作,獨立完成全藏。從現有資料看,他們顯然走的是第二條路。理由如下:

第一,如前所述,宣統三年(1911)楊仁山逝世之前,已經明確宣布不與其他刻經處合作。而毗陵刻經處依然刻經不停,而且從目前材料可以看到,毗陵刻經處的主要工作,都是楊仁山逝世之後進入中華民國以後進行的。既然所刻經典已經不可能與金陵刻經處彙合成藏,則邏輯的結論是,此時毗陵刻經處的目標已經改爲自己單獨刊刻大藏經。

第二,上述所引《武進天寧寺志》的凡例中稱:

> 天寧寺所刻經籍,歷時十餘年,成書數千卷。苟非厄於世運,全藏或以告成。兹附載目錄於著作類之後,以供釋典留心者之稽考,且無負創始者之功行。①

上文明確宣告,如果不是由於外在環境變化,毗陵刻經處本來是要把全藏刊刻完成的。

站在毗陵刻經處打算自己單獨刻藏這一立場上,上表中第十一號《成唯識論》、第十四號《妙法蓮華經》、第十七號《楞嚴經》、第二十一號《梵網經》、第二十五號《坐禪三昧經》等五部經典與金陵刻經處重複刊刻這一事實就比較好理解了。由於我們現在還沒有找到《毗陵藏》的上述五種經本,不瞭解它們的刊刻時間。因此,我想這裏有兩種可能:

第一,如果這些經典是毗陵刻經處決定單獨刻藏以後刊刻的,則既然決定單獨刻藏,就不存在什麼重複的問題了。

第二,如果這些經典是毗陵刻經處決定單獨刻藏以前刊刻的,考察這五部典籍,篇幅都不算很大,却都是當時非常流行的佛典。由於這些佛典當時非常流行,常州一帶估計也有需求,所以毗陵刻

---

① 參見《武進天寧寺志》卷首"凡例"。

經處就不憚於重複再刻一次了。

綜上所述，冶開成立毗陵刻經處刊刻大藏經的最初宗旨，原本是襄贊金陵刻經處，共同完成刊刻大藏經的偉業。但後來兩者的合作產生了問題，便轉而改爲獨立刻藏。造成兩者不能合作的具體原因，除了刻經質量問題外究竟還有什麼，兩者曾經有過什麼樣的溝通與磨合，現在都不得而知。毗陵刻經處是從什麼時候開始從“襄贊刻藏”轉爲“獨立刻藏”的，由於史料的缺乏，我們現在也難以明瞭。由於這部由毗陵刻經處刊刻的藏經最終已經成爲獨立的大藏，故特命名它爲《毗陵藏》。

七、小　結

清朝末年，常州天寧寺因金陵刻經處楊仁山刻藏活動的影響，成立了毗陵刻經處，欲襄贊金陵刻經處共同刊刻新的大藏經，其後轉爲獨立刻藏。所刻藏經，今命名爲《毗陵藏》。

《毗陵藏》發起人爲清鎔冶開，主要工作由惟寬顯徹等人承擔。爲綫裝本，以《清龍藏》爲底本，略有增補，千字文帙號與《清龍藏》全同，經文曾據《永樂南藏》做過校勘。刊刻年代的上限可能爲1910年左右，下限爲1927年，實際刻藏時間，總計十餘年，共刻成佛典九百七十八部，三千零一十六卷，約占《清龍藏》的二分之一。後因客觀形勢的變化而停頓，全藏未能最終完成。

本文根據現有資料，對《毗陵藏》作了一些考察，但依然遺留了不少問題，有待將來索解。除了上文中已經提出的問題外，還有如下問題，應該注意：

第一，《毗陵藏》現存經本的調查與《〈毗陵藏〉已刻佛典目錄》的完善。

第二,金陵刻經處、揚州刻經處等已經完成的藏經本的調查。

第三,清末民初各刻經處所刻佛典的調查。

第四,清末民初各刻經處關係的調查與研究。

第五,現存於南京金陵刻經處的版片的調查。

我想,隨著上述調查的進行,有關清末民初刊刻大藏經的具體情況,包括《毗陵藏》的具體情況,將進一步明確。

附:《〈毗陵藏〉已刻佛典目録》

說明:

一、本目録以《武進天寧寺志》卷四所載《附:天寧寺佛經流通處已刻書目》爲基礎,參照《昭和法寶總目録》第二卷所載《大清三藏聖教目録》及大連圖書館發現的《毗陵藏》零本編纂。

二、爲便於比較,對《毗陵藏》已刻佛典,依次在經名前編以序號,三位數,稱爲"毗陵 ***",並依據《大清三藏聖教目録》標註該經在《清龍藏》中的序號,四位數,稱爲"龍 ****"。

三、對每一字函,均説明《清龍藏》的收經數與《毗陵藏》的實際刊刻數。

四、爲了體現《毗陵藏》的整體結構,爲了體現《毗陵藏》已刻佛典在整部《清龍藏》中所占的分量,特以千字文函號爲單位,將該函號中《毗陵藏》未刊刻的經典,予以簡單説明。

"天"至"字",《清龍藏》二十經八十四函,《毗陵藏》無。

"乃",《清龍藏》四經同函,《毗陵藏》少三經。

　　(毗陵 001)　　大方廣三戒經,三卷(龍 0021)

"服",《清龍藏》六經同函,《毗陵藏》少一經。

　　(毗陵 002)　　大乘十法經,一卷(龍 0026)

（毗陵 003）　　普門品經，一卷（龍 0027）

（毗陵 004）　　文殊佛土嚴淨經，二卷（龍 0028）

（毗陵 005）　　佛説胞胎經，一卷（龍 0029）

（毗陵 006）　　佛説法鏡經，二卷（龍 0030）

“衣”，《清龍藏》十經同函，《毗陵藏》同。

（毗陵 007）　　郁迦羅越問經，一卷（龍 0031）

（毗陵 008）　　幻士仁賢經，一卷（龍 0032）

（毗陵 009）　　決定毗尼經，一卷（龍 0033）

（毗陵 010）　　發覺淨心經，二卷（龍 0034）

（毗陵 011）　　佛説優填王經（龍 0035）

（毗陵 012）　　須摩提經（龍 0036）

（毗陵 013）　　須摩提菩薩經，三經同卷（龍 0037）

（毗陵 014）　　離垢施女經，一卷（龍 0038）

（毗陵 015）　　阿闍世王女阿術達經，一卷（龍 0039）

（毗陵 016）　　佛説須賴經，二譯二卷（龍 0040）

“裳”，《清龍藏》七經同函，《毗陵藏》少一經。

（毗陵 017）　　得無垢女經，一卷（龍 0041）

（毗陵 018）　　文殊不思議佛境界經，二卷（龍 0042）

（毗陵 019）　　如幻三昧經，三卷（龍 0043）

（毗陵 020）　　太子刷護經（龍 0045）

（毗陵 021）　　太子和休經（龍 0046）

（毗陵 022）　　入法界體性經（龍 0047），三經同卷

“推”，《清龍藏》九經同函，《毗陵藏》少一經。

（毗陵 023）　　慧上菩薩問大善權經，二卷（龍 0048）

（毗陵 024）　　大乘顯識經，二卷（龍 0049）

（毗陵 025）　　大乘方等要慧經（龍 0050）

（毗陵 026）　　彌勒所問本願經（龍 0051）

（毗陵 027）　　度一切諸佛境界智嚴經（龍 0052），三經同卷

（毗陵 028）　　佛說遺日摩尼寶經，一卷（龍 0053）

（毗陵 029）　　摩訶衍寶嚴經，一卷（龍 0054）

（毗陵 030）　　毗耶娑問經，二卷（龍 0056）

"位"至"國"，《清龍藏》一經三函，《毗陵藏》無。

"有"，《清龍藏》一經一函，《毗陵藏》同。

（毗陵 031）　　大乘大方等日藏經，十卷（龍 0058）

"虞""陶"，《清龍藏》二經二函，《毗陵藏》無。

"唐"，《清龍藏》二經同函，《毗陵藏》同。

（毗陵 032）　　佛說大方廣十輪經，八卷（龍 0061）

（毗陵 033）　　大集須彌藏經，二卷（龍 0062）

"吊"，《清龍藏》五經同函，《毗陵藏》少一經。

（毗陵 034）　　虛空孕菩薩經，二卷（龍 0063）

（毗陵 035）　　虛空藏菩薩經，一卷（龍 0064）

（毗陵 036）　　虛空藏菩薩神咒經（龍 0065）

（毗陵 037）　　觀虛空藏菩薩經（龍 0066），二經同卷

"民"，《清龍藏》一經一函，《毗陵藏》同。

（毗陵 038）　　大方等念佛三昧經，十卷（龍 0068）

"伐"，《清龍藏》二經同函，《毗陵藏》同。

（毗陵 039）　　阿差末菩薩經，七卷（龍 0070）

（毗陵 040）　　般舟三昧經，三卷（龍 0069）

"罪"，《清龍藏》三經同函，《毗陵藏》少一經。

（毗陵 041）　　拔陂菩薩經，一卷（龍 0072）

（毗陵 042）　　無盡意菩薩經，四卷（龍 0073）

"周"，《清龍藏》二經同函，《毗陵藏》同。

（毗陵 0043）　大哀經，八卷（龍 0075）

（毗陵 044）　大集譬喻王經，二卷（龍 0074）

“發”，《清龍藏》四經同函，《毗陵藏》少三經。

（毗陵 045）　寶女所問經，四卷（龍 0076）

“殷”，《清龍藏》三經同函，《毗陵藏》同。

（毗陵 046）　寶星陀羅尼經，八卷（龍 0080）

（毗陵 047）　度諸佛境界智光嚴經，一卷（龍 0081）

（毗陵 048）　大乘金剛髻珠經，一卷（龍 0082）

“湯”至“退”，《清龍藏》三經十八函，《毗陵藏》無。

“邇”，《清龍藏》三經同函，《毗陵藏》少二經。

（毗陵 049）　如來興顯經，四卷（龍 0088）

“壹”，《清龍藏》十二經同函，《毗陵藏》同。

（毗陵 050）　大方廣入如來智德不思議經（龍 0089）

（毗陵 051）　華嚴經修慈分（龍 0090）

（毗陵 052）　顯無邊功德經（龍 0091），三經同卷

（毗陵 053）　華嚴經境界分（龍 0092）

（毗陵 054）　如來不思議境界經（龍 0093），二經同卷

（毗陵 055）　普賢所説經（龍 0094）

（毗陵 056）　莊嚴菩提心經（龍 0095）

（毗陵 057）　菩薩本業經（龍 0096），三經同卷

（毗陵 058）　華嚴經續入法界品（龍 0097）

（毗陵 059）　兜沙經（龍 0098）

（毗陵 060）　菩薩十地經（龍 0099），三經同卷

（毗陵 061）　度世品經（龍 0100），六卷

“體”，《清龍藏》二經同函，《毗陵藏》同。

（毗陵 062）　十住經，六卷（龍 0101）

（毗陵 063）　佛說羅摩迦經，四卷（龍 0102）

“率”，《清龍藏》六經同函，《毗陵藏》同。

（毗陵 064）　諸菩薩求佛本業經（龍 0103）

（毗陵 065）　菩薩十住行道品經（龍 0104）

（毗陵 066）　佛說菩薩十住經（龍 0105），三經同卷

（毗陵 067）　等目菩薩所問三昧經，三卷（龍 0107）

（毗陵 068）　文殊師利問菩薩署經，一卷（龍 0108）

（毗陵 069）　漸備一切智德經，五卷（龍 0106）

“賓”至“鳴”，《清龍藏》一經四函，《毗陵藏》無。

“鳳”“在”“樹”“白”，《清龍藏》三經四函，《毗陵藏》少二經。

（毗陵 070）　方等般泥洹經，二卷（龍 0112）

“駒”，《清龍藏》三經同函，《毗陵藏》同。

（毗陵 071）　大悲經，五卷（龍 0113）

（毗陵 072）　大般涅槃經，三卷（龍 0114）

（毗陵 073）　方等泥洹經，二卷（龍 0115）

“食”，《清龍藏》六經同函，《毗陵藏》同。

（毗陵 074）　大般泥洹經，六卷（龍 0116）

（毗陵 075）　四童子三昧經，三卷（龍 0117）

（毗陵 076）　佛垂般涅槃教誡經（龍 0118）

（毗陵 077）　佛臨涅槃記法住經（龍 0119）

（毗陵 078）　佛滅度後棺斂葬送經（龍 0120）

（毗陵 079）　般泥洹後灌臘經（龍 0121），四經同卷

“場”，《清龍藏》一經一函，《毗陵藏》無。

“化”，《清龍藏》三經同函，《毗陵藏》少二經。

（毗陵 080）　等集眾德三昧經，三卷（龍 0124）

“被”，《清龍藏》三經同函，《毗陵藏》同。

　　　　（毗陵 081）　　金光明經，八卷（龍 0126）

　　　　（毗陵 082）　　入定不定印經，一卷（龍 0127）

　　　　（毗陵 083）　　不必定入定入印經，一卷（龍 0128）

"草"，《清龍藏》五經同函，《毗陵藏》少四經。

"木"，《清龍藏》一經一函，《毗陵藏》同。

　　　　（毗陵 085）　　正法華經，十卷（龍 0134）

"賴"，《清龍藏》三經同函，《毗陵藏》同。

　　　　（毗陵 086）　　添品妙法蓮華經，八卷（龍 0135）

　　　　（毗陵 087）　　分別緣起初勝法門經，上下同卷（龍 0136）

　　　　（毗陵 088）　　緣生初勝分法本經，上下同卷（龍 0137）

"及"，《清龍藏》一經一函，《毗陵藏》無。

"萬"，《清龍藏》三經一函，《毗陵藏》少一經。

　　　　（毗陵 089）　　大乘頂王經，一卷（龍 0140）

　　　　（毗陵 090）　　大方等頂王經，一卷（龍 0141）

"方"，《清龍藏》三經同函，《毗陵藏》少一經。

　　　　（毗陵 091）　　維摩詰經，三卷（龍 0143）

　　　　（毗陵 092）　　佛說道神足無極變化經，四卷（龍 0144）

"蓋"，《清龍藏》二經同函，《毗陵藏》同。

　　　　（毗陵 093）　　說無垢稱經，六卷（龍 0145）

　　　　（毗陵 094）　　阿惟越致遮經，四卷（龍 0146）

"此"，《清龍藏》一經一函，《毗陵藏》同。

　　　　（毗陵 095）　　佛說寶雨經，十卷（龍 0147）

"身"，《清龍藏》二經同函，《毗陵藏》少一經。

　　　　（毗陵 096）　　佛說寶雲經，七卷（龍 0148）

"發"，《清龍藏》五經同函，《毗陵藏》同。

　　　　（毗陵 097）　　不退轉法輪經，四卷（龍 0153）

（毗陵098）　相續解脫地波羅了義經（龍0150）

（毗陵099）　相續解脫隨順處了義經（龍0151），二經同卷

（毗陵100）　佛説解節經，一卷（龍0152）

（毗陵101）　廣博嚴淨不退轉法輪經，四卷（龍0154）

"四""大"，《清龍藏》二經二函，《毗陵藏》無。

"五"，《清龍藏》三經同函，《毗陵藏》同。

（毗陵102）　伅真陀羅所問三昧經，三卷（龍0157）

（毗陵103）　諸法本無經，三卷（龍0159）

（毗陵104）　大樹緊那羅王所問經（龍0158），四卷

"常"，《清龍藏》三經同函，《毗陵藏》同。

（毗陵105）　諸法無行經，二卷（龍0160）

（毗陵106）　持人菩薩所問經，四卷（龍0161）

（毗陵107）　持世經，四卷（龍0162）

"恭"，《清龍藏》三經同函，《毗陵藏》同。

（毗陵108）　佛説大灌頂神咒經，六卷（龍0163）

（毗陵109）　佛説文殊現寶藏經，二卷（龍0164）

（毗陵110）　大方廣寶篋經，二卷（龍0165）

"惟"，《清龍藏》六經同函，《毗陵藏》少二經。

（毗陵111）　藥師如來本願經，一卷（龍0166）

（毗陵112）　藥師琉璃光如來本願功德經，一卷（龍0167）

（毗陵113）　藥師琉璃光七佛本願功德經，上下同卷（龍0168）

（毗陵114）　佛説阿闍世王經，二卷（龍0170）

"鞠"，《清龍藏》一經一函，《毗陵藏》同。

（毗陵115）　入楞伽經，十卷（龍0172）

"養"，《清龍藏》二經一函，《毗陵藏》少一經。

（毗陵 116）　佛說菩薩行方便境界變化經，三卷（龍 0174）

"豈"，《清龍藏》一經一函，《毗陵藏》無。

"敢"，《清龍藏》二經同函，《毗陵藏》同。

（毗陵 117）　大乘大悲分陀利經，八卷（龍 0176）

（毗陵 118）　善思童子經，二卷（龍 0177）

"毀"，《清龍藏》七經同函，《毗陵藏》少一經。

（毗陵 119）　普超三昧經，四卷（龍 0178）

（毗陵 120）　佛說大淨法門品經，一卷（龍 0180）

（毗陵 121）　大莊嚴法門經，二卷（龍 0181）

（毗陵 122）　大方等大雲請雨經，一卷（龍 0182）

（毗陵 123）　大雲請雨經，一卷（龍 0183）

（毗陵 124）　大雲輪請雨經，上下同卷（龍 0184）

"傷"，《清龍藏》二經同函，《毗陵藏》少一經。

（毗陵 125）　勝思惟梵天所問經，六卷（龍 0185）

"女"，《清龍藏》一經一函，《毗陵藏》同。

（毗陵 126）　月燈三昧經，十卷（龍 0187）

"慕"，《清龍藏》六經同函，《毗陵藏》同。

（毗陵 127）　佛說月燈三昧經（龍 0188）

（毗陵 128）　佛說象腋經，二經同卷（龍 0189）

（毗陵 129）　無所希望經，一卷（龍 0190）

（毗陵 130）　大乘同性經，二卷（龍 0191）

（毗陵 131）　證契大乘經，二卷（龍 0192）

（毗陵 132）　持心梵天所問經，四卷（龍 0193）

"貞"，《清龍藏》十五般同函，《毗陵藏》少九般。

（毗陵 133）　觀彌勒上生兜率陀天經（龍 0200）

（毗陵 134）　彌勒下生經，二經同卷（龍 0201）

（毗陵 135）　彌陀（勒）成佛經，一卷（龍 0205）

（毗陵 136）　第一義法勝經，一卷（龍 0206）

（毗陵 137）　大威燈光仙人問疑經，一卷（龍 0207）

（毗陵 138）　一切法高王經，一卷（龍 0208）

"潔"，《清龍藏》二十四經同函，《毗陵藏》同。

（毗陵 139）　佛説諸法勇王經，一卷（龍 0209）

（毗陵 140）　順權方便經，二卷（龍 0210）

（毗陵 141）　瓔珞莊嚴方便經，一卷（龍 0211）

（毗陵 142）　菩薩睒子經（龍 0212）

（毗陵 143）　佛説睒子經（龍 0213）

（毗陵 144）　九色鹿經（龍 0214）

（毗陵 145）　太子沐魄經（龍 0215）

（毗陵 146）　太子慕魄經（龍 0216），五經同卷

（毗陵 147）　無字寶篋經（龍 0217）

（毗陵 148）　大乘離文字普光明藏經（龍 0218）

（毗陵 149）　大乘遍照光明法門經（龍 0219）

（毗陵 150）　老女人經（龍 0220）

（毗陵 151）　老母經（龍 0221）

（毗陵 152）　老母女六英經（龍 0222），六經同卷

（毗陵 153）　長者子制經（龍 0223）

（毗陵 154）　菩薩逝經（龍 0224）

（毗陵 155）　逝童子經（龍 0225）

（毗陵 156）　月光童子經（龍 0226）

（毗陵 157）　申日兒本經（龍 0227），五經同卷

（毗陵 158）　德護長者經（龍 0228），二卷

（毗陵 159）　犢子經（龍 0229）

　　　　（毗陵 160）　　乳光佛經（龍 0230）

　　　　（毗陵 161）　　無垢賢女經（龍 0231）

　　　　（毗陵 162）　　腹中女聽經（龍 0232），四經同卷

“男”，《清龍藏》九經同函，《毗陵藏》同。

　　　　（毗陵 163）　　佛說轉女身經，一卷（龍 0233）

　　　　（毗陵 164）　　文殊問菩提經（龍 0234）

　　　　（毗陵 165）　　伽耶山頂經（龍 0235），二經同卷

　　　　（毗陵 166）　　象頭精舍經（龍 0236）

　　　　（毗陵 167）　　大乘伽耶山頂經（龍 0237），二經同卷

　　　　（毗陵 168）　　決定總持經（龍 0238）

　　　　（毗陵 169）　　謗佛經（龍 0239），二經同卷

　　　　（毗陵 170）　　如來莊嚴智慧光明入一切佛境界經，二卷
　　　　　　　　　　　　（龍 0241）

　　　　（毗陵 171）　　大方等大雲經，四卷（龍 0240）

“效”，《清龍藏》二經同函，《毗陵藏》少一經。

　　　　（毗陵 172）　　深密解脫經，五卷（龍 0242）

“才”，《清龍藏》十一經同函，《毗陵藏》少六經。

　　　　（毗陵 173）　　太子須大拏經，一卷（龍 0250）

　　　　（毗陵 174）　　如來智印經，一卷（龍 0251）

　　　　（毗陵 175）　　佛說慧印三昧經，一卷（龍 0252）

　　　　（毗陵 176）　　無極寶三昧經，二卷（龍 0253）

　　　　（毗陵 177）　　寶如來三昧經，二卷（龍 0254）

“良”，《清龍藏》二十九經同函，《毗陵藏》同。

　　　　（毗陵 178）　　無上依經，二卷（龍 0255）

　　　　（毗陵 179）　　未曾有經（龍 0256）

　　　　（毗陵 180）　　甚稀有經（龍 0257）

（毗陵 181）　　如來師子吼經（龍 0258）

（毗陵 182）　　大方廣師子吼經（龍 0259），四經同卷

（毗陵 183）　　大乘百福相經（龍 0260）

（毗陵 184）　　大乘百福莊嚴相經（龍 0261）

（毗陵 185）　　大乘四法經（龍 0262）

（毗陵 186）　　菩薩修行四法經（龍 0263）

（毗陵 187）　　稀有校量功德經（龍 0264），五經同卷

（毗陵 188）　　最無比經（龍 0265）

（毗陵 189）　　前世三轉經（龍 0266），二經同卷

（毗陵 190）　　佛説銀色女經（龍 0267）

（毗陵 191）　　阿闍世王受決經（龍 0268）

（毗陵 192）　　采華違王受決經（龍 0269）

（毗陵 193）　　正恭敬經（龍 0270），四經同卷

（毗陵 194）　　善恭敬經（龍 0271）

（毗陵 195）　　稱贊大乘功德經（龍 0272）

（毗陵 196）　　妙法決定業障經（龍 0273），三經同卷

（毗陵 197）　　貝多樹下十二因緣經（龍 0274）

（毗陵 198）　　緣起聖道經（龍 0275）

（毗陵 199）　　稻稈經（龍 0276），三經同卷

（毗陵 200）　　了本生死經（龍 0277）

（毗陵 201）　　自誓三昧經（龍 0278）

（毗陵 202）　　如來獨證三昧經（龍 0279），三經同卷

（毗陵 203）　　轉有經（龍 0280）

（毗陵 204）　　大方等修多羅王經（龍 0281）

（毗陵 205）　　文殊巡行經（龍 0282）

（毗陵 206）　　文殊屍利行經（龍 0283），四經同卷

"知"，《清龍藏》二十經同函，《毗陵藏》少十八經。

　　（毗陵 207）　佛說大孔雀咒王經（龍 0302），三卷

　　（毗陵 208）　佛母大孔雀明王經（龍 0303），三卷

"過"，《清龍藏》九經同函，《毗陵藏》同。

　　（毗陵 209）　佛說孔雀王咒經，二卷（龍 0304）

　　（毗陵 210）　大孔雀王神咒經（龍 0305）

　　（毗陵 211）　大孔雀王雜神咒經（龍 0306），二經同卷

　　（毗陵 212）　大金色孔雀王咒經（龍 0307）

　　（毗陵 213）　不空羂索咒經（龍 0308），二經同卷

　　（毗陵 214）　不空羂索心咒王經，二卷（龍 0309）

　　（毗陵 215）　不空羂索陀羅尼經，二卷（龍 0310）

　　（毗陵 216）　不空羂索咒心經，一卷（龍 0311）

　　（毗陵 217）　不空羂索神咒心經，一卷（龍 0312）

"必""改""得"，《清龍藏》一經三函，《毗陵藏》同。

　　（毗陵 218）　不空羂索神變真言經，三十卷（龍 0313）

"能"，《清龍藏》二十四經同函，《毗陵藏》同。

　　（毗陵 219）　千眼千臂陀羅尼咒神，上下同卷（龍 0314）

　　（毗陵 220）　千手千眼姥陀羅尼身經，一卷（龍 0315）

　　（毗陵 221）　千手千眼廣大圓滿無礙大悲心，一卷（龍 0316）

　　（毗陵 222）　秘密藏神咒經（龍 0317）

　　（毗陵 223）　如意摩尼陀羅尼經（龍 0318）

　　（毗陵 224）　如意心陀羅尼經（龍 0319），三經同卷

　　（毗陵 225）　如意輪陀羅尼經，一卷（龍 0320）

　　（毗陵 226）　觀自在菩薩隨心陀羅尼，一卷（龍 0321）

　　（毗陵 227）　請觀世音菩薩消伏毒害陀羅尼（龍 0322）

　　（毗陵 228）　佛說十一面觀世音神咒經（龍 0323），二經

　　　　　　　同卷

（毗陵 229）　十一面神咒心經（龍 0324）

（毗陵 230）　千轉陀羅尼觀世音菩薩咒經（龍 0325）

（毗陵 231）　咒五首經（龍 0326）

（毗陵 232）　六字神咒經（龍 0327）

（毗陵 233）　咒三首經（龍 0328），五經同卷

（毗陵 234）　大方廣菩薩藏經中一字陀羅尼法（龍 0329）

（毗陵 235）　曼殊室利菩菩（薩）咒藏中一字咒王經（龍 0330）

（毗陵 236）　十二佛名神咒校量功德除障滅罪經（龍 0331）

（毗陵 237）　佛說稱讚如來功德神咒經（龍 0332），四經同卷

（毗陵 238）　華積陀羅尼神咒經（龍 0333）

（毗陵 239）　師子奮迅菩薩所問經（龍 0334）

（毗陵 240）　佛說華聚陀羅尼咒經（龍 0335）

（毗陵 241）　六字咒王經（龍 0336）

（毗陵 242）　六字神咒王經（龍 0337），五經同卷

“莫”，《清龍藏》二十一經同函，《毗陵藏》同。

（毗陵 243）　梵女首意經（龍 0338）

（毗陵 244）　有德女所問大乘經（龍 0339）

（毗陵 245）　佛說七俱胝佛母心大准提陀羅尼法（龍 0340）

（毗陵 246）　佛說七俱胝佛母准提大明陀羅尼（龍 0341），四經同卷

（毗陵 247）　七俱胝佛母所說准提陀羅尼經，一卷（龍 0342）

（毗陵 248）　種種雜咒經（龍 0343）

（毗陵 249）　佛頂尊勝陀羅尼經（龍 0344），二經同卷

（毗陵 250）　佛頂尊勝陀羅尼經（龍 0345）

（毗陵 251）　佛說佛頂尊勝陀羅尼經（龍 0346），二經同卷

（毗陵 252）　最勝佛頂陀羅尼淨除業障經（龍 0347）

（毗陵 253）　佛頂尊勝陀羅尼經（龍 0348），二經同卷

（毗陵 254）　舍利弗陀羅尼經（龍 0349）

（毗陵 255）　無量破魔陀羅尼經（龍 0350），二經同卷

（毗陵 256）　無量門微密持經（龍 0351）

（毗陵 257）　出生無量門持經（龍 0352），三（二）經同卷

（毗陵 258）　阿難陀目佉尼訶離陀鄰尼經（龍 0353）

（毗陵 259）　阿難陀目佉尼訶離陀經（龍 0354），二經同卷

（毗陵 260）　一向出生菩薩經（龍 0355），一卷

（毗陵 261）　出生無邊門陀羅尼經（龍 0356）

（毗陵 262）　勝幢臂印陀羅尼經（龍 0357）

（毗陵 263）　妙臂印幢陀羅尼經（龍 0358），三經同卷

“忘”“罔”，《清龍藏》十三經二函,《毗陵藏》同。

（毗陵 264）　佛說陀羅尼集（龍 0359），十三卷

（毗陵 265）　佛說持句神咒經（龍 0360）

（毗陵 266）　陀鄰尼鉢經（龍 0361）

（毗陵 267）　東方最勝燈王神咒經（龍 0362）

（毗陵 268）　如來方便善巧咒經（龍 0363），四經同卷

（毗陵 269）　虛空藏菩薩問七佛陀羅尼咒經，一卷（龍 0364）

（毗陵 270）　善法方便陀羅尼咒經（龍 0365）

（毗陵 271）　金剛秘密善門陀羅尼經（龍 0366）

（毗陵 272）　護命法門神咒經（龍 0367），三經同卷

（毗陵 273）　金剛場陀羅尼經，一卷（龍 0368）

（毗陵 274）　金剛上味陀羅尼經，一卷（龍 0369）

（毗陵 275）　無崖際總持法門經,一卷（龍 0370）

（毗陵 276）　尊勝菩薩所問一切諸法入無量法門,一卷
（龍 0371）

"談""彼",《清龍藏》十經二函,《毗陵藏》同。

（毗陵 277）　十住斷結經,十二卷（龍 0372）

（毗陵 278）　菩薩道樹經（龍 0373）

（毗陵 279）　菩薩生地經（龍 0374）,二經同卷

（毗陵 280）　佛説孛經,一卷（龍 01375）

（毗陵 281）　無垢淨光大陀羅尼經,一卷（龍 0376）

（毗陵 282）　成具光明定意經,一卷（龍 0377）

（毗陵 283）　摩訶摩耶經,二卷（龍 0378）

（毗陵 284）　諸德福田經（龍 0379）

（毗陵 285）　大方等如來藏經（龍 0380）,二經同卷

（毗陵 286）　佛説寶網經（龍 0381）,一卷

"短",《清龍藏》十三經同函,《毗陵藏》少二經。

（毗陵 287）　佛説内藏百寶經（龍 0382）

（毗陵 288）　温室洗浴衆僧經（龍 0383）

（毗陵 289）　菩薩行五十緣身經（龍 0384）

（毗陵 290）　菩薩修行經（龍 0385）,四經同卷

（毗陵 291）　金色王經（龍 0386）

（毗陵 292）　佛説法門經（龍 0387）

（毗陵 293）　四不可得經（龍 0388）,三經同卷

（毗陵 294）　須真天子經,二卷（龍 0389）

（毗陵 295）　不思議光菩薩所説經,一卷（龍 0392）

（毗陵 296）　超日明三昧經,二卷（龍 0393）

（毗陵 297）　除恐灾患經,一卷（龍 0394）

"靡",《清龍藏》四經同函,《毗陵藏》無。

"恃",《清龍藏》一經一函,《毗陵藏》同。

（毗陵298）　賢劫經,十卷（龍0399）

"己""長",《清龍藏》五經二函,《毗陵藏》無。

"信",《清龍藏》十三經同函,《毗陵藏》同。

（毗陵299）　力莊嚴三昧經,二卷（龍0405）

（毗陵300）　佛說八部佛名經（龍0406）

（毗陵301）　百佛名經（龍0407）

（毗陵302）　佛說不思議功德諸佛所護念經,二卷（龍0408）

（毗陵303）　金剛三昧本性清淨不滅經（龍0409）

（毗陵304）　佛說師子月佛本生經（龍0410）

（毗陵305）　演道俗業經（龍0411）,三經同卷

（毗陵306）　佛說長者法志妻經（龍0412）

（毗陵307）　佛說薩羅國經（龍0413）

（毗陵308）　佛說十吉祥經（龍0414）

（毗陵309）　佛說長者女庵提遮師子吼經（龍0415）

（毗陵310）　佛說一切智光明不食肉經（龍0416）,五經同卷

（毗陵311）　大方等陀羅尼經,四卷（龍0417）

"使""可",《清龍藏》一經二函,《毗陵藏》同。

（毗陵312）　大法炬陀羅尼經,二十卷（龍0418）

"覆""器",《清龍藏》二經二函,《毗陵藏》同。

（毗陵313）　大威德陀羅尼經,十六卷（龍0419）

（毗陵314）　觀察諸法行經,四卷（龍0420）

"欲",《清龍藏》一經一函,《毗陵藏》同。

（毗陵315）　佛說華手經,十卷（龍0421）

"難"，《清龍藏》四經同函，《毗陵藏》少三經。

（毗陵 316）　法集經，六卷（龍 0422）

"量"—"絲"，《清龍藏》十經四函，《毗陵藏》無。

"染"，《清龍藏》五經同函，《毗陵藏》同。

（毗陵 317）　大法鼓經，二卷（龍 0436）

（毗陵 318）　月上女經，二卷（龍 0437）

（毗陵 319）　文殊師利問經，二卷（龍 0438）

（毗陵 320）　大方廣如來秘密藏經，一卷（龍 0439）

（毗陵 321）　大乘密嚴經，三卷（龍 0440）

"詩""贊"，《清龍藏》一經二函，《毗陵藏》無。

"羔"，《清龍藏》一經一函，《毗陵藏》同。

（毗陵 322）　大佛頂如來萬行首楞嚴經，十卷（龍 0442）

"羊"，《清龍藏》九經同函，《毗陵藏》同。

（毗陵 323）　七佛所説神咒經，四卷（龍 0443）

（毗陵 324）　文殊寶藏陀羅尼經，一卷（龍 0444）

（毗陵 325）　僧迦吒經，三卷（龍 0445）

（毗陵 326）　出生菩提心經（龍 0446）

（毗陵 327）　佛説佛印三昧經（龍 0447），二經同卷

（毗陵 328）　佛説十二頭經（龍 0448）

（毗陵 329）　佛説樹提伽經（龍 0449）

（毗陵 330）　佛説法常住經（龍 0450）

（毗陵 331）　佛説長壽王經（龍 0451），四經同卷

"景"，《清龍藏》十七經同函，《毗陵藏》少一經。

（毗陵 332）　佛説海龍王經，四卷（龍 0452）

（毗陵 333）　佛爲海龍王説法印經（龍 0453）

（毗陵 334）　佛説右繞佛塔功德經（龍 0454）

（毗陵 335）　佛説妙色王因緣經（龍 0455）

（毗陵 336）　師子素馱娑王斷肉經（龍 0456）

（毗陵 337）　佛説差摩婆帝受記經（龍 0457）

（毗陵 338）　佛説師子莊嚴王菩薩請問經（龍 0458），六經同卷

（毗陵 339）　中陰經，二卷（龍 0459）

（毗陵 340）　佛説蓮華面經，上下同卷（龍 0461）

（毗陵 341）　佛説三品弟子經（龍 0462）

（毗陵 342）　佛説四輩（龍 0463）經

（毗陵 343）　佛説當來變經（龍 0464）

（毗陵 344）　過去世佛分衛經（龍 0465）

（毗陵 345）　佛説法滅盡經（龍 0466）

（毗陵 346）　佛説甚深大回向經（龍 0467）

（毗陵 347）　天王太子辟羅經（龍 0468），七經同卷

“行”，《清龍藏》三十五經同函，《毗陵藏》同。

（毗陵 348）　大吉義神咒經，二卷（龍 0469）

（毗陵 349）　阿吒婆拘鬼神大將上佛陀羅尼經（龍 0470）

（毗陵 350）　佛説大普賢陀羅尼經（龍 0471）

（毗陵 351）　佛説大七寶陀羅尼經（龍 0472）

（毗陵 352）　六字大陀羅尼咒經（龍 0473）

（毗陵 353）　佛説安宅神咒經（龍 0474）

（毗陵 354）　幻師颭陀神咒經（龍 0475）

（毗陵 355）　佛説辟除賊害咒經（龍 0476）

（毗陵 356）　佛説咒時氣病經（龍 0477）

（毗陵 357）　佛説咒齒經（龍 0478）

（毗陵 358）　佛説咒目經（龍 0479）

（毗陵 359）　佛説咒小兒經（龍 0480）

（毗陵 360）　阿彌陀鼓音聲王陀羅尼經（龍 0481）

（毗陵 361）　佛説摩尼禄亶經（龍 0482），十三經同卷

（毗陵 362）　佛説檀持羅麻油述經（龍 0483）

（毗陵 363）　佛説護諸童子陀羅尼咒經（龍 0484）

（毗陵 364）　諸佛心陀羅尼經（龍 0485）

（毗陵 365）　拔濟苦難陀羅尼經（龍 0486）

（毗陵 366）　八名普密陀羅尼經（龍 0487）

（毗陵 367）　佛説持世陀羅尼經（龍 0488）

（毗陵 368）　佛説六門陀羅尼經（龍 0489）

（毗陵 369）　清淨觀世音菩薩普賢陀羅尼經（龍 0490），八
　　　　　　　經同卷

（毗陵 370）　諸佛集會陀羅尼經（龍 0491）

（毗陵 371）　諸佛智炬陀羅尼經（龍 0492）

（毗陵 372）　佛説隨求大自在陀羅尼神咒經（龍 0493），三
　　　　　　　經同卷

（毗陵 373）　佛説一切法功德莊嚴王經（龍 0494）

（毗陵 374）　佛説拔除罪障咒王經（龍 0495）

（毗陵 375）　佛説善夜經（龍 0496）

（毗陵 376）　虛空藏菩薩能滿諸願最勝心陀羅尼（龍 0497），
　　　　　　　三經一法同卷

（毗陵 377）　佛説佛地經（龍 0498）

（毗陵 378）　百千印陀羅尼經（龍 0499）

（毗陵 379）　莊嚴王陀羅尼經（龍 0500）

（毗陵 380）　香王菩薩陀羅尼咒經（龍 0501），四經同卷

（毗陵 381）　優婆夷淨行法門經，二卷（龍 0502）

（毗陵 382）　　諸法最上王經，一卷（龍 0503）

"維"，《清龍藏》二十二經同函，《毗陵藏》同。

（毗陵 383）　　文殊師利般涅槃經（龍 0504）

（毗陵 384）　　異出菩薩本起經（龍 0505），二經同卷

（毗陵 385）　　佛說賢首經（龍 0506）

（毗陵 386）　　千佛因緣經（龍 0507）

（毗陵 387）　　八大人覺經（龍 0508），三經同卷

（毗陵 388）　　佛說月明菩薩經（龍 0509）

（毗陵 389）　　佛說心明經（龍 0510）

（毗陵 390）　　佛說滅十方冥經（龍 0511）

（毗陵 391）　　佛說鹿母經（龍 0512），四經同卷

（毗陵 392）　　佛說魔逆經，一卷（龍 0513）

（毗陵 393）　　佛說賴吒和羅所問太子經，一卷（龍 0514）

（毗陵 394）　　商主天子所問經，一卷（龍 0515）

（毗陵 395）　　大乘四法經（龍 0516）

（毗陵 396）　　離垢慧菩薩所問禮佛法經（龍 0517），二經
　　　　　　　　　同卷

（毗陵 397）　　寂照神變三摩地經，一卷（龍 0518）

（毗陵 398）　　佛說造塔功德經（龍 0519）

（毗陵 399）　　佛說不增不減經（龍 0520）

（毗陵 400）　　佛說堅固女經（龍 0521）

（毗陵 401）　　佛說大乘流轉諸有經（龍 0522）

（毗陵 402）　　佛說大意經（龍 0523）

（毗陵 403）　　受持七佛名號所生功德經（龍 0524），六經
　　　　　　　　　同卷

（毗陵 404）　　金剛光焰止風雨陀羅尼經，一卷（龍 0525）

"賢",《清龍藏》二經同函,《毗陵藏》無。

"克",《清龍藏》二經同函,《毗陵藏》同。

　　（毗陵 405）　一字佛頂輪王經,六卷（龍 0528）

　　（毗陵 406）　蘇悉地羯羅經,四卷（龍 0529）

"念",《清龍藏》八經同函,《毗陵藏》同。

　　（毗陵 407）　金剛頂瑜伽中略出經,四卷（龍 0530）

　　（毗陵 408）　金剛頂經五字心陀羅尼品（龍 0533）

　　（毗陵 409）　觀自在如意輪菩薩瑜伽法要（龍 0534）,二經
　　　　　　　　　同卷

　　（毗陵 410）　佛説救面然餓鬼陀羅尼神咒經（龍 0535）

　　（毗陵 411）　佛説甘露經（龍 0536）

　　（毗陵 414）　佛説大陀羅尼一字心咒經（龍 0537）,三經
　　　　　　　　　同卷①

　　（毗陵 412）　廣大寶樓閣陀羅尼經,二卷（龍 0531）

　　（毗陵 413）　牟梨曼陀羅咒經,二卷（龍 0532）

"作""聖""德""建""名""立",《清龍藏》一經六函,《毗陵
藏》同。

　　（毗陵 415）　中阿含經,六十卷（龍 0538）

"形"至"堂",《清龍藏》二經十函,《毗陵藏》無。

"習""聽""禍""因",《清龍藏》四經四函,《毗陵藏》少一經。

　　（毗陵 416）　別譯雜阿含,十六卷（龍 0542）

　　（毗陵 417）　雜阿含經,一卷（龍 0543）

---

①　在《書目》中,"佛説大陀羅尼一字心咒經,三經同卷"十五字排列在"牟梨曼陀羅咒經,二卷"
　　之後,故按照順序編"毗陵 414 號",但根據它在《清龍藏》中的編號與它的合卷記録,它實
　　際應該排在"佛説甘露經"之後。《書目》此處有誤。在此保留它在《書目》中的序號,但將它
　　的位置放到"佛説甘露經"之後,以正確體現其三經同卷的地位。

　　（毗陵 418）　　長阿含十根（報）法經，一卷（龍 0544）

"惡"，《清龍藏》一經一函，《毗陵藏》同。

　　（毗陵 419）　　起世因本經，十卷（龍 0545）

"積"，《清龍藏》一經一函，《毗陵藏》同。

　　（毗陵 420）　　起世經，十卷（龍 0546）

"福"，《清龍藏》五經同函，《毗陵藏》少一經。

　　（毗陵 421）　　佛般泥洹經，二卷（龍 0548）

　　（毗陵 422）　　佛說人本欲生經，一卷（龍 0549）

　　（毗陵 423）　　佛說梵網六十二見經（龍 0550）

　　（毗陵 424）　　佛說屍迦羅越六方禮經，二經同卷（龍 0551）

"緣"，《清龍藏》三十六經同函，《毗陵藏》同。

　　（毗陵 425）　　中本起經，二卷（龍 0552）

　　（毗陵 426）　　佛說七智經（龍 0553）

　　（毗陵 427）　　佛說咸水喻經（龍 0554）

　　（毗陵 428）　　佛說一切流攝守因經（龍 0555）

　　（毗陵 429）　　佛說閻羅王五天使者經（龍 0556）

　　（毗陵 430）　　佛說鐵城泥犁經（龍 0557）

　　（毗陵 431）　　佛說古來世時經（龍 0558），六經同卷

　　（毗陵 432）　　佛說阿那律八念經（龍 0559）

　　（毗陵 433）　　佛說離睡經（龍 0560）

　　（毗陵 434）　　佛說是法非法經（龍 0561）

　　（毗陵 435）　　佛說樂想經（龍 0562）

　　（毗陵 436）　　佛說漏分布經（龍 0563）

　　（毗陵 437）　　佛說阿耨颰經（龍 0564），六經同卷

　　（毗陵 438）　　佛說求欲經（龍 0565）

　　（毗陵 439）　　佛說受歲經（龍 0566）

（毗陵 440）　佛説梵志計水淨經（龍 0567），三經同卷

（毗陵 441）　佛説伏淫經（龍 0568）

（毗陵 442）　佛説魔嬈亂經（龍 0569）

（毗陵 443）　佛説弊魔試目連經（龍 0570），三經同卷

（毗陵 444）　佛説泥犁經（龍 0571）

（毗陵 445）　佛説優婆夷墮舍迦經（龍 0572）

（毗陵 446）　佛説齋經（龍 0573），三經同卷

（毗陵 447）　佛説苦陰經（龍 0574）

（毗陵 448）　佛説苦陰因事經（龍 0575）

（毗陵 449）　佛説釋摩男本經（龍 0576），三經同卷

（毗陵 450）　佛説鞞摩肅經（龍 0577）

（毗陵 451）　佛説婆羅門子命終愛念不離經（龍 0578）

（毗陵 452）　佛説十支居士八城人經（龍 0579）

（毗陵 453）　佛説邪見經（龍 0580）

（毗陵 454）　佛説箭喻經（龍 0581）

（毗陵 455）　佛説普法義經（龍 0582），六經同卷

（毗陵 456）　佛説廣義法門經（龍 0583）

（毗陵 457）　佛説戒德香經（龍 0584）

（毗陵 458）　佛説四人出現世間經（龍 0585）

（毗陵 459）　佛説諸法本經（龍 0586）

（毗陵 460）　佛説瞿曇彌記果經（龍 0587），五經同卷

“善”，《清龍藏》四十三經同函，《毗陵藏》少七經。

（毗陵 461）　佛説梵志阿颰經，一卷（龍 0588）

（毗陵 462）　佛説寂志果經，一卷（龍 0589）

（毗陵 463）　佛説賴吒和羅經（龍 0590）

（毗陵 464）　佛説善生子經（龍 0591）

（毗陵 465）　佛說數經（龍 0592）

（毗陵 466）　佛說梵志頗波羅延問種尊經（龍 0593），四經
　　　　　　　同卷

（毗陵 467）　三歸五戒慈心厭離功德經（龍 0601）

（毗陵 468）　佛說須達經（龍 0602）

（毗陵 469）　佛爲黃竹園老婆羅門說學經（龍 0603）

（毗陵 470）　佛說梵摩喻經（龍 0604），四經同卷

（毗陵 471）　佛說尊上經（龍 0605）

（毗陵 472）　佛說鸚鵡經（龍 0606）

（毗陵 473）　佛說兜調經（龍 0607）

（毗陵 474）　佛說意經（龍 0608）

（毗陵 475）　佛說應法經（龍 0609），五經同卷

（毗陵 476）　佛說波斯匿王太后崩塵土坌身經（龍 0610）

（毗陵 477）　須摩提女經（龍 0611），二經同卷

（毗陵 478）　佛說三摩竭經（龍 0612）

（毗陵 479）　佛說婆羅門避死經（龍 0613）

（毗陵 480）　施食獲五福報經（龍 0614）

（毗陵 481）　頻毗娑羅王詣佛供養經（龍 0615）

（毗陵 482）　佛說長者子六過出家經（龍 0616）

（毗陵 483）　佛說鴦掘摩經（龍 0617），六經同卷

（毗陵 484）　佛說鴦崛髻經（龍 0618）

（毗陵 485）　佛說力士移山經（龍 0619）

（毗陵 486）　佛說四未曾有法經（龍 0620）

（毗陵 487）　佛說舍利弗目犍連遊四衢經（龍 0621），四經
　　　　　　　同卷

（毗陵 488）　七佛父母姓字經（龍 0622）

（毗陵 489）　佛説放牛經（龍0623）

（毗陵 490）　緣起經（龍0624）

（毗陵 491）　佛説十一想思念如來經（龍0625）

（毗陵 492）　佛説四泥犁經（龍0626）

（毗陵 493）　舍衛國王夢見十事經（龍0627）

（毗陵 494）　佛説國王不黎先尼十夢經（龍0628）

（毗陵 495）　阿難同學經（龍0629）

（毗陵 496）　五蘊皆空經（龍0630），九經同卷

“慶”，《清龍藏》二十九經同函，《毗陵藏》同。

（毗陵 497）　阿難問事佛吉凶經（龍0631）

（毗陵 498）　慢法經（龍0632）

（毗陵 499）　阿難分別經（龍0633）

（毗陵 500）　五母子經（龍0634），四經同卷

（毗陵 501）　沙彌羅經（龍0635）

（毗陵 502）　玉耶經（龍0636）

（毗陵 503）　玉耶女經（龍0637）

（毗陵 504）　阿遫達經（龍0638）

（毗陵 505）　摩鄧女經（龍0639）

（毗陵 506）　摩鄧女解形中六事經（龍0640），六經同卷

（毗陵 507）　摩登伽經（龍0641），二卷

（毗陵 508）　舍頭諫經（龍0542），一卷

（毗陵 509）　治禪病秘要經，二卷（龍0643）

（毗陵 510）　佛説七處三觀經，上下同卷（龍0644）

（毗陵 511）　阿那邠邸化七子經（龍0645）

（毗陵 512）　大愛道般涅槃經（龍0646）

（毗陵 513）　佛母般泥洹經（龍0647）

（毗陵 514）　佛說勝（聖）法印經（龍 0648），四經同卷

（毗陵 515）　五陰譬喻經（龍 0649）

（毗陵 516）　佛說水沫所漂經（龍 0650）

（毗陵 517）　佛說不自守意經（龍 0651）

（毗陵 518）　佛說滿願子經（龍 0652）

（毗陵 519）　轉法論（輪）經（龍 0653）

（毗陵 520）　佛說三轉法論（輪）經（龍 0654）

（毗陵 521）　佛說八正道經（龍 0655）

（毗陵 522）　難提釋經（龍 0656）

（毗陵 523）　佛說馬有三相經（龍 0657）

（毗陵 524）　佛說馬有八態譬人經（龍 0658）

（毗陵 525）　佛說相應相可經（龍 0659），十一經同卷

“尺”，《清龍藏》五經同函，《毗陵藏》少一經。

（毗陵 526）　修行本起經，二卷（龍 0660）

（毗陵 527）　太子瑞應本起經，二卷（龍 0661）

（毗陵 528）　佛說奈女耆域因緣經，一卷（龍 0663）

（毗陵 529）　佛說奈女耆婆經，一卷（龍 0664）

“璧”，《清龍藏》十經同函，《毗陵藏》少四經。

（毗陵 530）　佛說生經，五卷（龍 0665）

（毗陵 531）　萍沙王五願經（龍 0666）

（毗陵 532）　琉璃王經（龍 0667）

（毗陵 533）　佛說海八德經（龍 0668）

（毗陵 534）　佛說法海經（龍 0669），四經同卷

（毗陵 535）　佛說義足經，二卷（龍 0670）

“非”“寶”“寸”“陰”“是”“竟”“資”，《清龍藏》一經七函，《毗陵藏》同。

（毗陵 536）　正法念處經，七十卷（龍 0675）

"父"至"與"，《清龍藏》一經六函，《毗陵藏》無。

"敬"，《清龍藏》三十三經同函，《毗陵藏》同。

（毗陵 537）　佛説大安般守意經，二卷（龍 0677）

（毗陵 538）　佛説罵意經（龍 0678）

（毗陵 539）　禪行法想經（龍 0679），二經同卷

（毗陵 540）　佛説處處經，一卷（龍 0680）

（毗陵 541）　佛説分別善惡所起經，一卷（龍 0681）

（毗陵 542）　佛説出家緣經（龍 0682）

（毗陵 543）　佛説阿含正行經（龍 0683）

（毗陵 544）　佛説十八泥犁經（龍 0684）

（毗陵 545）　佛説法受塵經（龍 0685）

（毗陵 546）　佛説進學經（龍 0686）

（毗陵 547）　佛説得道梯隥錫杖經（龍 0687）

（毗陵 548）　佛説貧窮老公經（龍 0688），七經同卷

（毗陵 549）　須摩提長者經（龍 0689）

（毗陵 550）　長者懊惱三處經（龍 0690）

（毗陵 551）　犍陀國王經（龍 0691）

（毗陵 552）　阿難四事經（龍 0692），四經同卷

（毗陵 553）　分別經（龍 0693）

（毗陵 554）　未生怨經（龍 0694）

（毗陵 555）　四願經（龍 0695）

（毗陵 556）　猘狗經（龍 0696），四經同卷

（毗陵 557）　八關齋經（龍 0697）

（毗陵 558）　孝子經（龍 0698）

（毗陵 559）　黑氏梵志經（龍 0699）

（毗陵 560）　阿鳩留經（龍 0700）

（毗陵 561）　佛爲阿支羅迦葉自化作苦經（龍 0701）

（毗陵 562）　佛說罪業報應教化地獄經（龍 0702）

（毗陵 563）　佛說龍王兄弟經（龍 0703）

（毗陵 564）　佛說長者音悅經（龍 0704），八經同卷

（毗陵 565）　佛說七女經（龍 0705）

（毗陵 566）　佛說八師經（龍 0706）

（毗陵 567）　佛說越難經（龍 0707）

（毗陵 568）　佛說所欲致患經（龍 0708）

（毗陵 569）　阿闍世王問五逆經（龍 0709），五同經（經同）卷
“孝”，《清龍藏》十六經同函，《毗陵藏》同。

（毗陵 570）　本事經，七卷（龍 0710）

（毗陵 571）　佛說中心經（龍 0711）

（毗陵 572）　佛說見正經（龍 0712）

（毗陵 573）　佛說大魚事經（龍 0713）

（毗陵 574）　佛說阿難七夢經（龍 0714）

（毗陵 575）　佛說呵雕阿那含經（龍 0715）

（毗陵 576）　佛說燈指因緣經（龍 0176），六經同卷

（毗陵 577）　佛說婦人遇辜經（龍 0717）

（毗陵 578）　佛說四天王經（龍 0718）

（毗陵 579）　佛說摩訶迦葉度貧母經（龍 0719）

（毗陵 580）　佛說禪行三十七品經（龍 0720）

（毗陵 581）　比丘避女惡名欲自殺經（龍 0721）

（毗陵 582）　佛說身觀經（龍 0722）

（毗陵 583）　佛說無常經（龍 0723）

（毗陵 584）　佛說八無暇有暇經（龍 0724），八經同卷

（毗陵 585）　五百弟子自説本起經,一卷（龍 0725）
"當",《清龍藏》四十八經同函,《毗陵藏》少一經。

（毗陵 586）　佛説五苦章句經（龍 0726）

（毗陵 587）　佛説堅意經（龍 0727）

（毗陵 588）　佛説淨飯王般涅槃經（龍 0728）,三經同卷

（毗陵 589）　佛説興起行經,二卷（龍 0729）

（毗陵 590）　長爪梵志請問經（龍 0730）

（毗陵 591）　佛説譬喻經（龍 0731）

（毗陵 592）　佛説比丘聽施經（龍 0732）

（毗陵 593）　佛説略教誡經（龍 0733）

（毗陵 594）　佛説療痔病經（龍 0734）

（毗陵 595）　佛説業報差別經（龍 0735）,六經同卷

（毗陵 596）　佛説十二品生死經（龍 0736）

（毗陵 597）　佛説轉輪五道罪福報應經（龍 0737）

（毗陵 598）　佛説五無返復經（龍 0738）

（毗陵 599）　佛大僧大經（龍 0739）,四經同卷

（毗陵 600）　佛説大迦葉本經（龍 0740）

（毗陵 601）　佛説四自侵經（龍 0741）

（毗陵 602）　佛説羅雲忍辱經（龍 0742）

（毗陵 603）　佛爲年少比丘説正事經（龍 0743）

（毗陵 604）　佛説沙曷（曷）比丘功德經（龍 0744）

（毗陵 605）　佛説時非時經（龍 0745）

（毗陵 606）　佛説自愛經（龍 0746）,七經同卷

（毗陵 607）　佛説賢者五福德經（龍 0747）

（毗陵 608）　天請問經（龍 0748）

（毗陵 609）　佛説護淨經（龍 0749）

（毗陵 610）　佛說木槵經（龍 0750）

（毗陵 611）　佛說無上處經（龍 0751）

（毗陵 612）　盧至長者因緣經（龍 0752），六經同卷

（毗陵 613）　佛說普達王經（龍 0753）

（毗陵 614）　佛說鬼子母經（龍 0754）

（毗陵 615）　佛說梵摩難國王經（龍 0755）

（毗陵 616）　佛說孫多耶致經（龍 0756）

（毗陵 617）　佛說父母恩難報經（龍 0757）

（毗陵 618）　佛說新歲經（龍 0758）

（毗陵 619）　佛說群牛譬經（龍 0759）

（毗陵 620）　佛說九橫經（龍 0760），八經同卷

（毗陵 621）　佛說五恐怖世經（龍 0761）

（毗陵 622）　佛說弟子死復生經（龍 0762）

（毗陵 623）　佛說懈怠耕者經（龍 0763）

（毗陵 624）　佛所辨意長者子所問經（龍 0764）

（毗陵 625）　無垢優婆夷問經（龍 0765），五經同卷

（毗陵 626）　佛說耶祇經（龍 0766）

（毗陵 627）　佛說末羅王經（龍 0767）

（毗陵 628）　佛說摩達國王經（龍 0768）

（毗陵 629）　佛說五王經（龍 0770）

（毗陵 630）　佛說出家功德經（龍 0771）

（毗陵 631）　佛說栴檀樹經（龍 0772）

（毗陵 632）　佛說頻多和多耆經（龍 0773），八經同卷

“竭”，《清龍藏》五經同函，《毗陵藏》少一經。

（毗陵 633）　陰持入經（龍 0775），上下同卷

（毗陵 634）　佛說因緣僧護經（龍 0776），一卷

（毗陵 635）　佛說大乘莊嚴寶王經（龍 0777），四卷

（毗陵 636）　分別善惡報應經（龍 0778），上下同卷

"力"，《清龍藏》六經同函，《毗陵藏》少三經。

（毗陵 637）　大方廣總持寶光明經（龍 0780），五卷

（毗陵 638）　佛說大乘日子王所問經①（龍 0783）

（毗陵 639）　佛說金耀童子經（龍 0784），二卷（經）同卷

"忠"，《清龍藏》十六經同函，《毗陵藏》少二經②）

（毗陵 640）　佛頂放無垢光明，上下同卷（龍 0785）

（毗陵 641）　佛說樓閣正法甘露鼓經（龍 0786）

（毗陵 642）　佛說大乘善見變化文殊問法經（龍 0787）

（毗陵 643）　聖虛空藏菩薩陀羅尼經（龍 0788）

（毗陵 644）　佛說大護明大陀羅尼經（龍 0789），四經同卷

（毗陵 645）　佛說無能勝幡王陀羅尼經（龍 0790）

（毗陵 646）　最勝佛頂陀羅尼經（龍 0791）

（毗陵 647）　聖佛母小字般若波羅蜜多經（龍 0792）

（毗陵 648）　消除一切閃電障難隨求如意陀羅尼經（龍 0793）

（毗陵 649）　聖最上燈明如來陀羅尼經（龍 0794），五經同卷

（毗陵 650）　大寒林聖難拏陀羅尼經（龍 0795）

（毗陵 651）　佛說諸行有爲經（龍 0796）

---

① "佛說大乘日子王所問經"，《武進天寧寺志》所載《毗陵藏》目錄中無載。但下一經"佛說金耀童子經"下卻作"二經同卷"，可見《毗陵藏》原刻應有"佛說大乘日子王所問經"，而《武進天寧寺志》所載《毗陵藏》目錄缺漏。今特依據《龍藏》目錄補入。

② 自"佛頂放無垢光明"以下十四部經，《武進天寧寺志》所載《毗陵藏》目錄中均無載。但在大連圖書館發現了它們的刻印本，可見《毗陵藏》原來刻有這些經典，而《武進天寧寺志》所載《毗陵藏》目錄缺漏。今特依據大連圖書館本補入。

　　　　（毗陵 652）　　息除中夭陀羅尼（龍 0797）

　　　　（毗陵 653）　　一切如來正法秘密篋印心陀羅尼經（龍
　　　　　　　　　　　　0798），四經同卷。

“則”“盡”，《清龍藏》四十八經二函，《毗陵藏》無。

“命”，《清龍藏》十經同函，《毗陵藏》少九經。

　　　　（毗陵 654）　　衆許摩訶諦（帝）經，七卷（龍 0854）

“臨”至“薄”，《清龍藏》七十五經四函，《毗陵藏》無。

“夙”，《清龍藏》十六經同函，《毗陵藏》同。

　　　　（毗陵 655）　　佛説光明童子因緣經，二卷（龍 0934）

　　　　（毗陵 656）　　寶帶陀羅尼經（龍 0935）

　　　　（毗陵 657）　　金身陀羅尼經（龍 0936）

　　　　（毗陵 658）　　八（入）無分別法門經（龍 0937）

　　　　（毗陵 659）　　淨意優婆塞所問經（龍 0938），四經同卷

　　　　（毗陵 660）　　金剛場莊嚴般若教中一分（龍 0939）

　　　　（毗陵 661）　　息静因緣經（龍 0940），二經同卷

　　　　（毗陵 662）　　初分説經，上下同卷（龍 0941）

　　　　（毗陵 663）　　無畏授所問大乘經，上中下（龍 0942）

　　　　（毗陵 664）　　月喻經（龍 0943）

　　　　（毗陵 665）　　醫喻經（龍 0944）

　　　　（毗陵 666）　　灌頂王喻經（龍 0945），四經同卷

　　　　（毗陵 667）　　尼拘陀梵志經，上下同卷（龍 0946）

　　　　（毗陵 668）　　白衣金幢二婆羅門緣起經，上中下同卷（龍
　　　　　　　　　　　　0947）

　　　　（毗陵 669）　　福力太子因緣經，上中下同卷（龍 0948）

　　　　（毗陵 670）　　身毛喜豎經，上中下同卷（龍 0949）

“興”，《清龍藏》九經同卷，《毗陵藏》少一經。

（毗陵 671）　佛説出身無邊門陀羅尼（龍 0951）

（毗陵 672）　一切如來心秘密全身舍利寶篋印陀羅尼經
（龍 0952）

（毗陵 673）　大吉祥天女十二名號經（龍 0953）

（毗陵 674）　大吉祥天女十二契一百八名（龍 0954）

（毗陵 675）　一切如來金剛壽命陀羅尼（龍 0955），五經
同卷

（毗陵 676）　穰麌黎童女經（龍 0956）

（毗陵 677）　雨寶陀羅尼經（龍 0957）

（毗陵 678）　慈氏菩薩所説大乘緣生稻稈喻經（龍 0958），
三經同卷

“温”，《清龍藏》二經同函，《毗陵藏》少一經。

（毗陵 679）　佛説除蓋障所問經，八卷（龍 0959）

“清”至“流”，《清龍藏》五十七經十一函，《毗陵藏》無。

“不”，《清龍藏》四經同函，《毗陵藏》同。

（毗陵 680）　一字奇特佛頂經，三卷（龍 1018）

（毗陵 681）　菩提場莊嚴陀羅尼經，一卷（龍 1020）

（毗陵 682）　佛説秘密相經，上中下同卷（龍 1021）

（毗陵 683）　菩提場所説一字頂輪王經，五卷（龍 1019）

“息”至“取”，《清龍藏》十六經四函，《毗陵藏》無。

“映”，《清龍藏》一經一函，《毗陵藏》同。

（毗陵 684）　如來不思議秘密大乘經，十卷（龍 1038）

“容”“止”，《清龍藏》十二經二函，《毗陵藏》無。

“若”，《清龍藏》一經一函，《毗陵藏》同。

（毗陵 685）　大方廣菩薩藏儀軌經，十卷（龍 1051）

“思”，《清龍藏》五經同函，《毗陵藏》同。

（毗陵 686）　持明藏瑜伽儀軌經，二卷（龍 1052）

（毗陵 687）　金剛香菩薩大明成就儀軌，二卷（龍 1053）

（毗陵 688）　頻那夜迦天成就儀軌，二卷（龍 1054）

（毗陵 689）　大悲空智金剛大教王儀軌，三卷（龍 1055）

（毗陵 690）　幻化網大瑜伽教十忿怒明王儀軌，一卷（龍 1056）

“言”，《清龍藏》二十般同函，《毗陵藏》少十九般。

（毗陵 691）　八大靈塔梵經（龍 1066）

“辭”，《清龍藏》一經一函，《毗陵藏》無。

“安”，《清龍藏》二經同函，《毗陵藏》少一經。

（毗陵 692）　梵網經，二卷（龍 1082）

“定”，《清龍藏》四經同函，《毗陵藏》無。

“篤”，《清龍藏》七經同函，《毗陵藏》少五經。

（毗陵 693）　菩薩戒本經（龍 1091）

（毗陵 694）　菩薩戒本，一卷（龍 1093）

“初”，《清龍藏》十六經同函，《毗陵藏》少十四經。

（毗陵 695）　佛說法律三昧經（龍 1094）

（毗陵 696）　優波離問經，一卷（龍 1104）

“誠”“美”“慎”“終”“宜”“令”“榮”，《清龍藏》二律七函，《毗陵藏》同。

（毗陵 697）　十誦律，六十五卷（龍 1110）

（毗陵 698）　尼羯磨，五卷（龍 1111）

“業”至“無”，《清龍藏》一律六函，《毗陵藏》無。

“竟”“學”“優”“登”“仕”，《清龍藏》一律五函，《毗陵藏》同。

（毗陵 699）　根本說一切有部毗奈耶，五十卷（龍 1113）

“攝”“職”“從”“政”“存”，《清龍藏》二律五函，《毗陵藏》同。

　　（毗陵 700）　摩訶僧祇律，四十六卷（龍 1114）

　　（毗陵 701）　曇無德部四分律删補，四卷（龍 1115）

"以"至"去"，《清龍藏》一經四函，《毗陵藏》無。

"而""益""詠"，《清龍藏》一律三函，《毗陵藏》同。

　　（毗陵 702）　彌沙塞部五分律，三十卷（龍 1117）

"樂"至"別"，《清龍藏》四律六函，《毗陵藏》無。

"尊""卑"，《清龍藏》三律二函，《毗陵藏》少二律）

　　（毗陵 703）　四分僧羯磨，五卷（龍 1123）

"上"至"睦"，《清龍藏》五律四函，《毗陵藏》無。

"夫"，《清龍藏》三般同函，《毗陵藏》同。

　　（毗陵 704）　薩婆多毗尼毗婆沙，八卷（龍 1130）

　　（毗陵 705）　續薩婆多毗尼毗婆沙，一卷（龍 1131）

　　（毗陵 706）　根本説一切有部出家，一卷（龍 1132）

"唱"，《清龍藏》五般同函，《毗陵藏》同。

　　（毗陵 707）　毗尼母論，八卷（龍 1133）

　　（毗陵 708）　律二十二明瞭論，一卷（龍 1134）

　　（毗陵 709）　根本説一切有部毗奈耶尼陀那目得迦（龍 1135）

　　（毗陵 710）　根本説一切有部毗奈耶雜事（龍 1136）

　　（毗陵 711）　普賢行願贊（龍 1137），三經同卷

"婦"，《清龍藏》四般同函，《毗陵藏》少二般。

　　（毗陵 712）　根本説一切有部毗奈耶頌，四卷（龍 1138）

　　（毗陵 713）　十誦律毗尼序，三卷（龍 1139）

"隨"，《清龍藏》六經一戒本同函，《毗陵藏》同。

　　（毗陵 714）　佛説大愛道比丘尼經，二卷（龍 1142）

　　（毗陵 715）　目連問戒律中五百輕重，二卷（龍 1143）

（毗陵 716）　根本說苾芻尼戒經，二卷（龍 1144）

（毗陵 717）　比邱（丘）尼僧祇律，一卷（龍 1145）

（毗陵 718）　沙彌尼戒經（龍 1146）

（毗陵 719）　舍利弗問經（龍 1147），二經同卷

（毗陵 720）　彌沙塞羯磨本，二卷（龍 1148）

“外”，《清龍藏》七戒本一羯磨法同函，《毗陵藏》少四種）

（毗陵 721）　四分戒本，二卷（龍 1149）

（毗陵 722）　四分比邱（丘）尼戒本，二卷（龍 1150）

（毗陵 723）　五分戒本，一卷（龍 1151）

（毗陵 724）　五分比邱（丘）尼戒本，一卷（龍 1152）

“受”，《清龍藏》六般同函，《毗陵藏》同。

（毗陵 725）　曇無德律部雜羯磨，二卷（龍 1157）

（毗陵 726）　沙彌威儀（龍 1158）

（毗陵 727）　沙彌尼離戒文（龍 1159），二經同卷

（毗陵 728）　十誦羯摩比邱（丘）要用，一卷（龍 1160）

（毗陵 729）　金剛般若波羅蜜經論，三卷（龍 1161）

（毗陵 730）　金剛般若波羅蜜經論，三卷（龍 1162）

“傅”至“氣”，《清龍藏》二經二十函，《毗陵藏》無。

“連”“枝”“交”“友”“投”，《清龍藏》六論五函，《毗陵藏》同。

（毗陵 731）　攝大乘論釋，四十八卷（龍 1165）

（毗陵 732）　無想思塵論（龍 1166）

（毗陵 733）　觀所緣緣論（龍 1167）

（毗陵 734）　觀所緣緣論釋（龍 1168），三論同卷

（毗陵 735）　大乘廣五蘊論（龍 1169）

（毗陵 736）　大乘五蘊論（龍 1170），二論同卷

“分”“切”，《清龍藏》一論二函，《毗陵藏》無。

"磨""箴",《清龍藏》二論二函,《毗陵藏》少一論。

　　(毗陵 737)　大乘阿毗達磨雜集論,十六卷(龍 1172)

"規""仁",《清龍藏》二論二函,《毗陵藏》少一論。

　　(毗陵 738)　菩提資糧論,五卷(龍 1175)

"慈""隱",《清龍藏》二論二函,《毗陵藏》同。

　　(毗陵 739)　大莊嚴經論,十五卷(龍 1176)

　　(毗陵 740)　攝大乘論,五卷(龍 1177)

"惻""造",《清龍藏》五論二函,《毗陵藏》少二論。

　　(毗陵 741)　十八空論,一卷(龍 1180)

　　(毗陵 742)　百論,二卷(龍 1181)

　　(毗陵 743)　廣百論,一卷(龍 1182)

"次""弗",《清龍藏》四論一函,《毗陵藏》無。

"離""節",《清龍藏》三論二函,《毗陵藏》少二論。

　　(毗陵 744)　佛地經論,七卷(龍 1188)

"義",《清龍藏》一論一函,《毗陵藏》同。

　　(毗陵 745)　成唯識論,十卷(龍 1190)

"廉"至"逸",《清龍藏》六十五論十函,《毗陵藏》無。

"心""動""神""疲""守""真""志""滿""逐""物""意""移""堅""持""雅""操""好""爵""自""縻",《清龍藏》一論二十函,《毗陵藏》同。

　　(毗陵 746)　阿毗達磨大毗婆沙論,二百卷(龍 1256)

"都""邑""華""夏""東""西""二""京",《清龍藏》一論八函,《毗陵藏》同。

　　(毗陵 747)　阿毗曇毗婆沙論,八十二卷(龍 1257)

"背"至"經",《清龍藏》一論八函,《毗陵藏》無。

"宮""殿""盤""鬱",《清龍藏》一論四函,《毗陵藏》同。

（毗陵 748）　阿毗達磨藏顯宗論，四十卷（龍 1259）

“樓”“觀”“飛”，《清龍藏》一論三函，《毗陵藏》同。

（毗陵 749）　阿毗達磨俱舍論，三十卷（龍 1260）

“驚”“圖”“寫”，《清龍藏》一論三函，《毗陵藏》同。

（毗陵 750）　舍利弗阿毗曇論，三十卷（龍 1261）

“禽”“獸”“畫”，《清龍藏》四論三函，《毗陵藏》同。

（毗陵 751）　阿毗達磨俱舍釋論，二十二卷（龍 1262）

（毗陵 752）　阿毗達磨俱舍釋本頌，二卷（龍 1263）

（毗陵 753）　三法度論，三卷（龍 1264）

（毗陵 754）　三彌底部論，三卷（龍 1265）

“彩”“仙”“靈”，《清龍藏》一論三函，《毗陵藏》同。

（毗陵 755）　阿毗曇八犍度論，三十卷（龍 1266）

“丙”“舍”，《清龍藏》一論二函，《毗陵藏》同。

（毗陵 756）　成實論，二十卷（龍 1267）

“傍”“啓”，《清龍藏》一論二函，《毗陵藏》同。

（毗陵 757）　阿毗達磨發智論，二十卷（龍 1268）

“甲”“帳”，《清龍藏》一論二函，《毗陵藏》同。

（毗陵 758）　集異門足論，二十卷（龍 1269）

“對”“楹”，《清龍藏》二論二函，《毗陵藏》同。

（毗陵 759）　阿毗達磨品類足論，十八卷（龍 1270）

（毗陵 760）　阿毗達磨甘露味論，二卷（龍 1271）

“肆”“筵”，《清龍藏》二論二函，《毗陵藏》同。

（毗陵 761）　鞞婆沙論，十八卷（龍 1272）

（毗陵 762）　隨相論，二卷（龍 1273）

“設”“席”，《清龍藏》六論二函，《毗陵藏》同。

（毗陵 763）　阿毗達磨識身足論，十六卷（龍 1274）

（毗陵 764）　阿毗達磨界身足論，二卷（龍 1275）

（毗陵 765）　五事毗婆沙論，上下同卷（龍 1276）

（毗陵 766）　十八部論（龍 1277）

（毗陵 767）　部執異論（龍 1278）

（毗陵 768）　異部宗輪論（龍 1279），三論同卷

"鼓""瑟"，《清龍藏》二論二函，《毗陵藏》同。

（毗陵 769）　雜阿毗曇心論，十六卷（龍 1280）

（毗陵 770）　阿毗曇心論，四卷（龍 1281）

"吹""笙"，《清龍藏》三論二函，《毗陵藏》同。

（毗陵 771）　尊婆須密所集論，十五卷（龍 1282）

（毗陵 772）　分別功德論，三卷（龍 1283）

（毗陵 773）　入阿毗達磨論，二卷（龍 1284）

"升""階""納"，《清龍藏》四論三函，《毗陵藏》同。

（毗陵 774）　衆事分阿毗曇論，十二卷（龍 1285）

（毗陵 775）　解脱道論，十一卷（龍 1286）

（毗陵 776）　法勝阿毗曇心論，六卷（龍 1287）

（毗陵 777）　勝宗十句義論，一卷（龍 1288）

"陛""弁"，《清龍藏》二論二函，《毗陵藏》無。

"轉""疑"，《清龍藏》四論二函，《毗陵藏》少三論。

（毗陵 778）　大乘集菩薩學論，十一卷（龍 1291）

"星"，《清龍藏》十論一函，《毗陵藏》同。

（毗陵 779）　集諸法寶最上義論，上下同卷（龍 1295）

（毗陵 780）　金剛針論（龍 1296）

（毗陵 781）　菩提心離相論（龍 1297）

（毗陵 782）　大乘破有論（龍 1298）。三論同卷

（毗陵 783）　集大乘相論（龍 1299）

　　　（毗陵 784）　六十頌如裏（理）論（龍 1300）

　　　（毗陵 785）　大乘二十頌論（龍 1301）

　　　（毗陵 786）　佛母般若圓集要義論（龍 1302），四論同卷

　　　（毗陵 787）　佛母般若圓集要義釋論，二卷（龍 1303）

　　　（毗陵 788）　大乘寶要義論，五卷（龍 1304）

“右”，《清龍藏》四論一函，《毗陵藏》同。

　　　（毗陵 789）　菩薩本生鬘論，九卷（龍 1305）

　　　（毗陵 790）　聖佛母九頌精義論（龍 1306）

　　　（毗陵 791）　大乘緣生論（龍 1307）

　　　（毗陵 792）　諸教決定名義論（龍 1308），三論同卷

“通”，《清龍藏》五論一函，《毗陵藏》少一論。

　　　（毗陵 793）　施設論，三卷（龍 1310）

　　　（毗陵 794）　大乘法界無差別論（龍 1311）

　　　（毗陵 795）　金剛頂瑜伽中發阿耨多羅論（龍 1312），二論
　　　　　　　　　　同卷

　　　（毗陵 796）　彰所知論，二卷（龍 1313）

“廣”至“明”，《清龍藏》八經六函，《毗陵藏》無。

“既”，《清龍藏》十一經同函，《毗陵藏》同。

　　　（毗陵 797）　雜寶藏經，八卷（龍 1322）

　　　（毗陵 798）　迦葉赴佛般涅槃經（龍 1323）

　　　（毗陵 799）　瑜伽醫迦吃沙囉烏瑟尼沙斫吃囉真言（龍
　　　　　　　　　　1324）

　　　（毗陵 800）　佛入涅槃密迹金剛哀戀經（龍 1325）

　　　（毗陵 801）　佛使比邱（丘）迦㫮延說法没盡偈經（龍 1326）

　　　（毗陵 802）　佛説佛治身經（龍 1327）

　　　（毗陵 803）　治意經（龍 1328），六經同卷

（毗陵 804）　文殊發願經（龍 1329）

（毗陵 805）　六菩薩名亦當誦持經（龍 1330）

（毗陵 806）　小道地經（龍 1331）

（毗陵 807）　阿含口解十二因緣經（龍 1332），四經同卷

"集"，《清龍藏》三經一函，《毗陵藏》同。

（毗陵 808）　付法藏因緣經，六卷（龍 1333）

（毗陵 809）　達磨多羅禪經，二卷（龍 1334）

（毗陵 810）　禪法要解經，二卷（龍 1335）

"墳"，《清龍藏》八經同函，《毗陵藏》同。

（毗陵 811）　阿育王經，六卷（龍 1336）

（毗陵 812）　阿育王譬喻經（龍 1337）

（毗陵 813）　三慧經（龍 1338）

（毗陵 814）　阿毗曇五法行經，三經同卷（龍 1339）

（毗陵 815）　賓頭盧突羅闍爲優陀説法緣經（龍 1340）

（毗陵 816）　請賓頭盧經（龍 1341）

（毗陵 817）　大勇菩薩分別業報略經（龍 1342），三經同卷

（毗陵 818）　坐禪三昧法門經（龍 1343），二卷

"典"，《清龍藏》二經同函，《毗陵藏》同。

（毗陵 819）　佛所行贊經，五卷（龍 1344）

（毗陵 820）　僧伽羅刹所集佛行經，五卷（龍 1345）

"亦"，《清龍藏》四經同函，《毗陵藏》同。

（毗陵 821）　法句譬喻經，四卷（龍 1346）

（毗陵 822）　菩提行經，二卷（龍 1347）

（毗陵 823）　金剛頂一切如來真實攝大乘現證大教王經，
　　　　　　　二卷（龍 1348）

（毗陵 824）　文殊菩薩及諸仙所説吉凶時日經，二卷（龍

　　　　　　1349）

“聚”，《清龍藏》七經同函，《毗陵藏》同。

　　　（毗陵 825）　僧伽斯那所撰菩薩本緣經，四卷（龍 1350）

　　　（毗陵 826）　那先比邱（丘）經，三卷（龍 1351）

　　　（毗陵 827）　舊雜譬喻經，二卷（龍 1352）

　　　（毗陵 828）　禪要訶欲經（龍 1353）

　　　（毗陵 829）　内身觀章句經（龍 1354）

　　　（毗陵 830）　法觀經（龍 1355）

　　　（毗陵 831）　迦葉結經（龍 1356），四經同卷

“群”，《清龍藏》七經同函，《毗陵藏》同。

　　　（毗陵 832）　百喻經，二卷（龍 1357）

　　　（毗陵 833）　法句經，二卷（龍 1358）

　　　（毗陵 834）　衆經撰雜譬喻經，二卷（龍 1359）

　　　（毗陵 835）　阿育王子法益壞目因緣經，一卷（龍 1360）

　　　（毗陵 836）　雜譬喻經，上下同卷（龍 1361）

　　　（毗陵 837）　無明羅刹經，一卷（龍 1362）

　　　（毗陵 838）　文殊所説最勝名義經，上下同卷（龍 1363）

“英”，《清龍藏》十三般同函，《毗陵藏》同。

　　　（毗陵 839）　迦丁比邱（丘）説當來變經（龍 1364）

　　　（毗陵 840）　雜譬喻經，二經同卷（龍 1365）

　　　（毗陵 841）　思惟要略法（龍 1366）

　　　（毗陵 842）　十二游經（龍 1367），二經同卷

　　　（毗陵 843）　賢聖集伽陀一百頌（龍 1368）

　　　（毗陵 844）　廣發大願頌（龍 1369）

　　　（毗陵 845）　無能勝大明陀羅尼（龍 1370）經

　　　（毗陵 846）　無能勝大明心陀羅尼經（龍 1371）

（毗陵 847）　十不善業道經（龍 1372），五經同卷

（毗陵 848）　四阿含暮抄解，二卷（龍 1374）

（毗陵 849）　五門禪經要用法，一卷（龍 1375）

（毗陵 850）　大乘修行菩薩行門諸經要集，三卷（龍 1373）

（毗陵 851）　金剛頂瑜伽千手千眼修行儀軌，一卷（龍 1376）

“杜”，《清龍藏》二十三般同函，《毗陵藏》同。

（毗陵 852）　密迹力士經倡（偈）頌一卷（龍 1377）

（毗陵 853）　一切秘密最上名義大教王儀軌，上下同卷
　　　　　　　　（龍 1378）

（毗陵 854）　大樂金剛薩埵修行成就儀軌（龍 1379）

（毗陵 855）　曼殊室利菩薩吉祥伽陀（龍 1380），二經同卷

（毗陵 856）　成就妙法蓮華經王瑜伽觀智儀軌，一卷（龍
　　　　　　　　1381）

（毗陵 857）　金剛頂瑜伽降三世成就深密門（龍 1382）

（毗陵 858）　金剛頂瑜伽他化自在天理趣會念誦儀（龍
　　　　　　　　1383），二經同卷

（毗陵 859）　金剛壽命陀羅尼念誦法（龍 1384）

（毗陵 860）　大藥叉女歡喜母並愛子成就法（龍 1385）

（毗陵 861）　佛説帝釋岩秘密成就儀軌（龍 1386）

（毗陵 862）　觀自在菩薩如意輪念誦儀軌（龍 1387），四經
　　　　　　　　同卷

（毗陵 863）　大毗廬遮那成佛神變加持經隨行法（龍 1388）

（毗陵 864）　速疾立驗魔醯首羅天説阿尾奢法（龍 1389）

（毗陵 865）　大聖曼殊室利童子五字喻（瑜）伽法（龍 1390），
　　　　　　　　三法同卷

（毗陵 866）　大威怒烏芻澀麼儀軌（龍 1391）

（毗陵 867）　大孔雀明王畫像壇場儀軌（龍 1392）

（毗陵 868）　金剛頂瑜伽金剛薩埵儀軌（龍 1393），三軌
　　　　　　　同卷

（毗陵 869）　一字金輪王佛頂要略念誦法（龍 1394）

（毗陵 870）　觀自在菩薩如意輪瑜伽念誦法（龍 1395）

（毗陵 871）　大聖大歡喜雙身毗那迦法（龍 1396）

（毗陵 872）　大日經略攝念誦隨行法（龍 1397），四法同卷

（毗陵 873）　五字陀羅尼頌（龍 1398）

（毗陵 874）　仁王般若陀羅尼釋（龍 1399），二經同卷

“藁”，《清龍藏》十八般同函，《毗陵藏》同。

（毗陵 875）　大樂金剛理趣釋，二卷（龍 1400）

（毗陵 876）　佛說最勝妙吉祥根本三摩地分，上下同卷
　　　　　　　（龍 1401）

（毗陵 877）　金剛王秘密念誦儀軌（龍 1402）

（毗陵 878）　金剛頂勝初瑜伽念誦法經（龍 1403），二經
　　　　　　　同卷

（毗陵 879）　金剛頂瑜伽修行念誦儀軌（龍 1404）

（毗陵 880）　無量壽如來供養儀軌（龍 1405），二軌同卷

（毗陵 881）　甘露軍荼利成就儀軌，一卷（龍 1406）

（毗陵 882）　觀自在多羅瑜伽念誦法（龍 1407）

（毗陵 883）　觀聖自在菩薩心真言觀行儀軌（龍 1408），二
　　　　　　　經同卷

（毗陵 884）　菩薩訶色欲法（龍 1409）

（毗陵 885）　四品學法（龍 1410）

（毗陵 886）　大虛空藏菩薩念誦法（龍 1411）

（毗陵 887）　仁王般若念誦法（龍 1412），四法同卷

（毗陵 888）　阿閦如來念誦供養法（龍 1413）

（毗陵 889）　佛頂尊勝念誦儀軌（龍 1414），二經同卷

（毗陵 890）　聖闍曼德迦威怒王立成念誦法（龍 1415）

（毗陵 891、892）　大乘方廣曼殊室利童真菩薩儀軌品（龍 1416、1417），三經同卷①

“鍾”，《清龍藏》十四般同函，《毗陵藏》同。

（毗陵 893）　蘇悉地羯羅供養法，二卷（龍 1418）

（毗陵 894）　不動使者陀羅尼秘密法（龍 1419）

（毗陵 895）　金剛頂瑜伽修習三摩地法（龍 1420），二法同卷

（毗陵 896）　金剛頂瑜伽經文殊供養法（龍 1421）

（毗陵 897）　瑜伽蓮華部念誦法（龍 1422），二法同卷

（毗陵 898）　金剛頂經瑜伽觀自在王如來修行法，一卷（龍 1423）

（毗陵 899）　金剛頂經觀自在王如來修行法（龍 1424）

（毗陵 900）　金剛手光明灌頂經儀軌（龍 1425），二經同卷

（毗陵 901）　略述金剛頂瑜伽分別聖位修證法門（龍 1426）

---

① 《龍藏目錄》著錄的第 1415 號、第 1416 號、第 1417 號等三號經如下：

　　1415　聖閻曼德迦威怒王立成大神驗念誦法

　　1416　大乘方廣曼殊室利菩薩華嚴本教贊曼德迦忿怒王真言大威德儀軌品

　　1417　大乘方廣曼殊室利童真菩薩華嚴本教贊曼德迦忿怒王真言阿毗遮嚕迦儀軌品，三經同卷

但《毗陵藏目錄》著錄情況如下：

　　聖閻曼德迦威怒王立成念誦法

　　大乘方廣曼殊室利童真菩薩儀軌品，三經同卷

兩相比較可知，《毗陵藏目錄》中的“大乘方廣曼殊室利童真菩薩儀軌品”，實際包括《龍藏目錄》中的第 1416 號、第 1417 號等兩種儀軌。想必是因爲這兩種儀軌名稱差不多，所以《毗陵藏》目錄的作者把它們著錄在一起。

（毗陵 902）　一字佛頂輪王念誦儀軌（龍 1427），二經同卷

（毗陵 903）　仁王護國般若道場念誦儀，一卷（龍 1428）

（毗陵 904）　金剛頂蓮花部心念誦儀軌，一卷（龍 1429）

（毗陵 905）　佛説如意輪蓮華心如來修行觀門儀（龍 1430）

（毗陵 906）　妙吉祥平等瑜伽秘密觀身成佛儀軌（龍 1431），
　　　　　　　二儀同卷

“隸”，《清龍藏》十九般同函，《毗陵藏》同。

（毗陵 907）　法集要頌經，四卷（龍 1432）

（毗陵 908）　勸發諸王要偈（龍 1433）

（毗陵 909）　龍樹菩薩勸誡王頌（龍 1434），二經同卷

（毗陵 910）　普賢金剛薩埵瑜伽念誦儀（龍 1435）

（毗陵 911）　金剛頂瑜伽護摩儀軌（龍 1436），二軌同卷

（毗陵 912）　大悲心陀羅尼修行念誦略儀（龍 1437）

（毗陵 913）　妙吉祥平等觀門略出護摩儀（龍 1438）

（毗陵 914）　金剛頂超勝三界經説文殊五字真言（龍 1439），
　　　　　　　三經同卷

（毗陵 915）　金剛頂經瑜伽文殊菩薩法一品（龍 1440）

（毗陵 916）　金剛頂瑜伽經十八會指歸（龍 1441）

（毗陵 917）　訶利帝母真言法（龍 1442），三經同卷

（毗陵 918）　大方廣佛華嚴經入法界品四十二字觀（龍
　　　　　　　1443）

（毗陵 919）　般若波羅密多理趣一十七聖義述（龍 1444）

（毗陵 920）　陀羅尼門諸部要目（龍 1445）

（毗陵 921）　金剛頂瑜伽三十七尊體（龍 1446）

（毗陵 922）　受菩提心戒儀（龍 1447）

（毗陵 923）　大聖文殊師利贊佛法身禮（龍 1448），六經

同卷

（毗陵 924）　一百五十贊佛頌（龍 1449）

（毗陵 925）　百千頌大集經地藏菩薩請問法身贊（龍 1450），
　　　　　　　二經同卷

“漆”，《清龍藏》十般同函，《毗陵藏》同。

（毗陵 926）　阿育王傳，五卷（龍 1452）

（毗陵 927）　佛吉祥德贊，上中下同卷（龍 1451）

（毗陵 928）　馬鳴菩薩傳（龍 1453）

（毗陵 929）　龍樹菩薩傳（龍 1454）

（毗陵 930）　提婆菩薩傳（龍 1455），三傳同卷

（毗陵 931）　婆藪盤豆傳（龍 1456）

（毗陵 932）　龍樹菩薩爲禪陀迦王說法要偈（龍 1457），二
　　　　　　　經同卷

（毗陵 933）　撰集三藏及雜藏傳（龍 1458）

（毗陵 934）　大阿羅漢難提所説法住記（龍 1459），二經
　　　　　　　同卷

（毗陵 935）　瑜伽集要焰口施食儀，一卷（龍 1460）

“書”“壁”，《清龍藏》四般二函，《毗陵藏》無。

“經”“府”“羅”“將”“相”，《清龍藏》一般五函，《毗陵藏》同。

（毗陵 936）　經律異相，五十卷（龍 1465）

“路”至“兵”，《清龍藏》七般十二函，《毗陵藏》無。

“高”“冠”“陪”“輦”，《清龍藏》一般四函，《毗陵藏》同。

（毗陵 937）　廣弘明集，四十卷（龍 1473）

“驅”至“實”，《清龍藏》二十般十六函，《毗陵藏》無。

“勒”，《清龍藏》五般同函，《毗陵藏》同。

（毗陵 938）　集沙門不應拜俗等事，六卷（龍 1494）

（毗陵 939）　華嚴經指歸，一卷（龍 1495）

（毗陵 940）　般若波羅密多心經略疏，一卷（龍 1496）

（毗陵 941）　金剛般若經疏，一卷（龍 1497）

（毗陵 942）　天台智者大師別傳，一卷（龍 1498）

"碑"至"宅"，《清龍藏》二十四般十三函，《毗陵藏》無。

"曲"，《清龍藏》五般同函，《毗陵藏》少三般）

（毗陵 943）　集古今佛道論衡實録，五卷（龍 1525）

（毗陵 944）　續集古今佛道論衡，一卷（龍 1526）

"阜"至"楚"，《清龍藏》二十八般三十一函，《毗陵藏》無。

"更""霸""趙""魏"，《清龍藏》一般四函，《毗陵藏》同。

（毗陵 945）　華嚴會本懸談會玄記，四十卷（龍 1556）

"困"至"漠"，《清龍藏》十三般三十函，《毗陵藏》無。

"馳"，《清龍藏》十三般同函，《毗陵藏》少一般。

（毗陵 946）　觀自在菩薩如意輪咒課法，一卷（龍 1571）

（毗陵 947）　金光明懺法補助儀，一卷（龍 1572）

（毗陵 948）　往生淨土懺願儀（龍 1573）

（毗陵 949）　往生淨土決疑行願二門（龍 1574），二經同卷

（毗陵 950）　請觀世音菩薩消伏毒害陀羅尼三昧儀（龍 1575）

（毗陵 951）　金光明最勝懺儀（龍 1576），二儀同卷

（毗陵 952）　法智遺編觀心二百問，一卷（龍 1577）

（毗陵 953）　千手千眼大悲心咒行法（龍 1578）

（毗陵 954）　禮法華經儀式（龍 1579）

（毗陵 955）　修懺要旨（龍 1580），三文同卷

（毗陵 956）　熾盛光道場念誦儀（龍 1581）

（毗陵 957）　釋迦如來涅槃禮贊文（龍 1582），二經同卷

"譽""丹""青"，《清龍藏》一般同函，《毗陵藏》同。

　　（毗陵 958）　景德傳燈錄，三十卷（龍 1583）

"九"，《清龍藏》二般同函，《毗陵藏》同。

　　（毗陵 959）　明覺顯禪師語録，六卷（龍 1584）

　　（毗陵 960）　禪林寶訓，四卷（龍 1585）

"州"至"雁"，《清龍藏》十般十六函，《毗陵藏》無。

"門""紫"，《清龍藏》二般二函，《毗陵藏》同。

　　（毗陵 961）　圓悟佛果禪師語録，十七卷（龍 1596）

　　（毗陵 962）　輔教篇，三卷（龍 1597）

"塞"至"邈"，《清龍藏》十三般十七函，《毗陵藏》無。

"岩""岫"，《清龍藏》十四般二函，《毗陵藏》同。

　　（毗陵 963）　元叟端禪師語録，四卷（龍 1611）

　　（毗陵 964）　楚石琦禪師語録，十六卷（龍 1612）

"杳"至"俶"，《清龍藏》八般十一函，《毗陵藏》無。

"載""南"，《清龍藏》一經二函，《毗陵藏》同。

　　（毗陵 965）　諸佛世尊如來菩薩尊者神僧名經，二十卷
　　　　　　　　　（龍 1621）

"畝"至"素"，《清龍藏》十五般十七函，《毗陵藏》無。

"史"，《清龍藏》一般一函，《毗陵藏》同。

　　（毗陵 966）　幻有傳禪師語録，十卷（龍 1637）

"魚"，《清龍藏》一般一函，《毗陵藏》同。

　　（毗陵 967）　雪嶠信禪師語録，十卷（龍 1638）

"秉""直"，《清龍藏》一般二函，《毗陵藏》同。

　　（毗陵 968）　天隱修禪師語録，二十卷（龍 1639）

"庶"，《清龍藏》一般一函，《毗陵藏》同。

　　（毗陵 969）　密雲悟禪師語録，十卷（龍 1640）

"幾",《清龍藏》二般一函,《毗陵藏》同。

　　　（毗陵 970）　大覺普濟能仁琇國師語録,七卷（龍 1641）

　　　（毗陵 971）　明道正覺森禪師語録,三卷（龍 1642）

"中""庸",《清龍藏》一般二函,《毗陵藏》同。

　　　（毗陵 972）　宏覺忞禪師語録,二十卷（龍 1643）

《清龍藏》無,《毗陵藏》一般二函

　　　（毗陵 973）　山茨際禪師語録,二十卷

"勞"至"察",《清龍藏》四般七函,《毗陵藏》無。

"理",《清龍藏》二般一函,《毗陵藏》少一般。

　　　（毗陵 974）　山茨際禪師語録,四卷（龍 1649）

"鑒",《清龍藏》二般一函,《毗陵藏》少一般。

　　　（毗陵 975）　五百羅漢尊號,一卷（龍 1651）

"貌"至"祇",《清龍藏》九般十函,《毗陵藏》無。

"植",《清龍藏》二般同函,《毗陵藏》同。

　　　（毗陵 976）　佛説四十二章經疏抄,九卷（龍 1661）

　　　（毗陵 977）　佛説八大人覺經疏,一卷（龍 1662）

"省"至"疏",《清龍藏》六般十八函,《毗陵藏》無。

"見""機",《清龍藏》一般二函,《毗陵藏》同。

　　　（毗陵 978）　御録經海一滴,二十卷（龍 1669）

［附記］

　　《毗陵藏》爲現知我國漢文大藏經中刊刻時間最晚的木刻本大藏經。

　　清末民初,隨著佛教的復興,刊刻流通佛經乃至刊刻新的大藏經成爲佛教界的一個潮流,當時全國各地有不少刻經處、經坊之類的機構、店鋪從事佛典的刊刻與流通。除了金陵刻經處之外,不少

人士均有志於大藏經的刊刻。如本文所謂的《毗陵藏》、四川所謂的《蜀藏》等。此外，如本文所述，當時曾有人主張把各地的另刻經本彙總而成《百納藏》。遺憾的是，限於主客觀種種條件，上述諸多計劃最終均未能實現。雖則如此，清末民初的這一刊刻大藏經的潮流，屬於中國佛教百年來修造大藏經夢想的一個組成部分，無疑值得我們關注與研究。但同樣遺憾的是，時間的流逝，雖不過約百年，但有關的資料已甚難尋覓。因此，我們現在很難深入了解當時這一潮流的全貌，希望將來能夠有人發現挖掘資料，厘清這一段歷史。

若干年以前，我看到一篇日文論文，謂抗戰時期，山東青州文廟存有一批佛典，其中包括一種帶千字文帙號的書冊裝大藏經零本。該文明確説，這種大藏經並非《嘉興藏》。該文引起了我的興趣。我曾經託人打聽青州文廟這批佛典的下落，但歷經當年的戰火及其後的各種運動，已經無人能夠説清楚這批佛典的下落。有人告訴我，青州文廟的圖書後來被山東省圖書館收藏。我向山東省圖書館有關人員打聽，也未得要領。但不管怎樣，我由此知道除了《嘉興藏》之外，還存在一種書冊本大藏經。

2001 年 8 月，因大連圖書館張本義館長的邀請，爲該館做講座，順便參觀大連圖書館書庫，在普通綫裝書特藏發現了兩冊帶千字文帙號的綫裝佛典，頓時引起了我的興趣。承張本義先生大力支持，特許我拍攝照片。我回北京以後，爬梳資料，撰寫了此文。應該説，此文衹是大體勾畫了《毗陵藏》的輪廓，限於資料不足，還有不少問題沒有梳理清楚。

文章發表後，日本京都大學人文所梶浦晋先生贈送日本酒田光邱文庫所藏《毗陵藏》目錄一份，原來該文庫收藏的《毗陵藏》數量相當可觀，據説共有六百四十五冊。2014 年 12 月，承梶浦晋先生全力支持，幫助聯繫，得到了光邱文庫的許可，並親自陪同我前往酒田光邱文庫考察。因考察時間祇有一天，故我們兩人僅考察了《毗陵藏》三十三冊，但依然所獲頗豐。

首先，我們看到了上表排序爲"毗陵001"的《大方廣三戒經》，該經確附有千字文帙號"乃"，三卷合冊。問題在於卷末的刊刻題記標明，該冊佛經並非毗陵刻經處所刻，而作"光緒五年(1879)七月常熟刻經處識"。由於該經完全是大藏經版式，納入下述《江蘇常州佛經流通處所有板經目》，故向我們提出了一系列研究課題：常熟刻經處與常州刻經處是什麼關係？常熟刻經處是否亦曾有刻藏計劃？常熟刻經處的經版何以進入《毗陵藏》系列？《毗陵藏》的始雕年代到底在什麼時候？《毗陵藏》的刊刻與天寧寺請印《清龍藏》的關係到底如何？所有這些問題，目前都難以回答，有待今後新資料的發現與爬梳。

其次，從刊記看，除毗陵刻經處總成其事外，支持者輻射面很廣，參與勸募而見於題記的有焦山、金壇淨土寺，湖北洪山寶通寺，湖北漢口圓照寺，上海玉佛寺，上海縣壽勝庵，江蘇泰州如來庵，南京文殊所，還有溫州頭陀寺諦閑這樣當時著名的僧人領袖。不少僧俗施主未署地名，想必應爲常州當地人士。刻工則爲來自揚州、常熟、江寧等地的匠人。

再次，特別值得一提的是，光邱文庫保存了一冊上述《江蘇常州佛經流通處所有板經目（附贈〈放生文〉）》（以下簡稱《有板目》）。此次承光邱文庫善意，允許我們全冊攝影。該書封面鈐有"常州／天寧寺／◇◇"圓形朱印，又鈐有"江蘇常州東門／毗陵刻經處"長方形戳記。朱印本。內文包括目錄二十四葉，四十八個半葉，半葉十二行。該目錄按照部類著錄佛典。四周子母框，細口，單魚尾，版心書名作"常州有板經價目"，下有部類名、版片號，書脚署"天寧

寺"。每種佛典先標註其千字文帙號,下用一個"○"爲間隔,然後
著録經名、卷數、本數、價目。

《有板目》著録經名時,有時使用略稱,將幾部經著録在一起。
如"推"字收經八種,分裝爲三本,《有板目》經名著録情況如下:

　　　　第一本收經兩種四卷:
　　　　　　(毗陵 023)　《慧上菩薩問大善權經》,二卷。
　　　　　　(毗陵 024)　《大乘顯識經》,二卷。
　　　　《有板目》著録爲:"大善權顯識經,四卷,二經同本。"
　　　　第二本收經五種三卷:
　　　　　　(毗陵 025)　大乘方等要慧經,一卷。
　　　　　　(毗陵 026)　彌勒所問本願經,一卷。
　　　　　　(毗陵 027)　度一切諸佛境界智嚴經,一卷。三經
　　　　　　　　　　　　同卷
　　　　　　(毗陵 028)　佛説遺日摩尼寶經,一卷。
　　　　　　(毗陵 029)　摩訶衍寶嚴經,一卷。
　　　　《有板目》著録爲:"要慧彌勒智嚴摩尼寶嚴經,三卷,五經
同本。"

由此看來,該《有板目》與版心書名相應,僅是毗陵刻經處發行
佛典的價目表。

《放生文》六葉,十二個半葉,半葉十行。四周子母框,細口,無
魚尾。版心書名作"戒殺放生文‧經價目首",下爲版片號,書脚爲
"天寧寺"。全書共計三十葉,六十個半葉。收入《蓮池大師放生
文》《蓮池大師戒殺七條》《王文節公放生引》《張玉書放生辨》《東坡
先生戒殺言》《黃山谷先生戒殺頌》《姚端恪公戒殺箴六則》等關於

戒殺、放生的文字七篇。從版心書名看，原計劃將這些《放生文》裝訂在《經價目》之前。但光邱文庫藏本《放生文》裝訂在《經價目》之後，原因不清。

需要説明的是，《有板目》扉葉用墨筆標註："有墨圈者，原版已於事變時毀損，故從缺。"現很多經目上端畫有墨圈，如"秘密部"共著録佛典六十二條，其中上端畫圈者十三條。這十三條，每條著録佛典多寡不一，少則一本，多則三本，均已毀損。故"秘密部"祇剩下四十九條著録。這裏所謂的"事變"，當即本文提到的抗日戰争。如果這一猜測無誤，則該《有板目》定稿於抗戰之前。

如上所述，《有板目》僅是毗陵刻經處發行佛典的價目表，因此，不能將它與《毗陵藏》等同視之。比如，其中包括若干沒有繫上千字文帙號的佛典，其中有些是禪宗語録，或者可説是有待排號。但其中包括不少法事懺本，還有《禪門日誦》之類的著作，甚至包括梵文本《妙法蓮華經》，這些佛典顯然不應該是《毗陵藏》的組成部分。此外，《有板目》諸佛典的裝幀形式也多種多樣，既有綫裝，也有經摺裝，還有按"張"計算的《華嚴五周四分圖》，與同一部藏經所有典籍的裝幀形式均應一致也相矛盾。其中"華嚴部"著録了一部《華嚴經》，上端標註爲"梵筴"，亦即爲經摺裝。下註："箱裝木板"，每部三十五元；"布殼紙板"，每部二十五元。這也體現了它並非《毗陵藏》目録的特點。

或者我們可以把《有板目》中標註了千字文帙號的那些佛典看作是《毗陵藏》經本。誠如此，則可以發現，《有板目》所著録經典的千字文帙號已經超出上述《〈毗陵藏〉已刻佛典目録》的"機"字號。由於《武進天寧寺志》完成於 1947 年，如上文所説，《有板目》應撰寫於抗戰之前，則《有板目》佛典帙號不應該超出《武進天寧寺志》。這是一個需要研究的問題。

　　此外值得注意的是,同一個千字文帙號,往往分別出現在《有板目》的不同部類中。這說明在《有板目》作者的心目中,他對佛典分類的觀念與《毗陵藏》編輯者的觀念是不一致的。或者說,雖然《毗陵藏》延續了《清龍藏》的分類結構,但這一分類結構並不爲《有板目》的編輯者所贊同,故《有板目》的編輯者按照自己的思路對收入《毗陵藏》的佛典另行分類。從《有板目》中,可以明顯看出有"以疏隸經"的傾向,這也許也是《有板目》改動《毗陵藏》結構的原因之一。

　　總之,《有板目》對我們進一步研究《毗陵藏》提出了一系列課題。雖則如此,《有板目》畢竟不是《毗陵藏》的目録,故對《有板目》的研究,擬作另行開展。

中國刻本藏經對高麗藏的影響①

一、序　言

　　漢文大藏經是基本網羅歷代漢譯佛典並以之爲核心的,按照一定的結構規範組織,並具有一定外在標志的漢文佛教典籍及相關文獻的叢書。它隨著東亞漢文佛教的發展而發展,最遲在 5 世紀中國南北朝時期已經形成。從 5 世紀到 10 世紀這五百多年中,它主要以寫本大藏經的形態流傳。其後隨著雕版印刷術的成熟,開寶四年(971)北宋王朝開始刊刻第一部刻本大藏經——《開寶藏》,至太平興國八年(983)完成,從此漢文大藏經進入刻本時代。

　　《開寶藏》刊刻完成以後,除了在北宋疆域内流傳外,分別流傳到敦煌、高昌、遼、西夏等地區與高麗、日本、越南等國家,在漢文佛教圈產生了巨大的影響與刺激。從 10 世紀到 13 世紀約四百年中,漢文佛教圈興起了一個刊刻大藏經的熱潮。其中,遼國先後刊刻了《遼大字藏》與《遼小字藏》,北宋刊刻了《崇寧藏》《毗盧藏》《思溪藏》,南宋開始刊刻《磧砂藏》,金朝則覆刻《開寶藏》而

① 本文原爲 2012 年參加韓國的韓國學中央研究院舉辦的"高麗初雕大藏經與東亞細亞的大藏經國際研討會"的會議論文。後發表在《世界宗教研究》2013 年第 1 期。收入本書時,個別文字有修改。

刊成《趙城金藏》，元朝前期曾經刊刻多部藏經，現在掌握經本且屬於 13 世紀刊刻的有《普寧藏》及元朝補雕完成的《磧砂藏》。由此，我們可以看到這樣一種景象：在中國，整個北宋時期大體是寫本藏經與刻本藏經共同流通，刻本藏經逐漸取代寫本藏經的階段；南宋以下，除了金銀字大藏經等專門用來供養的大藏經以外，在普通流通領域，寫本藏經基本絶迹，刻本藏經獨擅勝場。在朝鮮半島，高麗國則先後刊刻了《初刻高麗藏》《高麗續藏經》與《再刻高麗藏》。

綜上所述，四百年中，漢文佛教圈至少刊刻完成了大藏經十二部，其中中國九部，高麗三部，形成了這一時期東亞漢文佛教圈一道獨特的風景。我們現在探討中國刻本藏經對高麗藏的影響，必須考慮當時籠罩整個東亞佛教圈的藏經刊刻背景。由此，我認爲探討中國刻本藏經對高麗藏的影響，可以包括如下三個層面：

第一，在這一時期中，中國刊刻漢文大藏經的内在動力是什麼，這種動力對高麗藏的刊刻有什麼影響。

第二，與中國的刻本藏經相比，高麗藏有哪些主要的相同點與不同點，其中反映出中國藏經的什麼影響。

第三，高麗藏在其刊刻過程中，主要受到中國哪些刻本藏經的影響，如何評價其優劣。

在上述三個層面的問題中，學術界對第三個層面討論的比較詳盡，相關成果也比較豐碩。第二個層面涉及面比較廣，擬今後有機會再做研究。本文主要對第一個層面的問題略作探討，以求教於方家。

二、 中國刊刻大藏經的内在動力及其對高麗藏的影響

(一) 大藏經的信仰功能

1. 印度佛教的佛典崇拜

對佛教源遠流長的經典崇拜傳統,前賢多有論説,爲避文繁,本文不再論述與引證。總之,經典崇拜源於三寶觀念。三寶觀念在釋迦牟尼時代是否已經產生,還可以再研究。由於佛法形成在先,佛典結集於後,無論釋迦牟尼時代或初期佛教時期是否已經出現定型的佛典,都不影響三寶觀念的產生。[①]

由於三寶觀念的影響,定型的佛典出現之後,被視作佛法的代表,很自然地成爲崇拜的對象。由於理論關注的側重點不同,經典崇拜在大乘佛教中顯得尤其突出。《金剛經》宣稱:"須菩提! 若有人以滿無量阿僧祇世界七寶持用布施;若有善男子、善女人,發菩提心者,持於此經,乃至四句偈等,受持讀誦,爲人演説,其福勝彼。"[②]《法華經》卷五不但主張:"廣聞是經,若教人聞,若自持、若教人持,若自書、若教人書,若以華、香、瓔珞、幢幡、繒蓋、香油、酥燈,供養經卷,是人功德無量無邊,能生一切種智。"[③]甚至説:"如來滅後,若有受持、讀誦、爲他人説,若自書、若教人書,供養經卷,不須

---

① 從現有資料看,最遲在部派分裂之前,三寶觀念已經產生。我認爲,如果三寶觀念產生在釋迦牟尼時代,則第一結集的歷史地位將更加重要。因爲這説明當時的僧人已經非常清醒地把法作爲與佛、僧並立的三大元素之一。如果釋迦牟尼時代三寶觀念尚未形成,則可以設想,第一結集的成果對三寶觀念的形成有著極大的促進作用。

② 《金剛般若波羅蜜經》,CBETA(2016),T08,no.235,p.752,b23～26。經文依據校記有訂正。

③ 《妙法蓮華經》卷五,CBETA(2016),T09,no.262,p.45,b13～16。

復起塔寺,及造僧坊、供養衆僧。"①不僅如此,《法華經》卷五稱:連受持讀誦《法華經》人的住止處、經行處、坐卧處,都應該起塔供養。

　　佛教傳統認爲,佛教有八萬四千法門,每一種法門均可濟拔苦難,導引解脱。但每一部佛典所表述的僅是其中某一種法門或某幾種法門。因此,從理論上講,祇有把所有的佛典全部彙聚齊全,纔算是把八萬四千法門全部彙集,纔能代表完整圓滿的佛法。但值得注意的是,從漢譯佛典看,印度佛教的經典崇拜往往表現爲對某部具體經典的崇拜,而没有出現彙集所有佛典,進行總體崇拜的形態;與此相應,印度也没有出現統攝所有佛教經典的大藏經。這或許與古代印度諸國分立的政治形態有關,與印度佛教的派别分立有關,與"一即一切"的印度佛教思維方式有關,自然也可能與漢譯佛典的來源龐雜且其中對印度佛教各派三藏的收集並不完整有關。總之,本文所謂印度佛教的經典崇拜僅表現爲某部經典的崇拜,而没有表現爲對佛典整體的崇拜這一觀點,到底是印度佛教實際情況的反映,還是漢譯佛典給我們的錯覺,還可以進一步研究。

　　2. 中國佛教的大藏經與大藏經崇拜

　　中國的情況不同。最遲到 5 世紀,彙總漢譯佛典的"一切經",亦即大藏經已經出現。5 世紀下半葉,我國北方已經出現個人修造大藏經的風氣。敦煌遺書斯 00996 號《雜阿毗曇心論》卷六有題記如下:

　　　　《雜阿毗曇心論》者,法盛大士之所説。以法相理玄,[□□]籍浩博,懼昏流迷於廣文,乃略微以現約。瞻四有之局見,通三界之差别。以識同至味,名曰《毗曇》。是以使持節侍中尉

────────────

① 《妙法蓮華經》卷五,CBETA(2016),T09,no.262,p.45,c11~14。

馬都尉羽真太師中書監領秘書事車騎大將軍都督諸軍事啓府
洛州刺史昌梨(黎)王馮晋國,仰感恩遇,撰寫十一切經,一一
經一千四百六十四卷,用答皇施。願皇帝陛下、太皇太后,德
苞九元,明同三曜。振恩闡以熙寧,愜淳氣而養壽。乃作贊
曰:麗麗毗曇,厥名無比。文約義豐,總演天地。盛尊延剖,聲
類斯視。理無不彰,根無不利。卷雲斯苞,見雲亦帝(諦)。諦
修後玩,是聰是備。

　　太(大)代太和三年(479)歲次己未十月己巳廿八日丙申
於洛州所書寫成訖。

　　該題記說明,太和三年(479),昌黎王馮晋國修造大藏經十部,
每部包括漢譯佛典一千四百六十四卷,總計一萬四千六百四十卷。
　　伯2106號、斯04614號、浙敦027均爲南北朝末期寫本,尾有
相同的題記:

　　昔雪山菩薩,八字捨身;香城大士,一言析骨。況我凡愚,
而不回向。佛弟子田豐躬率己財,兼勸有心,仰爲皇帝、文武
百僚、七世父母、過見師尊,及法界衆生,敬寫一切經論,願共
成佛。

　　又,隋開皇九年(589)四月八日佛誕日,隋文帝皇后修造大藏
經一部,現在敦煌遺書中存有殘卷多號,均有題記,如伯2413號的
題記作:

　　大隋開皇九年四月八日皇后爲法界衆生敬寫一切經流通
供養。

隋代的藏經如按照隋法經《衆經目録》所載,收經兩千兩百五十七部,五千三百一十卷。

一部大藏經卷帙浩繁,修造藏經費工費時。那麼,當時人們耗費財物、興師動衆地修造大藏經,其目的,亦即其内在的動力到底是什麼? 從上面三例可以看到,他們造藏的目的不是爲了自己閲讀、學習佛法,而是爲了通過造藏得到功德,並把這一功德回嚮給某些特定的目標。這説明中國佛教已經將印度佛教的經典崇拜發展爲大藏經崇拜。拙作《中國寫本大藏經研究》中對當時的大藏經崇拜及其形態有較多記叙,可以參看。爲避文繁,此不贅述。

不同的人進行佛事活動的目標不同。敦煌遺書中有不少寫經題記,其功德回嚮,或爲個人病患,或爲死去的老牛,等等。上文昌黎王馮晋國的功德回嚮是"用答皇施。願皇帝陛下、太皇太后,德苞九元,明同三曜。振恩闈以熙寧,協淳氣而養壽",即仰答皇恩,祈願聖壽。這與他作爲大臣的身份相符。田豐的目標是"仰爲皇帝、文武百僚、七世父母、過見師尊,及法界衆生",表達了一個普通佛教徒的立場。而隋文帝皇后造藏的目的則是"爲法界衆生",即普度衆生,體現了她作爲皇后的地位。由此,帝王修造大藏經,並將延祚增壽、消禍攘災、爲國祈福等作爲功德回嚮的目標也就是很自然的了。

拙作《論大藏經的三種功能形態》指出,古代的漢文大藏經有兩種功能形態:義理性大藏經與信仰性大藏經。兩種藏經功能各有特點,又密不可分地相互滲透與依存,因此也可以稱作同一大藏經的義理層面與信仰層面。從本質上講,大藏經載述增人智慧、導人解脱的佛法,具有高度的義理性。正因爲大藏經具有高度的義理性,纔使它具備成爲信仰性對象的基礎。但由於三寶崇拜,特別是經典崇拜的介入，歷史的現實是大藏經的信仰層面功能往往大於它的義理層面功能。歷代修造的大藏經，與其說它是供人們學習、閱讀的，不如說是供人們禮拜、供養的。這一特點，歷代官修的大藏經體現得尤爲突出。

　　3. 佛教信仰層面與義理層面的内在張力

　　歸根結底，佛教是一種注重踐行的宗教。佛法不是用來講說，而是用來指導解脱的。因此，在佛教的傳統中，宗教踐行與佛教理論始終存在一種内在的張力。就總體而言，佛教主張“三寶一體”。但對具體的僧人而言，如果理論的修養能夠與實際的修持保持一致，當然成爲人們心目中的高僧，否則人們寧可認同實際的踐行而相對輕視理論的講說。《大方便佛報恩經》卷三謂：

　　　　乃往過去無量千歲，有佛出世，號毗婆尸，在世教化，利益天人。化緣已周，遷神涅槃。滅度之後，於正法中，有一年少比丘，通達三藏——所謂阿毗曇藏、毗尼藏、修多羅藏——面首端正，人相具足，辯才説法，有妙音聲，多人所識，刹利、婆羅門之所供養。時有一比丘，形體粗醜，人相不具，加復音聲鈍重，常好贊嘆三寶。

　　　　爾時三藏年少比丘見其聲惡，即便毀罵，而作是言：“如是音聲，不如狗吠。”

　　　　時老比丘言：“汝何以見毀罵也？汝不識我耶？”

　　　　三藏年少言：“我識汝，汝是毗婆尸佛正法中摩訶羅老比丘，何以不識？”

　　　　摩訶羅言：“我所作已辦，梵行已立，不受後有。”

　　　　三藏比丘聞是語已，心驚毛豎。爾時摩訶羅即舉右手，放大光明，普照十方。爾時三藏即前，頭面接足禮敬，求哀懺悔：

"而我愚癡，不識賢聖，作是惡業。令我來世得近善友，值遇聖師，漏盡結解，亦如大德。"①

上面這個故事表達了兩層含義。從表層看，故事表達了佛教僧人對漏盡羅漢的尊敬與嚮往。從深層看，年少比丘通達三藏，善能說法；老比丘人相不具，僅念三寶。但後者已得解脫，前者尚未斷結，則說法與修持在佛教中地位的高下自然分判。

類似故事很多。這種輕理論而重修持的觀念，直到現代在中國佛教界依然有相當大的影響。

就修持而言，宗教踐行與功德回嚮自然並不等同，但其中沒有不可逾越的界限。特別對不同身份的佛教徒來說，毋寧各有其特殊的意義。比如對出家僧人來說，可能會比較看重各種切實的個人踐行；而對在家的優婆塞、優婆夷而言，以功德回嚮來達成世俗目標及最終解脫則更爲方便。這爲我們理解中國佛教大藏經的修造提供了一個思想理論背景及社會文化背景。

就大藏經修造而言，還應該注意的是漢文大藏經的義理層面與信仰層面密不可分地相互滲透與依存。正因爲《金剛經》《法華經》內涵著高深義理，纔使它們成爲信仰崇拜的對象。同樣，正因爲大藏經具有高度的義理性，纔使它具備成爲信仰性對象的基礎。比如，唐智昇編定的《開元大藏》，就其內在理路而言，原本是一部義理性大藏。但將它按照白居易《蘇州南禪寺千佛堂轉輪經藏石記》記載的方式納入轉輪藏，它就具備了典型的信仰性功能。②可以

① 《大方便佛報恩經》卷三，CBETA(2016)，T03，no.156，p.141(c25)～p.142(a13)。文字據勘記有訂正。
② 參見《白居易集》，中華書局，1979 年 10 月，第 1487 頁。按照這篇文章的記叙，該轉輪藏中所收藏的是一部依據《開元釋教録·入藏録》組織的大藏經。

想見,廣大群衆出於對佛法的虔誠信仰,修造藏經時必然會選擇公
認的義理層面價值最高的藏經爲對象,這又擴大了義理性大藏經在
信教群體中的影響。因此,我們在強調佛教内部注重宗教踐行與功
德回響的同時,不可輕視佛教重般若、重義理的固有特性。祇有同時
兼顧兩者,纔能正確評價漢文大藏經的義理層面與信仰層面的相互關
係,正確分析不同形態漢文大藏經的表現形態及其優劣。

（二）刊刻《開寶藏》的思想文化與政治版圖背景

從直接淵源而言,高麗藏的刊刻主要受北宋《開寶藏》的影響。
這裏略微談談《開寶藏》。

《開寶藏》始刻於宋太祖開寶四年(971),此時距北宋開國的建
隆元年(960)僅十一年。經過五代十國的殘破,國力凋敝。開國肇
始,百廢待興,爲什麼宋太祖要如此興師動衆,特意入蜀刊刻這一
篇幅巨大的《開寶藏》? 這要從當時的思想文化及政治版圖爲背景
去考察。

1. 佛教功德思想的流傳與影響

就思想領域來看,經過數百年的磨合,隋唐時期雖然維持三教
合一的格局,儒教雖然在政治文化中依然占據首位,但意識形態領
域,特別在社會信仰領域,無論從上層統治者到下層民衆,佛教信
仰都占有優勢。宋代初年,這一態勢依然保持。

五代末年,周武曾經廢佛。北宋初年,宋太祖便下詔允許恢復
佛法。史載,宋太祖曾在繁忙的戰事中夜讀《金剛經》,"宰相趙普
因奏事見之。上曰:'不欲甲冑之士知之,但言常讀兵書可也。'"①
由此可見宋太祖趙匡胤本人曾深受佛教的影響。趙匡胤的這一
偏好也反映在他的行動中。史載:建隆二年(961),"詔前徵李重

---

① 《佛祖統紀》卷四三,CBETA(2016), T49, no.2035, p.396, c4～7。

進，凡死於兵者，以揚州行宮置建隆寺爲薦冥福，如唐太宗貞觀四年故事"①。

所謂"如唐太宗貞觀四年故事"，則可見《佛祖統紀》卷三九載：

（貞觀）二年三月，（唐太宗）詔曰："朕自創義以來，手所誅剪將及千人。可皆建齋行道，竭誠禮懺。冀三途之難，因斯得脫。"

（貞觀三年）十二月詔曰："有隋失道，九服沸騰。朕親總元戎，致茲明罰。可於建義以來交兵之處，凡義士、凶徒殞身戎陳者，各建寺刹，招延勝侶，樹立福田，濟其營魄，以稱朕矜閔之意。"（已上並見《唐舊史》，歐陽新書刪去不存。）

（貞觀）四年正月，勅上宮繡釋迦佛丈六像，奉安勝光寺，設千僧齋。五月，戰場建寺成，勅群臣撰碑。破劉武周於汾州，立弘濟寺，李百藥撰。破宋老生於呂州，立普濟寺，許敬宗撰。破薛舉於豳州，立昭仁寺，朱子奢撰。破宋金剛於晉州，立慈雲寺，褚遂良撰。破王世充於邙山，立昭覺寺，虞世南撰。破竇建德於汜水，立等慈寺，顏師古撰。破劉黑闥於洛州，立昭福寺，岑文本撰。是歲天下大稔，米斗三錢。外戶不閉，行旅不齎糧。斷刑纔二十九人，天下大治。②

由此可知，在宋太祖的心目中，以唐太宗爲榜樣，采用齋僧、修寺、做法事等佛教活動以超度戰爭中的亡魂以及自己親手所殺的各種人等，可以祈求消除由戰爭、殺戮產生的社會戾氣，消除社會的不安定因素，懺悔自己的罪孽，爲己增福，爲國延祚。宋太祖的

① 《佛祖統紀》卷三九，CBETA(2016)，T49，no.2035，p.395，a5～7。行文有校訂。
② 同上書，p.363，b13～22。行文依據校記訂正。

行爲並非他個人的獨出心裁,而是在佛教因果業報理論的影響下,當時社會上充斥的一般思潮。如《佛祖統紀》卷四三載:"楚王周行逢據潭州,果於殺戮,然知事佛、度僧、齋懺未嘗輟。見沙門輒作禮,親手行食。謂左右曰:'吾殺人多矣,不假佛力何以解怨。'"①

　　在這種思想指導下,宋初諸帝對佛教都采取了積極支持的政策。諸如鼓勵僧人向西域求法,大量抄寫並頒賜金銀字藏經,讀誦金字大藏經,禁止褻瀆佛教②,等等。在宋初這一佛教政策的鼓勵下,大批佛教僧人西行求法,不少佛教僧人參與了金銀字大藏經的修造以及大藏經的研究,如"右街應制沙門文勝奉勅編修《大藏經隨函索隱》,凡六百六十卷"③。由於雕版印刷術最遲在唐代已經出現,五代已經相當流行,四川又是當時的雕版中心,開寶四年(971),宋太祖"勅高品張從信往益州雕大藏經版",也就是一件順理成章的事情了。

　　2. 列國體制下的北宋

　　著名歷史學家許倬雲指出:秦、漢、隋、唐,中國的帝國就是天下的帝國。北宋起形勢完全改觀,變成列國體制下的一個地方政權。如何與同時並存的吐蕃、遼、西夏、南詔,還有西域的敦煌、高昌及其他西域諸政權,海外的日本、高麗、越南等各國、各政權和平共處,成爲北宋王朝的一大課題。我認爲,佛教就是當時北宋王朝與周邊各國進行文化交流、取得文化認同、進行和平外交的重要工具。

　　這裏有兩個前提:

---

① 《佛祖統紀》卷四三,CBETA(2016),T49,no.2035,p.395,a19～24。

② 《佛祖統紀》卷四三:"河南府進士李萬造《滅邪集》,以毀釋教,竊藏經以爲衾。事聞,上以爲非毀聖道,誑惑百姓,勅剌流沙門島(在登州海中)。"CBETA(2016),T49,no.2035,p.395,b20～24。

③ 《佛祖統紀》卷四三,CBETA(2016),T49,no.2035,p.395,c1～5。

第一，上述國家與地區都流行佛教，且除了吐蕃、西夏等一些政權外，流行的大多是以漢文爲載體的漢傳佛教。

第二，佛教雖然起源於印度，但經過幾百年的傳播嬗衍，此時的中國佛教已經成爲漢傳佛教的中心、佛教的第二個故鄉。從文化的角度來講，在部分信奉漢傳佛教教徒的心目中，所謂"佛教中國"的地位也已經從印度轉移到中國。①當然，問題是複雜的，這裏實際還涉及所謂政治的正統之爭，本文不予涉及。但就文化認同來説，周邊各國、各地區對從漢傳佛教中央區域修造的大藏經顯然具有較大的親和力與接受度。

正是在上述思想文化、政治版圖的格局下，北宋從開寶四年（971）到太平興國八年（983），刻成《開寶藏》，並把十三萬塊版片運抵開封，專門設置印經院。所印的《開寶藏》，除了境内寺院外，分別贈賜遼、西夏、敦煌、高昌等地區與高麗、日本、越南等國家。也就是説，在中國，北宋王朝之所以刊刻《開寶藏》，其内在動力主要是兩個：第一，通過刊刻《開寶藏》以争取獲得佛法加被，力圖以此功德增福延祚；第二，用《開寶藏》對周邊信仰佛教的國家進行和平外交。

（三）高麗藏的刊刻

關於高麗藏的刊刻經過，前賢多有研究，經緯相當清楚。大體是：高麗成宗於宋太宗淳化元年（990），遣使向宋廷求《開寶藏》，該藏後由韓彦恭奉歸，故淳化四年（993）制有感謝大宋下賜大藏經和御製文集的文獻。其後，契丹乘其國勢衰弱入侵高麗，高麗不得不向契丹臣服。處於國難時期的高麗顯宗爲了祈求發揚國威，於顯宗二年（1011）敕命崔士威等刊刻大藏經。經德宗、靖宗、文宗、宣

① 參見方廣錩《中國寫本大藏經研究》中關於敦煌遺書《沙州乞經狀》的研究。

宗，至宣宗四年（1087）完成，即爲高麗官刻大藏經的初刻本。

《東國李相國集》卷二五記載了顯宗刊刻《初刻高麗藏》的因緣：

> 昔顯宗二年，契丹主大舉兵來征，顯祖南行避難，丹兵猶屯松岳城不退，於是，乃與群臣發無上大願，誓刻成大藏經版本，然後丹兵自退。

而《高麗史》卷十，宣宗四年（1087）載：

> 2 月甲午，幸開國寺，慶成大藏經。
> 3 月己未，王如興王寺，慶成大藏殿。
> 4 月庚子，幸歸法寺，慶成大藏經。

一般認爲這是《初刻高麗藏》完成的記録。其後，《高麗史》又有"設藏經道場"的記載，表現了當時的大藏經崇拜形態：

> 甲子，設藏經道場於會慶殿。王行香且製詩，以示歸崇之意。
> 癸丑，設藏經道場於會慶殿六日。王親製贊三寶詩。

上述《東國李相國集》卷二五的記載，顯然將遼國軍隊的退却，作爲顯宗朝君臣虔誠發願修造大藏經所得到的功德。因此，《高麗史》卷一二九甚至將這部大藏經稱爲"鎮兵大藏經版"。這正是上文所述漢傳佛教圈中流行的大藏經崇拜的體現。而《再刻高麗藏》的刊刻因緣，與《初刻高麗藏》完全相同。根據《高麗史》記載，《初刻高麗藏》的經版原藏於興王寺的"大藏殿"，後來又遷至國都符仁寺保管。高宗十九年（1232），蒙古軍隊入侵，高麗遷都江華島。此時，符仁寺爲元朝的兵火所焚，《初刻高麗藏》的經版也付之一炬。高宗二十三年（1236），爲了希望再次通過佛教的保佑擊退蒙古軍隊，高麗王朝發願重新刊刻大藏經，此次成立了大藏都監，由相國李奎報等主其事。

1237年，相國李奎報所撰《大藏板刻君臣祈告文》（載《東國李相國集》卷二五）稱：

> 達但之爲患也，其殘忍凶暴之性，已不可勝言矣……於是，符仁寺之所藏大藏經版本，亦掃之無遺矣……今與宰執文虎百僚等，同發洪願，已署置“句當官司”，俾之經始。因考厥初創之端，則昔顯宗二年（1011），契丹主大舉兵來征，顯祖南行避難，丹兵猶屯松岳城不退，於時乃與群臣發無上大願，誓刻成大藏經版本，然後丹兵自退，然則大藏一也，先後雕鏤一也，君臣同願亦一也。

上文特別强調了“大藏一也，先後雕鏤一也，君臣同願亦一也”，亦即佛教大藏經是相同的，先後刊刻的行爲是相同的，君臣希望以此退敵的心願也是相同的，因此，這一次刊刻大藏經一定可以得到與上一次一樣的功效，得到佛法的加被，使得蒙古兵退却。該藏於高宗三十八年（1251）功成，即爲《再刻高麗藏》。高宗四十二年（1255），高宗稱該大藏經“告成慶贊，中外受福”，並對刊刻有功人員賞賜有加。該藏最初置於京城西門外的大藏經版堂，高宗親率百官到此上香禮拜。此亦即爲現今保存在韓國伽耶山海印寺的《八萬大藏經》。

由此可見，在高麗朝，與其説高麗藏主要發揮其義理層面的功能，不如說主要發揮其信仰層面的功能。這不僅體現在兩部藏經的刊刻目的都是爲了佑國却敵，也反映在平時高麗朝圍繞高麗藏進行的種種功德活動。根據《高麗史》記載，當時舉行的禮拜大藏經的法事活動——"藏經道場"最少有二十多次，並專設官員負責相關事宜。這些法事活動極其隆重、嚴肅，進行時有專門的官員行香、贊引。《高麗史》卷一二五《樸升中傳》載："一日藏經行香，與洪瓘、李璹綴侍臣班笑語，聲徹王所，爲臺官所劾免。"即在"藏經道場"中表現不恭，要受到相應的懲罰。

不僅如此，據《高麗史》載，"閏月己酉，元遣王敬塔失不花賫香幣來轉藏經"（卷三一），"甲午，元遣伯顏忽篤不花以香十五斤、匹段三十匹、絹三百匹、八百六十四錠來轉藏經"（卷三一），"己亥，王與伯顏忽篤不花幸妙蓮寺轉藏經"（卷三一），"（辛丑）二十七年春正月甲辰，王與元使如興王寺轉藏經"（卷三二），"丁亥，元遣怯里馬赤月兒忽都，以官素一十五表、里（？）經里兒絹三百匹、黃香十五斤、六百一十錠二十五兩來轉藏經"（卷三二），"夏四月癸未，元遣突烈來轉藏經"（卷三二），"壬子，贊成事權溥等賫藏經如元"（卷三四）。此外，《高麗史》卷十六提到："日本遣使求藏經，仍獻方物。"由此證明高麗藏也的確在高麗與元朝、日本的外交活動中發揮了和平外交的作用，或者説起到護國延祚的作用。

由此，我們可以看出，在這一時期中，中國刊刻漢文大藏經的內在動力與高麗國刊刻高麗藏的內在動力是完全一致的。這也可以看作是中國刊刻大藏經對高麗刊刻大藏經的重大影響。

三、結　語

宗教是一種社會文化，宗教的認同實際也是文化認同的一種表現。宗教在社會中活動，宗教的社會作用主要不取決於宗教本身，而取決於它所在的社會。從上文對《開寶藏》刊刻及高麗藏刊刻的相互關係可以看到，在特定的歷史條件下，《開寶藏》、高麗藏等漢文大藏經的刊刻與流通，曾經在東亞漢文佛教圈起到文化交流、文化認同、和平外交的作用。

在拙作《佛教志》中論及後趙的佛教政策時，曾經這樣説：

> 民族的融合，往往伴隨著戰爭與流血。其原因，除了當時當地的政治、經濟原因外，還包括兩個民族的文化差異，乃至心理素質的差異。後趙統治者尊崇佛教，本意是爲自己入主中原尋找理論依據，以與儒家的"內諸夏而外夷狄"的學説相對抗。但事物的發展往往出於人的本來願望。由於佛教本身的包容性與超越性，它並不因爲後趙統治者認爲它是戎神，所以僅在後趙流傳，而是普遍流傳於廣闊中國大地的各個民族中。這樣，隨著佛教的日益普及，它在各個民族之間起到一種在意識形態方面認同的作用，從而在消融民族文化差異、泯滅民族意識隔閡方面起到積極的作用。當然，過分強調佛教在民族融合中的積極作用，如同過分強調佛圖澄勸諫後趙統治者慈悲戒殺的實際作用一樣，都是錯誤的。但否認這種作用的存在同樣是不合適的。①

目前東亞面臨新的形勢，希望在中、日、韓各國學者的共同努力下，漢文大藏經的研究也能對加強東亞各國的文化交流與人民團結起到積極的作用。

---

① 方廣錩：《佛教志》，上海人民出版社，1998 年 10 月，第 34—35 頁。

《漢文大藏經異文研究》序①

　　我與柳富鉉先生②相識多年。這些年來，他每年都會到中國來，少則一兩次，多則三四次。祇要我在北京，他每次都會到我家來論學。我們討論的，大抵爲大藏經，特別是高麗藏。

　　與一般韓國學者相同，柳富鉉對凝聚了高麗時代佛教精神的高麗藏情有獨鍾，他幾乎把所有的科研精力都傾注到高麗藏上。但與有些韓國學者不同的是，他在研究高麗藏的時候，沒有把眼光僅僅局限在高麗藏本身，而是把高麗藏放在整個漢文大藏經的發展史中去考察。這樣，漢文大藏經的發展史爲他的研究提供了厚重而寬闊的歷史背景，他的研究也因此而融入整個漢文大藏經的研究中。

　　漢文大藏經是基本網羅歷代漢譯佛典並以之爲核心的，按照一定的結構規範組織，並具有一定外在標志的漢文佛教典籍及相關文獻的叢書。它隨著漢傳佛教的發展而發展，隨著中國書籍形態的變化而變化。最早的漢文大藏經均爲寫本。北宋初年，隨著第一部刻本大藏經《開寶藏》的出現，漢文大藏經進入刻本時期。

---

① 原載《漢文大藏經異文研究》，韓國柳富鉉著，宗教文化出版社，2014 年 6 月出版。後收入筆者的《隨緣做去，直道行之》。收入本書時，行文略有修訂。

② 柳富鉉，韓國大真大學教授，主要從事高麗藏等漢文大藏經研究。

北宋將《開寶藏》分贈周邊諸國。其後，高麗國依據《開寶藏》先後刊刻了《初刻高麗藏》與《再刻高麗藏》（韓國則稱之爲《高麗藏初雕本》與《高麗藏再雕本》），金朝則依據《開寶藏》刊刻了《趙城金藏》。這樣，由《開寶藏》《初刻高麗藏》《再刻高麗藏》與《趙城金藏》形成的中原系藏經與以遼藏爲代表的北方系藏經，以《崇寧藏》《毗盧藏》爲代表的南方系藏經一起，成爲刻本漢文大藏經的三大系統。

　　雖然從總體看，《初刻高麗藏》《再刻高麗藏》與《趙城金藏》均依據《開寶藏》刊刻，但由於各種原因，各藏的情況互有不同。比如，《初刻高麗藏》後半部分編次與《開寶藏》並不一致，《再刻高麗藏》則參校了北方系的《遼大字藏》，而《趙城金藏》大體反映了《開寶藏》的晚期狀態。由於《開寶藏》全藏已經亡佚，存卷珍若星鳳，難得一睹。《初刻高麗藏》存卷雖多，亦不足全藏之二分之一，且收藏者等閑不以示人。《趙城金藏》雖存殘卷五千余卷，差強人意，但秘藏深庫，尚未全展姿容。唯有《再刻高麗藏》全藏保留完整，且版片亦保存完好。資料殘缺，難覓如此，擬探索並恢復中原系藏經的歷史沿革，其難度可想而知。

　　柳富鉉先生常年以高麗藏研究爲中心，經常奔波於韓國與中國各地，不放過一點綫索，到處搜尋資料。他日復一日地對各種藏經的版本、行文逐字逐句地進行仔細的比對，以尋求諸種藏經的不同，探究這些不同產生的原因，力求解開高麗藏及中原系諸種藏經的歷史發展軌迹。這些年來，他已經發表了多篇論文，每篇均有創見，成爲在高麗大藏經研究領域，也是漢文大藏經研究領域中一位值得重視的研究者。現在，他的新作即將問世，索序於我。我爲他新作的出版而高興，對他取得的新成績表示祝賀。

　　最近，有關中原系藏經資料的情況略有改善：我們費多年之力，上窮碧落下黃泉，在全世界找到的十二個《開寶藏》殘卷，已於去年年底由文物出版社出版。韓國高麗大藏經研究所爲尋找《初刻高麗藏》竭盡全力，近年終於尋覓到兩千多卷，也於去年上網公布。資料的豐富必將促進研究的發展，祝願柳富鉉先生將來在大藏經研究領域取得更多、更好的成績。

《高麗大藏經構成、底本及板刻之研究》序①

　　佛教起源於南亞次大陸，其後遍傳中亞、東亞、東南亞。經過複雜的歷史變遷，現在依然是東亞、東南亞的主流文化之一，對當地社會的各個層面發揮著巨大的影響。

　　東亞佛教分爲漢傳佛教與藏傳佛教兩支。其中漢傳佛教經過與中國漢文化的交融、接受漢文化的涵養，成爲當今中國傳統文化的有機組成部分。從歷史上看，漢傳佛教先後傳播到朝鮮半島、日本、越南等漢文化圈各國，並在傳播的過程中，與朝鮮半島文化、日本文化、越南文化相互交流、影響，產生了種種新的文化形態。在漢文化圈其他各國形成的新的佛教文化又以各種方式反哺中國本土的漢傳佛教。因此，漢傳佛教固然因南亞次大陸文化與中國漢文化的交流而形成，但它在東亞的發展歷史表明，它得益於中國文化、朝鮮半島文化、日本文化、越南文化等各種文化的滋養。這也說明文化的交流從來不是單行道，而是相互影響的。就中國佛教與朝鮮半島佛教而言，在漢傳佛教影響古代朝鮮半島新羅等三國，影響古代高麗、朝鮮王朝的同時，朝鮮半島新羅等三國，古代高麗、

_____

① 原載《高麗大藏經構成、底本及板刻之研究》，韓國柳富鉉著，韓國시간의물레（時間的紡車）出版社（首爾），2014 年 7 月。收入本書時，行文略有修訂。

朝鮮王朝的文化也影響到漢傳佛教的形態。這就是筆者這些年一直關注"佛教發展中的'文化匯流'"的原因之一。漢文大藏經的歷史也說明了這一點。

漢文大藏經是漢傳佛教的經典依據。漢文大藏經産生在中國,最早主要由域外翻譯的漢文佛教經典組成,其後逐漸加入中國僧人乃至東亞其他國家僧人撰寫的佛教著作。其早期形態爲寫本,北宋初年出現了第一部木刻本大藏經——《開寶藏》,從此漢文大藏經進入刻本時期。在中國,由於寫本的流變性,故各地流傳的寫本藏經的形態往往會有不同。因此,從北宋初年到北宋末年,依據當地寫本藏經先後刊刻的刻本大藏經出現了三個不同的系統:以《開寶藏》爲代表的中原系,以遼藏爲代表的北方系,以《崇寧藏》《毗盧藏》爲代表的南方系。高麗時代刊刻的兩部高麗藏雖然以《開寶藏》爲底本,但吸收了原來在朝鮮半島流行的若干佛教典籍,參校了《遼大字藏》。因此,它不僅兼有中國刻本大藏經中原系與北方系的優點,還涵括了在高麗國流傳的部分佛教典籍的優點。

情況不僅如此。衆所周知,從《開寶藏》版片運到北宋汴京以後,曾多次進行過增補與修版。但由於北宋末年,在金朝入侵汴梁的戰火中,《開寶藏》版片蕩然無存。由於歷史的原因,我們現在能夠找到的《開寶藏》印本祇有十二卷,現已影印爲《開寶遺珍》出版。據傳聞,天壤間或許還有若干《開寶藏》零本存世,我們希望它們能夠早日問世。但即使這些零本全部面世,估計其數量也非常有限。也就是說,縱然存世的《開寶藏》零本能夠統統面世,依然難以讓我們得知《開寶藏》的全貌,難以瞭解《開寶藏》增補、修版等歷史變遷。因此,現在要想真正瞭解《開寶藏》,除了考察存世《開寶藏》印本及《大藏經綱目指要錄》等傳世資料外,必須通過另外兩個途徑:調查和研究依據《開寶藏》覆刻的《趙城金藏》,調查和研究依據《開寶藏》覆刻的兩部高麗藏。

就《趙城金藏》而言，20 世紀 80 年代至 90 年代編印出版的《中華大藏經》（漢文部分，上編）係以《趙城金藏》爲基礎。但因《中華大藏經》（漢文部分，上編）圖版經過修版，已經形成新的"中華藏"版，並不體現《趙城金藏》的原貌。至於某單位出版的影印本《趙城金藏》，乃屬欺世盜名的東西，不能作爲研究《趙城金藏》的依據。好在中國國家圖書館已決定將館藏《趙城金藏》全部仿真出版。相信不久的將來，我們將能真正一睹《趙城金藏》的真面目，爲《趙城金藏》的研究、爲《開寶藏》的研究揭開新的一頁。

至於兩部高麗藏，《初刻高麗藏》雖然已經亡佚，賴韓國高麗藏研究所的努力，已收集到數千卷，且已在網上正式公布，可以使研究者大致得知其仿佛。《再刻高麗藏》版片保留完整，印本頗多流傳。特別是近代日本《大正藏》參考並使用了《再刻高麗藏》，使《再刻高麗藏》的影響擴展到世界，也對中國漢傳佛教的發展與研究起到反哺作用。其中種種殊勝因果，令人贊嘆。

在韓國，對高麗藏的研究始終是佛教文獻學、書志學的研究重點之一，成果斐然。但以往的研究，往往局限在高麗藏本身。多年來，柳富鉉先生從東亞佛教的整體著眼，把高麗藏放在整個漢文大藏經的發展鏈條上去考察，做出了卓越的工作。他的《漢文大藏經異文研究》中文版，今年已經由宗教文化出版社出版。最近，他又完成新作《高麗大藏經構成、底本及板刻之研究》。本書以高麗藏爲基礎，全面考察了高麗藏與《開寶藏》、遼藏乃至與《趙城金藏》的關係，提出了一系列新的觀點，將早期漢文刻本大藏經的研究向前大大地推進了一步，這對我們厘清《開寶藏》《趙城金藏》與高麗藏的關係，具有重大的意義。

大藏經研究是實證研究，要靠資料講話，但這衹是問題的一個方面。無論什麼資料，祇有經過研究者認真的辨析，纔能分辨其真偽，確認其價值，這就需要研究者辛勤的思辨勞動。坦率地説，資料的獲得雖然與研究者的學科定位及所付出的發掘資料的努力有關，有時也與研究者的機遇、社會關係乃至社會地位有關。所以，掌握資料的多少，自然要靠努力，但有時靠機遇、靠地位、靠關係，這並不完全説明研究者的水平。而對所得資料的辨析與研究，纔真正體現出研究者的實際水平。我國的大藏經研究雖然已經取得不少成績，但總體來看，還需要有關研究者付出更大的努力，去發掘資料、考辨資料，做出更加深入的思辨勞動，以更上層樓。

　　這些年來，柳富鉉先生孜孜於高麗藏的研究，鍥而不捨，力耕愈深。他的新作《高麗大藏經構成、底本及板刻之研究》即將付梓，徵序於余。故略述感想，一方面爲柳富鉉先生賀，另一方面希望漢文大藏經研究取得更多、更好的成果。

略談《徑山藏》的歷史地位①

一、前　言

　　大藏經是基本網羅歷代漢譯佛典並以之爲核心的，按照一定的結構規範組織，並具有一定外在標志的漢文佛教典籍及相關文獻的叢書。從歷史上看，大藏經經歷了寫本、刻本、近現代印刷本等各個時期，現在已經跨入數字化時期。

　　《徑山藏》，一般稱爲《嘉興藏》，這部藏經的刊刻工作開始於明朝萬曆年間，先在五臺山刊刻，後來移到嘉興徑山。一般認爲它的版片毀於清朝咸豐太平天國時期。這部私刻藏經的合計刊刻時間約有兩百六十年，即兩個半世紀左右，延續了明、清兩個朝代。近幾十年來，對《徑山藏》的研究應該説成果不少，大體可以總結爲如下三個方面：第一，中國、日本學者完成了對多部《徑山藏》印本的基本調查。第二，在廣泛搜尋散佚經本的基礎上，姜錫慈、韓錫鐸等先生在中國民族出版社出版了《重輯〈嘉興藏〉》。第三，發表了一批有分量的研究論文。這樣，大家對《徑山藏》的認識得以深入，以往有關《徑山藏》的一些模糊看法得到澄清。當然，有關《徑山

---

① 原載《西南民族大學學報》（人文社科版）2016 年第 7 期。收入本書時略有修訂。

藏》還有不少問題需要繼續研究，比如，《徑山藏》到底什麼時候開始刊刻的，什麼時候結束的。前者相對簡單，祇是一個評判標準問題；而後者，則應該說至今没有完全搞清楚。《重輯〈嘉興藏〉》把下限截止到清道光年間，這是一個不得不如此的方便法門，不等於說《徑山藏》的刊刻真的截止於道光年間。由於《徑山藏》版片大致毁於太平天國，那麼是否它的刊刻要一直延續到清咸豐年間，這個問題還可以研究。由於下限不清，《徑山藏》最終到底收了多少種佛經，至今没有真正搞清楚。《重輯〈嘉興藏〉》費了很大的力氣，比故宫藏本增加了二百餘種，付出的辛勞令人敬佩，在此特對他們的勞動表示衷心的感謝。當然，也存在一些問題，比如把瑪瑙經坊本也收入《重輯〈嘉興藏〉》，這恐怕是要作進一步的考證，説明其理由的。此外，《徑山藏》研究中還有一些值得深入探討的問題。比如：

　　就刊刻歷史而言，《徑山藏》從五臺山遷移到嘉興徑山寺的内在原因到底是什麼？内在的驅動力在哪裏？是單純因爲北方苦寒，刊刻不便嗎？以毛晋、錢謙益爲代表的江浙文人在這一遷移過程中起到什麼作用？早期的主要參與者、《徑山藏》的實際主持人與規劃者密藏道開爲什麼此後退出了這一工作，從此再不露面？在嘉興期間，《徑山藏》的運作方式，包括刻版方式、集中規範、排字編聯、查核修版、刷印流通等一系列環節都需要繼續研究。

　　就入藏標準而言，特別是《徑山藏》的續藏、又續藏，到底有没有入藏標準，采用了什麼標準，這些都需要進一步的研究。

　　就現存印本而言，目前存世的《徑山藏》印本到底有多少，實際上也還没有真正搞清，特別是中國國内的情況不清。中國不少圖書館，包括一些著名的重要圖書館，把《徑山藏》打散與其他佛教典籍一概按照名稱、部類著録到子部釋家類，對《徑山藏》的調查造成了不必要的困擾。有關圖書館的這一錯誤做法，根源在於中國各大圖書館的古籍管理至今沒有擺脫四部書文化範式的影響。這個問題我曾經有文章專門探討，這裏不談。

對《徑山藏》的研究，可以從多方面進行。這裏僅對《徑山藏》的歷史地位談一點個人的粗淺看法。

二、《徑山藏》提示我們要重視佛典的民間傳承系統

在大藏經的刻本時期，一般來說，後代藏經的收經內容，往往在前代藏經的基礎上有所增益。這些增益的佛典，一般為前代藏經編纂時尚未出現，或為前代藏經編纂時已經出現，但由於各種原因未被收入的典籍，所以由後代的編藏者將它們收入。但我在整理敦煌遺書的過程中，發現若干歷代大藏經均已收入的典籍，敦煌寫經的文字、分卷、分品，與歷代大藏經均不相符，却與《徑山藏》相同。

就內容而言，敦煌遺書本《大佛頂如來密因修證了義諸菩薩萬行首楞嚴咒》《金剛般若波羅蜜經》（菩提留支本）等若干典籍中的一些文字，與歷代大藏經都不相同，而與《徑山藏》相同。

就分卷而言，比如敦煌遺書中的《羯磨》為兩卷本，《大正藏》本《羯磨》不分卷。按照《大正藏》的校記，敦煌遺書本分卷與《徑山藏》本相同。

就分品而言，比如中散 4013 號《大方等大集經》的品次與歷代大藏經均不相同，僅與《徑山藏》本相同。

如何解釋這一現象？我認為這說明在傳統的佛教大藏經以外，佛教典籍還存在著一個民間流傳系統。出於某些我們現在還不清楚的原因，《徑山藏》刊刻那些經典時，所用的底本不是大藏經本，而是民間流傳本；或者雖然采用歷代大藏經本，但參考或校勘

了民間流傳本，並予以修訂。而他們所采用的民間流傳本的源頭可以一直追溯到唐代寫經，所以出現了上述現象。

筆者本人有過這樣的經歷。約二十年前，一位優婆夷爲了給亡故的父親做功德，發心印刷《地藏菩薩本願經》送到某寺院結緣。該寺院讓她來找我，我建議她依據《大正藏》本去印刷結緣本，但她說已經依據手頭某個結緣本，把經文統統錄入了電腦。當時我對民間結緣本缺乏認識，總以爲民間結緣本缺乏嚴謹的科學整理，不可以信從。於是建議她依據《大正藏》本對已經錄入電腦的民間結緣本做一遍校對，並且答應等她完成校對以後，可以幫助她校核結果，勘定正誤，理順文字與標點。等到她把校對的結果交給我，我真的吃了一驚。因爲民間結緣本有若干文字與《大正藏》本不同，而且這些不同的文字，大部分都是民間結緣本的文意爲長。有些文字，根據上下文判定，可以明確說是《大正藏》本爲誤，民間結緣本爲正。以前，我總以爲《大正藏》本的底本、校本是歷代藏經本。歷代藏經在刊刻時已經經過校對，《大正藏》又經過一大批學者的認真校對，是世界公認的學術水平最高的佛經版本。從事研究，理所當然應該用《大正藏》。這時候我纔發現自己錯了，不可疏忽佛教典籍的民間流傳系統的重要性。

爲什麼有時候民間結緣本反而會優於大藏經本？這個問題引起了我的思考。我認爲，民間結緣本根植於廣大民衆虔誠的宗教信仰中。這種虔誠的宗教信仰使得這些結緣本能夠在流傳中努力保持其原始狀態，也使它始終保持强大的生命力。從敦煌遺書保留的各種寫經來看，也可以體現出這一點。

當然，事情是複雜的，我們也必須指出，有時候一些文本會在民間流傳的過程中發生嬗衍，出現變化。這是我們必須注意的。比如，我曾經以《大藏經總目錄》《劉師禮文》爲例，對佛教典籍民間流傳系統的演變加以論述。就《大藏經總目録》而言,它産生於唐代,始終在民間流傳,曾經被吳承恩采納收入《西游記》,曾經作爲附身符、作爲入冥通行證以流通,雖然曾經被楊文會痛斥,但一直到前幾年,還有信衆在印刷流通。至於《劉師禮文》,淵源更早,據説是東晉著名僧人劉薩訶(法名慧達)所創造的一種禮拜法。最早出現在南北朝西魏書寫的敦煌遺書中,後來被假託成唐玄奘從西天帶來的禮拜法,據説由唐太宗下令推廣。20 世紀初香港印刷的佛教結緣書中,還印刷了這一禮拜法。上述兩個例子同時還都説明中國佛教典籍民間流傳系統生命力之强大。

通過上述《徑山藏》及其他相關例證,我們發現了以往被人們忽略的一個現象:中國的佛教典籍存在兩大流傳系統。一個以歷代大藏經爲代表,一個以各種各樣的民間傳本(包括寫本與刻本)爲代表。前者是佛教典籍的主流,它集中地、有系統地保存了中國佛教大部分最重要的典籍,特別是從域外傳入的翻譯典籍。但我們也應該指出,大藏經是被歷代編藏僧人過濾過的資料,有大量資料,特別是中國人撰述的資料,因爲各種原因被排除在大藏經以外。後者數量龐大,内容複雜,有些嚴密而自成系統,有些零落而不成系統,它們往往在民間自生自滅,處於一種原生態的存在方式中。

實際上,上述兩種典籍在佛教研究中不可偏廢。比如,中國北宋以下的佛教史研究始終是一個短板,追究其原因,我認爲主要由於北宋以下佛教的一大主流形態是以各種法事佛教爲代表的儀軌佛教,但大藏經基本不收各種儀軌文本,使得研究者很容易忽略這一形態的佛教,即使發現或注意到這一問題,由於資料的缺乏,也很難從事這方面的研究。上海師範大學敦煌學研究所以侯沖爲代表,十多年來,已經收集明清以來各種民間法事文本及其他佛教典籍一千七百多種，希望能夠對上述現狀有所補救。

　　如果進一步考察中國佛教典籍爲什麼會有這樣兩種傳承系統，我以爲與中國佛教本身的特點息息相關。我曾經撰文指出：

> 　　佛教作爲一種宗教，既有比較精細、高深的哲學形態，也有比較粗俗、普及的信仰形態。由此，它能夠適應不同層次人們的不同需要。我把前一種形態稱爲“佛教的義理層面”，把後一種形態稱爲“佛教的信仰層面”。義理層面的佛教以探究諸法實相與自我證悟爲特徵，以大藏經中收入的印度譯典及中國高僧著述爲依據，以追求最終解脫爲主要目標；而信仰層面的佛教則以功德思想與他力拯救爲基礎，以漢譯典籍中的信仰性論述及中國人撰著乃至諸多疑僞經爲依據，以追求現世利益、來世福報乃至最終成佛爲主要目標。義理層面的佛教在我國佛教史上處於主導地位，它爲佛教提供了高水平的骨幹與活潑潑的靈魂，它的興衰決定了中國佛教的興衰。但信仰層面的佛教較義理層面的佛教影響更大、更深、更遠，爲中國佛教奠定了雄厚的群衆基礎，是中國佛教綿長生命力的基本保證。這兩種層面的佛教雖然各有特點，有時看來截然不同，甚至尖銳對立；但又相互滲透、互爲依存，絞纏在一起，相比較而存在。當兩者相對平衡，佛教的發展便相對順暢；當兩者的力量相對失衡，佛教的發展便出現危機。在中國佛教的研究中，兩者不可偏廢。

　　我認爲，中國佛教典籍的兩種傳承體系，實際上就是上述兩種層面的佛教在典籍方面的具體體現。當然，嚴格地講，傳統大藏經也包含信仰層面的内容，民間傳承體系也包含義理層面的内容，如上文所説，它們本來是"相互滲透、互爲依存，絞纏在一起，相比較而存在"。但從總體看，在傳統大藏經系統及民間傳承本系統中，兩種不同形態的佛教還是各有側重的。

應該説，《徑山藏》及相關資料在這裏進一步向我們提示這個重大的問題：在歷史上，中國佛教典籍有著這樣兩種傳承系統。我曾經撰文提到大藏經編藏理路，提到大藏經的三種功能形態。我想，所謂編藏理路、所謂三種功能形態以及今天提到的中國佛教典籍的兩種傳承系統，它們的内在邏輯是一致的。那麼，到了今天，佛教大藏經將向什麼方向發展？是繼續保持兩種系統相對獨立的分流狀態，還是有必要將它們相對統一，使新時代的佛教大藏經能夠更加全面地反映中國佛教的實際面貌？這是擺在每一個佛教文獻工作者面前，也是擺在每一個有志於從事佛教大藏經編纂的僧人面前的不可迴避的問題。

我想，我們今天能夠提出這一問題，這也是《徑山藏》的歷史功績之一。

三、　在刊刻《徑山藏》中所體現出的民族精神

作爲佛教文獻工作者，我主張在研究《徑山藏》時，除了注意《徑山藏》在佛教大藏經、佛教文獻方面的研究價值外，還應該注意總結、學習與繼承古德先賢在刊刻《徑山藏》中所體現出的民族精神。我認爲，在刊刻《徑山藏》中所體現出的民族精神可以總結爲如下幾個方面。

（一）敢於擔當的精神

明萬曆年間，在中國，至少有兩副大藏經經版可供印刷流通。一部是《明北藏》，它雖然屬於官版，藏於北京，但可以通過一定的

途徑得到頒賜。一部是《明南藏》,藏於南京,供佛教信徒請印。《明南藏》按照不同的紙張與裝幀,分爲三等九級刷印流通,任何人都可以根據自己的需要等級付出一定的費用,辦理一定的手續請印。由於《明南藏》實際上相當於采用商業方式流通,請印方便,所以在民間的流通量很大。

在已經有兩副經版,且其中一部請印比較方便的情況下,出於種種考慮(見《刻藏緣起》),紫柏等人下決心以民間身份,争取各方支持,募集資金,重刻一部新的更好的藏經,這一決心的確非同小可。一部大藏經收經衆多,卷帙浩繁,費時、費工、費心力,非親歷其事,不知其難。即使在社會經濟、印刷工藝乃至數字化技術已經高度發展的今天,編印一部大藏經也非一般人所能企想的工程。在古代,推行這一工作之艱苦卓絶,可以想見。無大願心、大擔當,絶對無以成事。所以,我對發起這一曠世工程的紫柏、密藏道開等人充滿敬意。自古以來,中華民族不乏這樣敢於擔當的精神,魯迅曾經把這樣的人稱爲“中華的脊梁”。今天,我們依然需要學習、提倡這樣的精神。

(二) 勇於創新的精神

《徑山藏》勇於創新的精神,主要體現在兩個方面。

1. 藏經版式

在大藏經寫本時期,中國的書籍都是卷軸裝,佛教大藏經也是卷軸裝。其後雖然出現經摺裝、縫綴裝、梵夾裝、粘葉裝等裝幀形式,但大藏經的裝幀形式未變。所以早期的刻本藏經《開寶藏》《遼大字藏》均爲卷軸裝。從《崇寧藏》《毗盧藏》《思溪藏》等開始,刻本大藏經改爲經摺裝。世俗的書籍此時大抵爲蝴蝶裝乃至綫裝。《遼小字藏》爲蝴蝶裝,但流傳甚少,影響不大。元明兩代,世俗的書籍基本上改爲綫裝,不過當時刊刻的佛教大藏經數量雖多,裝幀形式却始終保持爲經摺裝。

考察卷軸裝與經摺裝可知,兩者的形態有直接繼承關係,乃至至今有人將卷軸裝摺叠爲經摺裝,或將經摺裝裝裱爲卷軸裝。與世俗書籍相比,藏經在裝幀形式上頑强地保持其原貌,應該與它的宗教神聖性有關。在這種情况下,毅然將大藏經從經摺裝改爲更加簡便的綫裝,便於流通、便於閱讀,從此開創了佛教大藏經的綫裝時代,可説是《徑山藏》的一大創新。

20 世紀 80 年代,有研究者主張最早的綫裝大藏經是《武林藏》,《徑山藏》繼承了《武林藏》的裝幀形式。後來通過進一步研究,發現所謂《武林藏》實際是《明南藏》的後期印本。目前還没有資料可以證明是否存在過《武林藏》。所以,還是應該按照傳統資料,承認《徑山藏》最初將大藏經的裝幀形式改爲綫裝。

2. 收經内容

傳統大藏經基本上衹收翻譯佛典,偶爾收入少量音義、經録、僧傳等所謂"毗贊大藏有功"的中華佛教撰著。除了個別特例,這一傳統基本上貫徹於整個佛典大藏經的寫本時期。早期刻本藏經依然保持了這一傳統。《開寶藏》到後期纔逐漸收入各宗著作。《徑山藏》正藏部分基本承襲了其他刻版藏經。續藏、又續藏則大量收入中華佛教典籍,特别是各種禪宗語録。應該説,對這些禪宗語録的宗教價值、學術價值,至今尚有不同意見。但是,如果我們從另一個角度,亦即大藏經的備查功能來考慮這一問題,則應該承認《徑山藏》由此體現的保存資料之功。我曾經撰文指出:衡量一個圖書館,首要標準是它的藏書量。同樣,衡量一部大藏經,首要標準是它收入佛典的數量。敦煌藏經洞的發現,爲我們了解古代佛教典籍的實際情况提供了大量新資料,也使我們痛感如果當年智昇等編藏僧人能夠高抬貴手,則大量佛教典籍將通過大藏經予

以保留，爲我們今天研究佛教提供大量資料。由於當年的編藏僧
人篩選過嚴，大量佛教資料被排除在大藏經以外自生自滅，很多資
料由此亡佚。今天，很多研究者往往祇能依靠這些經過篩選的大
藏經來進行佛教研究，自然祇能像盲人摸象那樣，祇能接觸、研究
古代佛教的若干側面，而難以把握古代佛教的全貌。從這個意義
上講，《徑山藏》能盡力收入各種資料，這種思路是值得贊許的。即
是其中有些典籍價值不算很高，也可以讓我們知道在那個時代，曾
有這樣一些著録在流傳。這個問題比較大，待以後有機會再論述。

（三）團結合作的精神

《徑山藏》從五臺山遷到嘉興徑山，采用了全新的工作方式，即
以楞嚴寺爲基地，發散到周邊諸多寺院，發揮集體的力量，爲一個
共同的目標同心協力，團結合作。且不講分散刻版，集中編號，其
中需要種種協調，處理種種瑣碎事務等所需要的精細組織、精心協
調的心血以及任勞任怨的精神，能夠將諸多寺院動員到一個大目
標下，就是一件十分困難的工作。坦率地説，今天的佛教界能否做
成同樣的事情，很難説，而當年的《徑山藏》做到了。這裏我認爲需
要對當年從事這一工作的僧人的團結合作的精神予以高度贊揚。

（四）鍥而不捨的精神

如前所説，《徑山藏》的刊刻前後經歷二百六十年左右。按照
二十年一代人計算，也就是説，《徑山藏》的刊刻先後經歷了約十三
代人前仆後繼的努力。在中國文化史上，可以與《徑山藏》媲美的，
大概祇有《房山石經》。在這約兩個半世紀中，儘管山陵夷變，國鼎
播遷，但僧人們刊刻《徑山藏》的願力矢志不移。我們説，亡命沙
漠，捨身捐軀，西行求法的玄奘等人，自然是我們民族的脊梁，那些
焚膏繼晷，兀兀窮年，皓首窮經，不折不撓的編藏僧人，同樣是我們
民族文化的脊梁，民族文化的守護神。他們這種鍥而不捨、金石可

鏤的精神，永遠值得我們學習。

四、《徑山藏》在大藏經中的地位

　　所謂某部藏經"在大藏經中的地位"，應該從這部藏經繼承了前代藏經什麼内容，本身有什麼創新，對後代有什麼影響等三個角度去考察。《徑山藏》基本繼承了前代藏經所收的經典。但一般來説，各種藏經均基本繼承前代藏經的經典，因此，如非存在特殊情況，這一點已經成爲刊刻大藏經的通例。《徑山藏》的創新，上文已經做了簡單評述，這裏不再重複。那麼，《徑山藏》對後代藏經有些什麼影響呢？以前我們對這一問題缺乏充分的研究，祇知道它對金陵刻經處刻經，對《毗陵藏》的版式有所影響，日本《大正藏》曾經用它作校本，《中華大藏經》（漢文部分）也曾經用它作校本。但最近日本永崎研宣先生的研究使我們對它在大藏經中的地位有了全新的認識，下面我來介紹永崎研宣先生的最新研究。由於這一成果僅在 2014 年 12 月 3 日京都佛教大學召開的國際學術研討會上以會議論文的形式發表，並未正式公布，爲了尊重研究者的勞動，諸位如果要引用這一成果，希望説明這一成果的發表者——永崎研宣先生。

　　永崎研宣先生考察了《大正藏》的原始資料，他指出，以前大家對《大正藏》的編纂有許多誤解。比如，以前大家都説《大正藏》以《再刻高麗藏》爲底本，參校《思溪藏》《普寧藏》《徑山藏》，加收了日本寺院藏經、敦煌遺書等而形成。但是，《再刻高麗藏》在日本甚爲希見，經過查證，《大正藏》所用的《再刻高麗藏》是日本東京增上寺收藏的那一部。但這部藏經屬於增上寺寶藏，不得出廟門一步。那麼，《大正藏》的編纂者是怎樣得到這部《再刻高麗藏》並以它爲底本的呢？ 永崎研宣先生指出，原來《大正藏》的工作用本並非《再刻高麗藏》，而是《頻伽藏》，亦即用《頻伽藏》爲工作用本，到增上寺逐一校對高麗藏，把異文記錄在《頻伽藏》上，用來作爲《大正藏》排版的依據。然後對外宣稱：《大正藏》的底本是《再刻高麗藏》。

《頻伽藏》在哈同夫人羅楞伽的頻伽精舍主持下編印，屬於現代印刷本。它依據《大日本校訂大藏經》（又稱《縮刷藏》）重新排版，而《大日本校訂大藏經》依據《黄檗藏》排印，那麼《黄檗藏》的祖本是什麼呢？ ——是《徑山藏》。我這裏衹是粗綫條叙述各種藏經的沿革，具體情況當然複雜得多，但不管怎樣，通過永崎研宣先生的研究，使得《徑山藏》的地位從幕後走到臺前。由於在近百年來《大正藏》在佛教界、學術界建立起來的崇高地位，由於電子化大藏經都以《大正藏》爲目標，使得《大正藏》已經在數字化大藏經領域大大領先一步，所以，《徑山藏》在大藏經中的地位也就大大凸顯出來。

永崎研宣先生的研究給我們提出了一系列問題。

既然《大正藏》實際以《頻伽藏》爲工作用本，而《頻伽藏》的疏漏極多，質量較差，《大正藏》是如何避免這種先天不足，真正保證這個工作用本中的文字經過與增上寺《再刻高麗藏》校對，已經由錯誤百出的《頻伽藏》變成了相對較爲優秀的《再刻高麗藏》呢？

如前所述，向前追溯，永崎研宣先生發現《徑山藏》實際是《頻伽藏》的祖本，但它又是《大正藏》的校本，在《大正藏》的編纂中發揮了獨特的作用。那麼，就《徑山藏》而言，這種作用具體體現在哪裏？

如此等等，這些問題都需要我們去進一步研究，做出解答。

五、結　語

上文從《徑山藏》提示的中國佛教典籍的兩種傳承系統、在《徑山藏》刊刻過程中體現的民族精神以及《徑山藏》在大藏經中的地位三個方面總結了《徑山藏》的歷史地位，以求教於諸位方家。

當前，中國佛教正在以前所未有的勢頭迅速發展，這一迅速發展的形勢要求佛教有應時應機、契理契根的新的理論、新的修持方法與新的攝衆模式。佛教作爲一種宗教，它根植於悠久的歷史與傳統，新的創造不可能割裂老的歷史與傳統，而典籍是承載歷史與傳統的最重要的方式。所以，佛教典籍的整理、研習將成爲新時代佛教進一步健康發展的前提。所謂"兵馬未動，糧草先行"。没有對佛教典籍的深入整理與研究，難以創造出適應新形勢需求的新理論、新方法、新模式。這對我們這些從事佛教文獻學、佛教大藏經、佛教目録學研究的人來説，也提出了新的要求。

現在杭州徑山萬壽禪寺發心重開《徑山藏》的研究、刊刻與編修，令人歡喜贊嘆。古人稱："論益物深，無過於法。"何者？三世諸佛，皆從法生。所以，對佛教來説，這是續佛慧命的大事。從繼承與弘揚中國傳統文化來説，《徑山藏》這一佛教大叢書不僅僅是佛教的法寶，也是民族文化的寶藏，其間體現的民族精神，更值得我們弘揚。相信在諸位的共同努力下，《徑山藏》這一份珍貴歷史遺産會在新時代發揮新的光芒。

《大正新修大藏經》評述^①

一、前　言

　　《大正新修大藏經》（以下簡稱《大正藏》）是在高楠順次郎、渡邊海旭、小野玄妙等人的主持下，集中日本佛教界、學術界一大批優秀學者，歷時十三年（1922—1934），克服種種艱難困苦編輯出版的。據統計，先後參與人員約三百人，有關人員達四十五萬之多，編輯費用則達兩百八十萬日圓。瞭解 20 世紀三四十年代日本物價水平的人都知道，這實在是一筆驚人的巨款。全藏一百册，計正藏五十五卷、續藏三十卷、圖像部十二卷、昭和法寶總目錄三卷。收錄各種典籍、圖像三千三百六十部，一萬三千五百二十卷，是當時收錄佛教資料最多的一部大叢書。半個多世紀以來，這部大藏經對世界佛教研究的普及與深入貢獻之大，實在無與倫比，堪稱佛教文獻學史上一座前所未有的里程碑。1960 年，日本"《大正新修大藏經》刊行會"發起重印，重印時對初印本的若干錯誤作了校正修訂。

① 原載《聞思》，華文出版社，1997 年 3 月，後收入筆者的《隨緣做去，直道行之》。收入本書時略有修订。

在世紀交替之際,越來越多的人認識到,在不同文化體系的背景中成長起來的東西方各國人民,必須加強相互的交流與理解,必須繼承與發揚人類傳統文化中一切優秀的成分,以共同創造一個更加美好的未來。而曾經影響了並至今仍影響著東方世界廣大區域與人民的佛教,也因此而日益爲人們所重視。正因爲存在著這樣的社會歷史背景,近二三十年來編輯新的佛教大藏經的熱潮、英譯漢文佛典的熱潮方興未艾。因此,認真總結《大正藏》的優點與不足,對我們目前的佛教文獻整理與新的大藏經的編纂,對佛教文化的進一步發展,進而對中西方文化的進一步交流,都具有重要的意義。本文限於篇幅,不可能對《大正藏》做出全面的評價,祗是簡要地談談個人在使用《大正藏》及整理佛教文獻時的一些體會與想法。

二、《大正藏》的優點

《大正藏》的優點是多方面的。除了篇幅浩大、資料豐富、收納了大批此前未入藏的資料外,從大藏經編纂的技術角度,還可以歸納爲如下幾個方面:

(一) 精選優秀底本

漢文大藏經經歷了漫長歲月而形成,先後出現寫本、刻本兩大階段。在寫本階段,因抄寫者不同,抄寫的目的不同,寫本的質量參差較大。既有三校定本的精本,也有粗率之作。刻本藏經則因其所依據的底本不同,刻工的認真與否,質量也高下不一。因此,爲了保證新編輯的大藏經的質量,首先必須解決的基礎性問題就是選定好的底本。

《大正藏》以《再刻高麗藏》爲底本,應該説是在當時條件下獨具慧眼的正確決策。《再刻高麗藏》由高麗守其在《初刻高麗藏》的基礎上修訂而成。修訂時參考了《開寶藏》《遼大字藏》,從而使《再刻高麗藏》成爲當時一部十分精良的大藏經。爲了説明這一點,有必要談談《開寶藏》《遼大字藏》《初刻高麗藏》《再刻高麗藏》的相互關係。

　　《開寶藏》是我國第一部刻本大藏經,是依據蜀地的一部寫本藏經刊刻的,如我在《八—十世紀佛教大藏經史》中所論述的,會昌廢佛之後,我國的大藏經均以《開元釋教録・入藏録》爲基礎而統一。但隨著時間的流逝,由於中國地域遼闊,各地情況不同,於是又出現一個統一過程中的分化。亦即各地的大藏經雖然均以《開元釋教録・入藏録》爲基礎,但相互間略有參差,從而出現種種不同的變種。所謂《開元釋教録略出》實際就是在這一過程中出現的變種之一。現在看來,《開寶藏》所依據的這部蜀地寫本藏經的實際組織形式也是當時諸種以《開元釋校録・入藏録》爲基礎的寫本藏經的變種之一,與正規的《開元釋教録・入藏録》有一定的差異,且存在不少錯誤。根據呂澂先生研究,早期《開寶藏》的這些錯誤在其後的諸修訂本中逐步得到糾正。

　　《遼大字藏》是遼代官刻的藏經。以往人們以爲它是依據《開寶藏》覆刻的。現在則明白,它實際是依據流傳在北方的一部寫本藏經刊刻的。這部寫本藏經比較嚴格地按照《開元釋教録・入藏録》組織,且經過嚴格校訂,可説是當時最爲精良的刻本藏經。可惜後代亡佚,我們現在祇能根據《房山石經》中的若干經本及近年發現的若干零本而略知其仿佛。

　　《初刻高麗藏》依據《開寶藏》覆刻而有損益。其後因版片毀損而有《再刻高麗藏》之舉。如前所述,當時守其依據《開寶藏》,特別是依據《遼大字藏》對《初刻高麗藏》進行了認真的對勘,糾正了原版的種種錯誤。其工作反映在守其所著的《高麗國新雕大藏經校正別録》中。守其嚴謹的作風使得《再刻高麗藏》成爲當時諸種藏經中的佼佼者，使得《再刻高麗藏》成爲當時集諸藏之長的優秀藏經。

凡是《再刻高麗藏》已經收入的佛典，《大正藏》均以《再刻高麗藏》爲底本，從而使自己的工作有了一個良好而堅實的基礎，即所謂"站在巨人的肩上"，這是《大正藏》取得成功的重要原因之一。至於那些《再刻高麗藏》中未收的典籍，《大正藏》在選定底本時就有一定的隨意性。如某些典籍在某一種大藏經中已經收入，但《大正藏》在選定底本時沒有選用該入藏本，而是選用收藏日本某些寺院的抄本。這或者與當時這些入藏本比較難以尋覓有關。

（二）確定科學體例

結構體例的好壞也是一部藏經成敗的關鍵之一，所以我把結構體例問題視作"藏經組成三要素"之一。①我國古代的僧人在漫長歲月中對大藏經的結構體例下了很大的功夫，提出過種種方案。經過時間的淘汰，大家漸漸認同唐釋智昇在《開元釋教録·有譯有本録》中提出的分類法。應該説，智昇的分類法的確代表了我國古代佛教文獻學的最高水平，但也不是盡善盡美。我曾經指出："從總體看，智昇是站在中國佛教重大輕小的傳統背景上設計漢文大藏經結構的，因此，他沒有，也不可能考慮到怎樣努力用大藏經的結構來反映佛教發展的歷史綫索。"②智昇的分類法其後成爲我國歷代大藏經結構體例之圭臬。明代智旭在其《閲藏知津》中提出一種新的分類法，這種分類法在其後我國大藏經的編藏實踐中並没

① 參見方廣錩《八—十世紀佛教大藏經史》，第4頁。
② 同上書，第42頁。

有得到體現，但對日本佛教界有一定的影響，後來日本《弘教藏》的編次便基本依據《閱藏知津》。其實，在我看來，智旭並沒有改變智昇方案的根本缺陷，祇是按照天台五時判教的觀點把佛典重新組織而已。

《大正藏》則完全拋棄了傳統的"重大輕小"的分類原則，力圖依據思想的發展與典籍的演變這樣的歷史綫索來安排大藏經的結構，以期給研究者最大的方便。從廣義說，這也是一種判教。但這是從歷史演化的背景出發，站在科學立場上的判教，與前此的各自站在自己宗派立場上進行的判教有著本質的不同。這是日本近代以來接受西方的科學研究方法論，並將它具體運用於佛教文獻研究領域的成功實踐，反映了 20 世紀上半葉的最新成果。高楠順次郎在《〈大正新修大藏經〉全百卷完成之獻辭》中總結《大正藏》的十大特點，其中第二點即爲"采用了綜合現代學術研究成果的最新式的編修（體例）"①，應該說是很中肯的評價。比較而言，近代以來我國一些學者設計的大藏經結構仍然沒有跳出傳統的重大輕小的窠臼，則實在令人遺憾。

藏經體例的創新，既要有新的研究方法論的指導，又要求編纂者必須有深湛的佛學功底，在實際工作中還必須兼顧現有漢文佛典的具體情況，實在是一件非常困難的工作。近代以來已出現多種新的大藏經分類法，有的方案可說完全從純理想的角度出發以設置各種類目。理想固然理想，但在紛繁複雜的現有佛典面前缺乏操作性，最終還是行不通。《大正新修大藏經會員通信》第一號刊登了高楠等人最初的體例設想，與《大正藏》最後的實際形態相比，兩者已有較大的不同，由此可以體會到編纂者當初如何爲建立

① 高楠順次郎：《〈大正新修大藏經〉全百卷完成之獻辭》，載《大正新修大藏經會員通信》第十四號。

更加完善的體例而絞盡腦汁。學術的進步是沒有止境的，站在今天的立場上，我們仍然可以指出《大正藏》在結構體例方面的若干不足，關於這一點，下文將予評述。但在當時，它的確雄居於佛教文獻學的最高峰。

（三）進行認真校勘

有無認真的校勘，也是一部大藏經是否優秀的重要標志。

刻本藏經承襲寫本藏經而來，寫本藏經的種種魯魚之訛自然也會影響到刻本藏經。諸種刻本藏經淵源不同，承襲各異，使同一經典往往顯示不同的形態。凡此種種，使得藏經的校勘成爲一件不可忽視的大事。

高楠順次郎回憶説：在首次醞釀編纂《大正藏》的會議上，中野達慧曾提出，中國明代集中了數十位優秀人才，利用各種版本進行對校，已經印行了優秀的《嘉興藏》。因此，現在沒有必要再出一部新的校對過的大藏經（當時日本已經利用《嘉興藏》出版了《卍字藏》）。但其後在利用《嘉興藏》對石山寺所藏寫本《大般若經》進行整理時，人們吃驚地發現，《嘉興藏》本《大般若經》不但有錯字，甚至有連續數行乃至半葉的脱漏。錯誤之多，幾乎每葉都需用朱筆進行校改。正是這件事促使日本學者下決心編纂《大正藏》。[①]也就是説，從一開始，校勘工作就在《大正藏》的編纂事業中占據著重要的地位。

《大正藏》主要利用增上寺的宋藏（《思溪藏》）、元藏（《普寧藏》）與作爲底本的《再刻高麗藏》對校，又加校明藏（《嘉興藏》）。此後，又加校原藏於上野帝室博物館的正倉院古寫經與藏於宮内省圖書寮的北宋本一切經（《崇寧藏》《毗盧藏》混合本）。我國的藏

---

① 參見高楠順次郎《大正新修大藏經刊行之開端》，載《大正新修大藏經會員通信》第二號。

經可以分爲以《開寶藏》爲代表的中原系、以遼藏爲代表的北方系以及以《崇寧藏》等爲代表的南方系。《再刻高麗藏》實際集中了中原系、北方系的優點，而《大正藏》又參校了南方系《崇寧藏》《毗盧藏》《思溪藏》的經本。因此，《大正藏》可以説集諸家之精華於一身。此外，《大正藏》還從日本各寺院收入不少古寫經或刊本，或作校本，或作底本，更增加了它的學術價值。

校對時，衹指異，不改文。即使底本明顯錯誤，也不作改動。所用經本，在《大正藏》每卷末尾的《略符》中均有介紹。而在《昭和法寶總目録》的《大正新修大藏經勘同目録》中，則對每一部典籍的底校本都作了交代。尤其值得稱道的是，不少經典還與梵文本或巴利語本作了對勘，並在校記中註出梵文或巴利語原詞。

古人有云"校書如掃落葉，旋掃旋生"，這實在是經驗之談。因此，校書的質量一般與校書者的學術水平及其精嚴的態度成正比。前些年，我們在編纂《中華大藏經》時，對《大正藏》所收若干典籍的校記作了復核，發現《大正藏》的校對固然也有不少疏漏之處，但從總體來説，還是比較嚴謹的。這也是《大正藏》出版後受到歡迎的重要原因之一。高楠順次郎把"施加前所未曾見的博涉嚴正的校正"作爲《大正藏》的十大特點之一，也可謂恰如其分。

（四）加以斷句訓點

《大正藏》對所收典籍全部加以斷句。爲便於日本人利用，還按照日本人讀漢籍的習慣，對其中若干典籍加以訓點。高楠順次郎指出，這是爲了使佛典更加大衆化、實用化，更利於人們閲讀而做的努力。

筆者對日本的訓點僅略知一二，無權進行評論。至於《大正藏》的斷句，歷來甚受批評。的確，除了若干承襲《嘉興藏》斷句的典籍之外，《大正藏》的斷句可謂錯誤百出。如果用朱筆校改，想必會滿篇皆紅。應該説，這與日本學者閲讀、研習漢籍的學力修養有關。近幾十年來，不時可以聽到一些日本學者對本國的漢籍修養、漢學水平提出批評，有的還相當嚴厲。可見，這個問題已經爲日本學者所注意。儘管如此，我認爲，《大正藏》編纂者使佛典更加大衆化、實用化的願望是值得稱頌的，他們的努力也是值得肯定的。俗話説，祇有什麽事情也不做的人才不犯錯誤。佛典博大精深，任何人都不敢聲稱自己能夠底測。佛典標點難度之大，使多少飽學之士望而生畏。《大正藏》的編纂者知難而進，這種精神也是值得我們後人學習的。另外，我也常常聽一些初學者説，《大正藏》有斷句，好讀。可見，有斷句正是《大正藏》受讀者歡迎的重要原因之一，編纂者藉斷句而使佛典更加普及的願望可説已經達到。斷句有錯固然可能誤導讀者，但知道《大正藏》斷句不盡可信，從而小心謹慎，也可以促使人們深入思考。所以，我認爲，就《大正藏》的斷句實踐而言，可謂毀譽參半、功過相抵；但《大正藏》編纂者由此指出的使佛典更加普及化的方向無疑將指導後進者一步一步地前進，精益求精地把佛典標點工作做得更好。

（五）實用的版本目録與索引

作爲一名佛教文獻學工作者，《昭和法寶總目録》是我案頭必備的參考書。其中最爲常用的是《大正藏》的版本目録——《大正新修大藏經勘同目録》與兩個實用索引——《大正新修大藏經著譯目録》《大正新修大藏經索引目録》。

《大正新修大藏經勘同目録》按編號逐部著録《大正藏》所收典籍。先著録其經名、卷數、在《大正藏》中的卷次與頁碼，然後的著録項目依次爲：

1. 名稱，包括中文、日文、梵文、巴利文及藏文之異名、略名；
2. 著、譯者及著、譯年代；

3. 該佛典在麗、宋、元、明諸藏及在諸日本大藏經中的函號；

4. 所用的底本及校本；

5. 品名、子目；

6. 異譯本、註疏、參考書；

7. 備註。

上述諸項，有則著錄，無則空缺。我想，看了上述著錄項目，毋庸再作論述，人們自然會對該目錄所具有的高度學術價值與實用價值做出評價。

《大正新修大藏經著譯目錄》以五十音圖爲序，分別著譯者，著錄《大正藏》所收的該人著譯的佛教典籍。著譯者附簡略小傳。每部典籍註明卷數及在《大正藏》中的卷次與頁碼。

《大正新修大藏經索引目錄》以五十音圖爲序，著錄諸典籍之正名、異名、略名等。凡屬正名，則在經名下著錄卷數、著譯者及在《大正藏》中的序號、卷次、頁碼；凡屬異名、略名等，則僅著錄其在《大正藏》中的序號，以示區別，並便檢索。

上述目錄與索引對讀者按圖索驥查閱佛典，尤其對檢索佛典的梵文名、巴利語名、藏文名、漢文異名、異本、註疏、品名、年代、著譯者、諸藏函號和檢索歷代佛教學者的入藏著譯，均有極大的功用。以往所有的大藏經均沒有類似的目錄與索引，這當然是時代的局限。《大正藏》的編纂者能夠自覺地站在現代學術背景上，發揚現代學術的嚴謹學風，按照現代學術的要求來要求自己，從而編纂出具有如此高度學術水平的基本工具書，他們的科學、踏實的學風是令人欽佩的。可以説，《大正藏》的這些目錄與索引不僅給讀者以極大的便利，而且奠定了《大正藏》的科學基礎。這是《大正藏》編纂者對大藏經編輯理論與實踐的一大貢獻，對佛教文獻學的一大發展。高楠順次郎把編纂上述版本目錄與索引作爲《大正藏》

的十大特點之一,的確當之無愧。

（六）現代印刷與裝幀

《大正藏》采用鉛字印刷,給讀者以莫大的便利。僅就字體而言,古代的寫經中一字多形及字體訛變在所難免,刻本藏經也難以避免這個問題,因而給讀者帶來種種不便。采用鉛印,訛變的字體通過正字而規範化,爽目易讀。

不過,《大正藏》采用鉛印,實在是自己給自己找麻煩。據統計,《大正藏》總計九萬六千六百五十二頁,按每頁一千五百字計算,共計約一億五千萬字。且不說大量佛典特有的異體字、悉曇字需要特意新雕趕造,僅就如此規模的巨書,逐一植字、校對,並以每月一卷的速度出版,其工作量之大可以想見。當然,《大正藏》頗有疏漏之處,60 年代再刊時就頗有修訂,至今仍有相當多的誤植有待改正。但與當今中國粗製濫造的出版物泛濫成災,以至有"無錯不成書"之嘆的情況相比,《大正藏》的校對、印刷質量及出書速度就要勝過一籌。我以爲,這不能簡單地歸結爲宗教熱情與宗教責任心,應該看到由此體現的《大正藏》編纂者們的學術良心與時代責任感。這正是每一個佛教文獻學工作者必須引爲楷模的。

《大正藏》采用現代精裝,選紙精良,裝幀考究,使用方便,這也是以往的藏經所無法比擬的。

我以爲,全書斷句,現代印刷與裝幀,這正是《大正藏》得以風行世界的兩大車輪。

（七）編纂配套的詞語索引

《大正藏》出版之後,編纂配套的詞語索引的計劃便逐步提上議事日程。1943 年,由小野玄妙負責開始著手,並編成阿含、目録、法華等諸部。其後因小野玄妙逝世及第二次世界大戰等原因而中止。1956 年,這一計劃再次啓動,並於 1958 年由大谷大學、高野山大學、駒澤大學、大正大學、立正大學、龍谷大學等日本著名的六所佛教大學組織成立了"大藏經學術用語研究會",負責規劃、統籌此事,各大學分頭承擔任務。全部索引四十八冊,完成一冊,出版一冊,至今已全部出版完畢。這是繼《大正藏》之後的又一宏大工程。

　　該詞語索引的采詞比較廣泛,並不限於佛教術語,而是儘量包羅人文、社會、自然等各方面的學術用語,還采集一些對理解當時的自然及社會有用的詞語。所采詞首先按五十音圖排爲音序索引,然後再分爲五十類目排爲分類索引,諸如教說、教判、天文歷數、地理、動物、植物,等等,每類又根據需要分爲若干小類,可供分類檢索。末尾附有梵文索引、筆畫檢字、四角號碼檢字。這部索引可以供人們查閱各種名詞術語在《大正藏》中的出處,爲佛教研究提供極大的方便。這部索引的問世,使《大正藏》更加實用化與學術化。

　　不足的是,該索引收詞不夠周遍,影響了它的學術價值;有時亦有疏漏,影響了它的使用價值。當然,由於它完全用人力而非用電腦編成,故上述缺陷可以說是難以避免的。此外,出於某種考慮,當時規定從每一頁中采出五十個詞語編入索引。這就出現在某些頁碼中,爲了湊足數字,把一些不必要的詞語也采了;而在另一些頁碼中,由於規定限制,一些重要詞語卻未能采入。還有,設立五十個類目固然便於人們分類查索,但有時一個詞語可以兼有幾個類目的特性,這時把它分在何處,往往取決於編纂者的主觀判斷。加上由於分頭編纂,各冊體例並不完全一致,如有的衹有分類索引,沒有音序索引,這樣一來,按照類目分類,反而不便於讀者查找。因爲讀者與編纂者對某詞所屬類目的判斷並不一定完全一致,故往往要查幾個類目,纔能找到該詞。

三、《大正藏》的不足

上面對《大正藏》優點作了簡要評述，難免有挂一漏萬之處。但僅就上面所述，也可知《大正藏》之受歡迎絕不是偶然的。因爲它是一部以現代學術思想爲指導而編纂成的最富學術性、最實用的佛教大藏經。當然，《大正藏》編成至今已有半個多世紀，站在當今的學術立場上回顧，可以發現《大正藏》也存在不少問題，值得我們引爲鑒戒。我認爲，除了上面已經涉及的若干問題外，《大正藏》還存在如下一些問題。

（一）選篇標準問題

一部大藏，就編纂者而言，總有一個選篇標準，亦即哪些典籍入藏，哪些典籍不入藏。我認爲這個問題也是“藏經組成三要素”之一。①《大正藏》的選篇標準是什麼？

從歷史上看，寫本藏經的入選標準至唐釋智昇而大體確立，基本可以歸納爲兩條：（1）凡屬翻譯的域外典籍，一概收入。由這條標準又衍伸出兩點：可疑的、假託的一概不收，亦即疑僞經不收；雖屬外道典籍，但因其亦屬翻譯，故也收入。（2）凡屬中華佛教撰著，僅收史傳、音義、目録、法苑、儀軌等所謂“於大法裨助光揚，季代維持，實是綱要”②的典籍；其他典籍，“雖涉釋宗，非護法者”③，則一概不收。因智昇基本不收中華撰著，故後人批評智昇的入藏標準，稱：“經論雖備而章疏或廢，則流衍無由矣。”④爲了彌補這一缺陷，

---

① 參見方廣錩《八—十世紀佛教大藏經史》，第 4 頁。
② 《開元釋教録》卷十三，CBETA（2016），T55，no.2154，p.625，b7～8。
③ 同上。
④ 《新編諸宗教藏總録》卷一，CBETA（2016），T55，no.2184，p.1165，c24～25。

便出現專收中華佛教撰著的別藏。

　　刻本藏經大抵承襲前代的藏經而增益之。如《開寶藏》增入宋代譯經及天台教典等中華撰著，《遼大字藏》續增遼代佛教撰著，等等。故後代的大藏經一般可以分爲兩個部分：正藏與續藏。正藏承襲前代藏經而來，續藏爲新編入藏。當然，大藏經非一人一時所編，情況非常複雜。上面所述的祇是一般情況而已。如有的大藏經有正藏而無續藏，有的大藏經新增的部分與原有的部分不作嚴格區分，其間又涉及翻譯著作與中華撰著等，很難一概而論，在此亦不擬詳述。但作爲一個基本原則，後代藏經一般均涵蓋被它作爲底本或基礎使用的前代藏經的全部典籍而增益之。若有刪除，必有理由，如《遼大字藏》之刪除《壇經》然。《中華大藏經》分上、下兩編，上編收入歷代大藏經之有千字文帙號部分，下編收入歷代大藏經之無千字文帙號部分及新編入藏部分，正是賡續了古代編藏的這一傳統。

　　如果我們以"大藏經作爲佛教典籍之總彙，收經應儘量齊全，起碼必須把古代已經入藏的諸種典籍全部收入"作爲一個標準來審察，可以發現《大正藏》的編纂並不符合上述標準。[①]這可以從兩個方面來講。

　　1. 歷代大藏已收而《大正藏》未收的：如《大正藏》以《再刻高麗藏》爲底本，但《再刻高麗藏》原有的《新譯大方廣佛華嚴經音義》《御製緣識》《御製逍遙錄》《御製佛賦》《御製詮源歌》《御製秘藏詮》《御製蓮華心輪回文偈頌》等均未收入。此外，《再刻高麗藏》不收，但被《大正藏》的主要校本《崇寧藏》《毗盧藏》《思溪藏》《普寧藏》

[①]　《大正藏》分正藏、續藏兩部分，前五十五卷爲正藏，所收爲印度與中國典籍；後二十九卷爲續藏，所收爲日本典籍；第八十五卷爲古佚疑僞部，以敦煌遺書爲主。本節祇討論前五十五卷與第八十五卷，不涉及日本典籍部分。

《嘉興藏》所收的不少典籍，如《宋高僧傳》《傳法正宗記》《往生集》等均爲《大正藏》所收，但同樣爲上述諸藏所收而被《大正藏》排除在外的典籍却又有數百部。那麽，《大正藏》剔除這些典籍的原因何在？

2. 歷代大藏未收而《大正藏》收入的：《大正藏》前五十五卷正藏部分收入不少歷代大藏經均未收的典籍。其實，與這些入選的典籍水平相當的典籍還有不少，却又沒有被選入。那麽，上述典籍被入選的標準又是什麽？

由此看來，《大正藏》並沒有采用歷代編藏的傳統選篇標準，而是訂立有自己獨特的標準。這當然也無可厚非。但它的選篇標準是什麽？筆者寡聞，至今沒有見到有關資料，但干瀉龍祥的回憶大概可以回答這個問題。

干瀉龍祥在《大正新修大藏經之新修意義與經緯》[1]中這樣説：在大正十一[2](1922)七月的一次聚會上，高楠順次郎介紹了《大正藏》的編纂原則：(1)以麗、宋、元、明四藏及日本古寫經、敦煌遺書進行校對；(2)對校梵、巴原典；(3)打破傳統的大藏經結構體例，按照學術原則重新分類，以反映佛典思想的發展與文獻的變遷。在當年十一月的"新修大藏經編纂最高會議"上，與會者確認了上述三原則，列出諸分類部目並認領任務。大正十二年(1923)一月，按照上述分工開展實際工作，並決定增加一條新的原則，即(4)增收敦煌遺書、日本古寫經、續藏中的優秀典籍及日本諸宗要典。至該年三月，完成了"入藏目録"。

也就是説，在編纂者的心目中，最初的註目要點，是進行認真

────

① 干瀉龍祥：《大正新修大藏經之新修意義與經緯》，載《大正新修大藏經會員通信》第17號。
② 原文誤作"昭和十一年"。

校勘與確立新的結構體例。至於選篇標準問題，並沒有被納入議事日程。而後選篇的實際工作，或標準的實際掌握，是由負責諸部的編纂者按照自己的理解分頭完成，最後由高楠歸總。要編一部大藏經，事先却沒有確定統一的選篇標準，說來實在令人驚詫莫名。然而事實又的確如此。這樣一來，出現前面所述的情況，即大量已入藏典籍未能收入，而收入新入藏典籍時畸輕畸重，自然就是難以避免的。

我認爲，價值觀念因時而異，因人而異，這是完全正常的。但作爲佛藏編纂者，切忌以個人的標準來取捨佛典。如果當年智昇不把大量的註疏、疑僞經等摒除在藏外，則能夠爲後代保留多少珍貴的資料！前人有前人的時代局限，我們不應該用今天的標準來苛責前賢。但是，現代的大藏經編纂者是不是應該牢牢地汲取這個教訓？

（二）結構與分類問題

前面談到，《大正藏》在結構體例方面頗有創新，這種創新應該肯定。但是，今天看來《大正藏》的結構也存在不少問題。這裏以經部爲例略作評述。

《開元釋教録・入藏録》把經部分作大乘經、小乘經兩大類，在大乘經中，又依次分般若、寶積、大集、華嚴、涅槃等五大部及五大部外諸經。小乘經先列四阿含及其眷屬，然後羅列其他經典。《閱藏知津》也把經部分作大乘經、小乘經兩大類，在大乘經中，則依次分華嚴、方等、般若、法華、涅槃五大部。在方等中，又分方等顯說部與方等密咒部兩類。小乘經與《開元釋教録》大致相同。與《開元釋教録》比較，《閱藏知津》刪寶積、大集而增方等、法華。《閱藏知津》新設方等密咒部以收入各種密教經典，顯然是彌補《開元釋教録》不爲密教經典單立部類之缺陷。

《大正藏》分經部爲十類：阿含、本緣、般若、法華、華嚴、寶積、涅槃、大集、經集、密教等十部。可以看出，它是斟酌、吸收《開元釋教録》與《閱藏知津》而作的改造，現列表如下：

《開元釋教録》	《大正藏》	《閱藏知津》
般若部	阿含部	華嚴部
寶積部	本緣部	方等顯説部
大集部	般若部	方等密咒部
華嚴部	法華部	般若部
涅槃部	華嚴部	法華部
五大部外諸大乘經	寶積部	涅槃部
四阿含	涅槃部	四阿含
四阿含外諸小乘經	大集部	四阿含外諸小乘經
—	經集部	—
—	密教部	—

　　説明：上表祇表示《大正藏》與《開元釋教録》及《閱藏知津》類目開合的大致關係，至於某些經典的具體歸屬，因更爲複雜，在此不予涉及。

　　也就是説，就類目而言，《大正藏》新設的祇有本緣部、經集部兩部。本緣部所收爲諸種本生故事集、佛傳故事集、因緣故事集與寓言故事集。當初主要供宣教之用，今天可稱爲佛教文學作品之彙集。這一類目的設置，甚便於人們的研究與使用。但經論雜糅，甚爲無理。至於經集部，則基本上是把大、小乘經中那些無法歸入上述諸類的經典統統收攏在一起而已。

　　審視經集部所收的四百二十三部經典，内容十分豐富，既有小乘諸部派的典籍，又有大乘各主題的典籍，但編纂者没有對它進行細緻分析，祇是籠統歸爲一部。吕澂先生批評它"籠統蕪雜，本不足爲法"①,實爲的評。無論如何,經集部的編排没有體現出編纂者原定的以大藏經結構反映佛教"思想之發展與典籍之演變"這一學術目的。

《大正藏》在具體典籍的鑒别分類方面也存在不少問題。例如,求那跋陀羅譯四卷本《央掘魔羅經》雖然源於《雜阿含經》《增一阿含經》的有關章節,但已經屬於大乘經典,不應作爲《雜阿含經》的異譯經收入阿含部中。此類例子還有很多,不一一列舉。

當然,藏經的結構、佛典的分類是一個非常複雜的問題,需要長期努力,認真研究,不可能畢其功於一役。《大正藏》在這個問題上已經前進了一大步。《大正藏》之後,不少學者也在這個課題上孜孜以求。我相信,衹要鍥而不捨地鑽研下去,這個問題總能得到較爲圓滿的解决。

(三) 對敦煌遺書的整理問題

敦煌遺書絶大多數爲佛教文獻,從時代上講,其年代最早者可達四五世紀,晚者則爲十一世紀,時間跨度達七百餘年。從抄寫者講,這些寫卷有的出自宫廷楷書手之手,有的出自敦煌當地寫經生之手,有的出自其他諸色僧俗人等之手,水平參差不齊。從内容上講,大多數爲歷代大藏經已經收入的典籍,也有相當數量爲歷代大藏經不收或漏收的典籍,還有許多儀軌、雜文乃至錯抄的廢紙與習字的塗鴉,可謂雜亂無序。由於年代長久,不同年代寫經之字體因古今演化而異;由於抄寫者衆多,寫經質量參差不齊,錯、漏、增、衍實爲常事;由於内容歧雜,必須對它們進行鑒别,然後纔可以利用。加之它們本來就是一批被人廢棄的古文獻②,所存寫經不但頗多殘頭斷尾,而且魯魚亥豕之處在所難免,文意漏斷之處亦爲常見。此

---

① 《吕澂學術論著選集》第三卷,齊魯書社,1991 年 7 月,第 1636 頁。
② 參見方廣錩《敦煌藏經洞封閉原因之我見》,載《中國社會科學》1991 年第 5 期。

外，有相當一批文獻是在敦煌本地產生的，帶有濃厚的地方色彩，諸如敦煌俗字、河西方言、與少數民族語言文字的交涉互用，等等。凡此種種，更增加了閱讀與利用的難度。不過，在敦煌遺書中，同一種文獻經常保存有多個抄本殘卷，如果把這些殘卷的內容綴接、拼湊起來，再加以認真校勘，則往往可將殘缺不全、文字錯訛的文獻拼湊完整，校爲定本。由於有些文獻尚有傳世本，故校爲定本時必須與傳世本對勘。凡此種種，結合傳世文獻，對敦煌遺書，特別是對歷代大藏經中沒有收入的諸種文獻進行鑒定、定名、綴接、釋讀、校勘、錄文，成爲對這些敦煌遺書進行研究的前提與先決條件。

　　《大正藏》編纂時，敦煌遺書已經被發現，所以，收入敦煌遺書，便成爲編纂《大正藏》的四條原則之一。《大正藏》共計整理、發表敦煌遺書約兩百種，達兩百五十多萬字。這些文獻主要集中收錄在第八十五卷中，約有一百八十多種，其餘十餘種則散在其他各卷。把敦煌遺書如此集中地彙聚在一起，是前所未有的創舉，它既大大便利研究者的使用，也使研究者對敦煌遺書的價值有了更加深刻的認識與瞭解。

　　《大正藏》的上述整理工作也存在若干不足之處，主要有如下幾點。

　　1. 所利用敦煌遺書的覆蓋面有限。《大正藏》所收入的敦煌遺書絕大部分依據矢吹慶輝從英國倫敦考察所得照片錄文。少量文獻依據赤松秀景、山田龍城在法國巴黎調查所得錄文，個別文獻依據中國出版的北京圖書館敦煌遺書錄文，或依據大谷探險隊所得敦煌遺書乃至中村不折等私人所藏敦煌遺書錄文。由於所依據的原始資料有限，所以收入的敦煌遺書也受到很大的限制，僅收入兩百種左右，與敦煌遺書中保存的大量未入藏佛教典籍相比，僅占一小部分。由於依據的原始資料有限，故《大正藏》的有關工作出現一些問題。如《首羅比丘經》《大通方廣經》《天公經》《天請問經疏》等不少文獻，矢吹所見的寫卷均爲殘本，而敦煌遺書中尚保存有這些文獻的其他寫卷,可以據以補足。又如《淨名經集解關中疏》,矢吹所依據的寫卷有大段缺漏,而敦煌遺書中該文獻尚存有抄寫質量更好的其他寫卷,更適宜用作底本。

2. 有些典籍不應收而收入,有些應收入而未收。如第 2770 號《維摩經疏》,實際爲隋慧遠撰《維摩義記》,已收入《大正藏》第三十八卷。有些典籍因鑒定有誤而重複收入,如第 2741 號《金剛般若經疏》實際是第 2733 號《御注金剛般若波羅蜜經宣演》的另一個抄本。有的如第 2775 號《維摩疏釋前小序抄》與第 2776 號《釋肇序》本爲一卷,却分爲兩種文獻録文,且《釋肇序》的正確名稱應爲《釋肇序抄義》。有些典籍如《父母恩重經》《佛母經》《新菩薩經》等有多種異本,但《大正藏》第八十五卷則收入其中一種。

3. 録文也有可議之處。如《唐梵翻對字音般若波羅蜜多心經》原卷有一段文字本來是書手錯抄後廢棄的,故特意在前後用"┑"與"┗"加以標志,但録文者不察,把這段文字録入正文,以致文意扞格。又如《大乘二十二問本》最後有一段話介紹佛教部派的分布,稱"其法藏部本出西方,西方不行,東夏廣闡",原寫本對"西方"兩字叠用重文號。《大正藏》録文時忽略了原寫本中的重文號,故漏"西方"兩字,誤作"其法藏部本出西方不行東夏廣闡"[1]。

當然,《大正藏》在對敦煌遺書整理時所出現的這些問題,主要是由於客觀條件有限所致,我們不能苛責前賢。

(四) 校勘問題

校勘問題可以分爲幾個方面,下面分別談談。

1. 重出問題

有些經本明明已經收入,却由於編纂者疏忽而再次重出。如《金剛經》傳統有六個譯本,但《思溪藏》在收入《金剛經》時,錯把陳

---

① 《大乘二十二問本》,CBETA(2016),T85,no.2818,p.1192,c3。

真諦本當作是元魏菩提流支本，而把真正的陳真諦本漏掉了。《大正藏》依據《再刻高麗藏》收入菩提流支本後，發現《思溪藏》的菩提流支本（如前所述，實爲陳真諦本）與《再刻高麗藏》本不同，便把它當作菩提流支本的另一種抄傳形式（術語稱"別本"）再次收入。這樣，《大正藏》所收的《金剛經》便變成七種。其實，元代的《普寧藏》就已經發現並糾正了《思溪藏》的這一錯誤，並特意撰寫了一段説明，附於經後。《大正藏》也以《普寧藏》作爲主要參校本，却忽略了《普寧藏》對該經的修訂説明，承襲《思溪藏》的錯誤並擴展之。

又如《大正藏》依據《再刻高麗藏》收入隋法經等撰《衆經目録》，但對卷一的第 42 號①《阿閦佛國經》到第 115 號《觀世音觀經》等七十四部經作校記如下："校者曰：自《阿閦佛國經》至《觀世音觀經》與元、明兩本大異。故今以元本對校明本，別載卷末。"②並在卷一的卷末"以明本載之，以元本對校"③把這七十四部經典又羅列了一遍，作爲異文別本。但仔細審查這些經典，可以發現實際情況如下：

《再刻高麗藏》第 42 號經至 61 號經，等於明本第 96 號經至 115 號經；

《再刻高麗藏》第 62 號經至 98 號經，等於明本第 59 號經至 95 號經；

《再刻高麗藏》第 99 號經至 115 號經，等於明本第 42 號經至 58 號經。

兩者的著録內容完全相同。也就是説，這兩者根本不是什麽"大異"，衹是排序有差異而已。根據《衆經目録》依照卷數多少先後排序的原則，可以肯定《再刻高麗藏》的次序是正確的，而明本的次序是錯誤的。產生錯誤的原因，可能是錯版所致。一般來説，校

---

① 原目録無序號，該序號係筆者依照原目録順序所編，下同。
② 《衆經目録》卷一，CBETA（2016），T55，no.2146，p.0115，c2。
③ 同上，p.0122，a6。

勘時遇到這種情況，祇須在校記中加以説明即可，不需重出。

　　還有，初印本第十四卷中的《佛説分別經》與第十七卷中的竺法護譯《佛説分別經》重出。這個問題後來被發現，在 60 年代的重印本中作了修訂，代之以乞伏秦法堅譯的《佛説阿難分別經》。

　　2. 著譯者的勘正問題

　　漢文大藏經中有不少原來失譯者名的經本，或原來缺本而後來尋訪發現的經本。對於這些經本，後代經録往往有因考訂不當而誤題著譯者姓名的。對於一部嚴謹的新編大藏經來説，應該對這些著譯者加以慎重的考訂，以免謬種流傳。但《大正藏》對這個問題幾乎不加考慮，基本沿襲原來的著録。這樣一來，自然也削弱了《大正新修大藏經著譯目録》的學術價值。呂澂先生在《談新編漢文大藏經目録譯本部分的編次》①對這個問題有所叙述，在其《新編漢文大藏經目録》②中對不少經典的著譯者的勘正也提出了自己的意見，爲避文繁，在此不一一羅列，讀者可以對照參看。

　　3. 校勘疏漏問題

　　總的來説，《大正藏》的校勘質量是比較高的，但仍然存在不少漏校、錯校之處，包括對排字錯誤的漏校。由於這些問題的存在，《大正藏》遠不能説是一個權威的、標準的版本。當然，如前所述，"校書如掃落葉，旋掃旋生"，我國的二十四史集中了全國的一流學者，費時多年進行校對標點，但仍有不少不能盡如人意的錯誤。近年以來筆者一直從事佛教典籍的校勘、標點等工作，深知其中的甘苦。但是，我們不能因此而不對《大正藏》的校勘疏漏提出批評。當然，另一方面也必須承認，像佛典校勘這樣難度極高的工作，是不可能一次性完成的。我相信，經過一代又一代學者的艱苦努力，

---

① 《呂澂學術論著選集》，第三卷，第 1621 頁。
② 同上書，第 1644 頁。

這個問題最終一定能夠得到圓滿解決。

（五）錯版及擅加文字問題

　　十多年前，筆者在研究《那先比丘經》時，意外地發現《大正藏》所收的二卷本《那先比丘經》竟然出現一處實在不應該有的錯版及擅加文字問題。這個問題雖然也可以歸入上述第四項"校勘問題"中，但因爲叙述起來比較複雜，故此單列一條。

　　該二卷本《那先比丘經》在《大正藏》中編爲第 1670 號，載第三十二卷。其中第七百零二頁中第二十七行末至七百零二頁下第九行有一段關於智者與愚者作惡後得殃是否相同的問答。爲了説明問題起見，我把三卷本《那先比丘經》的同一段問答①也抄録如下，以作比較。

二卷本

　　王復問那先："智者作惡，愚人作惡，此兩人殃咎，誰得多者?"那先言："愚人作惡得殃大，智人作惡得殃小。"王言不知那先言。王言："我國治法，大臣有過則罪之重，小民有過罪之□②。是故我知智者作過惡得殃大，愚者作惡得殃小。"那先問王："譬如燒鐵在地，一人知爲燒鐵，一人不知，兩人俱前取燒鐵，誰爛手大者耶?"王言："不知者手爛。<u>不制其身口者，不能持經戒，如此曹人亦不樂其身。</u>"那先言："<u>其學道人者，能制其身，能制口，能持經戒。能一其心得四禪，便能不復喘息耳。</u>"王言："善哉! 善哉!"

三卷本

　　王復問那先："智者作惡，愚人作惡，此兩人殃咎，誰得多者?"那先言："愚人作惡得殃大，智人作惡得殃小。"王言不如那先言。王言："我國治法，大臣有過則罪之重，愚民有過則罪之輕。是故智者作惡得殃大，愚者作惡得殃小。"那先問王："譬如燒鐵在地，一人知爲燒鐵，一人不知，兩人俱前取燒鐵，誰爛手大者耶?"王言："不知者爛手<u>大</u>。"那先言："愚者作惡，不能自悔，故其殃大。智者作惡，知不當所爲，日自悔過，<u>故其殃少。</u>"王言："善哉!"

---

① 《那先比丘經》卷三，CBETA(2016)，T32，no.1670B，p.718，a18～27。

② 原文此處空一字，詳見下文。

上述兩段文字,前半部分相同,後面畫綫的部分大異。很顯然,三卷本的文字正確,二卷本的文字錯誤。對照巴利語《彌蘭陀王之問》,結論也完全一樣。在此再將巴利語《彌蘭陀王之問》的相關段落翻譯如下[①]:

王問:"那伽先那尊者! 知者行惡與不知者行惡,誰的禍大?"

長老回答:"大王! 不知者行惡,所得禍大。"

"原來如此。尊者那伽先那! 我們的王子、大官如果作惡,要比不知者作惡,予以加倍的處罰。"

"大王! 您(對下述情况)是怎麽想的? 如果有一個灼熱、燃燒著的鐵球,一個人知道而去握它,另一個人不知道也去握它。那麽,誰被燒傷得属害?"

"尊者! 不知道而去握它的人被燒傷得属害。"

"大王! 與此相同,不知者行惡,所得禍大。"

"善哉! 尊者那伽先那!"

那麽,二卷本有無上述三卷本録文中畫綫的"大。那先言:'愚者作惡,不能自悔,故其殃大。智者作惡,知不當所爲,日自悔過,故其殃少。'王言:'善哉!'"這一段話? 有! 就在七百零二頁下第二十五行至第二十七行。全文一字不差,祇是最後一句彌蘭陀王的贊嘆語中多説了一個"善哉"而已。進而仔細檢查,發現從二卷本第七百零二頁下第六行"不制其身口者"起,到同欄第二十四至二十五行"和所爲得人者"止的二百九十五個字都與原文不相吻

---

① 據中村元、早島鏡正日譯本轉譯,見中村元、早島鏡正《彌蘭陀王之問》,平凡社,1972 年 8 月,第 246 頁。

合,肯定是從其他地方脱落後竄入此處的。

那麼,這二百九十五個字是從哪里脱落的? 仔細研究,這二百九十五個字包括了四個問題:關於止息喘息的問答的後部分,關於大海的問答,關於得道思維深奧衆事的問答,關於人神、智、自然異同問答的前部分。經查,原來它們應該位於第七百零三頁上欄第十六行的"不能"與"那先問王"之間。"不能"以前,正是關於止息喘息問答的前部分;而"那先問王"以後,正是關於人神、智、自然異同問答的後部分。二卷本此處本來語義也不通。如把脱落的文字加入,意義就連貫通順了,與三卷本的相同部分也正好吻合。

但新的問題又出來了。爲了便於説明這個問題,在此還是將脱落文字插回原處之後二卷本的有關段落與三卷本的有關段落抄錄比較如下:

二卷本	三卷本
王復問那先:"卿曹諸沙門説言:'我能斷喘息之事。'"王言:"奈何可斷喘息氣耶?"那先問王:"寧曾聞志不?"王言:"我聞之。"那先言:"王以爲志在人身中耶?"王言:"我以爲志在人身中。"那先言:"王以爲愚人不能<u>不制其身口者,不能持經</u>戒,如此曹人亦不樂其身。"那先言:"<u>其學道人者,能制其身,能制口,能持經戒。能一其心得四禪,便能不復喘息耳。</u>"王言:"善哉! 善哉!"	王復問那先:"卿曹諸沙門説言:'我能斷喘息之事。'"王言:"奈何可斷喘息氣耶?"那先問王:"寧曾聞志不?"王言:"我聞之。"那先言:"王以爲志在人身中耶?"王言:"我以爲志在人身中。"那先言:"王以爲愚人不能制其身口者,不能持經戒者,如此曹人亦不樂其身。"那先言:"其學道人,能制身口,能持經戒。能一其心,得四禪,便能不復喘息耳。"王言:"善哉!"

上述二卷本錄文中的畫綫部分爲移入的脱落文字。與三卷本錄文對照,最大的差別在於三卷本説"愚人不能制其身口",而二卷本的文字却是"愚人不能不制其身口",多了一個"不"字,以致文意

完全相反。很顯然，三卷本的文字是正確的。證之巴利語《彌蘭陀王之問》，結論也相同。

　　我起先以爲上述文字的錯亂乃至那個多出的"不"字都是由於原底本《再刻高麗藏》錯版造成的。因爲《再刻高麗藏》一版二十三行，行十四個字，每版三百二十二個字。如果有幾個段落不滿行，就祇有三百個字左右，與前述二百九十五個字大體吻合。也就是説，很可能是由於《再刻高麗藏》發生錯版，從而導致《大正藏》文字的錯亂。可是在對勘了《再刻高麗藏》以後，發現《大正藏》的這一段文字，即前述第七百零二頁下第六行"不制其身口者"起，到同欄第二十四至二十五行"和所爲得人者"止的二百九十五個字，如果把其中成問題的那個"不"字删掉，則剩下的二百九十四個字恰好就是《再刻高麗藏》中《那先比丘經》下卷的第十九版。但《再刻高麗藏》版序正確，絲毫没有錯版問題。而《大正藏》所以發生錯亂，是由於把該第十九版的文字搬到第十八版之前的緣故。

　　現在事情就清楚了，問題的確如我判斷是錯版所致。但不是《再刻高麗藏》錯版，而是《大正藏》錯版。或者由於《大正藏》所利用的那部《再刻高麗藏》的印本此處裝裱顛倒所致？但《再刻高麗藏》每版均有版片號，按道理能夠發現這種顛倒。不管怎樣，錯版發生了，但没有被發現而糾正。不僅如此，《大正藏》的校對者竟然擅自又加上一個"不"字。從上下文可知，由於《大正藏》的校對者在録校該經時，没有發現此處文字錯亂。所以在原文照録，抄録到錯亂處，即"王言：'不知者手爛。制其身口者，不能持經戒，如此曹人亦不樂其身。'"[1]這一段話時，發現它的意思與佛教義理顯然有

---

① 未畫綫者爲原《再刻高麗藏》第十七版文字的尾部，畫綫者爲竄入之原《再刻高麗藏》第十九版文字的首部。

達。爲了使文意能夠通順,便擅自在"制"前加上一個"不"字,從而將原脫落的二百九十四個字增加爲二百九十五個字。

按照《大正新修大藏經勘同目錄》,對該二卷本《那先比丘經》,《大正藏》曾用正倉院聖語藏本及巴利語本做了對校。聖語藏本的情況如何,筆者未見原件,不能發表意見。如前所引,巴利語《彌蘭陀王之問》的該節文字十分清楚。此外,三卷本的文字也十分清楚,完全可以參照。不知何以均竟沒有引起校對者的注意。另外,《大正藏》並沒有理校的體例,所以不應出現理校。即使理校,按規矩應該出校記說明。而校對者對自己加的這個"不"字竟不置一詞,應該說是很不嚴肅、很不負責任的。遺憾的是,60 年代修訂時也沒有發現這個錯誤,以致留存至今。我真誠地希望類似的錯誤在《大正藏》中僅此一例。

總之,《大正藏》固然在五十餘年中獨擅勝場,但它存在的種種嚴重問題使得它與盛名難副。問題還在於佛典整理比較專門,使得《大正藏》易於用它的盛名來掩蓋它的問題,從而誤導讀者與研究者。因此,對於佛教文獻工作者來說,編纂一部真正可靠、實用的大藏經的任務還沒有完成,同志仍須加緊努力。

當今,與人們用大文化的觀念重新審視佛教相適應,新的編輯大藏經的熱潮也在出現,已經編輯與正在編輯的大藏經已有好幾部。遺憾的是,大家各自爲政,各行其是。這種局面的優點是百花齊放,缺點是水平參差不齊。再就是重複勞動,造成人力、物力的嚴重浪費。世界正在縮小,交流正在擴大;時代正在前進,學術正在前進。那麼,有沒有可能順應這一趨勢,團結各界力量,總結前人經驗,發揮今日優勢,電腦版、書冊版並重,編纂出一部無愧於當今時代的新的精校標點漢文大藏經?

[附記]

本文原載《聞思》(華文出版社,1997 年 3 月),其後收入筆者的《隨緣做去,直道行之》(國家圖書館出版社,2011 年 11 月)。收入本書時略作分段並加標題,若干行文及疏漏有修訂。

長期以來,《大正藏》自稱以《再刻高麗藏》爲底本,人們也以爲它的確以《再刻高麗藏》爲底本。本文在總結《大正藏》優點時,把"精選優秀底本"作爲第一條予以提出。但現在我們纔知道,《大正藏》所謂以《再刻高麗藏》爲底本,實際不過是用中國出版不久的《頻伽藏》本去核對並過録東京增上寺所藏《再刻高麗藏》本的異文。也就是説,《大正藏》真正的工作底本實際是 1909—1913年由上海頻伽精舍出版的私版鉛印本《頻伽藏》。我們知道,《頻伽藏》依據日本《縮刷藏》重新排印,既繼承了《縮刷藏》的錯誤,本身在排印過程中又發生新的錯誤。而《大正藏》僅用《再刻高麗藏》人工核對一遍《頻伽藏》,便將該《頻伽藏》用來作爲工作底本,自然難免發生疏漏。因此,《大正藏》實際上繼承了從《縮刷藏》到《頻伽藏》的一系列錯誤。本文提到的《大正藏》錯版問題、任意理校問題,其源蓋出於此。有關論述,可參見已經收入本書的《談漢文佛教文獻數字化總庫建設》。故本文所謂《大正藏》的第一條優點是"精選優秀底本"這一評論,現在看來完全不符合事實,應予以撤銷。但爲保持原文的完整性,更爲了保存筆者當時的認識,亦即尊重歷史,故仍予以保留。

《大正藏》實際上以錯誤百出的《頻伽藏》做工作底本,却對外宣稱以《再刻高麗藏》爲底本,誤導全世界學術界近百年。這一事實真相讓我們感到震驚。

當然,應該指出,《大正藏》編纂者並未刻意掩蓋真相。在《大正藏》編纂過程中,約 1928 年,山崎精華先生已有文章介紹《大正藏》工作底本是《頻伽藏》。但是，長期以來，"用《頻伽藏》本去對校《再刻高麗藏》，然後以《頻伽藏》本作爲工作底本"這一工作方式没有被强調提出，由此引起的弊病也就没有引起人們的重視，這是令人深以爲憾的。

爲中國建設新文化鋪路墊石①
——介紹《佛教大辭典》

1981 年 4 月,任繼愈先生在《漢唐佛教思想論集·三版附記》中寫下這樣一段話:

> "文化大革命",橫掃一切"舊文化",1974 年以後,全國演出"儒法鬥爭"的鬧劇,到處"以階級鬥爭爲綱",科學研究已無從說起,歷史人物、歷史事件被抓來作爲政治鬥爭的籌碼。學術界一片荒寒,沒有研究,沒有自由,祇有"四人幫"的口號。哲學史不能講,佛教史也不能講。偏偏在 1972 年到 1974 年患眼病,右目喪明,左目視力減退到正常視力的三分之一,生活條件既艱難,心情也十分苦悶。蘊積多年的一些成型的關於佛教史和中國哲學史的思想體系,沒有機會寫出來。日邁月征,人已漸老,總想給後人提供一點思想資料或工具知識,打算編一部佛教辭典。因爲這是一部工具書,不涉及"儒法鬥爭",可免於文網,辭典條目分條進行,不必連續寫作,適於一

---

① 原載《中華讀書報》2003 年 5 月 14 日。後收入筆者的《隨緣做去,直道行之》。收入本書時,行文略有修訂。

個人在病榻上進行。已擬定了辭目，並已開始著手。

這就是這部《佛教大辭典》得以產生的最初的因緣。

進入改革開放的新時期，任繼愈先生逐漸將精力轉移到《中國佛教史》《中華大藏經》《中國哲學發展史》等工程的編撰與組織上，至於《佛教大辭典》，用任先生的話來說，"祇好暫時放一放"。但據我所知，這項工作實際並未被擱置。就在撰寫上文的 1981 年左右，任先生曾安排王世安先生（商務印書館版《印度佛教史》的譯者）住在香山，專門從事佛教辭典資料的檢索。當時，他也曾經囑咐我們這些剛剛畢業的佛教研究生，認真地讀一點佛經，在閱讀中摘錄有關資料，以供編纂《佛教大辭典》之用。其後，上海辭書出版社出版了由任繼愈先生主編的《宗教詞典》。那是一部中型詞典，且涵蓋所有宗教，佛教條目相對不多，自然不是任先生心目中的"佛教辭典"。記得是 20 世紀 80 年代晚期，任先生終於將《佛教大辭典》的編撰正式推上馬。從那時至今《佛教大辭典》正式出版，也已經十多年了。

三十年前，任先生由於客觀環境不適於從事學術研究，因而計劃編撰佛教辭典。其後，客觀情況已經改變，學術研究的環境也大大改善，但任先生對編撰佛教辭典依然念茲在茲，執著不放，原因何在？我以爲，這可以在任繼愈先生的另一篇文章《中國國家圖書館藏敦煌遺書序》中找到。

在這篇文章中，他說："世界上文明古國，有的衰落，有的不復存在，而中國，這個文明古國，古而不老，舊而常新。"其重要原因之一，在於"它根基深厚"，"源遠流長的文化傳統"。正是這一文化傳統，使"中華民族歷經千劫百難，屢踣屢起，屹立於世界民族之林"。

古老的傳統能夠屢踣屢起，則這種傳統一定內蘊著一種能夠與時俱進的命脈，從而使它得以不停地進行新的思想文化建設。在任先生看來，要進行新的思想文化建設，需要兩個方面的條件：一個方面是新材料與新手段，另一個方面是時代的需要。在上述兩個方面中，他特別強調後者的重要性。

但"時代的需要"既然是一種客觀的存在，它就不依人的意志、好惡爲轉移。因此，當這種"需要"還沒有出現，一個以承擔祖國文化命脉自許的知識分子所應該做的，就是努力進行資料的收集、整理，爲將來一定會出現的思想文化建設的高潮鋪路墊石。這就是任先生的一個基本思想。自從師從先生之後，他多次與我交談，認爲目前我們所處的時代，是一個資料積累的時代，而不是出大師的時代。因此，我們的任務就是努力進行佛教文獻的收集、整理，爲將來的文化建設高潮、將來要出的大師，做好研究資料方面的準備。我以爲，正是出於這樣的信念，任先生無論在荒寒的"文化大革命"中，還是在其後的年代，始終執著地要編纂一部佛教辭典。

中國何時纔會出現文化建設的高潮？對此任先生有這樣一個觀點：隨著經濟建設的高潮，必將出現一個文化建設與思想建設的高潮。在《中國國家圖書館藏敦煌遺書序》中，他這樣說："我們自己幾千年的歷史經驗證明，建立新國家，首先發展生產，然後纔是文化建設、思想建設……新中國建立剛五十年，目前我們正處在承前啓後、繼往開來的偉大轉折時期。21世紀將是經濟有長足發展、建設有中國特色的社會主義、多民族統一大國取得成效的時期。我們繼往，繼的是五千年文明燦爛之往；我們開來，開的是五千年從未有過的社會主義新文化的未來。"

中華人民共和國建國至今五十來年，我相信，中國的新文化建設將會在21世紀迎來高潮。

[附記]

本文原載《中華讀書報》2003 年 5 月 14 日，曾收入筆者的《隨緣做去，直道行之》（國家圖書館出版社，2011 年 11 月）。

本文介紹《佛教大辭典》，似與大藏經研究無關。收入本書的原因，在於介紹任繼愈先生關於古籍整理的幾個基本觀點：

一、中華民族歷經千劫百難，屢踣屢起，至今屹立於世界民族之林，在於它根基深厚，源遠流長的文化傳統。

二、隨著經濟建設的高潮，必將出現一個文化建設與思想建設的高潮。新高潮的出現需要各種條件，深入研究承載傳統文化的古籍資料是其中之一。

三、在文化建設與思想建設的高潮還沒有到來之前，一個以承擔祖國文化命脈自許的知識分子應該努力進行資料的收集、整理，爲將來一定會出現的思想文化建設的高潮做好研究資料方面的準備。

出於上述思想，當年先生主持了《中華大藏經》（漢文部分）的編纂。今天，我和我的團隊依然在從事任先生指引的這一事業——努力爲中華民族新文化的開創做好資料準備工作，按照任先生描畫的藍圖鋪路墊石。

略談《中華大藏經》在漢文大藏經史上的地位①

　　《中華大藏經》(漢文部分,上編),1982 年在當時的國務院古籍整理出版規劃小組支持下立項起步,由任繼愈先生主持,組成《中華大藏經》編輯局進行編輯,1994 年編輯工作完成。該書由中華書局出版,1997 年影印出版工作完成。共一百零六册。在中華人民共和國的編輯出版史上,這可算是一個屈指可數的重大工程。先後獲得全國古籍整理一等獎、中國社會科學院科研榮譽獎、國家圖書獎榮譽獎。

　　漢傳佛教在中國醞釀成熟,流遍東亞。近代以來,日本於 20世紀 20 年代編輯的《大正新修大正藏》被當作漢傳佛教大藏經的代表,得到世界普遍的承認,但實際上問題不少。因此,編纂一部高水平的漢文大藏經,便成爲中國佛教界、研究界百年來的夢想。20 世紀 20 年代以來,不少仁人志士爲現實這一夢想而努力奮鬥。

　　承載著百年的夢想,任繼愈先生主持的這部《中華大藏經》,作爲由國家立項的重大課題,從一開始就受到各方面的關注。各方

---

①　原載《書品》第 3 期,中華書局,2005 年 6 月。後收入筆者的《隨緣做去,直道行之》,收入本書時,行文略有修訂。

面的人士從不同的角度出發，對這部大藏經的編纂提出自己的設想。面對這一局面，《中華大藏經》編輯局當時的方針是：不坐而論道（即不爭論），不成立編委會，不受各種議論的干擾，把事情做出來。這一方針的結果是，經過十三年的努力，《中華大藏經》一百零六冊編輯完成。十三年中，也時常聽到對於《中華大藏經》的各種議論。在這些議論中，褒獎的議論在此暫且不論，批評的意見主要有兩條：一爲百衲本，一爲使用不便。

當筆者撰寫這篇文章時，距《中華大藏經》的編輯完成已經十一年，距它的全部出版，也已經七年。雖然不能説什麼"蓋棺定論"，但拉開一定的時間段，站到今天的立場上回顧《中華大藏經》，我們的評論可以更加客觀一點。

評論《中華大藏經》，可以從各個角度去進行，本文主要想把它放在漢文大藏經史的背景中來考察。

漢文大藏經從形成到如今，大體可以分爲四個時期：寫本時期、刻本時期、近現代印刷本時期與數字化時期。目前，我們正處在近現代印刷本時期與數字化時期交替的過程中。《中華大藏經》則屬於近現代印刷本時期的藏經。

近現代印刷本時期的藏經，按其采用的方式不同，可分爲排印與影印兩種。

屬於排印的，又可以分爲兩類：一類是鉛印，即用鉛活字排版，做成紙型，然後印刷。用這種方式印刷的藏經，日本先後有《弘教藏》《大日本大藏經》《大日本續藏經》《大正藏》等，中國則有《頻伽藏》《普慧藏》等。另一類是電子排版，即電腦錄入，電子排版，然後印刷。用這種方式印刷的藏經，中國有《文殊大藏經》（中途夭折）、《佛光大藏經》（正在進行）。鉛印與電子排版，雖然方式不同，科技含量不同，但都要全部重新植字（錄入），然後印刷，就藏經形態而言，兩者並無本質差異。

　　排印本藏經文字清晰，裝幀實用，信息量大。特別應該提出的
是，排印本藏經的出現，與近現代佛教學術研究的興起基本同步，
由此新編的藏經學術含量高，這不但體現在獨具一格的分類體系，
也體現在校勘、斷句標點等方面，其方便、實用與科學遠遠超過古
代的木刻本。因此，問世不久，便以其無可辯駁的優勢，淘汰掉古
代的刻本藏經。不過，排印本需要大規模植字，校對精細的，仍難
免疏漏百出；校對粗疏的，則魯魚之訛不忍卒讀。日本《大正藏》號
稱水平最高，按照最近的研究，其植字錯誤至少達萬分之十幾，大
大超過萬分之一的一般要求。按照中國目前的通行標準，它肯定
上不了優秀圖書的參評綫。

　　屬於影印本者，也可以分爲兩類：一類是單純影印本，即不改
變原底本的編排，單純影印，如近年影印的《明北藏》《清龍藏》《頻
伽藏》等。這些影印本可視爲原藏經的一種重印本。另一類是重
編影印本，即改變了原底本的編排，按照新的體例重新編排所收經
典，如《中華大藏經》。這種影印本實際上已經與原底本脫節，形成
新的藏經。

　　今天，古代刻本藏經基本上已經成爲文物，單純影印本使它們
化身百千，既可以滿足寺院供養法寶的需求，也可以讓更多的人一
睹它的真面目。相對於排印本藏經的大量植字錯誤，單純影印本
爲我們提供了可信的核對依據。單純影印本還保留了刻本藏經的
原始形態，大大方便了刻本藏經研究者的工作。加之影印本改用
現代裝幀，使用方便。如此種種，都是單純影印本受到人們歡迎的
原因。

　　但是，單純影印本均以古代某一特定刻本藏經爲底本，而囿
於各種原因，古代刻本藏經的收經範圍都有不足。此外，古代刻

本藏經都存在程度不同的各種錯謬，而上述單純影印本的操作者大抵著眼於經濟效益，並沒有做校勘之類費錢吃力的工作。有些單純影印本在印刷過程中曾作修版、補版，而又不予以說明，從而損害了它的可信度。凡此種種，又不免降低了這些影印本的價值。

而《中華大藏經》這樣的重編影印本，與排印本相比，它具有影印本的忠實於底本的優勢，起到反映刻本面貌、可供研究刻本狀況之功。與單純影印本相比，它又吸收了排印本校勘的優勢，把歷代主要藏經行文差異聚集在一起，使讀者得持一本而攬全局之效。也就是說，《中華大藏經》憑現代印刷科技之便利，積十三年孜孜校勘之苦功，使得它在寫本、刻本、近現代印刷本、電子本這一漢文大藏經的發展序列中，位於近現代印刷本的最高端，從而在漢文大藏經發展史上，產生出一個新的品類，樹立起自己獨特的地位。

談到《中華大藏經》在漢文大藏經史上的地位，還必須談到的一點，就是大藏經的收經標準。

我曾經提出大藏經的三要素，首當其衝的是收經標準。一部藏經總有它的編纂目標，收經標準是體現這一目標的主要方面。考察古代藏經，無不有自己明確的收經標準。但我們考察《大正藏》，可以發現，它竟然沒有確定的收經標準。我曾有專文評述過《大正藏》的這一缺憾，在此不擬詳細展開。《中華大藏經》則賡續了我國的編藏傳統，其上編收入歷代大藏經的有千字文編號的所有典籍。由此，一藏在手，歷代諸藏總攬於此。

我在這裏提出收經標準這一問題，還在於像《大正藏》這樣在世界上具有重大影響的藏經，竟然不將收經標準納入自己的工作規範，此例一開，勢必將對後代的編藏實踐造成負面影響。《中華

大藏經》重新嚴格收經標準,這在漢文大藏經的編纂史上自然會記
上一筆。

下面談談人們對《中華大藏經》的兩點批評。

關於百衲本問題,我想,這既是《中華大藏經》的缺點,也是它
的優點。由於是百衲本,使得《中華大藏經》缺乏統一的版式,顯得
不那麼美觀。但正因爲是百衲本,使得《中華大藏經》可以盡顯古
代各種木刻藏經的風采。得失相比,應該還是得大於失吧。何況
《中華大藏經》本身全部現代裝幀,上下三欄,總體風格還是一
致的。

關於使用不便問題,可以分爲三個方面:一是經文沒有標點斷
句,二是校勘記放在卷末,三是長期缺乏可供讀者使用的實用
目錄。

經文沒有標點斷句,的確是《中華大藏經》的一大缺點。公允
地說,這也是至今爲止所有漢文大藏經,包括日本《大正藏》,乃至
網上大藏經的缺點。《中華大藏經》沒有施加標點的原因有兩
條:第一,《中華大藏經》是影印,影印本上無法施加標點;第二,
1982 年《中華大藏經》啓動時,我國的佛教研究力量還不足以完
成大藏經標點這一艱巨的任務。二十年來,我國的佛教研究突
飛猛進,佛教研究隊伍也飛速成長。現在,我們已經完全具備對
大藏經進行標點的學術力量。我想,祇要經費落實,組織落實,
《中華大藏經》標點這一問題,將會在佛典數字化的進程中得到
解決。

校勘記放在卷末,使用的確非常不便。這也是影印本的不得
已處。這一問題的解決,也祇能寄希望於下一步的數字化。

關於實用目錄,我想做一點說明。1997 年《中華大藏經》編輯
完成,任繼愈先生便把編撰《中華藏總目索引》的任務交給我,中華

書局責任編輯毛雙民先生也曾多次催稿。由於我設計的《中華藏總目索引》包括多方面信息，納入多種功能，自我加大了工作量，又因爲我還承擔了其他一些工作，未能全身心投入《中華藏總目索引》的編纂，從而使這一工作遲遲不能完成。最後在任先生的決斷下，交由潘桂明先生繼續承擔，纔使得《中華藏總目索引》在短期內編成，並在 2004 年由中華書局出版。在此，我應對遲遲未能向讀者提供《中華藏總目索引》承擔責任，並向讀者及中華書局致歉。

[附記]

本文的大部分內容被下文《〈中華大藏經〉（上編）的編纂與檢討》所吸收，但爲了保持歷史本來面貌，依然收入本書。

有先生撰文談到整理佛教典籍時的標點問題，認爲整理者可以不標點，而研究者應該具備這方面的素養，稱"假如沒有標點就不能閱讀，那所謂'研究'還靠得住麼"？

我認爲上述説法不妥當。《中華大藏經》（上編）沒有標點，從而影響了它的流通，這是一個事實，我們應該承認這一事實。當年編輯説《中華大藏經》的主要目標是爲廣大讀者提供一個資料翔實、方便可用的版本。當時預設的"讀者"不僅僅是研究者，還包括需要閱讀佛教典籍的社會大衆——無論是否佛教信徒。古籍標點，本來是古籍整理的個中應有之義。我們自己的力量有限，工作沒有做到位，怎麼能將責任推卸給讀者——怪他們沒有能力閱讀不標點的佛經，以此來推卸我們自己應盡的責任。實事求是地講明當初之所以沒有能夠進行標點的原因，讀者會理解我們。我所以在此提到這一問題，主要是想介紹如下事實，説明任先生失敗了的努力。

1986 年，任先生讓我去整頓《中華大藏經》，半年中按照工作流

程，一個環節一個環節地過。整頓的起因，就是當時《中華大藏經》
（上編）已經出版若干冊，外界對此有一些批評。任先生讓我去查
找產生這些問題的原因，提出解決的辦法。批評意見之一，就是沒
標點，不實用。我在調查以後提出：目前可以組織力量進行斷句，
就是在影印本上鈐加墨圈。這在印刷技術方面不難做到，在古籍
整理方面早有先例，在學術力量方面問題也不大，起碼可以做到我
們的斷句比《大正藏》強。任先生同意，並向古籍小組提出了這一
建議。但中華書局提出，已經出版的若干冊都沒有斷句，後續出版
的加上斷句，全書形態不統一，不妥當。李一氓先生聽從中華書局
這一意見，否定了任先生的提議。中華書局從出版美學角度考慮
問題，我表示理解；但《中華大藏經》（上編）斷句由此流產，妨礙了
《中華大藏經》（上編）的流通，甚爲遺憾。我在上文中説："《中華大
藏經》是影印，影印本上無法施加標點。"坦率説是一個托詞。如上
所述，在影印本上鈐加墨圈，早有先例。真實的原因是上文發表前
曾經送任先生審閱，我知道任先生不會允許我公開發表批評古籍
小組與中華書局的意見，所以改用上述"托詞"。

　　我以爲，任先生編《中華大藏經》是給大家用的，始終想把它做
成一個實用的本子。《中華大藏經》（上編）不甚實用，也始終是任
先生的一個心病，但當時他也沒有辦法。其後任先生一直提倡要
用《中華大藏經》（上編），多次説："我們自己編的，自己都不用，怎
麽行？"

　　上編沒有標點，的確是缺點，以致上編難以成爲通行本，無法
達到取代《大正藏》的原定目標。所以編纂下編時，任先生排除萬
難，一定要標點。這是我的理解，提供給大家。

　　上面那位先生在那篇文章的同一章節還表達了這樣一個觀
點：佛教典籍的標點，"法定的依據仍然是日本的《大正藏》"。這一

提法很不嚴謹。從來没有那種"法",《大正藏》從來不是什麼"法定的依據",更不要説它的標點錯誤百出。

　　説明:本"附記"主要觀點摘自 2012 年 1 月 14 日我給《中華大藏經》(續編)編委會的一份内部通訊。後接受有關同志的意見,該通訊僅在小範圍傳閲。

《中華大藏經》(上編)的編纂與檢討①

會議指定我就中國大陸已經出版的《中華大藏經》(上編)做一個發言。作爲《中華大藏經》(上編)的參與者之一，我也有義務把我們的工作情況向大家做一個彙報。下面我分《中華大藏經》的編纂及檢討兩個方面談一點自己的看法。

一、《中華大藏經》(上編)的編纂

十年"文革"之後，中國大陸百廢待興。80 年代初，國務院古籍整理出版規劃領導小組召開全國古籍整理規劃出版會議，討論規劃對中華古籍的整理。任繼愈先生參加了這個會議，發現會上雖然提出很多古籍整理的項目，却没有包括宗教古籍。於是向會議提案建議，應該把宗教古籍也納入全國古籍整理的規劃中。任先生的這一建議，得到當時主持國務院古籍小組工作的李一氓先生的支持，於是決定由任繼愈先生主持，編纂一部佛教大藏經，定名爲《中華大藏經》(漢文部分)。當時的設想，就是中國佛教包括漢

① 原載《第一屆"國際佛教大藏經"學術研討會論文集》，台灣佛光山文教基金會(高雄)，2011年 5 月。

傳、藏傳、南傳三大系統，三大系統佛教各自傳承自己的藏經，都應該得到整理。目前先進行漢文大藏經的整理，等將來條件成熟，可以進一步開展藏傳、南傳藏經的整理。用一個《中華大藏經》的名義統攝三大系佛教的藏經，既體現中國現存三大系佛教這一事實，也體現三大系佛教相互平等、和諧共存的理念。在此順便介紹一下，由中國藏學研究中心大藏經對勘局主持，中國藏學出版社出版的《中華大藏經》(藏文部分)，總二百三十二卷已經全部出版。由中國貝葉經全集編輯委員會主持，人民出版社出版的《中國貝葉經全集》，總一百冊，今年四月也全部出版。

在中國，編修大藏經，自古有官修、私修兩種方式。所謂官修，就是國家出資並監護修造；所謂私修，就是由佛教團體或信徒自行集資修造。如上所述，《中華大藏經》屬於官修藏經。

任繼愈先生接受任務以後，在中國社會科學院世界宗教研究所、南亞研究所兩個所的科研人員中組織力量，開始籌備。進而招聘社會力量，於 1982 年年中正式開始編纂。1982 年，中國大陸的情況是，佛教界還沒有恢復元氣，除了部分寺院外，寺不像寺、僧不像僧的現象還沒有得到根本改善，更談不上什麼佛教學術研究。學術界左的思想束縛依然存在，老一輩乃至中年學者中研究佛教的人員寥寥無幾。改革開放以後新招收的佛教碩士研究生，剛剛畢業六人，其中中國社科院五人，復旦大學一人。在這種情況下，要編纂一部高水平的佛教大藏經，其難度之大，可以想見。這也是當時不得不招聘社會力量參與編藏的主要原因。

針對這種情況，任繼愈先生當時確定了幾條基本方針。

第一，以北京圖書館收藏的稀世孤本《趙城金藏》為底本影印出版，並用八種藏經進行校勘。祇指異、不辨正。

編纂大藏經，如果能夠將所有應該入藏的佛教典籍全部收齊，

重新標點，排印出版，無疑最爲理想。但當時實在没有這種力量，祇
能另闢蹊徑。所以，依據一部現有的藏經進行影印，自然是比較現
實的選擇。《趙城金藏》以中國第一部刻本大藏經《開寶藏》爲底本
覆刻而成，20 世紀 30 年代由范成和尚發現，爲全世界僅存之孤本，
長期以來，養在北圖善本部深閨無人識。《中華大藏經》以《趙城金
藏》爲底本影印出版，最起碼能夠向學術界提供一份珍貴的新資料。

　　但是，單純地影印顯然不能符合時代的需要。歷代編藏，有
條件者大都要進行校勘。不過中國有句古語，“校書如掃落葉，旋
掃旋生”。所以，任何一部藏經都程度不同地存有錯誤。《趙城金
藏》乃民間募刻本，本身没有力量進行校勘，僅是覆刻《開寶藏》。
這樣做的好處，是基本保持了《開寶藏》的原貌，不足則是延續了
《開寶藏》的錯誤。此外，刻本藏經的源頭是寫本藏經。寫本藏經
由於自身的流變性，極易產生異本、異卷，由此產生我國刻本藏經
的三大不同系統，也由此使某些經典的内容或分卷產生差異。《趙
城金藏》體現的是中原系藏經的風貌，不能反映我國古代佛典的全
貌。而用八種藏經來做校勘，則可以把三大系藏經的差異一一檢
索出來，使《中華大藏經》起到一本在手，九藏在握的效果，以全面
體現我國古代佛典的總體面貌，更有利於佛教界、學術界對佛典的
使用與研究。

　　校勘工作有兩種做法：一是祇指異、不辨正，如日本的《大正
藏》；一是辨析異文，擇善而從，如我們現在出版的《藏外佛教文
獻》。《中華大藏經》規模龐大，校勘工作量極大。作爲一個國家項
目，雖然古籍小組並没有對我們限定交稿的時限，但我們不可能曠
日持久地做下去。如前所述，當時全國專業從事佛教研究的人員
很少，這些專業研究人員也不可能全部都來參加編纂《中華大藏
經》。即使參加者，有的還有其他研究工作，並非人人都可以把全

部精力都投入到《中華大藏經》的編纂中。所以,早期任先生組織了宗教所、南亞所若干研究人員作爲骨幹,而校勘工作主要依靠從社會上招聘的一批中小學退休教師進行。招聘人員經過考核後錄用,具有較好的文史基礎,熟悉繁體字,但很少有人掌握佛教知識。對他們來説,核對並記錄兩種文本的異同,完全可以勝任。但要辨析行文的正誤,則未免强人所難。而作爲骨幹的兩所研究人員,一方面人數很少,另一方面有的先生的專業方向並非佛教文獻,如何進行文獻整理,對他們來説也是從頭學起。所以,當時雖然確定以《中華大藏經》爲底本,用八藏來校勘,但限於條件,衹能采用衹指異、不辨正這種方式。真所謂"非不願也,實不能也"。

第二,當時計劃將《中華大藏經》分爲三編:第一編收録歷代大藏經中有千字文帙號的佛典,第二編收録歷代大藏經中没有千字文帙號的佛典,第三編爲新編入藏。

按照這一設想,第一編、第二編將收録歷代大藏經所收的全部典籍,第三編則按照中國的編藏傳統,收入以往從未入藏的典籍。坦率地説,《中華大藏經》將歷代大藏經已經收入的典籍統統收入,這一點比較不會引起爭議。至於新編入藏應該收入哪些典籍,則恐怕見仁見智,歧義會比較大。上述先易後難的方針,減少了《中華大藏經》工作的困難與啓動的阻力。

第三,不爭論。

編纂大藏經,首先需要解決的是定位問題,《中華大藏經》也不例外。按照常規,這樣一個大規模的國家文化工程,應該事先組織有關先生集體討論,讓大家充分發表意見,以集思廣益,群策群力,把這件曠世大事做好。但如前所説,當時我們的條件十分有限,而編輯大藏經又是中國佛教界、研究界的百年理想,對於如何編藏,編一部什麽樣的藏,很多先生都有自己的想法。我看到一些材料,

臺灣當年編修《中華大藏經》，大家的爭論也很厲害。後來印順法
師把諸多意見歸納爲四種：“求其完備”“求其精要”“求其通順易
曉”“求其傳布世界”。這些意見都很好，如果都能達成，就是一部
非常理想的藏經。但是，編纂者必須具備相應的條件，纔能編成如
此理想的藏經。坦率地説，對於編修大藏經這樣的事情，理想者固
然可以暢談其理想，但實際操作者祇能在理想境界與實際條件之
間尋找妥協，尋找平衡。加之 80 年代初那場衆所周知的爭論，所
以，當時任先生認爲，大家實際很難在編纂一部什麼樣的藏經的問
題上達成一致的意見。在這種情況下，與其坐而論道，最終依然各
持己見，徒增編藏阻力，不如按照我們上述定位做下去，所以制訂
了“不爭論”這一方針。爲了貫徹這一方針，《中華大藏經》（上編）
不成立編委會。最初計劃用“中華大藏經編輯組”的名義工作，後
來李一氓先生説“‘組’太小了，還是用‘局’好”，於是采用“中華大
藏經編輯局”，名字很響亮。實際上一無編制，二無固定辦公地點，
祇是一個假名。

　　除了以《趙城金藏》爲底本以及編次有所調整這兩點外，此後
的工作基本上按照上述方針進行。上編的編纂工作到 1994 年底
全部完成。該書由中華書局出版，1997 年出版工作結束，共一百零
六册。2004 年又出版總目一册，總一百零七册。

二、《中華大藏經》（上編）的檢討

　　今年距《中華大藏經》（上編）編輯完成已有十六年，距它的全
部出版也已經十三年。雖然不能説什麼“蓋棺定論”，但拉開一定
的時間段，站到今天的立場上回顧《中華大藏經》（上編）的編纂，我
們的檢討可能會更客觀一點。

(一)《中華大藏經》在大藏經史上的地位

檢討《中華大藏經》,可以從各個角度去進行,在此首先想把它放在整個漢文大藏經史的背景中來考察。

漢文大藏經從形成到如今,大體可以分爲四個時期:寫本時期、刻本時期、近現代印刷本時期與數字化時期。目前,我們正處在近現代印刷本時期與數字化時期共存的階段。《中華大藏經》(上編)本身仍屬於近現代印刷本時期的藏經。

近現代印刷本時期的藏經,按其采用的方式不同,可分爲排印與影印兩種。

屬於排印的,又可以分爲兩類:一類是鉛印,即用鉛活字排版,做成紙型,然後印刷。用這種方式印刷的藏經,日本先後有《弘教藏》《大日本大藏經》《大日本續藏經》《大正藏》等,中國則有《頻伽藏》《普慧藏》等。另一類是激光排版,即電腦錄入,激光製版,然後印刷。用這種方式印刷的藏經,有《文殊大藏經》(中途夭折)、《佛光大藏經》(正在進行)。鉛印與激光排版,雖然方式不同,科技含量不同,但都要全部重新植字(錄入),然後印刷,就藏經形態而言,兩者並無本質差異。

排印本藏經文字清晰,裝幀實用,信息量大。特別應該提出的是,排印本藏經的出現,與近現代佛教學術研究的興起基本同步,由此新編的藏經學術含量高,這不但體現在獨具一格的分類體系,也體現在校勘、斷句標點等方面,乃至相應的索引、提要,等等。其方便、實用與科學,遠遠超過古代的木刻本。因此,問世不久,便以其無可辯駁的優勢,淘汰了古代的刻本藏經。不過,排印本需要大規模植字。校對精細的,仍難免疏漏百出;校對粗疏的,則魯魚之訛不忍卒讀。日本《大正藏》號稱水平最高,按照最近的研究,其植字錯誤至少達萬分之十幾,大大超過萬分之一的要求。按照中國目前通行的錯誤率不得超過萬分之一的標準，它肯定上不了優秀圖書的參評綫。至於它的斷句，則歷來爲人們詬病，此不贅述。

　　屬於影印本者，也可以分爲兩類：一類是單純影印本，即不改變原底本的編排，單純影印，如近年影印的《明北藏》《清龍藏》《頻伽藏》等。這些影印本可視爲原藏經的一種重印本。另一類是重編影印本，即改變了原底本的編排，按照新的體例重新編排所收經典，如《中華大藏經》。這種影印本實際上已經與原底本脫節，形成新的藏經。

　　今天，古代刻本藏經基本上已經成爲文物，難得一見。單純影印本使這些文物化身百千，既可以滿足寺院供養法寶的需求，也可以讓更多的人一睹它們的真面目。相對於排印本藏經的大量植字錯誤，單純影印本爲我們提供了可信的核對依據。單純影印本還保留了刻本藏經的原始形態，大大方便了刻本藏經研究者的工作。加之影印本改用現代裝幀，使用方便。如此種種，都是單純影印本受到人們歡迎的原因。

　　但是，單純影印本均以古代某一特定刻本藏經爲底本，而囿於各種原因，古代刻本藏經的收經範圍都有不足。此外，古代刻本藏經的經文都存在程度不同的各種錯謬，而上述單純影印本的操作者大抵著眼於經濟效益，並沒有做校勘訂正之類費錢吃力的工作。有些單純影印本在印刷過程中曾作修版、補版，而又不予以說明，從而損害了它的版本可信度。凡此種種，又不免降低了這些影印本的學術價值。

　　而《中華大藏經》（上編）這樣的重編影印本，與排印本相比，它具有影印本忠實於底本的優勢，起到反映刻本面貌、可供研究刻本狀況之功；與單純影印本相比，它又吸收了排印本校勘的優點，把歷代主要藏經的行文差異、卷帙異同聚集在一起，使讀者得持一本而攬全局之效。也就是説,《中華大藏經》憑現代印刷科技之便利,積十三年孜孜校勘之苦功,使得它在寫本、刻本、近現代印刷本、電子本這一漢文大藏經的發展序列中,位於近現代印刷本的高端,從而在漢文大藏經發展史上,產生出一個新的品類,建立起自己獨特的地位。

(二)《中華大藏經》(上編)的兩個優點

1. 重新嚴格大藏經的收經標準

我曾經提出大藏經的三要素,首當其衝的是收經標準。一部藏經總有它的編纂目標,收經標準就體現了編藏者的編纂目標。作爲一部宗教大叢書,明確的收經標準乃是體現其宗教權威性的重要條件。考察古代藏經,均有自己的收經標準。但我們考察日本《大正藏》,可以發現,無論在編纂前,還是編纂中,它竟然沒有確定過收經標準。我曾有專文評述過《大正藏》的這一缺憾,在此不擬詳細展開。《中華大藏經》則賡續了我國的編藏傳統,明確提出收經標準。如上編的標準是,收入歷代大藏經的有千字文編號的所有典籍。由此,上編在手,歷代諸藏的主體部分總攬於此。

我在這裏提出收經標準這一問題,還在於像《大正藏》這樣在世界上具有重大影響的藏經,竟然不將收經標準納入自己的工作規範,此例一開,勢必對後代的編藏實踐造成負面影響。《中華大藏經》重新嚴格收經標準,這在漢文大藏經的編纂史上應該會記上一筆。

2. 認真的校勘

《中華大藏經》(上編)實際依據九種藏經校勘而成。這九種藏經涵蓋了古代刻本藏經北方系、中原系、南方系等三大系統,因此,通過上編的校勘記,可以得知每種佛典在九種不同藏經中的卷帙開合、文字異同。

　　上編剛啓動時，校勘采用的方式是所謂“會校”。即一組九人，一人手執底本，逐字念誦，其餘八人各持一個校本，勘對異文，要求校勘人員逢異必記，寫出校草（即校勘記草稿）。後來發現這種方式頗有弊病，不能保證校勘的質量，於是改爲單校。即每人各持一個底本、一個校本，單獨校勘，逢異必記。爲了保證校勘質量，每個校本我們均安排兩人分別校勘，這樣每個校本就形成兩個校草。然後安排專人把兩個校草合而爲一，我們稱之爲“合校草”。合併的過程，也是審查第一道校勘工序是否認真的過程。如有疏漏，及時指出，促使有關人員加強工作責任心。經過上述兩道工序，每部經典均產生八個合併過的校草。接著進入第三道工序，將這八個校草交給定稿組，由定稿組按照《中華大藏經》的出校體例，合併九藏的異文，確定八個校草中的哪些校勘記出校，哪些不出校。參加定稿組的人員，早期均爲佛教專業研究人員，後期則有個別符合條件的應聘人員參與。定稿之後，交中華書局之前，還有專業研究人員將全稿通讀一遍。

　　由於執行上述工作規範，《中華大藏經》（上編）的校勘質量總體來説比較可靠。當然，我們不敢説沒有疏漏，實際上後來也的確發現有疏漏。但我們對勘過《大正藏》的校記，發現《大正藏》有不少排版的錯誤與校勘的疏漏。因此，在此我可以負責任地説，從總體看，《中華大藏經》（上編）的校勘質量比《大正藏》高。

（三）《中華大藏經》（上編）的兩個主要缺點

　　在談《中華大藏經》（上編）的缺點前，想先回應所謂“百衲本”問題。《中華大藏經》（上編）出版之初，有人批評它爲百衲本。產生百衲本的原因，在於《中華大藏經》（上編）既決定以《趙城金藏》爲底本，又決定要收入歷代大藏經有千字文編號的經典。由於《趙城金藏》原藏雖有六千九百九十八卷，但 20 世紀 30 年代發現時已有損毀，運到北圖的不足五千卷，其中還有霉爛、殘破、抄補等情，不能全部爲《中華大藏經》所用。實際上，即使我們有一部完整的《趙城金藏》，也無法達到收入歷代大藏經有千字文編號佛典這一目標，必須加入其他藏經的經本。因此，上編的收經標準及工作方式，決定了它必然是一個百衲本。由於是百衲本，使得《中華大藏經》缺乏統一的版式，顯得不那麼美觀，這可以説是一個缺點。但正因爲是百衲本，使得《中華大藏經》可以盡顯古代多種藏經的風采，這又變成一個優點。得失相比，我以爲還是得大於失。何況《中華大藏經》本身全部采用了現代裝幀，上下三欄，總體風格還是一致的。

現在看來，《中華大藏經》(上編)最主要的缺點有兩個。

1. 使用不便

關於這一缺點，又可以分爲三個方面：一是經文沒有標點斷句，二是校勘記使用不便，三是長期缺乏可供讀者使用的實用目録與索引。

經文沒有標點斷句，的確是《中華大藏經》的一大缺點。公允地説，至今爲止所有已經完成的漢文大藏經，包括日本《大正藏》，乃至網上大藏經都缺乏全面、正確的標點。對大藏經進行標點，還是一個有待努力完成的目標。《中華大藏經》沒有施加標點的原因有兩條：第一，《中華大藏經》是影印，影印本上難以施加標點；第二，1982 年《中華大藏經》啓動時，我國的佛教研究力量還不足以完成大藏經標點這一艱巨的任務。近三十年來，我國的佛教研究突飛猛進，佛教研究隊伍也飛速成長。現在，我們已經完全具備對大藏經進行標點的學術力量。我想，祇要經費落實，組織落實，大藏經標點這一問題，將會在不久的將來得到解決。

《中華大藏經》(上編)校勘雖好，但正文没作校勘標記，校勘記又放在卷末，使用非常不方便，也的確是又一大缺點。很多人因爲使用不方便，於是乾脆不用。雖然正文没作標記，校勘記放在卷末等都是影印本本身的不得已處，但由此造成的使用不便，《中華大藏經》依然难辭其咎。將來如果有可能將《中華大藏經》電子化，則或許可以對這個問題加以補救。

關於實用目錄與索引，我想做一點説明。1994 年《中華大藏經》編輯完成，任繼愈先生便把編撰《中華藏總目索引》的任務交給我，中華書局方面也曾多次催稿。由於我設計的《中華藏總目索引》包括多方面信息，納入多種功能，自我加大了工作量，又因爲我還承擔了其他一些工作，未能全身心投入《中華藏總目索引》的編纂，從而使這一工作遲遲不能完成。最後在任先生的決斷下，交由潘桂明先生繼續承擔，纔使得《中華藏總目索引》在短期内編成，並在 2004 年由中華書局出版。在此，我應對遲遲未能完成《中華藏總目索引》承擔責任。2004 年版的《中華藏總目索引》已附有簡單索引。至於更詳盡的勘同目録（含修版目録）及相關索引，有待日後完成。

2. 底本問題

如前所述，《中華大藏經》啓動之初，決定以《趙城金藏》爲底本。《趙城金藏》原收經六千九百九十八卷。20 世紀 30 年代范成和尚發現時，已有不少損毁，並夾雜有兩百多卷後代抄補本。其後爲了防止日本侵略者掠奪，八路軍將其從趙城縣廣勝寺轉移藏匿。戰争年代，條件非常艱苦。保管人員雖然盡心盡責，依然不能保證這批珍貴的文物完好無損。1949 年，經北京圖書館要求，這批經卷全部移交該館。據當時的接收檔案，這一次共移交四千三百三十卷，又殘葉、殘卷九大包。"其中大半均遭水濕、霉爛、破碎"。根據當時接收人員回憶，有些經卷甚至已經黏結成棍，無法打開。在諸多社會賢達的呼籲與支持下，北京圖書館花費十年時間，將數千卷

《趙城金藏》修整完畢。修整完成的《趙城金藏》雖然已經能夠打開，但那些水漬、霉斑已經永久保留，無法消除。一些已經殘破的經卷，也不可能再復原。80年代初，北京圖書館將《趙城金藏》全部拍攝爲縮微膠卷，《中華大藏經》（上編）依據這批縮微膠卷工作。應該指出，80年代初期拍攝縮微膠卷的技術水平有限，所拍攝的黑白縮微膠卷上沒有灰度。原卷水漬、霉斑爲灰黄色的，經文爲黑色，非常容易辨認。但拍攝成縮微膠卷以後，水漬、霉斑、經文全部是黑乎乎的一片，水漬、霉斑與經文混雜交涉，使經文難以辨認，這對《中華大藏經》的編纂形成極大的挑戰。現在回顧，當初以《趙城金藏》爲底本這一決策是值得進一步斟酌的。

由於早期的指導思想是以《趙城金藏》爲底本，所以，即使遇到殘破及滿篇黑乎乎的部分，工作人員總想盡可能地利用。爲此專門成立了底本組，將縮微膠卷還原爲照片，並對模糊照片進行修版。《趙城金藏》原藏是《開寶藏》的覆刻本，字大行寬，氣魄宏大。照片按照實際出版比例縮印，字體變得很小。這些很小的字又藏在一片黑乎乎的水漬與霉斑痕中，要想識別，確有很大的困難。中華大藏經編輯局爲此招聘了一批年輕的女孩，組成修版小組。這些女孩視力雖然很好，但都不認識繁體字，不懂佛教。所以，修版時往往會出現一些不應有的錯誤，諸如把“菩薩”修成“苦薩”，以及把“臣”修成“目”等。我們發現這一問題以後，專門在底本組中成立檢查組，安排了幾位經驗豐富的老先生來檢查把關。雖則如此，此前的修版錯誤，已經出版爲書，白紙黑字，無法更改。成立檢查組以後是否一個錯誤也沒有，誰都不敢擔保。

對於那些實在難以辨認而無法修版的照片，當時采用挖補的方法拿高麗藏來替補，包括單字挖補、數字挖補、整行挖補、數行挖補乃至半版割補、整版替換。由於高麗藏也是《開寶藏》的覆刻本，

行款相同,故可以進行這種挖補。早期曾有一位《中華大藏經》工
作人員,自詡用高麗藏挖補《趙城金藏》,"可達天衣無縫之功"。實
際上,我們所用乃《再刻高麗藏》,《再刻高麗藏》依據《初刻高麗
藏》,並參照《開寶藏》早期印本與《遼大字藏》刊刻而成,而《趙城金
藏》依據《開寶藏》後期印本刊刻而成。兩者的版式雖然相同,内容
實有差異。用《再刻高麗藏》來補《趙城金藏》,嚴格地講,淆亂了兩
種不同的藏經。因此,在此必須再一次指出,采用上述方式形成的
《中華大藏經》(上編),其底本已經不再是《趙城金藏》,而是出現一
種新的本子。正因爲這樣,中華大藏經編輯局其後反復申明:《中
華大藏經》以《趙城金藏》爲基礎,經過修版,形成《中華大藏經》版。
改變了此前的"《中華大藏經》以《趙城金藏》爲底本"的提法。

　　坦率地説,這種提法的改變也是承認我們的疏漏,並提醒學術
界不能把《中華大藏經》視同《趙城金藏》,不能把《中華大藏經》作
爲研究《趙城金藏》的依據。爲了對學術負責,對歷史負責,任繼愈
先生交待,要編纂《中華大藏經》版本目録,逐一説明我們修版、補
版的詳細情況。這一工作雖然瑣碎,我們一定要完成。

　　在此還應該説明的是,前幾年坊間出現一部名爲《趙城金藏》
的影印本大藏經。這部大藏經不是根據北京圖書館庫藏《趙城金
藏》原卷影印,而是盜用了《中華大藏經》的有關圖版。如上所述,
《中華大藏經》經過修補,已經不能等同於《趙城金藏》。所以,那部
所謂的《趙城金藏》實際是假的。由於 80 年代的第一部縮微膠卷
質量很差,不加修版難以使用。而至今爲止,北京圖書館没有爲館
藏《趙城金藏》拍攝過第二部縮微膠卷。所以,所有號稱爲《趙城金
藏》的藏經,無論以什麼形式出現,都是可疑的。

　　(四)兩點遺憾
　　作爲《中華大藏經》(上編)的參與者,作爲任繼愈先生編纂《中

華大藏經》的助手之一,有兩個問題,我至今爲之遺憾。

1. 標點

如前所述,《中華大藏經》沒有標點,是《中華大藏經》的一大缺點。雖說《中華大藏經》啓動之初,我們的確沒有從事大藏經標點的力量,但到了 80 年代中期,隨著佛教研究的開展,佛教研究人員的培養,我們逐漸具備了標點大藏經的能力。1986 年,我們開始將標點《中華大藏經》問題提上議事日程。當時的想法,《中華大藏經》乃影印本,難以加上更多的標點,但做一個簡單的斷句,即在照片上應斷句的地方捺印一個小圓圈,還是可以的。在古籍整理中,也有這樣的先例。任繼愈先生贊同這一建議,並向有關方面匯報。但當時《中華大藏經》(上編)已經出版了若干冊,有關方面認爲,如果從現在起開始斷句,則先後出版的《中華大藏經》面貌就不統一了,表示反對。於是,這一建議被否決。

一部大書,前後不統一,的確不妥。但加上斷句以後,可以讓人們使用更爲方便,可以促使《中華大藏經》更好地流通,並切實發揮作用。俗話說:"兩利相權取其重,兩害相權取其輕。"已經知道不足,而且有可能改進,却又抱殘守缺,實在讓人遺憾。

2. 電子化

《中華大藏經》(上編)決定收入歷代大藏經有千字文編號的所有經典,但其中有些經典在國內找不到原本,我們設法到日本尋覓,有些在日本友人的幫助下找到,有些依然未能找到。怎麼辦?當時有兩種方案:一是手抄照相,一是利用電腦技術數字化。後來任先生批准後一種方案。於是,我們與有關單位合作進行大藏經數字化試驗。那是 1986 年,電腦漢字録入技術還處在很幼稚的階段,首先要解決的是電腦字庫漢字量不足的問題。經過合作單位的艱苦努力,這一難關終於攻克。這樣,所解決的不僅僅是幾種缺失經典的排版問題，整部《中華大藏經》都可以數字化。當時我們都爲這一前景而鼓舞，任先生親自帶我去見李一氓先生，說明了我們的設想。李一氓先生當即表示支持，隨即撥下專項經費，宗教所也爲此特意調來一位從事電腦工作的專業人員。但後來由於其他一些原因，這一工作中途腰斬。我們現在無法假設如果當年《中華大藏經》數字化成功會如何，因爲歷史無法假設。但有可能做成的事情最終緣缺不成，總是令人無限遺憾。

三、結　語

上面對《中華大藏經》（上編）的工作做了一些回顧與評述。說不上是經驗總結，但或者可以爲有志於編纂大藏經的先生提供一點參考，也爲有意研究《中華大藏經》的先生提供一些資料。當然，需要說明的是，《中華大藏經》（上編）的編纂工作歷時十三年，參加者很多。不同的參加者從不同的角度出發，觀察與評述可能會有不同。

大家對《中華大藏經》（下編）的工作也很關心，下面做一點簡單的介紹。

20世紀90年代，當《中華大藏經》（上編）進入尾聲時，下編的工作便開始提上議事日程。任繼愈先生爲此向李一氓先生寫信希望立項。李一氓先生回信，主張先把上編做完。其後不久，李一氓先生逝世，這件事情就擱置起來。有關情況，可見任繼愈先生所寫《中華大藏經總目·序》。

按照原計劃，《中華大藏經》分作三編。其後任繼愈先生對此作了調整，將第二、第三兩編合爲下編（又稱"續編"），故原來的第一編便稱爲"上編"。下編按照原計劃包括歷代大藏經無千字文編號的典籍以及新編入藏的典籍。

　　2002 年至 2005 年期間，下編曾經作爲國家社科基金資助項目立項。當時設想的規模爲一億五千萬字，校勘標點，電腦排版。但由於各種原因，工作進展甚爲緩慢。2008 年，在任繼愈先生堅持不懈的努力下，《中華大藏經》（下編）得到溫家寶總理的批示，作爲國家出版基金資助的重大項目立項，規模定在兩億六千萬字，分爲十一個部類。遺憾的是，任繼愈先生於 2009 年 9 月 11 日因病去世，《中華大藏經》失去了自己最重要的組織者與領導者，這是《中華大藏經》編纂工作無可彌補的損失。目前，下編由杜繼文先生擔任常務副主編，正在逐步推進。

　　［附記］

　　本文原爲 2010 年參加第一屆“國際佛教大藏經”學術研討會遞交的會議論文，載《第一屆“國際佛教大藏經”學術研討會論文集》（臺灣佛光山文教基金會，2011 年 5 月）。收入本書時重分章節，略加章節名稱，行文略有修訂。

《中華大藏經》(續編)的編纂^①

　　大藏經是基本網羅歷代漢譯佛典並以之爲核心的，按照一定的結構規範組織，並具有一定的外在標志的漢文佛教典籍及相關文獻的叢書。它的内容十分廣泛宏富，涉及宗教、哲學、歷史、民族、語言、文字、音韻、文學、藝術、天文、曆算、醫藥、建築、中外關係等諸多領域。它是人類文化遺産的重要組成部分，對世界文化，特别是亞洲文化曾經産生過深遠的影響。

　　現在尚流傳於世界，並自成體系的大藏經主要有三種：南傳巴利語三藏、漢文大藏經、藏文大藏經。在這三種主要的大藏經中，漢文大藏經所收經籍的數量最多，涉及的時代跨度最大，地區涵蓋面最廣，包容的佛教派别也最多。所以，漢文大藏經之重要，歷來爲世人所注目。

　　自南北朝以來，我國歷朝歷代都把修造漢文大藏經作爲本朝的大典，以至修造大藏經成爲中華民族文化史上代代相續、垂芳百世的盛事。如今，賡續中華民族的這一文化傳統，修造新的大藏經，已經成爲我們這一代人的責任。

---

① 原載《光明日報》2005 年 7 月 14 日，題目誤爲《中華大藏經》續下編的編纂”。後收入筆者的《隨緣做去，直道行之》。收入本書時，行文略有修訂。

今天,我國新文化的建設正處在一個資料積累的時期。在我們走向現代化的過程中,整理傳統文化,繼承優秀傳統,就必須對佛教文化進行深入的研究。兩千年來,佛教文化已經融入中華文化,並成爲中華文化的一個有機組成部分,需要我們進行認真總結,而漢文大藏經必將在這一過程中做出應有的貢獻。因此,編纂《中華大藏經》也是順應這一歷史趨勢的需求。

按照傳統,以往每個朝代編纂大藏經時,一般都會對前代的大藏經進行整理,並增收新的佛教文獻。所增收的佛教文獻形成續藏,從而使大藏經的内容不斷更新、擴展。歷數唐、宋、元、明、清,無不如此。《中華大藏經》(上編)所收僅爲歷代大藏經的有千字文帙號部分,尚未包括古代大藏經已經收入的全部佛教典籍,更無新編入藏。百年來,散佚在傳統大藏經之外的新的佛教文獻不斷被發現,如敦煌遺書、房山石經、西夏故地之新出佛典,六朝以來的散佚佛典(包括散佚在國外的佛典),金石資料中的佛教文獻,各地圖書館、博物館保存的未爲歷代大藏經所收的古代佛教典籍,正史、地方史志、叢書、類書、個人文集中保存的佛教資料,與佛教有關的金石資料。此外,近代以來,涌現出一批新的從梵文、巴利語、藏文翻譯的佛教典籍,新的反映時代水平的佛教研究著作也層出不窮。我們自然應該將上述佛教文獻加以認真的整理,編入《中華大藏經》(續編),使《中華大藏經》成爲歷史上收羅最爲宏富、資料最爲充實的佛教典籍寶庫。因此,早在 1982 年《中華大藏經》起步之初,就有編撰續編的設想,祇是當時條件尚不成熟。現在,國家經濟騰飛,綜合國力增強,在國家關注下、有關方面的支持下,續編終於啓动。

續編收錄典籍的範圍爲《中華大藏經》(上編)没有收入的漢文佛教典籍,下限截至當代,字數在二億六千萬字左右,是《中華大藏經》(上編)的一倍多。初步計劃分設如下諸部：

印度典籍部。該部收入印度佛教典籍，包括經律論、賢聖集傳，以及對於上述典籍的註疏與復疏。

南傳典籍部。該部收入南傳佛教典籍，包括律經論三藏及三藏以外的其他南傳佛教傳統典籍。

藏傳典籍部。該部收入藏傳佛教典籍，包括甘珠爾、丹珠爾及歷代傳承的松賁文集。

漢傳註疏部。該部收入關於印度佛教、南傳佛教、藏傳佛教典籍的註疏及復疏。

漢傳撰著部。該部收入論述教義的佛教典籍及對這些典籍的註疏與復疏，以及佛教的論文總集、纂輯、僧人個人文集、類書等佛教文獻。

史傳地志部。該部收入各種佛教史傳及佛教歷史地理學著作，包括總史類、別史類、史料集、寺志、山志、僧人行脚紀、各種地方史志中的佛教資料等。

懺儀部。該部收入各種佛教懺儀。

疑偽經部。該部收入各種疑經與偽經。

三教論衡部。該部收入中國儒、釋、道三家論議佛教的典籍。

外教部。該部收入歷史上與佛教曾有交涉的國外其他宗教的相關典籍，如印度教、耆那教、摩尼教、景教等。

目録音義部。該部收入佛教目録、音義等各種工具書。

《中華大藏經》(續編)將根據各典籍派別歸屬、思想傾向、功用形態的不同，對收入上述諸部的典籍，進一步分作若干類，並提供各種必要而實用的檢索手段。

我曾經撰文指出，在古代，佛教大藏經具有義理性、信仰性兩種功能。而在新時代，佛教不僅作為一種宗教繼續存在，繼續被人們信仰,而且作爲一種社會文化形態被人們關注與研究。《中華大藏經》(續編)將與已出版的《中華大藏經》(上編)體現當代中國佛教研究的水平,成爲名副其實的佛教文化總彙,詳實、完整、科學、實用的佛教文獻,爲充實中華民族的文化寶庫貢獻力量。

對《中華藏》(續編) 工作的彙報^①

任先生、杜老師及潘桂明、李申、張新鷹諸位：

2002 年，《中華大藏經》(續編) 作爲國家社科基金特別委託項目正式啓動。2002 年 6 月 8 日至 9 日，根據任先生的提議，在國家圖書館召開了《中華大藏經》(續編) 編委會全體會議。會議主要就編輯出版《中華大藏經》(續編) 的意義和困難統一意見，明確編委會成員的分工任務，確定具體的編輯要求、編輯體例、編輯方法，協商落實各階段的編輯進度。2003 年 1 月 11 日至 12 日，《中華大藏經》(續編) 編委會在國家圖書館召開了第二次全體會議。這次會議主要討論和解決了兩個問題：一是回顧前一階段點校的情況、進度及存在問題；二是在校勘體例上進一步取得共識，明確下一階段的任務。2003 年 3 月 3 日，在北京的主編、副主編研究了《中華大藏經》(續編) 編輯工作中的一些具體問題，並決定鑒於常務副主編潘桂明不在北京的實際困難，改由我擔任常務副主編。2006 年夏天，因爲我承擔了國家社科基金另一個特別委託項目，無法兼顧《中華大藏經》的工作，加上我也已經調離北京，任先生照顧我，不再讓我擔任常務副主編。從 2003 年到 2006 年，我擔任常務副主

① 本文原爲 2007 年 10 月《中華大藏經》編委會的工作報告，此爲首次發表。

編，協助任先生工作共三年多，在此做一個彙報。

總的來説，這段時間做的工作可以歸納爲三個“一”：

第一，點校了一批典籍。大體情況如下：

1. 在電子文本上點校的，按照交稿多少排列如下：

侯　　沖負責：2 134 330 字

徐蓀銘負責：1 190 561 字

賴永海負責：845 034 字

吕有祥負責：148 957 字

李　　申負責：143 473 字

方廣錩負責：97 421 字

王亞榮負責：75 548 字

2. 在影印本上點校

李永晟負責：4 647 600 字

梅德愚負責：1 684 350 字

洪修平負責：927 452 字

如上所列，已經在電子本上點校 463.5 萬字，在影印本上點校 725.9 萬字，總計 1 189.4 萬字。

第二，録入了一批典籍。

從第一次編委會開始，編委會內部對到底采用影印本校勘標點，還是利用電子文本校勘標點，有不同意見。在後來的具體工作中，基本采取兩條腿走路的方法。有的編委直接在影印件上校勘標點，有的編委則自行録入，上交電子文本。在這個過程中，也有不少編委提出當地没有録入條件，希望編委會提供電子文本，於是在瀋陽、北京兩個地方進行録入。先期録入的主要是《萬字續藏》。2003 年 12 月在香港參加某會議時，得到臺灣法鼓山正在録入《萬字續藏》的信息，經任先生同意後，從金陵刻經處購入一部《普慧藏》,並停止《萬字續藏》的録入,改爲録入《普慧藏》。

《萬字續藏》的録入,根據最近統計,總計完成 810.9 萬字,加上已經完成的電子文本點校部分,總計録入 1 274.4 萬字。

《普慧藏》的録入工作基本已完成。主要由郭金昌在瀋陽録入,計 1 196.4 萬字;侯沖録入了 98.8 萬字。總計 1 295.2 萬字。

兩者合計,共録入 2 569.6 萬字。

第三,編輯了一本樣書。

2005 年,在任先生的指示下,編輯了《中華大藏經》(續編)樣書,收入典籍一百餘種,分爲十一部。總計一千來頁,約一百萬字。應該説明,第一,侯沖、王亞軍在樣書校對、印行方面出了很大的力;第二,樣書有部分稿件没有統計在上述已經點校的典籍數字中;第三,樣書稿費尚未完全支付。

坦率地説,在此做這個彙報,實在感到心中有愧。與兩億六千萬字的計劃相比,這幾年做的工作祇是九牛一毛,實在對不起任先生,對不起大家。平心而論,我這個常務副主編當得不合格,應該檢討。

從我主觀上講,也想努力把工作做好。但出於如下想法,没有催促各地編委的點校工作,影響了《中華大藏經》的工作進度。

從保證《中華大藏經》(續編)質量出發,我一直主張在電子文本上進行點校。特別是看到交來的影印點校稿後,更堅定了這一想法。按照原計劃,續編從《萬字續藏》做起,第一批分配的任務全部都是《萬字續藏》。當我 2003 年底知道法鼓山正在録入《萬字續藏》後,心中想可以借助他們的電子文本來作點校。抱著這種思想,一方面我們自己停止録入《萬字續藏》,改録《普慧藏》;一方面通知王亞軍,不要再催促各地交稿。我想,與其交來一批影印稿,將來録入麻煩,不如等一等,在法鼓山電子本的基礎上工作,可以多快好省。法鼓山《萬字續藏》的電子文本,2007 年上半年完成,不久正式公布。

由於我上述等、靠的想法,所以除了上面講的録入工作與編輯樣書外,點校工作進行得相當緩慢。上面講的各地編委已經點校的稿子,不少是潘桂明擔任常務副主編時啓動的,也是各地編委主動、自覺工作的結果。我應該對後來續編點校工作遲緩、停頓這一狀況承擔責任。

影響進度的另一原因是我們缺乏一支高水平的審讀隊伍。各地編委交來的稿件,無人審讀,因而不能確保質量。這也是樣書基本上没有采用各地編委交來稿件的原因。

彙報如上。謹頌

時祺!

方廣錩

2007 年 10 月 18 日星期四

附:已完成標點文稿統計(略)。

[附記]

本文寫於 2007 年 10 月 18 日,以信件的形式,對我擔任《中華大藏經》(續編)常務副主編期間的工作進行了總結,其後分電子本與影印本,羅列已經點校完成的佛典名稱及其字數,編制"已完成標點文稿統計",以爲附録。後在當年 10 月在北京召開的編委會上,按照這一信件向全體編委做了彙報發言。

本文此前未曾發表,底稿於 2008 年 8 月 28 日送《中華大藏經》(續編)編委會存檔。

任繼愈《中華藏》與呂澂《中華藏》①
——答高山杉先生

　　浮躁的學術界需要有啄木鳥，即使有幾條鯰魚也好。所以，雖然我對高山杉先生的文風不太欣賞，對他有時跨疆越界對自己不熟悉的領域、對自己不瞭解其背景的事物隨便發表議論的作風也不以爲然，但對他勇於發聲的精神很是贊賞，有人講話總比一潭死水强。

　　言多必失，高山杉的議論自然會有疏失，這不足怪。最近從網上看到高山杉先生發表在 2014 年 10 月 12 日《南方都市報》的《關於呂澂編〈中華大藏經〉目録後分草稿》（以下簡稱"高文"）②，由於文中提出的問題涉及任繼愈先生《中華大藏經》與呂澂先生《中華大藏經》的關係，亦即涉及中國當代大藏經編纂史，無論作爲當年任繼愈先生編纂《中華大藏經》的主要助手之一，還是作爲大藏經研究者，我都有義務澄清事實，以免錯誤説法繼續流傳，誤導後人，誤導歷史。

---

① 原載《南方都市報》2015 年 6 月 7 日，A07 版。又見我的博客：http://blog.sina.com.cn/s/blog_53c23f390102wba4.html。文中的任繼愈《中華藏》即指由任繼愈先生主持編輯的《中華大藏經》。

② 該文又見高山杉豆瓣：https://www.douban.com/note/433496287/。

高文原是公布呂澂先生《〈中華大藏經〉目録(後分草稿)説明》的一個説明。涉及任繼愈先生《中華大藏經》與呂澂先生《中華大藏經》關係的是文章的第一段。爲行文方便,今引用如下:

以前發表的有關《中華大藏經》出版過程的文字,如任繼愈《〈中華大藏經〉編纂記》、童瑋《〈趙城藏〉與〈中華大藏經〉》等,總在有意無意之間使讀者認爲《中華大藏經》的策劃和編輯開始於 1982 年。其實早在 1961 年,湯用彤(1893—1964)就已提出影印百衲本漢文大藏經的建議,而且得到呂澂(1896—1989)的支持。在一份意見書中,呂澂提出影印百衲本漢文大藏經需要先做好三項準備工作,即編定一部漢文大藏經目録、收集底本和重點校勘(參看李林收藏、筆者整理的呂澂在 1961年 7 月 2 日所寫關於影印百衲本漢文大藏經的意見書,《世界哲學》2010 年第 3 期)。關於收集底本一項,呂澂建議“百衲本可以現存的金刻藏經爲底本的主要部分”,這與任繼愈在《〈中華大藏經〉編纂記》提到的《中華大藏經》是“以《趙城金藏》爲基礎,進行對校”,原則上並無不同。現在還在出版中的《中華大藏經》,其形式也正是影印的百衲本大藏經。

上文的主要意思是,任繼愈《中華大藏經》的“策劃和編輯”實際始於 1961 年學部擬議中的《中華大藏經》。呂澂當年曾提出三條建議,編了一本目録。任繼愈《中華大藏經》之“收集底本一項”與呂澂“原則上並無不同”,且亦爲“影印的百衲本”。但任繼愈、童瑋等“總在有意無意之間”地隱瞞、割斷了這一歷史,誤導讀者。

真的是這樣嗎? 否。

關於如何區別不同的藏經,筆者曾有論述。我認爲,區別古代寫本藏經的標準是目録，區別古代刻本藏經的標準是版片，而區別近現代印刷本藏經的標準又回歸到目録。當然，高山杉先生也許沒有看到我的論述，即使看到，也可以不同意我的論述。但他除了底本"原則上並無不同"這一含糊且錯誤的理由、百衲本這一外在形態外，沒有説明爲什麼任繼愈的《中華大藏經》就是呂澂當年"策劃和編輯"的《中華大藏經》，便發出任繼愈等"總在有意無意之間"誤導讀者之類的誅心之論，實爲不妥。

實際上，雖然任繼愈先生曾爲編纂《中華大藏經》登門拜訪，請教諮詢過呂澂先生，但任先生主持的《中華大藏經》與呂澂的《中華大藏經》除了名稱相同（臺灣還有一個同名的《中華大藏經》）之外，沒有繼承關係。並非"策劃和編輯"於 1961 年，實施於 1982 年的同一個項目，而是各起爐灶的兩個不同項目。理由如下。

一、　委托主體不同

呂澂的工作是學部布置，屬於學部項目；任先生《中華大藏經》是國家古籍整理小組委託，屬於國家項目。

二、　委托目標不同

高文交代得很清楚：學部"開始計劃編輯影印《中華大藏經》……推選呂澂負責起草《中華大藏經目録》"。呂澂不負所托，編了一個目録（其後正式發表時改名爲《新編漢文大藏經目録》）。但學部是否委托呂澂先生實際啓動編藏？據我所知是沒有。任先生的《中華大藏經》則是國家委托給他的一個實實在在的具體任務——要編成並交出一部藏經的。

不言而喻,呂澂先生編目的目的就是爲了編藏。遺憾的是,呂澂的這一目的沒有成爲現實,學部並未爲編藏立項。任繼愈接受的任務就是編藏,他實際領導並完成了國家委托的這一任務。研究大藏經的都知道,編目與實際編藏是兩回事。

三、 承接主體不同

一個僅是學部的一種設想,爲此進行了若干前期的論證、預備工作,但其後並未實際開展。所以,就編藏而言,也就沒有具體的承接主體。另一個,嚴格地講,是國家下達給任先生的個人項目,任先生是項目的承接主體。

四、 編纂理念不同

呂澂出身支那内學院系,他的編藏思想屬於佛教傳統,且有宗派傾向,所以他的目録受到佛教界内部人士的批評。我也曾經撰文評論呂澂《新編漢文大藏經目録》,認爲他站在宗教立場上,沒有擺脱中國佛教傳統的思維框架,立場是護持正法,結構是重大輕小,甚至從日本《大正藏》倒退。任先生的《中華大藏經》則從大文化理念著眼,從整理中華文獻的角度出發。兩者完全不同。關於這一點,我有多篇文章闡述,此處不贅。

五、 編藏目録不同

因爲任先生的理念與呂澂不同,所以不采用呂澂的《新編漢文大藏經目録》。任繼愈《中華大藏經》的早期工作目録是童瑋編的,那是任先生委託給童瑋的一項工作。上文提到，區別近現代印刷本藏經的標準是目錄。任何人祇要比較任繼愈先生主持的《中華大藏經》的目錄與呂澂先生的《新編漢文大藏經》的目錄，都會得出"這是兩部不同的藏經"這一結論。

六、　也談底本與百衲本

高山杉先生從底本的角度及百衲本的形態，認爲兩者有繼承關係。他説：

> 呂澂建議"百衲本可以現存的金刻藏經爲底本的主要部分"，這與任繼愈在《〈中華大藏經〉編纂記》提到的《中華大藏經》是"以《趙城金藏》爲基礎，進行對校"，原則上並無不同。

這説明高山杉先生祇看到事物的表象，對編藏工作缺乏必要的知識。

"以現存的金刻藏經爲底本"與"以《趙城金藏》爲基礎"在編藏實踐中是兩回事，其結果也不相同。高山杉先生所引任先生《〈中華大藏經〉編纂記》發表於 2005 年 7 月 14 日《光明日報》，受篇幅限制，該文實際是任先生《中華大藏經·總目·序》（載《中華大藏經·總目》，中華書局，2004 年 1 月）的縮寫。其實，任先生在上述《中華大藏經·總目·序》中對這個問題已經做了非常清楚的交代，不知爲何高山杉先生不去引用任先生的更加完整、正確的表述：

> 爲了避免過去各種大藏經的缺點，我們編印的《中華大藏經》力求做到版本要"精"，内容要全。我們慎重考慮，選用了

八種有代表性的不同版本的大藏經,以《趙城金藏》爲基礎,進行對校……《中華大藏經》編輯者申明以《趙城金藏》爲基礎而不説以《趙城金藏》爲底本,是經過考慮的。(方按:任先生在下文介紹了《趙城金藏》殘破霉爛的情況,以及中華大藏經編輯局進行修補的情況,文繁不録。)按照傳統校勘義例,雖經過編輯人員慎重加工,《趙城金藏》已不能稱爲底本,而祇能説是以它爲基礎。《中華大藏經》成爲中國衆多版本大藏經之後的另一種新版本……

《中華大藏經》以《趙城金藏》爲基礎,經過修版,形成新的《中華大藏經》本,所以任先生交代我要編纂《中華大藏經》版本目録,向後人交代修版、補版的情況。這一工作歷經內外阻撓,現在終於有條件可以做了。

至於百衲本,那是由編藏時的現實條件決定的,藏經是否百衲本與它們是否同一種藏經没有關係。臺灣的《中華大藏經》也是百衲本。

此外,高文發表於 2014 年 10 月。如上所引,其第一段末尾稱:"現在還在出版中的《中華大藏經》,其形式也正是影印的百衲本大藏經。"衆所周知,《中華大藏經》(上編)一百零六册已於 1997 年之前全部出版,《中華藏總目》一册則於 2004 年出版。《中華大藏經》(續編)正在編輯中,尚未出版。則高山杉先生所謂"現在還在出版中的《中華大藏經》,其形式也正是影印的百衲本大藏經"一語,實在讓人不知所云。

[附記]

本文發表在《南方都市報》2015 年 6 月 7 日,A07 版。收入本書時，加入了 2015 年 6 月 5 日去信給《南方都市報》編輯要求增加，但最終未及增加的，關於"任繼愈先生曾爲編纂《中華大藏經》登門拜訪，請教諮詢吕澂先生"的情況。

讀歷史，研究歷史，常爲歷史事實被淹没、被歪曲而感慨，而悲哀。因爲現在有人——而且不止一個人——在歪曲任繼愈先生主持的《中華大藏經》的編纂史，所以寫這篇文章，以正視聽。

我在《佛教志》中曾這樣説："在探尋歷史發展的軌迹時，追索當事人的動機是最危險的，往往會把探尋者引向歧途。所以除了有確鑿證據外，本書更傾向於從客觀效果上來考察佛教中國化的歷程。"①我在自己的研究中也始終嚴守這一没有確鑿證據不去追索、評論當事人動機的立場。所以，在此我不想探究爲什麽有人會要故意歪曲《中華大藏經》的編纂史，但作爲任繼愈先生的學生，作爲參與了《中華大藏經》編纂的當事人，我有責任説明真相，免得歷史被歪曲。

《中華大藏經》（上編）前一百零六册，截至 1997 年全部出版，係影印；第一百零七册爲總目，2004 年出版，係排印；至於續編，雖計劃排印，但除 2005 年編印過一册樣書②外，到 2015 年止，續編尚未正式進入出版程序，一本也未出版。高山杉先生的《關於吕澂編〈中華大藏經〉目録後分草稿》發表於 2015 年，這時距離影印本《中華大藏經》（上編）全部出版完畢已有十八年，如計入排印本正編總目，則距離《中華大藏經》全部出版也已有十一年。但高山杉竟然在文中稱："現在還在出版中的《中華大藏經》，其形式也正是影印的百衲本大藏經。"

---

①　方廣錩：《佛教志》，上海人民出版社，1998 年 10 月，第 13 頁。

②　該樣書排印，不公開發行，印量極少，僅幾十册，僅供呈送有關部門參考。

　　我無意猜測高山杉先生爲什麽會玩出這種虛空生花的把戲。但他的上述説法,起碼證明直到 2015 年,他對《中華大藏經》的基本情況並不了解,甚至連影印本《中華大藏經》早在十八年前就已經出版完畢都不知道,以爲直到 2015 年,影印本《中華大藏經》"現在還在出版中"。對一件自己基本不了解的事情,竟然也敢横加評論,真可謂當今學術界的一道怪異風景。

　　高山杉先生的豆瓣題頭照片下引用了趙辛楣先生的一句話:"從我們幹實際工作的人的眼光看來,學哲學跟什麽都不學全没兩樣。"希望高山杉先生真正能從這句話受到啓迪。

再談任繼愈《中華藏》與呂澂《中華藏》①
——再答高山杉先生

2015 年 5 月 1 日，偶爾在網上看到高山杉先生發表在 2014 年 10 月 12 日《南方都市報》上的《關於呂澂編〈中華大藏經〉目錄後分草稿》（以下簡稱"高文一"）。平時遇到此類事情，我一般采取"惹不起躲得起"的態度。且如果介紹一些呂澂《中華大藏經》的情況及與任繼愈《中華大藏經》的先後因緣，也有助於大家瞭解現代中國編藏史，但該高文一中有所謂任繼愈"總在有意無意之間使讀者認爲《中華大藏經》的策劃和編輯開始於 1982 年"之類的誅心之論，先生已經辭世，學生應該講話。我於是寫了《任繼愈〈中華大藏經〉與呂澂〈中華大藏經〉——答高山杉先生》（以下簡稱"方文"），舉出六條論據，論證任繼愈《中華大藏經》與呂澂《中華大藏經》"沒有繼承關係，並非'策劃和編輯'於 1961 年，實施於 1982 年的同一個項目，而是各起爐灶的兩個不同項目"。文章於 5 月 2 日寄給《南方都市報》。6 月 5 日我給《南方都市報》編輯去信，要求增加一句話。6 日編輯回信："昨天已經見到清樣，明天刊出。"故那句話未能加入。

---

① 原載《南方都市報》2015 年 6 月 21 日，GB08 版。又見我的博客：http://blog.sina.com.cn/s/blog_53c23f390102wcah.html。收入本書時，行文略有修訂。

6月7日,《南方都市報》刊發方文,同時發表高山杉先生的《對方廣錩先生的回應》。高山杉先生隨即在自己的豆瓣上刊出方文及《對方廣錩先生的回應》,並稱:"報上刊出的有一些删節,這裏貼出的是全文。"所以我的這篇文章是對高山杉先生在豆瓣上刊發的《對方廣錩先生的回應》未删節稿(以下簡稱"高文二")①的回應。

高文二開宗明義,稱:"首先得澄清一下,我那篇文章衹是間接涉及這個問題,再加上行文有些簡略,在表述上存在一些模糊的地方,但不論如何,我可從來没有主張過吕、任從事的是同一項目!"

依我看,高山杉先生原來的表述還算清楚,現在反而更加模糊。因爲他雖正式表示"我可從來没有主張過吕、任從事的是同一項目",但並没有明確表示"吕、任從事的不是同一項目"。高文二的模糊自然是有意的,蓄意製造一個"不一不異"的假象,就可以"理直氣壯"地堅稱"兩者有繼承關係"。

什麽是高山杉先生所謂的"繼承關係"呢? 高文二稱:"吕澂等人計劃編印的《中華大藏經》與任繼愈主持完成的《中華大藏經》,其間有著明確的繼承關係可尋。這一關係不僅體現在相同名稱的采用上,更表現在底本、校勘、影印等編印方針的設定上。"我真不知道高山杉先生是否明白什麽叫大藏經的"繼承關係",怎樣去考辨大藏經的"繼承關係"。方文已經用六條論據充分論證兩者没有繼承關係,是兩個不同的項目,可惜高文二用"浮詞甚多"四個字,輕輕巧巧地打發掉五條,稱"没有回應的必要"。其實,衹要認真把六條論據好好看看,好好想想,即使不熟悉這個領域,也不應該再提出諸如"更表現在底本、校勘、影印等編印方針的設定上"之類的問題。方文批評高山杉先生對自己不熟悉的領域隨便發表議論,

---

① 該文見於高山杉豆瓣:https://www.douban.com/note/502821139/。

此爲一例。

再談幾個小問題。

第一，高文二稱"從方先生的商榷文中，我看不出他讀過那封意見書（方按：指呂澂先生的意見書。）"。在方文中，用歸納高文一的方式，明確提到"呂澂當年曾提出三條建議"。但請注意，高文一原文是"呂澂提出影印百衲本漢文大藏經需要先做好三項準備工作"，而方文的表述則爲"三條建議"。對照呂澂先生意見書原文，高山杉先生有何評論？

第二，呂澂意見書的要點祇有寥寥幾百字，可高山杉先生竟然没有全部看懂。高文二談及底本時特別强調要"注意'主要部分'四字"，並由此指斥我"捏造證據"。但正是這些言辭，恰恰暴露出高山杉先生對古籍整理、特別對利用《趙城金藏》編纂《中華大藏經》的無知。所以他既没有看懂我的那些"浮詞"，以爲我捏造了證據，又以自己的無知去解讀呂澂先生意見書，以致誤解了呂澂的原意。方文批評他對自己不熟悉的領域隨便發表議論，此又一例。

第三，高文二稱："大概方先生不知道，任繼愈在承包《中華大藏經》項目之初，曾多次諮詢過呂澂的意見。"

對任先生拜訪呂澂先生之事，高山杉先生既非當事人，且明明知道我是任先生的學生，參與了《中華大藏經》的編纂，怎麼就敢説出"大概方先生不知道"這種話呢？上面提到 6 月 5 日我給《南方都市報》編輯去信，要求增加一句話，這句話正是"任繼愈先生曾爲編纂《中華大藏經》登門拜訪，請教諮詢過呂澂先生"。雖然這句話最終没有加入方文，但 6 月 5 日我給編輯的電郵可以覆按。

第四，方文論述時使用了委託主體、委託目標、承接主體等詞語，高山杉先生諷之爲"涉及'招標公司''包工隊'和'廣告策劃'"，乃至乾脆稱任繼愈"承包"《中華大藏經》。不知道高山杉先生又如何評價國家社科基金目前實行的重大項目招投標制度？一項嚴肅的學術活動，怎麼到了高山杉眼中却成了商業行爲？我以爲，後輩出於不同的學術觀點，對學術前輩可以有不同的評價，但對前輩所從事的學術活動應有一點起碼的尊重，這也屬於"敬畏學術"，屬於"學術道德"。

第五，高山杉先生提到杜繼文先生在第二次世界佛教論壇的發言及他的文章。可以告訴高山杉先生的是，我正是第二次世界佛教論壇大藏經分論壇的籌備者與主持人。我想高山杉先生還應該明白一個最簡單的道理：凡屬與《中華大藏經》有關的事項，祇要發生在任繼愈先生去世之前，最權威的發言者是任先生本人。

第六，高文二説我"默認"百衲本這一稱呼，這纔叫"自説自話"。我什麼時候"默認"過？相反，我從來公開承認任繼愈《中華大藏經》是百衲本，包括在方文中。可見，高山杉先生没有認真閲讀方文，或根本没能讀懂。

本文並不打算向高山杉普及大藏經知識與介紹《中華大藏經》的編纂背景，一則高山杉先生未必有興趣，因爲在他眼裏都不過是"浮詞"而已；一則《南方都市報》不可能允許我用大量篇幅來論述這些問題。我想，任何人看了高山杉先生的兩篇文章與我的兩篇文章，都會做出自己的判斷，《中華大藏經》的編纂歷史也就不那麼容易被高山杉先生誤導。

最後談一點感想。1978 年我考取中國社科院研究生院，報到前向我中學時代的語文教師劉建邦老師告別。他曾在學部文學所工作過，臨別時再三叮囑我要注意兩點，其一爲身處學術環境，切忌"撒凉腔"。我當時不懂什麼叫"撒凉腔"。他教導我："不懂不丢人，千萬不要不懂裝懂。"他的教導，我記一輩子。

［附記］

如上所述，高山杉先生《對方廣錩先生的回應》一文發表在
2015 年 6 月 7 日《南方都市報》上，但他在自己的豆瓣上發表了未
經刪節的完整版。本文作爲對高山杉《對方廣錩先生的回應》一文
完整版的回應，發表在《南方都市報》2015 年 6 月 21 日 GB 08 版
上。發表時，編輯對原文有所刪節。

收入本書時，將首段恢復爲未被編輯刪節時的原文。尾段"感
想"部分，原被編輯全部刪除，此次補入。中間的諸段落，爲尊重
《南方都市報》編輯的意見，此次未作補足，但在行文中增補了六個
字："屬於'學術道德'"。

大藏經研究[①]

　　大藏經是按照一定的編纂原則與體例組織起來的漢文佛教典籍的總彙，是中外文化交流的結晶。大藏經的内容並不僅僅局限於佛教，還包括哲學、歷史、語言、文學、藝術、音韵、天文、地理、曆算、醫學、建築、繪畫、科技、民族、社會、中外關係等諸多領域。大藏經也是中華民族文化的重要載體，是中國人對中國文化與世界文化的一大貢獻，曾經對古代東方世界產生過深遠的影響。大藏經作爲"佛、法、僧"三寶中"法寶"的代表，在中國佛教的發展中，起到了重要的作用。所以，大藏經形成與發展的歷史，實際是中國佛教形成與發展歷史的一個縮影。對大藏經的研究，是對中國佛教研究的一個重要方面。

　　與中國書籍載體的演變形態相應，大藏經的發展也經歷了古代寫本藏經、古代刻本藏經、近代印刷本藏經等三個時期。近年來，大藏經已經開始踏入現代數字化發展階段。下面分别予以叙述。

一、 寫本藏經

　　寫本藏經與中國佛教的傳入、發展、鼎盛的歷史息息相關，它

---

① 原載《中國宗教研究年鑒(1996)》，中國社會科學出版社，1998 年 11 月。收入本書時有修訂。

是刻本藏經的祖本，它的歷史與大藏經形成的歷史幾乎相始終。因此，對寫本藏經的研究在大藏經研究中具有特別重要的意義。但是，由於種種原因，20 世紀 80 年代以前人們對寫本藏經缺乏必要的研究，僅谷響在《現代佛學》1954 年第十期上發表過一篇《古代寫本藏經考略》，作了概略式的介紹。

1991 年筆者在《八—十世紀佛教大藏經史》中利用敦煌遺書、傳世文獻、金石資料等對寫本藏經進行了系統的研究，提出寫本藏經的發展經過了醖釀階段、形成階段、結構體系化階段與全國統一化階段等四個階段。指出藏經的組成包括取捨標準、結構體系、外部標志等三要素，並按照上述理論系統地考察了 8—10 世紀寫本大藏經的歷史。首次提出並考察了大藏經形成的基本原因，提出中國傳統文化、諸宗判教、三寶思想、功德思想及帝王干預在大藏經形成過程中的意義。首次提出並對歷代官藏的形態進行了考察，並考察了它與民間流通佛藏的關係，進而考察了全國各地，特別是敦煌地區藏經的組成、收藏、管理、流通等情況，從而提出會昌廢佛之後中國出現過一個藏經統一活動，並對該活動的成因、意義做了考察，推翻了傳統的《開元釋教錄》出現後，藏經便得到統一的觀點。第一次提出並考察了藏經形成與宗派的關係以及各種宗派性、專題性佛藏的情況。尤其是提出在敦煌遺書中保存有已佚千年的《禪藏》殘卷，對深入推動禪與禪宗研究具有重大意義。第一次系統考察了佛藏帙號產生、發展的歷史，探討了它的流變，恢復了作爲後代藏經目錄基礎的《開元釋教錄·入藏錄》的原貌，澄清了長期以來在這個問題上的一系列錯誤觀點。著重強調功德思想對漢文大藏經形成的重要作用，考察了在功德思想的影響下出現的大藏經的諸種新形態。研究了晚唐五代大藏經在統一過程中出現分化的原因，從而說明了不同系統的刻本藏經的產生原因。指出北宋寫本藏經與刻本藏經同時流通，實際處於寫本藏經向刻本藏經過渡的階段，糾正了前此的錯誤觀點。筆者在《佛教典籍概論》《道藏佛藏》（合作）等著作以及《佛藏源流》《關於禪藏與敦煌禪籍的幾個問題》《敦煌經帙》《四川大足小佛灣大藏塔考》《俄藏大乘錄研究》《中國大藏經研究的現狀與展望》等論文中進一步闡述與完善了上述觀點。

今後，在寫經的辨僞與整理，特別是在藏外佛教文獻的整理方面，還有許多工作要做。此外，由於藏經的音義不僅影響著藏經的形態，還與諸藏經的系統有著直接的關係，這方面也將成爲今後一個研究課題。

二、　刻本藏經

在中國，科學意義上的刻本藏經研究是 20 世紀纔開始的。開創者有梅光羲、葉恭綽、羅振玉等，但研究者較少，成果也不多，大抵局限於對各種藏經綜述性、概貌性的介紹。20 世紀 30 年代以後，由於諸多古代藏經的重新發現，這種局面開始改觀。

從北宋《開寶藏》開始，我國歷朝歷代都刊刻大藏經，但不少藏經因歲月的流逝而湮沒無聞。20 世紀初，人們知道並能夠見到的祇有十部左右。近代以來，很多研究者致力於古代刻本藏經的調查與發掘，取得了豐碩的成果。先後發現的藏經有《磧砂藏》《趙城金藏》《洪武南藏》《遼大字藏》《元官藏》《遼小字藏》。其中《磧砂藏》係南宋刻、元補、明遞修，先後經歷一百多年。1931 年由朱慶瀾發現於陝西西安開元寺、臥龍寺。《趙城金藏》爲金代刻本，1933 年由范成發現於山西趙城廣勝寺。《洪武南藏》是明代洪武年間刊刻的，後版片被大火焚毀，故傳世印本極爲罕見，1934 年發現於四川崇慶上古寺。《遼大字藏》是遼代刊刻的藏經，1974 年由文物工作者發現於山西應縣木塔。《元官藏》是元朝晚期刊刻的官刻藏經，1981 年由童瑋和我等發現於雲南省圖書館。《遼小字藏》也是遼代刊刻的藏經，1987 年由文物工作者發現於河北豐潤天宮寺塔。

　　五六十年間，大批以往不爲人知的藏經被發現，大大推動了對中國古代刻本藏經的研究。這些研究可以分爲兩種類型，一種是對這些刻本藏經的綜述性研究，一種是對其中某種藏經的個案研究。

　　對刻本藏經的綜述性研究的代表是呂澂在 20 世紀 30 年代出版的《佛典泛論》、道安在臺灣出版的《中國大藏經雕印史》以及童瑋所撰《漢文大藏經》（《中國大百科全書·宗教卷》）。《佛典泛論》對古代藏經做了鳥瞰式的評述，對佛典知識的普及起到了積極的作用。《中國大藏經雕印史》對古代藏經做了較爲深入的研究。《漢文大藏經》則對至今爲止已經發現的刻本藏經做了全面的介紹。

　　刻本藏經個案研究的成果尤爲豐富。對《磧砂藏》進行研究的，先後有朱慶瀾《影印宋版大藏經緣起》（《海潮音》）1931 年第 12 期）、蔣維喬《影印宋版磧砂藏經始末記》（《光華半月刊》，1934 年、1935 年連載）、葉恭綽《磧砂延聖院小志》（《考古》1936 年第 4 期）、李經瑋《世界佛教居士林整理宋磧砂藏殘餘散片記》（《弘化月刊》132，1952 年）、胡適《記美國普林斯頓大學的磧砂藏經原本》（《大陸雜志》19—10，1959 年）、張新鷹《〈論磧砂藏〉讀後》（《文物》1986 年第 9 期）、呂澂《磧砂版藏經》（《呂澂佛學論著選集》卷三，齊魯書社，1991 年）、湯一介《簡介美國普林斯頓大學所藏磧砂藏》（《首屆國際法門寺歷史文化學術討論會論文選》）等。上述論文對《磧砂藏》作了較爲全面的研究。但是，由於《磧砂藏》時代跨度大，前後衍變比較複雜，因此，還有不少課題需留待將來解決。

　　對《趙城金藏》進行研究的，30 年代有蔣唯心著《〈金藏〉雕印始末考》（支那內學院印行），其後較重要的有宿白《〈趙城金藏〉和〈弘法藏〉》（《現代佛學》，1964 年第 2 期）、童瑋《〈趙城金藏〉與〈中華大藏經〉》（中華書局，1989 年）、李富華《〈趙城金藏〉研究》（《世界宗教研究》，1991 年第 4 期）、李際寧《〈金藏〉新資料考》（《藏外佛教文獻》第三輯，宗教文化出版社，1997 年）。蔣唯心的論文是開拓《趙城金藏》研究的奠基之作，至今仍有重要的參考價值。宿白的論文專論《趙城金藏》與《弘法藏》的關係，這個問題至今還沒有真正解決。李富華的論文是作者長期收集有關《趙城金藏》的各種資料的力作，對《趙城金藏》作了全面的論述。李際寧的論文公布了在明代遞修的《磧砂藏》中記錄的關於《趙城金藏》的一條重要史料。

　　由於遼國采取不准書籍外流的政策，所以存世的遼藏十分稀珍，人們僅從某些資料得知遼藏有大字本、小字本兩種。近年這兩種藏經均由文物部門在修繕古迹時發現，從而推動了遼藏的深入研究，較重要的成果有畢素娟的《千古法寶破雲出》（臺灣如聞出版社，1995 年 5 月）以及羅炤的《有關〈契丹藏〉的幾個問題》（《文物》1992 年第 11 期）、張暢耕的《論遼朝大藏經的雕印》（《中國歷史博物館館刊》1986 年第 9 期）、房山石經整理研究組的《房山石經與契丹藏》（《法音》1981 年第 3 期）。上述著作與論文對《遼大字藏》的雕印年代、版本及其相關問題提出了各種觀點，並揭示了遼藏與《房山石經》的內在聯繫；遼、金時代雲居寺所刻帶有千字文帙號的石經，其底本均為遼藏。

　　對《元官藏》進行研究的，有童瑋、金志良和笔者的《〈元代官刻大藏經〉的考證》（《世界宗教研究》1986 年第 3 期）、笔者的《〈元史〉考證兩篇》（《文史》1988 年第 29 期）。對《洪武南藏》進行研究的有

呂澂的《南藏初刻考》(《歐陽大師遺集》2，臺灣新文豐出版公司，
1977 年)。

此外，新發現的藏經還有：

1982 年在雲南省圖書館發現的《佛説大隨求大明王陀羅尼經》
卷下，千字文編次爲“松”字號。從版式等諸種情況看，很可能是根
據某一藏經覆刻的坊刻零本，因其千字文編次與現知所有藏經都
不同，所以其所依據的到底是什麽藏經，還有待考證。

1984 年在北京智化寺發現三卷元代藏經：《大金色孔雀王咒
經》(千字文編次：積)、《陀羅尼集經》(千字文編次：福)、《大寶積
經》卷五(千字文編次：鳥)，版式與《開寶藏》相同，但千字文編次則
完全不符。發現者認爲可能就是傳説中的《弘法藏》，但其編次與
傳説中《弘法藏》的目録《至元録》也不相同。所以，這到底是一種
什麽藏經，現在還無法做出結論，需要進一步研究。

元程巨夫《雪樓集·大慈化禪寺大藏經碑》載：“(大藏經)爲書
繁多，世鮮能備，亦莫能以是施。儀天興聖慈仁昭懿壽元皇太后命
刻大藏經版於武昌。既成，輦至京師。印本流傳天下，名山巨刹則
賜之。”據《元史·后妃傳》，武宗至大三年(1310)，上皇太后答己封
號爲“儀天興聖慈仁昭懿壽元皇太后”；至仁宗延祐二年(1315)，又
加封爲“儀天興聖慈仁昭懿壽元全德泰寧福慶皇太后”。所以，這
部大藏經應該刻於 1310—1315 年之間。這部大藏經的詳情如何，
與前述諸藏經特別是與前述《元官藏》的關係如何，這些問題都是
值得進一步的研究。

今後中國對刻本藏經的研究將會在如下三個方面有所進展。

(1) 刻本藏經的發現與研究。中國地域遼闊，蘊藏文物豐富，
雖然歷經磨難，但還有不少文物劫後餘生。近年不少藏經的發現，
就是例證之一。今後還會有新的藏經不斷被發現，將會豐富我們

對於古代刻本藏經的知識。其中尤其是元代《弘法藏》的問題、西域出土漢文刊本問題、元代白蓮教刻藏問題、西夏刻《漢文大藏經》的問題、方册本《武林藏》的問題都已經成爲許多研究者關心的焦點。另外，對現在已經掌握的藏經的研究，例如《開寶藏》的目錄復原問題、遼藏的版本問題、《嘉興藏》的續雕補刊問題等，也還有許多工作要做。

（2）刻本藏經的系統與相互關係的研究。對於中國刻本藏經的系統，亦即諸種刻本藏經的相互關係，以往中國學術界一般認爲刻本藏經可以分爲以《開寶藏》爲代表的北方系與以《崇寧藏》《毗盧藏》爲代表的南方系。其後竺沙雅章及笔者等提出中國的漢文刻本大藏經實際存在以《契丹藏》爲代表的北方系、以《開寶藏》爲代表的中原系以及以《崇寧藏》《毗盧藏》爲代表的南方系三個系統的觀點，並進而對這三個系統的大藏經的相互關係進行了一定的研究。

（3）對藏經的文化史意義的研究。目前中國對大藏經的研究基本上還停留在對藏經本身的調查、考釋，對於藏經在中國佛教史上的地位與作用，尤其是對在藏經背後所蘊藏的文化史的意義上，還缺乏更深層次的研究。大藏經的出現，與中國悠久而深厚的文化傳統有關，也與中國大一統的政治格局有關。大藏經產生之後，又反過來對中國文化，包括儒、道兩家，都產生了深遠的影響，相信今後在這一方面的研究將會有所加強。

三、 印刷本藏經

印刷本藏經指近代用鉛印、膠印等印刷工藝印製的大藏經。

近代以來，中國編印了幾部新的大藏經，其中 1949 年以前編印的有《頻伽藏》與《普慧藏》(未完)，1949 年以後中國大陸編印了《中華大藏經》(漢文部分，上編)，中國臺灣也編印了《中華大藏經》、《文殊大藏經》(未完)、《佛教大藏經》、《佛光大藏經》(正在進行)。下面介紹中國大陸編印的《中華大藏經》(漢文部分，上編)。

《中華大藏經》是在國家的支持之下編纂的。計劃中的《中華大藏經》除了漢文部分之外，還包括藏文、傣文、蒙文、滿文、西夏文等中國歷史上各種文字的大藏經。現在藏文部分的編纂工作也正在進行。

1982 年夏，在當時國務院古籍整理出版規劃領導小組組長李一氓的支持下，由任繼愈主持，成立了以中國社會科學院世界宗教研究所、南亞研究所等有關科研人員爲骨幹的中華大藏經編輯局，開始了《中華大藏經》(漢文部分)的編纂。爲了掌握第一手資料，編輯局工作人員走遍全國許多省市，調查藏經資源。克服了任務重，人員少，沒有辦公場所，經費短缺等種種困難，到 1994 年底，《中華大藏經》上編的編輯工作基本結束。先後參加編輯工作的人員多達三百人，其中大多爲離退休人員，他們抱著爲弘揚祖國文化發揮餘熱、甘作貢獻的精神，爲《中華大藏經》的編輯出版做出了無私的貢獻。編輯工作還得到佛教界許多寺院及圖書、文物部門的大力支持。

《中華大藏經》(漢文部分)分上、下兩編。上編以北京圖書館收藏的稀世孤本《趙城金藏》爲基礎，納入了我國歷代各種藏經正藏部分(即帶有千字文帙號部分)的全部典籍，共收入各種佛教典籍一千九百零五種，約一萬卷。並以《房山石經》《資福藏》《磧砂藏》《普寧藏》《永樂南藏》《嘉興藏》《清藏》、高麗藏等八種在歷史上具有代表性的藏經作爲校本，進行認真的校勘，從而成爲我國各種藏經中收羅最爲宏富、校勘最爲精良的大藏經。至 1996 年，全藏精裝一百零六册已經全部交付印刷，爲佛教界與學術界提供了可靠的基本資料，獲國家圖書獎榮譽獎。目前，下編的籌備工作正在進行。除《中華大藏經》外，20世紀80年代後期以來，文物出版社利用現存的版片，重新刷印了《乾隆版大藏經》，向海内外發行；中國佛教協會影印出版了《房山石經》（遼代至明代部分）。

四、 數字化大藏經

用電腦録入佛典，印製書册本大藏經，進而編纂數字化大藏經，這在境外是20世紀80年代中期開始的，國内則在1986年也曾經作過試驗。整個80年代，境外在這方面的工作進行得一般，但進入90年代之後，發展得比較快，已經形成一股非常可觀的勢頭。最近幾年，發展尤爲迅速，並出現了一些國際性的協調組織。國内不少人士也開始從事或準備從事這一工作。可以預期，隨著電腦技術的進一步成熟，新的數字化大藏經在不久的將來即將面世。

［附記］

本文是爲《中國宗教研究年鑒（1996）》撰寫的綜述性文章。收入本書時有兩處較大的修訂：一是原文提到《萬曆藏》，該藏最早由童瑋先生發現，並寫入《中國大百科全書·宗教卷》，但其後發現所據資料有誤，故予以删除。二是原文提到"1988年方廣錩提出"刻本藏經的三個系統，文章發表後得知日本竺沙雅章先生大體同時也獨立提出這一觀點，故改爲"其後竺沙雅章及筆者等提出"。此外，對遼藏的名稱做了規範。

《佛教大藏經研究論稿》序^①

　　大藏經是基本網羅歷代漢譯佛典並以之爲核心的，按照一定的結構規範組織，並具有一定外在標志的漢文佛教典籍及相關文獻的叢書。它是佛教“佛、法、僧”三寶中“法寶”的代表。由於大藏經在佛教中占有崇高的地位，因此，在古代，圍繞著大藏經，曾經產生過各種各樣的宗教活動乃至可歌可泣的歷史故事；在今天，它不但依然是佛教界進行宗教活動的崇奉對象，而且成爲學術界從事佛教研究的重要領域。

　　毋庸諱言，雖然大藏經研究是佛教研究的重要領域，但是，與佛教研究的其他領域相比，大藏經研究領域顯得相對冷清、寂寞。追究其原因，固然是多方面的。如果從方法論的角度來探討，我認爲，大藏經需要的是實證性研究。所謂“實證性研究”，我個人理解應該包括兩個方面：第一，從資料的角度講，研究者除了需要掌握歷代經錄，收集整理散見於歷代文獻中的關於大藏經的各種紀錄、收集前人在同一課題上的研究成果之外，更加重要的，還在於需要實地考察各種大藏經的經本。祇有真正掌握經本，把經本放到歷

---

① 原載《佛教大藏經研究論稿》，李際寧著，宗教文化出版社，2007 年 8 月。後收入《隨緣做去，直道行之》。收入本書時有修訂。

史的鏈條上，放入當時的背景中，進行認真的分析比較，然後纔能得出庶幾乎近之的結論。第二，從學風的角度講，從事大藏經研究，要求研究者一定要嚴謹、細緻、謹慎。學術界有一句話："有幾分材料説幾分話，有幾分把握説幾分話。"我自己的教訓是，搞大藏經研究，應該是有十分材料説八分話。有些問題，即使自以爲已經掌握，最好還是先沉一沉，放它幾年，因爲也許還會出現新的情況。也就是説，所謂"實證性研究"，資料要"實"，學風要"實"。這就對大藏經研究者提出了很高的要求。

　　本書是李際寧[①]關於大藏經研究相關論文的結集。其中的論文，以前我大都看過。這次重新閲讀全書，最大的感受，就是這的確是一本實實在在的學術著作。篇幅雖然不大，内容却很扎實。書中的資料是實實在在的，作者的學風是實實在在的。每篇文章都言之有物，不同程度地提出了問題，解決了問題。

　　比如，《〈金藏〉新資料考》一文指出，北圖藏《磧砂藏》中的鮑善恢題記，實際來源於趙渢碑。亡佚已幾百年的趙渢碑的内容，因爲作者的努力而重現於世，這對於所有《趙城金藏》的研究者都是一個巨大的震動。任繼愈先生特意將這一成果寫入《中華大藏經總目·序言》。又如，對於被胡適稱爲中國歷史上最爲複雜的《磧砂藏》，作者指出它爲宋刻、元補、明遞修；提出現存的《磧砂藏》除了少量的宋、元原印本外，大抵爲明代的遞修印本。這一觀點的提出，抓住了解決《磧砂藏》問題的癥結。特別是作者在大藏經研究史上首次提出，研究大藏經不僅要研究它的系統與版片，而且要從收藏經版的寺院、負責刷印的經坊、請經供養的施主三者的互動關係中去考察與把握不同藏經、相同藏經的不同印本的特點。這一

---

① 李際寧，中國國家圖書館研究館員。

觀點的提出,不僅深化了大藏經研究的內涵,也爲大藏經研究開拓
了更加廣闊的天地。收入本書的文章,有的曾經公開發表,有的曾
經內部發表。現在看來,除了個別觀點因沿襲前人而致誤,需要修
訂外,凡屬作者自己提出的觀點,至今依然可信,依然站得住。從
總體看,本書不但解決了不少以往大藏經研究中懸而未決的問題,
糾正了以往一些錯誤的觀點,而且提出了一些開拓性的課題。這
是近年來大藏經研究的重要成果,爲大藏經研究作了很好的學術
積累。

　　作者能夠在大藏經研究領域取得如此成績,我想首先是作者
充分利用了在國家圖書館善本部工作的有利條件。從各種材料反
映,中國古代刊刻的刻本藏經,至少有二十多種。每種藏經刻成後
印刷的數量,自然不少。但是,真正保留到現在的較爲完整的刻本
藏經,却鳳毛麟角。特別是宋、元刻本藏經,日本多有保留,而在我
們中國却極其罕有,這給中國的大藏經研究者帶來極大的困難。
然而,由於種種因緣,國家圖書館却收藏有《趙城金藏》《思溪藏》
《磧砂藏》《永樂南藏》等多部藏經,並收藏有不少其他藏經的零本,
這爲李際寧的研究提供了良好的條件。此外,善本采訪,有時會遇
到古代藏經零本,這更逼著他必須去研究問題、解決問題。其次,
當然要歸結爲他本人的勤奮與努力。大藏經研究與其他古籍研究
不同的是,一部大藏經,動輒數千卷,不從頭到尾摸一遍,不可能有
真正的發言權。而把數千卷大藏經全部摸一遍,所費精力可想而
知。如果想把每部藏經都從頭到尾摸一遍,所費精力更非常人所
能想象。此外,從本書可以看到,李際寧的不少論文充分利用了館
藏的資料,但並不僅僅局限在館藏資料上。從東瀛到西域,有關資
料都被收納。實際上,瞭解李際寧的人都知道,他對大藏經研究資
料收集之豐富,在國內屈指可數。他所收集的資料真正被本書利

用的，祇是很小的一部分，可謂厚積而薄發。正因爲掌握了大量的資料，從事研究時纔能做到胸有全局，游刃有餘。第三，應該提到的是作者踏實、謹慎的學風。本書的每篇論文，都是憑資料説話，而且不説無把握的話，不説過頭的話，所以他提出的觀點能夠經得起時間的檢驗。

本書也有不足之處。由於是論文的彙集，某些重要資料被多篇文章引用，這樣從總體看，行文顯得重複。雖説文以載道，達意即可，但還是應該注意行文的語法、邏輯與修辭。

與李際寧相交近二十年，共同合作從事項目。多年來，他對我的工作，始終給予全力支持，甚至爲了合作項目的正常開展而放棄個人已經承擔的研究項目，對此我深感歉疚。這次他要求我爲本書寫一篇序，我自然義不容辭。閱讀本書，具體感受到十多年來，李際寧在大藏經研究領域是怎樣踏踏實實地一步一步前進，一個問題一個問題地解決的。在此，爲他已經取得的成績深感高興，並預祝他取得更大的成績。

大藏經編纂及其芻議①

　　大藏經是我國漢文佛教典籍的總彙，它是中外文化交流的結晶，曾對東方世界産生過深遠的影響。南北朝以來，歷代都把修造大藏經作爲一項重要的事業，以至出現每個朝代都要修正史，每個朝代都要修大藏經這麼一種人文景觀。當前，在我國，從大文化角度看待佛教，在承認佛教的宗教性的前提下，充分認識它的文化品性，從而認真研究與評價它在中國傳統文化中的地位與影響，以及在新時代社會文化構建中的作用，已經越來越成爲人們的共識。在國際上，越來越多的人認識到，在不同文化體系的背景中成長起來的東西方各國人民，必須加強相互的交流與理解，必須繼承與發揚人類傳統文化中一切優秀的成分，以共同創造一個更加美好的未來。而曾經影響了並至今仍影響著東方世界廣大區域與人民的佛教，也因此日益爲國際所重視。在世界三大系佛教所保存的典籍中，漢文大藏經保存的資料數量最多，時間跨度最大，覆蓋的部派與地區也最廣。所以，巴利語三藏與藏傳甘珠爾、丹珠爾固然有其不可替代的價值，漢文大藏經則顯然更加值得我們重視。正因爲存在著這樣的社會歷史背景，近幾十年來編輯新

———————

① 原載《藏外佛教文獻》第二輯。收入本書時略有修訂。

的佛教大藏經的熱潮方興未艾,並向數字化的方向急速發展。這種熱潮將在一段時間内繼續下去並會持續高漲,我們必須予以充分的注意。

佛教發軔於印度,興盛於中國。尤其以漢文佛典爲載體的漢傳佛教更是在中國孕育成長,發揚光大,並影響著東方世界,故世界稱中國爲佛教的第二故鄉。近代以來,世界的佛教研究基本上沿著巴利語佛典、梵文佛典、藏文佛典的道路前進。由於種種原因,對巴利語佛典、梵文佛典的整理,我們都落在世界的後面。如果我們在漢文佛典的整理研究方面再落後於世界,則實在愧對祖先,愧對"佛教第二故鄉"的稱號。目前,日本、韓國、美國等國家以及中國臺灣地區都比較重視這一事業,將大量人力、物力投入其中。中國大陸實際上已經處在相對落後的地位,對此必須有清醒的認識。當前世界已經進入信息社會,在信息社會中,知識產權在社會財富中所占的份額將越來越大。大藏經是我們祖先留下的一份知識遺產,我們不能讓這一份遺產的知識產權喪失在我們這一代人手中。當然,我們有自己的優勢,如果把這種優勢發揮出來,奮起直追,完全可以在漢文佛教典籍的整理方面做出應有的貢獻。

當前,討論編纂一部代表當代最高水平的大藏經,可以分解爲如下四個方面:

第一,有没有必要編纂這樣的大藏經。

第二,應該編纂一部什麽樣的大藏經。

第三,有没有可能編纂成這樣一部大藏經。

第四,怎樣來編纂這樣一部大藏經。

下面分別談談。

一、 有沒有必要編纂這樣的大藏經

關於編纂一部高水平、高質量、權威性的大藏經的重要意義及其必要性，諸位先生已經談了不少，歸納起來大體可以有如下幾個方面：賡續我國歷史傳統，弘揚民族優秀文化；提高佛教的文化品位，引導佛教的發展趨向；占據佛教文化制高點，激勵民族奮發精神；加強民族交流，促進民族團結；增進中華民族凝聚力，促進祖國和平統一；打開國門，走向世界，積極參與世界文化交流，等等。對於上述觀點，我都完全贊同。在此想就兩個問題補充一些看法：

（一）正確看待佛教在歷史上與現實中的作用

這個問題看起來與編藏無關，實際上不然。我們現在要編一部體現當代水平的大藏經，除了需要廣泛動員佛教界、學術界的力量之外，還需要社會各界的理解與支持。但現在社會上，甚至包括佛教界、研究界的某些人對佛教在歷史上與現實中的作用未必都有統一與正確的認識。因此，有必要加以探討與宣傳。

我認為，對佛教在歷史上與現實中的作用，必須客觀地、全面地、歷史地、科學地予以評價。佛教是一種宗教，既然是宗教，必然有其負面的社會作用。但是，對佛教在不同時代、不同地區、不同階級的人群中的實際社會作用，以及對這種社會作用的科學評判，必須用歷史的眼光，做實事求是的具體的分析。我認為，佛教的社會作用應時間、空間與社會條件的變化而變化。有時是負面的、消極的，有時是正面的、積極的。兩者都不可抹殺，也不能用一方面去否定另一方面。

另外，我們必須看到，佛教不僅僅是一種巨大的宗教存在，也是一個不可忽視的巨大的文化存在，對中國傳統文化的各個方面都有深刻的影響。當然，佛教文化對中國傳統文化的具體影響，也必須一分爲二地進行實事求是的分析。既不可因其消極方面而掩蓋其積極方面，也不可因其積極方面而忽視其消極方面。但應該指出的是，如果說在宗教層面上，佛教的消極面要大於它的積極面的話，則在文化層面上，佛教的積極面要大於它的消極面。

　　當前我們正在建設的社會主義精神文明，不是憑空架構的樓閣，必然是在對傳統文化進行全面揚棄的過程中産生的，其中就包括佛教文化。因此，繼承佛教文化的優秀部分是弘揚中華民族優秀傳統文化之必須，是今天建設社會主義新文化之必須，而編輯新的大藏經則是其中極其重要的一個方面。我想，就歷史經驗而言，在我們這樣一個社會主義國家中，如果社會各界能夠就上述問題達成共識，則無論對我們正在討論的大藏經編纂，還是對佛教的健康發展，都有重大意義。

　　(二) 正確看待大藏經文化

　　思想主要靠典籍來傳述。正因爲有了典籍，思想的傳播纔能超越時間與空間。佛教於兩漢之際傳入中國，在兩千年漫長歲月裏，佛教已經融化在中華民族傳統文化的血液中，成爲與儒、道鼎足而三的不可分割的有機組成部分。大藏經就是中國佛教世代精華的積累。南北朝以來，歷代都把編纂大藏經作爲弘揚文治的一個重要内容，每個朝代都有官修或准官修的大藏經，不少朝代還編纂了多部。編修大藏經已經與歷代都要修正史一樣，成爲具有充分文明自覺的中華民族的一個歷史傳統，這在世界四大文明古國中是獨一無二的。

　　但是，與意識形態中儒、釋、道三家鼎立的格局相適應，我國古代以儒家爲主導的學統及建立在這一學統基礎上的傳統目録學與傳統圖書庋藏制度却把大藏經排除在外。儒家設計的經、史、子、集四部書體例,雖然作爲與其他諸子百家並列之一家,在"子部"中設立了一個"釋家類",但所收均爲中國人的佛教著作,絕對不收大藏經。在正統儒家眼中,佛教作爲異端,與小説、戲劇等"小道"一起受到排斥。1900 年敦煌藏經洞被發現以後,洞中的大量文物典籍長期不爲人們關注,除了其他原因外,重要原因之一在於它們主要是一批佛教典籍,所以不被這些由儒家科舉制度出身的官僚們所重視。近代以來雖然有梁啓超、王重民、姚名達等有識之士倡導重視佛教目録學,但上述那種傳統的觀念並没有得到根本的改變。以至直到現在,不少目録學家一講目録學,就是傳統的經、史、子、集"四部"書目録學,完全不知道唐代佛教目録學的水平遠遠超出同時代的"四部"書目録學。一講善本書就講經、史、子、集的宋、元版如何珍貴又如何稀有,而不重視同一時代的宋、元版大藏經。不少圖書館收藏著整部大藏經、大藏經零本以及許多其他佛教典籍,但長期任其堆置,無人整理與編目。

　　因此,現在我們有必要在講清佛教文化是中華民族文化有機組成部分的同時,講清大藏經與其他佛教典籍也是中華民族文化的重要載體。大藏經固然屬於宗教著作,但内容並不局限於宗教,還涉及哲學、歷史、語言、文學、藝術、音韵、天文、地理、曆算、醫學、建築、繪畫、科技、民族、社會、中外關係等諸多領域。因此,它不但是我們研究佛教的重要資料,也是我們研究中國文化、東方文化不可或缺的資料。在世界日益縮小,交流日益擴大,人們正在研究如何構築世界新文化的今天,它將成爲中國人貢獻給世界文化的一份瑰寶。因此,作爲一個中國人,我們有責任愛護它、宣傳它,爲它的進一步完善與發展而貢獻力量。

二、 應該編纂一部什麼樣的大藏經

編纂一部什麼樣的大藏經？首先是指導思想，其次是編纂標準。

先談談指導思想。

20 世紀以來出現過兩次編纂大藏經的高潮，目前第二次高潮正方興未艾。參考國際、國内已經編成、正在編纂以及將要投入編纂的各種大藏經，展望未來世界的發展潮流，我們應該編纂一部什麼樣的大藏經？

在這裏，國家“863 計劃”對我們可能有一定的啓發。“863 計劃”討論科研立項時，有這麼幾條基本原則：國外已經有，而我們又能夠進口的項目，不搞；國外已經有，但對我們封鎖的項目，要搞；國外還没有，我們搞了就有知識産權的，要拼命搞。

也就是説，如果我們要編纂大藏經，就要樹立高標準，要出新，要編纂出世界第一流的，有權威性的，在佛教歷史上將占據制高點的大藏經。

古今中外編纂的大藏經，總數在四十部以上，我們現在已經掌握實物的，也有三十多部。我們在這世紀之交編纂的大藏經，應該是集中這三十多部大藏經的優點於一身，而又有所創新，有所前進，真正反映 20 世紀的最高水平，而又能起到開創 21 世紀佛教研究新局面的作用。

總之，我們的指導思想應該是，編纂出一部繼承歷代藏經的優秀傳統，體現當代佛教文獻學的最高水平，對接未來世界發展大勢的最有權威性的大藏經。

其次談談藏經標準。

什麽樣的大藏經纔能夠體現上述指導思想？我曾經提出"藏經三要素"這一觀點①，按照這個觀點，一部優秀的大藏經應該達到如下三個標準：資料齊全、編排科學、使用方便。新編的大藏經也應該符合這個標準。

（一）資料齊全

大藏經本是漢文佛教資料的總彙。所以，所謂資料齊全，原則上應該把古今中外所有的漢文佛教資料都收集起來，納入新編的大藏經中。

我國早期的大藏經有各種形態，入藏標準互有不同。如果研究一下標準的演變，可以看出有明暗兩條綫。從明綫説，翻譯典籍具備必然入選的資格，而中華撰著則衹有候選資格。亦即早期大藏經基本上衹收域外翻譯典籍，有的藏經酌收若干中華佛教撰著。但一般來講，衹有史傳、音義、目録、感應興敬等"毗贊佛教有功"的中華佛教撰著纔有候選資格，予以入藏。在這裏，《開元釋教録·入藏録》是最典型的例子。然而，標準的具體掌握與寬嚴總隨著人們觀念的變化，並應時代、應國家、應編纂者之不同而異。由此，又出現一條暗綫，亦即對中華佛教撰著的入藏標準不斷在放寬，並不僅僅局限在"毗贊有功"四個字上，以至凡屬與佛教有關的著作幾乎都有入藏的資格，從而使越來越多的中華佛教撰著被收歸入藏。這其實也説明後人對大藏經的理論有了發展。這一條暗綫，在《高麗續藏》、明《嘉興續藏》《又續藏》及日本《卍字續藏》中體現得越來越清楚。不過，由於種種原因，中華撰著的入藏往往帶有一定的隨意性，缺乏全面的規劃與嚴格的審訂。

我們現在編纂大藏經，到底是遵循上述明綫標準還是暗綫

---

① 參見方廣錩《八—十世紀佛教大藏經史》，第 4 頁。

標準？

　　如果采用明綫標準，那麼新編的大藏經可以僅收歷代正、續諸藏中的翻譯佛典以及古逸與近現代新譯佛典，對大藏内外的中華佛教撰著，則予以嚴格的篩選，祇收那些所謂“毗贊有功”的少量典籍。但這樣編纂出來的大藏經不可能體現前述指導思想與達到占據佛教文獻學高峰的目的。因爲按照這種方式編藏，其主體部分實際上祇是把歷代大藏經已經反復刊印過的資料重新整理收納，炒炒冷飯而已。此外，我們説大藏經是中國佛教精華之積累，是研究中國佛教的重要資料，就在於其中保存了大批中華佛教撰著。如果按照上述明綫標準，則大藏經實際上成了印度佛教、西域佛教的研究資料，而不主要是中國佛教的資料了。智昇等僧人設立的編纂大藏經的這一明綫標準，在古代就受到佛教有識之士的批評，今天自然更不能成爲我們遵循的依據。

　　如果順應潮流，按照今人的“大文化”與“大資料”的觀點辦事，則應該采用暗綫標準。亦即所有與佛教有關的漢文資料，不管是古人的，還是今人的，原則上統統應該收入。也就是説，除了歷代正藏、續藏外，應該把近年新譯、歷代零本、敦煌古逸、金石文獻、房山石經、叢書類書、個人文集、地方史志、歷代史籍、今人著述等所包含的佛教資料全部新編入藏。如果能夠做到這一點，我們的大藏經將是空前的資料最完整的佛教大叢書，必然占據當代佛教大藏經的最高峰，並爲開創未來奠定基礎。

　　我認爲，討論入藏標準的關鍵在於我們如何認識大藏經的功能形態。在古代，與中國佛教存在著義理層面佛教與信仰層面佛教相適應，大藏經的功能形態也可以分爲兩種——義理性大藏經與信仰性大藏經。兩者固然互爲依存，但前者的主要目的是保存、研究與弘揚佛教，故把有價值（價值觀念各不相同）的典籍收集起

來編纂爲藏；後者的主要目的是作爲"法寶"供養，所以有講究外觀
的華貴整齊而忽略内容的傾向。①我們現在怎麼看待大藏經？

　　前幾天與樓宇烈先生交談，樓先生談到，大藏經的一大作用是
資料備查。我完全同意這個觀點。也就是說，是否可以在傳統的
兩大功能之外，給大藏經增加一個新的功能形態——備查性。大
藏經就是一個關於佛教資料的圖書館，它的任務就是提供資料。
圖書館買書，有的書可能十年、八年没有人借，但這樣的書還是要
買，還是要藏。也許若干年後，這本書會被某個人看中，起到作用。
同樣，大藏經也應該把關於佛教的資料儘量收齊，以供有關人員查
閱。衡量一個圖書館，藏書的多少是最基本的參數。同樣，衡量一
部大藏經，入藏資料的多少也是最重要的標準。把這種備查性大
藏經編纂得儘量科學、合理、便於使用，它也就具備了義理性大藏
經的功能；這種備查性大藏經由於本身資料齊全，可稱是具足了釋
迦如來的八萬四千法藏，自然也就具備了信仰性大藏經的功能。

　　上面是從理論的角度談理想的大藏經應該資料齊全，集義理
性、信仰性、備查性三種功能於一身。從現實的角度講，我們想要
讓自己編纂的大藏經在已有與將有的各種藏經中脱穎而出，具有
權威性，不僅在現在而且在將來的一段時期之内都能夠占據佛教
文獻學的制高點，就必須在入藏典籍方面超過前此所有的大藏經，
要力求把與佛教有關的資料一網打盡，包容無遺。道理很簡單，對
於一個研究李白的人來講，《太白全集》與《太白選集》，究竟哪一種
更有價值？答案是不言自明的。當然，真正的一網打盡，衹是一種
理想，在實踐中極難實現。但我們應該向這個方向努力。"取法乎
上，得之其中；取法乎中，得之其下。"我們必須高標準，嚴要求，必

---

① 參見方廣錩《俄藏〈大乘入藏録卷上〉研究》，載《北京圖書館館刊》1992 年第 1 期。

須要求儘量做到把有關資料收集齊全，越多越好。

這裏還必須突出提一下新編入藏問題。

我們講資料齊全，一層意思是指要把歷代藏經已經收入大藏經的典籍收歸入藏，不要遺漏。這一點比較容易做到。由於歷代編藏者的努力，這些資料已經被收集匯攏起來，就好比礦石已經被煉成鋼鐵。衹是有的是精鋼，現成就可以利用；有的是粗鐵，還需要我們加工而已。資料齊全的另一層意思則是我們要把應該入藏而歷代大藏沒有收入的資料也統統收歸入藏。這就是要我們自己去找礦、開礦、煉鋼。據我粗略估計，現存辛亥革命以前的有關佛教資料總數在三億五千萬字左右，其中已經收入歷代大藏經（包括日本《卍字續藏》）的大約爲二億五千萬字，即還有一億字左右的資料需要我們去收集整理。辛亥革命至今的資料總數也不會少於一億字。現在我們編纂大藏經，如果衹局限在已經入藏的兩億五千萬字這個圈子中炒冷飯，則不如不編。衹有把眼光放寬到另外的兩億字上，纔能突出我們的特色，占據歷史的高峰，真正編纂出無愧於我們時代的大藏經。也就是說，現在編藏，必須在新編入藏方面下大功夫，做大文章。

這裏還有四個問題需要討論。

第一，編藏下限問題。

關於這個問題，學者們有種種不同的意見。有的主張截至清末，有的主張截至 1949 年中華人民共和國成立。我認爲上述主張從理論上講不符合我國歷代編藏傳統，從實踐上講必然把一大批應該入藏的典籍摒棄到大藏經之外，因此都不可取。

前面提到，我國有編寫正史與編寫大藏經兩大人文傳統。古代編寫正史，其下限的確都截至舊王朝覆滅，新王朝誕生。但歷代編纂大藏經，其下限都截至編藏當時。今天我們編纂大藏經，當然應該遵循這個代代相傳的編藏傳統。此外,中華民國時期乃至中華人民共和國成立以來,新的佛教典籍不斷涌現,其中既有歷代散佚,也有現代新譯,更有今人著作。這些佛教典籍開創了我國佛教發展與佛教研究的新時代。我們新編的大藏經,理應反映這些新成果。長江後浪推前浪,這是事物發展的規律;不薄古人愛今人,也應該成爲我們編纂大藏經的基本原則。祇有容納這些近代以來的最新資料與最新成果,纔能體現時代特色,體現學術水平。

當然,主張把下限截至清末或 1949 年的觀點也有其道理。主要是近現代的佛教著作太多,收不勝收。加之上乘者少,平庸者多。甚至有不少錯誤百出之作,完全没有入藏的資格。而我們今天的人力、物力都很有限,根本不可能把這些資料全部收羅入藏。即使收羅進來,也是徒耗資財,毫無價值。

這是一個值得重視的意見。我認爲,平庸的著作乃至錯誤百出的著作也反映了一個時代學術面貌的某一側面。例如,當前社會急速向市場經濟導進,在佛教研究界則表現爲部分人學風浮躁,著作粗糙。甚至在經濟利益的驅動下,某些不懂佛教的人也敢動手編寫佛教的書籍。從這個意義上講,上述著作反映了特定社會條件下的特定社會文化的現實情況,也有其特定的研究價值。但我們畢竟不可能,也没有必要把這些著作統統收入到大藏經中。因此,對於現有的各種佛教著作,就產生一個選擇取捨問題。

一方面希望大藏經所收資料儘量齊全,最好能夠將有關的佛教資料一網打盡;另一方面由於人力財力有限,必須對現有資料進行取捨選擇。這是一個矛盾。如何處理好這個矛盾? 關鍵在於掌握好取捨的標準,也就是掌握好"度"。

講到取捨標準,就必須兼顧歷代編藏的傳統。如前所述,古代編藏,凡屬根據西域引進原本翻譯的佛教典籍(包括少量與佛教相關的外道典籍）一律入藏，而對中華佛教撰著則依不同標準予以取捨。我認爲，這一標準對我們今天編纂大藏經依舊適用。也就是說，我們現在所謂的取捨標準，主要是對中華佛教撰著而言。由於部分古代中華佛教撰著已經入藏，而按照傳統與慣例，這些典籍應該照舊編入新的大藏經，所以問題實際又歸結爲對現存的古今未入藏佛教典籍，應如何確立其入藏標準，亦即應如何確立對中華佛教撰著新編入藏的標準。我認爲，從理論上講，是否可以按照如下原則確立新編入藏的標準：凡屬有新觀點，或有新資料，或采用了新的論證方法的著作，都必然對佛教研究有所貢獻，從而都應有入藏的資格。在這裏，對所謂“新觀點”，應當尺度從寬。亦即有些觀點，即使現在看來論據不足，似乎不那麼能夠站得住腳，但祇要它發前人之未發，我們就應該允許它存在。一個時代有一個時代的認知或價值體系，但每個時代都會出現一些超越本時代認知或價值體系的新觀點。如果我們在編藏時采取緊縮政策，則一些優秀的觀點就可能被緊縮掉，從而湮没掉。如果我們采取適度從寬的政策，把它們保留下來，則這些觀點可能會在將來的某個時候大放光彩。

　　確立了上述理論原則後，在具體的編藏實際中，如何正確地、全面地、適當地掌握上述原則，仍然是一個需要在實踐中認真處理的問題。我想，有兩點是應該注意的：

　　首先，標準的掌握，應該有科學的、實事求是的態度。在此，我們必須吸取古代編藏僧人的教訓。如唐智昇所編《開元釋教録·入藏録》，從來都被視作編纂大藏經的典範。但該撰著對中華佛教撰著挑剔極嚴，除了少量因“毗贊佛教有功”被智昇收入大藏經外，絕大多數典籍，包括中國佛教各宗各派闡述自己宗義的重要著作，統統被排斥在藏外，任其自生自滅，不少著作因而湮没無聞。這是中國佛教的重大損失，智昇难辭其咎。今天我們編纂大藏經，要把應該收入的典籍全部收入，給後人多留一些資料，而不要采取智昇那樣的態度，讓後人再來批評我們。

其次，"標準"也者，應該是客觀的。因此，我們不能以編藏者本人的好惡來衡量一部著作能否入藏。當年編纂《四庫全書》，館臣們按照清王朝的標準，把一大批著作剔除在外，以致今天人們需要重編《四庫存目叢書》，而《四庫存目叢書》中的不少書籍現在已經亡佚無存，不能不使人感到遺憾。今天我們編輯大藏經，不應該再使後人產生類似的遺憾。

前面談到，平庸乃至錯誤百出的著作也有其特定的價值，但我們又不可能把它們收入大藏。那麼，如何處理這些書籍？我以爲可以用編纂目錄與撰寫提要的方式保留它們的概貌。亦即凡是没有收歸入藏的著作，一律以目錄與提要的形式予以著録與反映。後人可以根據目錄與提要瞭解它們並進行研究。這種目錄與提要的另一個作用則是對我們工作中可能產生疏漏的一種補救措施。因爲我們雖然計劃把一切有價值的資料一網打盡，但這祇是一種理想。在實際編藏工作中是否能夠完全實現這一理想，還需要打一個問號。我們祇能儘量去做而已。所以，如果能夠把所有不入藏的資料全部以目錄與提要的形式予以反映，則等於設立了一條後衛防綫。如果我們有疏漏，後人可以依據這個目錄與提要，尋找他們需要的資料。

第二，國外漢文佛典問題。

衆所周知，漢傳佛教遍布於漢字文化圈，地域包括日本、朝鮮、越南。這些國家古代都使用漢字，當時這些國家的僧人所撰寫的佛教著作也都屬於漢文佛教撰著。那麼，新編的佛教大藏經是否應該把這些著作也收羅進來？

　　這裏實際又涉及這樣一個理論問題：我們説，佛教從印度傳入中國，與中國傳統文化相結合，在新的條件下醖釀發展爲中國佛教，從而使中國成爲佛教的第二故鄉。這就是説，中國佛教雖然以印度佛教爲源，雖然與印度佛教同屬佛教文化圈，但它實際上已經卓然獨立，成爲與印度佛教有著許多顯著不同特點的新的派別。那麼，中國佛教傳播到朝鮮、日本、越南等東南亞各國，共同形成漢傳佛教圈之後，朝鮮、日本與越南的佛教與中國本土佛教到底是什麼關係？是雖然流傳區域不同，但在理論與實踐上並無什麼實質性的差異，還是已經獨立成爲與中國本土佛教具有不同性質的朝鮮佛教、日本佛教與越南佛教，成爲漢傳佛教圈中新的支派？如果説上述三國的佛教與中國本土佛教沒有質的區別，則上述三國古代僧人的佛教著作自然應該是研究中國佛教的重要資料之一；如果説上述三國的佛教也已經卓然獨立，則三國僧人的著作更主要地反映了本國佛教的情況。這是一個需要認真研究的問題。當然，我在上面如此提出問題本身，就已經把一個複雜的問題簡單化了。實際上，佛教中國化有一個過程。如果説存在著佛教朝鮮化、日本化、越南化的話，必然也有一個過程。因此，不能簡單地以國別爲標準來區分這些著作對中國佛教研究的價值。

　　我主張上述三國的佛教仍然屬於漢傳佛教圈，但也必須看到佛教傳入上述三國後，與各有關國家的具體條件相結合，產生一些不同於中國本土佛教的新特點，成爲漢傳佛教圈中的新派別，因此，上述三國僧人的佛教著作可以分成多種情況。有的是由來華的留學僧寫的。這些留學僧中的不少人長期居留中國，有的甚至終生不歸，如玄奘門下的圓測等。他們對中國佛教的發展也做出了貢獻，他們的著作理所當然屬於中國佛教的範疇。有的是由短期在中國留學的僧人撰寫的關於中國佛教的著作，如日本圓仁的

《入唐求法巡禮行記》等，是我們研究中國佛教不可或缺的重要資料。有的是由親鸞這樣的僧人完全依據本國的實際情況編纂成的佛教著作，這一類著作基本上應算作研究該國佛教的資料。也有的如新羅元曉，他的著作既參與中國佛教對若干佛學問題的討論，又是研究新羅佛教的寶貴資料。總的來說，可以分爲兩大類：一類與中國本土的佛教有關，一類與中國本土的佛教基本無關。但世界上的事情是複雜的，不少問題往往很難截然分開或判斷其性質。

由此，我認爲對古代外國僧人的漢文佛教著作，應該區別情況對待之。對與中國本土佛教有關的著作，毫無疑問應當收歸新編的大藏經。對於性質一時難辨的，也不妨收歸入藏。至於明確與中國本土佛教無關的，祇要人力、物力諸方面許可，也應該收入。我們中華民族本來就有這種兼蓄博收的廣大胸懷，現在應該更加發揚光大。即使一時條件有限，暫緩入藏，最終也應該把它們收進來。

第三，梵、巴、藏佛典及近代佛教著作的翻譯問題。

大而言之，佛教可以分爲印度佛教、南傳佛教、漢傳佛教與藏傳佛教。所傳承的分別是梵文（包括各種印度俗語）典籍、巴利語三藏、漢文大藏經、藏文甘珠爾與丹珠爾。與印度佛教已經衰亡相應，梵文典籍也已經雲散，目前僅有少量尚存。其他三大語系的佛教流傳至今，其典籍也保存完整。在此值得一提的是，我國是世界上唯一的三大語系佛教俱存，三大語系佛教典籍保存完整的國家。因此，編輯大藏經，從廣義的角度講，不僅僅包括漢文大藏經，還應該包括巴利語三藏與藏文甘珠爾、丹珠爾。正是出於這種考慮，20世紀80年代初計劃編纂《中華大藏經》時，便有分階段逐步編纂漢文部分、藏文部分、傣文部分的設想。如今，《中華大藏經》漢文部分的上編已經編纂完成，藏文部分的編纂已經正式展開。繼續完成《中華大藏經》漢文部分的下編，以及按照原計劃編纂《中華大藏經》的藏文部分與傣文部分，是擺在我們面前的繁重的任務。

上面祇是問題的一個方面。問題的另一個方面是梵、巴、藏等佛典的翻譯。亦即將現存的梵、巴、藏等佛典全部翻譯成漢文，使我們的漢文大藏經包羅現存印度所有佛典及三大語系所有佛典，成爲世界上最爲完備的大藏經。這是我國佛教界、學術界想了近百年的事，它對中國佛教的健康發展，對中華民族的團結與交流，對佛教圈各國的團結與交流無疑都有著重要的積極意義。不過兹事體大，需要認真規劃統籌，組織與培養人才，非一朝一夕之功所能成就。我以爲不妨根據現有條件，先做起來，至於將來怎樣，祇好有待各種因緣條件之成熟了。與此事相關的是近代國外佛教學者名著的翻譯。他山之石，可以攻玉。這些書籍的翻譯對我國佛教研究的進一步深入自然有著重要的參考價值。不過，我以爲這類書籍翻譯後可以專門編爲叢書，不必編入大藏經，因爲它們既不是傳統意義上的佛教經典，其原文也不是漢文。

第四，形象性資料問題。

除了文字性資料外，還應該考慮收入關於佛教的各種形象性資料。其內容，除了《大正藏》的"圖像部"所收的圖像外，還應該包括雕塑、繪畫（包括壁畫）、建築、法物器具等其他非文字的形象性資料。

（二）編排科學

任何一部成功的叢書，總要有一個結構分類，以便把所收納的典籍組織成一個有機的整體，大藏經也不例外。這裏包括兩方面的問題：藏經的總體結構應如何科學地設計，某些具體典籍應如何正確地歸類。

我國大藏經的總體結構，是從南北朝到盛唐，經歷了數百年的反復研究，纔由智昇基本確定的。智昇確定的大藏經結構垂範千年，爲人們所稱道。但這一結構也有缺點，即受中國佛教重大輕小的傳統及某些派別判教思想的影響。"因此，他沒有，也不可能考慮到怎樣努力用大藏經的結構來反映佛教發展的歷史綫索。"①明代我國僧人曾經對智昇確立的大藏經結構體系進行變革，但衹是采用不同的判教體系而已，其指導思想則沒有任何改變。20世紀日本《大正藏》纔真正打破古代的傳統，改用歷史發展的眼光來看待佛典並進行分類。《大正藏》的分類實踐固然還有不少問題，但它在佛藏結構分類方面的開創性功績應該充分肯定。此後，不斷有學者從各個不同角度提出新的分類方案。臺灣《佛光大藏經》也正沿著《大正藏》的同一思路進行佛藏結構的新的探索。這些探索都值得肯定。在我國近幾十年來影響較大的是呂澂先生的《新編漢文大藏經目錄》，目前有的圖書館依據這部目錄整理館藏佛教典籍，也有先生主張依據這部目錄編印新的大藏經。但我認爲這種主張不可取。呂澂先生的目錄在不少具體經典的審定上用功甚大，許多具體結論都值得我們參考與吸取。但該目錄在總體結構上沒有擺脫中國傳統大藏經的重大輕小及判教思想的影響，還在傳統的大藏經結構中轉圈，因此不能作爲我們今天編纂大藏經的結構基礎。

我認爲，設計新的大藏經的總體結構的基本原則應爲：

1. 采用科學分類的方法。走《大正藏》已經開闢、《佛光大藏經》正在進一步實踐的路。

2. 既要考慮佛教的學科組成，又要照顧佛典的現實情況。既要有完整的結構體系，又要有可操作性。

———————

① 參見方廣錩《八—十世紀佛教大藏經史》，第42頁。

　　現在,對應該實踐上述第一條原則,人們比較容易達成一致的認識。但對於上述第二條原則,則想法一時還不能完全統一。海內外相當一部分先生總是希望先設計出一個較爲理想的大藏經結構方案,然後按圖索驥,把收羅到的佛典填充到這個結構中去,並且也已經設計出好幾套方案。縱觀這些方案,大抵理想主義的色彩比較濃,相對而言,在可操作性方面就差一點。因此,我建議對大藏經結構問題,不急於馬上提出方案。是否在廣泛收集各種應該入藏資料的同時,組織一個班子,對大藏經結構問題作充分的前期研究。在充分把握已經收集到的各種佛典的全貌的基礎上,充分分析研究歷史上各種大藏經結構之優劣,充分分析研究已經提出的各種分類方案的優劣,然後提出我們的方案。再召集有關專家多次論證,最後定稿。這樣制定出來的分類結構可能較爲科學,且較能適合現存佛典的實際情況,便於操作。這項工作可與入藏資料的收集同步進行,即同時開始,同時結束。

　　至於對某些具體典籍的歸類問題,一般可在解決上述大藏經結構體系的過程中同時得到解決。個別難點則可視具體情況個別處理。

　　歸根結底,分類的作用是三條:一是通過分類反映佛教理論的總體框架並反映某一部典籍在該框架中的地位;二是反映某一理論的學術淵源、流變及與該理論相關的具體典籍;三是便於檢索。從這個角度講,上面所講的佛典的結構分類及其對策,更多地是針對傳統的書冊本大藏經而言的。但目前書籍已經進入數字化時代,新出現的這種數字化書籍,有沒有可能對書籍的傳統分類方式及理論提出革命性的變革? 數字化的大藏經是否可以采取完全不同於傳統的檢索方式? 可不可以這樣設想:除了以傳統的版本項作爲檢索點之外,充分利用電腦高速運轉與字符串檢索的性能,通過檢索主題詞爲主、書目提要爲輔的方式來實現上述傳統分類的三大功能。我想，祇要大藏經總體的主題詞體系及每一部典籍的具體主題詞設計得科學準確，上述設想是有可能達到的。如果真的這樣做，入藏典籍便無須分類，祇要按照普通的流水號進行大排行編號就可以了。原來一直困擾我們的，必須把大藏經全部編輯完成，纔能按照結構次序逐部出版的問題也就不復存在。我們可以完全不考慮結構體系，僅以流水號爲順序，哪部典籍整理完畢，就先輸入那一部。我想，我們不妨依照這種設想先做試驗，如果能夠成功，則在數字化大藏經中，傳統的分類方法將被廢除。

當然，這裏必須強調指出的是，數字化大藏經所廢除的祇是傳統的書册本大藏經外在的分類方法，而內在的對佛教理論框架的研究，對某一佛典學術淵源及思想傾向、學說內容的研究不但不能廢除，而且必須加強。祇有這樣，纔能真正科學地設定全藏的主題詞體系與每一部典籍的主題詞。從這一角度講，數字化書籍的主題詞體系的設定不是對傳統分類法體系的廢除，而是站在傳統分類法體系基礎上對傳統分類法的全面揚棄。因此，即使對於數字化大藏經來說，前面所述組織一個班子對大藏經的結構體系與某些典籍的具體歸屬先期進行全面研究，仍然是十分重要的。

（三）使用方便

藏經是一部收羅宏富的大叢書，篇幅浩大，內容龐雜。如何使管理者能夠有條不紊地管理它，使讀者能夠方便自如地使用它，就是一個很大的問題。在古代，經過長期努力，人們終於創造出千字文帙號這樣有序的字號，以此來管理與檢索藏經。現代，隨著書籍載體的變化與學術的發展，所謂方便地使用藏經就不僅僅局限在外部帙號這一個問題上，它包括載體形式、校勘標點、目錄索引、實用辭書等四個方面。

1. 載體形式

在古代，佛典的載體形式主要有紙質與石質兩種。紙質者就其裝幀外形而言，又有卷軸裝、縫綴裝、粘葉裝、梵夾裝、蝶裝、經摺裝、綫裝，等等，近代又出現平裝、精裝、特精裝，等等。石質則有碑版、經幢、摩崖之不同。總的來説，載體與裝幀隨著時代的演進而不斷進化。一方面沿著更加方便實用前進，另一方面沿著更加豪華氣派發展。目前，世界書籍的載體雖然仍以紙質書册爲主要形態，但數字化書籍正在迅猛發展。有的人預言，數字化書籍進一步發展，終將使紙質書册趨於消亡。但我認爲，數字化書籍與書册版各有各的優勢，恐怕誰也不能取代誰。起碼在我們可以預期到的將來，書册版必將繼續在人類文化生活中占據重要地位。此外，從佛教大藏經的角度來考慮，如前所述，它除了義理性、備查性的功能之外，還有信仰性功能。這種信仰性功能要求大藏經能夠外化爲某種能夠引起人們崇敬心理的形態。書册版大藏經能夠起到這種作用，因爲當人們面對藏經樓上數百、數千册莊嚴精美的書册版大藏經時，很容易産生"法海無涯"的贊嘆之情。但不能想象人們會對一片薄薄的光盤也産生同樣的感情，並去頂禮膜拜。因此，我們現在編藏，必須兼顧當前與將來、學術研究與宗教供養，應該是書册版、數字化兩種形式並重，不可偏廢。①

無論書册版還是數字化，都可以有影印原典、校訂重排兩種形式。從保存原始資料、快速簡便來説，當數影印。目前坊間影印出版的大部頭佛教叢書不斷涌現，正是因爲出版商看中影印本簡便易行、利潤豐厚的緣故。好的影印本的確起到提供稀有資料與稀

---

① 采用 3D 技術，也許可以讓數字化大藏經發揮其信仰層面功能。這是一條值得探索的道路。——2016 年補註

有版本的作用。但是，目前不少影印的佛教叢書祇是從常見大藏經中選取若干典籍，所收既非稀有文獻，又沒有原原本本地完全按照原樣影印，而是任意修版、割版，還不做任何說明。這樣，不但沒有提供資料的價值，反而起到魚目混珠、淆亂版本、誤導研究的惡劣作用。這是我們不應該提倡的。

如果從學術性、普及性、影響力講，無疑要屬重排。因為祇有重排，纔能夠把對佛典的校勘成果直接反映在正文中，並進行標點，以向讀者提供一個具有較高學術水平的精校標點本。祇有重排，纔能夠用正字法把各種版本佛典中的正俗字、古今字、異體字、錯別字等文字的問題解決掉，減少人們閱讀的困難。還有，由於底本來源不一，如果采用影印，則編成的大藏經必然是百衲本；祇有重排，纔能夠使它版式劃一，肅穆莊嚴。此外，單純影印，反映的祇是編纂者收集資料的功夫；祇有重排，纔能真正反映出編纂者整理資料的水平。因此，我們要編纂出總結當代、開創未來的高水平大藏經，除了重排，別無他途。

那麼，是否此次編藏祇考慮重排，完全不考慮影印？我以為也不必那麼機械。實際上，如果我們能夠把歷代諸種藏經分別影印，則這些影印本不但可以成為此次編藏的原始資料，成為今後深入研究的基本依據，也可以成為各寺院珍貴的供養本。可以設想，在為編纂大藏經收集資料的過程中，會自然具備影印歷代藏經的條件，我們不應放棄如此難得的機緣。因此我建議：立足於重排，不放棄影印，重視配套，錯落發行。

既然是書冊版、數字化並重，以重排為主，不放棄可能條件下的影印，那麼，在電腦錄入的時候，是否可以不采用目前通行的人工打字，而采用掃描。即第一道工序，先將底本按照原樣掃描收入電腦。第二道工序，由電腦進行單字辨認，確定正字。當底校本均用這種方式掃描完畢,即可以利用電腦自動校勘程式校出各本的異同,然後送給專家審定,以選用正文,確定異文。采用這種方式的優點是:

(1)可以回避目前海内外在實施數字化佛典計劃中普遍遇到的録入員不認識繁難漢字及校對瓶頸問題。

(2)可以減少錯誤率。

(3)可以大大減輕校勘的工作量,從而大大加快校勘的速度。

(4)可以產生出一個重要的副產品:《漢字正俗字、古今字、異體字、錯別字大彙》(以下簡稱《大彙》),並對此進行各種數理統計。由於大藏經字數多,年代久,對全體漢字的覆蓋面之廣無與倫比,因此,這一《大彙》一定會具有極大的學術性與權威性,從而對漢字本身的研究與規範化,對漢字的電腦化,都將是重大貢獻。

(5)可與前述影印歷代藏經的工作配套進行。

當然,上述設想的前提是電腦有承擔這些工作的功能,或可以開發出這些功能,否則,祇能是空想。這個問題要請電腦專家來回答。

2.校勘標點

在當代,古籍整理中有無校勘與標點,其校勘標點的水平如何,是衡量這一古籍整理是否成功的重要標準。

佛典校勘指底校本對勘、中文與其他文字(即中文與梵、巴、藏文)對勘。校勘工作可以有各種做法。就底校本對勘而言,我們就可以設計出幾個方案。

比如:

(1)像《大正藏》與《中華大藏經》那樣,對底校本祇指異,不辨正。如果這樣,則如前所述,祇要電腦有自動校勘程式,即可承擔,不必再由專家厘定。

（2）像我們《藏外佛教文獻》的各種整理本那樣，以既"精"且"博"爲標準，一律辨別正誤，並羅列異文。那麼，必須動員一批專家參加厘定。

又比如：

（1）雖然校勘，但並不依據底校本原典一字一字去校，而是充分利用前人的校勘成果。這種方案是針對人工錄入而言的。這樣做的好處是可以大大加快速度，風險是如果前人校勘有錯誤，則我們也跟著錯。如果采用電腦掃描錄入，電腦校勘，則這種方案全無用處。

（2）雖然也參考前人的校勘成果，但自己照舊老老實實地、一字一字地將底校本全部審校一遍。這種方案，無論對於人工錄入還是掃描錄入，全都有效。

就中文與其他文字對勘而言，也可以有不同的方法：

（1）凡有相應原本者，一律逐字核對。

（2）僅核對重要名相與專用名詞。

同樣，標點也可以有不同的做法。比如：

（1）祇斷句。

（2）加句讀。

（3）部分采用新式標點（即采用部分適用於佛典的標點符號，廢棄部分不適用於佛典的標點符號）。

（4）全式標點。

（5）上述幾種形式並存，即哪種方式適用，就采用那一種。

考慮到漢文大藏經總體規模達四億五千萬字，考慮到大藏經存在著諸種不同版本，我們必須對校勘與標點的工作量之大有充分的估計。實際上，至今爲止，祇要是重排本，則所有編纂大藏者的主要精力都是花費在校勘與標點上。我們也不會例外。既然，校勘與標點是我們編藏,也是目前所有從事佛典整理的人不可回避的大事。應該怎麼辦? 我認爲,考慮到電子文件的開放性、易於修改性與便於升級性,是否可以提出這麼兩條基本原則:

(1) 放眼長遠,必須堅持高標準,進行認真的校勘與標點。

(2) 立足當前,適當采取一些變通的辦法。

就是説,一方面我們必須樹立高標準,堅持高標準;另一方面,我們可以把這個標準的實現分解爲若干個階段,確立每個階段的現實目標。這種現實目標應該是適合我們每個階段的實際情況的,經過努力可以做到的,又必須是與下一階段目標乃至最終的高標準相銜接的。根據我的經驗,上述問題,祇要事前考慮周全,安排好,具體實施起來並不太難。如果在全面啓動之後,中途再作改進,則會相當困難,甚至雖有好的方案而無從措手足。此外,事先統一思想便於和衷共濟,中途變法改革容易引發糾紛,這也是可以理解的。

3. 目録索引

準確的總目、詳盡的版本目録及各種實用索引是衡量一部大藏經學術水平的重要依據,也是使讀者便於利用該大藏經的有效方法。

總目是對該大藏經的總體把握。版本目録則需要詳細交代底校本的情況。實用索引包括經名(含異名)索引、譯著者索引、詞語索引。由於采用電腦工作,目録與索引的具體編制過程將會比較順利,但需要解決好如下幾個問題:

(1) 異譯本的比照、著譯者的考釋。歷代大藏經中遺留的此類問題比較多,給佛教研究製造了不少混亂,我們應該解決之。

(2) 最佳電腦檢索系統的編程或選擇、人工采詞與電腦采詞的最佳配合。

（3）人工采詞需要對佛教有相當研究的人員纔能夠承擔，必須注意這方面人才的組織與培養。

4. 實用辭書

很多人認爲佛典很難讀，視之爲畏途。其實，佛典的思想並沒有深奧到令今人無法理解的地步。佛典的難讀是由於其他原因造成的，其中一個重要原因就是佛教有一套固有的名相、法數，也就是有一套自己的概念體系。不瞭解某學科的概念體系，就無法讀懂某學科的書籍，這是很自然的事。我們如果能夠爲大藏經編撰配套的實用辭書，將是這部大藏經的創新，也將是使這部大藏經更加學術化、普及化的重要途徑。實用辭書與數字化大藏經配套，可以使這部大藏經的使用極爲方便。

我認爲，可以先從現有的佛典音義、《翻譯名義集》等古代辭書及有代表性的佛教詞典、梵巴藏詞典等現代辭書采詞，編纂成資料庫，進而將該辭書資料庫與前述詞語索引以及佛典原文做成關聯資料庫。這樣，在閱讀某部佛典，需要瞭解某詞的意義時，可以查閱古今諸詞典對該詞的解釋及其他佛典對該詞的用例或解釋。這對佛典的理解與外文翻譯，作用極大。現在我們沒有力量來編纂新的大型佛教詞典。但上述實用辭書的編纂，必將爲今後編撰高質量佛教詞典奠定基礎。

我想，如果我們能夠編纂出符合上述標準的大藏經，那就可以說在佛教史上，在中國文化史上，在世界文化史上樹立起一座豐碑。這將無愧於前人，無愧於後代。

三、 有沒有可能編纂出這樣一部大藏經

我們有沒有可能編纂出這樣一部大藏經？

編纂這樣一部大藏經需要如下條件：良好的外部環境，充裕的人力、財力、資料資源，電腦技術保證。

第一，就外部環境而言。

目前我國社會穩定，經濟發展，正逢中國歷史上少有的盛世之一。我國既有盛世修典的傳統，又有歷代編藏的傳統。宗教界、學術界對編纂一部高水平大藏經已經企盼了近百年，有著現實的積極性。社會各界對佛教的認識與觀感也正逐步趨於符合佛教的本來面貌。應該說，良好的外部環境這一條已經基本具備。實際上，海內外各種各樣的編藏工程已經啓動。

第二，人力主要指參與具體工作的人員。

包括：(1)收集、鑒定、整理資料人員，(2)校勘標點人員，(3)電腦工作人員，(4)攝影人員，(5)公關人員，(6)後勤服務人員，(7)學術指導人員。

人力包括質、量兩個方面。我國目前有一批德高望重的老專家，有一批中青年學者，新的力量還在成長。從總體實力看，應該說不亞於當年編纂《大正藏》的班子。我們既充分吸收前人編藏的經驗教訓，又有編纂《中華大藏經》(上編)的實踐經驗。因此，在人員的素質方面，應該說基本符合條件。問題是怎樣在一個共同的目標之下把這批力量組織與團結起來。人員的量則以工作量最大且要求有相當水平的校勘標點人員爲例談談。假如新的大藏經總量爲四億五千萬字，擬定用七年時間校勘標點完，則每年需要完成七千萬字。又假如每個符合條件的工作人員利用業餘時間每月可以校勘標點五萬字(平均每天校勘標點一千七百字)，每人每年可以完成五十萬字，則我們如果能夠從全國近年培養的佛教、中哲史的碩士、博士中，從全國各大學哲學系的教師中，從各佛學院的師生中以及其他符合條件的人員中選聘一百四十人從事這項工作，再在北京選聘二十個水平相對較高的人員專門進行復核，就可以了。祇要有經濟力量，經過努力，在全國選聘二百個左右符合所需條件的人員還是可以做到的。

實際上如前所述，可以讓電腦承擔相當大一部分校勘工作，從而大大減少校勘人員的工作量。而且，現有佛典完全没有標點、需要從零做起的祇是極少數，大部分佛典已經有句讀或斷句。因此，校勘標點問題並没有想象的那樣困難。

編纂大藏經，並非僅是簡單的佛教文獻整理，應該把它同我國佛教的健康發展聯繫起來，統籌安排。講到佛教的健康發展，用佛教語言來説，關鍵是"紹隆佛種，續佛慧命"，也就是接班人的問題。而接班人不僅需要熟悉佛教儀軌，遵守佛教戒律，還必須精通佛教義理，甚至能夠發展佛教義理。我認爲，佛教理論是佛教的靈魂。宋、明以前，印度佛教的理論不斷傳入，中國人在消化這些理論的過程中不斷有所創新，從而使佛教生機勃勃，在意識形態領域擅一時之勝場。宋、明以降，印度佛教已經衰滅，源頭活水已斷，中國佛教此時既没有理論上的重大創新，原有的佛教理論又爲宋、明理學所吸收，於是祇剩一個信仰的軀殼，這是佛教走向衰落的重要原因。我們説近代佛教復興，其標志首先是"南歐北韓"及一批高僧大德對佛教義理的鑽研與弘揚。因此，對當前佛教界來説，培養一批高水平的理論人才，提高理論水平，提高文化檔次，乃是當務之急。編纂大藏經，對於佛教界來説，也正是培養佛種、弘研義理的極好機遇。所以，是否可由中國佛學院（或擬議中的中國佛教大學）開設有針對性的專業，一邊學習，一邊參加編藏實踐，在工作中培養，在實踐中提高，培養出一批跨世紀的高僧大德。其實，對學術界而言，也同樣應該利用編纂大藏經的機會，爲 21 世紀培養出一批不務空言的專家學者。如果大家都從這個思路來考慮問題，則我們編纂大藏經，既出成果，又出人才，還能促進佛教及佛教研究的健康發展。幾全其美，何樂而不爲？

總之，人力問題固然有困難，但並非不可解決。

第三，大藏經如此巨大的工程，耗資必然數額巨大。

根據資料，日本《大正藏》共耗資兩百八十萬日圓，瞭解 20 世紀二三十年代日本物價水平的人都知道，這在當時是一筆相當大的資金。《中華大藏經》（上編）共接受國家撥款人民幣一百五十八萬。那是由於 20 世紀 80 年代初的社會觀念與現在大不一樣，也由於《中華大藏經》是國家項目，各單位都比較支持。我們借用的資料，基本上都沒有支付資料費，雙方協定，由中華大藏經編輯局贈送各資料收藏單位一部《中華大藏經》（上編）作爲感謝。另外，所聘人員的報酬都比較低，應聘人員大多屬於離退休後發揮餘熱，甘作貢獻。但上述做法顯然已經不再適合目前的情況。我們現在編纂《藏外佛教文獻》，深感無錢困難重重，寸步難行。由於經費緊張，許多事情都想儘量省錢，結果適得其反，反而更加費錢，由此捉襟見肘，狼狽不堪。教訓實在深刻。

本人一介書生，對於經濟問題純屬外行。按照上述設想編纂一部理想的大藏經，究竟需要多少經費，要由有關專家框算。不過，編纂工作是逐步展開，在若干年內完成，後期可與藏經的出版發行配合進行，所需經費也就可以滾動解決。所以，實際上需要籌備的祇是前期的經費。

目前，佛教界結緣經書的印刷量很大。有的結緣經書無論是內容還是印刷，都可以稱爲上品。但大多則是平平，其中也不乏粗糙拙劣之書籍。這些粗糙拙劣之書，從世法說是僞劣產品，從佛法說是褻瀆正法。因此，如果能夠把目前印刷結緣經書的資金吸引和集中起來，一方面印刷一些精品經書結緣，另一方面則可用於大藏經的編纂。實際上，結緣經書與大藏經兩者本來就可以充分協調，相互爲用。即用大藏經編纂人員整理出的精校定本作爲結緣經書印刷，其傳播正法的作用自然遠遠超過在條件沒有保證的情況下粗製濫造印出的書籍。而編纂印刷大藏經，本身就是功德更加無量的結緣勝事。

目前，海內外電子佛典的發展勢頭如同萬馬奔騰。遺憾的是各自爲戰，缺乏協調，由此造成人力、物力的極大浪費。如果能夠把這些分散的力量集中起來，則經費問題的解決也就容易得多了。

當然，這樣的事情說起來容易，做起來難。"蜀道之難，難於上青天。"把海內外分散的結緣資金、分散的編藏力量集中到前述編纂大藏經的總目標下，可能比李白越蜀道更難，"側身西望長咨嗟"。

第四，編藏要有資料，沒有資料一切都是空話。

如前所述，新編藏經包括歷代入藏與新編入藏兩大部分。歷代正藏、續藏資料現成，祇要整理、考訂、校勘、標點即可，關鍵工作在於新編入藏。

應該新編入藏的藏外佛教文獻主要指古代佚籍（包括敦煌遺書、海內外各宗教、圖書、文博部門及私人收藏未入藏佚籍），近現代新譯（從梵、巴、藏、日等文字譯出），散見於正史、地方史志、金石、檔案、個人文集乃至各種叢書、類書、專著中的佛教資料，此外還有今人撰著。雖然範圍很大，但是目標清楚。祇要有關收藏單位積極配合，收集起來應該沒有問題。當然，我們必須充分估計國內因部門封鎖資料而產生的困難。另外，不少資料散在境外，包括中國香港、臺灣等地區及日本、朝鮮、韓國、越南等國，西方則以英、法、俄、美、德、意、荷爲主。我們有沒有可能把這些資料都收集起來？

總的來説，已經入藏的典籍，猶如陳列在公共圖書館中的圖書,誰都可以利用。因此,我們也好,任何一個企圖編纂藏經的組織與團體也好,誰都無所謂的優勢。當然,如果講到歷代藏經的版本,則優勢在中國與日本,日本的版本優勢在宋、元,中國的版本優勢在明、清。至於新編入藏部分,雖說海外散落了一大批中國已經亡佚的資料,但從總體看,應該說我們還是有優勢。我們應該充分發揮這個優勢。當然,編纂一部高水平的大藏經實際是世界華人的共同心願與事業,也是整個漢傳佛教文化圈的共同事業與理想,是東亞人民對人類文化的共同貢獻。我們要有發動與團結一切力量,共同做好這件曠世大事的大願心、大胸懷,不要有封疆劃界、唯我獨尊的想法。當然,作爲一個中國人,一個華人,毫無疑問應該爲祖先留下的這份文化遺產承擔更多的責任。

第五,對於電腦技術,本人是外行。

從外行的角度考慮問題,大致有如下幾個方面:漢字字庫、檢索系統、單字掃描、關聯資料庫。這些問題要靠電腦專家來解決。電腦技術本身正在一日千里地發展,即使我們現在就動手編纂,第一批成果的正式發行也要到五六年之後,所以,即使現在電腦方面還有一些技術難關,相信還有時間來逐一解決。

綜合上述五點,我認爲,編纂大藏經及其數字化的基本條件已經具備,現在的關鍵是必須有國家強有力的支持與充足的財力。如果這兩個方面能夠保證,前景是樂觀的。

以往的經驗證明,祇要國家重視,集中力量去做,就沒有辦不成的事,也沒有辦不好的事。大藏經編纂也是這樣。

四、 怎樣來編纂這樣一部大藏經

怎樣纔能編纂好我們所希望的這樣一部大藏經?

　　大家知道，1982年，在當時國務院古籍整理出版規劃領導小組，尤其是在李一氓同志的支持下，由任繼愈先生主持，成立了"中華大藏經編輯局"，開始了中華人民共和國的大藏經編纂事業。這項工作從1982年年中立項上馬，1994年底完成上編，共十二年半。我是1984年秋開始參與的。該事業前期由李富華同志作爲任先生的助手，協調工作。我則在前期中的半年，加上後期，共約六年半，作爲任先生的助手協調工作。我出國期間，由其他同志負責。由於參加這項工作時間比較長，對情況，尤其對後期的情況比較瞭解。所以在此想介紹一下《中華大藏經》的編纂情況與我們對下一步工作的設想。我希望《中華大藏經》計劃與我們現在討論的大藏經編纂協調進行。

　　《中華大藏經》最初計劃分爲正、續兩編，正編收入歷代大藏經之有千字文帙號的部分，續編收入歷代大藏經之無千字文帙號的部分。也就是說，正、續兩編合起來，相當於傳統大藏經的正藏與續藏。如前所述，新編入藏應該成爲我們今天編纂大藏經的重點，正因爲考慮到這一點，所以我們內部後來有過增加第三編，即新編入藏的設想。但又考慮到大藏經本身應該是一個嚴密的體系，如果采用上述正編、續編、第三編的方式，則將割裂這一體系，所以決定改爲上、下兩編。上編爲歷代大藏經之有千字文帙號的部分，即原來的正編；下編的主體爲歷代大藏經之無千字文帙號及新編入藏部分，並以存目的形式包容上編，從而使下編以一個嚴密完整的大藏經的面貌出現。上編共一百零六册，每册一百萬字左右，總計一億六百萬字，編輯工作已在1994年結束，至今已經出版了九十册，全藏可望在今年全部出版。下編的準備工作正在進行。

　　上編以《趙城金藏》爲基礎，加上其餘各藏有千字文帙號的佛典影印而成。由於受這一方式的影響，如標點等問題根本不可能考慮。現在有些同志對《中華大藏經》有一定的意見，如標點問題、結構編次問題，等等，戲稱之爲"百衲本"。這些批評都是正確的。編纂之初，的確希望這部《中華大藏經》能夠起到取代《大正藏》的作用，而現在實際上《中華大藏經》（上編）没有能夠完全實現這個目標。但《中華大藏經》（上編）收入了不少《大正藏》没有收入的資料，《中華大藏經》依據有代表性的八種藏經，尤其是首次全面利用《房山石經》作了校勘，這都是其他藏經没有做到的。但它畢竟是十四年以前上馬的一個項目，與現在相比，當時各方面條件都比較差，尤其是人員基礎差。除了少數專業人員外，《中華大藏經》主要依靠從社會招聘的離退休人員（大多爲中學教師與機關幹部）完成的。所以，《中華大藏經》成爲現在這個樣子，完全是當時的條件所決定的。

從中華大藏經編輯局的角度來説，我們對此也並不滿意。任繼愈先生多次指示要設法改進，要提高質量。1986 年，我們曾經特意向國務院古籍小組提出過改進意見。但是，當時《中華大藏經》已經出版了十餘册，有關人員表示，如果進行改動，那已經出版的怎麼辦？的確，一部大叢書，體例一旦確定，前若干册書一旦推出，則很難再做更改。這也是我們今天從事大藏經編纂必須重視的問題。

對於《中華大藏經》的下編，我們考慮其工作大體分三個階段。

第一，準備階段，約五年。

目標：本階段完成資料收集、整理、考釋工作，大藏經結構架構工作，編撰出大藏經總目初稿、版本目録初稿、經名索引、譯著者索引。完成電腦硬、軟件諸項準備。從第二年或第三年開始，穿插進行電腦録入、校勘標點，以此組織與訓練隊伍，並開始詞語索引與實用辭書的編輯。

第二,編輯發行階段,約八年。

目標:按照總目順序,全面鋪開編輯(校勘、標點、定稿)。校勘標點工作按照前述每年七千萬字的速度進行,到第五年可以全部完成。復核定稿工作也按照每年七千萬字的速度進行,到第七年可以全部完成。本階段第二年開始可以按照每年七十冊(每冊一百萬字)的速度出版發行書冊本,到第八年全部出版(總計四百五十冊)。待詞語索引與實用辭書之關聯資料庫配套成功,主題詞體系設計完成,開始發行光盤版。

第三,收尾後續階段,約二年。

目標:處理善後事項。

限於時間與篇幅,上面祇是粗綫條地介紹我們的基本設想,這是以我們多年的實際工作經驗爲依據的。我們是按照全藏四億五千萬字計算校勘、標點、復審、定稿的工作量,而實際上全藏需要校勘標點的並沒有四億五千萬字。就復審、定稿而言,亦有繁難與簡易之不同。因此,上述計劃還是留有相當大餘地的。此外,如果充分發揮電腦的功用,還可以大大減少上述工作量。

當然,如前所述,上述設想是以國家强有力的支持與充裕的財力保證爲前提的。否則,祇是空想。

編纂大藏經,學術性極强。沒有有關專家的大力支持與指導,不可能做好這項工作。因此,我們正在爭取成立一個"中華大藏經研究會",希望以此作爲學術後援,起到學術顧問的作用。

由於上面所述的《中華大藏經》(下編)計劃十分龐大,沒有充足的財力,充分的準備,不能輕易上馬。因此,我們在中國佛教文化研究所等有關單位的支援下,先辦了一個《藏外佛教文獻》,我們的想法是在目前條件下,能夠做多少事,就儘量先去做。以後條件成熟了,這些經過整理的藏外佛教文獻就可以收入《中華大藏經》

（下編）。即使我們的《中華大藏經》（下編）由於種種原因不能上馬，我們整理的資料也可以爲其他人編纂大藏經所用。大藏經的編纂是民族之大事，世代之大事。吳立民先生説"功成不必在我"，我十分贊同這一觀點。

編輯大藏經，澤被千秋。但兹事體大，談何容易。不過，既然利國利民，則即使我們這一代沒有條件實現，後代也會進行。所以，我現在的想法是，祇要抱著祇講耕耘，不問收穫的心情，盡自己的力量，能做多少，就做多少，自然功不唐捐，事不虛抛。歸根結底，一打方案，不如一步實際行動。話説得再多也沒有用，事情必須一點一滴地去做。

當然，我更加殷切地希望當代中國佛教界、學術界團結起來，勇於面對歷史賦予我們的責任，承擔起這一偉大的事業。

［附記］

1996 年 4 月 9 日到 10 日，國務院宗教事務局主持召開了"大藏經編纂及其電腦化學術研討會"，本文是筆者遞交該會議的論文，該文在遞交以前曾經任繼愈先生審閱。這次會議的論文全部發表在《藏外佛教文獻》第二輯，可以參看。

筆者在本文中提出的設想，目前正在創造條件，一步一步實踐中。

境外大藏經編輯及數字化大藏經的情況①

一、前　言

　　籌備會議的先生指定我談一談境外大藏經編輯以及數字化大藏經的情況。我是一個關門做學問的人，對外界的情況瞭解得很不夠。下面談的有些情況是我自己掌握、瞭解的，關於中國臺灣地區與美國的不少情況則是盧潯先生最近從互聯網上收集到以後提供給我的，還有一些情況則是張新鷹先生提供的。在此特向盧潯先生與張新鷹先生表示感謝。由於條件有限，今天介紹的情況肯定不夠全面與正確。錯漏之處，請大家指正。

　　大藏經是中國人創造的一個辭彙，指佛教典籍的總彙，在古代中國，它主要指漢文佛教典籍。在現代中國，大藏經除了指漢傳佛教傳承的漢文大藏經、南傳佛教傳承的巴利語大藏經、藏傳佛教傳承的藏文大藏經外，還包括諸如梵文佛教典籍、各種西域文字佛教典籍以及我國的西夏文大藏經、蒙文大藏經、滿文大藏經。範圍更廣一點，甚至可以包括近代以來出現的日文佛教典籍（如《國譯一切經》）以及外文翻譯的佛教典籍。

---

① 原載《法音》，1996 年 5 月號，收入《藏外佛教文獻》第二輯。收入本書時有修訂。

　　從重要性而言,上述諸種佛教典籍,有的因亡佚過多而零亂不成系統,有的則是從現存的其他藏經中流出。所以,最爲重要的是現存三大系佛教所傳承的巴利語大藏經、漢文大藏經與藏文大藏經。不過,由於"大藏經"這個詞是中國人創造的,所以雖然中國人用"大藏經"指代世界上各種文字的佛教經典,並創造出諸如巴利語大藏經、藏文大藏經這樣的名詞,但這些名詞基本上衹在漢傳佛教區域内流通。在南傳佛教區域,人們稱自己的佛教典籍爲"三藏"。在藏傳佛教區域,人們稱自己的佛教典籍爲"甘珠爾""丹珠爾"。正像我們用"大藏經"來稱呼南傳佛教的巴利語三藏一樣,南傳佛教區域的人們則用"三藏"來稱呼漢文大藏經。以至西方世界受此影響,至今仍用"三藏"來稱呼漢文大藏經。所以,本文所謂的"大藏經",僅指漢文大藏經。

　　從歷史上看,在佛教文化圈中,大藏經主要流傳於漢傳佛教影響所及的東亞各國。近代以來,由於佛教文化圈之外的世界上其他國家,主要是西方各國,對佛教的認識與研究主要沿著巴利語佛教、梵文佛教、藏文佛教這樣一條路綫前進,所以在這些國家,大藏經,亦即漢文佛教典籍的影響不是很大。但近年來這種情況開始有所改觀,不少西方學者開始日益重視對大藏經的研究。不過,重視大藏經的勢頭出現的時間還不太久,在西方的宗教研究界,對大藏經的總體研究與整理實際上還處在醖釀階段,或者説起步階段。所以,所謂境外對大藏經的編印,現在主要局限还是在漢傳佛教流傳區域,亦即中國臺灣地區、中國香港地區、日本、韓國。90年代以來這項工作在美國發展較快,但主要集中在華人圈子裏。西方人也有參加並起到重要作用的,但人數較少。

　　20世紀以來,世界上出現兩次編輯大藏經的熱潮。第一次是20世紀初到二三十年代。當時我國編印的有《頻伽藏》、《普慧藏》

（未完成）、《影印磧砂藏》、《宋藏遺珍》、《藏要》等，日本則有《卍字藏》《卍字續藏》《大正藏》。第二次熱潮於 50 年代中、後期開始發軔。當時中國臺灣地區的屈映光、蔡念生等發起成立"修訂中華大藏經會"，編印《中華大藏經》。中國大陸的學部哲學所也有編輯新的大藏經的設想，並編纂了供討論的草目，這就是二十年後呂澂先生發表的《新編漢文大藏經目録》。日本則有修訂重印《大正藏》與重編《大正藏索引》之舉。這一熱潮到 80 年代趨向高漲，中國大陸編印了新的《中華大藏經》，重印《藏要》，修補刷印了《龍藏》。中國臺灣地區則編印了《佛光大藏經》《文殊大藏經》，影印了《嘉興藏》，影印了中國大陸新印的《龍藏》與 30 年代出版的《影印磧砂藏》《宋藏遺珍》《藏要》，還影印了高麗藏、《大正藏》、《卍字藏》、《卍字續藏》等。此外，還有中國大陸、中國臺灣地區合作編輯出版的《敦煌大藏經》。日本則影印了高麗藏，修訂重印了《卍字續藏》。韓國影印了高麗藏。80 年代中期開始，隨著電腦技術的飛速發展，大藏經也開始踏入數字化時代。經過幾年的醞釀，到 90 年代初，大藏經數字化的進程顯著加快。可以説，第二次編印大藏經的熱潮現在正處在方興未艾之際。

上述兩次熱潮，第一次的情況大家都很熟悉，所以下面主要對境外第二次熱潮的情況加以介紹。在第二次熱潮中，重點放在大藏經數字化方面。

二、 書册版的大藏經

先談談第二次熱潮中境外出現的書册版的大藏經。這些大藏經又可以分爲三類：（一）影印，（二）修訂重印，（三）新編。下面分別介紹。

（一）影印大藏經

這裏的"影印大藏經"，指完全照底本影印，不作任何變動，或僅做個別修訂。

如前所述，境外影印的大藏經很多，下面擇要介紹。

1. 高麗藏

此處的高麗藏指朝鮮高麗朝高宗時刊刻的大藏經，又稱《再刻高麗藏》，以區別於顯宗朝刊刻的《初刻高麗藏》。該藏校勘精良，是諸種大藏經中質量較高的一種，版片現存韓國海印寺。影印本共出現四種。

第一種是東洋出版社出版的錦裝豪華本，全四十五册。但衹有正藏，既沒有補遺部分，也沒有總目與解題索引。這實際是供佛教團體供養用的。

第二種是韓國東國大學校出版的，全四十八册。這種版本藏經的前二十五册中，諸經的次序有錯亂，沒有完全按照總目排列；諸册的目録上也沒有標明經典的編號。後來發現這一問題，從第二十六册起予以改正。全藏包括正藏、補遺、總目、解題索引等。由於前二十五册次序錯亂，所以不能根據總目及解題索引進行檢索。

第三種也是韓國東國大學校出版的，實際是第二種的修訂版。亦即將已經出版的前二十五册按照總目的次序重新編排，並在每册的目録上加上該經的編號。内容則與第二種一樣，也是四十八册，包括正藏、補遺、總目、索引等。不過，這種重新修訂的版本衹刊印發行了三百部。

第四種是臺灣新文豐出版公司重印東國大學版。遺憾的是，他們重印的不是第三種修訂版，而是第二種有錯誤的版本，全四十八册。

2.《磧砂藏》

臺灣新文豐出版公司出版。該藏是根據 20 世紀 30 年代上海影印的《磧砂藏》重印的。原藏有殘缺，係據《普寧藏》等藏經補齊。此次影印則將胡適在美國普林斯頓大學圖書館發現的若干卷抽補入。原書綫裝，臺灣新文豐本改爲精裝，全四十冊。

3.《嘉興藏》

臺灣新文豐出版公司出版。該藏是依據明版《嘉興藏》影印的，但刪除了其中《影印本磧砂藏》已經收入的諸種典籍，全四十冊。實際是下述臺灣《中華大藏經》第二輯的再印本。

4.《乾隆大藏經》

臺灣新文豐出版公司出版。該藏是根據文物出版社影印出版的《龍藏》縮版重印的。

5.《大正藏》

早在 1955 年，臺北中華佛教文化館便開始影印《大正藏》，其後又有其他單位對該藏進行影印。70 年代後，臺灣新文豐出版公司大量影印該藏。臺灣新文豐影印本基本依據日本《大正藏》不變，但在第八十五卷中加入胡適關於敦煌禪籍研究的一些資料。

另外，臺灣還大量影印了《宋藏遺珍》《藏要》《頻伽藏》《普慧藏》《卍字藏》《卍字續藏》，都是完全依據原書影印，内容、編次均没有變化，不再一一介紹。

上述影印藏經，除了豪華本高麗藏的目的是提供寺院供養外，其他諸種藏經的目的都是向研究者提供資料。所以都采用縮印的辦法，裝幀也比較一般，采取薄利多銷的策略，價格比較便宜，境外一般的研究者都可以承受。

影印藏經，臺灣出版界的勁頭最大。現有的大藏經，衹要是他們能夠得到的，已經都影印了。我認爲，這裏首先是學術驅動，即佛教研究越來越爲人們所重視，客觀上對佛教典籍的需求在日益擴張。其次是經濟驅動，即出版商看到上述趨勢，認識到這是一個賺錢的好機會，所以不惜大投入，以爭取大回報。

對於學術界來說，不少典籍過去很難見到，現在影印本十分普遍，則資料的收集工作相對就容易得多了，從而推動了學術研究的發展，這當然是一件好事。影印本保留了原本的狀態，有很高的學術價值。遺憾的是，有些影印本的編纂者不注意版本的精選，有的還對底本進行割版修補，實際上損害了這些典籍在版本方面的學術價值。

（二）修訂重印

屬於修訂重印的有日本的《大正藏》與《卍字續藏》。

1.《大正藏》

大家對《大正藏》都比較熟悉。20世紀60年代初，日本在重印《大正藏》時，對其中的一些錯誤做了修訂，但修訂的比例不大。關於《大正藏》，我最近寫了一篇評論文章，即將發表在《佛教圖書評論》①的創刊號上，所以這裏就不占用大家的時間了。

2.《卍字續藏》

《卍字續藏》，又名《大日本續藏經》，由前田慧雲、中野達慧等主持，編纂於1905年至1912年。收經一千七百五十六部，絕大部分爲歷代大藏經未收的佛教典籍。十門六十三類，綫裝七百五十一册。本藏編印時正值日俄戰爭，故每册還載有戰爭陣亡人員名單。優點是收羅宏富，缺點是編次較亂，選本不精，又缺乏必要的校勘。

---

① 該《佛教圖書評論》後改名爲《聞思》。筆者上文所提及的文章即已經收入本書的《〈大正新修大藏經〉評述》。

1973 年起，由河村孝照主持，對該續藏經進行了重修。重修本定名爲《新纂大日本續藏經》，對原藏的編次作了調整，內容作了增删，每部經附加編號，删除了陣亡者名單，改爲精裝，分爲九十册（含總目、索引各一册）。從 1975 年到 1989 年出版齊全，共收經一千六百七十一部，計一億兩百萬字。

《大正藏》所收以已入藏典籍爲主，《卍字續藏》所收則絕大多數爲未入藏典籍。兩藏合計約兩億五千萬字。如果把近代以來的佛教撰著捨略不計，則現存的辛亥革命以前的有關佛教的典籍的總量估計在三億五千萬字上下。也就是説，日本的這兩部藏經已經涵蓋了現存的古代佛教典籍的百分之七十。而餘下的百分之三十（一億字左右），恰恰是最零亂、最分散，從來没有人收集整理過，因而最不易措手的部分。日本向來以《大正藏》爲驕傲，認爲它是世界上最精良的藏經版本，事實上到目前爲止也的確還没有一部藏經的學術水平能夠超過《大正藏》。通過重修《卍字續藏》，日本在藏外典籍的整理方面也進一步取得了優勢。估計今後日本會在大藏經日譯、各種索引的編纂以及《大正藏》與《大日本續藏經》的數字化方面下功夫，以繼續保持其在佛教典籍整理方面的優勢地位。

（三）新編印

境外出版的新編印的大藏經有臺灣的《中華大藏經》《文殊大藏經》《佛光大藏經》《敦煌大藏經》以及《大藏經補編》《南傳大藏經》（從日文轉譯）等。這裏介紹臺灣《中華大藏經》《文殊大藏經》與《佛光大藏經》。

1.《中華大藏經》

臺灣《中華大藏經》的具體編輯工作由蔡念生負責。從蔡念生公布的目錄草案看，他原計劃把全部佛典重新組織，分爲十四類八十六部,共收入佛典三千八百七十四部,但後來放棄了這個計劃,改爲影印出版。臺灣《中華大藏經》現已出版三輯,第一輯爲影印《影印磧砂藏》與《宋藏遺珍》,第二輯爲影印《嘉興藏》中第一輯未收的諸種典籍,第三輯爲影印《卍字藏》《卍字續藏》中未爲前兩輯所收的典籍。三輯均有精裝、綫裝兩種版式。精裝一册相當於綫裝兩册。其中第一輯又有大字本、小字本兩種版式。大字本一頁二欄,欄十八行;小字本一頁三欄,欄三十行。此外,計劃中的還有第四輯,影印《縮刷藏》《大正藏》及其他諸種藏經中未爲第一、二、三輯所收的典籍;續藏,未爲上述四輯所收的其他佛教典籍。

　　上述五部分,前四輯相當於歷代正藏與續藏,最後的"續藏"實際爲新編入藏。由於種種原因,臺灣《中華大藏經》出版三輯後無以爲繼,故此停頓。

　　2.《文殊大藏經》

　　1987 年開始由臺灣文殊佛教文化中心編印,文殊出版社出版。當時計劃所收經典全部校勘、註釋、新式標點。每部典籍均附有導論,導論中彙集世界重要的佛教經典研究成果,"使讀者迅速進入經典"。還計劃附有重要論文選編與研究論著目録索引、詞語索引等,總計一百七十四册,但實際上據説祇出版了數册,第二年便停止編輯。

　　3.《佛光大藏經》

　　由臺灣佛光山編藏處編纂。計劃將全部佛典分爲阿含、禪藏、般若、本緣、法華、華嚴、淨土、律、唯識、秘密、論藏、史傳、文藝等十六部,校勘,標點,排印。已經完成阿含部(十七卷,1987 年出版)、禪藏部(五十一卷,1993 年出版)。近期將出齊般若部。從已經出版的兩部看,《佛光大藏經》的結構體例在《大正藏》的基礎上有所改革。每部設若干類,如禪藏中設史傳類、語録類、禪論禪詩類、公案辭書類等四類。收經範圍不局限在傳統的正藏、續藏的框架內，而是廣收博采。如收入敦煌遺書、傳世未入藏著作（如《禪林象器箋》），乃至《虛雲和尚年譜》《星雲禪話》等。校勘、標點比較精良，每部附有參考文獻與詞語索引。照排精裝，使用方便。

三、 佛典數字化

下面談談佛典數字化問題。

用電腦輸入佛典，印刷書冊本大藏經，進而編纂數字化大藏經，這在境外是 20 世紀 80 年代中期開始的，90 年代初逐漸形成熱潮。其實，類似的工作我們在 1986 年也開始了。1986 年上半年，我曾經代表《中華大藏經》委託當時社科院文學所欒貴明同志進行過這一研究。欒貴明同志按照我們提出的設計要求進行了佛經錄入以及詞語索引等試驗。試驗本身比較順利，但後來由於其他原因，這一合作沒有能堅持下去。1989 年以後，《中華大藏經》在工作中，利用電腦錄入三百余萬字，其中照排編入《中華大藏經》者二百余萬字。由於力量有限，錄入照排工作僅局限在《中華大藏經》迫切需要的部分，沒有全面展開。當時的想法是根據條件，逐步輸入，並逐步向數字化大藏經發展。整個 80 年代，境外這方面的工作進展得一般，但進入 90 年代以後，發展得比較快，最近這兩三年尤其迅速，已經形成一股相當可觀的力量。目前大體上有五個區域性中心。

（一）日本

日本這方面的工作集中在京都與東京。

1. 京都

（1）花園大學國際禪學研究所

這項工作主要由該所副所長烏·阿浦（URS APP）博士主持，

從 1990 年開始，目前主要從事禪籍的輸入與禪資料庫的建立。1993 年以前，他們主要從事基礎研究與軟件開發。1993 年起開始文獻録入。漢字平臺先采用日本 JIS，後改用中國臺灣 BIG5。有些文獻兩者可以兼用。已經録入禪文獻數十種，印行了十餘種並附有一字索引，録入文獻時均按照國際規範在原文上附加各種檢索記號，便於從各方面檢索。已發行光盤一張。並在互聯網上公布近三十種關於禪學的文獻資料。由於缺乏佛典的標點、校勘人員，所以工作的進度比較慢。另外，由於現有的漢字平臺中漢字數量不夠，不能滿足佛典録入的需要，所以必須自己造字。爲了使這些自己造的字能夠流通起來，與其他人相互交流，他們把所造的字附載在光盤中，與光盤文獻一起流通。

他們主張，輸入前，對每一部佛典都應收齊各種版本；輸入時，每一個字在不同版本中的不同形態，均按原樣輸入，即儘量保持各版本的原有形態。輸入後形成的文獻雖然是一篇，但通過上面的各種標記，實際可以反映出該文獻各種版本的原貌。這樣，對每一篇電子文獻，不但能夠調出它的標準的校勘標點本，而且能夠調出它的各種版本形態。最近他們正在按照上述設想輸入敦煌遺書。敦煌寫經中的異體字、變體字非常多，還有各種各樣的符號等，如果原樣輸入敦煌遺書的各種技術問題都能夠順利解決，則佛典的輸入也就不會有什麼解決不了的難題了。

(2) 京都大學人文科學研究所

該所主持人爲高田時雄。該項工作從 1992 年開始，主要是録入《大正藏》的"史傳部"，即《大正藏》第四十九卷到第五十二卷，並編纂有關索引。現已經完成了《高僧傳》《法顯傳》《大唐西域記》《釋迦方志》《游方記抄》《洛陽伽藍記》等。所用的漢字平臺是日本的 JIS。高田時雄是個語言學家,漢文水平很好,承擔的研究也很多,是日本青年敦煌學者組織的核心人物之一。

（3）京都禪文化研究所

該所也在花園大學校園內,但不屬於花園大學,與國際禪學研究所也互不統屬。正在錄入的文獻以禪文獻與中國古籍爲主。他們不太贊同編纂一字索引的做法,認爲實用價值不大,因此自己另行編輯詞語索引。他們編纂的詞語索引,都另行配套印行供檢索的原典,自成體系。已經錄入與計劃錄入的有《景德傳燈録》《祖堂集》《太平御覽》《太平廣記》等數十種。錄入工作主要在中國（上海）完成,拿回日本校對定稿,然後在天津印刷。出版物免費贈送給有關學者與研究機構。該研究所與中國的語言文字方面的研究者關係比較密切,共同成立了"俗語言研究學會",並共同創辦了一個名叫《俗語言研究》的雜志。所用的漢字平臺爲日本的 JIS。

（4）法寶義林研究所

該研究所設在京都相國寺,是法國、日本等國的一個合作項目,主要是把《法寶義林》輸入電腦,並做成能夠完成英、法、中文多種檢索功能的資料庫。

（5）淨土真宗教學研究所

主要從事《大正藏》中若干典籍之錄入,如《十住毗婆沙論》《觀無量壽經義疏》《安樂集》等。漢字平臺爲日本 JIS。

（6）淨土真宗聖典

擬把四十七種淨土真宗的主要典籍製作成光盤,由本願寺出版社負責。

（7）天台電子佛典計劃

由大津市的天台宗睿山學院天台宗典編纂所負責,把天台宗的主要典籍及註疏輸入電腦,做成光盤。全部約三百六十萬字,基本是根據《大正藏》錄入。

2. 東京

(1)《大正藏》錄入計劃

由日本印度學佛教學研究會與大藏出版社負責。該項目於 1994 年已經開始，計劃把《大正藏》做成光盤。該項目接受日本文部省的資助，預定由大藏出版社出版。

(2) 日蓮資料庫

由立正大學三友健容負責。主要是把日蓮的著作輸入電腦，並輸入關於日蓮的詞典等。原計劃祇做數字化文獻，沒有檢索系統。用的是日本 NEC 的專用設備，與 IBM 機不兼容，甚至與日本一般的文字處理機也不兼容，所以基本祇能供立正大學內部使用。

(3) 曹洞宗宗學資料庫

由駒澤大學的曹洞宗宗學研究所負責。輸入有關曹洞宗的各種資料。漢字平臺是日本的 JIS。

除了上述集體項目外，很多大學的教師由於個人研究需要，也在從事這一漢文佛典的電腦錄入工作，如京都大學的長尾雅人、廣島大學的桂紹隆、花園大學的沖本克己、龍谷大學的能仁、大阪聖心女子學院的瀨間，等等。他們基本上都是依據《大正藏》，利用 JIS。各人的條件不同，做法也是五花八門。另外，花園大學佛教學科也錄入了一些典籍。

綜上所述，除了 1994 年上馬的《大正藏》項目外，其他的項目都有一定的局限性，而且宗派性、個人性的色彩很濃。所配備的計算器環境與軟件也各不相同，互相之間缺乏聯繫與協調，基本上各自爲戰。

(二) 韓國

韓國以曾經編輯高麗藏與至今收藏著《再刻高麗藏》的版片而

自豪。他們的數字化大藏經計劃也圍繞著《再刻高麗藏》而進行。

這一工作由高麗大藏經研究所主持，韓國著名的大企業三星公司爲後援。錄入工作從 1992 年開始，最初兩卷在上海用 BIG5 碼輸入後拿回韓國校對。後來改爲在韓國本土錄入。錄入的最大困難是錄入員漢字水平太差，對付不了那些複雜的漢字。韓國雖然仍然留用一部分漢字，但與佛經漢字比較起來實在微不足道。加上《再刻高麗藏》中有許多古今字、異體字、正俗字、變體字，對於一般的人來講實在很困難。據説他們最後是利用中國的"鄭碼"，並按照《再刻高麗藏》的字體造了大批的漢字，幾乎是有一個變體就造一個字。錄入人員可以完全按照自己所看到的字進行輸入。如果發現輸入的這個字還沒有造，就打一個星號，通知造字人員補造。按照原定計劃，1996 年 3 月完成全部錄入校對工作。

除了《再刻高麗藏》之外，還由 PAENG NYON 佛教文化基金負責將《韓國佛教全書》錄入電腦。據説第一部分元曉的著作約七十萬字，已經在中國錄入完成。

上面日本與韓國的大藏經數字化工作，雖然在目的、規模等方面互不相同，但是有一點是共同的，即基本上由佛教團體把它當作一件佛教的事業來做。雙方都有大批學者參加，但由於日本與韓國的歷史原因，這些學者大多有佛教背景。

（三）中國香港

中國香港的情況與前述日本、韓國的情況不同。中國香港的佛教團體對於編纂大藏經與大藏經數字化態度不一。有的比較冷漠，有的則有興趣，但總的來説是覺得這件事規模太大，望而生畏。但中國香港的學者對此却有熱情。中文大學的中國文化研究所有一個古文獻資料庫計劃，非常龐大，計劃把中國古籍都輸入電腦。第一階段是輸入秦漢古籍約八百萬字，1993 年已經完成，並出版了一百零二種文獻的索引。第二階段是輸入六朝以來的道教文獻與佛教文獻(依據《大正藏》《卍字續藏》等錄入)，目前進展情況不詳。漢字字庫是 BIG5。不過，已經完成並上市的電子文獻資料庫價格很貴，一般人難以問津。

(四) 中國臺灣

1．"中央研究院"計算中心

該中心已經出版了《二十四史》的光盤，已經完成與正在輸入的還有《十三經註疏》、諸子、敦煌遺書、金石資料、佛典等。佛典是依據《大正藏》輸入的。

2．佛光山

佛光山的數字化佛典可以分爲三個方面：

第一，圍繞《佛光大藏經》進行。《佛光大藏經》是用電腦照排的，轉換爲電子版上網，或轉換爲光盤版，都非常容易。估計佛光山將會推出數字化的《佛光大藏經》。

第二，輸入《大正藏》的若干典籍，這主要是在佛光山北海道場進行。

第三，把《佛光大辭典》及佛經目録輸入電腦。

後兩件工作正在進行。

由於中國臺灣佛教山頭林立，很難統一觀點，統一行動，所以佛光山編纂《佛光大藏經》及數字化佛典也是自成一家。不過，佛光山參加了"電子佛典推進協定會"與"電子佛典協會"這兩個國際性的電子佛典協調組織，與世界上其他正在從事同類工作的單位有著較爲密切的聯繫，"中央研究院"的一些學者也與他們有業務的聯繫與交往。佛光山已經答應把《佛光大辭典》輸入電腦後可以供"電子佛典協會"發布的光盤公開使用。今後，佛光山的數字化大藏經計劃與其他單位主持的數字化大藏經計劃，想必還需要協調。

3. 臺灣大學文學院佛學研究中心

這是 1995 年 2 月新成立的機構，全部都是學者，其中有若干僧人學者，人員包括不少知名人物。成立緣起中說：佛學研究在歐美與日本成績斐然，近年來中國大陸有急起直追之勢，而中國臺灣地區雖有七八十人，却缺乏合作，所以成立這樣一個機構。在活動内容中有"廣泛收集國内外佛學文獻資料，建立系統化之佛學文獻資料庫"一項。並有一個"佛學資料庫國際網絡"的計劃。這個機構雖然成立不久，但發展很快，已經入網並發布資料。

從網上可以知道，中國臺灣還有不少佛教機構在從事這方面的工作並發送信息，在此不一一列舉。它們大多提供數字化佛典，並要求閱讀者也能向它提供佛典文本或信息。普及是提高的基礎。如果能夠把這些分散的力量團結在一個總目標之下，那將是非常可觀的。

（五）美國

1. 佛教電腦信息庫功德會

佛教電腦信息庫功德會 1994 年 9 月在美國成立，設在美國紐約世界宗教研究院，負責人有沈家楨、沈乃宣等。到 1995 年 4 月中旬，已經設立七個分庫（美國六個，中國臺灣地區一個），有會員一百六十七人。采用人工以及掃描的辦法輸入佛典及工具書，像丁福保《佛學大辭典》《大般若》等數十種佛典、明末四大高僧全集等。他們已經公布了一張《金剛經》的光盤，免費提供給會員。另外，正在編纂新的佛典光盤，内容是常用經咒及《佛光大辭典》《佛學大辭典》《翻譯名義集》等三本工具書。據說這張光盤的設計思想是充分利用多媒體的功能，用聲音、圖片、表格、動畫、影片等手段配合經文，遇到不明白的名詞，祇要按一下鼠標，就可以顯示工具書中的解釋。在經解部分，可以參閱有關註釋。同時，也可以聽梵唄等。該信息庫公布日期一再推遲，主要困難在於：(1) 造字，(2) 佛光山答應的《佛光大辭典》的提供使用問題。

這個組織主要由華人佛教徒組成，與中國臺灣佛教界、學術界關係密切，很多工作都合作進行；現在很活躍，工作效率看起來也比較高。

2. 加利福尼亞大學佛教研究所

該研究所蘭卡斯特教授早在 20 世紀 80 年代中期已經在呼籲加強對漢文大藏經的研究。他也在從事這方面的工作。

此外，在美國、歐洲、澳大利亞都還有人從事這方面的工作，這裏就不一一介紹了。

從上面並不完全的介紹可以知道，電子佛典的工作在世界上已經蓬蓬勃勃地開展起來了。據我瞭解，現在的問題主要是如下幾個方面：

1. 編輯方面的問題

第一，大家都有心做電子佛典，但到底做一個什麼樣的東西，大家的意見並不統一。如：是做一個標準定本，還是僅提供原始資料？到底是搞數字化大藏經，還是某些經典的集合？如果搞數字化大藏經，那麼是輸入現成的某一部大藏，還是新編一部大藏？要充分發揮光盤的多媒體功能，這一點大家是一致的。但數字化佛典的多媒體怎麼搞，還在摸索當中。

第二，用什麼底本，看來還是一個難題。由於《大正藏》目前的學術地位，也由於缺乏校勘、標點人才，無法儘快做出一個精良的定本，所以目前很多單位不得不依據《大正藏》輸入。但《大正藏》的版權屬於日本有關單位，因此問題比較複雜。

第三，缺乏校勘、標點底本的人員。這是一個大問題。

第四，要使數字化大藏經發揮作用，必須使它能夠實現多重檢索,那麼,檢索系統的設計與文獻上檢索點的確定與標記成爲必須首先解決的前提。而這是一些學術性、技術性很強,工作量又非常大的工作,非一般人能夠勝任。

第五,電腦輸入快,校對定稿慢,已經成爲各單位的一個瓶頸。

2. 電腦問題

首先是漢字平臺問題。現在雖有多種漢字字庫,但內碼不統一,而且無論哪種字庫,所收漢字的數量都不能滿足需要。大家祇好自己造字,而自己造的字則五花八門,互不統一,使得錄出的文獻互不流通。將來即使流通大字庫,統一造字的問題同樣會存在。

其次是光盤檢索軟件問題。要做成一個使用方便的光盤,這個問題一定要解決好。

3. 人力、財力問題

缺少佛典方面的專家、高水平的校勘標點人員、電腦技術人員。此外,也缺少足夠的經濟力量。

4. 協調問題

數字化大藏經工程浩大,大家的人力、財力都有限,本來應該協調一致,以充分利用現有的人力、物力。但由於種種原因,缺少必要的協調,以致出現大量的重複勞動。有的經典被反復輸入多次,甚至十多次,乃至幾十次。

上述問題已經引起境外從事這一工作的人士的注意,於是出現了兩個專門進行協調的組織。

1. 電子佛典推進協定會

該會是1993年4月26日在美國成立的。早期參加者有美國加利福尼亞大學、日本立正大學、美國加利福尼亞大學佛教研究所、中國臺灣佛光佛教文化研究所、日本花園大學國際禪學研究所、韓國海印寺、韓國漢城國立大學、馬來西亞佛道修行者共同體等。該會推舉加利福尼亞大學的蘭卡斯特教授爲理事長,花園大學烏·阿浦爲秘書長。這是一個鬆散的團體,本身既没有常設機構,也不規劃項目,祇是起溝通信息的作用,力圖以此來協調參加單位的工作,從而達到促進佛典的輸入與利用的目的,以花園大學的《電子達摩》(從第三期起)作爲機關刊物。

該組織一成立,就訪問了臺灣、香港、曼谷,也來到北京、上海。主要目的是瞭解情况,尋求合作,並徵集到一些新的加盟者。1994年1月與5月,分别在香港、臺灣召開過兩次研討會。9月底到10月初,在韓國海印寺召開年會。會上交流了關於日本花園大學禪學研究所的禪資料庫、美國康乃爾大學的雲南寫本佛典計劃、泰國摩訶道兒大學的泰文巴利大藏經計劃、斯里蘭卡的僧伽羅大藏經計劃、中國臺灣佛光山的佛教詞典與佛光大藏經計劃、韓國的《再刻高麗藏》計劃的情况,並就軟件等技術交流經驗並做了演示。會議改選了領導機構,選舉蘭卡斯特爲會長,約翰·列曼爲美洲聯絡人,烏·阿浦爲亞洲聯絡人,戈·維迪安爲歐洲聯絡人。1996年4月上旬在中國臺灣佛光山再次集會,表示要對萬馬奔騰似的電子佛典發展現狀進行整合。

這個組織聯絡廣泛,除了非洲,五大洲都聯繫了。不僅漢文大藏經,也包括其他語種的大藏經,但搞漢文大藏經的人在其中占主要地位。一些西方人的參加起到了重要作用,思路比較嚴謹,重視計算機基礎。

2. 中華電子佛典協會(中華電子佛典工作委員會)

該協會1994年開始籌備,由大願顧問公司的楊國屏先生爲召集人,中國臺灣佛光山、"中央研究院"、美國莊嚴寺等爲主要參加單位,各參加單位分頭工作,進行佛典的電子化並入網傳輸。參加者主要是中國臺灣地區與美國兩地的華人。

　　由於條件有限,上面介紹的情況未免挂一漏萬。歸納上述情況,就數字化大藏經而言,可總結如下兩點。

　　1. 境外的佛典電子化工作基本上是各自爲政,百花齊放。基本是各單位根據各自的需要與能力就部分佛典而進行的。真正有意做成數字化大藏經的,目前祇有韓國的《再刻高麗藏》數字化(即將完成)。日本的《大正藏》數字化(正在進行),中國臺灣的《佛光大藏經》數字化想必最終也會推出。

　　2. 由於協調性機構已經出現,由於數字化文獻本身的易拷貝性,並便於再次被整理、被編輯,所以,集合分散的力量,彙集各單位輸入的經本,重新編輯加工而成爲新的數字化大藏經相對來說是一件比較容易的事。因此,目前雖然没有這方面的消息,但我們必須充分看到由某個協調機構出面,協調編纂新的數字化大藏經的可能性。

　　[附記]

　　本文寫於 1996 年,是爲國務院宗教事務局主持召開的"大藏經編纂及其電腦化學術研討會"準備的背景資料。如本文開頭所說"我是一個關門作學問的人,對外界的情況瞭解得很不夠。下面談的有些情況是我自己掌握、瞭解的,關於中國臺灣地區與美國的不少情況則是盧濤先生最近從互聯網上收集到以後提供給我的,還有一些情況則是張新鷹先生提供的。在此特向盧濤先生與張新鷹先生表示感謝。由於條件有限,今天介紹的情況肯定不夠全面與正確。錯漏之處,請大家指正"。現在看來,就當時而言,本文的確有疏漏之處;而在電子化佛典突飛猛進的今天,本文已完全過時。但作爲一份歷史資料,似乎還有保留的價值,故收入本書。

　　需要提出的是,由中國臺灣法鼓文理學院主持的"中華佛典協會”(CBETA)其後異軍突起，在佛典數字化方面做出卓越的成績。他們開發的“中華電子佛典集成”2016 版目前已收入：

《大正新修大藏經》(大藏出版株式會社版)第一冊至第五十五冊、第八十五冊

《卍新纂續藏經》(株式會社國書刊行會版)第一冊至第九十冊

《嘉興大藏經》(新文豐出版公司版)第一冊至第四十冊

《房山石經》《趙城金藏》《永樂北藏》等典籍若干

原“中央圖書館”善本佛典

《漢譯南傳大藏經》(元亨寺版)第一冊至第七十冊

《藏外佛教文獻》(方廣錩主編)第一輯至第九輯

《正史佛教資料類編》(杜斗城主編)

《北朝佛教石刻拓片百品》(“中央研究院”歷史語言研究所藏)

《大藏經補編》(藍吉富主編)第一冊至第三十六冊

《中國佛寺史志彙刊》(杜潔祥主編)

《中國佛寺志叢刊》(張智等編輯)

其 2018 版又新增《印順法師佛學著作集》。

CBETA 成為目前世界上收入最為宏富、使用最為方便的數字化漢文佛教典籍的大叢書。在此，特向他們的工作表示誠摯的敬意與衷心的感謝。

就在編輯本書的時候，驚悉“中華佛典協會”(CBETA)的核心人物杜正民先生於 2016 年 11 月 27 日因病辭世，特表示沉痛的哀悼。

又，關於《文殊大藏經》，本文敘述有誤。該藏其後出版大乘諸部經典六十六冊，小乘本緣部若干冊。感謝吳寶原先生提供資料。

信息化時代的佛教目録學①

一、 前 言

《佛教圖書館館訊》約我寫一篇以"信息化時代佛教目録學的發展"爲主題的文章。我從 1990 年開始用電腦,已經十來年,先後更新的電腦已有五臺。但電腦在我手中,基本上衹是一臺打字機。而"信息"所以能夠發展爲"時代",電腦僅是其基本工具,信息化時代更主要地依憑於網絡的資料傳輸與大型資料庫的資料處理。這些年來,電腦在中國大陸的佛教研究者中已經十分普遍,基本上人手一臺。但對大多數研究者來説,也不過衹是打字機。因此,對中國大陸學者而言,"信息化時代佛教目録學的發展",的確還是一個新課題。特別是由於較少上網,所以對外界在這個課題上的研究已經達到什麼程度,基本上是"兩眼一抹黑"。在這種情況下來談"信息化時代佛教目録學的發展",似乎有點不恰當。但是,人類已經跨入信息化時代,這些年網絡在中國大陸發展之迅速,令人瞠目。雖説中國大陸學者前些年發起的"中國佛教信息網"是一個不

---

① 原載臺灣《佛教圖書館館訊》第二十九輯,2002 年 3 月。原名爲《資訊時代的佛教目録學》,收入本書時,將文中的"資訊時代"一概改爲"信息化時代",並重分章節,酌加章節名。

成功的嘗試，但教訓也是財富。最近，"中國佛教數字圖書館"正在醖釀中，故"信息化時代佛教目録學的發展"，也是我們必須直面的課題。所以，本文借此次約稿的機會，對信息化時代的佛教目録學，談一點個人的不成熟的思考，以求教於方家。

二、 信息化時代的佛教目録的新面目

佛教的傳入與發展使佛典的翻譯和撰著日益興盛，佛典的興盛引發佛教目録的編撰。從淵源上講，中國佛教目録的産生，受到中國傳統文化的極大影響。但其後中國佛教目録所達到的水平，特别是唐代佛教目録的水平，遠遠超過同時代儒家經、史、子、集四部書目録的水平。追究其原因，首先在於佛典數量之浩瀚與内容之豐富，其次在於佛教義學水平之提高。佛典數量之浩瀚與内容之豐富對佛教目録的編撰提出更高的要求，而佛教義學水平之提高使得編纂目録的僧人能夠不斷開拓思路、創設新例以條貫諸經。

與古人相比，當今學術的發展，信息的爆炸，使我們面臨的佛典更爲浩瀚與豐富；而信息化時代的諸種佛教文獻，又呈現與古代不同的新的特點，從而對佛教目録工作者提出更高的要求。現在的佛教義學水平已經達到怎樣的高度，雖然很難下一個斷語，但其他學術領域在信息方面已經達到的成就却可以爲我們今日的佛教目録學提供相當的參考。在這種情況下，信息化時代的佛教目録將是怎樣的一個面目？

（一）全面

作爲一個專科目録，全面地著録該專科所有的文獻，應該是個中應有之義。然而，以往的佛教目録，没有一個能夠真正達到這個目標。在古代，由於見聞不廣、收集困難、受物質條件的限制等原

因，要想全面地著録所有的佛教文獻，祇是一種空想。更不要説，由於正統觀念或派別觀念所限，很多編纂目録的僧人有意將一些佛教典籍擯除在外。而在今天這樣信息爆炸的時代，任何一個個人想要用傳統手段編纂一部全面、完整的佛教目録，更是一個無法企及的夢想。好在現在已經是信息化時代，信息的傳播可以迅速地超越時空，從而爲我們提供達成這一目標的可能。但可能不等於現實。要使可能成爲現實，需要做到這麼兩點：

第一，所有的佛教信息産生源（出版社、雜志社、研究機構、高等院校、其他文化團體、寺院、個人等）都將自己生産的佛教信息化作網上資源。

第二，有人專門從事這類網上資源的收集，並將之加工整合爲目録。

也可以換一種思路：

第一，所有信息産生源自願結成一個網上聯合體，將生産的所有佛教信息集中到某一個由共同協議而設立的中心網站。

第二，由這個中心網站對所有的佛教信息進行加工整合，使之成爲方便讀者使用的目録。

就目前而言，要想做到上述兩點，理想色彩未免太濃。比較現實一點的，大概還是若干個有興趣參與此事的不同地域的單位或個人（以下簡稱“參與者”），爲了這樣一個共同的目標，組成一個網上的聯合體，經過充分協商、分工合作，采集有關資料，並將之彙總整合。參與者未必一定是信息産生源，但應該是有條件大量接觸新産生信息的。所以要强調不同地域，是爲了使采集活動儘可能地擴大其覆蓋面。所以要充分協商、分工合作，首先是避免重複勞動，其次是統一采集標準與著録方式。其實，嚴格地講，需要采集的，不僅是新信息，即近年新出版、發表的著作與論文，還應該包括舊信息，即古代、近代没有被收入大藏經、没有被收入佛教目録的文獻。從采集舊信息的角度講，參與者大概比信息産生源的積極性會更高，效果也更好。由於信息對象本身的複雜性，所以這裏特别需要强調的是，諸參與者的著録方式，不但必須統一，而且應該具有前瞻性、開放性特點，以免將來被動。

上述方案的實施，也不是一件容易的事，有待諸種因緣的成熟。但我想，如果若干個有條件的佛教圖書館或寺院先行聯合起來，行動起來，首先達成一個統一的采集標準與著録方式，然後把本圖書館、本寺院的有關藏書、論文目録整理並公布出來，同時彙集爲聯合目録，進而擴展到本地其他佛教文獻的采集著録，並在條件成熟的情況下，隨緣擴展，逐步吸收新的更多的參與者。那么這樣鍥而不捨地做下去，假以時日，則上述方案未必不可行。雖然這種方式也未必能夠把所有的佛教文獻百分之百地包羅無餘，但如果有適當的協調、分工方式，應該可以儘可能地達到理想的效果。

這裏涉及許多操作層面的事情。但祇要我們能夠著眼於佛教全局，而不僅僅著眼於本寺院的名聲與地位，祇要我們改變看人不看事（亦即不管事情該不該做，首先看的是什麼人在做，然後決定自己到底是參與、反對或者旁觀）的態度，事情是可以做起來的。當然，操作層面的事情可能比目録編纂本身的難度更大，這裏不談。

就觀念而言，也有問題需要解决。

首先，信息化時代，文獻的形態出現了新的變化。以前，説到"文獻"，雖然有"文，典籍也；獻，賢也"之類的説法，但基本上把文獻局限在以紙張爲載體的文字資料。過去我們説佛教文獻，所指也是以紙張爲載體的文字性佛教典籍或以文字爲主的佛教典籍。但《大正藏》首創了"圖像部"，收入各種圖像。雖然《大正藏》把"圖像部"作爲"别卷"，亦即"附録"，以示與文字資料的區别，但無論如何,這是一個突破。當然,《大正藏》"圖像部"所載雖非文字,但仍以紙張爲載體。但隨著考古工作的發展,有人主張將甲骨文、金文、簡牘、碑銘等具有歷史文獻性的文物也納入文獻。而當今信息化時代,除了有電子文本的大藏經,還有大量與佛教有關的音、像、多媒體資料。如何處理這些資料,是否把它們也納入佛教文獻的範圍,從而納入佛教目錄? 如果説,以數字化形式爲載體的大藏經及其他文字性佛教典籍理所當然應當進入目錄,那麽,以數字化形式爲載體的音、像、多媒體資料何以不能像《大正藏》"圖像部"那樣也進入目錄? 如果以數字化形式爲載體的音、像、多媒體資料可以進入目錄,則相關的錄音帶、錄影帶、光盤資料自然也應該具有相應的資格。如果把它們都收入,則如何處理其不同版本? 這些資料現在可以非常方便地翻錄、拷貝,使得其版本的著錄將十分複雜。進而,作爲這些電子資料的原始標的物,包括諸如雕塑、壁畫、洞窟、法器、寺院等文物是否都應該收入佛教目錄? 再進一步引申,比如法事活動? 比如説法講經僧? 當然,再這樣引申下去,一項學術研究要變成一個笑話了。

總之,這是一個需要解決的問題。一個目錄的内涵與外延如果没有清楚的界定,這個目錄無法編纂。

其次,如拙作《略談大藏經的三種功能形態》[①]所説,大藏經具有義理性、信仰性、備查性等三種功能形態。作爲一部佛教目錄,則更加應該突出其備查功能。在這裏,古代編纂經錄僧人的作爲,應該成爲我們的借鑒。例如道宣,編纂過《續高僧傳》,記載了大量高僧的行狀及其著作,在《大唐内典錄》中,却又把這些著作大量地排斥在外。道宣爲何這樣做,我們現在無從猜測其動機,但其效

---

① 方廣錩:《略談大藏經的三種功能形態》,載《法源》總第 18 期,2000 年,第 47 頁。

果,則顯然是十分消極的。我希望所有編纂目録的人心量要大一點,再大一點。目録是提供給讀者做基本參考的,目録的信息量越大,它的參考價值也就越大。如果當年智昇編纂《開元釋教録‧入藏録》時高抬貴手,不要用那麼嚴格的標準來剔除中華佛教撰著,那可以爲後人保存多少寶貴的資料啊! 這一教訓值得每一個佛教目録編撰者汲取。

當然,全面著録一切佛教文獻,也會有相應的副作用。一是工作量太大,一是收入的文獻良莠不齊。工作量大,這沒有辦法回避。好在現在有電腦,足以處理海量資料。至於良莠不齊問題,下面再談。

應該説明,上面雖然從佛教文獻的整體來論述目録的編撰,但並不意味著筆者反對或忽視各種從不同角度出發的佛教專題目録。恰恰相反,我認爲現在迫切需要編纂各種各樣的專題目録,以供急需。但是,任何一個專題目録,都需要將該專題的有關文獻儘量著録完整,從而也就遇到本文上面所談的同樣的問題。

(二) 準確

準確性如何是衡量一部目録參考價值大小的另一個重要標準。

過去,所謂準確性,無非是指著録的内容(諸如書名、作者、版本項等)不出錯誤,分類大致合適,索引正確。其中除分類比較專業外,著録與索引的標引正確,是任何一個責任心比較强、工作態度比較認真的人都可以做到的。但信息化時代的佛教目録僅僅局限於這些項目,恐怕不能滿足讀者的需要。

網上佛教文獻的一個基本特點是,同類文獻數量大,同一文獻文本多。同類文獻數量大,這一點毋庸解釋。同一文獻文本多,則需要略作説明。當認識到佛典可以上網傳播後,各色人等積極性極高，各種各樣的佛典被錄入上網，有的同一種文獻在網上有幾十種不同的文本。這些文本形態各異，質量也參差不齊。看到這些形形色色的文本，我有一種回歸寫本佛典時代的感覺。所以，信息化時代佛教目錄準確的另一個含義，就是對所著錄的文獻作一個準確度的評價，以爲讀者基本的導讀。

這種事情，其實古人早就做了。《大唐內典錄》中的"舉要轉讀錄"，就是對同一類典籍或同一典籍不同異本的料簡。而張之洞的《書目答問》，一一指明同一書籍各種通用版本的優劣乃至提示其內容，以爲初學者導航。

但是，這種事情現在做起來，仍然有相當大的難度。舉要轉讀錄的編撰，需要有關專家在仔細研究相關著作後，纔能得到庶幾乎近之的結論，而且還難免有仁智之見。至於網上文本的錄文精確度，則一直被人們懷疑，以至比較嚴謹的學者，在利用電子文本查尋資料後，一定要核對書冊本原文，並按照書冊本註明出處。現在如果讓目錄的編撰者一一覆按這些電子文本的錄文精確度，其工作量之大，是讓人無法接受的。放縱之不可，覆按之不能，如何跳出這兩難境地？我想是否可以采用超文本方式，將目錄所著錄的典籍名稱與它的電子文本以及所據原本的掃描件連接在一起。這樣，覆按的工作交給讀者自己做，質量高低由讀者自己去鑒別。

但這樣一來，目錄已經不是目錄，目錄變成了圖書館的導航。但我想，這大概是信息化時代的目錄與以往目錄的最大不同，最大變革。以往的目錄是單純的書單子，人們檢索了這個單子後，需要另外再去找書。而信息化時代的目錄本身就掛在網上，與網上圖書館成爲一個密不可分的整體，是網上圖書館的入口處與導航員。許多網上圖書館已經這樣做了，這自然也應該是信息化時代佛教目錄的發展方向。

順著這個思路,我們可以按照開放、互動的模式來設計這一網上佛教目録。亦即任何一個讀者都可以通過這個網上佛教目録進入某文獻的由超文本鏈接的掃描原件與相應電子文本的比對系統,可利用掃描原件對相應的電子文本進行校對。並可在目録所著録的該文獻名稱下開設的視窗中,發表自己對原電子文本的録入質量的評判。目録下還可以開設另一個視窗,發表讀者對該文獻内容的評論。自然還可以依據不同的需要,開設新的不同的視窗,進行不同類型的其他互動活動。這樣,前面提到的對所收文獻内容良莠不齊的提示問題就可以得到解决,電子文本的録入精確度也可以不斷提高,電子文本本身可以不斷升級爲新的版本。

自然,這樣的目録,或這樣的圖書館應該設計出相應的軟件,對上述互動式過程的每一步都加以記録並進行公布。一則尊重原録入者的勞動及每一位復校者的勞動,一則保留文本修訂過程的完整記録。

醖釀中的中國佛教數字化圖書館計劃采用上述方法。但相應軟件的設計還是一件大事,目前正在討論中。

(三)方便

讀者利用目録,是爲了查索自己所需要的文獻。如何讓讀者方便地查索到所需文獻,是任何一個目録都必須認真對待的。

我國傳統的佛教目録用專題目録、分類結構、適當標註等方法來解决這個問題。近代以來,人們又開始接受西方學術界創制的索引。傳統圖書館至今采用的,大致仍然是以上這些方法。

信息化時代情况完全不同。這裏以我個人的經歷爲例談談。

我個人的書籍、雜志,大約有上萬册。與一般人的書房一樣,書架上的書籍大體整理分類。但我個性比較邋遢,用過的書籍隨便堆放。整理後不久,書籍又亂了。所以,對我來説,尋找資料是

　　一件十分頭疼的事情。明明知道自己保存著某一資料，但就是找不到。去年搬家，書完全被打亂，要再整理分類，費時費力，還照樣不能持久。於是我放棄按照內容分類，而是按照開本大小上架，使同樣的空間可以容納更多的書籍，然後把它們全部輸入電腦。此後找書，祗要在電腦中一查，便知道該書在哪個書架的哪一層上，方便多了。

　　由小見大，信息化時代的佛教目錄，特別是網上目錄，分類法將被放棄，而代之以更加靈活多樣的檢索方法，以滿足不同讀者的不同需求。我想，其主要檢索方法，可以考慮設計爲如下兩種。

　　第一種，以版權頁的各種記錄，即書名、作者、出版者、出版年月、版次等內容爲檢索對象。對於檢索目的爲特定書籍、特定作者、特定出版者、特定時間段的出版物的讀者來說，上述方法將能滿足他們檢索的需要。

　　第二種，以主題詞爲檢索對象。文獻主題詞的設置是信息化時代文獻學的一大突破。主題詞與大型數據庫的配合使用，就知識結構而言，突破了以往圖書分類法的樹狀結構，使人類的知識真正組成一個相互緊密聯繫的因陀羅網。從檢索方式而言，打破了以往圖書分類法的單維檢索模式，可以實施多維檢索。從理論上講，其維數甚至可以不受限制，爲研究者搜尋同類文獻、相關文獻提供了極大的方便。可以預期，在信息化時代，主題詞檢索作爲一個極具生命力的檢索方法將在佛教文獻的檢索中大放光彩。

　　但是，主題詞檢索的前提是每一部文獻都已經設置了充分、必要、準確的主題詞。所以，問題轉化爲如何對文獻設置充分、必要而準確的主題詞。這個問題可以分兩個方面來論述。

　　1. 必須編纂充分、必要的主題詞表

　　雖然海峽兩岸都已經編制了規範的主題詞表，但是，應該指出，目前出現的佛教主題詞表還不能完全覆蓋佛教的所有知識點，沒有達到充分、必要這兩個基本要求。目前發表的有關著作、論文，其主題詞的設置，大抵由作者本人標引設置，具有很大的隨意性。因此，編纂一個充分、必要的佛教主題詞表成爲當務之急。

編纂這樣一個佛教主題詞表，是一件專業性、學術性極强的工作。要充分考慮如下三個方面。

（1）要充分研究傳統的佛教圖書分類法

信息化時代的佛教目録將會放棄傳統的圖書分類法。但這種放棄不是簡單地廢除，而是哲學意義上的揚棄，是傳統的圖書分類法在螺旋式上升過程中的新的表現方式。祇有充分研究傳統的圖書分類法並吸收其全部優點，纔能編纂出符合要求的新的佛教主題詞表。

（2）要充分發揮佛教辭典、佛教百科全書等工具書的作用

新的佛教主題詞表應該覆蓋現有的全部佛教知識。而各類佛教辭典、百科全書就是此前各類佛教知識的總結，它們自然可以在編纂新的主題詞表的過程中給我們很大的幫助。

（3）要充分注意新的知識增長點

學術在發展，知識在更新。編纂新的佛教主題詞表，自然應該注意新的、正在發展著的知識增長點與知識領域。

上面從不同角度談了編纂新的佛教主題詞表應該注意的三個方面。其實，這三個方面本身是一個整體。傳統的佛教圖書分類法是一個樹狀結構，要突破這個樹狀結構，把它變成網狀結構，需要利用佛教辭典、百科全書一類的工具書所提供的佛教知識點來填補其空白，梳理與連接各知識點之間的内在聯繫。但現有的佛教辭典、百科全書僅是以往知識的總結，我們還必須注意新的知

識，以豐富與發展這個主題詞表，使它與發展著的佛教與佛教研究同步。

2. 必須對文獻準確地標引主題詞

猶如傳統圖書館在日常工作中，如何讓工作人員依據現行的圖書分類法正確地將圖書進行分類一樣，有了覆蓋新舊全部佛教知識點的充分且必要的主題詞表之後，如何依據這一主題詞表恰如其分地、準確地標引文獻内容，依然是一項極其重要的工作。祇有做好這項工作，纔能産生理想的檢索效果。

對於新文獻，我們或者可以采取讓作者自己標引的方法。對作者已經逝世的舊文獻，則必須由他人進行標引。這項工作比傳統圖書館日常所做的圖書分類難度更大，因爲它已經完全突破傳統的“書皮之學”，更多的依賴於對該文獻内涵的分析。這是一項需要專家來進行的工作，而我們現有專家的數量與有待處理的海量文獻相比，又是何等的不成比例。如果再考慮到知識的動態發展，考慮到主題詞表本身的不斷修訂與升級，考慮到專家之間的仁智之見，則上述問題將陷入永無可能解决的絶境。

但如果我們考慮到真正的盡善盡美祇能存在於彼岸世界，而此岸世界的一切都是相對的、不圓滿的，則我們或者可以不必那樣悲觀，而讓自己暫且滿足於一種相對、盡可能完善的狀態。那麽，我想可以提出如下兩個方案來解决這個問題。

（1）專家與讀者相結合，互動式標引

目録連同超文本鏈接的文獻上網後，給讀者留下標引主題詞的空間。以後便是專家與讀者的一個互動過程，在這個過程中逐漸完善對該文獻的主題詞標引。由於從理論上講，每篇文獻主題詞的標引不受數量限制，因此這種方法是可行的。當然在實際上由於硬件環境的制約，主題詞標引還是要有數量限制，但我想這不會成爲不可逾越的障礙。這種方法的一個好處是可以解決海量文獻的標引,另一個好處是可以隨時掌握新知識點的出現。所以,這一互動過程實際上應該與主題詞表的修訂、升級,放在同一個系統中予以設計。

(2)電腦自動標引

隨著計算機智能化功能的日益發展,我想可以考慮設計新的軟件,由電腦對文獻內涵進行文本分析,進而實現電腦自動的主題詞標引。這當然需要進行各種試驗,並將是一個相當耗費時間與精力的過程。

上述兩種方法如果都能夠成功,並結合起來,我們將有希望走出絕境。

三、結　語

本文所叙述的佛教目録,其存在背景是一個虛擬的環境:有關佛教網站的高度配合與互動、讀者與網站之間的高度配合與互動。沒有那樣一個環境,不會有那樣的目録。但目前網上的現實是分散的、大量的、低水平的、低效率的重複勞動。這一現實與那樣的虛擬環境距離太遠,也不可能激發讀者高度互動的熱情。因此,首先需要推進的,或許是網絡資源的整合與近期目標的協調。

上面所寫的,實際祇是我在書齋裏、電腦前的幻想。但我堅信這會是信息化時代佛教目録學的發展方向,祇是將來的現實會比這篇小文章更加豐富、更加完善。文章到這裏應該結束,但我還想加上一個小小的尾巴:

沒有最好,祇有更好。一千個方案,不如一步實際行動。不積跬步,無以成千里。

[附記]

此文可完全説是筆者在書齋中的縱情暢想。但這些年來，上述暢想正在一步步地，或有可能一步步地實現，我甚爲高興。當然，理想與現實之間依然存在巨大的鴻溝，需要用我們的努力工作去填平。

古籍数字化視野中的《大正藏》與佛典整理①

一、 功勳著史　流澤深遠

《大正藏》全藏一百卷：計正藏五十五卷、續藏三十卷、圖像部十二卷、昭和法寶總目録三卷。高楠順次郎先生在《〈大正新修大藏經〉全百卷完成之獻辭》一文中總結説：《大正藏》編輯工作從大正十一年(1922)開始，到昭和九年(1934)完成，歷時十三年，總計共約四千五百天。參與者共約三百人，關聯人員約達四十五萬人。耗資二百八十萬日元。全藏收録各種典籍、圖像三千四百九十三部，一萬三千五百二十卷。高楠先生是《大正藏》的重要發起人與實際主持人之一，他在文中提到：《大正藏》的編纂經歷諸多困難，甚至有幾次接近"艱苦崩壞之命運"，以至撫今追昔，不勝感慨。在文中，高楠先生還總結了《大正藏》的十大特點。②至今讀這篇文章，依然感人。

《大正藏》完成以後，嘉惠學林，功德無量。正如長井真琴先生所説，《大正藏》是"東方文化的金字塔"。我也曾經撰文指出："這

---

① 載《上海師範大學學報》(哲學社會科學版)2015年第4期。中國人民大學資料中心《宗教》2015年第5期轉載。收入本書時略有修訂。

② 參見高楠順次郎《大正新修大藏經全百卷完成の辭》，載《ピタカ》，昭和十年(1935)一月號。

部大藏經對世界佛教研究的普及與深入貢獻之大，實在無與倫比，堪稱佛教文獻學史上一座前所未有的里程碑。"①可以説，《大正藏》編成以後，世界上沒有一個佛教研究者未曾直接或間接承受其學恩。我從 1978 年到中國社會科院暨北京大學南亞所當研究生，開始學習佛教，《大正藏》便成爲我閱讀最勤的書籍之一。當時，《大正藏》在中國是很難見到的圖書。在地方各省市中，祇有少數省市有收藏。北京也祇有北京大學、中國社科院宗教所等少數單位纔有，而且祇能在圖書館閱覽，不能外借。我所在的南亞所圖書室便沒有這部書。所以，當我被任命擔任南亞所圖書室負責人後，隨即通過中國圖書進出口公司購買了一部《大正藏》。至今記得當時的書價爲人民幣四萬多元，在 20 世紀 80 年代初期的中國，這是一筆大數字。

作爲佛教文獻研究者，我曾經在兩篇文章中評論過《大正藏》。第一篇是《〈大正新修大藏經〉評述》，原文是 20 世紀 90 年代中期，參加中國佛教文化研究所召開的一個學術會議遞交的會議論文，1997 年發表在《聞思》第一輯上。第二篇爲《略談漢文大藏經的編藏理路及其演變》，原文是 2009 年我參加第二屆世界佛教論壇遞交的會議論文，2012 年發表在《世界宗教研究》第一期上。

第一篇文章專門評論《大正藏》。在文章中，我把《大正藏》的優點歸納爲七個方面：第一，精選優秀底本；第二，確定科學體例；第三，進行認真校勘；第四，加以斷句訓點；第五，實用的版本目録與索引；第六，現代印刷與裝幀；第七，編纂配套的詞語索引。當然，《大正藏索引》實際是《大正藏》完成以後另行開展的，但它是在《大正藏》基礎上開展的後續工作，故不妨將它與《大正藏》看作一個整體。文章也指出《大正藏》存在著如下不足：第一，選篇標準問

---

① 方廣錩：《〈大正新修大藏經〉評述》，載《聞思》（第一輯），華文出版社，1997 年 3 月，後收入《隨緣做去，直道行之》。已收入本書。

題;第二,結構與分類問題;第三,對敦煌遺書的整理問題;第四,校勘問題;第五,錯版及擅加文字問題。

第二篇文章主要探討漢文大藏經的"內在編藏理路"。文章提出:

> 任何時代、任何人,花費如此巨大的人力、物力、財力來編纂大藏經,必然有他的目的。爲了達成這一目的,必然有一個與這一目的相適應的甄別、選取佛典的入藏標準,有一系列與這一目的相配套的編纂藏經的方法。我認爲,編藏目的、入藏標準、編藏方法三者構成了大藏經編纂的內在理路。從歷史上看,大藏經的編纂者一般很少公開宣示自己編纂藏經的目的、標準與方法。但無論哪一部藏經,實際都存在這三者,它們貫穿於該藏經籌備與編纂的整個過程,並體現在最終完成的這部大藏經中,所以稱之爲"內在"理路。我們可以通過分析一部一部的藏經,來探討它們各自的內在編藏理路。當然,就某一部具體的藏經而言,還有一個它的預設編藏理路能否從始至終貫徹到底的問題。本文對此不予討論,僅從宏觀的角度,探討古今編藏理路的表現形態及其演變軌迹。①

在這篇文章中,我從分類結構、多語種校勘、編纂版本目録、增列"外教部"與"疑僞部"等四個方面指出:在高楠順次郎等學者的心目中,"大藏經固然是佛教的宗教聖典,同時也是重要的學術研究資料","古代編藏主要出於宗教目的。日本《大正藏》的編纂,體現了大藏經從宗教性向學術性的演變"。②至今我依然認爲,在具體

---

① 方廣錩:《略談漢文大藏經的編藏理路及其演變》,載《世界宗教研究》2012 年第 1 期。中國人民大學資料中心《宗教》2012 年第 2 期轉載。

② 同上。

的編藏實踐中，對佛教大藏經這一宗教聖典加入學術因素，使之完成從宗教性到學術性的演變，是以高楠順次郎爲代表的日本佛教研究者對漢文大藏經的歷史性貢獻。

今年距《大正藏》編輯完成已經整整八十年。八十年來，佛教研究、佛教文獻研究都取得了無與倫比的長足進展，大藏經研究與編纂也成果迭出，可以稱之爲進入新的階段。那麼，新的階段的特點是什麼？僅僅是新研究成果的不斷涌現與迭出嗎？我認爲層出不窮的新成果固然體現了佛教文獻學的蓬勃發展與強大生命力，並爲佛教研究奠定了更爲堅實的基礎，但與八十年前高楠順次郎等先生編纂《大正藏》的時代相比，新階段的最大變化是世界已經踏入數字化的門檻，人類社會已經不可逆轉地進入信息化時代。

數字化對佛教大藏經的發展提出了前所未有的挑戰，也提供了前所未有的機遇。我們能否面對挑戰，抓住機遇，把佛教大藏經的發展推向歷史的更高點？今天是昨天的繼續，明天是今天的發展。我們祇有認真回顧前輩走過的足迹，纔能選對方向，更加堅定地前進。我想，這就是我們在今大研究、評論《大正藏》的意義所在。

二、 古籍數字化視野中的佛典整理

數字化是信息技術的基本形態，也是現代信息技術的生存方式。[①]目前，現代信息技術對社會各個領域都施加著巨大的影響，並爲現代社會的發展提供了無限的可能。縱觀當今世界，我們甚至

[①]　按照搜狗百科（http://baike.sogou.com/v353423.htm）的解釋：數字化就是將許多複雜多變的信息轉變爲可以度量的數字、資料，再以這些數字、資料建立起適當的數字化模型，把它們轉變爲一系列二進位碼，引入電腦內部，進行統一處理。

筆者把現代信息技術看作一個"生命體"，這個生命體能夠在現代社會產生、生存、發展，靠的就是"數字化"這一基本方式，所以稱"數字化是現代信息技術的生存方式"。

可以這樣説，數字化已經是現代社會得以存在與發展的基礎。

　　由於數字化已經逐漸滲透到社會的各個領域，佛教大藏經自然也不例外。實際上，幾十年來，數字化技術已經與佛教大藏經緊密結合。與近代圖書具有各種不同的形態相應，數字化大藏經也具有不同的形態。如近代有影印本大藏經，其對應的數字化形態則有掃描本大藏經。近代有逐字排版鉛印本大藏經，對應的數字化形態則有逐字録入的電子文本大藏經。掃描本大藏經可反映古代大藏經的原貌，電子本大藏經則可提供全文檢索、拷貝乃至標點等各種功能，更加方便與實用。總的來説，兩種大藏經各有優勢，不可偏廢。毫無疑問，由於使用方便，所以電子本大藏經流通更廣。然而，電子本大藏經如何取得公信力，又是一個不容回避的問題。

　　本文提到，數字化對佛教大藏經的發展提出了前所未有的挑戰，也提供了前所未有的機遇。那麼，數字化到底爲佛教大藏經提供了什麼樣的挑戰與機遇？我認爲，所謂挑戰與機遇表現在如下三個方面。

　　（一）規模性

　　佛教是社會文化形態之一，古往今來，影響了、至今依然影響著無數的人們，將來還會持續發揮其影響，並擴展到更多的人群中。所以，佛教自然成爲我們學術研究的重要的對象。學術研究靠資料，資料越完整越好，越全面越好。在古代，大藏經僅僅是宗教聖典；在今天，它還是學術研究的重要對象。不言而喻，一部大藏經，容納的資料越多，研究的價值就越大。我曾經撰文指出，衡量一個圖書館的基本指標是看它的藏書量的多少。同理，衡量一部大藏經的基本指標，就是看它收經數量的多少。①

　　《大正藏》共收經、律、論及漢文佛教撰著、圖像三千四百九十

① 參見方廣錩《論大藏經的三種功能形態》，載臺灣《宗教哲學》第3卷第2期，1997年4月。

七部，一萬三千五百二十卷，共一百册。按照每册平均一百五十萬字計算，總計約達一億五千萬字。若干年前，我曾經做過一個粗略的估計，漢文佛教典籍總數大約在四億字左右。①這些年在調查佛教典籍的過程中，發現上面的統計有點保守，世界上實際保存的佛教典籍數量更多。比如，當年統計没有計入日本、朝鮮半島收藏的各種古代寫本、刻本之未入藏佛教文獻，没有計入越南古代撰寫的漢文佛教文獻，也没有計入現在依然在中國民間流傳的各種法事文本。這些年，僅中國民間的各種法事文本，我們就收集到一千多種。也就是説，至今爲止，雖然《大正藏》依然是世界上收入佛典最多的大藏經，但《大正藏》所收典籍，大約不足存世漢文佛教典籍總數的三分之一。

自然，由於受現實條件的限制，以往人們編藏從來不可能把所有的佛教典籍全部收入，都有所選擇，有所甄別。但今天，從理論上講，數字化技術已經可以處理海量資料，已經可以無限擴展大藏經的容量，從而允許我們編纂出一部資料更加豐富、內容更加翔實的大藏經，甚至允許我們把所有的佛教典籍統統收納進來，使大藏經真正容納八萬四千法門，成就八萬四千海藏，更好地發揮大藏經的佛教聖典功能、研究資料功能以及資料備查功能。

應該説，佛教界、佛教研究界已經在實踐中逐步認識到這個問題。

從佛教大藏經數字化的歷史看，1986 年，《中華大藏經》率先進行數字化試驗，並取得初步成功。這一工作當時由我具體負責。《中華大藏經》中現有的幾種電腦排版的經典，就是當年數字化試

---

① 這一數字包括古代日本、朝鮮半島僧人撰寫的佛教著作。《中華大藏經》(上編)已經收入約一億零六百萬字，下編計劃僅收中華佛教撰著，故擬收兩億六千萬字。

驗的成果。可惜由於某些原因,這一工作後來中止,未能全面開展。20 世紀 90 年代,韓國高麗大藏經研究所推出電子版《再刻高麗藏》,首次將整部大藏經的電子文本推向世界。以此爲契機,大藏經數字化的熱潮在全球掀起。由於《大正藏》擁有無可撼動的學術地位,所以除了一些例外,全球的漢文大藏經電子文本都以《大正藏》爲目標,各種《大正藏》的電子版不斷涌現。經過近二十年的整合,現《大正藏》(第一卷到第五十五卷、第八十五卷)電子本主要整合在由中華電子佛典協會主持的《電子佛典集成》中,而由日本漢字文獻情報處理研究會主持的"東洋學古典電子文獻檢索資料庫"則收録了全部《大正藏》電子文本。此外,網上可以看到各種各樣表現形態的《大正藏》電子本。

　　《電子佛典集成》以綜合、集成漢文佛教典籍爲己任。其最近發布的 2014 年版,已經收入《大正藏》、《卍新纂續藏經》、《嘉興大藏經》、歷代藏經補輯(含《趙城金藏》《中華大藏經》《房山石經》《佛教大藏經》《再刻高麗藏》《乾隆藏》《卍字正藏》《永樂北藏》《宋藏遺珍》《洪武南藏》)、原"中央圖書館"善本佛典等,總計一萬六千九百二十七卷。此外,還收入元亨寺版《漢譯南傳大藏經》七十册、《藏外佛教文獻》一到九輯、《正史佛教資料類編》、《北朝佛教石刻拓片百品》等。據介紹,《電子佛典集成》收納的總字數已達一億九千萬字。加上在日本電子化的《大正藏》的其餘部分,則電子化佛典的總字數已經超過兩億五千萬字,比原《大正藏》超出一億字。與當年《開元釋教録》所謂一千零七十六部,五千零四十八卷相比,簡直不可同日而語。人們在今天取得的成果,的確是我們的前人所不能想象的。

　　成果雖然巨大,但我們必須指出,與現存的四億多字的佛教典籍相比,我們面前還有很長的路要走。

　　如前所説,編纂一部電子化的八萬四千海藏,在理論上已經可以實現,這是數字化時代的信息技術爲我們提供的巨大機遇。作爲佛教文獻工作者,能夠生活在信息化時代,能夠利用信息化技術來整理佛教典籍、研究佛教典籍,是我們的幸運。然而,理論上可以實現的事情,現實中是否真的可以做到? 這又是當今信息社會對我們佛教文獻工作者提出的重大挑戰。面對機遇與挑戰,我們需要做出自己的回答。

　　(二) 準確性

　　無論是宗教聖典,還是學術資料,文本的準確性都是第一位的。但在古代寫本時期,由於寫本本身"唯一性"與"流變性"的雙重作用①,某種文獻在流傳過程中非常難以保持其文本的一致性。從歷代僧人爲校勘經典、編纂目録所付出的艱巨勞動,從《開元釋教録廣品歷章》到《一切經源品次録》的不斷編撰與内容細化,從敦煌遺書中的相關目録與文獻,我們可以看到古代僧人爲保持佛教典籍文本一致性所做出的不懈努力。即便如此,從敦煌遺書佛教典籍所反映的異本、異卷、異文等諸多情況,可知人們對佛典文本一致性所做的努力費工雖大,收效却依然有限。寫本佛典的文本歧異,直接影響到刻本,由此形成刻本大藏經的三個系統。其實,三個系統祇是對刻本大藏經的大致描述,如果仔細研究,則每個系統内部,各種不同的藏經又有各自的特點。此外,值得注意的是,以往在我們的觀念中,後代藏經都是承襲前代藏經,續補新的内容編纂、刊刻而成。但新的資料表明,這一觀點並不完全正確。比如

① 關於寫本的"唯一性"與"流變性",請參見方廣錩《關於漢文大藏經的幾個問題(代導言)》(載《中國寫本大藏經研究》)中的論述。

《嘉興藏》中的有些文字,與歷代大藏經所收同一經典的文字均不相同,而與敦煌遺書中的相關寫本文字一致。這説明《嘉興藏》該經典的文本來源並非來自前代的某一部藏經,而來自最早源於某部古代寫經的某一民間傳本。

　　總之,不同系統的藏經、同一系統的不同藏經存在著不少異同,來源於不同的傳承。作爲文獻工作者,我們應該如何面對與處理這一問題?

　　《大正藏》在此爲我們樹立了一個範例。《大正藏》的方法是對各種能收集到的藏經及相關佛典進行認真的校勘。隋彦琮"八備"稱:"襟抱平恕,器量虚融,不好專執。"①我認爲,《大正藏》編纂者做法符合彦琮的上述標準,應成爲佛教文獻工作者的典範。

　　但《大正藏》祇指異,不辨正。所謂"指異",是同時將各種藏經或相關文本中的異文統統羅列在校勘記中,供研究者參考,供讀者判定整理者的工作並做出讀者自己的選擇與判定。所謂"辨正",是指在不同的異文中,整理者選擇一種整理者認爲相對最正確的文字,將其列入正文。祇指異,不辨正,這不免影響《大正藏》的學術價值。我主持的《藏外佛教文獻》則采用既指異,又辨正的原則,目的是給讀者提供一個更好的文本。

　　雖然《大正藏》當年對文本校勘花費大量精力,做出極大努力,也得到很大的成果,但現在看來,存在的問題也相當多,有些問題甚至相當嚴重。比如,我在《〈大正新修大藏經〉評述》中提出的:《大正藏》所收二卷本《那先比丘經》卷下因錯版而擅加文字,且不出校記。這是文獻工作者絶對不可以犯的低級錯誤。現在已經搞

---

① 《續高僧傳》卷二,CBETA(2016),T50, no.2060, p.439, a25~26。

清,《大正藏》出現這一低級錯誤的原因,在於他們沒有真正如自己宣稱的使用《再刻高麗藏》作爲底本,而是使用 20 世紀初上海頻伽精舍排印的《頻伽藏》作爲工作底本,人工核對《再刻高麗藏》,然後在《頻伽藏》本上做出標記,作爲《大正藏》的排印底本。人工檢查的質量畢竟難以把握,由此産生一系列使人難以想象的錯誤。在《大正藏》中,類似的錯誤到底有多少,實在難以統計。從主觀上追究,自然應該歸諸校勘工作者精審不足。

　　西漢劉向在《別録》中曾對傳統的校勘方式有如下説明:"一人讀書,校其上下,得謬誤,爲校;一人持本,一人讀書,若怨家相對,爲讎。"也就是説,在劉向時代,所謂"校",指某人僅對某一文本進行閲讀,如發現錯誤,則予以改正。此時改正的依據是什麽?劉向沒有交代,或者這就是我們現在所説的"理校"。再就是兩人合作進行,其中一人執本宣讀,一人逐字核對,故校勘有"對讎"之説。①

　　《中華大藏經》最初也采用"一人持本,一人讀書"這種方式。由於《中華大藏經》共有八個校本,故實際上出現"一人讀書,八人持本",形成九人會校的局面。但我們在實踐中發現這種方式弊病極大。1986 年起,改爲一人同時對勘底、校兩本。這也是目前古籍整理最通用的方法。爲了保證校勘質量,《中華大藏經》采用一個校本由兩個人分別予以校勘,即每個校本校勘兩遍,然後予以彙總的方法。這樣,大部分經典都産生十六個校草。看起來已經很嚴格,很認真了,但現在回過頭來看,《中華大藏經》的校勘依然存在

---

① 　"《風俗通》曰:按劉向《別録》'校讎','一人讀書,校其上下,得謬誤,爲校;一人持本,一人讀書,若怨家相對,爲讎。'"參見［南朝梁］蕭統《昭明文選》卷六,韓放主校點,北京:京華出版社,2000 年,第 180 頁。標點有修訂。
　　"劉向《別傳》曰:'讎校者,一人持本,一人讀析,若怨家相對,故曰讎也。'"參見《太平御覽》卷六一八,中華書局影印本,第 2776 頁上欄。

不少問題。

　　所以，問題就不僅僅在於是否有足夠的"精審"精神。人畢竟是人，人力有時而窮。無論如何小心謹慎，一絲不苟，難免有頭昏眼花、精神疏忽的時候。我本人常年從事佛教典籍整理，我主編的《藏外佛教文獻》，用"以精益求精之心，求盡善盡美之境"來勉勵自己與同事。但每輯出版以後，我們總會發現依然存在各種各樣的錯誤，有的錯誤實在讓人感到無地自容。我曾在一篇文章中自嘲：盡善盡美之境祇存在於彼岸世界。在此岸世界，我們總要不斷犯錯誤，祇不過是錯誤的大與小、多與少的問題。2011 年《藏外佛教文獻》出版第十六輯之後，至今已經停頓三年。實際上，我們已經整理好的文稿，足夠出版五輯。之所以積壓未出，問題就在於對已經整理好的這些文稿，我心中依然没底，不知道其中還會有多少錯誤，但又没有足夠的時間再去一遍又一遍地審核。問題是即使再審核，能否把所有的錯誤都消滅掉，我自己心中也没有底，因此拖延至今。

　　此外，必須指出的另一個問題是，《大正藏》也好，《中華大藏經》也好，現在任何一種古籍整理的出版物也好，在文本整理結束以後，提供給讀者一個校勘本、一份校勘記，讀者固然可以按照校勘記來復核校勘本，但如果校勘本身有疏漏，即校勘記不能反映底、校本的真實情況，那讀者就無可奈何了。如前所述，《大正藏》用《頻伽藏》爲工作底本，由此產生的錯誤不知凡幾，但一般的研究者不可能去做核對工作，也就不可能發現那些錯誤，那就可能被《大正藏》的錯誤文本所誤導，乃至影響自己的研究成果。

　　面對這一現實，我們應該怎麼辦？

　　在此應該先介紹中華電子佛典協會主持的《電子佛典集成》的工作。目前，《電子佛典集成》已經對《大正藏》中的若干錯誤進行了校訂。《電子佛典集成》的校訂可見於網上電子本。這一校訂僅用紅色標註,如"[舍＞含]",表示《大正藏》本此處之"舍",實際應爲"含"。但《電子佛典集成》沒有説明如此校訂的理由。如果不是逐字核對《再刻高麗藏》原文,我們也難以確知錯誤的原因——不知道上述標註是《電子佛典集成》的理校,是《再刻高麗藏》本身的錯誤,是《頻伽藏》的錯誤,還是《大正藏》的植字錯誤。

也就是説,《大正藏》采用的傳統校勘方法缺少讓讀者追溯原始資料的手段;《電子佛典集成》雖然已經采用數字化,依然沒有納入這一手段,故而讀者難以發現校勘本的錯誤,即使發現有錯誤也無法知道錯誤產生的原因。傳統校勘方法的這一缺陷,現在越看越明顯。如中華書局出版的二十四史,雖然當時集中了一批一流學者來完成,但至今學術界對它們依然不滿意。雖然不滿意,校改起來卻非常困難。

其實,信息化技術已經爲我們提供了解決此類問題的條件。我認爲,我們可以按照如下四個基本原則,利用信息化技術來解決上面的問題:

第一,起於最底層。

古籍整理,要從最基礎的原始資料的圖形文字、書寫符號的切割與辨認開始。

第二,信息全覆蓋。

信息采集要覆蓋全部原始資料,亦即保留原始資料全部可研究信息。

第三,過程可追溯。

每一步工作都有記録,每一個環節均可追溯。

第四,功能可擴展。

程式開放,界面友好,可隨時根據不同情況,擴展新的功能。

我們設想的具體的工作流程,可參見下圖:

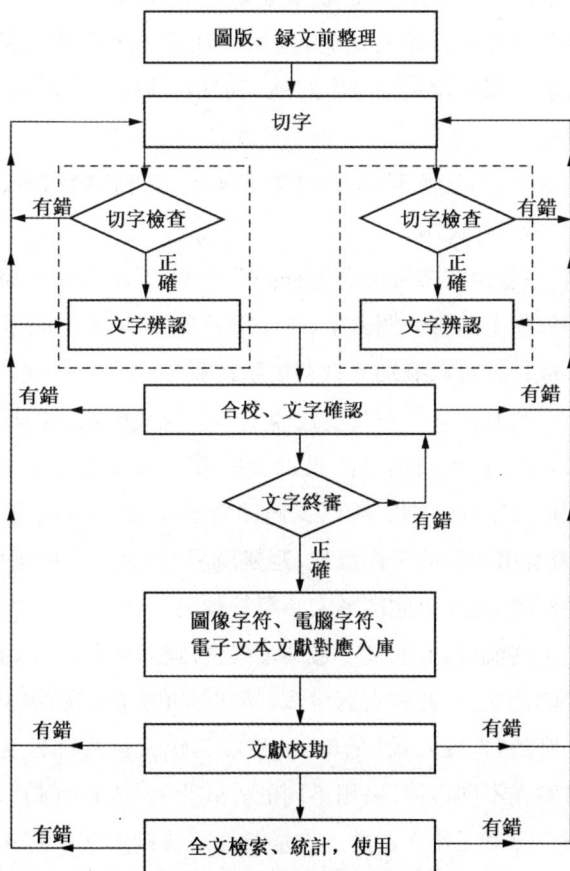

```
                    ┌─────────────────────┐
                    │    圖版、錄文前整理    │
                    └─────────────────────┘
                              │
                    ┌─────────────────────┐
                    │         切字          │
                    └─────────────────────┘

      有錯    ◇ 切字檢查 ◇           ◇ 切字檢查 ◇    有錯
                    │ 正確              │ 正確
              ┌──────────┐        ┌──────────┐
              │  文字辨認  │        │  文字辨認  │
              └──────────┘        └──────────┘

 有錯        ┌─────────────────────┐        有錯
            │     合校、文字確認      │
            └─────────────────────┘

                    ◇ 文字終審 ◇    有錯
                        │ 正確
            ┌─────────────────────┐
            │ 圖像字符、電腦字符、    │
            │ 電子文本文獻對應入庫    │
            └─────────────────────┘

 有錯        ┌─────────────────────┐        有錯
            │       文獻校勘        │
            └─────────────────────┘

 有錯        ┌─────────────────────┐        有錯
            │    全文檢索、統計,使用   │
            └─────────────────────┘
```

按照上述流程示意圖,我們設想的佛典整理工作,將按照如下步驟開展:

1. 文字切割與識別,製備基礎工作文本

佛典數字化必須有一個準確的基礎工作文本。這一工作文本的製備,必須建立在對原始資料中文字的準確辨認、錄文的基礎上。正因爲如此,録文一直是佛教文獻工作者的入門功夫。但以往的録文全靠研究者手工完成,無論研究者如何謹慎小心,録文中的錯誤總是難免的。略有疏忽,則録文往往不可卒讀。現代信息技術使我們可以利用電腦來更好地完成這一枯燥、煩瑣的工作,提高它的準確率。

我們的設想是:從最基礎的文字與書寫符號的切割、辨認開始,建立基礎工作文本。

所謂"最基礎的文字與書寫符號的切割、辨認",就是將需要録文的原始資料上的每一個文字、每一個符號都切割下來,並將它們全部轉換成電腦可以識別的具有電腦内碼的文字與符號。我們面對的原始資料有寫本、刻本、現代印刷本。現代印刷本的問題比較好辦,但目前的電腦技術尚不足以支援敦煌遺書之類寫本及古代刻本中圖形文字的識別。所以我們開發了一套"人機互動"①的電腦程式,設計出相應的工作流程,避難就易,以充分發揮電腦、研究者各自的優勢,完成上述圖形文字與符號的識別任務。

通過上述流程,可將每一號原始資料圖版中的文字、符號,切成單獨的圖像字符,並將它們辨識、轉化爲相應的電腦字符。其間有幾個相應的"人機互動"的環節,一般工作人員及佛教文獻研究專業人員將在不同環節、采用不同的方式進行"人機互動",以最大程度地減少專業工作人員的工作量及保證從圖版文字到電子文本的轉換質量。

通過上述工作,電腦將產生兩個成果。

第一,產生圖像字符與電腦字符一一對應的字符表。

① 所謂"人機互動"是筆者在利用電腦整理敦煌遺書時采用的工作方法。其基本思路是,凡是電腦能夠完成的工作,一律交給電腦去做;凡因目前技術水平的限制,電腦無法承擔的工作,一律由研究者完成。通過上述電腦與研究者的互動,不斷提高電腦的自動化水平。

電腦將該字符表收入字庫。

凡收入字庫的字符，均記錄其原始身份。研究者隨時可以從圖像字符或電腦字符調閱其所在原始圖版。爲醒目起見，圖版將用色標對該字符予以標示。

凡收入字庫的字符，可按照不同檢索要求或復合檢索要求進行檢索。可羅列某單字的所有圖版字符，並按照要求排序。可進行字頻統計。

目前，利用電腦技術自動識別中文圖像字符，還是信息自動化未能解決的技術難點。我們希望通過上述工作，讓電腦不斷積累原始素材，探索最終由電腦自動識別中文圖像字符的道路。①

第二，産生與某原始資料完全對應的電子文本文獻。

入庫的電子文本文獻，實際是一個與相應圖版文字完全一致的電子本録文。與人工録文相比，它的每一個字符都與原始資料圖版字符乃至與原始資料圖版一一對應，隨時可以進行復核。

由於我們采用雙重辨認、電腦合校、人工干預等多重保障，從理論上講，圖像文本轉換爲電子文本的文字辨識準確率可以達到百分之百。當然，在實踐中，由於各種原因，還會不斷出現新的問題。但我們的設計是每一步工作都有記録，都可以反向追溯，可以一直追溯到最原始的工作環節、最原始的基本資料。這樣，不但我們，任何一個讀者都可以通過程式追溯來復核工作步驟，復核原始

---

① 筆者認爲，讓電腦識別中文的圖像字形，猶如教小孩認字，是一個知識積累的過程。目前我們已經試驗切字一千五百多萬，其中出現頻率最高單字，出現次數爲十幾萬次，亦即某一個單字共有幾萬個乃至十幾萬個，甚至幾十萬個略有不同的字形。筆者相信，如果以這些字形爲基礎，讓電腦進行圖像文字自動識別，則我們有望突破電腦識別中文的圖像字形這一難關。當然，這對電腦的性能提出了較高的要求。固然，有些字頻小的文字，電腦識別依然會有困難。然而字頻小的文字在文獻中出現的次數少，對這些文字，即使依然采用人工識別，也是可以接受的。

資料。如有錯誤，就可以發現錯誤產生的環節與原因，從而解決上文提到的難以發現校勘本錯誤的問題，以及雖然發現校勘本錯誤却無法追溯、無法檢討其原因的問題。

數字化電子本不同於紙本的優點之一，在於可以改正錯誤，不斷升級。我們可以在不斷發現錯誤、改正錯誤的過程中，不斷完善數字化的佛教典籍文本，在實踐中逐步達到準確率爲百分之百的文本轉換。上述不斷升級的過程也適用於以下"區別異本""文本校勘"等工作環節。

2. 區別異本

想把某文獻的異本一一予以區別，其前提是必須將該文獻的各種原始資料收集完整，然後一一予以比對。按照上述思路，祇要我們將原始資料中該文獻的所有圖像文本都按照上述方式製備成電子文本，亦即達到該文獻的信息全覆蓋，就可以利用現成的電腦軟件程式進行文本比對，從而鑒定與區別異本。

以我目前正在從事的敦煌遺書整理而言，從理論上講，祇要我們具備六萬多號漢文敦煌遺書的圖版資源，投入必要的人力、物力，我們就可以將這六萬多號遺書、七萬多號文獻、總計約一億字的敦煌漢文遺書全部轉化爲相應的電子文本，然後進行異本的比對與鑒別。

在六萬多號敦煌遺書中，約包括數千種各類文獻。有的文獻重複率極高，如《妙法蓮華經》多達七千多號，編號數量超過敦煌遺書總號數的百分之十。有些文獻僅有一號。就七千多號《妙法蓮華經》而言，包括了二卷本、七卷本、八卷本、九卷本、十卷本乃至卷本待考的異卷等多種卷本，包括了鳩摩羅什早期譯本、後代修訂本，還混雜了若干《添品法華經》。時代最早者爲東晉南北朝寫本，時代最晚的爲五代宋初寫本。與傳統大藏經本對照，敦煌遺書中有些《妙法蓮華經》文本的文字有脱訛，但也有些文本的文字優於傳統大藏經本。個別文本中甚至有中國人添筆增加的偈頌。以前，僅憑個人之力，想對這七千多號《妙法蓮華經》進行全面的異本區分，可以説是癡心妄想。現在則完全可以借助敦煌遺書數字化之力對中國佛教史上這一重要經典做一番徹底的清理。理清它不同時期的文本演變、表現形態，清理混雜在其中的《添品法華經》。

佛教典籍的數字化與上述敦煌遺書的數字化道理相通，無非工作量更大而已。比較而言，整理佛教文獻時，我們面對的大量文本是刻本，工作難度相對較小。

3. 文獻校勘

典籍在流傳中出現傳抄的錯訛，乃屬正常情況。故文本整理的一大任務是進行文獻校勘，最終整理出一個相對最爲優秀的文本。文獻的標點可以體現出整理者對文獻的解讀，也是文獻整理的重要内容。

就校勘而言，凡是做過這一工作的研究者都知道，校勘中付出的勞動，幾乎有百分之九十以上都屬於無用功，因爲用來對校的兩個文本中文字的差異程度，不可能達到百分之十以上。但校勘者必須耐下性子，一個字一個字去校，唯恐有所疏漏。即使如此，正如古人所説"校書如掃落葉，旋掃旋生"，還是難免發生錯誤。但現在我們可以在上述製備文本、區別異本的基礎上，由電腦自動進行文本校勘。亦即由電腦自動比對兩個文本的文字，如果相應的文字相同，電腦自動忽略，而僅將不同的文字以色標顯示，提示研究者去進行勘校。這樣，研究者固然還需要通讀全文，但祇要針對紅色的文字進行校勘。就校勘環節而言，工作量可以減輕百分之九十。

不僅如此，系統針對不同情況，設計了規範的校勘記表述格式。研究者祇要確定校勘點（即需要校勘的文字），系統即根據不同情況自動生成規範的校勘記，並可根據需要，加註"校釋"。完成校勘以後，研究者即可利用該系統對文本進行標點，進行註釋。

整理本文字固然由整理者確定，但系統將自動把各校本中該文獻的所有異文逐一羅列在校勘記中，並通過鏈接，提供所有異文的原始圖版，便於讀者、研究者根據需要反向追溯，自行檢索圖版，並對整理本中的文字做出自己的選擇與解讀。

這一"電腦校勘標點系統"依然是一個"人機互動"的系統。利用這一系統，某種文獻無論存世多少個傳本，祇要我們投入必要的人力、物力，均可以對它進行全面、徹底的整理。這種整理固然不可能一次性達到盡善盡美的境地，但信息化技術提供了一條不斷積累校勘成果，不斷修訂校勘錯誤的道路。沿著這條道路走下去，每個人都可以在他人成果的基礎上將某文獻的整理推向前進，最終臻於至善。這樣，每個人的古籍整理工作都成爲歷史長河中的學術積累，而不是像傳統方法那樣，不同的研究者不停地對同一部典籍進行反復校勘，一次又一次地推倒重來，去做大量的重複勞動。即使不同的研究者對同一段文字有不同的理解，信息化技術也允許同時保留與顯示多種不同意見，留待研究者深入思考與研究。

按照上述思路，傳統古籍整理中的"底本""校本"等概念也將完全被顛覆。

由於每個人的精力有限，按照傳統方式進行古籍整理時，一般不可能"逢異必校"。所以，傳統的古籍整理必須先尋找一個相對錯誤較少、文字較優的本子，稱之爲"底本"。然後以"底本"爲依據，參校各種"校本"。校勘時，凡屬底本正確者，一般不出校記；凡底本錯誤或理校者，方出校記。這種方式大大減輕了校勘者的工作量，但也存在如果校勘者漏校、誤校，便會誤導讀者。《藏外佛教文獻》摒棄上述方式，在校勘中對諸本一視同仁，按照"逢異必校"的原則，將所有的異文一律納入校記。不過在表述時，爲了循俗，依然保留了"底本""校本"的名稱。采用數字化整理之後，被整理的各種文本地位平等、作用相同，也就完全没有必要，也不應該再來區分底本、校本。

（三）方便性

數字化文本可以從各個方面爲讀者的閱讀與研究提供極大的方便。在這一方面，中華電子佛典協會的《電子佛典集成》已經做了很好的示範與各種各樣的嘗試。本文上述第四個原則實際也是爲"方便性"預留各種可能。限於篇幅，本文不擬展開。

三、结　语

若干年前，我曾經發表一篇題爲《信息化時代的佛教目録學》的文章，對信息化時代佛教目録學將怎樣發展做了一番暢想。本文則談了我對佛教典籍數字化的設想。

這一設想的確宏大。或許有的先生會認爲，想法再好，如果缺乏可行性，祇能流爲空談。在此可以向大家報告，本文所講的工作，我們已經於今年上半年正式啓動。目前已經切字一百多萬。計劃以兩年爲期，先完成對敦煌遺書中疑僞經的全面整理，並將在近期陸續推進幾個篇幅不大的獨立項目，争取拿出先期成果。此外，我們正利用敦煌遺書中的東晉寫卷，開始建設"東晉字字庫"。總之，我們將一部典籍、一部典籍地做起，逐步推進。

我們的想法，是通過實實在在的工作，檢驗我們的設想，改進我們的電腦程序，完善我們的工作流程。可以肯定，目前我們的設想還有很多不足之處，複雜的現實永遠超過我們的想象，一定會有許多我們還沒有預料到的困難在前面等待我們。所以，我們今後一定會碰釘子、犯錯誤。但是，筆者在從事古籍整理與數字化的過程中，深深感到信息技術將原本祇能在平面進行的工作拓展到立體空間，從而給我們的古籍整理工作提供了無限的可能性。所以，問題轉化爲我們是否能夠想到，是否願意去做。如前所説，現代信息技術的一個重大優勢在於它能夠不斷積累成果，不斷改正錯誤，不斷進行升級，以至最終臻於至善。所以，祇要我們加強調查，做好規劃，協調一切可以協調的力量，相互配合，相互支持，不怕困難，不怕挫折，鍥而不捨地堅持下去，發揚古代爲編纂大藏經連續幾代人前赴後繼的傳統，最終一定可以達成將漢文佛教典籍全部電子化這一宏偉的目標。

數字化時代古籍整理的新思路^①

　　中國是一個文化古國，中華文明有著高度的文明自覺。所謂
"文明自覺"，我的定義是"對自己創造的文明有著充分的價值評
估，並力圖采用一切方式使這一文明傳承下去。"典籍是傳承文明
的最好方式。孔子以下，歷代整理典籍的仁人志士前赴後繼，就是
這一文明自覺的體現。所以中國古籍之多，汗牛充棟。

　　自古到今，中國的古籍經歷了寫本、刻本、近現代印刷本等不
同時期，現在已經跨入數字化的門檻，進入電子本時期。不同時期
的典籍，因其製作方式不同，具有不同的特點。有關這一問題，我
已經有文章論述，本文不再贅述。我認爲，典籍在不同時期的不同
特點無疑也是後代中國人不斷進行古籍整理的原因之一。此外，
不知是因爲中華民族的文化創造力過於旺盛，乃至崇信"舊的不
去，新的不來"，不斷"破舊立新"，還是因爲文化精英在創造燦爛的
精英文化的同時，不斷推行愚民政策，以使社會階層裂痕加大、文
化隔膜加深，不同階層的文化雖相互滲透，又相互抗拒，乃至中華
民族這個在歷史上非常善於創造新文化的民族，實在不能同時也
算作是一個非常善於保護舊文化的民族。深夜讀書，每當讀到一

① 原載《古籍整理出版情況簡報》2016 年第 5 期。

次次的文化浩劫、古籍零落，未嘗不掩卷嘆息再三。此外，社會在發展，文化隨著社會的發展而發展。新文化不可能凌空而生，必然應因時代需要，吸收新的營養，從舊文化中蛻變。自古到今，外來的文化也因在中國這塊土地上與中國文化不斷濡化，充分結合，纔有了旺盛的生命力。這也是每朝每代文化發展的高潮時期必然會進行古籍整理的内在動力。

一百多年前，中國的有識之士已經認識到中華文化面臨著三千年未有之大變局。當時，中國人所謂的大變局主要是指西方文化的挑戰。實際上，文化的交流從來是雙向的，所以，所謂“挑戰”也是雙向的，這就是美國塞繆尔·亨廷頓提出冷戰後世界格局的決定因素表現爲“文明的衝突”的文化背景。

在網絡時代的地球村，中華文明如何自存、如何發展，這裏涉及諸多問題，其中不少問題非筆者所能置喙，也不是本文的任務。本文僅談談筆者對數字化時代古籍整理的幾點想法。應該説明，古籍數字化工作，在我國已經開展多年，取得了可喜的成果。但目前的古籍數字化，大體是兩種方式：一種是對應於傳統排版書籍的古籍電子本，一種是對應於傳統影印書籍的電子影印本。雖然在古籍電子本基礎上開發了全文檢索、主題索引等不少功能，但從總體看，其思路依然是立足於傳統書籍，利用數字化技術，開發其數字化功能。但筆者認爲，我們應該轉換立場，立足於數字化技術本身的無限可能性，來開發中華古籍資源，以更好地弘揚中華傳統文化。

一、 利用數字技術開發中華古籍應該成爲
中華古籍整理的方向

現代數字技術的發展與人工智能的開發爲人類社會的未來發

展提供了新的無限的可能性。最近,谷歌圍棋人機大戰,阿爾法狗4：1戰勝韓國李世石,這可以視爲人工智能發展的又一個里程碑。科學技術就是生產力。正如有人評價人工智能時所説,這種人工智能正在顛覆整個世界。如果將互聯網作爲人工智能的一種表現,它已經大幅度改變了整個社會的面貌。那些在信息交換方面不夠透明的行業,那些交易成本高的領域,都可能被新技術席捲而空。毫無疑問,利用數字技術開發中華古籍應該成爲中華古籍整理的方向。

本文稱"利用數字技術開發中華古籍應該成爲中華古籍整理的方向",乃基於如下幾個理由。

第一,利用數字技術進行古籍整理可以達到信息全覆蓋,使我們將古籍整理的水平提高到新的高度。

一本古籍,它所包含的信息是多方面的。就敦煌遺書而言,包含了文物、文獻、文字三個方面的研究信息。以往的古籍整理,往往將三者割裂開來。傳統的古籍整理者,更是往往僅關注其文獻價值。其實,上述三個方面的信息相互融貫而成爲一個整體,利用數字技術全面覆蓋與發掘敦煌遺書内涵的各種信息,可以讓我們將敦煌遺書的整理水平與研究水平提高到新的高度。筆者開發的"敦煌遺書資料庫"全面采集敦煌遺書中文物、文獻、文字三個方面的研究信息,努力將這些信息組合起來,以全面研究敦煌遺書,更好地發掘與體現敦煌遺書的内在價值,已經取得一定的成果,目前正在進一步完善系統。

第二,利用數字技術進行古籍整理可以避免重複勞動,加快學術積累,讓所整理的古籍真正達到"盡善盡美之境"。

從事古籍整理的研究者都懂得,人力畢竟有窮盡時。所謂"校書如掃落葉,旋掃旋生"。在中國歷史上,從古到今,同一本古籍,不同的研究者反復校勘標點。但無論何人，無論其學術水平多高、態度多麼精審，他的古籍整理成果依然會有錯誤，差異祇在錯誤的多少與大小。筆者主編的《藏外佛教文獻》，用"以精益求精之心，求盡善盡美之境"自我勉勵，但出版後，其中的錯誤，有時讓筆者自己無地自容。

利用數字技術進行古籍整理，可以讓我們跳出從劉向以來中國兩千年古籍整理的傳統模式。筆者目前設計的數字化古籍整理系統，將能避免劉向以來傳統的重複勞動模式，加快古籍整理的有效學術積累。且積以時日，可以在與讀者的不斷互動中讓所整理的古籍真正達到"盡善盡美之境"。

第三，利用數字技術進行古籍整理，可以按照不同工作程式的不同學術含量，把古籍整理工作分解爲若干個環節，從而儘量減少古籍整理者的工作量，減少無效勞動，讓古籍整理者將更多的時間用於學術含量更高的思維勞動。

傳統的古籍整理方式，需要整理者對底校本的文字一一核校。一般來說，底校本的文字差異不會超過百分之十。因爲如果超過百分之十，應當視同異本，祇能參校，不能用來作底校本。由於整理者最終核對出來的異文不會超過百分之十，也就是說，整理者百分之九十以上的核對工作都屬於無效勞動。雖則如此，整理者必須圓睜雙眼、逐一核對底校本的文字，唯恐有所疏漏。自然，古籍整理本來就屬於沙裏淘金。金子再少，也不能漏掉；沙子再多，也得一粒一粒去數。但如果能有一種方式，直接將沙子淘掉，將金子挑出來，豈不是可以大大減少整理者的工作量？筆者設計的數字化古籍整理系統，按照不同工作程式的不同學術含量，把古籍整理工作分解爲不同的環節，由一般工作人員及系統本身去完成那些學術含量較低的工作。比如可以由系統自動進行文字比對，忽略相同的文字，僅將異文提示給整理者。與傳統古籍整理模式相比，這一系統可以爲整理者減少百分之九十以上的文字比對工作量。讓整理者把時間更多地用於文字的訂正、詞義的辨析、標點的正誤、内容的詮釋上。

　　第四，利用現代數字技術完成的古籍整理，可以按照使用者的不同要求，從文字、詞語、句法、文本等各種不同角度，提供各種不同形態的古籍整理成果。並可以在上述成果的基礎上，建立各種數字化知識模型，對中華傳統文化進行更加深入的研究。此外，如古籍的現代漢語譯註、外語翻譯等工作，都可以在同一平臺上進行。這一方面，我們正在嘗試，目前除了字形檔初步成型，其他方面的工作正在設計中，但其前景是令人嚮往的。

二、 利用數字技術開發中華古籍，需要建立古籍整理新理念

　　數字化古籍整理與傳統古籍整理是完全不同的兩種工作方式，需要建立相應的古籍整理新理念。

　　第一，廢除底本、校本區別，對參校古籍一視同仁。

　　俗話説："無錯不成書。"由於古籍整理工作量浩大，爲了減少工作量，傳統的古籍整理采用儘量壓縮校記數量這一方法。所以，整理者首先需要找到一個好的底本。所謂好的底本，就是相對來説，它的行文錯誤較少。整理者以底本爲依據，參校其他校本。傳統一般采取凡是底本正確，一律不再出校；凡是底本有誤，則斟酌校本出校。采用這種方式，的確可以大大減少整理者的工作量。

　　問題在於，什麽樣的傳本纔叫好的底本？這完全由整理者判定。張之洞當年撰寫《書目答問》，就是爲了給天下讀書人提供一

個相對好一點的讀本。但個人的見聞、水平畢竟有限，整理者又怎麼能夠保證自己所選擇的底本一定是該典籍的最好版本？

如上所述，數字化古籍整理能夠利用數字化技術比對文字、提示異文，大大減輕了整理者的工作量，故沒有必要再對參校諸本做區別對待。相反，應該對參校諸本一視同仁，這樣纔能真正做到信息全覆蓋。所以，傳統所謂的底校本觀念在數字化古籍整理中將被顛覆。

第二，逢異必校，擇善而從，提供原始資料。

如前所述，爲了減少工作量，傳統的古籍整理在校勘中，凡是底本正確，一律不再出校，凡是底本有誤，則斟酌校本出校，或由整理者理校。如同哪個傳本可作底本完全依靠整理者主觀判定一樣，底本的哪些文字正確，是否需要出校，也完全由整理者主觀判定。由此，所完成的整理本的好壞，完全依賴於整理者的學術水平及工作態度。然而，是人就會犯錯誤。所以，上述方法不能保證整理本不出錯誤。

由於上述校勘方法的弊病，所以中華古籍整理又出現“逢異必校”這一方式，即祇要底校本文字有歧異，則一律出校。

采用“逢異必校”這一方式，此後又有兩種選擇。

一種是“不作按斷”。即僅僅校異，然後把各種異文寫入校記，交給讀者去判斷正誤。《中華大藏經》（漢文部分，上編）就是這樣做的。

一種是“擇善而從”，即整理者從諸多異文中確定自以爲最正確的文字乃至理校，同時在校記中羅列所有的異文，便於讀者對整理者的工作進行評判。我主持的《藏外佛教文獻》就是這樣做的。

坦率地說，上面提到的“廢除底本、校本區別”“逢異必校，擇善而從”等理念，雖爲數字化古籍整理之必須，但從原則上講，傳統古籍整理也可以采用的。區別僅在於後者提供不同校本的所有異文,可供讀者選擇。

從理論上講,"逢異必校,擇善而從"以後,由於整理本中已經包含了參校諸本的全部信息,即使整理者有誤,讀者亦可以根據校記來進行勘誤,但實際上整理者是否能夠把諸多校本的異文全部校出,全部正確列入校記,顯然是要打一個問號的。由於古籍整理者僅提供一個整理本,而他所使用的諸多校本往往不少屬於稀見本,甚至屬於文物,一般讀者難以見到,於是就一般讀者而言,也就祇能憑藉整理本提供的信息來評判整理者所做的工作。這種評判的效果,自然也要打一個折扣。亦即整理者掌握的底校本,讀者並不掌握,整理者與讀者處在信息不對稱的兩端,借用上文的表述,傳統的古籍整理就是一個"信息交換方面不夠透明的行業"。讀者對該整理本,要麽信從,要麽拒絕。如果信從,則若整理本(含校記)有誤,作爲信息鏈下端的讀者,可能因循整理本的錯誤。這樣,依據整理本所做的學術研究也就難免會出現這樣那樣的問題。

數字化古籍整理系統可以徹底改變這一局面。筆者設計的系統將在整理本層面,把整理本與每一個校本鏈接起來;在單字層面,將每一個校本的每一個文字的原始資料鏈接起來。這樣,讀者可以通過系統提供的追溯功能,對自己存疑的每一個校本、每一處文字進行復核,查核其原始資料。由於讀者可以與整理者處在信息完全對稱的同一平臺上,就可以對整理本進行評價,提出修訂意見。系統將會記錄與吸收讀者的意見,擇善而從,進一步完善與提高整理本的水平。筆者相信,如果采用這種方式不斷互動,中華古籍整理將有希望臻於盡善盡美的境地。

第三,充分發揮數字化優勢,不斷開發新的功能。

如前所述,現代數字技術的發展與人工智能的開發爲人類社會的未來發展提供了新的無限的可能性。本文在目前設計的古籍整理系統的基礎上，也提出了一些令人嚮往的前景，但坦率地説，我們現在還不能把數字化古籍整理可能給我們提供的"無限的可能性"看得很清楚。這就需要我們不斷地摸索創新，充分發揮數字化優勢，不斷開發古籍整理的各種新功能，以使中華傳統古籍在新時代煥發出新的生命力。

三、結　語

　　人類社會從漁獵時代、農耕時代、工業時代、信息時代走來，現在已經見到人工智能時代的曙光。歷史的經驗告訴我們，不同種類的工作，往往會因爲技術的變遷，出現斷崖式的更替與興衰。這對我們來説，既是挑戰，也是機遇。能否面對挑戰，抓住機遇，使我們的古籍整理工作與時俱進，躍上新臺階，是我們這一代古籍整理工作者面臨的任務。這裏當然離不開國家層面的扶持，但更主要的是我們自己的創新性勞動。我想，衹要我們盯住時代前沿，重視實用創新，不作玄虛空談，踏踏實實，一步一步走下去，總能達到理想的彼岸。

談漢文佛教文獻數字化總庫建設[①]

一、漢文佛教文獻及其價值

　　漢文佛教文獻隨著印度佛教傳入中國及漢傳佛教的不斷發展而逐漸形成、發展。在古代，它與南亞、東亞、中亞、東南亞的其他文種佛教文獻一起，共同推動了古代世界佛教的發展。在現代，它不但是漢傳佛教的聖典，也與南傳佛教文獻、藏傳佛教文獻及其他南亞、中亞古代語言文字佛教文獻一起，成爲我們研究佛教的重要資料。

　　筆者曾經撰文指出：

　　　　佛教是在古代印度起源，然後傳遍南亞、東亞、中亞、東南亞等整個古代東方世界的。對於這一點，沒有人有異議。但是，宗教的傳播，其實質既然是文化的傳播形式之一，那麼文化的傳播從來都不是單行道，都是雙向的。佛教雖然起源於印度，但由於佛教的發展並沒有局限在印度一隅，而是遍布亞洲各國，在這個過程中，它受到各國文化的滋養，呈現種種形

---

① 原載《世界宗教研究》2016 年第 1 期。

態,即如前所述,既影響了各國文化,也改變了自己。這種改變,不僅體現在佛教適應所在地文化的需要,與所在地文化相融合,也體現在佛教融攝各地的優秀文化與思想,營養自己,發展自己……由此,我們可以得出這樣一個結論:佛教的產生雖然得益於印度文化的孕育,而佛教的發展則得益於印度文化、中國文化乃至其他地區文化的匯流。也就是説,中國是佛教的第二故鄉,這不僅體現在現實的結果中,也體現在歷史的過程中。①

從上述"佛教發展中的文化匯流"的視角以及目前世界範圍各大系統佛教發展現狀的視角來觀察漢文佛教文獻,則漢文佛教文獻的歷史意義與現實價值將更爲凸顯。

我認爲,從總體看,現存三大系佛教中,漢文佛教文獻的存世數量最多,其初期文本定型時間的可追溯年代最爲久遠,其包含的內容也最豐富。不言而喻,南傳佛教文獻、藏傳佛教文獻,以及梵文與近現代發掘的中亞古文字佛教文獻均各有其相互不可替代的重要價值。正因爲如此,我們對上述各文種佛教文獻就不應偏廢,既要反對在佛教研究中祇重視漢文文獻,忽視巴利、梵、藏等非漢文文獻的傾向,也要反對將巴利、梵、藏等非漢文文獻或其中的某些文獻視爲正統,視爲判別是非的唯一依據,忽視漢文文獻的傾向。不同的研究者術業有專攻,無可厚非,但對不同文種佛教文獻的態度應該持平、公允,不能因私廢公。我個人認爲,與 20 世紀大量世界級優秀成果相比,這些年日本的漢文佛教文獻的研究水平從總體看呈現出一定的落差。這種落差的產生,背後是否有上述

①　方廣錩:《前言》,載《蒙古文甘珠爾丹珠爾目録》,蒙古人民出版社,2003 年。

因素的作用，值得我們深思。當然，這些年日本也涌現出相當多優秀的漢文佛教文獻研究成果，其中特別是日本古寫經研究，漢、梵佛典與詞語對照研究，爲漢文佛教文獻研究開拓了新的局面，應該予以充分肯定。

漢文佛教文獻可大致分爲漢文大藏經與藏外佛教文獻兩大部分。

漢文大藏經是基本網羅歷代漢譯佛典並以之爲核心，按照一定的結構進行組織，並具有一定外在標志的佛教典籍及相關文獻的叢書。它由中國佛教信徒首創。最初稱“衆經”“一切經”“經藏”“藏經”。最遲到唐貞元（785—804）年間，“大藏經”一詞已經產生。大藏經的内容並不僅僅局限於佛教，還包括哲學、歷史、語言、文學、藝術、音韵、天文、地理、曆算、醫學、建築、繪畫、科技、民族、社會、中外關係等諸多領域。大藏經是中華民族文化的重要載體，是中國人對中國文化與世界文化的一大貢獻，曾經對古代東方世界產生過深遠的影響。大藏經作爲“佛、法、僧”三寶中“法寶”的代表，在中國佛教及東方佛教的發展中，曾經起到重大的作用。

古籍是一個民族歷史與文化的重要載體，整理古籍也就成爲各民族承襲歷史、弘揚文化的重要事業。中華民族是一個有著高度文明自覺的民族。我在這裏所謂的“高度文明自覺”，不僅指中華民族對自己創造的文明具有高度自信，而且指從古到今，中華民族始終努力采用各種方式力求將自己的文明繼承下來，發揚光大，傳承下去。由於典籍是文明傳承的主要方式，因此，皓首窮經、孜孜不倦地整理古籍的人士前赴後繼，代有人出。中國佛教已經成爲中華文化一個不可分割的組成部分。從古到今，同樣有大量人士爲整理佛教文獻而付出嘔心瀝血、艱苦卓絶的努力。在這一過

程中，中華古籍經歷了寫本、刻本、近現代印刷本等不同時期，現在
已經踏入數字化的門檻。而漢文佛教文獻也與中華古籍一起，經
歷了古代寫本藏經、古代刻本藏經、近現代印刷本藏經等三個時
期，進入了數字化的新時期。

藏外佛教文獻指散佚在漢文大藏經以外的佛教文獻。或爲見
聞不廣所囿，或爲收集困難所拘，或爲宗派立場所縛，或爲物質條
件所限，歷代都有大批珍貴的佛教文獻没能收入大藏經。它們散
佚在藏外，處在自生自滅的境地，不少文獻因此湮没無聞，這不能
不説是漢傳佛教的重大損失。

筆者曾經在《藏外佛教文獻·緣起》中指出：中華民族“在漫長
的中國歷史上形成兩大文化傳統：一是歷代都要爲前朝修正史；一
是南北朝以來，歷代都要編印新的大藏經。這兩大文化傳統，千年
以來，流傳不替”①。所以，每個時代，乃至同一時代的不同地區、不
同地方政權，均流通一部或幾部主流大藏經。由此，歷史出現這樣
的景象：有不少文獻原來屬於藏外佛教文獻，其後被收入某部大藏
經，也有若干文獻曾經被收入某部大藏經，其後又散佚爲藏外佛教
文獻。總之，從某一個相對固定的時空來看，漢文大藏經與藏外佛
教文獻的關係是清晰的；但從歷史長河的總體看，它們的關係又處
在動態發展中。筆者曾經指出：“如援用‘全息理論’，我們可以説
每一個時期的漢文大藏經都反映了那個時代中國佛教的面貌。”②
如果將上述論述中的“漢文大藏經”改爲“漢文佛教文獻”，則這一
論述將更爲準確。

---

① 方廣錩：《藏外佛教文獻·緣起》，載《藏外佛教文獻》第一輯，宗教文化出版社，1995 年
　 12 月。
② 方廣錩：《中國寫本大藏經研究》，第 11 頁。

二、 傳統古籍整理模式及其弊病

當今，人類已經進入數字化生存時代，數字化技術的出現爲我們整理漢文佛教文獻提供了新的機遇。能否抓住這一機遇，打開漢文佛教文獻整理的新局面，則在於佛教文獻整理與研究工作者的努力。

百年來，我國佛教文獻整理工作取得的巨大成績有目共睹，自然也存在若干有待研究與解決的問題。我認爲，目前存在的最大問題是人類社會已經進入數字化時代，我們的佛教文獻整理雖然也開始利用數字技術，但從總體看，還處在數字化的初級階段，沒有真正擺脫傳統古籍整理模式的束縛，沒有真正發揮數字技術的優勢以開創佛教文獻整理的新局面。

所謂目前我國佛教文獻整理還處在"數字化的初級階段"，主要體現在目前推出的佛教文獻整理數字化成果，大多爲紙本整理成果的介質轉換，亦即將原來的佛教典籍由紙介質轉換爲數字化表現介質。舉例而言，利用近現代印刷技術推出的佛教典籍整理成果有點校排印本、影印本兩種形態。與此相應，初級階段的數字化佛教典籍，也出現用文字録入方式形成的電子排印本及用圖像掃描方式形成的電子掃描本。這些形態兩兩對應，祇是前者爲紙介質，表現爲一本一本的實體書；後者爲數字化表現介質，並可以利用網絡傳播，在各類顯示器上閱覽。但無論哪一種整理本，目前大抵屬於平面展現。

當然，嚴格地講，初級階段的數字化佛教文獻已經與紙本佛教文獻不可同日而語。比如，不少數字化佛教文獻可以實現全文檢索。有些數字化佛教文獻開始采集檢索點，建成關聯資料庫，初步建立起相關的知識之網;有些數字化佛教文獻進而采用圖像技術,營建虛擬場景,等等。特別應該指出的是,利用數字技術建立的目錄資料庫,其强大的檢索功能使得同類的紙本目錄索引類著作瞠目難及。可以説,數字化技術已經在佛教文獻整理領域顯示其無限的生命力與功能的擴展可能性,但是,由於目前佛教文獻整理本身還没有真正擺脱傳統古籍整理模式的束縛,從而使上述數字化成果的質量也難以突破傳統古籍整理的水平,限制了數字化佛教文獻各種功能的充分構建與發揮。

　　什麽是所謂"傳統古籍整理模式"? 簡單地講,就是西漢劉向總結的"校讎"。在劉向時代,所謂"校",指某人對某一文本進行閱讀,依據上下文理,校正錯誤。所謂"讎",則由兩人合作,一人執一本宣讀,一人對另一本逐字核對、校改。隨著時代的發展,後代的古籍整理逐漸演變爲由某位整理者一人對校兩本或數本,最終定稿;少數亦有采用會讀乃至以讀書班方式從事古籍整理者。無論學養多麽高超,在一定條件下,人的水平總有局限;無論工作態度多麽精審,在某個時間段,人力終有窮盡。古籍整理還往往出現這樣的情况:舊的錯誤被糾正,新的錯誤又産生。所以,采用這種方式推出的成果,難免存在種種不足,以至自古流傳這樣的感慨:"校書如掃落葉,旋掃旋生。"任何一個古籍整理工作者,都不敢説自己的工作已經盡善盡美,自己完成的整理本不再存在錯誤。於是,我們可以看到這樣的景象:某類文獻、某種典籍,雖然已由多位整理者反復進行點校整理,但教界、學界依然不滿意,重複的整理工作至今仍在進行。如敦煌本《壇經》的整理校註本,據我所知,已有二十多種,雖則如此,至今尚未出現一個教界、學界公認的"善本"。《祖堂集》至少有十種。敦煌變文的各種録文與校註本,已經有十種以上,新的録校本還在計劃推出。整理者大量心血的付出,其間有多少屬於有效勞動,多少屬於無效勞動;有多少是真正的學術積累,有多少是無價值的學術浪費。這些實在難以計量。

問題還在於,按照傳統的古籍整理模式進行工作,工作結束以後整理者雖然爲讀者提供一個整理本、一份校勘記,讀者固然可以對照校勘記閱讀整理本,但如果整理者本人的校勘工作有疏漏或犯新的錯誤,則這種疏漏與錯誤自然不會反映在校勘記中,亦即此時校勘記不能真正反映底、校本的真實情況,讀者就有可能被整理本與校勘記所誤導。要想不受誤導,除非讀者自己依據原始資料逐一去核對整理本。然而,作爲一個讀者,一般不易接觸到原始資料;且如由讀者去逐一核對原始資料,則相當於讀者本人把該古籍再整理一遍。這都是不現實、不可能的要求。

那麼,面對一種新出的佛教文獻整理本,讀者又如何鑒別其整理水平的高低、其錯誤的多少、其可信用的程度?目前一般的方法,無非是讀者依據本人積累的對某整理者學風的印象來做評價,或者查核整理本中的若干章節來做判斷,或聽取其他人的評價意見以爲參考。坦率地説,印象未必靠得住,同一個人的不同成果,水平可以有不同,更不要説有時還會有掛名的現象。查核若干章節,畢竟是以點代面,難以做出全面的評價。至於所謂"其他人"的評價,無非是另一位讀者的"印象"而已。

總之,應該承認,目前對佛教文獻整理成果的評價,實際具有一定的盲目性。但是,研究者依據佛教文獻從事研究,却又對該文獻的整理水平難以做出正確的評價,那研究者又如何推進自己的研究呢?

這裏談談日本的《大正藏》。

《大正藏》是在高楠順次郎、渡邊海旭、小野玄妙等人的主持下,集中日本佛教界、學術界一大批優秀學者,歷時十三年,克服種種艱難困苦編輯出版的。據統計，先後參與人員約三百人，有關人員達四十五萬之多，編輯費用則達二百八十萬日圓。瞭解 20 世紀二三十年代日本物價水平的人都知道，這實在是一筆驚人的巨款。全藏一百卷，計正藏五十五卷、續藏三十卷、圖像部十二卷、昭和法寶總目錄三卷。收錄各種典籍、圖像三千三百六十部，一萬三千五百二十卷。這是當時收錄佛教資料最多的一部大叢書。《大正藏》編成以來，對世界佛教研究的普及與深入貢獻之大，實在無與倫比，堪稱佛教文獻學史上一座前所未有的里程碑。

　　2014 年 11 月參加日本佛教大學舉行的關於佛教大藏經的國際研討會，會上日本人文情報學研究所永崎研宣先生提到：日本《大正藏》雖以《再刻高麗藏》爲底本，但工作中實際將《頻伽藏》用爲工作底本。該論文还指出，早在 1928 年，山崎精華先生就在日本《現代佛學》上撰文提到《大正藏》用《頻伽藏》作工作底本這一事實。不知其他學者以前是否關注過這一點，起碼我以前没有注意過。永崎研宣先生的論述使我大爲吃驚。因爲《頻伽藏》印刷於 20 世紀初，錯誤很多，從來被認爲是不可信用的本子。而《大正藏》編成以後的八十年中，從來被認爲是質量最高、學術性最強的本子，乃至風行全世界。《大正藏》既成爲全世界佛教研究者從事學術研究的依據，也成爲目前許多電子版大藏經的基礎。我以前也曾發現過《大正藏》的若干錯誤，但總以爲那是《大正藏》編輯者的偶爾疏漏——這種疏漏，對任何一部大藏經都是難以避免的。會後按照永崎研宣先生的提示進行復查，發現很多問題果然出在《頻伽藏》。

　　比如，隋費長房《歷代三藏紀》卷十五論及自己編纂《歷代三寶紀》，有這樣一段話：

　　臣幸有遇，屬此休時。忝預譯經，稟受佛語。執筆暇隙，寢食敢忘。十餘年來，詢訪舊老，搜討方獲。雖粗緝綴，猶慮未周。廣究博尋求敬俟來俊。①

　　末句之"廣究博尋求敬俟來俊"，文意不通。《大正藏》對此有校記，作："〔究〕－〔宋〕〔元〕〔明〕〔宮〕。"這條校記説明宋、元、明、宮本中無"究"，亦即按照《大正藏》的體例，《大正藏》所用底本——《再刻高麗藏》——的文字即爲"廣究博尋求敬俟來俊"。但查《再刻高麗藏》，原文明明作：

　　廣究博尋，敬俟來俊。

　　現在按照永崎研宣先生的提示，查核《頻伽藏》。果然，《頻伽藏》的文字爲：

　　廣究博尋求敬俟來俊。

　　也就是説，在這裏，《大正藏》明明以《頻伽藏》爲底本，所以原文多出一個"求"字，以致行文錯誤。但《大正藏》未作交代，依然自稱底本是《再刻高麗藏》，從而誤導了研究者。

　　《大正藏》更離奇的錯誤，是我 1980 年撰寫碩士論文時發現的。我的碩士論文爲《〈那先比丘經〉初探》，研究中意外發現，《大正藏》所收的二卷本《那先比丘經》出現錯版，並因此擅加文字，且不出校記。

─────────

① 《歷代三藏紀》卷一五，CBETA(2016)，T49，no.2034，p.120，c11～14。

　　該二卷本《那先比丘經》在《大正藏》中編爲第 1670 號，載第三十二卷。其中第七百零二頁中第二十七行末至第七百零二頁下第九行有一段關於智者與愚者作惡後得殃是否相同的問答。爲了説明問題起見，我把三卷本《那先比丘經》的同一段問答①也抄錄如下，以作比較。

<table>
<tr><td>二卷本</td><td>三卷本</td></tr>
<tr><td>

　　王復問那先："智者作惡，愚人作惡，此兩人殃咎，誰得多者?"那先言："愚人作惡得殃大，智人作惡得殃小。"王言不知那先言。王言："我國治法，大臣有過則罪之重，小民有過罪之□②。是故我知智者作過惡得殃大，愚者作惡得殃小。"那先問王："譬如燒鐵在地，一人知爲燒鐵，一人不知，兩人俱前取燒鐵，誰爛手大者耶?"王言："不知者手爛。<u>不制其身口者，不能持經戒，如此曹人亦不樂其身。</u>"那先言："<u>其學道人者，能制其身，能制口，能持經戒。能一其心得四禪，便能不復喘息耳。</u>"王言："善哉! 善哉!"

</td><td>

　　王復問那先："智者作惡，愚人作惡，此兩人殃咎，誰得多者?"那先言："愚人作惡得殃大；智人作惡得殃小。"王言不如那先言。王言："我國治法，大臣有過則罪之重，愚民有過則罪之輕。是故智者作惡得殃大，愚者作惡得殃小。"那先問王："譬如燒鐵在地，一人知爲燒鐵，一人不知，兩人俱前取燒鐵，誰爛手大者耶?"王言："不知者<u>爛手大。</u>"那先言："<u>愚者作惡，不能自悔，故其殃大。智者作惡，知不當所爲，日自悔過，故其殃少。</u>"王言："善哉!"

</td></tr>
</table>

　　上述兩段文字，前半部分相同，後面畫綫的部分大異。根據行文內容，很顯然，三卷本的文字正確，二卷本的文字錯誤。對照巴利語《彌蘭陀王之問》，結論也完全一樣。在此再將巴利語《彌蘭陀王之問》的相關段落翻譯如下：

----

① 《那先比丘經》卷三，CBETA(2016)，T32，no.1670B，p.718，a18～27。

② 原文此處空一字，詳見下文。

　　王問："那伽先那尊者！知者行惡與不知者行惡，誰的
禍大？"

　　長老回答："大王！不知者行惡，所得禍大。"

　　"原來如此。尊者那伽先那！我們的王子、大官如果作
惡，要比不知者作惡，予以加倍的處罰。"

　　"大王！您（對下述情況）是怎麼想的呢？如果有一個灼
熱、燃燒著的鐵球。一個人知道而去握它；另一個人不知道也
去握它。那麼，誰被燒傷得厲害呢？"

　　"尊者！不知道而去握它的人被燒傷得厲害。"

　　"大王！與此相同，不知者行惡，所得禍大。"

　　"善哉！尊者那伽先那！"①

　　那麼，二卷本有無上述三卷本録文中畫綫的"'大。'那先言：
'愚者作惡，不能自悔，故其殃大。智者作惡，知不當所爲，日自悔
過，故其殃少。'王言：'善哉！'"這一段文字呢？有！就在第七百零
二頁下第二十五行至第二十七行。全文一字不差，祇是最後一句
彌蘭陀王的贊嘆語中多説了一個"善哉"而已。進而仔細檢查，發
現從二卷本第七百零二頁下第六行"不制其身口者"起，到同欄第
二十四至二十五行"和所爲得人者"止的二百九十五個字都與原文
行文不協，肯定是從其他地方脱落後竄入此處的。

　　那麼，這二百九十五個字是從哪里脱落的呢？仔細研究，這二
百九十五個字包括了四個問題：關於止息喘息的問答的後部分，關
於大海的問答，關於得道思維深奧衆事的問答，關於人神、智、自然
異同問答的前部分。經查，原來它們應該位於第七百零三頁上欄

────────────

① 據中村元、早島鏡正日譯本轉譯。見中村元、早島鏡正《彌蘭陀王之問》，第246頁。

第十六行的"不能"與"那先問王"之間。"不能"之前,正是關於止息喘息問答的前部分;而"那先問王"之後,正是關於人神、智、自然異同問答的後部分。二卷本此處本來語義也不通,但把脫落的文字加入後,意義就連貫通順了,與三卷本的相同部分的文字也正好對應。

但新的問題又出來了。爲了便於説明這個問題,在此將脫落文字插回原處之後的二卷本有關段落與三卷本的有關段落抄録比較如下:

<table>
<tr><td style="text-align:center">二卷本</td><td style="text-align:center">三卷本</td></tr>
<tr><td>王復問那先:"卿曹諸沙門説言:'我能斷喘息之事。'"王言:"奈何可斷喘息氣耶?"那先問王:"寧曾聞志不?"王言:"我聞之。"那先言:"王以爲志在人身中耶?"王言:"我以爲志在人身中。"那先言:"王以爲愚人不能 不 制其身口者,不能持經戒,如此曹人亦不樂其身。"那先言:"其學道人者,能制其身,能制口,能持經戒。能一其心得四禪,便能不復喘息耳。"王言:"善哉! 善哉!"</td><td>王復問那先:"卿曹諸沙門説言:'我能斷喘息之事。'"王言:"奈何可斷喘息氣耶?"那先問王:"寧曾聞志不?"王言:"我聞之。"那先言:"王以爲志在人身中耶?"王言:"我以爲志在人身中。"那先言:"王以爲愚人不能制其身口者,不能持經戒者,如此曹人亦不樂其身。"那先言:"其學道人,能制身口,能持經戒。能一其心,得四禪,便能不復喘息耳。"王言:"善哉!"</td></tr>
</table>

上述二卷本録文中的畫綫部分爲移來的脫落文字。與三卷本録文對照,最大的差別在於三卷本説"愚人不能制其身口",而二卷本的文字却是"愚人不能 不 制其身口",多了一個"不"字,以致文意完全相反。很顯然,三卷本的文字是正確的。證之巴利語《彌蘭陀王之問》,結論也相同,而二卷本的那個"不"字是整理者擅加的。整理古籍,擅加文字而不出校記,是整理工作的大忌。《大正藏》中

出現了這種低級錯誤。

1980年，我還没有條件查對《再刻高麗藏》原文，由於錯亂的字數大體相當於《再刻高麗藏》一版，當時推測上述文字的錯亂乃至那個擅加的"不"字可能由於原底本《再刻高麗藏》錯版所致。十多年以後有條件查對《再刻高麗藏》原文，纔知道《再刻高麗藏》並没有錯，那麽，錯誤自然出在《大正藏》了。所以，我當時的結論是："或者由於《大正藏》所利用的那部《再刻高麗藏》的印本此處裝裱顛倒所致？但《再刻高麗藏》每版均有版片號，按道理能夠發現這種顛倒。不管怎樣，錯版發生了，但没有被發現糾正。不僅如此，《大正藏》的校對者竟然擅自又加上一個'不'字。"①

此次按照永崎研宣先生的提示查核《頻伽藏》，發現《大正藏》這一錯誤的出處依然在《頻伽藏》，原來是《頻伽藏》行文錯亂，並且擅自加了那個"不"字。《大正藏》不過是照抄而已。

值得注意的還有，表一顯示《大正藏》本有一句話作"小民有過罪之□"，《大正藏》本此句"之"下空一格，表示底本缺漏一字。但查《再刻高麗藏》，此處明明有字，並未缺漏，原字作"輕"。這樣，該句應爲"小民有過罪之輕"，上下文意通順。再查《頻伽藏》，也有這個"輕"字。也就是説，《再刻高麗藏》《頻伽藏》都有的字，《大正藏》竟然稱之爲缺漏。令人奇怪的還在於，《大正藏》整理者既然知道此處有缺漏，用空一字的方式表示該缺漏，而《大正藏》所用的底本《再刻高麗藏》、所用的工作底本《頻伽藏》均有此"輕"字，《大正藏》却没有用來補正自己的缺漏。作爲一個曾經實際從事藏經編輯的工作者，我以爲這裏體現的很可能是《大正藏》在工作流程方面的疏失。而如果工作流程有疏失，則出現的錯誤可能就不是偶爾的

---

① 方廣錩：《〈大正新修大藏經〉評述》，原載《聞思》。後收入《隨緣做去，直道行之》，第77頁。

一個兩個，而是一批。當然，對這個問題，現在還不能簡單下結論，需要繼續研究。

我們無法一一查核《大正藏》《再刻高麗藏》與《頻伽藏》，不知道類似的錯誤到底有多少。學術研究依靠文獻資料，如果所依靠文獻本身的準確性無法保證，那學術研究又如何保證自己的水平，保證不出錯誤？

我以爲，問題的關鍵還是上文所説：傳統的古籍整理雖然爲讀者提供了一個整理本、一份校勘記，讀者可以對照校勘記閱讀整理本，但由於整理者沒有提供他所依據的原始資料，因此，如校勘工作本身有疏漏，整理本的錯誤沒有反映在校勘記中，或校勘記不能反映底、校本的真實情況，那么讀者就頗爲困惑了。因爲讀者既然不知道自己所依據的整理本竟然還存在諸如此類的錯誤，祇能依據這種整理本來開拓自己的研究。相反，如果在提供整理本的同時，能夠一並提供相應的原始資料，並讓讀者方便地查核與利用它們，讀者就可以依據原始資料復核原文，做出自己的抉擇，不至於被前人的整理本中的錯誤誤導。

三、 漢文佛教文獻數字化總庫建設

數字化技術爲我們走出上述困境提供了機遇。我們可以利用數字化技術，建設漢文佛教文獻數字化總庫，以開創佛教文獻整理的新局面。

漢文佛教文獻數字化總庫的建設將遵循如下四個基本原則。

第一，起於最底層。佛教文獻整理，要從最基礎的原始資料的圖形文字、書寫符號的切割開始。亦即將所有用於校勘的佛教文獻原本上的全部文字與符號統統切割下來，存入資料庫。

　　第二,信息全覆蓋。信息采集要覆蓋原本上的全部原始資料,亦即保留原本中一切可供研究的信息。

　　第三,過程可追溯。利用數字化技術,通過人機互動的切字、認字、定字、校勘、標點等工作環節,最終完成佛教文獻整理。全部工作流程的每一個步驟,包括每一環節所用資料、所做工作、所得結果全部進行記錄,事後都可以追溯與復核。

　　第四,功能可擴展。界面友好、開放,可與讀者互動,吸收讀者的修訂意見。並可隨時根據新的要求,擴展新的功能。

　　我們的設想:

　　首先,從佛教文獻原本最基礎的文字與書寫符號的切割、辨認開始,即把佛教文獻原本上的每一個文字、每一個符號都切割下來,並將它們全部轉換成電腦可以識別的具有電腦內碼的文字與符號,由此形成基礎工作文本與基礎字形庫等兩個階段性成果。基礎工作文本是一個與該佛教文獻原本行文完全一致的數字化文本,以供校勘之用。在這一過程中,傳統的底本、校本概念將被顛覆,所有的原始文本在新的佛教文獻整理工作中將被一視同仁,處於平等地位。基礎字形庫存儲該佛教文獻原本的所有文字與符號,並保留其原始圖像形態,既供追溯檢查所用,又可以成爲文字研究者的研究資料。

　　其次,系統排比基礎工作文本,提示整理者辨析異本。佛教文獻在流傳過程中時有異本產生,異本可以參校,不宜混同。故正式校勘之前,必先區別異本。

　　再次,校勘與標點。有經驗的古籍整理者都知道,一般來説,用於對校的兩個文本的差異不會超過百分之十。但校勘者必須耐下性子,一個字一個字去校勘,唯恐有所疏漏。因此,校勘中付出的勞動,幾乎有百分之九十左右實際屬於無用功。而由電腦系統自動比對不同文本，如果對應的文字相同，系統自動忽略，僅將不同的文字用色標顯示，提示研究者進行勘校。這樣，研究者固然還是需要通讀全文，但就校勘環節而言，工作量可以減輕百分之九十左右。不僅如此，針對不同情況，系統設計了規範的校勘記表述格式，並按要求自動生成規範校勘記。研究者進而可利用該系統，在同一界面對文本進行分段、標點。

由此完成的數字化整理本，將充分利用數字化技術的多層次、多功能的縱深優勢，將被整理的佛教文獻的文字、文物、文獻、研究史等各種信息鏈接爲一個綜合性的關聯數據庫，並予以多層次呈現。這樣，每個佛教文獻都可以建成一個數據庫，既相對獨立，又與其他佛教文獻數據庫相互關聯，且具有開放性、互動性，爲讀者提供交流平臺。讀者可以在該平臺追溯、檢查整理者的全部工作及所用各校本諸文字、符號的原始圖版，評點整理者的工作，提出自己的修訂意見，從而使整理本得以不斷修訂錯誤，逐漸升級，最終臻於至善。

按照上述思路，新的數字化互動整理模式將徹底改變目前佛教文獻整理中大量出現的重複勞動，使每個整理者的工作、每位讀者的修訂意見都成爲對該被整理的文獻的有效學術積累或不同的參考意見。這種整理本也將給知識點的采集、知識網的構建等各種後續工作賦予更加堅實的基礎。

如上所述，采用上述方式，傳統底本、校本的觀念將被顛覆，無論什麼本子，在上述校勘過程中地位平等、作用相同。校勘工作者將對所有的工作本一視同仁，逢異必校，擇優而從，並保留各個本子的所有信息，以備復查。

需要說明的是，漢文佛教文獻數字化總庫的預設目標是整理全部漢文佛教文獻，而不是編纂新的漢文大藏經。

　　我對漢文大藏經所作的定義是："漢文大藏經是基本網羅歷代漢譯佛典並以之爲核心的，按照一定的結構規範組織，並具有一定外在標志的漢文佛教典籍及相關文獻的叢書。"該定義包括"取捨標準""組織結構""外部標志"等三個基本要素。目前，漢傳佛教正處在一個承前啓後、轉折與發展的新時期。展望未來，漢傳佛教將會向世界發展，其發展蘊藏著無限的可能性。可以預期，在今後的發展中，漢傳佛教一定會從傳統的佛教文獻中汲取營養，以應時應機地發展出多種符合時代及區域需要的修學體系。在這一過程中，不同修學體系的倡導者，會從不同的角度與理念出發，按照不同的標準來取捨現有的漢文佛教文獻，並按照自己的理念對選定的文獻重新加以詮釋，或重新加以組織，從而編纂出各種不同的大藏經或各種不同的"藏要"類叢書。順應這一新的發展態勢，漢文佛教文獻數字化總庫給自己的定位是力爭通過相當長一段時期的努力，利用現代技術整理現存所有的漢文佛教文獻，使之成爲使用者可以信從的基礎文獻庫，從而爲所有有意編纂大藏經與"藏要"的佛門龍象，爲研究中國文化、東方文化與漢傳佛教的研究者提供基礎資料。換一句話説，漢文佛教文獻數字化總庫祇是一個原始資料的總庫，祇提供經過整理的原始資料，無論什麼人，佛教界信衆也好，學術界研究者也好；中國人也好，外國人也好，都可以利用漢文佛教文獻數字化總庫采集自己所需要的原始資料，再按照自己的目的去加工、利用。也歡迎任何一個使用者對漢文佛教文獻數字化總庫的不足提出批評與建議，使它的功能得到加强與擴展，使它的錯誤得到糾正，使它的水平不斷提高，版本不斷升級。

　　前些年，筆者曾經撰文指出：作爲法寶的代表，古代大藏經具有義理性、信仰性兩種功能。需要補充的是，就佛教傳統而言，大藏經的信仰性功能尤為突出。近代以來，鑒於佛教已經成為社會科學研究的對象，我曾經提出，現在應該從大文化的角度，給大藏經賦予一種新的功能——備查性。但是，從這些年實際從事編藏的經驗看，義理性、信仰性、備查性這三種功能，很難融入同一部藏經中。因為如為紙質大藏經，則真正要實現其“備查性”功能，它的篇幅將極其驚人，使用亦會極其不便。但如構建為數字化大藏經，則必須把這種數字化大藏經外化為一張或數張光盤，一個硬盤或一部電腦，放置到傳統的藏經樓。我們很難設想這種形態的數字化大藏經能夠體現與引發信眾的宗教神聖感。

漢文佛教文獻數字化總庫的建設將化解這一矛盾。我以為，漢文佛教文獻數字化總庫將承擔起佛教文獻之義理性、備查性功能，從而讓新編的大藏經在回歸其傳統的義理性、信仰性功能的同時，更加突出其在古代世界實際發揮的信仰性功能。當然，隨著科學技術的發展，也許將來三種功能最終可以會融到一個標的物上，這種標的物將以一種什麼形態出現，現在雖然可以模糊猜測，但難以明確描繪。我們期待這一標的物的出現。

建設漢文佛教文獻數字化總庫，實際還涉及對傳統佛教疑偽經的處理，對諸教會融之民間傳抄本的處理，對儒、道、耶、基、伊等諸教論衡的處理，乃至與梵、巴、藏等非漢文佛教文獻的對勘，對漢文佛教文獻的英譯等一系列問題。不僅如此，還涉及由於數字化時代佛教文獻流變性加劇、唯一性凸顯，由此產生的如何設立規範、加強統一等一系列問題，限於篇幅，在此不一一展開。

四、結　論

科學技術在前進，社會在前進，人類在前進，漢文佛教文獻的整理也應該與時俱進。當年梁啓超曾經説:"七千卷之大藏,非大加一番整理,不能發其光明。而整理之功,非用近世科學方法不可。"①梁啓超没有遇到,也不可能想象到數字化時代的來臨。從這一點講,我們這一代是幸運的。

數字化時代的佛教文獻整理,將充分依託飛速發展的數字技術及數據庫技術,將每個佛教文獻的全部信息采集、歸納、整理、組織,從而建設爲一個數據庫,並將諸多不同的佛教文獻數據庫建設爲關聯數據庫,最終形成漢文佛教文獻數字化總庫,從而將平面的佛教文獻拓展爲立體的、縱深的信息資源庫,以充分發揮保護佛教文獻、利用佛教文獻的效用。

從 2013 年夏天開始,我們已經按照上述思路,編制相關軟件,漸次開展工作,並已經取得階段性成果。目前正在進一步探索中。

---

① 梁啓超:《大乘起信論考證序》,載《飲冰室佛學論集》,江蘇廣陵古籍刻印社,1990 年 11 月,第 368 頁。

論大藏經的三種功能形態^①

　　佛教作爲一種宗教，既有比較精細、高深的哲學形態，也有比較粗俗、普及的信仰形態。由此，它能夠適應不同層次人們的不同需要。我把前一種形態稱爲"義理層面佛教"，把後一種形態稱爲"信仰層面佛教"。義理層面佛教以探究諸法實相與自我證悟爲特徵，以大藏經中收入的印度譯典及中國高僧著述爲依據；而信仰層面佛教則以功德思想與他力拯救爲基礎，以漢譯典籍中的信仰性論述及中國人撰著乃至諸多疑僞經爲依據。義理層面佛教在我國佛教史上處於主導地位，它爲佛教提供了高水平的骨幹支撐與具有内在發展生機的活潑潑的靈魂，它的興衰決定了中國佛教的興衰；而信仰層面佛教較之義理層面佛教，以其較容易被理解、接受的通俗形態，更加貼近廣大信衆，在社會生活中的影響更爲廣泛、直接和深遠，爲中國佛教奠定了雄厚的群衆基礎，是中國佛教綿長生命力的深厚土壤和基本保證。這兩種佛教形態雖然各有特點，有時看來截然不同，甚至尖銳對立，但又相互滲透，互爲依存，相輔相成。在中國佛教的研究中，兩者不可偏廢。

---

① 原載臺灣《宗教哲學》第 3 卷第 2 期，1997 年 4 月。收入本書時文字有修訂，並重分章節，酌加章節名。

　　與中國佛教的上述兩種形態及其在佛教中的地位相應,中國古代的佛教大藏經在功能上也有義理性大藏經與信仰性大藏經之分。義理性大藏經在藏經史上也處於主導地位,而信仰性大藏經則在義理性大藏經的基礎上凸顯其信仰形態。總體來説,兩者固然互爲依存,但前者的主要目的是保存、研究與弘揚佛教理論,故把有價值(雖然價值觀念各不相同)的典籍收集起來編纂爲藏;後者的主要目的是把大藏經作爲法寶來供養,所以有講究外觀的華貴整齊而忽略内容的傾向。

一、 義理性大藏經

　　我國的大藏經醖釀於漢魏兩晋,形成於東晋末期至南北朝晚期。隋費長房《歷代三寶紀》中"入藏録"的出現,標志著我國的大藏經不但在實踐上,而且在理論上也趨於成熟。其後以《開元釋教録·入藏録》爲代表的大藏經,不僅體現當時大藏經編纂的最高水平,而且垂範千年,對後代的大藏經給予了極大的影響。當時從事大藏經編纂的大多爲廣聞博識、素養卓越的僧人,從而決定了這些大藏經的義理性品格。略而言之,這種義理性大藏經大體有如下幾個基本特徵。

　　(一) 嚴於真僞之别

　　佛經是佛法的代表,所謂"大聖彝訓其流曰經,述經叙聖其流曰論。莫非徒滯之方略,會正之格言。珍重則超生可期,疑謗則效尤斯及"①。

　　爲保證佛法的純正,必須嚴格佛經真僞的鑒别,這自然是編纂

―――――――――

① 《大唐内典録》卷一,CBETA(2016),T55,no.2149,p.219,a21～24。

大藏經的個中應有之義。早在大藏經的醞釀時期,道安就提出:
"穢者禾草俱存,後稷爲之嘆息;金匱玉石同緘,卞和爲之懷恥。"①
所以在他編纂的《綜理衆經目録》中特設"疑經録"。他説:"今列意
謂非佛經者如左,以示將來學士,共知鄙信焉。"②這一立場爲其後
的佛典整理編目及大藏經編纂者所承襲。如僧祐編纂《出三藏記
集》的目的之一,就是"庶行潦無雜於醇乳,燕石不亂於楚玉"③。而
隋法經等人編纂《衆經目録》時,公開宣布對諸僞經"今宜秘寢,以
救世患"④。歷代正統的佛藏編纂者對僞經的鑒別有時嚴格到近乎
挑剔的地步,以致把一些真僞一時難辨,甚至一些非僞經都統統排
斥到藏外。

(二) 重翻譯、輕撰著

佛教肇自古印度,中國人視彼邦爲佛國。中國人在學習佛教
的過程中,撰寫了大量的中華佛教撰著。但在當時編藏僧人的眼
中,祇有那些域外傳入的翻譯典籍纔具備當然入藏的資格,對收入
大藏的中國人的佛教撰著,《法經録》的一段話很有典型意義:"此
方名德所修,雖不類西域所制,莫非毗贊正經,發明宗教,光輝前
緒,開進後學,故兼載焉。"⑤觀其所收,一半以上均爲經序,可見其
立場所在。至於費長房,則將中華佛教撰著全部逐出藏外,一部也
不收。唐高宗時期,曾令釋道宣纂修《西明寺藏經》,要求"更令隱
煉,區格盡爾,無所間然"⑥。道宣因而在傳統的"單譯""重翻""梵

---

① 《出三藏記集》卷五,CBETA(2016),T55,no.2145,p.38,b12～13。文字據當頁校記有
訂正。

② 同上,p.38,b14～16。

③ 同上,p.1,b15～16。

④ 《衆經目録》卷二,CBETA(2016),T55,no.2146,p.127,c17。

⑤ 同上,p.149,a9～11。

⑥ 《衆經目録》卷一,CBETA(2016),T55,no.2148,p.181,a2～3。

集"之外"附申雜藏,即法苑、法集、高僧僧史之流是也。頗以毗贊有功,故載之云爾"①,基本上遵循《法經錄》的先例。但道宣自己編纂《大唐内典錄》時,又把中華撰著排除在藏外,恢復到費長房的立場。《開元釋教錄》所編定的大藏爲一千零七十六部五千零四十八卷,其中中華佛教撰著祇有四十部三百六十八卷,從部數看,占百分之四弱;從卷數看,占百分之七强。基本爲法苑、法集、僧史、目録、音義之類,這反映了古代編藏僧人對中華佛教撰著的基本態度。

當然,上述偏執的態度難免受到批評。如唐釋靈澈説:"不以註疏入藏,非尊師之意。"②高麗義天謂:"經論雖備而章疏或廢,則流衍無由矣。"③因此,後代出現獨立於正統大藏之外,專收中華佛教撰著的別藏。別藏所收典籍後來雖被歸入大藏成爲續藏,但重翻譯、輕撰著的風氣並没有完全改變。

(三) 重考訂、講善本

佛經初譯,遇全出全,遇殘出殘。譯地既較分散,流傳亦有偏仄,以致不少經典"年代人名,莫有銓貫;歲月逾邁,本源將没"④。這一點從道安的《綜理衆經目録》反映得很清楚。其後大量經典主要從官方譯場譯出,經典的來源雖然比較清楚,但寫本這種形式極易在流傳中造成傳本的歧異。因此,考訂經名、異名、卷數、紙數、譯者、譯地、譯時、異譯、異卷、別生、抄經、缺本等諸方面,成爲編藏僧人的重要任務。通過這些嚴謹的考訂,克昭其原始,詮定其名録,年代之目不墜,學説之源易探。並沙汰繁蕪,精選善本,以爲弘傳佛法之依據。智昇説:"夫目録之興也,蓋所以別真僞,明是非,

① 《衆經目録》卷一,CBETA(2016),T55,no.2148,p.181,a4~5。
② 《全唐文》卷七二一,第7417頁上。
③ 《新編諸宗教藏總録》卷一,CBETA(2016),T55,no.2184,p.1165,c24~25。
④ 《出三藏記集》卷一,CBETA(2016),T55,no.2145,p.1,b3~4。

記人代之古今,標卷部之多少,摭拾遺漏,删夷駢贅。欲使正教綸理,金言有緒;提綱舉要,歷然可觀也。"①這是對編纂大藏經工作的極好總結。

(四) 建立嚴謹的結構體例

結構體例問題是在藏經形成的過程中逐漸提出並逐步完善的。從總體來看,到《開元釋教録》時代,大藏經基本上貫徹了以經典本身的内容特徵分類的方法。亦即根據佛典本身的知識内容與思想傾向,分門别類地把它們組成一個有内在邏輯聯繫的完整體系。它將同一思想内容的典籍集中在一起,把内容與性質相近典籍排在相近的位置上,以有利於揭示這些典籍最本質的屬性與内容上的相互聯繫。這樣編成的大藏經,在一定程度上反映了佛教全貌,便於人們觸類旁通,掌握某一種典籍的基本思想傾向及其在整個佛教中的地位。

結構體例的確定,反映了當時中國僧人的判教理論及對佛教的總體把握。由於漢傳佛教以大乘爲主,反映在大藏經的結構體例上也有重大輕小的傾向。

總之,義理性大藏經以弘揚與研習佛教義理爲主要目的,成爲我國大藏經的主流。

二、 信仰性大藏經

信仰性大藏經的產生與三寶崇拜思潮有關。

三寶崇拜思潮主張佛典是佛、法、僧三寶中法寶的代表,自然應該是人們崇拜的對象。最早的佛典崇拜主要是針對某些具體的

---

① 《開元釋教録》卷一,CBETA(2016),T55,no.2154,p.477,a6~9。

經典,比如《法華經》流通分宣稱讀誦、抄寫、弘傳《法華經》將會積累巨大功德,不少人便群起仿效。進而,人們認爲念誦這些經典的名稱也可以積累同樣的功德。如南北朝時期出現的僞經二十卷本《佛説佛名經》便按照三寶次第,把佛典的名稱與佛名、菩薩名、辟支佛名並列,作爲念誦對象。值得注意的是,每卷《佛説佛名經》在羅列佛典名稱時,均以"次禮十二部經般若海藏"領起,説明當時"藏經""經藏"之類的名詞還没有産生,或已經産生但還没有普及。待到藏經形成,經典崇拜便順理成章地演變爲大藏經崇拜。繼二十卷本《佛説佛名經》以後産生的十六卷本《佛説佛名經》的相應領起語便被改爲"次禮十二部尊經大藏法輪",充分證明了這一點。

　　前面提到,信仰性佛教以功德思想與他力拯救爲基礎,這也是大藏經崇拜得以産生的基本原因。《宋高僧傳·慧聞傳》載:"釋慧聞,信安人也,多勸勉檀那以福業爲最。常言'未預聖位,於五道中流轉,非福何憑?'"[1]對於一般僧衆及廣大世俗信衆來説,成佛實在是一件渺茫的事,故主要的修行方式是修福積德,以求現實或來世的福報。

　　在中國佛教史上,大藏經崇拜主要反映在供養藏經、轉藏、造藏等三個方面。有關情況,本書均有專題論述,此處從略。

　　信仰性大藏經隨著大藏經崇拜的發展而出現。這種藏經所依據的底本雖然仍是社會上占主導地位的義理性大藏經,但由於修造目的的不同,大藏經的形態也發生了變化。

　　例如,唐末五代福建王審知曾經修造過五部大藏。據《全唐文》卷八百二十五《大唐福州報恩定光多寶塔碑記》介紹:"天復元年(901)辛酉……我威武軍節度使相府琅琊王王公,祀天地鬼神,

---

[1]　《宋高僧傳》卷二一,CBETA(2016),T50,no.2061,p.846,a8~10。

以至忠之誠，發大誓願，於開元之寺造塔，建號壽山，仍輔以經藏……其三年甲子，以大孝之誠，發大誓願，於茲九仙山造塔，建號定光，仍輔以經藏……其經也，帙十卷於一函，凡五百四十有一函，總五千四十有八卷。皆極剡藤之精，書工之妙，金軸錦帶，以爲之飾。"①有的材料説，他當時所造者乃金銀字大藏經。②

　　從上面資料可知，王審知造藏的依據是《開元釋教録‧入藏録》，但是，《開元釋教録‧入藏録》所收的五千零四十八卷，合帙時雖然也考慮部卷之多寡，但主要按照諸佛典之思想内容，故共分爲四百八十帙，每帙的卷數或有參差。但王審知所造的藏經則"帙十卷於一函"，分作五百四十一函③，則顯然打破了《開元釋教録‧入藏録》原來的分帙。王審知爲什麽要這樣做？理由祇有一個，即他造的藏經主要不是供閲讀，而是用來供養的。因此，他並不關心該藏的結構體系是否符合規範，使用是否方便，考慮的祇是它的外觀必須整齊劃一，美奂華貴。

　　又如，本書第四章研究的《大乘入藏録卷上》，出土於我國西夏故地黑水城，現藏俄國聖彼得堡東方研究所。該目録首題下稱"《開元釋教録》經當寺藏"云云，可見是某寺依據《開元釋教録》所編的一部藏經的目録。但如果將它與《開元釋教録‧入藏録》加以對照，可以發現兩者有很大區别。如《大乘入藏録卷上》稱：

　　　　《菩薩瓔絡（珞）經》，十四卷，前秦沙門竺佛念譯。
　　　　《無垢稱經》，六卷，唐玄奘譯。

① 《全唐文》，中華書局影印本，1983年11月，第8690頁下—8692頁下。
② 參見小川貫弌《福州毗盧大藏經的雕印》（林子青譯），載《法音》1988年第5期。
③ 若爲五百四十一函，每函十卷，則該藏收經五千四百十一卷，與碑文所説五千零四十八卷不合，疑此處數字有誤。

上二經共二帙

《賢劫定意經》,十三卷,西晋竺法護譯。

《大乘入楞伽經》,七卷,周實叉難陀譯。

上二經共二帙

《妙法蓮花經》,八卷,姚秦弘始年羅什譯。

《蓮花面經》,二卷,隋那連提耶舍譯。

上二經同帙。①

其實,在《開元釋教録・入藏録》中,上述諸經不但不在同一帙中,甚至没有編排在一起。這完全是《大乘入藏録》的作者爲了配齊每帙十卷這一數字,打亂《開元釋教録・入藏録》原結構後硬凑成的。類似的情况很多,不一一列舉。仔細考察這部藏經,可以發現是它對《開元釋教録・入藏録》合帙的改造,主要體現在如下幾個方面:

1.《開元釋教録・入藏録》有著嚴密的結構體例,完全按照經典的思想内容分類組織,故把大乘經分作五大部、大部外重譯、單譯等七個部分。而《大乘入藏録卷上》則完全無視《開元釋教録・入藏録》的這一體系,單純按照諸經卷數、帙數之多寡來排列其次序。

2.《開元釋教録・入藏録》在合帙時,要考慮經典的内容,儘量把同類的,或同本異譯經合在一起。《大乘入藏録卷上》則全然不顧經典之間的這種内在聯繫,機械地按照十卷一帙的方式合帙,由

---

① 參見《俄藏黑水城文獻》第六册,上海古籍出版社,2000 年 12 月,第 74—75 頁。

此導致不少同類經典、異譯經便被拆散分置各處。

3.《大乘入藏録卷上》中不少經典的分卷與《開元釋教録‧入藏録》不同,前者的分卷法在歷代經録中也找不到依據。我認爲並不是社會上真的流傳著這樣的傳本,而是《大乘入藏録》的作者爲了合帙的方便,任意分割經卷,以便把它們湊足十卷。

上述藏經形態説明《大乘入藏録》中所呈現的顯然是一種專供做功德用的大藏經,所以完全不考慮檢索、閱讀的方便,祇講外觀的整齊好看。後代的某些刻本藏經,由於目的祇是做功德,所以雖然雕鏤精美、裝幀華貴,但爲了保持一函十册之整齊外觀,甚至不惜削足適履,任意删砍經文内容。這方面最突出的是清《龍藏》。如隋費長房的《歷代三寶紀》,原書十五卷,是研究南北朝佛教的重要資料,《龍藏》卻砍去其十四卷,祇收入卷首一卷。

一部大藏五千餘卷,在當時條件下要造完具,確是一件大不易的事,故有時人們往往抄寫某一部或某幾部被認爲是功德最大的經。這一類的記述在僧傳、正史及敦煌遺書中甚多,不一一叙述。由於把寫經造藏看作是修功德的一條道路,於是出現剝膚爲紙、刺血寫經,以及修造華貴的金銀字大藏經之舉。凡此種種,都是信仰性大藏經的表現。

當然,説古代藏經有義理性、信仰性兩種功能形態,並不是説古代有涇渭分明、互不混淆的兩種藏經,一種專門用於閱讀,一種專門用於供養。其實不少供閱讀的大藏經本身就在佛堂或藏經樓供養著,同時也没有任何人規定用於供養的大藏經就不能閱讀。不過,《大乘入藏録》之類的藏經告訴我們,有些藏經,其主要目的是供人做功德,而不是供人閱讀的。這種情況大約與不同時代、不同地區義理性佛教的衰退有關。另外,必須强調指出的是,如前所述,義理性大藏經是我國古代大藏經的主流,信仰性大藏經是在義理性大藏經的基礎上嬗演的。前面談到王審知造藏與《大乘入藏錄》的目録基礎都是《開元釋教録・入藏録》，就説明了這一點。

三、 備查性大藏經

大藏經是佛教資料的總匯，本身應該起到資料備查的作用。但實際上，由於種種原因，我國古代的大藏經都没有能夠把當時所有的佛教資料收羅齊全，從而未能很好地發揮備查性功能。古代大藏經在資料收集方面的局限大體表現在四個方面。

第一，見聞不廣。以《開元釋教録》所收義淨譯著爲例。《開元釋教録》由唐智昇於開元十八年（730）在長安編成，歷來被作爲佛教經録的典範。義淨一生譯著總共一百零七部四百二十八卷，絕大部分是在洛陽、長安兩地的官方譯場完成的。義淨逝世於713年，十七年後智昇在長安編藏時却祇調查到三百七十卷左右，其中有的典籍還祇知其名而未能找到經本，所以《開元釋教録・入藏録》祇收義淨譯著二百多卷。義淨的情況既是如此，則那些年代更早，活動區域更遠、名氣更小的譯師情況也就可以想見了。

第二，收集困難。有些典籍雖然知其名，但找不到經本。智昇《開元釋教録》在"有譯無本録"下列出的這類經典總計一千一百四十八部一千九百八十卷，而《開元大藏》共收經一千零七十六部五千零四十八卷，兩相比較，可知有譯無本類經典所占比重之大。

第三，被宗派立場所局限。歷代編纂大藏經的僧人都有自己的宗派立場，難免因此影響編藏工作。比如，智昇對中國人撰寫的佛教著作挑剔極嚴，除了少量因"毗贊佛教有功"被他收入大藏經外，絕大多數典籍，包括中國佛教各宗各派闡述自己宗義的重要著作，統統被排斥在藏外，任其自生自滅，不少著作因而湮没無聞。

對此,智昇难辭其咎。又如遼代編纂大藏經,因爲《壇經》是慧能的言行録而竟然敢於稱爲"經",故此宣布燒毀。

第四,受物質條件的限制,無法把收集到的經典都收入大藏經。關於這一點,無須多加解釋。

由於上述原因,歷代都有大批佛教文獻没有被收入大藏經,其中大量文獻最終亡佚,這不能不説是佛教與中國文化的巨大損失。

固然,没有收入大藏經的資料,有些價值並不高,但大量的資料還是有很高的研究價值。如前面所講智昇所列的一千一百四十八部經,都是他認爲應該入藏的重要經典,祇是他没有能夠找到經本而已。敦煌藏經洞發現後,大批已經被湮没的典籍重見天日,使我們進一步瞭解了古代佛教的真實情況,許多研究者依據這些資料做出大量卓越的研究。我認爲,以現代標準看,衡量一個圖書館,藏書的多少是最基本的參數。同樣,衡量一部大藏經的水平與質量,入藏資料的多少也應該是最重要的標準。我們應該讓新編的大藏經儘可能地收齊各類佛教資料,力求儘量滿足不同人從不同角度提出的查索要求,提供所需資料。所以,今天我們如果再編纂新的大藏經,應該站在大文化、大資料的角度,努力發掘、收集與整理藏外佛教文獻,把它們收歸入藏,讓大藏經在傳統的義理性、信仰性功能的基礎上,進一步完善其備查性功能,從而發揮更大的作用。

上面論述了大藏經的三種功能形態。其實,這三種功能形態完全可以有機地統一起來。備查性大藏經由於本身資料齊全,可稱是具足了釋迦如來的八萬四千法藏,自然也就具備了信仰性大藏經的功能。把這種備查性大藏經編纂得儘量科學、合理,無論學界、教界都便於使用,它也就具備了義理性大藏經的功能。也就是説,使傳統大藏經完善備查性功能,與它原有的兩種功能形態不僅沒有妨礙,而且相得益彰。

　　當然,要做到這一點,不僅我們的觀點要變化,實際工作中也有許多困難。因爲如果現在編藏,祇把歷代藏經已經收入的典籍收歸入藏,這一點比較容易做到。由於歷代編藏者的努力,這些資料已經被收集匯攏起來,就好比礦石已經被煉成鋼鐵。祇是有的是精鋼,現成就可以利用;有的是粗鐵,還需要我們加工而已。但如果要把歷代大藏沒有收入的佛教資料也統統收歸入藏,就等於要我們自己去找礦、開礦、煉鋼。據我粗略估計,現存辛亥革命以前的有關佛教資料總數大約在三億五千萬字左右,已經收入歷代大藏經(包括日本諸種藏經)大約爲兩億五千萬字,即還有一億字左右的資料需要我們去收集整理。辛亥革命至今的資料總數大約也不會少於一億字。如果我們能夠把這兩億字全部收入大藏經,就能突出時代的特色,占據歷史的高峰,在中國文化史、世界文化史上樹立起一座豐碑,無愧於前人,無愧於後代。

略談漢文大藏經的編藏理路及其演變①

一、 漢文大藏經簡史

漢文大藏經是基本網羅歷代漢譯佛典並以之爲核心的,按照一定的結構規範組織,並具有一定外在標志的漢文佛教典籍及相關文獻的叢書,是漢傳佛教基本典籍的總彙。漢文大藏經隨著漢傳佛教的發展而成長壯大,它與漢傳佛教的發展息息相關、密不可分。我們甚至可以説,每個時代的漢文大藏經基本上反映了那個時代漢傳佛教的概貌。

以我國書籍製作方式的演進爲綫索,漢文大藏經自古到今的發展史可以分爲四個時期:寫本時期、刻本時期、近代印刷本時期、數字化時期。

佛教約在兩漢之際傳入中國,無論是"伊存授經説",還是"漢明感夢求法説",佛教初傳都與佛經的傳寫緊密相連,這説明佛經的傳入與佛教的傳入完全同步。也就是説,就漢文大藏經的發展史而言,從佛教初傳開始,就進入漢文大藏經的寫本時期。

---

① 本文爲 2009 年"第二屆世界佛教論壇·大藏經分論壇"遞交的會議論文。後載《世界宗教研究》2012 年第 1 期。中國人民大學資料中心《宗教》2012 年第 2 期轉載。

漢文大藏經的寫本時期，可以分爲若干個階段。從佛教初傳到東晉釋道安時代，可稱爲漢文大藏經的醞釀階段。在這一階段，大藏經雖然尚未正式形成，但匯攏經典、整理典籍的工作已經開始。從東晉晚期到隋朝初年，是漢文大藏經的形成階段。在這一階段，各種形態的大藏經開始陸續涌現。現存最早的大藏經實物保存在敦煌遺書中，係北魏永平、延昌年間（508—515）由敦煌鎮官經生抄寫。由此可知，當時造藏已經成爲一項官方的文化事業。而隋費長房《歷代三寶紀》首創“入藏録”，證明大藏經無論從實際上，還是理論上，此時均已卓然成形。“入藏録”這種體例被後代各種有影響的經録沿襲，成爲大藏經最基本的目録依據。從隋朝初年到會昌廢佛，是漢文大藏經的結構體系化階段。唐釋智昇於開元十八年（630）完成的《開元釋教録》，集前代之大成，創一時之新風，垂千年之典範。他在大藏經結構體系及佛教經録方面的成就，體現了我國古代佛教文獻學、古代漢文文獻學的最高水平。從晚唐會昌廢佛到北宋《開寶藏》的刊刻，是漢文大藏經的全國統一化階段。由於主客觀種種原因，全國的大藏經逐漸統一到《開元釋教録·入藏録》爲基礎的形態上。

寫本有一個基本特點——流變性。寫本是由寫經生等各色人等一本一本書寫出來的，不但在外觀上有很大的個性特徵，内容上也容易形成異變，由此出現各種各樣的異本。敦煌遺書中大量異本的發現，爲我們研究寫本的流變性提供了第一手資料。最近幾年日本國際佛教學大學院大學落合俊典教授主持的日本寺院所藏古寫本藏經的調查與研究，也充分證明了寫本藏經的流變性這一特徵。充分重視與研究寫本佛典的流變性，全面評價它在中國佛教發展中的地位，是佛教文獻學面臨的一個新的任務。

會昌廢佛後全國藏經以《開元釋教録·入藏録》爲基礎而統

一，爲刻本藏經的流通營造了良好的社會背景。《開寶藏》是我國第一部官修刻本大藏經。第一批版片開雕於開寶四年（971），完成於太平興國八年（983），共計十三萬塊。在古代，這實在是一個浩大的工程。從此，我國大藏經進入刻本時期。但是，從現有資料看，《開寶藏》雖然在流通，民間依然在修造寫本大藏經。所以，整個北宋基本上是寫本藏經、刻本藏經同時流通的時期，或者說是刻本藏經逐漸取代寫本藏經的時期。北宋晚年，《崇寧藏》《毗盧藏》《思溪藏》漸次刊刻，寫本藏經逐步退出實用領域。但是，它依然以金銀字大藏經這樣的特殊形態，活躍在歷史舞臺上。從現有資料看，金銀字大藏經的書寫，大約一直延續到明清。此後，寫本大藏經不再出現，但寫本佛經，包括金銀字寫經、血經，作爲人們表達自己虔誠信仰的方式，始終保持著頑强的生命力。近代以來，寫經又成爲書法家、藝術家藝術創作的源泉之一。

　　從北宋《開寶藏》起，到清末民初的金陵刻經處、毗陵刻經處刊刻書册本藏經爲止，我國歷朝歷代都曾刊印刻本大藏經，總數不清，至少在二十部以上。就刻本藏經而言，版片的刊刻一旦完成，新藏經的刷印就是一件相對較爲容易的事情，這促進了藏經的流通。且同一副版片所印藏經，内容完全一致，不同於寫本藏經所具有的流變性。這都是刻本藏經優於寫本藏經的地方。但一部藏經的版片數量動輒高達十余萬塊，刊刻、管理都非易事，故古人有斫臂化緣、累代刻藏的佳話。遺憾的是，中華民族雖然是一個善於創造文化的民族，却又是一個不善於保護文化的民族。歷經兵火灾劫，現在存世的完整刻本大藏經已經極爲稀少，而完整的大藏經版片僅剩《龍藏》一副。不少刻本藏經僅剩零本，還有不少刻本藏經尚需我們去發掘與考證。

　　近現代鉛印、影印技術的發明，爲知識的傳播提供了新的手段。近現代印刷本藏經文字清晰，裝幀實用，信息量大。特別應該提出的是，近現代印刷本藏經的出現，與近現代佛教學術研究的興起密切相關。由此，以《大正藏》爲代表的新編藏經問世不久，便以其無可比擬的優勢，取代了在佛教史上雄踞千年的刻本藏經。不過，由於電子技術的崛起，現代印刷本藏經獨擅勝場僅百年，佛教藏經就開始進入數字化時期。雖則如此，在可以預期的未來，現代印刷本藏經作爲佛教法寶的代表，作爲千百萬信徒膜拜的對象，不但依然有著強大的生命力，而且會向豪華裝幀的方向發展。

電子技術的迅猛發展，開創了書籍的數字化時期。從 20 世紀80 年代中期開始，漢文大藏經也踏入數字化的門檻。二十多年來，大藏經的數字化取得令人驚嘆的長足發展。與近現代印刷本藏經的排印本、影印本兩種形態相應，數字化大藏經也出現用文字錄入方式形成的電子文本及用圖像掃描方式形成的掃描本，並不斷從低級向高級發展。由中華電子佛典協會主持的《電子佛典集成》是目前最爲流通的電子文本大藏經。目前，藏經數字化正方興未艾，並進一步向内容更豐富、使用更方便、功能更强大的方向發展，且將在這一過程中，逐漸增强其宗教權威性與社會公信力。[①]

二、 編纂大藏經的内在理路

(一)"内在理路"釋義

上面簡單介紹了兩千年來漢文大藏經的基本概貌。本節想探討編纂大藏經的内在理路。以前還没有人探討過這個問題，因此

[①] 關於本節，可參見方廣錩《關於漢文大藏經的幾個問題（代導言）》，載《中國寫本大藏經研究》。

首先需要說明什麼是編纂大藏經的内在理路。

　　任何時代、任何人,花費如此巨大的人力、物力、財力來編纂大藏經,必然有他的目的。爲了達成這一目的,必然有一個與這一目的相適應的甄别、選取佛典的入藏標準,有一系列與這一目的相配套的編纂藏經的方法。我認爲,編藏目的、入藏標準、編藏方法三者構成了大藏經編纂的内在理路。從歷史上看,大藏經的編纂者一般很少公開宣示自己編纂藏經的目的、標準與方法,但無論哪一部藏經,實際都存在這三者,它們貫穿於該藏經籌備與編纂的整個過程,並體現在最終完成的這部大藏經中,所以稱之爲"内在理路"。我們可以通過分析一部一部的藏經,來探討它們各自的内在編藏理路。當然,就某一部具體的藏經而言,還有一個它的預設編藏理路能否從始至終貫徹到底的問題。本文對此不予討論,僅從宏觀的角度探討古今編藏理路的表現形態及其演變軌迹。

　　(二)佛教編藏的基本理路

　　首先應該指出,結集佛典本來就是印度佛教的傳統。佛、法、僧三寶的觀念,在釋迦牟尼時代是否已經產生,還可以再研究。從早期佛典看,"三皈依"在當時似乎已經成爲一個熟語;但從歷史事實看,釋迦牟尼時代,佛典還没有產生。當然,從邏輯上講,佛法形成在先,佛典結集於後。因此,釋迦牟尼時代尚未出現佛典,不影響三寶觀念的產生。從現有資料看,起碼在部派分裂之前,三寶觀念已經產生。如果説三寶觀念在釋迦牟尼時代已經形成,則第一結集的歷史地位將更加重要。因爲這説明當時的僧人已經非常清醒地把法作爲與佛、僧並立的亘古永存的真理。即使三寶觀念在釋迦牟尼時代尚未形成,可以設想,第一結集的成果對三寶觀念的形成有著極大的促進作用。

　　印度佛教此後的歷次結集,各有各的歷史背景與原因,這裏不做探討。但佛典作爲佛法的代表，始終受到重視與尊崇。佛教傳入中國，怎樣纔能讓中國信徒原原本本、毫不走樣地接受佛教的思想，是當時傳教法師面臨的一個嚴重的問題。這個問題有兩個層面：第一，質量層面，即"不走樣"；第二，效果層面，即"能接受"。從這兩個層面，生發出早期漢譯佛典的"直譯派"與"意譯派"之爭。而漢文大藏經之所以形成，正是這一理路在新時期的發展。

限於資料，我們對早期中國佛典的流傳情況，特別是大藏經形成的具體過程，尚處在若明若暗的境地。但根據現存的道安時代的資料，我們可以看到，道安編纂經錄的基本態度是鑒真僞、辨源流。也就是說，他特別注重佛典傳播的質量層面，亦即純正性原則，這種態度貫穿了道安一生所有與經典有關的活動。

早在三國時期，圍繞《法句經》的翻譯，曾經發生過一場關於直譯、意譯的大爭論，這場爭論以直譯派的勝利告終。而道安的"鑒真僞、辨源流"，可以說是直譯派路綫在新時代的發展。雖然三國以後意譯照樣大行其道，雖然道安以後疑僞經以更大的勢頭涌現出來，但在中國佛教的發展史上，從佛教初傳到唐玄宗時代，這種保持佛典純正性的努力一直在大藏經的編纂活動中占據統治地位，並直接影響著漢文大藏經的形態。我曾經撰文指出，從歷史發展看，漢文大藏經有三種功能與三種表現形態。而正是編藏僧人努力保持佛教典籍純正性的内在的宗教責任感，使當時的大藏經獲得了學習、傳播佛法的功能，出現了義理層面的形態。

但佛典畢竟是法寶的代表，三寶崇拜則是佛教的基本信仰形態。作爲一種宗教，純正的信仰是佛教立足的基礎。因此，大藏經作爲法寶的代表，自然也就具備了佛典的功能，具備信仰性形態。

（三）古代藏經的兩種功能形態

我曾經多次撰文指出：佛教作爲一種宗教，既有比較精細、高

深的哲學形態，也有比較粗俗、普及的信仰形態。由此，它能夠適
應不同層次人們的不同需要。我把前一種形態稱爲"佛教的義理
層面"，把後一種形態稱爲"佛教的信仰層面"。義理層面的佛教以
探究諸法實相與自我證悟爲特徵，以大藏經中收入的印度譯典及
中國高僧著述爲依據，以追求最終解脱爲主要目標；而信仰層面的
佛教則以功德思想與他力拯救爲基礎，以漢譯典籍中的信仰性論
述及中國人撰著乃至諸多疑僞經爲依據，以追求現世利益及未來
解脱爲主要目標。義理層面的佛教在我國佛教史上處於主導地
位，它爲佛教提供了高水平的骨幹與活潑潑的靈魂，它的興衰決定
了中國佛教的興衰；但信仰層面的佛教較義理層面的佛教影響更
大、更深、更遠，爲中國佛教奠定了雄厚的群衆基礎，是中國佛教綿
長生命力的基本保證。這兩種層面的佛教雖然各有特點，有時看
來截然不同，甚至尖鋭對立，但又相互滲透、互爲依存，絞纏在一
起，相比較而存在。當兩者相對平衡，佛教的發展便相對順暢；當
兩者的力量相對失衡，佛教的發展便出現危機。在中國佛教的研
究中，兩者不可偏廢。

　　漢文大藏經的義理層面與信仰層面，也密不可分地相互滲透
與依存。毋寧説，正因爲大藏經具有高度的義理層面，纔使它具備
成爲信仰性對象的基礎。比如，唐智昇編定的《開元大藏》，就其内
在理路而言，原本是一部義理性大藏。但將它按照白居易《蘇州南
禪寺千佛堂轉輪經藏石記》記載的方式納入轉輪藏，它就具備了典
型的信仰性功能。[①]可以想見，廣大群衆的信仰又擴大了義理性大
藏經在信教群體中的影響。不過，在此又必須指出，與晚唐以前佛

―――――――――――

① 　參見《白居易集》，第1487頁。按照這篇文章的記叙，該轉輪藏中所收藏的是一部依據《開
　　元釋教録·入藏録》組織的大藏經。

教的義理層面在我國佛教史上處於主導地位相適應，我國當時的大藏經，雖然兩種形態具備，但以義理層面爲主導。但隨著佛教信仰層面的力量日益加強，大藏經的形態也産生新的變化。如黑水城出土的《大乘入藏録卷上》，這部藏經雖然依據《開元釋教録·入藏録》的標準收入經典，却按照諸經卷數的多少排列次序。所以，編纂這部藏經的目的不是供人學習佛教義理，僅是供人頂禮膜拜。正因爲這樣，這部藏經完全不講究結構的合理，祇講究外觀的整齊。①這樣一部完全體現大藏經信仰功能的藏經，却依然采用《開元釋教録》的名號，也説明漢文大藏經的義理層面與信仰層面密不可分地相互滲透與依存。

　　我曾經提出"大藏經三要素"，作爲研究寫本大藏經的指標，亦即收經標準、結構體系、外部標志。我們可以發現，雖然上述三要素因人、因時、因地而有區別，但從總體看，嚴格真僞鑒別、重印度輕中國、重經論輕註疏，是中國寫本大藏經中正藏部分不變的主綫。結構體系問題則是經過數百年的努力，最後由智昇總其大成。至於在外部標志方面的探索，則直到晚唐采用《千字文》作爲大藏經的帙號，纔算告終。"三要素"問題意識的形成與解決，是一個動態的漫長的過程。關於這一點，拙作《中國寫本大藏經研究》有所論述。但該書僅客觀描述了三要素問題的逐步解決，還没有將這個問題與編藏的内在理路有機結合。限於篇幅，這裏也不打算過多涉及這個問題，僅略微點題。

　　（四）中國佛教外部力量對大藏經編纂的影響

　　上面從佛教内部分析大藏經編纂的内在理路。從外部環境講，漢民族整理典籍的傳統、漢文化大一統的深層意識，也是影響

---

① 參見方廣錩《中國寫本大藏經研究》第四章第一節。

佛教大藏經産生的重要原因。關於這一點，中國與印度形成鮮明
的對照，但在此也不做進一步論述。

　　有人認爲，唐玄宗時期是中國社會的一個轉型期。本人對此
缺乏研究，沒有發言權。但從政教關係、從大藏經的發展來看，唐
玄宗時期的確是我們值得注意的一個轉型期。在唐玄宗之前，造
什麼樣的藏，怎樣造藏，都是佛教教團内部的事務，國家無權干涉。
即使所謂"皇家官藏"，也不過是皇家出資，委託某個寺院修造罷
了。皇家與造藏僧團的關係，僅僅是"財施"與"法施"的關係。皇
家造藏是爲了祈福積德，至於大藏怎麼修造，收入什麼經典，他們
是不去過問，也不必甚至不便過問的。大藏造完之後，即歸修造大
藏的主持人所在的寺院所有。這個寺院可能位於宮外，如法經所
在之大興善寺；也可能位於宮内，如智果造藏之"内道場"。雖然是
皇家所造的大藏，帝室成員如係俗人，也無權閱讀全藏。起碼佛教
明確規定，禁止在家人閱讀戒律。隋文帝曾經很明確地將對經典
真僞的判決權交給佛教教團。唐高宗曾經企圖干涉藏經的結構，
最終歸於失敗。但到了唐玄宗時代，玄宗開始直接干預某些典籍
的入藏，乃至從此開始出現一個慣例：經典入藏，需經御准。在此
透露出來的皇權與佛教勢力消長的消息，值得我們注意。幸好智
昇之編纂《開元釋教録》乃屬個人行爲，故較少受到皇權的干擾。

　　（五）會昌廢佛後中國大藏經的基本態勢

　　會昌廢佛剥奪了佛教教團的經濟基礎，給佛教以沉重的打擊，
佛教開始醖釀轉變。現在看來，這一轉變順著兩條道路前進：一條
是以"禪淨合一"爲旗幟的義理層面的佛教，一條是以大型科儀爲
代表的信仰層面的佛教。這一局面，入宋以後看得越來越清楚。
由於此時的禪宗已經過了理論創新的巔峰，而淨土本來缺乏深邃
的理論，因此，此時所謂的"義理層面的佛教"，與唐代佛教理論鼎

盛時期的佛教義理不可同日而語,衹是相對於信仰成分更濃的科儀佛教而言罷了。

程式化的儀軌本是佛教宗教活動之必須。從敦煌遺書中,我們可以很清楚地梳理出佛教在念誦經典的過程中不斷儀軌化的軌迹。儀軌與佛教的懺悔思想結合,形成了懺儀。懺儀本來是一種與佛教義理、僧人個人修持緊密結合的非常生動活潑的宗教活動,但一旦被程式化,就比較容易凝滯、表層與僵化,而與僧人內在的修持逐漸脫節。密教的傳入,新的崇拜對象的興起,使得大型科儀得以組織與產生,這種科儀到宋代達到高峰,並影響到明清佛教的形態。評價、論述宋以下的中國佛教的上述種種變化,還必須考慮宋明理學興起這一外部因素。在此限於篇幅,不予討論。

從會昌廢佛開始,佛教的面貌逐漸發生極大的改變,大藏經的情況如何? 這可以從如下三個方面來分析。

第一,從佛教內部講,嚴格真偽鑒別、重印度輕中國、重經論輕註疏這一基本理路並沒有改變。智昇時代已經表露的藏經落後於佛教現實的傾向進一步擴大。因此,對大量涌現的科儀,當時的大藏經基本不予理會,任其在藏外自生自滅,這爲我們今天收集科儀佛教的資料、研究科儀佛教造成很大的困难。

第二,從佛教外部講,由唐玄宗開創並有效實施的皇權的制導力量日益加劇。《開寶藏》就是皇帝派內官負責刊刻。在宋代官方譯場譯出的部分經典,因爲不合中國儒家的倫理道德,被皇帝下令燒毀。明代萬曆皇帝的母親,挾皇太后之威,把自己感夢所得的所謂《第一大希有大功德經》納入大藏。清《龍藏》爲了追求外觀的整齊劃一,甚至任意砍削傳統上已經入藏的典籍。從皇權對大藏經的制導講,以往皇權能夠施加影響的,衹是皇帝下令編纂的大藏,而對民間自己編纂的藏經,則一般不予干涉。到了清代,皇家甚至

下令從《嘉興藏》這一民間編纂的藏經中撤出不合自己口味的
著作。

第三,從總體格局來看,中國封建社會的晚期,社會發展較爲
停滯。宋明理學是當時占統治地位的意識形態,佛教則日益衰微。
佛教的衰微,主要表現在義理層面的衰微與修道理想的退墮,即理
論的追溯幾乎停頓,公認的高僧寥若晨星。而它的信仰層面却極
度膨脹,特別是各種薦亡祈福的科儀法事,以及各種修福積德的活
動大行其道。在這種情况的影響下,大藏經的發展也顯得較爲緩
慢與停滯。

此時的編藏理路,除了個別藏經外,從總體看,大抵出於修積
功德。因此,除了個別特例,編藏者對於所編藏經的體例、結構、收
經標準等問題,甚少措意。此時所編的藏經,大抵是在前代藏經的
基礎上,加上新編入藏部分,層積而成。各寺院請印的藏經,大抵
供養在藏經樓,等閑不許人們接觸。明智旭雖然曾對大藏經結構
提出改革意見,但他的意見並未在中國的大藏經編纂實踐中得到
落實。從唐智昇到清末一千餘年,大藏經的形態變化不大。這固
然可以歸功於智昇的卓越工作,但我認爲與其說智昇的工作過於
超前,乃至千年之下依然無人可以逾越,不如說與中國社會發展緩
慢、中國佛教發展緩慢相呼應,大藏經也進入緩慢發展的時期。不
是智昇的工作過於超前,而是後代的子孫過於不肖,未能在大藏經
編纂方面有所創新,有所前進。

三、 近現代編藏理路的兩大轉換

(一)《大正藏》

在西方文明的衝擊下,近代東方遇到幾千年未有之變局。東

鄰日本跟上了這股潮流，通過明治維新，富國强兵，走上近代資本主義發展的道路。日本社會的這一變化，也影響到佛教大藏經的編纂，這充分體現在《大正藏》的編纂中。

《大正藏》是在高楠順次郎、渡邊海旭、小野玄妙等人的主持下，集中日本佛教界、學術界一大批優秀學者，歷時十三年，克服種種艱難困苦而編輯出版的。據統計，先後參與人員約三百人，有關人員達四十五萬之多，編輯費用則達二百八十萬日圓。瞭解20世紀二三十年代日本物價水平的人都知道，這實在是一筆驚人的巨款。全藏一百卷，計正藏五十五卷、續藏三十卷、圖像部十二卷、昭和法寶總目録三卷。收録各種典籍、圖像三千三百六十部，一萬三千五百二十卷。《大正藏》是當時收録佛教資料最多的一部大叢書。半個多世紀以來，這部大藏經對世界佛教研究的普及與深入貢獻之大，實在無與倫比，堪稱佛教文獻學史上一座前所未有的里程碑。1960年，日本“大正新修大藏經刊行會”發起重印，重印時對初印本的若干錯誤作了校正修訂。

我曾經撰文對《大正藏》進行評述，指出與傳統大藏經相比，《大正藏》所具有的諸多優點，同時也指出它的種種缺陷。①但當時沒有從編藏理路的角度進行論述。現在看來，《大正藏》與傳統大藏經相比，最大的區別是編藏理路完全不同。

從歷史上看，傳統大藏經都是佛教信徒編纂的。他們編纂藏經，或者是爲了傳播佛法，或者是爲了修積功德，目的都是宗教性的。《大正藏》的主要編纂者雖然也都是佛教徒，但大都曾經留學歐洲，經過近代西方學術的洗禮，他們與傳統意義的佛教徒不同，同時具備佛教徒與學者兩種身份。他們一方面保持自己的佛教信

---

① 參見方廣錩《〈大正新修大藏經〉評述》，載《聞思》。已收入本書。

仰，另一方面力求按照西方的學術規範來處理佛教典籍。佛教信仰與學術規範，雖説可以力争互不衝突，但各自的立場、方法不同，有時也會難以相容。比如，傳統的佛教徒以佛經爲聖言量，當不同經典的觀點互不相同時，他們會力求用佛陀説法應時應機這樣的理論來解釋，並用判教的方法來消弭其中的矛盾。而作爲一個學者，則會按照嚴格的學術規範，考察不同經典與學説的産生年代、地點、環境、作者，辨析不同觀點異同的實質，研究分歧的由來與發展，由此證明佛教在新的時空條件下怎樣努力發展自己的理論。作爲一個佛教徒，把經典作爲聖言量，可説是理所當然；作爲一個學者，努力追求歷史的真實，本來也是一種天職。兩者應該相互尊重、相互促進，從而共同提高。

《大正藏》編纂者在大藏經的編纂中引進了西方的學術規範。舉其大者，有如下幾端。

1. 确立新的分類結構

在分類結構方面，他們徹底摒棄漢文大藏經沿襲一千多年的“重大輕小”的傳統，而以“阿含部”居首，並將密教單列爲一部，作爲諸經的殿尾，以此體現佛教歷史發展的進程。

2. 以多種大藏經本對校，並有校記

他們主要利用增上寺的宋藏（《思溪藏》）、元藏（《普寧藏》）與作爲底本的《再刻高麗藏》對校，又加校明藏（《嘉興藏》）。此後，又加校原藏於上野帝室博物館的正倉院古寫經與藏於宮内省圖書寮的北宋本《一切經》（《崇寧藏》《毗盧藏》混合本）。我國的藏經可以分爲以《開寶藏》爲代表的中原系、以《契丹藏》爲代表的北方系以及以爲《崇寧藏》等爲代表的南方系。《再刻高麗藏》實際集中了中原系、北方系的優點，而《大正藏》又參校了南方系《崇寧藏》《毗盧藏》《思溪藏》的經本。因此，《大正藏》可以説集諸家之精華於一身。此外《大正藏》還從日本各寺院收入不少古寫經或刊本，或作校本，或作底本，並在《昭和法寶總目錄》的《大正新修大藏經勘同目錄》中對每一部典籍的底校本都作了交代。尤其值得稱道的是，不少經典還與梵文本或巴利語本作了對勘，並在校記中註出梵文或巴利語原詞。

3. 編撰了實用的版本目錄與索引、編撰了配套的詞語索引

作爲一個佛教文獻學工作者，《昭和法寶總目錄》是我案頭必備的參考書。其中最爲常用的是《大正藏》的版本目錄——《大正新修大藏經勘同目錄》與兩個實用索引——《大正新修大藏經著譯目錄》《大正新修大藏經索引目錄》。

上述目錄與索引對讀者按圖索驥查閱佛典，尤其對檢索佛典的梵文名、巴利語名、藏文名、漢文異名、異本、註疏、品名、年代、著譯者、諸藏函號及檢索歷代佛教學者的入藏著譯，均有極大的功用。以往所有的大藏經均沒有類似的目錄與索引，這當然是時代的局限。而《大正藏》能夠自覺地站在現代學術背景上，發揚現代學術的嚴謹學風，按照現代學術的要求來要求自己，從而編纂出具有如此高度學術水平的基本工具書。可以說，《大正藏》的這些目錄與索引不僅給讀者以極大的便利，而且奠定了《大正藏》的科學基礎。這是《大正藏》編纂者對大藏經編輯理論與實踐的一大貢獻，對佛教文獻學的一大發展。高楠順次郎把編纂上述版本目錄與索引作爲《大正藏》的十大特點之一，的確當之無愧。

《大正藏》出版之後，編纂配套的詞語索引的計劃便逐步提上議事日程。1943 年，由小野玄妙負責開始著手。1956 年，這一計劃再次啓動，並於 1958 年由大谷大學、高野山大學、駒澤大學、大正大學、立正大學、龍谷大學等日本著名的六所佛教大學組織成立了"大藏經學術用語研究會"，負責規劃、統籌此事，各大學分頭承

擔任務。全部索引共出版四十八册，這是繼《大正藏》之後的又一宏大工程。

4. 增列外教部與疑僞經部

應該説，上列三端，雖然充分體現了編纂者爲提高《大正藏》的學術性而作的努力，但在傳統佛教的框架內，也還是可以被接受的。而增列外教部與疑僞經部則是《大正藏》的一大創舉，也是《大正藏》學術品格的集中體現。

大藏經是佛教典籍的總彙，僅收佛教典籍，不收其他宗教的著作，應該是大藏經的個中應有之義。不過，由於印度佛教常與印度的其他宗教哲學派別相互爭論，這些爭論被記錄在佛教典籍中。爲了便於中國佛教徒學習相關著作，傳統大藏經中收有陳真諦譯《金七十論》與唐玄奘譯《勝宗十句義論》等印度數論派、勝論派的典籍。所以，這兩部著作在漢文大藏經中純屬附錄，《開元釋教錄‧入藏錄》把它們安排在西方聖賢集的最後，體現了它們在大藏經中的這一地位。但《大正藏》則特設"外教部"，起碼在外觀上，讓外教部與阿含部、般若部等佛教典籍處在平起平坐的地位上，則不能不説是編藏者有意的安排。在外教部中，除了上述傳統大藏經已收的兩部外，還收入《老子化胡經》《摩尼教下部贊》《摩尼光佛教法儀略》《波斯教殘經》《序聽迷詩所經》《景教三威蒙度贊》《大秦景教流行中國碑頌》等道教、摩尼教、景教典籍。在上述典籍中，《老子化胡經》是佛道交涉的產物，對研究佛教的中國化有相當的價值。而其餘幾部典籍，與佛教並没有什麼真正的關係。要説關係，祇是它們在翻譯時大量借用了佛教的詞彙，給我們一個摩尼教、景教在中國流傳的背景具象而已。也就是説，《大正藏》的編纂者收入這些經典，其注目點已經不是佛教本身，而是在佛教背景中活動的其他宗教。

　　至於疑僞經，從來被正統的佛教徒認爲"今宜秘寢，以救世患"的東西，傳統大藏經避之唯恐不及。而《大正藏》也公然將它們收入，並單列一部，與阿含部、般若部等並列。

　　站在傳統佛教徒的立場，《大正藏》編纂者的上述行爲是不能容忍的。但高楠順次郎他們毅然這樣做了。祇有一個理由可以解釋他們的這種行爲，就是說，在他們的心目中，大藏經固然是佛教的宗教聖典，但同時也是重要的學術研究資料。這就是他們的編藏理路。

　　有一位日本學者說過這樣的話：《大正藏》的編纂，奠定了日本在世界佛教學術研究中的領導地位（大意）。近百年的佛教學術研究史證明，這一評價是有道理的。

　　（二）中國大陸《中華大藏經》

　　如果說，《大正藏》的編纂體現了近代編藏理路從宗教性向學術性的演化，則中國大陸 20 世紀 80 年代開始編纂的《中華大藏經》，則將大文化理念引入了大藏經編纂的實踐。

　　與以往的藏經不同，《中華大藏經》不是以佛教信衆爲主體，而是由以任繼愈爲首的佛教研究者爲主體進行編纂。編藏者身份的不同，決定了《中華大藏經》的編纂，首先被強調的是它的學術含量。所以，《中華大藏經》正藏部分以稀世孤本《趙城金藏》爲基礎，校以歷史上有代表性的八種藏經。精良的校勘使《中華大藏經》彙聚了歷代大藏經的精粹，這是《中華大藏經》超越歷代藏經，也是超越《大正藏》的地方。

　　不僅如此，我們認識到，佛教也是一種社會文化。佛教傳入中國後，中國文化逐漸形成以儒爲主幹，佛、道爲羽翼的局面，儒、釋、道三家共同支撐起中華文化之鼎。與此相適應，古代儒、釋、道三家的圖書也分別庋藏、獨立編目、自成體系。《隋書·經籍志》記載,隋煬帝在東都觀文殿東西廂構屋,收藏儒家經、史、子集四部書;在内道場收藏佛經、道經,並分別編撰目録;建妙楷臺,收藏名家法書;建寶迹臺,收藏歷代古畫。這可説是隋代國家圖書館、國家博物館的基本規制。歷代王朝沿革雖有不同,但三家典籍分別庋藏的傳統不變。三家典籍分別庋藏,雖然有各司其職之優點,却也有割裂文化之缺點。其後並因宋明理學的興起,造成四部書體系泛濫,在全社會形成了一個無形的四部書文化範式。其流毒至今依然在泛濫,没有得到清算。這對佛教、道教都是極其不公平的,應該予以糾正。

思想主要靠典籍來傳述。正因爲有了典籍,思想的傳播纔能夠超越時間與空間。我們今天編纂大藏經,不僅僅爲當代僧俗人等學習佛教理論提供基本的資料,研究佛教思想提供可靠的依據,也是爲後代子孫保存研究中國文化乃至東方文化的最基本的史料。做學問的都知道,搞研究,應該盡力把有關資料一網打盡。我們今天編纂大藏經,應該放眼中華文化乃至東方文化的全局,把與佛教有關的資料儘量收入。所以,20世紀90年代,我們就提出,在義理性、信仰性等大藏經的這兩種傳統的功能外,應該爲新編的大藏經賦予一種新的功能,即備查性。[①] 要通過大藏經的編纂,全面整理與保存作爲中華文化重要組成部分的佛教資料。不僅整理與保存傳統的佛教大藏經,還要整理與保存傳統大藏經不收的其他佛教資料。不僅要整理、保存佛教信徒論述佛教的著作,還要整理、保存儒家、道家人士撰寫的與佛教有關的著作,以及佛教人士撰寫的論述儒家、道家的著作。不僅要整理保存古代的資料,還要

---

① 參見方廣錩《論大藏經的三種功能形態》,載臺灣《宗教哲學》第3卷第2期,1997年4月。修訂後收入《中國寫本大藏經研究》,作爲第四章第二節。

保存今人一切有價值的新資料。不僅要整理保存中國人翻譯撰寫的佛教著作，還要整理保存古代外國人用漢文撰寫的相關資料。這些使《中華大藏經》真正成爲佛教資料的總彙。

用大文化的觀點考察以往的藏經，可以發現，由於種種原因，以往的各種大藏經，包括日本《大正藏》，甚至連編藏當時的佛教資料都未能收羅齊全。它們在資料收集方面的局限大體表現在四個方面。

第一，見聞不廣。以《開元釋教録》所收義淨譯著爲例。《開元釋教録》由唐智昇於開元十八年（730）在長安編成，歷來被作爲佛教經録的典範。義淨一生譯著總共一百零七部四百二十八卷，絶大部分是在洛陽、長安兩地的官方譯場完成的。義淨逝世於713年，十七年後智昇在長安編藏時却祇調查到三百七十卷左右，其中有的典籍還祇知其名而未能找到經本，所以《開元釋教録·入藏録》祇收義淨譯著兩百多卷。義淨的情況既是如此，則那些年代更早、活動區域更遠、名氣更小的譯師情況也就可以想見了。

第二，收集困難。有些典籍雖然知其名，但找不到經本。智昇《開元釋教録》在"有譯無本録"下列出的這類經典總計一千一百四十八部一千九百八十卷。而《開元大藏》共收經一千零七十六部五千零四十八卷，兩相比較，可知有譯無本類經典所占比重之大。

第三，被宗派立場所局限。歷代編纂大藏經的僧人都有自己的宗派立場，難免因此影響編藏工作。比如，智昇對中國人撰寫的佛教著作挑剔極嚴，除了少量因"毗贊佛教有功"被他收入大藏經外，絶大多數典籍，包括中國佛教各宗各派闡述自己宗義的重要著作，統統被排斥在藏外，任其自生自滅，不少著作因而湮没無聞。對此，智昇難辭其咎。又如遼代編纂大藏經，因爲《壇經》是慧能的言行録而竟然敢於稱爲"經"，故此被宣布燒毀。

　　第四，受物質條件的限制，無法把收集到的經典都收入大藏
經。關於這一點，無須多加解釋。

　　由於上述原因，歷代都有大批佛教文獻没有被收入大藏經，其
中大量文獻最終亡佚。這不能不說是佛教與中國文化的巨大
損失。

　　固然，没有收入大藏經的資料，有些價值並不高，但大量的資
料還是有很高的研究價值。如前面所講智昇所列的一千一百四十
八部經，都是他認爲應該入藏的重要經典，祇是他没有能夠找到經
本而已。敦煌藏經洞發現後，大批已經被湮没的典籍重見天日，使
我們進一步瞭解了古代佛教的真實情况，許多研究者依據這些資
料做出大量卓越的研究。我認爲，以現代標準看，衡量一個圖書
館，藏書的多少是最基本的參數。同樣，衡量一部大藏經的水平與
質量，入藏資料的多少也應該是最重要的指標。我們應該讓新編
的大藏經儘可能地收入各類佛教資料，力求儘量滿足不同人從不
同角度提出的查索要求，提供所需資料。

　　另外，典籍價值的高低，有時需要拉開一段歷史距離纔能顯
現。比如，傳統認爲疑僞經没有價值，把它打入另册，而現在我們
發現，不少疑僞經實際是中外文化交流的結晶，爲我們研究佛教的
傳播、嬗演提供了大量珍貴的研究信息，是我們揭開許多佛教史之
謎的珍貴鑰匙。所以，今天我們如果再編纂新的大藏經，切忌以個
人的好惡以爲取捨，應該站在大文化、大資料的角度，努力發掘、收
集與整理一切與佛教相關的文獻，把它們收歸入藏，讓大藏經在傳
統的義理性、信仰性功能的基礎上，進一步完善其備查性功能，從
而發揮更大的作用。

　　其實，大藏經的這三種功能形態完全可以有機地統一起來。
備查性大藏經由於本身資料齊全，可稱是具足了釋迦如來的八萬

四千法藏，自然也就具備了信仰性大藏經的功能。把這種備查性大藏經編纂得儘量科學、合理，無論學界、教界都便於使用，它也就具備了義理性大藏經的功能。也就是説，使傳統大藏經完善備查性功能，與它原有的兩種功能形態不僅没有妨礙，而且相得益彰。

當然，要做到這一點，不僅我們的觀念要變革，實際工作起來也有許多困難。因爲如果現在編藏，祇把歷代藏經已經收入的典籍收歸入藏，這一點比較容易做到。由於歷代編藏者的努力，這些資料已經被收集匯攏起來，就好比礦石已經被煉成鋼鐵。祇是有的是精鋼，現成就可以利用；有的是粗鐵，還需要我們加工而已。但如果要把歷代大藏没有收入的佛教資料也統統收歸入藏，就等於要我們自己去找礦、開礦、煉鋼。據我粗略估計，現存辛亥革命以前的有關佛教資料總數在三億五千萬字左右，已經收入歷代大藏經（包括日本諸種藏經）大約爲兩億五千萬字，即還有一億字左右的資料需要我們去收集整理。辛亥革命至今的資料總數大約也不會少於一億字。如果我們能夠把這兩億字全部收入大藏經，就能突出時代的特色，占據歷史的高峰，在中國文化史、世界文化史上樹立起一座豐碑，無愧於前人，無愧於後代。

目前，《中華大藏經》的編纂工作正在進行，我們的設想能否在實踐中得到徹底的貫徹，還有待時間的檢驗。這樣編出來的大藏經能否得到佛教界、學術界的認同，也還有待評説。

四、贅　語

編一部高水平的佛教大藏經，是百年來中國佛教學界、教界共同的理想。百年來，無數仁人志士爲此奔走努力。現在看來，要達成這樣的理想，還有一段很長很長的路要走。如何集中我們有限的人力、物力、財力，做好這件曠世大事，值得深入思考。在目前，還有一種思路，可以供對大藏經編纂感興趣的人士參考。在漢文大藏經的領域，我們要做的事情實在太多了，大家不妨分工合作。比如，完整具備上述三種功能的大藏經，可以作爲法寶學習與供養，可以作爲資料備查，但也許並不適合初學者學習佛教之用。因此，我們應該仿效楊文會當年編纂《大藏輯要》的計劃，編輯出一部或若干部針對不同對象的比較精要的選藏、小藏，以滿足不同人群的需要。在這裏，我們應該汲取歐陽漸所編《藏要》的教訓，要以更加宏大的心態來對待各種佛教典籍，不能以個人的或宗派的好惡而任意取捨。又比如，佛教正在走向世界，我們也迫切需要將漢文大藏經中的一些重要典籍翻譯爲英文乃至其他語言，讓佛教爲世界文化做出更大的貢獻。還有，如何做好各種專門的索引與提要，如何進一步做好大藏經數字化的工作，在網絡上真正建成一個有關佛教的因陀羅網，如此等等，都是我們值得爲之奮鬥終生的事業。這麼多的事情要做，需要學術界、佛教界有志之士的共同努力。功成不必在我，祇要是有意義的事業，開起頭來，總會有人前赴後繼做下去。我堅信，功不唐捐，事不虛拋，涓涓細流，都會歸入大海。任何爲大藏經編纂所付出的點滴心力，都將與大藏經事業一起永存。

［附録］

本書目録

（按時間順序排列）

［作者按］

　　人們對事物的認識是"實踐→總結→再實踐→再總結"這樣一個不斷重複的過程。把收入本書的論文按照時間順序排列，可以檢討自己是如何認識大藏經這一事物的，對自己是一個"再總結"，對其他研究者或者也可以有一點啓發。

　　以下文章，凡尚有記録，可以查到定稿時間的，一律按照定稿時間排列；已查不到定稿時間的，一律按照發表時間排列。

1992 年

　　佛藏源流

1996 年

　　大藏經研究

　　大藏經編纂及其芻議

　　境外大藏經編輯及數字化大藏經的情況

　　《大正新修大藏經》述評

1997 年

　　"天台教典"入藏考

　　論大藏經的三種功能形態

　　楊文會的編藏思想

2002 年

　　信息化時代的佛教目錄學

2003 年

　　爲中國建設新文化鋪路墊石——介紹《佛教大辭典》

2005 年

　　《遼大字藏》的定名與存本

　　略談《中華大藏經》在漢文大藏經史上的地位

　　《中華大藏經》(續編)的編纂

2007 年

　　閑話《元官藏》

［附記］重要聲明及致歉

頃接海外朋友來信，方知"丁一"並非筆名，乃一位年青研究者的實名，目前正在海外留學讀博。本文稱他爲"面目不清的匿名者"，適足説明我自己的孤陋寡聞。發表在《世界宗教研究》上的文章，已經無法修訂。在此特向丁一先生及諸位讀者鄭重致歉，這對我是一個教訓。

本文觀點無變動。

方廣錩

由於技術的原因，方廣錩老師對《疑僞經研究與"文化匯流"》一書（該書已於 2018 年 10 月由廣西師範大學出版社出版）中"誰的'邊地情結'"一文有一重要聲明及致歉未放入該文相應部分，現刊登於此。

特此聲明及致歉！

該書責任編輯：劉孝霞